U0509658

黑山

History of Montenegrin Diplomacy

外交史

1711—1918

〔黑山〕拉多斯拉夫·拉斯波波维奇 著

Radoslav Raspopović

罗春霞 于 希 译

上海远东出版社

图书在版编目(CIP)数据

黑山外交史：1711—1918 / （黑）拉多斯拉夫·拉斯波波维奇著；罗春霞，于希译.
— 上海：上海远东出版社，2023
ISBN 978 - 7 - 5476 - 1975 - 9

Ⅰ. ①黑… Ⅱ.①拉… ②罗… ③于… Ⅲ.①外交史—黑山共和国—1711—1918
Ⅳ.①D855.529

中国国家版本馆 CIP 数据核字(2024)第 008717 号

责任编辑　李　　敏

封面设计　徐羽情

黑山外交史：1711—1918

（黑）拉多斯拉夫·拉斯波波维奇　　著

罗春霞　于希　译

出　　　版　上海远东出版社
　　　　　　（201101　上海市闵行区号景路 159 弄 C 座）
发　　　行　上海人民出版社发行中心
印　　　刷　上海中华印刷有限公司
开　　　本　710×1000　　1/16
印　　　张　43
插　　　页　2
字　　　数　597,000
版　　　次　2024 年 9 月第 1 版
印　　　次　2024 年 9 月第 1 次印刷
ISBN 978 - 7 - 5476 - 1975 - 9/D·48
定　　　价　178.00 元

序一

朋友不以山海为远

很久以前，我曾读过中国一句古话："骨肉相离，生死无常，而吾言长存。"，这句话强调了言语的重要性，人的身体不能永恒存在，但所说的话却能够长久地影响和存在于人们心中，甚至超越生死，成为一种永恒的存在。正是在这句话的驱使下，我接受了两位译者的建议，以黑山—中国关系为主线，为黑山知名历史学者拉多斯拉夫·拉斯波波维奇博士的《黑山外交史：1711—1918》一书中文版撰写序言。类似本书这样的合作项目，在黑中合作中尚不多见。记者、前外交官于希女士几年前曾翻译出版过《壮美黑山》一书，此次她与黑山大学孔子学院前中方院长罗春霞女士共同完成本书的翻译出版工作，继续向中国介绍黑山。她们的建议让我无法拒绝，这不仅仅因为我本人就是黑中关系发展的见证者和参与者。

南斯拉夫电影《桥》曾风靡中国，如今塔拉大桥每年吸引着上万名中国游客前来游览。谁能想到，如今已成为黑中两国友谊标志的塔拉大桥，在我学生时代的四年时光中，是我每天的必经之路，而我的父亲曾是这座大桥的主要建设者之一，时至今日，塔拉大桥仍保持着世界最大木质脚手架的纪录。2018年，正是在这座大桥上，我出席了关于黑中双方合作修缮塔拉大桥的合作协议的签署仪式，这让我无比自豪。代表中方签署协议的是尊敬的时任中国驻黑山大使崔志伟先生，他的工作在黑山留下了令人难忘的印记。他在任期间，中国为黑山基础设施、医疗、教育、体育等各个领域的发展提供了巨大帮助，极大改善了黑山人民的生活条件。由中国企业承建、中方提供贷款的黑山第一条高速公路也在这一时期开工建设。应崔志伟大使的邀请，我和夫人曾于2015年8月访问中国，与地区同仁共同出席中国-中东欧国家合作框架内的会议。在四川、云南和北京的考察经历用"印象深刻"来形容已远远不够，需要很大篇幅来记述那一次考察……

让我们再回到拉斯波波维奇的这本书及其中文版出版的重要意义——它将深化中国这个伟大的友好国家对黑山这段令人自豪的历史的了解。黑山是一个有着上千年伟大历史的小国。有人说，按照欧洲国家每平方米国土面积上的历史遗产计算，黑山仅次于梵蒂冈。黑山的整部历史是与数个世纪黑山人民为自由而战交织在一起的。黑山人是世界闻名的战斗民族。英国前首相威廉·格莱斯顿曾在评价诗人阿尔弗雷德·丁尼生的诗作《自由的王座 伟大的黑山》时写道，黑山人表现出的英勇无畏，可与温泉关、马拉松，以及《荷马史诗》中的希腊勇士相媲美。但他赞颂的不只是黑山人的英勇，他还提到，黑山曾在15世纪末是欧洲最早一批拥有印刷所的国家之一，只比罗马晚了16年，此时世界上第一本印刷书籍也刚问世39年。

黑山近代史为人称道的是，她的人民于1941年7月13日发动了欧洲首个反抗法西斯侵略者的全民起义，对此，20世纪欧洲最伟大的学者之一让-保罗·萨特曾说，这次起义指引了人类发展的方向。

黑山还曾为第二次世界大战中南斯拉夫人民的解放斗争做出了不可估量的贡献。在南斯拉夫军队26个无产阶级营中，14个是黑山营，27名师长中有10名是黑山人，他们在人民解放斗争中承担着半数指挥职责。南斯拉夫1 307名民族英雄中有244名出自黑山。第二次世界大战后，南斯拉夫军队的所有将军中有36%是黑山人，要知道，黑山人口只占南斯拉夫人口的5%。

南斯拉夫社会主义联邦共和国的最后一任外交部长、南斯拉夫和克罗地亚最伟大的外交家之一布迪米尔·隆查尔曾对我说，他心目中南斯拉夫最优秀的四位外交官中，有三位是黑山人。

黑山外交界在2006年黑山恢复独立的过程中扮演了重要角色。1918年由于列强的决定，黑山虽然属于（第一次世界大战的）战胜国联盟，却被从地理版图上抹去。在铁托时代的南斯拉夫国家中，黑山是6个平等的加盟共和国之一。虽然黑山是联合国的第192个成员国，但比182个成员国都要古老。根据在贝尔格莱德与塞尔维亚签署的协议，在欧盟的支持下，黑山于2006年5月21日举行公投，恢复了独立国家地位。现代黑山是巴尔干地区第一个以和平方式实现独立的国家。今天的黑山是北约成员国，并在加入欧盟的谈判中处于候选国中的领先地位。

黑山与中国的友谊要远远早于今天黑山国家的历史。鲜为人知的是，南斯拉夫共产党领导人之一、两次世界大战之间的革命者、黑山人佩特科·米莱蒂奇曾作为共产国际的代表于1927年来到中国，曾经与毛泽东主席会面。南斯拉夫时期黑山就与中国的贵州省建立了友好关系，等等。

中国是第一批承认黑山独立、与黑山建立外交关系的国家之一。在黑中两国建交15周年之际，时任黑山总统久卡诺维奇与习近平主席通电话，双方确认两国建交以来，始终保持高水平政治互信，在多领域开展了良好合作。黑山出于自身战略发展需要，选择加入北约和欧盟。中方从未对此有所指摘，相反，中方始终尊重我们的选择。而这也从未干扰我们继续加强友好关系，虽然我们两国相距遥远。

与此同时，黑山始终坚定支持一个中国原则。

在前文提到的考察行程的尾声，我有幸代表整个代表团在北京的会议上发言。在这里，我要重申我当时的一句话："中国的伟大并非因为其国家体量巨大，而是在其对待黑山这种小国和弱小民族的关系中凸显了自己的伟大。"

希望本书中文版的出版，能进一步推动两国在相关领域的密切合作。

米兰·罗钦（Milan Roćen）

黑山前外交部长、黑山前总统首席顾问、前塞黑驻俄罗斯大使

序二

关于《黑山外交史：1711—1918》

　　《黑山外交史：1711—1918》是拉多斯拉夫·拉斯波波维奇教授极有价值的学术著作，也是黑山历史学的一部重要著作，其价值是双重的。

　　一方面，作者对黑山在这段时期的外交事务，包括时间顺序、专业术语、国家战略目标、划分方法以及最终的外交成果等，都进行了精确而明晰的体系化梳理。另一方面，作者关于黑山外交的知识扎实可靠，他在书中概述了黑山国家的整体历史。要知道，如果不了解外交领域的事实，就不可能完全破译历史。

　　那些被认为可能存在"内幕"的历史，特别是外交历史，本书在介绍和分析时，没有试图对其进行浪漫化的重构，也没有对已取得的成就持怀疑态度。

　　作者为了实现这一目标，严格尊重事实，对外交、外交政策和国际关系概念中包含的许多复杂和普遍因素进行了充分解释。

　　本书运用了比较全面的方法，使读者能够在国际外交的背景下，对黑山外交，包括其起源和运作方式，有沉浸式的了解。

　　因此读者们——为了对国际外交有一个更完整和比较性的了解，其中包括黑山外交，尽管其发展有一定滞后——能读到（作者）对现代欧洲外交的出现做了有价值的介绍性评论。现代欧洲外交始于 15 世纪的亚平宁地区，新的外交形式和公国之间的关系（后来，除了罗马教廷）使它们共同组成了意大利国家。

同时，为展现黑山外交所处的现实环境，以便让读者对国际关系尤其是大国之间的真实力量对比有必要认识，本书简要描述了决定各国真实立场和实力的重大国际会议后的欧洲关系状况。

显而易见，本书的根本内容是黑山外交的运行情况：从其缘起到为符合国家利益、适应国际环境和不同历史阶段的内部条件而形成的特殊内容和形式。

本书开篇，作者就对黑山在1711—1918年期间的外交进行了较为全面的分段。按照特定条件，大致分为三个阶段：

第一阶段从1711年到19世纪初，在此期间，（黑山）有一些外交主动性，但没有常态化外交接触。

第二阶段是19世纪，（黑山）不仅在外交和国际层面上的积极性在增强，而且派驻了外交代表，其具有领事特点。

第三阶段是在1878年的柏林会议之后，黑山获得了国际承认，这一时期，其外交获得了现代化特征，特别是通过常驻代表机构与一些国家（通常是最重要的国家）建立了外交关系和沟通渠道。

虽然三个阶段有各自的具体内容，但都表达了使黑山在国际层面上得到更加广泛地肯定的共同愿望。国家外交活动的发展，与国家制度、政治体系、经济军事的发展以及空间的拓展并行，而后者促进了边界的扩张。

战争和战时环境也是黑山外交发展的重要决定因素。一战结束后，其地缘政治和外交结果以及南部斯拉夫国家的形成，终结了黑山这个获得国际承认的独立国家的主体地位，也终结了黑山的外交。某种程度上，这是历史的讽刺。

就拉斯波波维奇教授关于我国对外政策研究的全面性，以及书中展示的外交史实而言，这部著作不仅是一项贡献，更是一项开创性工作，是用科学的方法研究我国一段重要而风起云涌的历史时期的外交历程。

这并不意味着没有空间对未研究透彻的领域进行继续研究，以便对黑山的总体历史，特别是其外交领域的历史，进行可靠的重构和展现。

无论如何，《黑山外交史：1711—1918》一书是我们历史学中关于黑山外交的起源、发展、细节、困难和成就的基础性著作。

这就是为什么本书不仅得到了专业人士和学术界的认可和研究，而且对于任何对外交史感兴趣的人，特别是那些打算在外交部门工作的专业人士来说，也是不可或缺的学习文献。

《黑山外交史：1711—1918》被译成外文在其他国家出版是一件有意义的事情，也是一个机会，可以让更多的人了解黑山的历史和外交的发展。

米奥德拉格·莱基奇（Miodrag Lekić）

黑山议会前议员、议会国际关系委员会前主席、前驻外大使

译 者 序

　　黑山是一个古老而又新兴的国家，位于巴尔干西部地区。作为国家，黑山在历史上时隐时现，而作为区域政治实体，它一直存在：两千多年前就以泽塔文明出现，成为古罗马的一部分；中世纪的 14 世纪中期，黑山从塞尔维亚帝国的废墟中独立出来；后多次被奥斯曼帝国入侵；1697 至 1916 年，它一直由佩特罗维奇的家族统治；1878 年，《柏林条约》承认黑山作为国家独立；1918 年并入塞尔维亚；2006 年，黑山再次从南斯拉夫联盟共和国独立出来。纵观历史，黑山先后被古罗马、塞尔维亚、奥斯曼帝国、威尼斯共和国、奥匈帝国等占领过，但从未被真正征服过，黑山还接受过俄国、英国、法国、瑞典、美国等的长臂管辖，现在又受到欧盟和北约的牵制。黑山是巴尔干地区的缩影：地处欧亚交界处，是兵家必争之地，也是大国角逐的棋子；民族和宗教的多元化使得矛盾长期存在，由此带来国内外政治、经济、文化诸方面的冲突，这些正是列强争夺的原因和结果，也都反映在黑山的外交政策和行为里。

　　中黑建交 18 年来，两国人民彼此了解不断进步，但需要加强之处还有很多。目前研究黑山的资料并不丰富，中国民众对黑山了解不够，网络上甚至还认为黑山是塞尔维亚的一部分，或者波黑的一部分；在黑山的中资机构中，因为对价值观缺乏彼此了解，时常存在一些冲突；在国际环境里，黑山对华的政治和外交策略还不能一以贯之。所以中黑之间深层次的交流还需要加强，这也是两国政治、经济、文化各层面的需求，而外交方面的交流则是其中的重要部分。

本书的两位译者都曾在黑山工作生活过多年：罗春霞曾担任黑山大学孔子学院中方院长（2017年2月—2023年1月）；于希曾担任中国驻黑山大使馆双边合作处负责人兼大使翻译（2016年3月—2019年9月）。因工作期间接触过一些黑山本地的学者和居民，了解到一些黑山的历史、文化和风土人情，感觉和我们以前的认知有所不同，所以很想在回国后和周边人介绍一下黑山。此外，当地的学者认为，黑山的历史总是被大国撰写和叙说，有被改写之嫌，不能很好地为黑山发声。作者拉多斯拉夫·拉斯波波维奇教授是黑山大学历史研究所所长，也是我们的朋友，我们经常在一起谈论黑山。该书是拉斯波波维奇的著作之一，黑山大学政治系将它作为教材使用，说明它具有的史学价值和学术价值。

以上原因，构成我们翻译本书的理由。

在翻译过程中，我们有着这样的感受：一是读到黑山的历史；二是感触到黑山人的思想和生活；三才是外交。对于外交，我们都是外行，不敢妄言。本书虽是外交史，但概述了很多历史事件，其中不乏鲜为人知的史实，帮助我们对黑山的整体历史有个大致的了解，所以这本书具有很强的史料价值。本书对史实的考证，从侧面让我们了解到黑山人做事的风格，与大国周旋的无奈——在失望与希望之间，利用与被利用——并对他们的国家政策、外交行为有个很好的理解。其次，本书有不少地方对历史事件给予了评价，在这些充满情感的话语里，透露出黑山人民的心声，他们的勇敢、倔强、坚忍、无奈、妥协、自卑和虚荣等，在书中都有呈现。我们能够触摸到黑山人的思维方式，洞悉到黑山人在大国环伺下的生存状态，以及他们又是如何进行自我观照的。黑山是个部落社会，父权意识很强，专注于家庭、兄弟、部落的利益，具有排他性，即使现今跨入现代社会，这种部落意识还是很强，任何形式的社会组织，都有部落的影子。

本书总体由两个部分组成，以 1878 年柏林会议中黑山独立建国为分界线。书中的黑山外交史可以分为三个阶段。第一阶段从 1711 年黑山与俄罗斯帝国建立政治关系开始到 19 世纪初，黑山作为地缘政治实体，对外只有临时代表，没有常驻代表。第二阶段涵盖了 19 世纪的大部分时间，在这个时期，临时外交代表形式与常驻外交代表形式相互并存。这两个阶段，黑山作为国家尚未成形，还在创立过程中，作者认为这时的黑山代表了国家，具备了国际主体性，其外交政策和行为构成黑山总体外交史的一部分。第三个阶段，从 1878 年柏林会议上黑山得到国际承认开始，到 1918 年南斯拉夫的统一为止，也就是现代外交时期，它以常驻外交代表的形式为特征。

本书是国家哲学社会科学重大专项（项目编号：21VGQ019）的阶段性成果。

本书在翻译过程中，得到作者和黑山大学孔子学院师生们的大力支持，在此表示衷心的感谢。因时间仓促，水平有限，书中难免有错漏之处，敬请读者不吝赐教，予以指正，在此一并谢过！

罗春霞　于　希

2024 年 2 月 10 日

前　言

　　本书是在 1996 年出版的《1711 至 1918 年的黑山外交》一书基础上的第二版，本版做了修订补充。自黑山大学政治系成立以来，一直将其用作黑山外交史课程教材。

　　该版本的特点在于，其标题与主题更加匹配，内容也根据教科书的特征进行了调整。与上一版相比，该版的总发行量已经减少，且对结构做了调整，使其更醒目，更方便使用。

　　尽管本书对内容进行了重组，但第一版的基本价值并未改变。除此以外，在此期间的一些科研成果被补充进入本书，从本质上说，也证实了以前对该书的评价实至名归。

　　这一次，我们试图更加关注黑山的外交政策及其外交作用。因此，叙述将从最初的实践行为开始，这些行为在形式意义上具有真正的外交性质。其后是对黑山在事实上或国际法上没有成为国家时的各种类型的实践行为的分析，这些实践行为意味着一个地缘政治个体在历史视角下是一个独立的国家或国际主体。本书的其余部分致力于通过展现黑山建立国家的过程而从事实上承认黑山的独立，以及叙述黑山自 1878 年柏林会议上获得正式的主权承认，到最后在第一次世界大战期间从国际政治舞台上消失的历史。

　　本书里，我们没有对外交进行限制性的解释，只将其归结为一种实行外交政策的方法。我们也没有将其重要性局限于外交部门即国际代表内部和外部机构的服务行为。我们的研究课题不仅是基本的课题，还有其他更广泛的内容，即它还包括对外政策的主要任务以及通过外交方法实现的国际表达的其他方面的定义。

理解外交进程的一个重要条件是掌握历史背景。它意味着要了解巴尔干和东南欧的国际局势，了解邻国或个别大国的外交政策方向和目标，否则就不可能理解黑山的外交参与。所有这些都是为了感知国际关系的整体，理解当时的国际秩序及其主要问题。

为了使黑山有国际表达能力，有必要阐明黑山国内的经济、政治、社会和文化等方方面面的状况，这些都影响了黑山在巴尔干半岛和欧洲外交生活中的存在状况。

两个世纪以来，我们一直在努力遵循着黑山外交规则，因此，我们的叙述在某些情况下自然地做了一些简化和概括处理。

除了要把文章表述清楚以外，外交问题所涉及的主体地位的不同，也决定了本书的主题结构，所以全书分为两个部分。第一个部分的主题是关于黑山在18世纪与世界的联系，以及在19世纪得到国际认可之前的各种形式的国际态度；第二个部分是叙述国际上承认黑山独立存在时期的黑山外交。在黑山国家还未成型的第一阶段，对外关系的策略具有一定条件性，该部分的目的不是赋予黑山在这些进程中并未拥有的（国家）属性，而是希望尽可能简明地表达黑山的创建过程与其外交历史发展相统一，此时的（黑山及其）外交已经具备了基本的（国家）外交特征，这一点是无可争议的。

拉多斯拉夫·拉斯波波维奇

目 录

卷　上

卷 下

引　言

黑山外交史的概念和基本特征

一、定义

外交史这个术语最常用于研究过去国家间关系的学科中。从这个意义上讲，外交史实际上是国家间在国际层面上的联系和关系的历史。另外，考虑到外交是实行外交政策的方法，或方法之一，研究外交史意味着对我们谈论的国家的外交政策历史的了解。外交实质上是"实现国家外交政策既定目标和利益的策略和方法"①。因此，如果我们尝试使用一个众所周知的定义，即伊布莱尔（Ibler）对外交历史的定义②来研究黑山外交历史，可以说这是一门学科，涉及黑山的对外代表机构与其他国家的内阁之间过去在外交政策方面发生的事件和活动的历史。

二、黑山外交史研究资料

黑山外交史研究资料可以分为物质资料和形式资料两种。前者是指制约国际社会外交行动的内容和方式的社会环境。这些主要是历史

---

① 斯米利亚・阿夫拉莫夫博士（Dr Smilja Avramov）、米连科・克雷查博士（Dr Milenko Kreća）：《国际公法》，贝尔格莱德，1986，第70页。

② 弗拉迪米尔・伊布莱尔（Vladimir Ibler）将外交史定义为"外交政策史，是事件、抱负、努力的历史，简而言之，是过去内阁之间在外交政策领域发生的全部事件和活动"。V.伊布莱尔：《外交史》，萨格勒布，1960，第6页。

事件，影响了国家之间的关系和社会关系的性质。由于内容的原因，在给定的情况下，这些资料通常会模糊外交史和通史之间的区别。二者都暗示着对过去事件的分析，区别在于所使用的资料类型，因为在外交史的研究中，分析主要集中在外交活动的特定形式及其表现形式上，而不是整个社会发展过程。通常来说，物质资料原则上具有客观性，这些客观因素尤其决定了国家之间的关系也具有这种性质。

就形式资料而言，主观性因素更为突出，因为有些外交行为是通过某种程序而产生的具体行为，通过这些程序，主体的意志因参与外交关系得以体现，并通过某些方法的选择来实现某种外交目标。

就物质资料而言，它们是指具有法律义务的双边性质的行为，以及跨越外交谈判路径的行为，即多边行为的协调。关于现代意义上的黑山外交史研究的资料来源可考虑如下：

——派驻国际代表的黑山国家机构的行为；

——一般或特别的国际公约，这是研究一般国家外交史的资料来源；

——国际习俗；

——被文明的人民认可的一般法律原则；

——根据《国际法规约》的条款，各个法律领域专家的决定和经验，还有报刊、回忆录、日记等的记载。

三、外交起源的时间和阶段

就一般外交而言，黑山外交史必须与直接相关实体的创建，即黑山国家的创建有关。[①] 但是，与总体外交发展的历史相比，那个时代属于更近的过去。因此，就总体外交史发展的主要时期而言，黑山外交的起源和发展是在完全不同的历史条件下发生的，其主要发展时期的时间

---

① 在那些最早的奴隶制国家里，"尽管国际间的外交渠道很原始，也有各种各样的代表、特使、信使等外交形式"。博格丹·克里兹曼博士（Dr Bogdan Krizman）：《现代外交的起源》，萨格勒布，1957，第12页。

界限也不同。

为了更好地理解其中的差异，我们将简要回顾一下。一些学者，例如米兰·巴尔托什（Milan Bartoš）教授，指出了外交史发展的三个重要时期。① 第一个时期，一般外交时期，始于第一批国家的建立和偶尔出现的外交代表。它涵盖了中世纪前的旧时代和中世纪大部分时间，即从公元前 14 世纪开始，一直持续到公元 15 世纪。由于经济落后，政治依存薄弱，国际关系总体都不发达，当时的各个国家（埃及、赫梯、波斯、亚述，后来的希腊、罗马和拜占庭）因临时派遣外交代表执行特定任务而疲惫不堪。这些任务通常具有军事或政治性质。它们涉及军事联盟的建立、战争行为或军事间谍活动，因为"根据古人的理解，定期交往是因为战争，和平时期的外交关系却是例外"②。

第二个时期，随着古代奴隶制国家的瓦解和中世纪封建制度的分裂，外交事务在一个非常狭窄的框架内进行，即它们的作用被简化为解决各个封建领主之间的关系。然而，在中世纪，拜占庭和罗马教皇的外交制度脱颖而出，蛮夷民族（法国人、德国人、阿拉伯人）的外交也在发展上升中。在此期间，除了临时代表团外，还有常驻代表团。文献记载，在拜占庭宫廷中，教皇（756—1870）的代表很早就具备常驻特征。③

第三个时期是现代外交时期，始于常驻外交使团的出现。它可以追溯到 15 世纪。这种外交实践的出现是由经济发展——航海和贸易不断发展，以及由此产生的国家之间更大程度的相互依存决定的。共和制下的意大利各大城市是现代外交的摇篮。根据文献资料，已知的第一个常驻使团是 1455 年在热那亚设立的威尼斯使团。④ 这是米兰公爵弗朗切斯科·斯福尔扎（Francesco Sforza）的使团。与威尼斯和佛罗伦萨一样，比萨、米兰、热那亚和维罗纳的外交在意大利城市共和国中脱颖而

---

① 参见米兰·巴尔托什教授、博士：《国际公法》（第 1 卷第 Ⅱ 章），贝尔格莱德，1956，第 341 页。

② 博格丹·克利兹曼博士：《现代外交的起源》，第 12 页。

③ 布拉尼米尔·扬科维奇博士（Dr Branimir Janković）：《现代体系的外交》，贝尔格莱德，1988，第 14 页。

④ C. 德莱尔：《外交》，载《社会科学百科全书》（第 1 卷，Ⅴ—Ⅵ），纽约，1949，第 148 页。

出。16 世纪,威尼斯在瑞士、那不勒斯、都灵、米兰、伦敦都有代表,并向法国和西班牙宫廷派驻大使。①

现代外交时期的特点是国际关系发展更加活跃。除了常驻外交使团外,国家内部还建立了更为复杂的制度体系②,包括针对国际关系领域的专门行政机构。外交部开始建立,系统的人员培训工作也开始了。

常驻代表团的性质也在改变。尽管意大利各城市的代表机构主要处理贸易关系,但随着君主专制国家的发展,它们的活动越来越多地转向政治,外交官需得到驻在国家君主的认可,因此外交关系具有宫廷关系的性质。

18 世纪初,常驻外交代表机构在欧洲被普遍接受③。此后,外交使团常驻已经成为普遍现象,但这并不意味着它在所有国家都得到同等发展。在欧洲国家中,俄罗斯帝国和奥斯曼帝国最迟加入这一进程。俄国后来加入欧洲国家外交行列主要是出于宗教原因。东正教的俄国与拉丁语的欧洲西部并不保持常驻关系,而仅与拜占庭保持联系。只有在彼得大帝统治时期,俄国与西欧国家的外交关系才开始发展。这个转折点是 1721 年俄国与瑞典之间取得和平,此后俄国开始在欧洲的政治生活中发挥更加积极的作用。④

至于奥斯曼帝国,在建立外交关系方面,其外交状况一方面是由该国作为征服者和全体基督徒的敌人的身份决定的,另一方面是由外国使节在伊斯坦布尔的困窘地位,即他们对奥斯曼当局不信任的态度决定的。⑤

---

① 意大利共和制下各城市的做法很快被其他欧洲国家接受学习。首先是法国(1495 年到佛罗伦萨,1516 年到苏格兰,1498 年到威尼斯,1536 年到土耳其),然后是西班牙(1498 年到英国,1501 年到法国,1512 年到威尼斯)开始派出外交代表,随后,这种做法被英国、奥地利、荷兰和瑞典等国效法。
② 尽管数据不同,但在亨利三世时期的 1589 年,法国第一个成立了外交部,当时开始了系统的人员培训和外交服务组织的工作。
③ 米兰·巴尔托什博士:《国际公法》(第 1 卷,第 Ⅱ 章),贝尔格莱德,1956,第 341 页。
④ 参见米尔科·基索韦茨(Mirko Kisovec):《外交代表》,贝尔格莱德,1939,第 13 页。
⑤ 盖尔希奇(GL. Geršić)在《当代外交和领事法》(贝尔格莱德,1898,第 149 页)中说:"土耳其人发现,保护所有外国外交官的最好办法就是把他们锁起来,并密切关注他们。"他举例说明这种做法时,引用了 16 世纪(1533)斐迪南国王的使节拉斯基,在死刑的威胁下,被禁止离开某所房子或会见任何人一事。后来甚至到更晚的时候,土耳其一直保持着这种对待外国臣民的态度,直到 18 世纪,土耳其国力开始急剧衰落,才放弃了这种行为。18 世纪下半叶和 19 世纪,土耳其也开始根据互惠原则建立正常的外交关系。

四、黑山外交史的发展阶段

黑山外交的发展历史可以确定有上述三个阶段，但是，考虑到黑山的建国时间，相对于外交发展的一般历史时期而言，黑山的外交历史被定位到更近的过去。因此，在 18 世纪初，常驻外交使团制度被欧洲普遍接受时，黑山才刚出现了外交活动的初始形式，具有外交史第一个时期的特点。

黑山建国进程的特殊性影响如下：在其外交史的第一和第二阶段，维持国际关系不是基于外国代表权（外国代表权是作为国际公认的主权主体的国家才能拥有的），而是受到历史原因——地缘政治地位、战略重要性、民族解放战争、国家权力机构的创建等制约。1878 年，黑山实现了国家独立，其外交史才进入了具有主权特征的第三阶段。

黑山外交史的第一阶段和第二阶段的大部分外交活动是在没有建立国家的情况下进行的，无论是从事实角度还是从国际法角度来看[1]，黑山当时已经代表了一个地缘政治个体，其历史意义也是在黑山实际作为国家和国际主体的情况下被创造出来的。因此，黑山在 18 世纪建立与世界的联系，在 19 世纪取得的被国际认可的各种形式，以及通过外交途径委派的任务等，都获得了一定的意义。这些外交活动不是传统意义上的外交，将其归入外交行列的动机，主要是希望表达它们与黑山外交史的自然统一，而黑山外交史的基本特征是无可争辩的。尽管存在重要差异，但这些时期的对外活动构成了整个黑山外交史尤其是 1878 年以后的外交史的一部分，从广义上讲，它们具有一定的外交意义。

五、外交阶段的划分

黑山外交史的第一阶段涵盖从 1711 年，即从与俄罗斯帝国建立政治关系开始到 19 世纪初的时期，其特点是临时委派和接收外交代表。

---

[1]　关于事实上的国家和国际法层面上的国家，请参阅汉斯·凯尔岑（Hans Kelzen）：《法律和国家通论》，贝尔格莱德，1951，第 214 页。

接下来是第二阶段，涵盖了 19 世纪的大部分时间，在这个时期，常驻外交代表形式断断续续地出现。虽然就内容而言，它们不具备外交性质而只具备领事性质，但第一种常驻外交代表形式总体上对应外交史发展的第二个时期。在黑山外交历史发展的这一阶段，临时委派和接收外交代表的做法与通过常设机构代表黑山及其臣民利益的举措并行，并被巩固成为实行外交政策的方法之一。

再来谈谈第三个时期，也就是现代外交时期，它以设立常驻外交代表为特征，这一时期从 1878 年柏林会议上黑山得到国际承认开始，到 1918 年南斯拉夫的统一为止。

六、黑山外交萌芽阶段的目标和任务

考虑到外交是一种方法，即实行外交政策的方法之一，介绍一个国家的外交意味着要介绍该国外交政策的基础和条件。这也适用于黑山外交史三个阶段的所有外交活动。

每个国家作为一个政治实体，都会考虑到以历史、民族或国家为标志的且属于其主权范畴内的重要内部利益（和平、独立、领土完整、内部发展等）。同时，一个国家的地缘政治、地缘战略、经济水平、国际地位等参数也具有恒定的特征。这些是决定国家外交政策地位、经济发展和潜力的因素，基本上不受政治策略的影响。

影响国家外交政策目标的一个重要因素是历史遗产，然后是外部和内部政治框架，需要对其进行解释，以了解一个国家在特定时期采取某些外交行动的重要性。就我国而言，除了国内局势外，还需要熟悉巴尔干和东南欧更广泛的国际局势，以及邻国或大国外交政策的方向和目标，否则将无法理解黑山的外交参与。

这样一来，在 18 世纪和 19 世纪的大部分时间里，黑山外交政策的主要目标和任务可以归结为从奥斯曼帝国的统治中解放出来，以获得独立，即实现领土扩张和与未解放的邻国塞尔维亚统一。1878 年黑山独立后，其外交政策目标转向维护已取得的国家独立地位和领土扩张上来。因此，从黑山外交史的角度来看，18世纪和19世纪外交意义上的黑山地缘政治即国家组织创建中的主体呈现在国际关系中的一切行为都具有重要意义。据了解，外交不同于与他国其他形式（经济和文化）的关系，因为它是与其他国家当局最高层沟通的方式，这些最高层决定外交政策，并且始终受到某些措施的保护，相关人员也不可侵犯。[①]

七、黑山外交史第一阶段的特征

黑山外交史的第一阶段是在黑山正式成为奥斯曼帝国一部分的时期。尽管黑山当时在事实和国际法意义上仍然没有发达的国家组织，但黑山却建立了国际联系，这对后来的历史进程产生了重大影响。

黑山外交活动的最初形式具有临时外交的特征，即偶尔委派外交使团。自俄国沙皇彼得大帝的使节米哈伊洛·米洛拉多维奇（Miháilo Miloradović）和伊万·卢卡切维奇（Ivan Lukačević）抵达以来，俄国使节的人数一直在不断增加。在察雷沃拉兹（Tsarevo Laz）战役以及1711年俄国和土耳其在普鲁特（Prut）达成和平协议[②]之后，土耳其对黑山进行了一次惩罚性的突袭，在这之后，黑山人热情地接受了俄国沙皇的邀请，并拿起了武器，黑山代表也首次出现在俄国宫廷。首先是加夫里洛·米洛拉多维奇（Gavrilo Miloradović，米哈伊洛·米洛拉多维奇的兄弟），然后是米哈伊洛·米洛拉多维奇和伊万·阿尔巴内兹（Ivan Albanez）（教士莫伊西耶·米塔诺维奇/Mojsije Mitanović 的化名）等人。1715年，达尼洛主教（Danilo）本人去了俄国，并受到沙皇彼得一世的接见。

---

① 阿莱克桑达尔·耶利奇（Aleksandar Jelić）：《当代外交法》，贝尔格莱德，1978。

② 《普鲁特和约》签订(1711年7月12日)之后，奥斯曼帝国在1711—1713年间两次向俄国宣战，然后又与俄国讲和。每次俄国都不得不同意新的领土让步。最终两国于1713年6月13日，在安德里亚诺波列（Andrijanopolje）签订了和平条约，这个条约一缔结就是25年。参见拉多斯拉夫·拉斯波波维奇(Radoslav Raspopović)：《在18世纪初的黑山与俄罗斯帝国关系背景下，论1712年土耳其在黑山的战役的某些方面》，载《黑山与俄罗斯：评论与随笔》，贝尔格莱德-波德戈里察，2005，第27—68页。

在第一阶段，黑山偶尔向外派遣使节的情况占主导地位。黑山不仅与俄国交流，也与威尼斯交流，同时也与奥地利和维也纳宫廷建立了政治联系。1711年，俄国沙皇彼得一世号召黑山人拿起武器对抗土耳其人，首都采蒂涅（Cetinje）基于这一斗争的需求提出了出使俄国的目标和任务，即要求沙皇提供物质援助和政治保护，以及获得初步的独立。这些也是黑山与其他大国进行政治接触的原因。但是和与俄国、与奥地利交往不同，威尼斯共和国治下的黑山在危机中幸存下来，于17世纪初与奥斯曼帝国建立了联系，之后它发现自己的解放运动得到的支持越来越少。

黑山偶尔派遣使者到大国的宫廷，同时接收各国代表的到来，这样可以了解各自的情况。什切潘·马利（Mali）在黑山的出现（1766）产生的意想不到的结果，使黑山跻身于18世纪下半叶突然引起欧洲列强关注的国家之列。俄国使节乔治·默克（Georgi Merk）和多尔戈鲁科夫亲王（Prince Dolgorukov）的使团，以及其他国家（威尼斯、奥地利、奥斯曼帝国）的外交机构对俄土战争期间黑山事件的关注，影响了黑山国际身份的进一步加强及其国家建设进程。

领土扩张和摆脱奥斯曼帝国的统治是黑山外交政策在整个18世纪和19世纪大部分时间里的主要目标。萨瓦（Sava）、瓦西里耶（Vasilije）、佩塔尔一世（Petar I）和佩塔尔二世（Petar II）等黑山主教的使命，也是基于这一外交理念。

在黑山外交历史的第一个阶段，接待其他国家的外交代表也是其特点。出使黑山的俄国使节是众所周知的：普契科夫（Pučkov）上校，然后是塔拉索夫（Tarasov），然后是上面提到的乔治·默克。此后便是奥地利使节，如帕乌利奇（Paulića），以及在1777年黑山与奥地利建立政治联系之后的其他使节。

这些关系虽然缺乏正式性，但无论从外部还是内部来讲，都具有外交活动的初始特征。这种派遣临时使节的方式，代表黑山的能力正在不断上升。从这些最初的狭窄框架开始，临时外交活动解决了黑山一些重要的、具有决定性的政治问题（缔结战争与和平协定、解决边界问题、确定分界线等）。

八、黑山外交史第二阶段的特征

19 世纪初，黑山的第一批常驻外交代表出现了，这标志着黑山外交史第二个阶段的开始，其与黑山开始创建现代国家的时间同步。

佩塔尔·佩特罗维奇·涅戈什一世（Petar I Petrović Njegoš）时期发生的重大事件对黑山的崛起至关重要，这是通过黑山和北部山区（Brdo，有 6 个部落，领土上不属于黑山，但在宗教上隶属于黑山采蒂涅都主教区，所以一般情况下接受黑山领导——译者注）在马尔蒂尼奇（Martinić）和克鲁西（Krusi）对土耳其人的两次伟大胜利（1796）表现出来的，这些胜利无疑消除了奥斯曼对黑山和部分北部山区的统治，并为黑山建立中央政府机构创造了先决条件。国家基础的奠定还导致了国内关系性质的变化，有助于建立一个更强大的团体，从而改变了黑山的国际重要性，并加强了黑山国家对外代表的能力。这一进程发展得越快，特别是在国家引入世俗权力之后，黑山在国际关系中就越能获得事实上的主体特征。事实意义上的国家创建也改变了国际代表的历史和法律框架。因此，黑山中央政府的组建时期似乎是黑山外交发展的第二个可识别的阶段。当时，除了偶尔派遣代表外，也有常驻代表，但黑山的任何一种外派代表都未采取国际公认的惯例形式。他们的活动是在其他主权国家默许的情况下进行的，以便促进对外沟通并解决与黑山邻国产生的问题。

在这一阶段，黑山常驻政治代表有多种形式。首先，它们以一种有趣的方式表现出来——将代表和保护黑山在奥地利的权利转让给俄国驻科托尔领事馆（1804—1806），这种关系的建立也可以解释为对黑山独特地位的一种认可。

1807/1808 年，法国试图在黑山建立领事馆。然而，佩塔尔一世根据与法国（同时参照 1804—1806 年间俄国在科托尔开设领事馆）交往的经验，对法国提出的建议做出了消极反应。设立领事馆的提议为"类似的互惠"提供了范例——除了被动接受外国领事的权利外，领事权还应该以积极的形式实现，即在科托尔开设黑山领事馆。主教的否定回答表明，从历史上看，黑山尚未准备好接受这种参与国际关系的提议。黑山没有将其看成获得国际肯定、承认其相对于奥斯曼帝国独立地位的机会，而将其看成是法国扩大对黑山的庇护、导致其失去现有独立程度的表现形式。

第一批黑山代表出现得比较晚，其时已在 19 世纪中期，他们主要为保护黑山在国外的利益。他们首先在奥斯曼帝国、随后在奥匈帝国开始活动。起初，他们是由黑山人自己选举产生的，然后由黑山当局正式任命。黑山队长克罗地亚巴沙（Hrvat-baša）负责保护在奥斯曼帝国工作的黑山人，他们在当地没有政治职能。19 世纪中叶，黑山在斯库台建立了黑山领事馆，在科托尔建立了领事机构，该领事机构的职责有所不同，它还承担维持并扩大贸易关系的任务。

尽管在 18 世纪，黑山的国际代表形式已经超越了内部发展的水平，但自从黑山宣布成为公国以来，其国际交流的形式开始落后于国家发展的水平。为了缓解这种差异，不仅黑山有必要发展具有常驻性的代表形式，而且在解决相互关系的问题时，邻国也必须接受这样一个现实，即黑山具有事实上的国家地位。

九、黑山独立后的外交

采取正式外交形式之前，黑山在 18 世纪和 19 世纪实现的对外代表形式缺少必要的国际法律认可。这一点在得到国际承认之后才实现。柏林会议的决定使黑山成为国际关系中事实上的主体和"国际法意义上的国家"。从那时起，黑山的外交，无论是临时代表还是常驻代表，才具有这类正式机构的特点。随着国际认可，黑山的外交政策获得了以前不具备的法律基础，也就是说，它拥有了对外代表权。这是黑山外交史上第三个阶段的开始，也就是说，此时在国际法意义上，黑山外交拥有国际法明示的所有重要特征。它的持续时间与黑山国家的独立存续时间一致。在此期间，为了维持国际关系，黑山在内部和外部组织机构方面发生了决定性的转变，大国和其他欧洲国家在黑山的外交代表方式也发生了变化。

十、上述三个阶段内黑山外交史发展的具体情况

黑山外交史上三个阶段发展中最重要的特点体现在以下事实中：从第一阶段到第三阶段都是在一个时期内实现的，从整个外交史的角度来看，这属于现代外交时期。

然而，黑山外交发展的第一和第二阶段与一般外交史基本重合，二者最大的区别在于其中所出现的主体的性质不同。即外交史发展的所有时期通常都隐含或假定国家作为国际公认的主体存在，而在 18 世纪和 19 世纪的大部分时间里，黑山的外交政策实践却并非如此。相反，黑山于 18 世纪实现的国际关系形式大大超过了其国家内部发展的水平。它们的外交性质源于它们以通常的形式与具有主权的、国际公认的国家建立关系——谈判、派遣政治代表和保护黑山的利益。因此，这些关系的政治意义并不源自黑山的国家能力——一个处于奥斯曼帝国霸权之下的"国家"，而是源自业已存在的政治关系中另一个参与者的威权。之所以能够这样，是因为它是一个孤立的社区，由于其强大的父权制部落结构和封闭性，以及在解放斗争中取得的成果，尤其是具有军事战略意义的成果，黑山在巴尔干的地缘政治中引人注目。这一历史政治身份使它能够与其他国家建立联系。18 世纪，黑山通过采蒂涅都主教区及其主要人物代表国家，与其他国家进行政治接触，所建立的国际关系比较狭窄，仅限于维持和其他宫廷、统治者之间的关系（无论这种关系是通过常驻的还是临时的外交代表完成的）。事实上，这些简单的、通常是单向的外交行为是针对具有国家地位的主体实施的，这赋予了它们外交意义。通过这些关系，黑山从奥斯曼帝国的统治中解放出来，被视为一个特殊的地缘政治主体，从而具备了自己调节与世界关系的权力。

这样，外部环境的特征为内部国家的建立打开了空间。

1878年，黑山首先通过《圣斯泰凡和约》获得独立，之后在柏林会议上获得国际承认，这为其外交活动的组织和范围拓展提供了新契机。黑山作为国际社会的正式成员，同世界的关系具有了充分的国际法意义。只有在柏林会议后，黑山才真正拥有了主权国家的所有属性，其中包括与国际社会其他主体平等的法律地位。根据大会决定，黑山从一个事实意义上的国家成为一个"国际法意义上的国家"。

十一、1878年以后对外代表机构的体制变化，以及外交代表权的主动和被动化实现

体制改革包括国家内设机构的改革，而真正意义上的外设机构才刚刚开始起作用。关于内设机构，应该指出的是，除了大公作为国家元首，1879年国家行政改革后，在对外关系实践中还首次引入了专门机构。外交部最初是一个单一机构（部），它接管了外交部活动的核心任务。

此外，在此期间，黑山在伊斯坦布尔（1879—1912）、贝尔格莱德（1913—1915）、巴黎（1916—1921）、华盛顿（1918—1920）等地区建立了常驻外交使团。与此同时，一个领事网络被构建起来，在这个网络里，名誉领事比职业领事要多。外交和领事这两种不同的驻外代表职能首次被分离并委托给不同的机构。黑山的外交代表获得了国家的正式代表地位（即其政府首脑被其他国家元首认可），并享有特权和豁免权，他们能够不受阻碍地执行所领受的任务。某些特殊的外交使团，无论是由大公即后来的国王尼科拉·佩特罗维奇（Nikola Petrović）率领的，还是由特使率领的，都会得到不同的待遇，包括在给予代表荣誉和礼节的仪式方面，体现了访问国官方不同程度的礼遇。

除此以外，黑山还通过在采蒂涅接纳别国的外交代表，以被动方式实现了外交代表权。共有11个国家派驻代表到黑山。奥斯曼帝国、奥匈帝国和意大利在巴尔和波德戈里察开设了领事代表处。在法律和组织意义上，这一时期的黑山外交，根据委托给代表的任务的性质，具备

了国际法律制度所赋予的所有外交特征。这样，在不到两个世纪的时间里，黑山的外交代表权就达到了国际水平，而某些国家到了19世纪末和20世纪初才出现同样的外交形式。

十二、1878年独立后，黑山外交机构在国家改革后的实际水平

尽管国家改革于独立后立即开始（1879），并在后来继续下去（1903，1905，1914），但无论改革多么重要，进展都是相对有限的。除了持续的经济不发达及公务员制度在物质和人员能力方面有所不足，其主要原因还在于改革并未改变大公（即后来的尼科拉国王）政府的专制性质。因此尽管国家行政范围有所升级，但国内外交机构仍然存在体制上的局限和人力短缺问题，导致其持续参与国家政策制定和实施的几率很小。

从外部特征和体制结构来看，其国内外交机构特别是1903年后的政府和外交部，已具有与欧洲国家相关机构类似的特征。然而，在决策过程中，它们服从于大公即后来的尼科拉国王的意志。随着宪法的通过，情况有所改变。议会制的确立实现了议会对外交政策的部分控制。但是，考虑到议会经历的政治危机以及所有重要决定都在大公的职权范围内，很明显在这个时期，确定基本目标和执行外交政策的过程并没有变化。

行使外交代表权的驻外机构的情况也不尽如人意。在黑山独立时期（1879—1912），黑山只有一个驻外代表机构（驻伊斯坦布尔大使馆）和三个常驻代表团。这主要是因为这个国家的物质能力比较薄弱。

领事工作的情况要好一些，然而也伴随着类似的问题，而且领事机构在职业发展方面也不尽如人意。尽管在获得独立后，外交和领事职能在制度意义上是分离的，但由于外交使团数量少，外交代表机构试图通过领事服务来弥补这一缺陷。[1] 与这些努力相对应的是《王国政府法》

---

[1] 米奥德拉格·米蒂奇博士（Dr Miodrag Mitić）：《外交和领事职能》，贝尔格莱德，1988。

（1914）中所规定的解决办法，该法赋予领事代表外交地位，这与国际法中普遍被接受的立场相反。驻外常设代表机构发展的不足，主要体现在无法保护黑山公民在海外的利益上。因此，在整个独立期间，他们在某些国家的利益，是由俄国外交和领事代表来保护的。此外，外交代表权还体现在国际会议及相关工作中。在一些国际会议上，黑山是由俄国来代表，还有一些情况下，则由奥匈帝国来代表黑山。

由此可见，黑山独立后，常驻外交并没有盛行起来。偶尔的外交接触即临时外交继续在黑山的整体外交中占有较大比重。我们只要记住这点：国王尼科拉在这一时期的对外交往中具有主要发言权，从这个角度来看，尼科拉·佩特罗维奇才是19世纪下半叶和20世纪初黑山的主要外交官。他的这个角色也源于其他国家的外交政策参与者对黑山的态度。无论是采蒂涅的外交代表，还是临时特使（由于设有常驻外交代表，这在当时比较少见）或外交函文，其外交职能都是面向黑山大公即后来的国王的。大公或国王通过任命少数黑山外交人员来强化自己的地位，这些人员均来自其最信任的人脉圈，他们忠于国王的政治观点以及他个人在黑山外交生活中的地位和作用。

卷　上

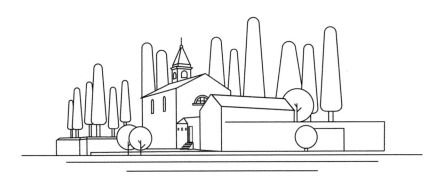

第一章

18 世纪黑山外交活动的萌芽阶段

第一节　18 世纪黑山的外交关系

一、内部环境

要了解黑山在 18 世纪外交活动的最初形式，需了解黑山名称所涵盖的行政领土边界问题，这非常重要。[①] 众所周知，泽塔国（Zeta）在 15 世纪上半叶取得了政治独立。随着杜尚·斯泰凡·内马尼奇（Dušan Stefan Nemanjić）的逝世（1331 年至 1346 年是国王，1346 年至 1355 年是皇帝），他的帝国开始崩溃。[②] 杜尚的帝国曾经从多瑙河（Dunav）

[①] 书面资料提到了上泽塔（Gornja Zeta）和下泽塔（Donja Zeta）。在中世纪，下泽塔覆盖了从卢什蒂察（Luštica）到格尔巴利（Grbalj）、博亚纳（Bojana）和上泽塔的沿海地带，它（这里指上泽塔，译者注）从科托尔上方的洛夫琴山脉的分支一直延伸到斯库台湖东岸和泽塔河。参见：《黑山史》（第 1 卷第 3 册），波德戈里察，1975，第 7 页。

[②] "杜尚皇帝死后不久，他的庞大帝国，由于结构多样化但没有整合好，开始衰落和瓦解。塞尔维亚帝国的许多地区，过去大多是由统治者的强大力量维系在一起的，现在都开始独立了。这些地区以前的统治者，都曾由杜尚皇帝任命，现在各自宣布为领主，不承认杜尚儿子乌罗什（Uroš）皇帝的威权。乌罗什的叔叔西美昂（Simeon）和另一个暴君叔叔约万·科姆宁（Jovan Komnin）开了这个先河，然后其他地方的地主贵族们纷纷效仿。早于 1356 年，在泽塔境内，贵族扎尔科（Žarko）就开始起义反抗塞尔维亚皇帝，掠夺杜布罗夫尼克商人的商品。后来，在泽塔，贵族巴尔希奇家族势力得到了加强，塞尔维亚皇帝乌罗什在一份文件中提到了这一点。……有一种假设　（转下页）

延伸到南部的科林斯湾（Korintski zaliv），东至梅斯特河（Meste），西至德里纳河（Drina）和耶德伦河（Jedren）。他的儿子乌罗什（Uroš）无法保住"父亲的帝国事业"。乌罗什死后，内马尼奇家族就陨落了。随着杜尚帝国的瓦解，那些统治家族纷纷独立，其中包括巴尔希奇（Balšić）家族和茨尔诺耶维奇（Crnojević）家族。泽塔地区的封建领主巴尔希奇的儿子们统治了泽塔，这个家族在 1331 年首次被提及。他们世袭的领地包括巴尔、布德瓦和阿尔巴尼亚北部等地①。在巴尔希奇二世时代，上泽塔（Gornja Zeta）的贵族拉迪奇·茨尔诺耶维奇（Radic Crnojevic）从泽塔国的巴尔希奇领主辖区里分裂出来。② 最早提到茨尔诺耶维奇家族的资料可以追溯到 1331 年，他们统治了上泽塔地区，也是卡通部族（Katun Nahija）的领主。巴尔希奇和茨尔诺耶维奇两个部族之间的斗争贯穿整个 14 世纪和 15 世纪中叶。巴尔希奇家族灭亡（1421）之后，茨尔诺耶维奇家族继续与巴尔希奇家族的合法继承人久拉季·布兰科维奇（Đurđ Branković）争斗。在那场战斗中，茨尔诺耶维奇与威尼斯合作。当土耳其人于 1479 年占领泽塔时，伊万·茨尔诺耶维奇（Ivan Crnojević）前往意大利避难。征服者穆罕默德二世（Mehmed II）死后，茨尔诺耶维奇从意大利返回，并作为土耳其的封臣再次统治泽塔。最后的泽塔领主——在意大利避难的久拉季（1490—1496）和皈依伊斯兰教的斯泰凡（1496—1498）的统治随着泽塔在 1499 年被土耳其人攻陷而结束。③ 奥斯曼帝国征服后的政治环境使得曾

（接上页）是，巴尔希奇后来和内马尼奇成为朋友，这使他们与泽塔的其他封建贵族加强了联系，并赋予他们政治权力，如果没有这些做法，他们将无法控制泽塔国。"日夫科·安德里亚舍维奇、舍尔博·拉斯托德（Živko Andrijašević-Šerbo Rastode）：《黑山史》，波德戈里察，2006，第 21 页。迪米特耶·博格达诺维奇：《非修道院传统的复兴》，载《塞尔维亚人的历史》（第 2 卷），贝尔格莱德，1994，第 7—21 页；拉代·米哈利契奇（Rade Mihaljčić）：《封地领主的时代》，载《塞尔维亚人的历史》（第 2 卷），贝尔格莱德，1994，第 21—36 页。

① 巴尔希奇家族最重要的统治者是久拉季·斯特拉齐米罗维奇（Đurađ Stracimirović）（1385—1405）和巴尔希奇三世（1403—1421）。

② 依靠波斯尼亚国王特弗尔特科一世（Tvrtko I）的帮助，茨尔诺耶维奇统治了上泽塔区，成为独立的统治者。

③ 《黑山史》（第 1 卷第 3 册），第 12—13 页。

经的泽塔地区在将近两个世纪内，无法开展恢复独立政府的解放运动。

黑山①代表了中世纪泽塔国的一部分，作为巴尔干半岛西南部的一个小国，黑山出现在18世纪初。它与土耳其统治下的阿尔巴尼亚北部和黑塞哥维那接壤，也与威尼斯接壤，在圣马可共和国（Republika Sv. Marka）垮台（1797）之后，与奥地利在达尔马提亚海岸接壤。以前属于泽塔的其他领土——波德戈里察（Podgoric）、尼克希奇（Nikšić）、斯普日（Spuž）等地，在土耳其征服巴尔干半岛期间也被土耳其占领。② 在波扎雷瓦茨（Požarevac）和平协议签订（1718年）之后，沿海城市格尔布里、波博里（Pobori）、马伊内（Maine）、布拉伊奇（Brajići）等地区首先落入威尼斯之手，然后是奥地利之手，黑山被剥夺了出海口。③ 然而，黑山人仍然将这些地区和科托尔湾（即亚得里亚海岸的一部分、海湾、科托尔城和防御工事系统）视作自己的领土，有些时候甚至采取措施把它们纳入黑山境内。这些地区的居民与黑山人也保持着密切的联系。因此，从地理上讲，黑山（主要指以前的上泽塔地区）代表了巴尔干山区的一小部分，该地区以洛夫琴山脉为主。它的领土面积很小，以至于"在夏日，无论是雨天还是晴天"，一个人无论"从任何方向出发朝另一方向走去，一天之内就可以走完"。④

在18世纪，黑山像以前一样，是巴尔干地区最落后的国家之一。它非常贫穷，没有人力或物力来促进重大的经济发展。黑山没有城市，它的行政和宗教中心是采蒂涅——一个小规模的定居点，由一座修道院和几十所房屋组成⑤，大部分人口居住在河谷或山坡上的小村庄里。

① "黑山"这个名字第一次出现在米卢廷（Milutin）国王时期（1282—1321）。后来，"黑山"在1435年暴君久拉季与威尼斯的条约中被提及。作为地理术语的"上泽塔"，自15世纪中叶以来就已经确立。
② 安沙科夫（р. П. Аншаков）:《黑山-斯拉夫要塞，社会生活与国家的构建》，载《18世纪的巴尔干历史》，莫斯科，2004，第331页。
③ 同上。
④ 格里戈尔·斯塔诺耶维奇（Gligor Stanojević）:《主教瓦西里耶·佩特罗维奇和他的时代（1740—1766）》，贝尔格莱德，1978，第6页。
⑤ 美国历史学家约翰·D. 特雷德韦（John D. Treadway）后来指出，在19世纪中叶，黑山"首都采蒂涅包括一座修道院，一座普通的官邸和三十四座铺着木瓦的房屋"。约翰·D. 特雷德韦：《雄鹰和苍鹰——黑山和奥匈帝国（1908—1914）》，波德戈里察，2005，第2页。

自 16 世纪以来，黑山就一直处于波尔特（Porte，奥斯曼帝国政府的别名）的最高统治之下，但它仍然拥有广泛的自治权，并设法在一个非常狭小的领土上维护其政治的完整性。黑山被认为是土耳其苏丹的属国，土耳其封建领主在黑山并没有行使权力，土耳其的行政和司法体系都没有被引入。在 18 世纪，黑山作为奥斯曼帝国附属国的唯一标志是非常罕见纳贡行为，这是由奥斯曼远征队进行的惩罚性收集，与其说是纳贡，不如说是缴纳赎金。有资料显示，"一些部落和联盟的人在某些时期自愿进贡"[①]。无论如何，众所周知，自从被奥斯曼帝国统治以来，黑山一直是奥斯曼帝国的一个特殊"行政区"。

黑山的领土分为四个部族（nahije，相当于部落联盟）：卡通部族（Katunska），里耶卡（Riječka，黑山），茨尔姆尼察（Crmnička），列什部族（Lješanska）。它们组成了"老黑山"。第五个部族是由 18 世纪 90 年代的佩希夫奇部族（Pješivačka）与卡通部族联合而成。

尽管卡通部族地区最大，但从经济角度而言却是最贫穷的。里耶卡（黑山）和茨尔姆尼察是物质和自然资源最丰富的地区。每个部族都有几个部落。黑山部落与古典式的部落不同，因为它们是基于领土原则而不是血缘关系组成的，并且是由于缺乏集体劳动以及社会结构和财产阶层分化（而导致的）。部族的头领们叫塞尔达尔（Serdar），部落首领称公爵或亲王。塞尔达尔和公爵不仅有军事权力，且行使司法权。

由于这片土地的地理位置和性质，泽塔——黑山——被"征服"后，规模变小了，而以前的政治独立元素被破坏了，冲突不断发生。这使得在制度和政治上不可能建立和保护具有超越部落性质的价值体系。作为前国家精神痕迹留下的唯一一般类型的机构是泽塔都主教会。它原本的教会管辖范围大大缩小，都主教总部被迫从蒂瓦特附近的普雷夫拉卡（Prevlaka）转移到弗拉尼纳（Vranjina）的圣尼科拉，然后转移到科姆（Kom），然后转移到奥博德（Obod），最后转移到采蒂涅。

---

① 安沙科夫：《黑山-斯拉夫要赛，社会生活与国家的构建》，第 334 页。

虽然如此，它不仅在前泽塔和沿海的部分地区，而且在更广泛的周边地区，成功地将自己确立为精神复兴和世俗抵抗的中心。都主教区也保留和传承了中世纪泽塔的世俗和精神传统，并成为黑山政府建设的中心。

虽然自由和政治独立的思想并没有完全熄灭，但由于奥斯曼的强权统治、内部的意见分歧以及部落的生活方式等，直到 18 世纪，他们的抵抗都很难改变这种窘况。

二、解放斗争的外部动力

教会①在黑山解放进程中发挥了不容置疑的重要作用，除此之外，还需要外部支持来扩大影响范围。17 世纪中期尤其如此，当时波尔特不断施压，目的是迫使黑山人进贡并剥夺他们的自治权。由于无法对抗奥斯曼帝国的军事力量，黑山向与土耳其交战的国家寻求帮助并向其提供支持。威尼斯最初就是这样的盟友，黑山作为威尼斯邻国，与其有着密切的关系。因此，在威尼斯与土耳其之间爆发坎迪斯战役（Kandijskog Rata，1645—1669）期间，黑山人与威尼斯共和国并肩作战。摩里亚战争（Morejski Rat，1684—1699）期间的情况也与此类似。1688 年，黑山人击败了斯库台（Skadar）的苏莱曼·布沙特利亚帕夏（Sulejman-paša Bušatlija）。黑山人以为这次胜利能让他们摆脱奥斯曼帝国的统治，于是接受了威尼斯的保护。威尼斯军队的一支分队驻扎在采蒂涅的修道院。然而，这种情况并没有持续多久，因为在 1692 年，苏莱曼帕夏进攻黑山，迫使黑山进贡，并与在采蒂涅修道院驻扎的威尼斯人达成撤退协议。威尼斯人背信弃义地在撤退时破坏了修道院，并将其夷为平地。②

尽管黑山人最初出现在威尼斯共和国的战争中，但在反对奥斯曼

---

① 作为一个有自己教区的教会组织，采蒂涅都主教区一直是佩奇（Peć）宗主教下辖的一部分，直到 1766 年被土耳其当局废除。此后，该教区获得了更大程度的独立，正式归属于伊斯坦布尔宗主教的管辖。

② 拉多斯拉夫·拉斯波波维奇博士：《关于泽塔国沦陷后在土耳其统治下，茨尔诺耶维奇印刷厂档案文件的命运》，《黑山国家博物馆公报》第 4 期，第 15—17 页。

帝国的过程中，黑山人却与俄国人并肩作战，甚至后来在较小规模上与奥地利一起作战，这些黑山解放斗争的外部支持显得更为重要。通过在这些战争中做出的贡献，黑山的地缘政治地位和军事意义得到突显，从而在18世纪初获得了"国际认可"。它的"外交政策主体性"是它当时与世界联系的基础，这体现在外国使节抵达黑山及黑山主教的出使中。以这一方面来说，18世纪初是黑山历史的一个转折点。尽管没有伴随着国家形式的建立，但当时开放的进程使黑山进入了巴尔干和欧洲的政治生活，使其成为一个独立的政治实体。

尽管由于外部因素，黑山人站在基督教国家一边参与了战争，并由此在国内层面进行了某些整合，但所获得的国际认可水平与黑山国内发展水平并不相适应。这也是为什么说黑山为摆脱奥斯曼帝国的统治而与欧洲宫廷建立的政治联系超出了其内部发展水平。

上述内容不应导致对黑山的国际承认程度做出错误的结论。不论科托尔还是波德戈里察，距离要塞城市都很近，但是因多山、交通不便，再加上部落式的政治和文化隔离，18世纪的黑山在欧洲鲜为人知，这是事实。黑山领土狭小，居住着东正教徒，为维护自己的身份特征，他们一方面反对从沿海地区传入天主教，另一方面反对建立土耳其统治和传播伊斯兰教。坚固的土耳其城堡将其与内陆的东正教徒隔离开来，使这场斗争更加困难，黑山的宗教和文化孤立与隔离更加彻底。据说，就连来自欧洲的受过教育的旅行者都难有机会向自己的国人介绍黑山的情况。一些18、19世纪来到这里的欧洲旅行者和旅行作家并没有提到黑山。其他人，例如马里扬·博利察（Marijan Bolica）和埃夫利亚·切莱比亚（Evlija Čelebija，17世纪）[1]、尼科拉·埃里克（Nikola Eric，18世纪）留下了有关黑山的第一批比较详细的信息。

---

[1] 埃夫利亚·切莱比亚：《旅行见闻》，萨拉热窝，1970。一些18、19世纪到达这些地方的欧洲旅行者和旅行作家包括韦勒（Veler，1723）、亚当（Adam，1734）、塞斯蒂尼（Sestini，1789）、卡萨斯（Kasas，1802）等。参见佩塔尔·波波维奇：《19世纪初之黑山兴趣》，载《记录》（卷1）1927年7—12月，第2页。

三、关于黑山地理位置和军事重要性的外国资料

为了完整地了解影响黑山"外部能力"的"内部事务"[1]，我们将简要地指出在 17 世纪和 18 世纪，通过外国人的眼睛看到的黑山发展的主要时刻。

在 17 世纪最重要的此类文献中，有 1614 年马里扬·博利察对斯库台的桑扎克（sandžakat）的描述："黑山与科托尔接壤，距科托尔城有 3 英里远，也与布德瓦接壤，距布德瓦市约 3 英里，然后是帕什特罗维奇（Paštrovići）、黑塞哥维那、斯库台湖和莫拉查河，将其与波德戈里察隔开。"[2] 根据这份报告可知，这里有 90 个村庄，3 524 户人家，"8 027 名能够参战的武装人员，其中 1 000 人持有步枪（弓箭手），其余人持有剑、盾和长矛"[3]。根据同一信息来源，当时采蒂涅有 70 所房屋和 170 名士兵。这里有主教的寓所，他是"黑山所有居民的精神统治者"，人们认为"只有佩奇宗主教一人在他之上"。[4]

博利察的报告在文献中被评价为威尼斯关于黑山的所有信息中最可靠的来源之一。后来，科托尔执政官帕里斯·马尔皮耶罗（Paris Malpijero）于 1623 年所写的报告中的一些数据（譬如关于居民人数）被重复引用，而阿尔维佐·莫切尼戈（Alvizo Močenigo）在 1639 年的报告中将黑山包括北部山区描述成"伟大的国家"，有 280 个村庄，"超过 14 000 个炉灶和 30 000 名战士"。[5] 在那些年（1625），根据文献中可以找到的数据，黑山人声称他们只有 3 000 多所房屋或 15 000 名居民，这些数据被认为是最准确的。

自从茨尔诺耶维奇被土耳其攻陷，由于地理位置上的相邻，黑山的

---

① 一般来说，"外交关系对应于内部关系"。见格尔古尔·亚克希奇博士(Dr Grgur Jakšić)：《19 世纪的塞尔维亚历史》，贝尔格莱德(平版印刷)，第 140 页。

② 帕维尔·阿波罗诺维奇·罗文斯基(Pavel Apolonović Rovinski)：《过去和现在的黑山》(第 1 卷)，采蒂涅，1993，第 570 页。

③ 同上，第 568 页。

④ 同上，第 569—570。

⑤ 《黑山史》(第 1 卷第 3 册)，第 91 页。

局势一直是威尼斯人最感兴趣的。后来，其他国家（俄国、奥地利、法国）的使者才留下重要的记录。在俄国派遣正式使节之前，关于黑山的第一个信息是在17世纪末由佩塔尔·安德烈耶维奇·托尔斯泰（Petar Andrejevič Tolstoj，1645—1729）记录的。这位俄国政治家和外交官在意大利留学期间访问了亚得里亚海东部海岸的一些城市。托尔斯泰旅行日记的摘录（1698年6月10日至19日）如下："名为黑山人的自由人住在科托尔和佩拉斯特附近。这些人信仰基督教，说斯拉夫语，他们人数众多，不为任何人服务，他们偶尔和土耳其人打仗，偶尔和威尼斯人打仗。"[①]

后来，俄国宫廷的正式代表在其报告中根本没有很好地描述黑山的情况。普契科夫在18世纪中叶的报告中尤其如此。根据普契科夫的说法，黑山人是一个无法管理或很难整顿的民族，因为他们不懂法律，也没有任何法律。[②] 除了部落分裂和不团结，他还强调了黑山人对教会和精神生活的忽视，黑山土匪横行，还经常袭击土耳其和威尼斯的领土，他将黑山人描绘成一个贪婪的民族，"谁给钱就跟谁走"。

在俄国的第二位官方代表米哈伊洛·塔拉索夫的报告（1766）中，黑山与以前的基本观察并没有本质的区别。塔拉索夫还指出，黑山人并没有发展出任何形式的政府组织，尽管他们的主教被称为"主要管理者"[③]，但主教的权力范畴很狭窄，在发生争吵时，除了诅咒，他没有任何"其他力量"可以行使。

在人口统计方面有一些不同。据普契科夫说，在黑山总人口中，可能有8 000人可以携带武器，而大约有4 000名武装战士。据塔拉索夫

[①] 《黑山-俄罗斯帝国关系（1711—1918）》（卷1）之《17世纪末至19世纪中叶黑山的俄国资料》，波德戈里察-莫斯科，1992，第36页。

[②] 普契科夫还写道："如果有人侮辱了别人，被冒犯的人就会为自己讨回公道，或杀人或屠杀，当他无助的时候，他就会翻过山脉逃到另一个部族，以获得安全。"参见马尔科·德拉戈维奇（Marko Dragović）：《黑山历史资料》，《塞尔维亚皇家学院论文集》第25期，第28页。

[③] 塔拉索夫的报告指出，主教称自己是"黑山统治者"，"黑山人对此不能容忍"，他们只在他作为都主教时才尊重他，因为毕竟他们自己并不隶属于任何人，也不隶属于他，他们每个人都只是"依靠自己"。《黑山历史资料》（第25章），第39—40页。

的估计，在黑山不受任何人统治的地区（卡通部族）可以武装 2 000 名士兵，而在其他地区（土耳其统治下）即茨尔姆尼察、里耶卡（黑山）和列什等地区以及北部山区，还可以召集约 4 000 名士兵。[①]

在其他来自俄国类似的报告中，斯捷潘·安德烈耶维奇·桑科夫斯基（Stjepan Andrejević Sankovski）的报告对 19 世纪初黑山的历史具有重要意义。1805 年 3 月，他从意大利来到黑山执行外交任务。他的任务与后来海军上将 D. N. 塞尼亚文（Senjavin）指挥俄国舰队远征地中海和亚当·查托里斯基（Adam Czartoryski）的巴尔干计划有关。除了要重新获得对黑山的影响力，他的活动还与俄国宫廷对法国的政策有关。

桑科夫斯基关于黑山的报告也很重要。他在 1805 年 11 月 5 日的第 44 号报告中，罗列了黑山的行政区划，此外还提供了关于居民人数、特征和生活方式的数据信息等。他估计，如果该国遭到袭击，3 天之内就会有 12 000 人聚集在一起参加"荣誉十字军"。那里的人很穷，分散在石头房子里，缺少生活必需品，也没有教堂圣像。报告还讨论了黑山的自然资源、水文和其他对决定其整体经济实力至关重要的特征。

奥地利开始注意黑山及其内部事务要比威尼斯人和俄国人晚得多。1777 年，黑山与奥地利宫廷建立政治关系。总督拉多尼奇（Radonjić）滞留维也纳后，皇帝约瑟夫二世组建了一个外交团队，由帕乌利奇上校带队，成员包括上尉弗里德里希·奥雷什科维奇（Fridrih Orešković）、弗拉尼奥·多尔奇（Franjo Dolči）和中尉菲利普·武卡索维奇（Filip Vukasović）。[②] 根据次年 4 月结束的访问，帕乌利奇上校提交了三份报告：第一份，他只叙述了在黑山的行程和工作；第二份，他回复了出发前收到的指示中提出的问题；第三份则载有对黑山军事情况的表述。

---

① 我们列出关于黑山有多少武装人员的数据，外国记者对此是最感兴趣的，因为这样我们可以得到黑山总人口的数据。根据实际的计算方法，8 000 名士兵（乘以 4）对应 30 000～35 000 名居民。历史学家普遍认为，在 18 世纪中期，黑山的人口相当于这个数字。

② 弗拉丹·焦尔杰维奇博士（Dr Vladan Đorđević）：《18 世纪的黑山和奥地利》，贝尔格莱德，1912，第 25—59 页。

帕乌利奇用旅行时间来测算黑山的面积。他的估计与塔拉索夫相似。双方都认为用不到一天的时间就可以走完黑山。1782 年，黑山"在 23 小时内就能走完周边；因为它最长的地方 10 个小时可以走完，最宽的地方要 6 个小时便可以走完"①。他说，这片土地山多岩多，耕地面积小，只有一些牧场，几乎没有森林，除了步行道，没有其他道路。② 它被分成五个部族，其中最大的卡通部族的一部分在 96 年前就处于威尼斯的保护之下。

帕乌利奇估计，在这个"山峦密布"的国家，"人口相当稠密"。根据他的报告，"这里有 4 884 栋房屋和 40 000 多名居民"。当男性人口超过女性时，黑山人认为他们总是可以"派出 10 000 名战士"，但帕乌利奇自己估计，在那些"美丽而强壮"的人中，只有"8 000 人能够战斗"。③

四、政府组织和社会生活

描述黑山的外国人大多认同黑山的本土政府性质。帕乌利奇评估黑山没有那种有组织的政府，没有"警察或法律"，称"所有人是绝对平等的"。负责人与其他首领的不同之处在于，他们处理的是"一般日常的事务和争论"。他还指出，该国有一位世俗长老总督，每个部族都有一个塞尔达尔（"只有卡通部族有两个，因为该地区很大"），然而，总督和其他首领都不能下达命令，或对不遵守规则的人进行惩罚。这些"有威望的人"所使用的类似于法院判决的唯一方法，就是说服那些违规的人尊重他们。在其他世俗权力机构中，帕乌利奇注意到了采蒂涅的部族协会和人民协会，但没有强调其特殊意义，认为它们也没有公共机构的职能。

---

① 弗拉丹·焦尔杰维奇博士(Dr Vladan Đorđević)：《18 世纪的黑山和奥地利》，贝尔格莱德，1912，第 41 页。
② 同上，第 42 页。
③ 同上。

至于教会的结构，奥地利上校的报告指出，教会的负责人是主教，"从佩奇到克罗亚（Kroja）和达尔马提亚（Dalmacija）的所有东正教的牧师都隶属于他，但这只是因为人满为患"。帕乌利奇认为，尽管佩奇宗主教区的废除扩大了黑山主教的教会管辖权，使其成为"最亲近的都主教"，但只有黑山的神父们才真正隶属于他。他强调了主教作为"黑山第一公民"的重要性，而作为总督的拉多尼奇（Radonjić）家族却试图压制这一点。

就国家立场而言，即无论黑山是否真的像黑山人自己说的那样是独立的，还是要向土耳其进贡，帕乌利奇在报告中写道，自从土耳其和威尼斯签订和平协议以来，黑山便隶属于土耳其。虽然黑山人声称他们不承认土耳其对自己有任何威权，但这位奥地利上校评价说，"根据战争法"，黑山属于土耳其。黑山"实际上独立"的事实，除了应该感谢黑山这片土地的属性——"每一步都要浴血奋战，土地不能供给军队粮食，军队也不能在这里驻扎太久"，还要感谢土地上的战士们拥有勇敢的英雄主义精神。

事实上，尽管很难进入，土耳其人还是设法在1692年、1714年和1785年到达黑山，攻占并洗劫了采蒂涅。"巴尔干半岛上没有哪个国家在18世纪被烧毁过这么多次"[1]，土耳其采取这些行为的原因是黑山人对土耳其政府的强烈抵制，土耳其政府必须予以镇压。

与其他人一样，帕乌利奇的报告并没有显著改变人们对黑山的一般认知，尤其是在西欧国家。但是他们不是为此目的而撰写报告的，他们的主要目的是向其宫廷和内阁提交报告，以通报黑山的局势，从而确定其未来的政治和军事战略。[2]

由于其他大国的外交政策基于类似的前提，因此在和平时期，黑山

---

① 弗拉丹·焦尔杰维奇博士：《18世纪的黑山和奥地利》，第47页。

② 通过帕乌利奇的报告，奥地利大公约瑟夫二世认为，"黑山的事务不值得进一步拓展"，因为"在和平时期，我们不会从中受益，战时可利用的又太少，还要让我们付出高昂的代价"。此外，"他们的位置让我们认为，我们在那里，既不能给予也不能接受任何东西，否则就会被那里的全体人员警告"。

仍然是"根据战争法"处于隶属地位的国家，自生自灭。只有在黑山人有必要支持一些大国、联盟的军事力量时，它才可以脱离这种局面。

从 19 世纪初开始，旅行作家们，譬如维尔·德·索米尔（Viale de Somier）撰写了这个除了名字其他情况几乎无人知晓的国家的历史。作家们意识到这样一个事实：这个国家的"幸福在于维护独立"，它的人民"有勇气维护国界，其功绩被视为荣誉"。[①]

直到 19 世纪初，关于黑山的文献还是非常稀少，而且用各种欧洲语言撰写的内容还相互矛盾。与此同时，对被称为野蛮、蒙昧、粗野的人们的文化水平和文明发展程度的评估特别严格。即使在 19 世纪上半叶，受过教育的欧洲世界对黑山情况的了解也没有明显改变。这就是为什么德国植物学家威尔海姆·埃贝尔（Wilhelm Ebel）在 19 世纪中叶留下了关于黑山非常有趣的游记，而在他离开之前只能写下："我现在得到了一个意想不到的机会，参观了著名但非常有趣的黑山。"[②]

正如黑山在欧洲鲜为人知一样，欧洲繁荣的社会、经济和政治也不为黑山所知。在 18 世纪和 19 世纪的大部分时间里，东正教斯拉夫世界的特点在黑山非常突出。这是维护自己身份的需要，是在斯拉夫主义概念中被特别强调的，保护了特殊性免受一般性影响。这也是其邻国强加的普遍价值，与斯拉夫的独特性相反。[③] 黑山边界仍然存在的"世界差异"非常清楚地表明了其与邻国的文明和文化的分离，以及需要更加关注斯拉夫主义。这加剧了黑山的孤立，但也影响了其历史的身份特征。

黑山虽然处于发达国家的环境中，但它与欧洲的文化影响隔绝开来，并且对东方奥斯曼的价值观持敌对态度。它不断地与土耳其人进行斗争，引起了其他欧洲国家的注意。对于大国来说，它只扮演了一个角

① 维尔·德·索米尔：《黑山的历史和政治之旅》，采蒂涅，1994，第 11 页。
② 威尔海姆·埃贝尔：《黑山之旅报告》和《黑山十二天》《黑山，巴尔干之门》，载《欧洲植物学家游记和记录》，采蒂涅，1991，第 131—269 页。参见同一本书之 B. 巴佐托（B. Bjazoleto）：《撒克逊国王弗里德里希·奥古斯丁（Fridrih Augustin）的黑山之旅》。关于英国人如何看待 19 世纪的黑山，见柳博米尔·杜尔科维奇-亚克希奇（Ljubomir Durković-Jakšić）：《关于涅戈什和黑山的英文记录》，铁托格勒，1963。
③ 尼科拉·J.丹尼列夫斯基：《俄罗斯和欧洲》，贝尔格莱德，1994，第 9 页。

色——"它是对抗共同敌人的一个工具"①。

前文的陈述也许能说明 18 世纪的黑山在欧洲国家宫廷取得政治代表权的重要性。在一个"战争和战争组织"（除了与敌人抗衡外，还"为了复仇，扩大有限的部落地区或仅仅是为了抢劫"）是"人民生活的常规职能"和作为"永久的经济区域"的国家②，黑山代表作为黑山人民的精神代表和政治代表，接触到这个时代最重要的一些政治人物，他们的决定影响了历史进程。因此，黑山在 18 世纪向获得国际认可迈进，尽管国际认可的程度与其国家组织的水准不符。外交事务参与者的地位不是由国家主权的实现程度决定的，而是由其在反对土耳其人的解放斗争中取得的成果决定的。黑山的军事意义决定性地影响了其国际主体性构成。事实上，其地缘政治地位对其与世界关系的影响大于其实际军事实力的影响，这一事实也决定了其最初建立的"外交"关系的性质和本质。

第二节　与其他国家建立政治联系的第一种形式

一、与俄国建立政治联系

除了内部环境外，外部环境对于黑山摆脱土耳其统治的斗争也很重要。我们已经说过，尽管坎迪斯战役的主要战区不在黑山附近，但这让人们的认识逐渐成熟，即有必要对土耳其当局进行更大的抵抗。这就是为什么这场以"夺取土耳其政府"为目的的战争，在文献中被认为对黑山意义更大，即比威尼斯共和国对土耳其发动的其他所有战争都更重要③。然而，无论是这场战争，还是后来的摩里亚战争，都没有带来

---

① 佩塔尔·波波维奇(Petar Popović)：《19 世纪初对黑山的兴趣》，第 1 页。
② 拉多万·佐戈维奇(Radovan Zogović)：《黑山各个时期的史诗歌谣》，铁托格勒，1970，第 65 页。
③ 格里戈尔·斯塔诺耶维奇博士(Dr Gligor Stanojević)：《达尼洛主教时期的黑山》，采蒂涅，1975，第 15 页。

更好的解放成果。18 世纪初，黑山人的解放努力与俄国彼得大帝的外交政策目标一致，这也使他们的努力取得进展。俄罗斯帝国在 1710 年秋对土耳其的战争中，鼓励巴尔干基督徒作为辅助力量举行起义，这一做法将黑山带入巴尔干半岛的政治舞台，并促使其与俄国建立政治关系。与此同时，在黑山发生了一件事，由达尼洛·什切普切维奇（Danilo Šćepčević）领导的黑山人就"被伊斯兰化的同胞"而针对土耳其人的调查事件，使黑山人发生了转变，也为其接受俄国沙皇的邀请创造了内部条件。

黑山和俄罗斯帝国之间的一些联系以前一直保持着。从 17 世纪下半叶开始，这种联系尤为明显，既体现在黑山人前往俄国，也体现在俄国人定居黑山的增加[①]。然而，只有 1711 年中俄国沙皇彼得大帝特使的到来才是决定黑山社会和国家进一步发展的重大事件。

帝国代表团由来自黑塞哥维那的塞族人米哈伊洛·米洛拉多维奇上校和波德戈里察的本地人伊万·卢卡切维奇上尉组成，他们带来了一封信，鼓动黑山人和巴尔干半岛的其他基督徒为反对土耳其人武装起来。巴尔干的斯拉夫人对奥斯曼帝国发动战争的需求促成了俄国-黑山的政治关系。

俄国代表团在黑山的第一次政治任务在黑山、黑塞哥维纳和山区部落间引发了极大的热情。人们相信，"推翻奥斯曼政府，在拥有同一血统和同一信仰的'全能的统治者'的帮助下，建立一个新的或重建旧的国家的历史性的时刻已经到来"[②]。未来黑山的创始人——佩特罗维奇·涅戈什（Petrović-Njegoš）王朝的达尼洛·佩特罗维奇（Danilo Petrović，1697—1735）主教对此做出了重大贡献。关于主教达尼洛和

---

① 亚戈什·约瓦诺维奇(Jarош Jовановић)：《十六世纪下半叶到现在的黑山与俄罗斯的关系》，《历史记录》1948 年第 2 卷第 3—4 期，第 139 页。又见《黑山与俄罗斯的关系. 1711—1918》，第 36 页。拉多万·拉利奇：《论黑山与俄罗斯的传统关系》，《历史记录》1951 年第 7 卷第 4 期，第 273—294 页。
② B. 帕维切维奇(Б. Павићевић)：《1715 年主教达尼洛在圣彼得堡》，载《米哈伊洛·拉利克荣誉文集》，铁托格勒，1984，第 15 页。

上校米洛拉多维奇指挥的军队人数有不同记载，但反响无疑是巨大的。作为彼得大帝鼓动的响应，黑山人袭击了土耳其人，并召集了黑塞哥维纳人、北部山区人和周边地区的人民一起战斗。

二、俄国宫廷的第一批黑山使者

第一场战役取得重大胜利，这激发了更大规模的军事行动计划。在最激烈的小规模冲突中，黑山决定派遣特使前往俄国，这是第一个特派团。选择落在了上校米哈伊洛·米洛拉多维奇的兄弟加夫里洛·米洛拉多维奇身上。1711 年 10 月底到 11 月初，派往圣彼得堡的第一个代表团的目的是"向俄罗斯帝国政府和皇帝通报黑山、黑塞哥维那和山区部落的事态发展，并要求俄当局提供物质援助，以便在巴尔干地区开辟一条更广阔的战线"[1]。

1711 年《普鲁特和约》缔结后不久发生的动乱对俄国不利，黑山人没有及时获悉这一情况。1712 年，他们在察雷夫拉兹（Carevog Laza）附近对艾哈迈特帕夏（Ahmet-paše）的部队进行了顽强地抵抗。[2] 在随后的形势中，达尼洛主教和黑山长老们预料到土耳其将会讨伐，于是决定再派一个代表团前往俄国。这次，特殊任务被委托给米哈伊洛·米洛拉多维奇。米洛拉多维奇上校原本应该向俄国沙皇陈诉黑山的局势，并恳求他"不要丢下黑山不管，无论《普鲁特和约》规定的国际义务如何"[3]。

米洛拉多维奇于 1712 年 8 月前往俄国。由于他的工作超出了他前往黑山时所收到的指示，他等待了一年多的时间才被总理戈洛夫金（Golovkin）[4] 和沙皇接见。1712 年 4 月 27 日，他自己写就并在黑山议

---

[1] В. 帕维切维奇（Б. Павићевић）:《1715 年主教达尼洛在圣彼得堡》,载《米哈伊洛·拉利克荣誉文集》,铁托格勒,1984,第 17 页。

[2] 拉多斯拉夫·拉斯波维奇:《在 18 世纪初的黑山与俄罗斯帝国关系背景下,论 1712 年土耳其在黑山的战役的某些方面》,载《黑山和俄罗斯:评论与随笔》,第 27—68 页。

[3] В. 帕维切维奇:《1715 年主教达尼洛在圣彼得堡》,第 15 页。

[4] 西美昂·米卢蒂诺维奇（Simeon Milutinović）:《新时代的黑山历史》,贝尔格莱德,1835,第 55—57 页。

事会上宣读的"致辞"就反映了这种越权行为。通过议事会决议，他接受了以下条款：黑山人成为俄国公民，俄国保证他们的教会独立、公民自由，免除其纳税义务；反过来，当俄国提出要求时，黑山有义务站在俄国一边共同作战。这种（协议）安排，对于那些因执行完全不同的任务而被派往黑山的俄罗斯帝国官员来说，根本不在他们的职权范畴内。

由于土耳其实施了惩罚性措施，黑山派出的第二个代表团未能成行，达尼洛主教遂派出了第三个代表团，由斯拉武耶·贾科维奇（Slavuje Đaković）公爵和伊万·阿尔巴内兹（教士莫伊西耶·米塔诺维奇的别名）公爵组成。他们的任务与黑山的内部局势需要俄国紧急援助有关。他们于 1713 年 1 月到达俄国。即使贾科维奇在外交事务委员会上主导了会谈，但俄国政府并未就黑山问题做出任何具体决定。

由于没有得到圣彼得堡的答复，也为了尽可能地维持俄国官员和人民摇摇欲坠的信任，达尼洛主教将他的兄弟达姆扬·什切普切夫·佩特罗维奇（Damjan Šćepčev Petrović）和副主教马克西姆（Maksim）派去第四次觐见俄国沙皇。1713 年底，使者们前往维也纳。他们携带了一份皇家协议的副本、一份萨瓦·弗拉迪斯拉维奇（Sava Vladislavić）的信件副本、一封达尼洛主教的信件。主教在给戈洛夫金的信中描述了黑山人参加针对土耳其人的战争的情况，以及黑山在《普鲁特和约》之后的处境。在信的结尾，他要求俄国总理回答"下一步该做什么"。

黑山派出的第四个代表团的行程花了很长时间。直到 1714 年 4 月，代表团才抵达基辅，1714 年 7 月 25 日抵达莫斯科。他们又出乎意料地等待了很长一段时间，直到 1715 年 2 月，才获得前往圣彼得堡的许可。在前往圣彼得堡的途中，前面代表团的几个成员弗拉迪斯拉维奇、伊万·阿尔巴内兹、米哈伊洛·米洛拉多维奇等人加入到达姆扬·佩特罗维奇和副主教马克西姆的团队里来，他们一起于 1715 年 3 月抵达圣彼得堡。

抵达俄罗斯帝国首都的黑山人获得了适当的旅费和物质补偿。他们自我介绍，认为自己是"官方使臣，帝国当局应该以这种方式对待他们"。俄国政府并不急于考虑他们的要求。此外，俄国还注意确保自己的决定不会破坏俄国与威尼斯、土耳其和奥地利的关系。俄国政府同意接收"任何受到威尼斯或土耳其当局迫害的黑山人"，许诺这些移民将获得阿佐夫斯基省（Azovski）或基辅省（Kijevski）的土地，并根据各自身份得到资金和粮食方面的援助。同时决定以资金方式向黑山其他人口提供物质援助，并准备了一份帝国信函，供使者们带到黑山。决议的第二部分提出了"与土耳其人和解"的建议，这份建议是向马克西姆副主教提出的。

当黑山的使者们在等待俄国官员的接见时，土耳其对黑山发动了新的进攻。这次进攻是由波斯尼亚的伊斯兰将领努曼·丘普里利奇帕夏（Numan-paša Ćuprilić）指挥进行的，在土耳其军队的这次大规模攻击中，黑山遭到了"毁灭性的打击"[①]。1712 年，在从波德戈里察到采蒂涅的路上，也就是察雷夫拉兹附近，黑山人遭到了敌军的报复，战争导致的国力耗竭和士气下降给黑山带来了几乎灾难性的后果。因此，俄国沙皇向黑山人发表的声明以及黑山人对土耳其人的抵抗，最终变成了一场灾难。

三、达尼洛主教出访俄国

根据苏丹的敕令，丘普里利奇军队的任务之一是将达尼洛主教与几位黑山的重要人物一起带到伊斯坦布尔，因此土耳其的行动也具有追捕的性质。在一次骚动中，达尼洛主教、武科塔·武卡希诺维奇（Vukota Vukašinović）和一些黑山精英们离开黑山，转移到威尼斯共和国境内。然后他们决定派遣主教达尼洛去往俄国。[②]

达尼洛主教背负的任务实际上是被迫的。由于情况特殊，主教在未经必要批准的情况下就前往俄国。直到 1714 年底，他抵达维也纳时，

---

① J. 托米奇(J. Томин)：《1714 年努曼·丘普里利奇帕夏远征黑山》，《塞尔维亚皇家学院之声》1932 年第 147 期，贝尔格莱德，第 48—78 页。

② G. 斯塔诺耶维奇(Г. Станојевић)：《达尼洛主教时期的黑山共和国》，第 115 页。

才给俄国总理戈洛夫金写了一封信，请求准许他进入帝国首都。在维也纳，达尼洛主教又给俄国总理和沙皇写了几封信。在信中，他描述了黑山发生的事件和黑山遭受的苦难。经过三四个月的等待，达尼洛被准许前往波兰边境。1715年初，他抵达基辅。除了获得许可继续前行，他还获得了一些适当的经济援助。

达尼洛主教于1715年4月抵达俄国首都，他是第一个到达圣彼得堡的采蒂涅主教。这是一次精神伟人的访问，他的到来也具有重要的政治意义。他受到了俄国高层政治人物的接见，包括沙皇本人——彼得一世的接见。虽然访问给达尼洛主教留下了"美好的印象"，但他对所取得的结果并不满意。俄国的外交政策改变了方向，因为俄国当时正专注于与瑞典人的战争，排除了俄土战争的可能性，而这本是黑山唯一的机会。达尼洛意识到，没有能够改善自己国家目前状况的希望了。会谈中还谈到其他各种事情——感谢俄国在黑山与土耳其人的战争中向黑山提供的帮助，对身处苦难中的黑山人民的物质支持，以及黑山人移民俄国的可能性，这些对于主教来说并没有预期的那么重要，不及俄国和奥斯曼帝国之间的战争以及因此带来黑山的扩张和解放这样的事情重要。根据俄国外交部的建议，主教在一份具有备忘录性质的综合报告中，提出了关于进一步发展俄国与黑山关系的6点建议。[1] 该文件于1715年5月14日被送到圣彼得堡的外交部。沙皇也熟悉其中的内容。

他们在研究了主教的要求之后，仅解决了物质方面的问题。黑山获得了10 000卢布援助：5 000卢布用来帮助受难者，5 000卢布给了主教以支付在1711—1714[2]年战争期间产生的费用。采蒂涅修道院获得了

---

① 达尼洛主教的6点建议：①俄国沙皇接受让俄国成为黑山的"保护国"，并在"与奥斯曼帝国的未来和平条约"中考虑这一点；②沙皇被要求写一封新的"致黑山人民的信"，以对他们的"壮举"表示高兴和感谢；③在与土耳其人作战时，许多黑山人、黑塞哥维那人和北部山区人失去了财产，因此应该授予他们"60枚大小奖章"，以资鼓励；④要求重建被毁的采蒂涅修道院；⑤有人提议，除那些希望留在俄国的人外，所有以前黑山派遣的使节都应返回黑山；⑥主教要求报销他本人、米洛拉多维奇上校和伊万·阿尔巴内兹等人的费用，因为在与土耳其人的战争中，他们用自己的资金采购了军事物资。参见：《1715年主教达尼洛在圣彼得堡的达尼洛主教》，第33—34页。

② 同上，第34页。

500 卢布的永久性补贴，每两年支付一次。此外，颁发 160 枚金质勋章，以表彰那些在与土耳其的战斗中奋不顾身的黑山勇士们。还有一笔钱用来支付主教及其随行人员前往黑山的旅费。只有莫斯科大主教不知道该给主教送什么样的教袍服饰、教堂书籍和用具等，这些也被认为是太昂贵的礼物。随着这个问题的解决，几乎所有关于黑山的决定都得以执行。至此，达尼洛主教的使命完成了。1715 年 8 月底，主教一行①启程从莫斯科到基辅去，途径维也纳时，他同欧根亲王（Eugen Savojski）进行了会谈。1716 年 4 月，他抵达黑山。

在接下来的两个世纪中，佩特罗维奇王朝获得的政治支持都建立在此次访问圣彼得堡所取得成果的基础上。对于黑山而言，俄罗斯帝国是一个天然的盟友，一个语言相似、信仰和血统相同的国家，是一个强大的帝国，在捍卫斯拉夫主义和东正教时，与黑山有共同的敌人。俄罗斯帝国再一次从巴尔干的解放运动中看到了自己在欧洲大陆的外交政策的落脚点，其中黑山人的战斗力显而易见。尽管帝国政府关于黑山要求的决定只是在物质上表达出来，但对于这两个国家来说，这些决定都具有道德和政治意义。

达尼洛主教出访俄国让黑山确信：黑山找到了俄国这个强大的保护者和赞助人，可以为解放运动和创建权力机构的进程提供牢固的物质和政治支持。无论两国在全球历史利益上是否契合，无论两国在地理上的分隔和空间上的距离，无论两国在国土面积和地缘政治地位上的差异，双方都有寻求对方支持的努力，当然，也会有危机期、犹豫期。黑山在不得已的情况下采取了这样的方法，虽然原因随着时间的推移而改变，但最初是为了寻求一个积极的联盟来对抗土耳其人。

由于达尼洛主教在返回黑山时发现黑山的状况有变，因此，尽管圣

---

① 陪同主教的有：达尼洛神父（jerej Danilo），马克西姆副主教，佩塔尔牧师，"中尉"卢基扬·皮马（Lukijan Pima），"上尉"达姆扬·塞普切夫·佩特罗维奇，公爵斯拉夫杰·杰雅科维奇，"上尉"伊瓦诺维奇·阿尔巴内兹，"中尉"萨沃·布拉约维奇（Savo Brajović），中尉萨沃·米哈伊洛维奇（Savo Mihailović），尼科拉·弗拉斯泰利诺维奇（Nikola Vlastelinović）和武卡欣·波波维奇（Vukašin Popović）。

彼得堡之行的结果在幸存民众中引发了极大的热情，达尼洛主教还是很快做出了一定的调整，以便更亲近奥地利，然后是威尼斯。

从俄国返回途中，主教在维也纳与著名军事将领欧根亲王的会晤，特别是威尼斯-土耳其战争蔓延至奥地利、威尼斯-奥地利联盟于 1716 年 4 月 13 日成立后，黑山的灾难性局势促使主教于同年 7 月派遣特使尼科拉·拉伊奇（Nikola Rajić）前往拜会身处富托格（Futog）的欧根亲王，提出了军事合作。欧根亲王将这一提议通知了战争委员会，并要求得到答复。这说明了奥地利亲王对黑山提案的重视，但是维也纳官员并未对此做出反应。

四、18 世纪与威尼斯的政治联系

主教与俄国的关系、与维也纳的接触导致了与威尼斯关系降温。在 1716 年 8 月 16 日的一份报告中，科托尔有一个特别行政长官塞巴斯蒂安·范德拉米纳（Sebastian Vandramina）向元老院指控主教的行为以及他反对维护威尼斯人利益的政策。讨论该问题的会议（1716 年 9 月 17 日）做出的决定是密切关注主教的行动，并努力争取他支持共和国的利益。而宗教裁判所的决定是罢免主教，因为他是共和国的敌人。

与此同时，他们还努力争取黑山和山区部落站在威尼斯一边参加战争。这种情况导致黑山分裂，一方是达尼洛主教的支持者，他们建议人民保持冷静；另一方则认为有必要与威尼斯人合作。

科托尔的执政官同某些黑山和山区部落的领导人频繁接触，黑山部族和库奇（Kuča）部族组建了一个 3 人代表团前往威尼斯，他们各自向元老院提出了关于同共和国建立关系的提案。黑山代表团的提案有 12 点，他们提出自愿服从威尼斯共和国的条件是：教会自治；东正教自由；免除货物关税；由科托尔的国库来提供资助；有权选举 1 名总督和 3 名塞尔达尔来管理这些部族；给 10 位亲王发放工资；发放 40 份养老金；提供适当的武器（300 支步枪、12 面小战旗和 1 面大战旗）；除了原先的两个连的士兵外，还可以再组织四个连来守卫边境；人民可以自由选择军官；寻求粮食援助以及民事和刑事争端的司法自主权。

库奇代表团的提案没有那么详细，只有 5 点要求，涉及财政补贴（每人 20 里拉的 20 份养老金），有权选择两位长者作为部落塞尔达尔——由科托尔的国库支付他们的薪金，帮助解决"食盐、谷物、丝绸、面粉和铅的需求……满足这些，他们将会乐意参战……"①

元老院分别审议了两个代表团的提案，并对此进行了讨论，稍作修改，大多数请求都被接受，包括司法和宗教自治、习俗延续和贸易自由，以及选举 1 名总督为"黑山的管理者"，选举 3 名或 5 名（后来由于其他部族加入该协议）塞尔达尔/部落首领来管理各自区域，政府也同意为他们的工作提供资金支持。

因此，除了设立主教，在黑山部落社会结构中还引进了另一个具有非部落性质的机构——总督。由于二者管辖的区域相似，特别是由于各自"保护国"的不同政治观点，两个机制在未来几十年里争斗不休，使黑山国力内耗殆尽。主教与总督相互争取声望的斗争持续了一个多世纪，也延缓了黑山建国的进程。

1717 年《杜卡尔法案》确立后，黑山被归入威尼斯的利益范围。该法案确立了威尼斯对黑山的政治保护，尽管当时黑山在官方上是土耳其的一部分。

从俄国、奥地利和威尼斯寻求外交政策支持，就其全部含义而言，不可能完全具有"国家政策"的性质。它更多地是一种表达，自发地致力于一种更实用的解决方案，这种解决办法未必涉及整个国家，但也涉及其中个别部落的利益。关于黑山前途的两个明显对立的政治立场是基于这些分歧而形成的。与基于以威尼斯共和国为保护者的旧的亲西方主张不同，主教达尼洛主张一种基于与俄国关系的新的政治方向，尽管在某些情况下他没有排除与奥地利合作的可能性，但肯定是反威尼斯的。虽然他强烈反对与威尼斯达成的协议，但当这两种政治选择首次

---

① G.斯塔诺耶维奇:《黑山和达尼洛主教时代》,第 126 页。

对峙时，他想要保住黑山第一政治人物的地位，因此被迫与威尼斯人达成某种和解。随后1717年7月21日的会议则审议了上述协议。

由于"他无法劝阻黑山人与威尼斯人合作，便亲自领导合作"①。从俄国回来一年后，黑山相对迅速地转向威尼斯，这是由于与俄国建立的联盟并没有带来适当的物质援助的缘故，且在维也纳对军事合作有所保留的情况下，与威尼斯的合作自然是唯一的出路。

但是主教对威尼斯共和国的效忠是有代价的。他的主要想法是将黑山边界扩展到土耳其人没有实际掌控的领土，例如通过征服斯库台湖，实现经济独立，这也是黑山政治独立的先决条件。这样的话，采蒂涅都主教会就能加强对沿海地区和黑塞哥维那的影响。为了获得威尼斯最高当局的支持以实现这一目标，主教于1718年4月前往威尼斯。由于他前往威尼斯的提议以及他向元老院提出这些要求的意图事先未获同意，主教滞留在斯普利特，代表团的其他成员也延长了行程。

对威尼斯的政治行动收效甚微。主教及其使节设法实现的主要目标是"宗教管辖权，不仅对当时在战争中被威尼斯占领地区的东正教区，而且对威尼斯共和国其他地区的东正教区也拥有教会管辖权"②，这主要是指科托尔湾一带地区。这些让步是在1718年6月4日做出的。

在主教达尼洛时代，与威尼斯共和国建立的友谊没有诚意可言。威尼斯不支持黑山的任何解放意愿。威尼斯和奥地利针对土耳其人的四年战争结束之后，三方于1718年缔结了《波扎雷瓦茨和平条约》（Požarevačkog mirovnog ugovora），这一点就显而易见。虽然不受奥斯曼帝国的实际统治，但黑山仍然是奥斯曼帝国的一个省。随着与土耳其战争冲突的结束，威尼斯对黑山的兴趣逐渐减弱，这正是威尼斯与黑山建立"友好关系"的真正原因。

从《波扎雷瓦茨和平条约》缔结到达尼洛主教逝世（1735）的这一段时期，两国关系相对稳定，某种程度上也是由于黑山遭到战争破坏的

---

① G.斯塔诺耶维奇：《黑山和达尼洛主教时代》，第134页。
② G.斯塔诺耶维奇：《黑山和达尼洛主教时代》，第145页。

缘故。另一方面，由于战争带来的疲惫，奥斯曼帝国并没有表现出在黑山建立事实统治的准备。除了与邻近的奥斯曼地区发生摩擦外，黑山与其邻国关系主要表现为黑山人在威尼斯领土和杜布罗夫尼克共和国领土上发生频率越来越低的纠纷。[①]

随着 1722 年俄罗斯帝国与波斯之间的战争爆发，黑山的政治气氛发生了一些变化。这场战争所造成的俄国与土耳其关系恶化唤醒了黑山人的希望，即"整个阿尔巴尼亚、黑山和黑塞哥维那"都可能落入俄国的统治之下。达尼洛主教对这场战争及领土扩张寄予的希望，很快被 1723 年圣彼得堡的和平举措浇灭了。

直到达尼洛·佩特罗维奇主教执政结束为止，俄国与黑山之间尽管没有其他重要的接触，但《波扎雷瓦茨和平条约》之后的境况以及威尼斯共和国的行为表明，黑山还应寻求（其他）支持以实现其解放的愿望。尽管这种愿望始于达尼洛主教时代，但放弃"不真诚的朋友"而转向俄国，并在较小程度上转向奥地利，他的继任者们——萨瓦主教，尤其是瓦西里耶主教——表现得更为明显。由于法国和奥地利的政治霸权，威尼斯共和国转向奥斯曼帝国，威尼斯的政治意义下降，造成的影响是，黑山对威尼斯来说不像前两个世纪那样重要。然而，直到 18 世纪末，黑山与威尼斯共和国之间一直保持着密切的经济关系，某些类型的政治合作也未停止。

黑山人反抗土耳其人的解放斗争始于威尼斯的鼓动，却得到了俄国的大力支持。1711 年至 1712 年的事件便是如此，类似的事情也发生在俄奥对抗奥斯曼帝国的战争（1735—1739）中。尽管这次俄国没有主动在巴尔干地区掀起反土耳其起义，但黑山人通过加强他们在奥地利军队行动方向上的黑塞哥维那的游击活动，不仅使土耳其军队蒙受了损失，而且将其一部分军队牵制在该区域，而这些军队本可以出现在其

---

① 关于 18 世纪初黑山与杜布罗夫尼克共和国的关系，参见弗拉基米尔·索罗维奇博士：《从卡尔洛夫齐到〈波扎雷瓦茨和平条约〉期间的黑山与杜布罗夫尼克共和国的关系》，《塞尔维亚皇家学院之声》第 187 期，贝尔格莱德，1941，第 3—113 页。

他战场上。这次，在奥地利军队的帮助下，以及出于对俄国军事实力的信任，黑山人重新燃起了国家解放的希望。

然而，俄国和奥地利军队在 1739 年的战争中被击败。这样，奥斯曼帝国在欧洲政治舞台上的声誉得以暂时恢复。这次胜利给了奥斯曼帝国解决内部事务的机会，特别是解决叛乱地区的事务。

在黑山，俄国军队的失败也造成了某些后果。虽然土耳其没有进行武装干预，但战争的总体结果对解放运动的势头产生了负面影响。内部原因也助长了这一点。萨瓦主教在 1735 年取代达尼洛主教成为采蒂涅都主教，尽管他面临的外部环境比他的前任要好得多，但他奉行不积极政策。除了对俄国迄今提供的微不足道的帮助感到失望，他还受到亲威尼斯派的影响，这一派主张重新而更加坚定地依赖威尼斯。

五、萨瓦主教出访俄国

与俄国建立政治关系后，很显然俄国对黑山的态度不够积极。这在彼得大帝去世（1725）后尤其明显，当时由于关注内部环境、宫廷政变和争夺王位的斗争，俄国对黑山没有兴趣。随着国家局势的稳定，以及彼得大帝最小的女儿伊丽莎白·彼得罗夫娜（Jelisaveta Petrovna）女皇（1741—1762）的登基，俄国和黑山的政治关系才得以加深。

达尼洛主教拜访圣彼得堡之后，俄国与黑山之间的接触是通过与常驻伊斯坦布尔的俄国特使之间稀少的通信来维持的。直到《波扎雷瓦茨和平条约》后，该通信渠道才被专门使用。但是，由于势态的改变，特别是在土耳其人的压力下——18 世纪 40 年代初，土耳其人占领了波德戈里察附近以及扎布利亚克等地区，这些地区是由采蒂涅都主教管辖的教区，黑山领导人深信有必要再次与俄国打交道。

他们认为只有俄国才能帮助黑山克服所处的困难局面。因此，1742年 9 月中旬，黑山议会的代表们通过一位住在伊斯坦布尔的俄国人维什尼亚科夫（Vešnjakov），建议俄国女皇关注一下萨瓦主教：虽然他目前是宗教领袖，但主教本人并不是一个"俄国人"，他的个人情感更接近威尼斯，在他的政治生涯中，他从来没有像达尼洛主教那样说过这句话——"我是莫斯科人，莫斯科人……我这样说，如果莫斯科不离开我们，我会感谢上帝"[1] ——来表达他的政治立场。

这就是为什么黑山领导人（而不是他）提出了展望黑山政治独立前景的问题。

部族首领们要求：①土耳其人将来不会在黑山打仗，免除黑山向土耳其苏丹进贡的义务；②俄国政府要设法让威尼斯人停止"针对黑山的暴行"……；③请求土耳其苏丹将戈里察尼（Goričani）和科姆被占领的教堂归还给采蒂涅都主会。这些都是为了使黑山从"土耳其人的枷锁"下解放出来。在黑山领导人的讲话中，"历史上第一次，我们提出了一个自由、独立而又明确的黑山政治构想"，它应该在解放塞尔维亚人民的更广泛的愿景内实施，即建立一个"从海上到海上的强大的基督教国家"。[2]

然而，萨瓦主教并不是一个能够在俄国的帮助和支持下，积极而不妥协地倡导国家独立的人。[3] 他在圣彼得堡的出访过程和结果证实了这一点。

1742 年 10 月，在威尼斯当局不知情的情况下，主教萨瓦·佩特罗维奇启程前往俄国。当他在年底抵达维也纳时，他的代表团获得了前往俄国首都的护照，并得到了俄国驻奥地利宫廷大使的特别护送。他途经基辅和莫斯科，于 1743 年 4 月 10 日[4]抵达圣彼得堡，陪同他的有沿海尼哥迪姆（Nikodim）修道院的主教，大主教的副执事菲立普（Filip）

---

[1] 波斯尼科维奇·德拉格（Posniković Drag）：《达尼洛主教与阿尔塞尼耶、四世宗主教、帕夫勒·内纳多维奇都主教、多西泰伊·奥布拉多维奇和帕维尔·索斯里奇等的书信来往》，《塞尔维亚皇家学院之声》，贝尔格莱德，1892，第 125—131 页。

[2] 布兰科·帕维切维奇：《萨瓦·佩特罗维奇主教在俄国(1743—1744)》，《历史杂志》1965 年第 1 卷第 14—15 期，贝尔格莱德，第 96 页。

[3] 但对他来说，一切都是徒劳的，因为他的政治敏感性和大多数黑山人的政治敏感性在两个完全不同的世界里。黑山人认为他是威尼斯人的走狗，还叫他"拉丁人"。有一次，当他试图憎恨俄国人时，黑山人想要对他进行肉体上的惩罚。日夫科·安德里亚舍维奇、舍尔博·拉斯托代尔：《黑山史》，第 120 页。

[4] 格里戈尔·斯塔诺耶维奇：《大主教瓦西里耶·佩特罗维奇和他的时代(1740—1766)》，第 68 页。

和上尉米哈伊尔·佩特罗维奇（Mihail Petrović）。

在 1742 年 4 月 12 日的信中，萨瓦主教通知俄国外交部他已抵达圣彼得堡，并表示他希望得到伊丽莎白女皇的接见。

主教为了实现自己此行的目的，给俄国外交部写了一封特别信函，并给伊丽莎白·彼得罗夫娜女皇发了一封特别备忘录。根据基本要求，这两种行为之间没有本质区别。主教就俄国承担的义务程度（该义务由沙皇于 1715 年颁布的敕令规定）向女皇致函可能引起了某些怀疑，并大大延长了他在圣彼得堡的逗留时间。[①]

根据沙皇彼得一世在 1715 年颁布的敕令，黑山沿海都主教会为纪念圣母玛利亚诞辰而建的采蒂涅修道院，可"在未来"派人到莫斯科、圣彼得堡领取"每三年为该修道院捐助一次"的资助，金额为每年 500 卢布。然而，由于路途遥远，需要经过许多国家，旅程很艰辛，在那之前也没有"邮差"，因为他们"一次路程"的"花费"比他们在原地得到的资助要多一倍。当时，主教本人在抵达圣彼得堡的必要开支 1 000 卢布外，又借了 200 卢布。因此，1718 年俄国援助采蒂涅的 500 卢布是通过在威尼斯开的一张汇票实现的，而 1721 年则是通过"到这里来的修道院长拿到这笔钱的"。由于在过去的 23 年中，除了这两项资助外，其他都没有兑现，作为补偿，萨瓦要求俄国支付 5 750 卢布。[②]

萨瓦主教在给俄国女皇的致函中强调的第二个要求，就与早先的敕令内容有关。在当时批准的 10 000 卢布的援助中，有 5 000 卢布是为受伤人员准备的，而另外的 5 000 卢布本应由主教监管以用于建造和修复教堂。这部分钱并没有按照预期用途使用，而是用于偿还先前贷款所产生的债务，以及赎回在战争中被土耳其人俘虏的知名人士。因此，又借了新的贷款，共计 6 000 多红币（俄罗斯金币），用于修缮采蒂涅修

---

① B.帕维切维奇:《主教萨瓦·佩特罗维奇在俄国(1743—1744)》,第 111 页。

② 拖欠的费用从皇家敕令颁布的 1715 年开始计算,按照敕令,援助采蒂涅修道院是每隔一年支付（过去的 23 年 = 11.5×500 卢布 = 5 750 卢布）,第三年虽然修道院代表被允许来俄国领取捐助,但计入下一次计算。见:俄罗斯帝国外交政策档案(AVPRI'f),《俄国与塞尔维亚的关系》1743 年第 1 期,第 74—76 页。

道院和其他教堂，并采购了最必要的教堂物品和书籍。由于许多教堂和修道院仍需重建，债务有待偿还，主教请求一次性财政援助。除了报销上述 1 200 卢布的旅费外，还请求提供主教和神父的服饰、教堂书籍和开展教会工作所需的物品以及其他几座教堂和修道院的类似物品。

萨瓦主教在向俄国女皇的请愿书中提出的所有问题都没有超出物质范畴，也没有黑山领导人在给维什尼亚科夫的信中强调的政治敏锐度。请求援助的金额是根据在先前帝国敕令中获得的权利而定的。在 1743 年 9 月致俄外交部委员会的信中，萨瓦再次向伊丽莎白·彼得罗夫娜女皇致辞，说明黑山处境艰难，自己有必要尽快回国。根据提出的请求内容以及文案构思的方式，本次致函与先前没有不同。然而，主教的陈述有可能加快其请求的解决。

根据 1743 年 10 月 2 日伊丽莎白女皇对俄外交部合议庭的指令，萨瓦主教代表黑山人民提出的所有要求基本上得到了积极解决。女皇批准向萨瓦主教拨款 3 000 卢布，用于翻修教堂和修道院。以旅费的名义，另批 1 000 卢布。根据先皇彼得一世的谕旨，过去 23 年对采蒂涅修道院的其他补贴是按照每三年 500 卢布的援助来计算的。按这个标准，向萨瓦主教一次性支付 3 500 卢布。至于主教关于主教和神父的服饰、教会用品和书籍等的要求，谕旨规定圣公会应与他讨论需要多少教堂服饰和相关物品。最后，女皇下令向"那里的人们"发出一封专门信函，告知他们女皇将通过萨瓦主教向他们提供帮助。

所有项目的援助水平都低于萨瓦主教在其请求中所提出的数额。俄国对于主教要求的用于偿还债务和重建教堂的 6 000 卢布，仅批准了 3 000 卢布；并支付了 3 500 卢布用于其他补贴，而这在主教的请求中是 5 750 卢布。但除此之外，萨瓦主教对自己的出访结果还是感到满意的。由于俄国政府的态度，主教当时没有提出任何政治问题，因为那时俄国与威尼斯、奥斯曼帝国的关系比较稳定，提出这个问题的时机不恰当。支付剩余的补贴以及向采蒂涅提供财政援助的继续，证实了俄国对支持黑山解放的热情和意愿。主教在圣彼得堡逗留了很长时间，却错过了利用这段时间让俄国在更大程度上肯定黑山政治问题的机会，但仍将大大有助于增强俄国在黑山的影响力，并使人们逐渐认识到，只有在俄国的支持下，黑山才能为独立而战。

11 月，代表团返回黑山的准备工作已做好，但由于冬季的原因而推迟行程，所以萨瓦主教于 1744 年 5 月底动身返回黑山。

主教在俄国逗留期间，黑山内部崛起了一个人物，尽管他永远不会正式成为黑山人民的"指挥官"或大主教，但可能会对俄国在黑山建立分支产生决定性影响。他就是瓦西里耶·佩特罗维奇主教，他是萨瓦主教的助理。经过最初的犹豫之后，他进入了政治生活，黑山也随之无比果断地走上了达尼洛主教曾经指出的道路。

六、瓦西里耶·佩特罗维奇与威尼斯和俄国宫廷的政治接触

达尼洛主教的弟子瓦西里耶主教和他有着相同的思想："黑山的主要敌人是奥斯曼帝国，威尼斯是不可靠的朋友"，只有俄罗斯帝国才能帮助黑山与土耳其人作战。在国内层面，他看到了佩特罗维奇家族对黑山的解放和独立的重要性。他也深信自己的重要性以及黑山对俄国和东正教人民反对奥斯曼帝国斗争的重要性。凭借他的个性和特有的精力和决心，他扩大了志同道合的人际圈子，坚信斗争的目标会很快实现。这些品质使他能够长期将萨瓦主教压制在国内政治生活之外，并在俄国宫廷中塑造出一幅勇敢的黑山人形象，虽然不是真实的，但是他希望打造的。

在他生活的时代，只有具备旺盛精力、丰富想象力和远见卓识的"人民管理者"才能将黑山的重要性提升到如此程度，不仅在俄国宫廷政治中，而且在其他国家宫廷政治中，同时在黑山人中发展出一种信念："在俄国庇护下成为自由独立的黑山"是唯一的历史前景。不过，他的首次外交亮相是针对威尼斯的。这件事发生在萨瓦主教待在俄国期间，而且是在相当不寻常的情况下发生的。

1741 年 3 月，元老院裁决是黑山人入侵了威尼斯领土。起初，黑

山人被禁止携带武器进入科托尔，但族长们除外，后来所有人都被禁入。黑山与科托尔湾地区的威尼斯当局关系紧张，冲突不断，最后威尼斯人在蒂瓦特郊区遭到黑山人的袭击。由于通过科托尔"和平法庭"进行的调解尝试没有取得结果，部分原因是威尼斯人对萨瓦主教前去俄国感到不满，因此瓦西里耶主教借此机会挺身而出并竭力捍卫黑山利益。他在元老院的讲话充满自信和蔑视，引起威尼斯当局的惊讶。主教指控科托尔执政官背信弃义，要求撤换科托尔的执政官尼科拉·博利卡（Nikola Bolica），但他没有止步于此。他以一种不同于以往处理两国关系时的语气谈到了威尼斯对黑山政策的负面影响。这次讲话虽然不寻常，但如果没有后来的威尼斯之行，也不会引起特别的关注。虽然这只是主教首次在外交场合亮相，但他的性格特点在此得到淋漓尽致地体现。

在向元老院陈述请求时，瓦西里耶也表现出在彰显政治影响力和实现预期目标方面的野心。这些都是他自己提出的，但他将其表述为黑山领导人的诉求。自恋和自负也体现在他向威尼斯当局提出的条件中。瓦西里耶主教在写给元老院的信中要求"罢免科托尔的博利卡和阿尔布里齐（Albrici）的职务"，以此作为调节相互关系的先决条件。这相对于黑山和威尼斯人以前的关系而言是很不寻常的，黑山一方以前都是谦卑屈尊地祈求对方原则上的恩典。

1744 年 5 月 5 日，主教抵达威尼斯。这场政治冒险开始于黑山，由撰写假信开始，在威尼斯以更大的想象力继续推进。[①] 他在威尼斯逗留了相当长的时间，设法引起元老院的注意。元老院于 1744 年 9 月 2 日审议了这些提案，并决定"根据情况和时间，向黑山人保证，以惯常的方式进入该城"，并撤销尼科拉·博利卡在科托尔的职务。黑山领导人续薪的要求很可能没有被考虑，因为没有资料提及过这一点。乍一看，瓦西里耶主教的使命就这样圆满地完成了。

---

① 瓦西里耶在他的正式讲话中弱化了他此行的目的，即调整为开放科托尔集市，支付拖欠的薪金，迎接将于下个月从圣彼得堡经维也纳返回的萨瓦主教。

1744 年发生的事情，即当时两个大国的高级政治代表分别同时在宫廷里接待了黑山的两个头面人物，而那时黑山国家创建还没有达到中央政府机构最初最简单的水平，这在发达国家的外交实践中也是罕见的。从黑山作为奥斯曼一个省的官方地位来看，奥斯曼并没有在这片领土上建立行之有效的政权，这些出访标志着解放斗争取得了令人羡慕的成果，并肯定了黑山的历史身份和国际代表性。如果这些访问发生在另一时间，考虑到主教们访问的是黑山周边利益相互冲突的国家，这种行为可以被认为是一种成功的外交策略，以便寻找黑山可能的最佳外交政策立场。因此，由于这些访问不是一个有明确界定的国家政策的产物，而是部落间的社会愿望不够协调的产物，以及黑山社会关系不稳定的表现，如果分开来看，它们被证明是相互矛盾的。此外，这些访问非但没有改善黑山的整体局势，反而引起了政治冲突的增加，这主要是由于萨瓦主教对瓦西里耶主教政治影响力的增强和独立的外交活动感到不满。这导致了黑山在部落和政治分裂的社会结构中又出现了新的分歧。

尽管瓦西里耶对威尼斯的出访总体上是积极的，但萨瓦对其反应强烈。由于缺乏政治智慧，他想要压制这位计划中的继承人过早地对科托尔的威尼斯当局和威尼斯总督产生影响，他试图在道德上败坏这位副手的名声，并消除他出访的成果。从圣彼得堡回国后，他在 1744 年 12 月 2 日给那位著名的地方市政官乔瓦尼·阿尔布里齐（Đovaniju Albrici）的信中赞扬了"值得尊敬的骑士博利卡"。在 1744 年 12 月 1 日写给威尼斯总督的信中，萨瓦为博利卡辩护，否认瓦西里耶主教除了个人以外有任何重要性。他在 1745 年 1 月 16 日写给达尔马提亚行政长官贾科莫·博尔德（Giacomo Bold）的信中也对瓦西里耶威尼斯之行的个人动机提出了类似的指控。然而，从 1745 年 12 月起，"萨瓦主教"向科托尔那位著名的新任执政官马林·多纳（Marin Dona）致信，表达了最多的不满。在其中，瓦西里耶被指控为一个骗子，他"在意见分歧的元老院里编了一些假文书"，并用"所有的族长都不知道"的假印章来作假证明。①

黑山的领导人们也卷入了两名主教之间的冲突。一部分人站在萨瓦主教一边，另一部分人站在瓦西里耶主教一边。因此，总督贾科莫·博尔德于1745年9月访问科托尔湾时②得出结论，"一个分裂的黑山正在出现，即使敌意不是公开的，其内部冲突也比较大"，瓦西里耶虽然在开始时取得了一些成功，但在随后，就威尼斯和黑山的关系以及该国的内部局势而言，明显都是失败的。

萨瓦主教最初强烈谴责瓦西里耶主教的政治举措的部分原因是，维护他在黑山的政治地位，以及保留他与威尼斯联系的权利。除了双方都不能得到威尼斯的青睐，瓦西里耶意识到，他可以更轻松地站在另一个立场为实现黑山未来的计划而找到支持，即转向俄罗斯帝国将会降低相互冲突的强度，并为他独立的政治行动创造空间。

瓦西里耶主教在萨瓦主教逗留圣彼得堡期间，已经与伊斯坦布尔的俄国人维什尼亚科夫建立了联系，而且萨瓦对威尼斯的政策让他感到失望，这些决定了瓦西里耶主教将他对黑山的未来计划主要与俄国联系起来。因此，尽管1745年9月与博尔德总督签订的"普尔查尼协议（Prčanjski dogovor）"③显然意味着萨瓦主教亲意政策的胜利，但瓦西里耶主教还是最终占了优势。作为一个更加积极的人，他主要依靠东正教和斯拉夫传统，因此能够动员黑山人，并在更大程度上表达黑山的历史愿望，而不是"服务于有先见之明的原则"，并避免与土耳其人发生冲突。然而，如果没有萨瓦主教的干涉和政治上的斡旋，瓦西里耶的"外交政策理念"也不会盛行。

瓦西里耶试图与俄国宫廷建立直接联系，他在1745年6月26日给维什尼亚科夫写了信。他在信中报告了在此期间发生的事情。他写道，

① 耶夫托·米洛维奇博士：《黑山历史文献集（1685—1782）》，准备印刷，采蒂涅出版社，1956，第174页。

② 格里戈尔·斯塔诺耶维奇：《主教瓦西里耶·佩特罗维奇和他的时代（1740—1766）》，第81页。

③ 总督、萨瓦主教和黑山族长们在普尔查尼（Prčanju）举行的会议上达成协议，使威尼斯与黑山的关系正常化。

根据上一封信的建议，他立即与威尼斯人达成和解。他认为他的威尼斯之行是成功的。在谈到黑山的教堂状况时，他说许多教堂被毁，西尼亚茨（Sinjac）、戈里察尼、科姆和弗拉尼纳等的修道院被摧毁。他将黑山描绘成东正教要塞，有 20 座修道院、1 000 座教堂、4 位大主教和 200 名牧师，被土耳其人和罗马天主教徒包围。他想向俄国女皇索要一封信函，说明她向黑山和修道院提供援助的数量和援助种类。他指责萨瓦主教对公众隐瞒了他访问圣彼得堡的结果，以及他在那里得到的援助的数量。最后，他指出，族长们正向萨瓦施压，要他亲自去拜访维什尼亚科夫，而他的亲戚斯泰凡·伊瓦诺维奇（Stefan Ivanović），又名约瓦诺维奇（Jovanović）将带着信到来，他请维什尼亚科夫将他留下并带到俄国去，或指示他自己前往，将他推荐给俄国女皇。斯泰凡·伊瓦诺维奇于 1745 年 12 月抵达伊斯坦布尔，除了瓦西里耶主教的两封信，他还携带了萨瓦主教类似的书面建议。萨瓦向维什尼亚科夫问好，并告知斯泰凡的到来，以及他此行的任务。萨瓦是送他来服役的，他建议维什尼亚科夫留下斯泰凡（作为门生，或将他送往俄国宫廷执行他力所能及的工作）。

斯泰凡·伊瓦诺维奇·佩特罗维奇到达伊斯坦布尔时，维什尼亚科夫已经去世，负责驻地公使事务的奥布雷斯科夫（Obreskov）中尉将他送往圣彼得堡，并为他准备了必要的旅行证件。

为了向俄国官员施加影响，并以自己的方式引起他们对黑山问题的兴趣，瓦西里耶通过伊瓦诺维奇将两份黑山的历史手稿带给总理贝斯托热夫-柳敏（AP Bestuzhev-Ryumin），希望能在俄国印刷。他没有放弃自己的意图，还于 1746 年 2 月 20 日向总理致信，想提醒他印刷这些手稿的原因。[1]

随着瓦西里耶主教政治地位的提升，他在调停奥地利境内的塞尔

① J. 托米奇(J. Томић)：《关于黑山大主教瓦西里耶·佩特罗维奇的〈黑山历史〉成为塞族人民历史资料来源的评论》，载《尼科拉·丘皮奇(Nikola Čupić)周年鉴》(第 23 册)，贝尔格莱德，1904，第 82 页。

维亚教会和塞尔维亚牧首之间的冲突期间，被选为佩奇宗牧首的特使，这使局面发生一些变化。为了完成这些工作，他于 1744 年留在了斯雷姆斯基卡尔洛夫齐（Sremski Karlovci）。第二年，在佩奇宗大牧首阿塔那西耶二世（Atanasija II）的推荐下，本该前往俄国寻求帮助的他，这次却去了斯雷姆（Srem）。他的主要调解工作是归还佩奇宗主教区的文物，这些文物曾被阿尔塞尼耶四世·约瓦诺维奇（Arsenij IV Jovanović）在迁徙期间带走。[①] 1750 年 8 月 22 日，他被阿塔那西耶二世任命为贝尔格莱德都主教，并获得佩奇宗主教区牧首代表的头衔，此后他便继续热心收集教堂文物。1751 年 1 月，由于对卡尔洛夫齐（Karovac）都主教帕夫莱·内纳多维奇（Pavle Nenadović）移交给他的佩奇宗主教区的教堂遗物数量不满意，他来到了维也纳。他指责内纳多维奇都主教没有将教堂物件交给玛丽亚·特雷莎（Marija Theresa）女皇。[②]

瓦西里耶利用在维也纳的逗留来吸引奥地利女皇对自己国家的关注。瓦西里耶强调了由佩特罗维奇家族中的主教们统治的"特别共和国"长达数个世纪的独立性，因此建议奥地利与黑山结盟以征服巴尔干半岛。由于奥地利宫廷认定他为不可靠之人，他的建议甚至没被考虑。在黑山以外的地方呆了两年后，他将收集到的佩奇宗主教区的圣书手稿带到采蒂涅而不是佩奇。

在奥地利塞族领土上的逗留，影响了他对奥地利作为黑山可能赞助人的评估。他获取的信息使他更加强烈地转向俄国。

七、瓦西里耶主教第一次出访俄国

瓦西里耶主教于 1752 年春天启程，开始他对俄国的首次访问。他的出访此前已获得萨瓦主教和黑山部族首领们等政治势力的同意。他的出访信函被引荐给了不同人士：俄外交部长 A．P．贝斯托热夫-柳

---

① 《黑山史》(第 1 卷第 3 册)，第 326 页。
② 此事激起了卡尔洛夫齐主教的反对，由于这一原因，瓦西里耶返回后在克鲁舍多尔(Krušedolu)被关押了几个月。

敏，外事委员会、小俄罗斯（指当时的乌克兰地区）的司令官基里尔·乔治维奇·拉祖莫夫斯基（Kirill Georgievich Razumovsky）等人。除推荐信外，瓦西里耶还得到了佩奇宗牧首阿塔那西耶二世和萨瓦·佩特罗维奇主教共同签署的信用证（国书），他们向俄国宫廷引荐了瓦西里耶。随着他被祝圣为都主教，并因此成为"佩奇的圣座代表，斯拉夫-塞尔维亚宗主教区的摄政"①，瓦西里耶获得了"在任何地方代表宗主教区事务"的权力。收到担任塞尔维亚牧首的任命书后，他可以代表塞尔维亚东正教教会正式行事，并可以向俄罗斯圣公会和宫廷致辞。由于书面建议②也是由采蒂涅的萨瓦主教签署的，而且其内容主要涉及黑山，因此我们可以认为瓦西里耶的这一使命具有比他的前任达尼洛和萨瓦更正式的官方意义。

代表了黑山各方头领、酋长、公爵、上尉和"黑山社团"意见，由斯库台地区（今阿尔巴尼亚境内及周边地区）和沿海地区及黑山"首脑"萨瓦主教签署的信任函，以及交给 A. P. 贝斯托热夫-柳敏外长的信件，非常令人信服地说明了瓦西利耶主教此行的目的。然而，这封信以及他带来的其他信件，据说都是瓦西里耶自己写的，因此被视为"他对黑山未来的政治纲领"③。1752 年 6 月 6 日，在写给 A. P. 贝斯托热夫-柳敏外长的信中，他向女皇陛下寻求对黑山人的庇护。他还提出了保护黑山免受土耳其和威尼斯侵害的问题，并请求给予适当的物质援助，以使他们能够维持"当地教会及其黑山社会"的自由，在"过去的三百年"里，土耳其一直与黑山进行交战，但没有取得成功，没能将黑山人变成土耳其公民。1711 年应彼得大帝的号召，黑山随时准备为沙俄帝国流血的忠心得到了证实。"他"还向外长提出了请求，要求其对黑山给与庇护，并为瓦西里耶主教提供帮助。

---

① 格里戈尔·斯塔诺耶维奇：《大主教瓦西里耶·佩特罗维奇和他的时代（1740—1766）》，第 101 页。马尔科·德拉戈维奇（Marko Dragović）：《黑山历史资料》，《塞尔维亚皇家学院论文集》第 25 期，第 9—11 页。
② 《与俄罗斯的政治和文化关系》，第 160 页。
③ 格里戈尔·斯塔诺耶维奇：《主教瓦西里耶·佩特罗维奇和他的时代（1740—1766）》，第 101 页。

因此，瓦西里耶的任务是争取俄国对黑山的政治支持。虽然这个想法在他带来的信件中仍然含糊不清，但他在 1753 年 3 月 2 日写给贝斯托热夫-柳敏的信中，非常明确地提出了关于赞助的问题。考虑到黑山人拥有这项权利，因为"它一直是一个自由的国家"，而且从未被土耳其人征服，瓦西里耶进一步提出了一种可以将资助落实的方法。他拟议的第一项措施是确定每年向黑山提供维持军队的财政援助，并由女皇陛下的信函确认，黑山公国"除受女皇本人外，不受任何人的统治，所有的人都是俄国公民"。这一想法的实施进一步意味着，女皇陛下的管理应包含"黑山公国"，除了黑山人外，他还提及沿海和北部山区人民。这一点很重要，因为一旦与土耳其发生战争，"周围所有的斯拉夫-塞尔维亚人"都会帮助"我们的人民"，并把自己置于整个俄国的庇护之下。

主教意识到关于黑山的正面信息，即面积大小、重要性和在巴尔干地区的地位对于积极解决这一问题是非常重要的，因此他在 1753 年 4 月向俄外交部寄去了一份黑山的地理说明。这份说明以他们希望看到的方式呈现出来：瓦西里耶将斯皮奇（Spič）、苏尚尼（Sušanj）、帕什特罗维奇、格尔巴利、米霍尔斯基兹博尔（Miholjski Zbor），所有黑塞哥维那和北部山区部落、阿尔巴尼亚北部部落：克里门特（Kliment）、霍特（Hot）和卡斯特里奥特（Kastriot）等地区，甚至连波波沃（Popovo）、加茨科（Gacko）、特雷比涅（Trebinje）和祖普齐（Zupce）也算进了黑山。[1] 除扩大领土外，关于黑山局势的"新颖性"描述也体现在对行政领土的安排中。他称黑山部族为省份、称各部落为区，这与俄国的行政区划类似。1753 年 7 月，瓦西里耶主教在给俄外交部的报告中说明了这一点。[2] 他提供了非常详细的信息，说明黑山公国有多少个省和地区，以及这些省中有哪些地区和身居高位的人，例如，卡通省有 20 个区（县），1 位塞尔达尔（族长），2 位公爵和 12 个亲王。根据

---

① 格里戈尔·斯塔诺耶维奇：《主教瓦西里耶·佩特罗维奇和他的时代（1740—1766）》，第 102—103 页。
② 《与俄罗斯的政治和文化关系》，第 187—190 页。

相同的原则，这些数据适用于其他省份：里耶卡（黑山）、列什、茨尔姆尼察、舍斯坦斯卡（Šestansku）、斯皮奇、苏尚尼、泽塔、格拉霍沃（Grahovo）、维卢塞（Viluse）、佩希夫奇、别洛帕夫利奇（Bjelopavlići）、皮佩尔（Piperi）和洛夫琴①。他还特别介绍了滨海地区（帕什特罗维奇、格尔巴利、米霍尔斯基）和山区部落（库奇、布拉托诺西奇、瓦索耶维奇、克里门特、图兹、格鲁迪、霍特、卡斯特里奥蒂）。除了最后三个（他将其居民定义为"罗马人"，即天主教信徒），黑山公国管辖的省份和管理的区域都居住着信仰东正教的人。所有省份总共有四万名士兵。

根据瓦西里耶的描述，黑山不是只有"四个部族"的小国，而是一个拥有广阔领土和众多人民的"公国"。他试图以此说服俄国有影响力的圈子：黑山是巴尔干地区唯一强大的国家，足以团结所有巴尔干人民反对奥斯曼帝国。1754 年，他在俄国出版了《黑山历史》一书，这种暂时定名为"皮埃蒙特式"的野心（即"推动统一的角色"，皮埃蒙特为意大利西北的一个大区，皮埃蒙特-撒丁王国于 1861 年建立意大利王国，1870 年完成意大利统一——译者注）在书中也表露出来。

瓦西里耶将黑山描述成一个不受任何人支配的自由国家，自彼得大帝时代以来就在现实中得到俄国的保护，现在必须通过一份帝国契约来正式确立这种保护，将"黑山公国"纳入俄罗斯帝国管辖之下。看似简单的一项政治举措将解决黑山未来的问题：将黑山从奥斯曼帝国中分离出来，变成俄国管理或保护的一个省。提出这一提议时，他并不知道当时国际社会如何解决领土问题，而且也不了解俄国外交政策的具体目标。俄国既没有直接也没有在可预见的将来提出奥斯曼帝国在巴尔干半岛的命运问题，因此无法考虑他的提议。俄国官员认为，由于俄国在黑山的精神和世俗生活中具有重要意义，因此应在经济上给予其帮助，并保持这种影响。这就是为什么要注意那些非政治性要求：教

---

① 该文件写的是洛夫琴（Lovčani），但可能与罗夫查尼（Rovčani）有关。

育、管理或军队组织等问题。

　　瓦西里耶主教带着他为数不多的随从（其中包括塞尔达尔斯坦尼沙·拉多尼奇）去往俄国，抵达维也纳后，他向俄国提出请求——帮助黑山建立学校、捐赠书籍和教会衣物等，并在后来的讲话中强调，"黑山人民虽然勇敢"，却"被剥夺了学校教育"，不能"识文断字，而且非常缺乏教育"。由于黑山公国没有资产建立学校，瓦西里耶乞求在沙皇的帮助下，建立首批小型斯拉夫学校，然后将那些在这些学校学习的人送往俄国接受更好的教会学习和军事教育。根据之前的许可，这封信还要求为"我们的社区"提供物质上的奖励，并为"大教堂修道院"提供为期九年的经济援助和书籍捐助。

　　1743 年黑山的萨瓦大主教去过俄国后，就再也没有人帮助采蒂涅修道院了。在瓦西里耶主教按照常规程序逗留俄国期间，这一问题很快得到解决。1752 年 12 月 25 日，黑山主教抵达圣彼得堡，之后根据莫斯科圣公会办公室会议决议，以及彼得大帝 1715 年的御旨——当时决定在十年中（从 1743 年至 1753 年 1 月），每三年支付 500 卢布给采蒂涅修道院，总共支付了 1 666 卢布和 66 戈比。在这一数额中，除了相应的1 500 卢布外，还包括移交给随行人员的交通费用和将批准的援助费用。加上特别计算给瓦西里耶主教的旅费，总金额为 1 799 卢布和 36 戈比①。

　　根据俄外交部的会议记录②和 1754 年 3 月 19 日伊丽莎白女皇向外交部和圣公会颁布的谕旨③，俄国对瓦西里耶提交的所有请求都做了回复，援助总额有所增加。为了表彰黑山人民在土耳其与俄罗斯帝国战争早期的贡献，俄国还拨付了 5 000 卢布以奖励"当地社会"的功劳，以及整修黑山的教堂。瓦西里耶主教获得了 2 000 卢布的特别奖励，用于支付其往返路费。该奖励包括捐赠一套完整的主教服装和教堂物品。为此还必须编纂一份特别的皇家许可证。

---

① 《与俄罗斯的政治和文化关系》，第 163—164 页。
② 同上，第 177—178 页。
③ 同上，第 196 页。

至于"小型斯拉夫式学校"这个问题，决定推迟，直到厘清需要支持多少这样的学校以及以何种形式维持这些学校。

俄方做出的唯一但具有异常重要政治意义的决定是，接受了黑山免遭"土耳其苏丹"侵害的请求。在一份官方文件中，俄国首次承诺"在必要时，将站在奥斯曼波尔特对面，捍卫黑山人民的利益"。俄国所承诺的支持是黑山维持事实上不服从奥斯曼帝国统治的重要动力。

决定要求以特别文件的形式宣布黑山公国不隶属于其他任何人，除了俄国女皇，俄国要等到"所提到的黑山人民"提出正式请求，确定准备以什么条件服从管辖时，才予以考虑。

女皇决定再向瓦西里耶追加 1 000 卢布，并赠予他一个装饰着宝石的胸前圣像挂件，以表示特别的恩典和感谢，这进一步增加了主教使命的成就感。1754 年 5 月 19 日，女皇拟写了一份致黑山人民的特别信函，里面涉及上述所有重要决定。①

皇家文件和外交部的报告中还提到了黑山人移民俄国的问题。瓦西里耶从黑山带来的书面建议中并未正式阐明这一请求。这个问题实际上是俄国方面提出的。A. P. 贝斯杜热夫-柳敏在 1752 年 8 月 7 日与伊丽莎白·彼得罗夫纳的交谈中，谈到瓦西里耶抵达维也纳后，曾向他的随从提供了书面建议，让他们呈交给基辅总督，并补充道，他向随从核实了他们那里（黑山）是否有足够的人民来服役，并"忠心服从"皇帝陛下，而这些子民将定居在新塞尔维亚。②

---

① 《与俄罗斯的政治和文化关系》，第 199 页。在黑山人民熟悉这封信的内容之后，"各地首领、族长、王子、将领们，以及所有'黑山、泽塔和北部山区'等区域"，纷纷响应女皇，恳求将"黑山公国"纳入俄国保护之下，并获得年度补贴，在采蒂涅、马伊内和梅顿建立学校，并在波尔特和威尼斯元老院面前为黑山提供外交保护。参见杜尚·武克桑（Dušan Vuksan）：《瓦西里耶主教、萨瓦主教和黑山领导人的书信往来（1752—1759）》，《塞尔维亚皇家学院论文集》第 88 期，第 23—25 页。关于黑山的学校，请参阅米兰·科斯蒂奇（Milan Kostić）：《黑山早期至现在的学校》，潘采沃（Pancevo），1876，第 1—233 页。

② 新塞尔维亚和斯拉夫塞尔维亚是乌克兰中部和东部的边界地区，分别于 1752 年和 1753 年为来自波莫里什卡（Pomoriška）和波蒂亚（Potija）边界的移民和边防部队建立。新塞尔维亚的指挥官是约万·霍尔瓦特（Jovan Horvat）少将，卢甘附近地区由伊万·舍维奇（Ivan Šević）管理，巴赫穆特（Bahmut）附近由拉伊科·普雷拉多维奇（Rajko Preradović）管理。1764 年，伊丽莎白·彼得罗夫娜女皇颁布的圣旨废除了这两个边境地区。见帕维尔·鲁贾科夫：《服役与永久臣服》，载《塞尔维亚移民——乌克兰土地上的塞尔维亚人和斯拉夫塞尔维亚人（1751—1764）》，基辅，2001，第 40—61 页。

既然黑山人迁居的问题被提了出来，瓦西里耶则需要承担相应任务。1753 年 1 月 21 日，他向俄外交部递交了一份请愿书，向俄国皇帝和威尼斯共和国统治者提议，允许黑山人和移民在他们的土地上自由通行，且"成立一个特别委员会，负责处理此事并实施移民"。[1] 他认为只有俄国答应了这个前提条件，他才可以向黑山领导人们提出移居俄国的问题。

前面提到的上尉斯泰凡·（伊瓦诺维奇）·佩特罗维奇在后期参与了黑山人的迁居工作。根据军事委员会的决定，他的任务是在黑山招募数百人，以组建骠骑兵团。

1754 年 1 月 8 日，俄外交部的会议记录中也阐明了俄国对黑山人重新安置的义务，以使黑山人通过威尼斯共和国以及"匈牙利皇后和女王的土地——波希米亚"，这些地方应该允许黑山人自由通行。瓦西里耶应该专门参与这项工作。他被授予了向移民颁发"国籍和尊严"证书的权力。这就实现了"不滥用黑山名号"的想法，即防止其他居民冒充黑山人，从而获得他们在俄国拥有的"荣誉和尊严"。它涉及一个概念：黑山人是独立于奥斯曼帝国的"自由人民"，因此而产生的权利属于他们。[2]

为了使俄国官员了解黑山的基本地缘政治、历史和军事特征，瓦西里耶还出版了《黑山历史》。他自己撰写的这本《黑山历史》[3] 于 1754

---

① J·托米奇：《黑山大主教瓦西里耶·佩特罗维奇以及 1754—1757 年黑山人试图移民俄罗斯帝国》，载 A. P. 巴佐娃（А. П. Бажова）：《18 世纪的俄罗斯帝国—斯拉夫关系》，莫斯科，1982，第 130—134 页。缪米尔·达希奇（Миомир Дашић）：《直到 1850 年末的黑山向俄罗斯帝国的移民》，《社会科学公报》第 15 期，波德戈里察，2003，第 7—49 页。R. 拉斯波波维奇：《瓦西里耶·佩特罗维奇主教与 18 世纪后半期黑山向俄罗斯帝国的移民：历史研究》，《科学文集》2004 年第 5 期，萨马拉，第 70—80 页；帕维尔·鲁贾科夫（Pavel Rudjakov）：《18 世纪塞尔维亚人移民俄罗斯》，贝尔格莱德，1995；H·希洛瓦：《18 世纪后半叶俄罗斯帝国的黑山人》，载《18 世纪的南斯拉夫国家和俄罗斯帝国》，贝尔格莱德，1986，第 55、73 页。

② 黑山人不满于霍尔瓦特将军的行为，离开了新塞尔维亚，在北顿河的支流巴赫穆特河定居，并建立了黑山定居点切尔诺戈里夫卡（Chernogorivka），该定居点于 1961 年成为亚马（Jama）定居点的一部分。参见柳比沃耶·采罗维奇（Ljubivoje Cerović）：《塞尔维亚人在乌克兰》，诺维萨德，2003，第 178 页。

③ 瓦西里耶·佩特罗维奇：《黑山历史》，拉德米洛·马罗耶维奇（Radmilo Marojević）博士重译再版，采蒂涅-铁托格勒，1985。

年出版，这本书是献给副总理米哈伊尔·伊拉里奥诺维奇·沃龙佐夫（Mikhail Ilarionovich Vorontsov）的，但其印刷工作是由 A. P. 贝斯杜热夫–柳敏帮助完成的。书中夸大了黑山与奥斯曼帝国的斗争。虽然并不十分注重历史事实，但鉴于这是第一本印刷出来的黑山史书，以某种精致的形式彰显了为黑山争取自由和独立的斗争精神，它不仅推动了重要的民族意识的发展，也是黑山史学发展的开端。

1755 年初，达尔马提亚的总督弗朗切斯科·格里马尼（Francesco Grimani）指出了瓦西里耶主教所说的一些不正确之处。[1] 然而，他的主要对手仍然是泰奥多西亚·姆尔科耶维奇（Teodosija Mrkojević），这个人首先是瓦西里耶主教的战友，然后才是他的对手。这是在瓦西里耶第二次访问俄国时发生的，姆尔科耶维奇对瓦西里耶主教历史上几乎所有的重要观点都提出了异议。除此以外，姆尔科耶维奇指出：黑山根本没有城市，无法动员 20 000 名士兵，因为在黑山，"男女老少加起来也不到 20 000 人"。

瓦西里耶在俄国期间发生了许多有趣的事件，这些事件证明了他的出访是成功的。值得一提的是，1754 年 4 月 12 日，他在莫斯科的宫廷教堂里，与两名大主教和众多神职人员一起参加了神圣的礼拜仪式。在那个场合，"伟大的修女伊丽莎白·彼得罗夫娜主动从他的手中接过圣餐"[2]。如果我们记得 1752 年 5 月他在俄国宫廷里受到接待，并且向伊丽莎白女皇做了一次"布道"，那么我们就可以得出结论，他在俄国的第一次逗留是非常成功的。

在返回黑山的途中，他抵达维也纳（1754 年 10 月 4 日），受到俄国外交代表凯泽林（Kajzerling）的接见，并与奥地利皇帝举行了会谈。在介绍访问俄国的成果时，他告诉维也纳方，他向沙皇提出的要求都获

---

[1] 格里马尼在 1 月 8 日的报告中说，瓦西里耶"将权力掌握在主教手中的黑山描述为世界上最大、最富饶的地区之一，包括了教会的地区；并且特别强调他的人民是如何供给科托尔的（当然是有特殊意图的）。他将每个村庄都说成了一个省，把亲王和公爵的光荣头衔赐给了各家族的首领"。

[2] M·德拉戈维奇（M. Dragović）：《黑山历史资料》，《塞尔维亚皇家学院论文集》第 25 期，第 19—20 页。

得了批准，而且还被赋予了"更大的慷慨"：女皇的肖像和镶满钻石的圣像挂件证明了这份体面。

根据同样来自维也纳（1754 年 9 月 7 日）寄给米哈伊尔·伊拉里奥诺维奇·沃龙佐夫的信函，瓦西里耶打算在休息后继续前往威尼斯，然后从那里乘船回到黑山。根据该计划，他离开维也纳前往的里雅斯特（Trst），但未能如期前往威尼斯，而是于 1754 年 9 月中旬才抵达该国。

八、关于瓦西里耶主教 1752 年访问俄国宫廷的成果

瓦西里耶主教的出访令俄国与黑山关系更上一层楼。除了在圣彼得堡逗留期间表现出"不寻常的精神"，成功地向俄国官员提出新的政治理念，即在俄国女皇的支持下，建立自由独立的黑山，瓦西里耶还设法在与俄国宫廷接触时实现了更高层次的官方和个人亲密关系。阿塔纳修二世和萨瓦·佩特罗维奇二人的信函虽然在文献中很少被提及，但在这方面肯定对他有很大帮助。此外，凭借他的个人技巧和对黑山的远见，他设法赋予该使团更多的世俗性质，使黑山和俄国之间的关系不只停留在向采蒂涅都主教区提供物质援助上，同时引导黑山朝着"唯一自由和独立的公国"方向发展。俄国接受保护黑山不受土耳其苏丹侵犯的请求，即同意在"特定情况下"站在奥斯曼波尔特的面前捍卫黑山人的利益，实际上意味着黑山被视为一个独立的政治实体。这是 1754 年 3 月 19 日俄外交部会议记录中最重要的内容之一。尽管黑山在官方上是奥斯曼帝国的一部分，这种保护应该是主要针对奥斯曼帝国的，但这也说明了黑山政治自治的实现程度。俄国很快履行了以这种方式承担的义务。

1754 年 5 月，在瓦西里耶主教逗留俄国期间，波斯尼亚的维齐尔（vezir）提出了征收贡品的问题。就此进行的谈判以在奥兹里尼奇（Ozrinići）达成的协议结束（1754 年 6 月初），根据该协议，黑山承诺"到次年 9 月以丝绸的方式进贡 900 特克斯（奥斯曼货币单位）"[1]。威

---

① 《黑山史》（第 1 卷第 3 册），第 331 页。

尼斯喜欢这种贡品。萨瓦主教的这种和平策略吸引了威尼斯，因此在格里马尼（Grimani）将军访问期间（1754 年 7 月），他得到了丰厚的回报。然而，随着瓦西里耶主教的回归，萨瓦主教政策的既定方向受到了严重威胁。[①] 拒绝已经被萨瓦主教接受的纳贡协定，是朝着这个方向迈出的第一步。

根据承担的义务，威尼斯人和土耳其人都不喜欢瓦西里耶主教引发的黑山人民政治情绪的变化。为了解决黑山的局势，威尼斯决定罢免瓦西里耶主教[②]，而奥斯曼当局则赞成对黑山进行惩罚性远征的决定。瓦西里耶主教也意识到与土耳其人发生战争的危险。因此，早在 1755 年 5 月，他就向伊斯坦布尔的俄国人发出请求，要求（俄国）阻止土耳其发动战争。为了寻求俄国的保护，1755 年初，黑山的一个四人代表团前往伊斯坦布尔。1755 年 9 月 20 日，瓦西里耶还向俄国使节奥布雷斯科夫致函。[③] 瓦西里耶告知俄国使节，由于无法抵抗人数众多的土耳其军队，他也向奥地利皇帝寻求帮助，因为奥地利此时是俄国的盟友。他要求两国代表在苏丹宫廷里为黑山事业站在一起。

在向俄国和奥地利求援以及未能成功获得威尼斯支持的同时，瓦西里耶采取了防御措施以应对土耳其的进攻，包括动员邻近的人民，尤其是沿海地区和北部山区的人民。[④] 但是所有这些措施都让避免冲突的希望变得渺茫，因此主要的期望还是放在了俄国身上。1756 年初，瓦西里耶向米哈伊尔·伊拉里奥诺维奇·沃龙佐夫发出警告，如果土耳

---

① 他陶醉于自己出使的成果、所获得的荣誉和物质援助，怀着他特有的自信和对必须同土耳其人进行不可调和的战斗的信念，致力于扩大俄罗斯帝国在黑山的影响。瓦西里耶主教巧妙地利用引进来的资助帮助现有教堂的工作和新教堂的建设（马伊内的教堂），他没有忘记给北部山区、沿海地区甚至威尼斯臣民的礼物。捐赠教会书籍和财政援助，除了压制威尼斯人对黑山的影响外，还有一个目的就是让人们相信，在俄国的帮助下与土耳其断绝关系的条件已经成熟。
② J.托米奇：《1756 年威尼斯人企图毒害主教瓦西里耶·佩特罗维奇》，《塞尔维亚皇家学院之声》第 90 期，贝尔格莱德，1912，第 114—174 页。
③ D.武克尚：《瓦西里耶主教、萨瓦主教和黑山领导人的书信往来（1752—1759）》，《塞尔维亚皇家学院论文集》第 88 期，第 27 页。
④ J.托米奇：《首访俄国回到黑山的主教瓦西里耶·佩特罗维奇（1754—1756）》，《塞尔维亚皇家学院论文集》第 88 期，贝尔格莱德，1911，第 55—158 页。

其人征服了黑山，基督教将在塞尔维亚、保加利亚、马其顿、黑塞哥维那和达尔马提亚等地区消失。瓦西里耶对俄官员的多次喊话影响了俄国政府，使其意识到瓦西里耶主教在圣彼得堡时，向他许过的承诺。1756 年初，俄国首次在俄黑关系中通过俄国驻伊斯坦布尔外交代表正式保护黑山的利益。根据伊丽莎白·彼得罗夫娜女皇的指示，俄国驻伊斯坦布尔使臣奥布雷斯科夫首先在波尔特阐明对黑山事件的态度，然后通过威尼斯驻土耳其的外交代表与威尼斯政府合作。

　　从历史角度看，俄国的正式干预对黑山非常重要，但无法改变现状，不能阻止即将发生战争的局面。黑山拒绝进贡，以及在黑塞哥维那的游击战的加剧，是奥斯曼帝国发起进攻的原因，这个原因是可以理解的。另一方面，在 1756 年 8 月初举行的议事会上，马伊内、波博里和布拉伊奇的代表也出席了，但议事会仍然决心不"向苏丹屈服"，即不纳贡。议事会的决定意味着瓦西里耶的政治理念在黑山的历史道路上取得了胜利。从这个意义上讲，关于 1756 年的战争是"主教瓦西里耶·佩特罗维奇所为"，他"想要这场战争，但没有领导战争"的评价是对的。

　　所有军事组织的准备工作，包括任命总督斯坦尼斯拉夫·拉多尼奇（Stanislav Radonjić）为黑山指挥官，都是由瓦西里耶主教做出的决定。他本人并未参加战争，在 1756 年 11 月 22 日晚上，他在泰奥多西亚·姆尔科耶维奇的陪同下，秘密地离开了黑山，"这样就没人知道了"，"在将他所有的财产分配给穷人和那些最受尊敬的军官之后"，他前往拜访"匈牙利帝国和女王陛下，还有捷克共和国"。他的行为违反了勇士道德和骑士精神，被当时的黑山人认为是懦弱的。历史学家对此做出了各种各样的判断，有的人认为他"在黑山面临死亡危险时"离开这个国家是不可原谅的，有的人则认为"对他来说，离开这个国家是唯一合理的且经过深思熟虑的"。①

---

① 《黑山史》（第 1 卷第 3 册），第 344 页。

1756 年的战争是黑山历史上的一件大事。黑山人的战争运气和毅力促成了这样一个事实，即在奥斯曼帝国军队第一次进攻卡通部族特别是在占领切沃（Čevo）期间表现出凶狠残暴后，这场战争灾难并没有蔓延到整个黑山。黑山人的顽强抵抗以及不利的天气条件使土耳其军队无法达到战争的主要目的。尽管没有被击败，但奥斯曼军队对黑山的第一次军事进攻并未取得胜利。这是黑山人的巨大成功，相当于胜利，因为土耳其-黑山战争的最终结果将在民间传说中呈现。

1756 年战争的真正结果还体现在结束后签订的条约上。1757 年 1月，在尼克希奇签订的协议规范了双方进一步的关系。除了答应不在奥斯曼帝国领土上进行游击战，黑山人还同意纳贡且不再允许其他国家的使节进入其国家。稍后，在 1757 年 12 月底，波斯尼亚-黑塞哥维那维齐尔向萨瓦主教颁发了敕令，允许其行使主教职能，这是为了证明奥斯曼帝国对黑山的至高权威的存在，也是为了控制（黑山）宗教事务。由于在实践中没有建立新的关系，因此它没有任何重大的实际影响。更为重要的是，在特拉夫尼克的伊斯兰教委员会面前，黑山特使接受了每年缴纳 1 010 张贡票的纳贡义务。为了确定黑山"会像其他地方一样顺服和依附"，土耳其要求涅戈什、采蒂涅、切克利奇（Ćeklići）和里耶卡（黑山）等地移交人质，"直到他们收集并呈交贡品"才释放这些人质。①

1756 年的土耳其-黑山战争使黑山及其奋斗目标展示"在世人面前"，比其早期的抵抗活动更加明显。这证实了黑山摆脱奥斯曼帝国统治的决心。虽然与预期不符，但鉴于威尼斯在战争中的态度，战争的结果为黑山指出了一条加强内部团结、在俄国的帮助下争取摆脱奥斯曼帝国控制的独立道路。瓦西里耶主教将继续在黑山的这一方向上发挥重要作用。

九、瓦西里耶主教第二次出访俄国

在黑山与土耳其之间的冲突爆发后，瓦西里耶秘密离开了黑山，前

---

① J. 托米奇：《1756 年在黑山的土耳其战役》，《塞尔维亚皇家学院之声》第 92 期，第 335 页。

往奥地利，于 1756 年底抵达里耶卡（黑山）。在那里，他开始向俄国宫廷的高官们致信，还与黑山的总督拉多尼奇（Radonjić）保持联系。1757 年 1 月 28 日，他从黑山首都获悉与土耳其人的战斗结果、战斗过程以及没收的军事战利品。瓦西里耶于 1757 年 2 月 12 日写信给俄国副总理沃龙佐夫，试图为黑山获取财政援助和弹药。他向俄国女皇发出了类似的请求，向女皇陛下解释他离开黑山战争是为了皇帝陛下的利益，即他需要亲自安排 1 000 名黑山人前往俄国服兵役。在此过程中，他夸大了袭击黑山的土耳其士兵人数（60 000 到 80 000），并且曲解了战争的结果。然而，由于战争很快结束，瓦西里耶继续留在里耶卡（黑山），他将主要工作集中在黑山人向俄国的迁居事务上。这是黑山在奥斯曼帝国来袭前的第二次移民尝试。

1757 年 1 月中旬（22 日），瓦西里耶写信给总督斯坦科·拉多尼奇。在信的结尾，瓦西里耶主教宣布，神圣帝国特使佩特罗维奇少校将亲自通知黑山人民关于重新安置的所有决定。

俄国政府确实为黑山人的移民做了大量准备工作，这也是萨罗维奇（Šarović）和普契科夫一起来到的里雅斯特的原因。西美昂·皮什切维奇（Simeon Piščevića）被任命在土耳其边境的斯雷姆（Srem）接收移民。不过，圣旨中并没有提到瓦西里耶所说的俸禄和特权。他后来在俄国执行任务的结果证实了这一点。瓦西里耶写信的目的是说服黑山人移民，以履行对俄国女皇以及俄国驻维也纳大使凯泽林伯爵和其他高级官员做出的承诺——让 1 000 名黑山人到俄国服兵役。

移民工作进展并不顺利。除了黑山人对移民的犹豫不决外，还有其他情况的影响。安置工作受到威尼斯的阻挠，黑山领导人之间也存在着分歧。正如瓦西里耶所写，应该是萨罗维奇少校的侄子菲利普最先去黑山，而不是他本人。他与泰奥多西亚·姆尔科耶维奇合作，设法征得了一大批人的同意，这些人不仅来自黑山，也有来自格尔布里（Grblj）、帕什特罗维察和黑塞哥维那的。威尼斯人不喜欢这种移民，这意味着将它的臣民带走，他们试图以阴谋诡计和错误的信息来影响重新安置的移民们，此外，还采取了一些具体措施。总督阿尔维塞·康塔里尼（Alvize Contarini）发布公告"禁止威尼斯臣民在死亡威胁下为外国统治者服兵役"。威尼斯当局的措施造成了黑山队伍的分裂和混乱。7月底，有"两艘悬挂奥地利国旗的船只"驶入布德瓦水域，其中一艘载着萨罗维奇少校，意外的转折发生了。尽管萨罗维奇设法通过亲自参与或贿赂等方式来动员迁徙，他赢得了总督斯坦尼斯拉夫·拉多尼奇的支持，并在预定的日期召集了600人参加马伊内的会议，但由于神甫久拉什科维奇（Đurašković）的干预，整个行动失败了。久拉什科维奇向准备前往俄国的乘客发表演讲，指责斯泰凡·萨罗维奇是一个"没有信仰不懂法律的人"，指责斯坦尼斯拉夫·拉多尼奇只是一个与黑山人进行贸易的纵火犯。这让聚集的人们感到震惊，所以他们中的大多数人放弃了前往俄国。根据格利戈尔·斯塔诺耶维奇（Gligor Stanojević）引用的威尼斯数据，"登船的人数不超过140人，其中包括6名威尼斯人"。①

在1757年12月写给贝斯杜热夫-柳敏的信中，瓦西里耶主教也确认了萨罗维奇执行任务的不利结果。在前往基辅的途中，由于向俄国宫廷所做承诺的兑现效果不佳，主教瓦西里耶和萨罗维奇少校之间发生了冲突。稍后这种冲突将扩大到主教与代表团其他成员的关系，特别是与泰奥多西亚·姆尔科耶维奇的关系上，这将严重影响特派团的总体结果。

至于移民，一部分人去了基辅，一部分人去了奥伦堡（Orenburg），还有三分之一去了莫斯科。部分来到基辅的移民，主要是未成年人（13名未成年孩子），应塞尔达尔武科蒂奇的要求，被送往军校步兵团学习，其余的人被纳入军事系统接受培训以便在公务员体系中履行职责，培训费用约5 000卢布。

瓦西里耶一到俄国，就展开了一场非常活跃的政治活动。不过，与

---

① 斯塔诺耶维奇(Stanojević)：《主教瓦西里耶·佩特罗维奇和他的时代(1740—1766)》，第149页。

他第一次出访相比，情况发生了改变。当时，俄国内部对黑山知之甚少，几乎被瓦西里耶的"神圣的历史"所诱惑。而此时，形势发生了变化。瓦西里耶第一次访问后不久，俄国就向居住在伊斯坦布尔的俄国人奥布雷斯科夫发出指示，要求他收集有关黑山的信息。由于瓦西里耶主教在第一次访问期间保证黑山人不是奥斯曼帝国的臣民，并要求俄国"在波尔特那里保护他们"，因此奥布雷斯科夫被要求提供关于黑山人的更完整的资料。① 可以肯定的是，这些资料以及俄国政府在瓦西里耶重访圣彼得堡之前收集的其他信息，对黑山的描述与瓦西里耶主教所介绍的完全不同。此外，瓦西里耶在安置黑山人和成立黑山军团方面的失败，即"以黑山人的名义将塞族人从其他地方吸引过来"的失败，进一步动摇了俄国人对主教言论真实性的信任。然而，对瓦西里耶主教政治工作最沉重的打击是由他的代表团成员造成的。在这方面至关重要的是他与萨罗维奇以及泰奥多西亚·姆尔科耶维奇的冲突，后者在俄国首都的外交部指控他是个骗子，并称其早期的请愿书是捏造的。他也没有放过瓦西里耶的《黑山历史》，说大家甚至包括"俄国女皇本人"都被它骗了。他还揭露了瓦西里耶从黑山逃亡的事情，以及1756年在与土耳其战争开始时，他所表现出的怯懦。

这些信息导致了俄国官员的情绪发生了变化，他们对瓦西里耶的讲话保持了克制态度。但是，这并没有动摇黑山主教维护黑山利益的决心。他给俄国高官们写了许多信：副总理 M. I. 沃龙佐夫（3月29日，5月9日、17日和18日）、陆军元帅 P. I. 苏卡洛夫（5月11日和17日）、圣公会（4月2日）和外交部（4月22日），以及俄国女皇伊丽莎白·彼得罗夫娜（5月17日）。这些信件的内容受到黑山不久前所发生

---

① 这些信息涉及黑山人居住的地点,无论是他们的还是土耳其人的。他们生活在什么样的自然条件下,与哪些国家接壤,是否有水路,总共有多少条河道,特别是能征集多少名士兵? 此外,他们的饮食习惯,他们以前的国家归属,现在的归属,他们向土耳其人捐了多少钱,或者据他们说,他们在一切方面都是独立和自由的,土耳其人为什么要充满恶意地铲除他们? 威尼斯人没有停止压迫他们,他们以何种方式获得俄国的援助,而又不会干扰俄国与波尔特之间的和平关系? 等等。

的事件的启发。信中描述了黑山及其邻近部落在与 80 000 名奥斯曼士兵的战斗中所处的困境，这些士兵由波斯尼亚维齐尔指挥，并得到了威尼斯人的海上支援。大量篇幅描写了黑山及其邻近地区人民的英雄主义和军事勇气，以及维也纳宫廷在他们移民俄国时给他们造成的困难等。但是，瓦西里耶在信中向俄国宫廷提出了某些要求，其中大多数是重复以前的请求：关于俄国对黑山的保护、组建黑山军团、提供物质援助等等。

在给俄国女皇的一封信中，瓦西里耶表现出一种基于"部落想象"的特殊政治放纵。这就是为什么信中提出的请求未收到任何官方评论的原因。相反，这样的请求只会增加俄国宫廷对黑山都主教的不信任。① 尽管由于以前的种种原因而产生了反对瓦西里耶的分歧，但俄国的政治精英对他的坚持做出了回应。1758 年 5 月 29 日颁布的圣旨，授予黑山代表金质奖章，并为黑山人民批准了印有女皇头像的 1 000 枚金币，对主教提出的其他要求也做了答复。

瓦西里耶主教和其他黑山人被告知，他们渴望成为俄国公民的愿望将永远值得"欢迎和支持"，但由于黑山公国的敌人离黑山很近，而离"我们这个帝国很远"，任何形式化的做法都可能引起不必要的渲染和不良后果。因此，此事需留给未来，待更好的时机来解决。俄国女皇对黑山的态度并未完全转变，这体现在由副总理签署的给"黑山人民的一封信"中，随信附赠有 1 000 枚金币，以奖励黑山对俄罗斯帝国的忠诚和对东正教信仰的坚定。关于建立骠骑兵团，女皇圣旨规定由移民组

---

① 瓦西里耶要求：第 1，每年向黑山援助五万个切沃纳茨(červonac，当时的俄国货币)；第 2，派遣炮兵和经验丰富的人员来黑山，以便他们可以对抗敌人；第 3，派遣金银工程师，以便他们可以在黑山寻找矿石，并把这些矿藏登记在皇帝陛下的名下；第 4，给予印刷和工匠的援助；第 5，向奥地利女皇提出关于里耶卡(黑山)的请求，希望可以在从波罗的海到亚得里亚海的区域内进行贸易；第 6，请求那不勒斯国王同意与黑山结盟并提供小麦，以支持两个由各行各业的 20 000 名士兵组成的军团来保卫黑山。作为回报，那不勒斯国王将得到我们人民组建的一支军团；第 7，允许从体面的黑山家庭出来的人到俄国接受上尉、中尉、旗手、士官和下士的军衔；第 8，要求俄国女皇将进校的 12 名年轻人送进贵族军团学习军事科学和语言，包括法语、希腊语、拉丁语和意大利语，待完成学习就回到黑山，由黑山再派 12 人轮换，费用由俄国皇帝陛下支付，作为回报，黑山将派遣一个 1 000 人的军团去俄国。

成一个特别中队，而当俄国境内有足够的黑山人时，就成立一个叫作"黑山"的兵团。

对瓦西里耶主教来说，除了因逗留而获得属于他个人的物品外，他还获得了 1 000 卢布。J. 托米奇在谈到马尔科·德拉戈维奇（Marko Dragović）的历史资料时说，在那一次，俄国批准了 3 000 卢布用于采蒂涅修道院 1754—1760 年的建设。上述圣旨中没有提到这一数额，但是俄高层在考虑了瓦西里耶主教的新请求之后，在稍后予以了批准。

此外，为了建立"黑山人民的良好秩序"，（他们还请求）俄国每年提供 15 000 卢布的援助。此外，黑方还要求俄国派代表常驻采蒂涅。根据俄外交部门的会议记录，1758 年 6 月 12 日，俄国政府对所有这些请求以批文的方式做出了答复，并于 1758 年 7 月 27 日将答复传达给黑山代表团。

关于前两项请求：准许黑山人加入俄国国籍和成立黑山（军）团，1758 年 5 月 29 日的谕旨答复被逐字逐句地重复了一遍，谕旨将这些问题的解决"推迟到未来更适宜的时期"。不过，在 1760 年向"黑山社会"提供 15 000 卢布援助的请求被接受了，这笔钱应该由一个"特别的人"送到黑山。派遣这样的使节并不意味着接受黑山的要求，即把某个人派往黑山在"采蒂涅常驻"。但是，从发送批准的资金和收集有关黑山的适当信息的角度来看，派遣一名"特使"非常重要。这份文件还宣布，将来自黑山的未成年移民送往学员步兵团。根据女皇的诏书，圣公会接到命令后向他们发放旅途所需的物资，以及他们请求支援的财物，包括那些教会礼拜的日常物品、主教的衣物和必要的书籍。

伊丽莎白·彼得罗夫娜于 1758 年 10 月 17 日向外交部发布的谕旨确认了先前决定的内容，澄清了有关实际执行该决定的一些细节。为了使在瓦西里耶主教出访期间批准的每年 15 000 卢布的援助不在没有任何控制的情况下使用，女皇下令由顾问普契科夫将其连同一封由副总理签署的信一起送往黑山。

另一方面，指示普契科夫向当地行政官员带去口头建议，并鼓励他们：如果俄方认可黑山人民正确使用了这些援助，那么将在今后几年内继续支付上述"丰厚奖励"。这笔钱本应用于"加强内部良好秩序和团结"，提供必要的军事工具，并且被认为特别重要的是，用于在黑山建立"必要的秩序和良好的纪律"。从给普契科夫的指示可以看出，俄国为加强黑山的秩序和组织黑山最早的公共权力机构提供了大量资金。

上述帝国敕令的另一项非常重要的决定是阻止黑山人移民俄国，这些黑山人来到俄国的目的要么是定居，要么是进入公务员队伍。其原因是俄国—土耳其关系紧张，而黑山移民的到来可能会使这种紧张局势进一步加剧。

随着上述敕令的颁布，瓦西里耶继续留在俄国的理由就没有了。除了不能再提出黑山兵团的问题，所有关于黑山人迁往俄国的行动都必须停止。考虑到1760年批准的15 000卢布的援助资金，如果普契科夫就其支出提出令人满意的报告，那么俄国以后有可能进一步定期提供年度补贴，黑山大主教和沿海地区无法再提出任何特别请求。根据之前批准的条件——援建采蒂涅修道院6年的3 000卢布，圣公会援助的1 320卢布，向人民提供的1 000块金币（古威尼斯金币），赠给瓦西里耶主教的1 000卢布，给教堂的物品和书籍援助以及生活费用的支付，在宫廷敕令之后，瓦西里耶不能指望在政治或其他层面上取得新的成功。此外，主教瓦西里耶、武科蒂奇、普拉梅纳茨（Plamenc）和久拉什科维奇之间的勾心斗角和对抗，以及拉多尼奇总督（1758年3月28日在俄国去世）、萨罗维奇少校和泰奥多西亚·姆尔科耶维奇少校等对黑山代表团的极力羞辱，还有黑山人重新安置的失败，以及这些黑山人抵达后的不当行为，都令俄国宫廷感到不悦。可以说，俄国官员对黑山的需求表现出了比预期更多的理解。

然而，瓦西里耶对所取得的结果并不满意，特别是15 000卢布的援助不是永久性的，而且他个人在支配这些援助方面也没有担任更重要的角色。而且萨瓦主教和他没有得到1 000卢布的年薪，他觉得这也不合适。

关于主教返回黑山的说法有不同版本。托米奇认为，如果俄国政府没有"将钱交给普契科夫，并命令他立即前往黑山"，瓦西里耶在俄国的逗留将会延长。[1] 瓦西里耶不希望普契科夫单独前往黑山，而是希望由他"按照自己的意愿把物品呈现出来，并阻止对方独立完成工作"。第二种说法以 G. 斯塔诺耶维奇（G. Stanojević）先生为代表，他根据西美昂·皮什切维奇的回忆录（由迪米特里耶维奇出版），认为瓦西里耶主教是被逐出俄国的。[2]

我们手头的资料对此却另有说法。有材料说，1758 年 9 月，瓦西里耶主教仍与俄国当局"合作良好"[3]。此外，1759 年 2 月 4 日，他收到一份来自总理的特别照会，得知普契科夫在黑山的秘密任务，并被要求，由于他熟悉女皇对"他所在社会"的青睐，就个人而言，他为"鼓励对俄罗斯帝国的热情"做出过贡献，因而不要告知任何人已批准的援助和普契科夫即将执行的任务。接到通知后，瓦西里耶于 1759 年 2 月 23 日向俄外交部辞行，并要求给他和随行人员发放旅途证件和资金，以便离开俄国返回黑山。3 月初，瓦西里耶抵达莫斯科，从那里他写信给沃龙佐夫（日期为 1759 年 3 月 19 日）。除了给沃龙佐夫写信外，给俄国女皇的两封信注的是同一日期。其中一封信中，瓦西里耶请求女皇为他的随行人员颁发勋章；另一封信中，他建议通过凯泽林进行调解，以改善黑山公国与威尼斯人的关系，希望在的里雅斯特和里耶卡（黑山）经过威尼斯领土时，可以顺利通过以到达黑山。

瓦西里耶因为威尼斯人的关系对自己的人身安全产生了担忧，他还担心自己回到黑山后的命运。考虑到他离开这个国家时的情况，之前他把这个国家拖进了战争，他当然不能指望得到友好的欢迎。他试图扭

---

[1] J. 托米奇：《瓦西里耶主教和 1759 年普契科夫上校出使黑山的使命》，《塞尔维亚皇家学院论文集》第 94 期，第 20 页。

[2] 同上。

[3] 由于移居的黑山人对萨马拉人（Samara）的不当行为造成了冲突，他们拒绝在没有主教的情况下宣誓进入俄罗斯帝国军队服役，还由于黑山人在莫斯科类似的不服从行为，以及步兵团里黑山年轻人的不当行为等，俄外交部门下达命令将主教瓦西里耶·佩特罗维奇遣回黑山，并给了相应的路费，而瓦西里耶于 1759 年 1 月还住在圣彼得堡。

转局势，还由于他的对手萨罗维奇和姆尔科耶维奇传播的不真实信息，他提出了自己的立场，在致俄国女皇的一封信中，他恳求她命令普契科夫等他，并与他一起前往黑山。

瓦西里耶于 5 月底到达维也纳。在 1759 年 6 月 10 日给 M. I. 沃龙佐夫的信中，他报告了凯泽林伯爵的热情欢迎。他还受到威尼斯特使的接待，因此与威尼斯人的"昔日情缘"重新建立起来。在威尼斯使馆，他收到了共和国颁发的前往黑山的护照，为了让他能更安全地返回，使馆应该通知了威尼斯地区当局的代表。瓦西里耶对他在维也纳逗留的结果感到满意，尽管根据文献资料，他没有收到威尼斯外交代表关于会见威尼斯总督的建议。

瓦西里耶主教离开维也纳前往的里雅斯特，同他一起前往的还有斯泰凡·尤斯廷诺维奇·普契科夫和一名俄国工程师，后者负责勘察黑山的矿产资源并收集适当的数据以绘制地图。上面提到的这群人从的里雅斯特出发前往黑山，并于 1759 年 8 月 9 日在布德瓦附近的海岸登陆。由于他已经通知黑山人和沿海地区的人们，他将随俄国军官到达，人们用鸣枪和雷鸣般的欢呼声表示了热烈的欢迎。

第三节　俄国代表出使黑山和瓦西里耶主教
第三次出访俄国

一、普契科夫上校出使黑山

斯泰凡·尤斯廷诺维奇·普契科夫的使团有明确的任务，这些任务已包含在 1759 年 3 月 15 日的法令中。该法令是 1758 年 10 月 17 日帝国诏令——该诏令已经解决了这个问题——的较宽泛版本。

普契科夫接到命令，将批准的一年期的 15 000 卢布援助连同一封由总理签名的女皇陛下致黑山公国的信函送到萨瓦主教那里，在几位世俗行政官员在场的情况下，他将这些援助和信函交给萨瓦主教。此外，他此行的目的是影响那里的"酋长"们，建议他们利用帝国的援助来建立一个"良好的秩序"和"相互协议"，以及一切可以加强黑山整体防御和解放力量的组织。普契科夫还负责提交一份关于黑山局势的报告，检查所送的礼物是否准确抵达，以及这些援助是否到位，是否只有接受援助的领导阶层才使用这些礼物，以及当地人是否了解1758年以后送出的援助，等等。[①]

　　普契科夫的出使是瓦西里耶主教的救命稻草。虽然普契科夫的任务是保密的，但他使瓦西里耶不仅顺利返回黑山，而且在人民中保住了重要的政治影响力和声誉。瓦西里耶巧妙地利用了普契科夫在黑山的亮相，将第一位俄国军官的来访归功于他自己。然而他的个人能力还不足，无法亲自处理这批援助物资。

　　普契科夫的调查结果对主教瓦西里耶在俄国宫廷的政治地位造成了非常糟糕的影响。我们前面提到的指示要求普契科夫向外交部详细汇报黑山公国的情况。瓦西里耶主教意识到该报告与他在俄国首都传播的关于黑山的描述不符，因此他试图扭转局势，使之对自己有利。因此，他首先尽量把普契科夫留在马伊内（威尼斯境内），不让他与当地人和领导人接触。但是那样的话，普契科夫本人就不能分发俄国援助的物资。[②]由于他未能说服普契科夫不去黑山而是将俄国的钱交到他手里，瓦西里耶与萨瓦主教达成协议，尽可能地为普契科夫的到来做好准备。

　　圣母升天节当日，在涅戈什的聚会上，萨瓦主教谈到了瓦西里耶主

---

① 他被特别指示注意下列情况：黑山的"酋长们"以何种感激之情接受了帝国陛下的恩典；他们对俄国的建议做出了何种反应，接下来又有何种行为；黑山人的倾向和特点是什么；他们的情况如何；行政和内部秩序；外交事务；他们是否与土耳其人和威尼斯人有冲突；是否有可能以某种合适的形式与后者和解；等等。

② J.托米奇：《瓦西里耶主教和1759年普契科夫上校出使黑山的使命》，《塞尔维亚皇家学院之声》第94期，第38页。

教的俄国之行和他的出使成果。普契科夫的访问澄清了俄国宫廷里的传言，即在黑山，"东正教不受尊重，人们以异端的方式生活"。除了核实这一点，普契科夫的任务还包括"命令黑山人向波尔特进贡，因为黑山似乎与波尔特签订了和平条约，并与威尼斯臣民和平相处"①。

因此，萨瓦主教设法改变了黑山民情，并为继续缴纳贡品奠定了基础。参观了茨尔姆尼察、里耶卡（黑山）、采蒂涅后，普契科夫看到了黑山的真实面貌，包括人民的生活条件和环境，人民的教育水平，以及教会的生活和教堂的总体状况。也许是由于瓦西里耶早期夸大其词并试图向普契科夫"亲自澄清"黑山的情况，普契科夫的报告异常严格，可能没有充分理解 18 世纪黑山的现实及其努力摆脱奥斯曼帝国统治的重要性。公共权力机构的缺失，即部落无政府状态的主要状况，导致普契科夫认为黑山人民是"野蛮而任性的"，即"他们既不懂法律法规，也没有法律秩序"。他注意到，即使是最轻微的冲突和最轻微的伤害都可能导致一场惨烈的战斗，让许多人失去生命。无论是家庭、兄弟或部落，相互之间都经常发生争斗。争斗最常见的原因是抢劫，这导致了谋杀和血仇。

报告中关于教会的部分也好不到哪里去。② 在黑山，普契科夫肯定看不到瓦西里耶描绘的所谓东正教要塞，而且瓦西里耶所说的教会位置、教堂的数量及其设备等仍然对不上数。当被问及教堂的数量时，他回答说"会有大约 600 个教堂，大约 60 个修道院"，这无疑是夸张的，要知道在 18 世纪中叶，达尔马提亚和科托尔湾等更广阔的地区才只有 190 个东正教教堂。教堂没有十字架，他解释是因为它们"被送到威尼斯去镀金"了，这一点也没有说服力。③

---

① J.托米奇:《瓦西里耶主教和 1759 年普契科夫上校出使黑山的使命》,《塞尔维亚皇家学院之声》第 94 期,第 40 页。
② 普契科夫"发现黑山的教堂状况很悲凉,似乎是被人们遗弃似的,以至于当他经过这些建筑物时,他甚至不认为它们是上帝的圣殿。上面没有十字架,里面也没有礼拜书籍,根据他的所见,圣像是唯一的标志,表明它们是教堂"。
③ 《与俄罗斯的政治和文化关系》,第 142 页。

教堂的建设状况证实了先前的传言：早期从俄国送来的礼物，被瓦西里耶和其他官员分发给了自己的亲戚和支持者，也就是说，它们没有被用在正确的地方。1758 年最后一次提供的援助分配也证明了这一点。普拉梅纳茨、武科蒂奇和久拉什科维奇在瓦西里耶主教和普契科夫之前抵达黑山，带来了 1 000 枚金币，他们只将尚未公布给人民的女皇的谕旨交给了萨瓦主教，而 1 000 枚金币（我们这里是指带有皇帝肖像的金币，也称为勋章）却被作为礼物分发给了他们的亲戚。普契科夫不接受有关该国教会状况的辩解，他认为教会的工作很不得力。

根据指示，普契科夫应该交出皇家信函和批准的一年援助。俄罗斯帝国以前的敕令和援助都会以这种方式完成，斯泰凡·尤斯廷诺维奇可以立即看到这一点，这样一来，将新的援助和皇家信函在采蒂涅的人民议事会上移交就更为自然些。但是，由于这次访问是保密的，也是按照俄外交部的指示执行的，因此双方商定在黑山领导人出席的情况下，在斯塔涅维奇（Stanjevići）的修道院里进行移交。当时，普契科夫谴责了来参加集会的黑山长老们，"因为他们没有法院和法律，只是为了一点小事便自相残杀"。

他建议成立维持公共秩序的机构，引入"任何形式的法院"。由于当时黑山还没有成文的法律，也没有具备国家性质的机构颁布这些法律，普契科夫建议法院根据"福音和俄罗斯军事法"进行审判。[①] 根据德拉戈维奇公布的文件显示，瓦西里耶接受了普契科夫的建议，并提议成立由 12 名成员组成的元老院。在瓦西里耶计划的其他版本中记录：法院由"黑山的 12 位酋长，滨海地区的 12 位酋长和 12 位教士组成，他们将在黑山和滨海地区建立法院，法律将成为他们的行事原则，直到来自莫斯科的决策者到来"[②]。该计划体现了黑山和沿海地区传统的领土和精神方面的统一。

关于黑山的军事组织，普契科夫提出了尊重俄国利益的解决办法。

① 《与俄罗斯的政治和文化关系》，第 142 页。
② M·德拉戈维奇：《黑山历史资料》，《塞尔维亚皇家学院论文集》第 25 期，第 48 页。

他要求黑山人与土耳其人和平相处，提议"在边境地区的'哈伊杜克'（指边境地区的盗匪或自由战士——译者注）中组建一支300人的部队，来应对波斯尼亚帕夏。这些人可以领取薪水。"① 部队人员将每隔一个月轮换一次，从而通过工资实现更广泛的平等。这样，"那些原本不听话的人就会逐渐变得顺从"②。尽管这不是基于瓦西里耶提出组建常规军队的提议，但仍然大大提高了该国的战斗组织水平。

黑山人没有执行普契科夫的建议，实际上，普契科夫传达了俄国政府的观点，试图引导黑山的发展进程，为其建立第一批公共权力机构，即为其国家组织奠定基础。这一目的本应通过批准物质援助来实现，但他的努力没有找到适当的基础。黑山人的父权意识很强，专注于家庭、兄弟、部落的利益，具有排他性，仍然不适合建立一个社会组织形式，即保护人民整体利益的秩序。俄国试图使黑山成为其巴尔干政策中真正重要的因素，尽管以失败告终，但普契科夫的使命仍然意义重大，因为俄国首次明确指示黑山人建立自己的国家秩序作为社会进一步发展的先决条件。③ 事实上，该代表团此前的决定所依据的信息是错误的，被欺骗的感觉和由此产生的失望，可能导致普契科夫关于黑山的报告极具毁灭性。

1759年9月20日，普契科夫从马伊内经杜布罗夫尼克和那不勒斯返回俄国。1760年3月21日，普契科夫将他出使黑山的成果以书面形式汇报给了外交部。根据史学界对其内容的评论，普契科夫的报告是"直到18世纪末外国人对黑山人最阴暗的评价"④。此外，还提到："没有哪个威尼斯总督在描述黑山人和他们的领导人时，像普契科夫那样

---

① 《黑山史》（第1卷第3册），第354页。
② J.托米奇：《瓦西里耶主教和1759年普契科夫上校出使黑山的使命》，《塞尔维亚皇家学院之声》第94期，第48页。
③ 普契科夫还编制了一本支出账册，以准确记录资金的使用情况。虽然萨瓦主教，以及一些部落首领，原则上接纳这个想法，但他们所有人，尤其是瓦西里耶主教，都支持独立处理已获批的资金，不需要特别记录和控制其支出。
④ 俄国政府对调查黑山局势的认真态度还表现在第一个随普契科夫一起来的工程师身上，他的尝试性挖掘和实地考察应该是提供了关于黑山自然资源的数据。

厌恶他们。"① 因为"他在黑山没有看到任何好人好事"而感到极大失望，普契科夫对瓦西里耶主教进行了"最激烈的指控"，说他是一个"野心勃勃的""残害者和诽谤者"，其他黑山人的情况也好不到哪里去。

虽然普契科夫的报告对黑山与俄国的关系产生了负面影响，但另一方面，也影响了黑山与奥斯曼帝国的关系。由于意识到普契科夫关于黑山的报告不会在俄国宫廷为黑山争得同情，瓦西里耶估计俄国不会大幅介入黑山问题，于是选择对奥斯曼帝国采取和平策略。在普契科夫离开后，他和萨瓦主教召开了一次会议，决定用收到的援助金来向奥斯曼帝国缴纳贡品，并挑选了 100 人来处理此事。与土耳其人和威尼斯人的和平相处符合俄国人的要求，这也是普契科夫所提倡的。在会议上，瓦西里耶向民众发放了 1 700 个金币，还向马伊内、波博里、布拉伊奇等地区的威尼斯臣民发放了一些钱。

1759 年 10 月，在与威尼斯人的谈判中，瓦西里耶致函威尼斯总督，设法让威尼斯在 1761 年 8 月向黑山开放了科托尔集市，尽管"最初的优惠、他们的薪水和预付款"并没有返还给黑山。而且与土耳其人关系正常化，除了意味着要定期缴纳贡品和自由贸易外，还意味着在黑塞哥维那停止游击战。事实证明，瓦西里耶主教第二次出访俄国的成果和普契科夫使团的到来与主教前往俄国宫廷的期望和计划大相径庭。

二、瓦西里耶主教第三次出访俄国

在普契科夫提交关于黑山局势的报告后，黑山和沿海地区大主教的政治地位使之失去了与俄罗斯帝国国家机构进行任何"官方沟通"的可能性。这对于一个有着非凡精神的人，一个"对黑山的组织架构抱着有趣构想"的倡导者，一个"黑山人对俄罗斯帝国的狂热崇拜"的创造者来说，并不意味着与俄国恢复和建立更牢固和互利关系的希望就此

---

① 《黑山史》（第 1 卷第 1 册），第 354 页。

终结。因此，他认为目前的不利局势是暂时的。

伊丽莎白·彼得罗夫娜的逝世（1762年1月5日）导致俄国宫廷发生的变化被认为是重新建立政治联系的适当时机。皇位的继承人彼得三世是俄国新的掌门人，黑山公国的瓦西里耶主教和萨瓦主教向他提出了请求，并将所有希望寄托在他身上。然而，由于历史环境的原因，关于黑山的决定并不是由沙皇彼得三世而是由他的妻子"北方的塞米拉米德"（古代亚述女王——译者注）叶卡捷琳娜二世做出的。在沙皇被暗杀（1762）后，叶卡捷琳娜二世接管了俄国的皇位，并一直统治到1796年。

期望俄国政治生活中的新人物将开启相互关系的新篇章，并忘记所有以前的糟糕经历是不现实的。也就是说，在得知伊丽莎白·彼得罗夫娜去世的消息后，萨瓦和瓦西里耶立即"极其秘密地"将他们的侄子尼科拉（Nikola）和伊万（Ivana）送到了圣彼得堡。除了给彼得三世和总理致信外，他们还把两位主教的信函带到了圣公会。为使黑山免于奥斯曼帝国和威尼斯的侵害，他们向俄国寻求庇护。[①] 他们还要求俄国支付前三年本该为采蒂涅修道院提供的援助，并要求彼得三世批准瓦西里耶主教来到俄国。

1762年8月，黑山再次向俄国提出请求，在决定如何回复这些请求的过程中，俄当局制定了一项特别议定书，于当年11月8日提交给叶卡捷琳娜女皇。除了伊丽莎白女皇赠送给黑山人民的礼物和瓦西里耶主教在1758年提出的请求外，议定书还包含了顾问普契科夫报告的摘录，以及萨瓦主教和瓦西里耶主教给总理和前皇帝彼得三世的信件中提出的请求。

1762年12月2日，在考虑了萨瓦和瓦西里耶的书信后，叶卡捷琳娜二世颁布敕令，承诺在统辖地区保护黑山不受威尼斯及其印刷的"联

---

① 他们在1762年4月7日写给圣公会的信中，特别对威尼斯共和国的某些行为提出了警告，威尼斯派了一位"联合教会"（原属东正教，后转为天主教，这里指天主教对东正教的渗透——译者注）的主教到黑山附近的东正教地区"分发'联合教会'书籍"。

合教会"书籍的威胁。敕令没有明确解决对采蒂涅修道院的援助问题，并以巨额财政开支为由，拒绝了瓦西里耶主教来访俄国的请求。来自黑山的信使尼科拉·佩特罗维奇中校和伊万·佩特罗维奇少校获得了俄国的回程资助，并为黑山主教和酋长们带去了几枚金币。

在文献中，黑山主教两位近亲的出使是为了获取"俄国新统治者的垂怜"，却被认为是一次不成功的尝试。然而，除了得到承诺保护"东正教黑山"，特别是防止威尼斯的"联合教会行动"，他们访问的积极结果还包括把俄国 1761 年、1762 年和 1763 年剩余的援助物资运回采蒂涅修道院。

尽管受上述普契科夫报告的影响，俄国仍根据先前确立的标准，延长了对黑山公国的物质援助期，这证明了俄国政策的连续性。与此同时，俄国对保持其在黑山影响力的兴趣丝毫未减。鉴于先前所说的情况，普契科夫的调查所引起的失望和对瓦西里耶来访俄国宫廷的拒绝，并没有改变俄国政府对黑山的总体政策。然而，由于黑山新主教的选举问题不能迅速解决，瓦西里耶主教再次远赴俄国仍是个时间问题。① 而且，由于每位领导人"都认为自己能被召唤并能足够成熟地在世界面前代表黑山"，为了捍卫声誉并保护采蒂涅主教在这方面赢得的尊重，并在"最高级别"的层面上恢复"黑山与俄国的关系"，瓦西里耶主教必须重返俄国。叶卡捷琳娜女皇即位后，向这位俄国新统治者致敬的必要性是朝这个方向迈出的第一步。

萨瓦主教在 1765 年 5 月 28 日给俄外交部的信中也清楚地指出，即使在黑山，他们也认为瓦西里耶主教不是前往俄国最合适的人选。萨瓦主教请求允许黑山派遣一位使节觐见女皇，向新女皇叶卡捷琳娜·阿列克谢耶夫娜（Katarina Aleksejevna）敬献"登基礼物"，萨瓦主教指出："除了我们的大主教瓦西里耶·佩特罗维奇（他肩负着很多工作），没有人能完成这两个任务，只有他在俄国宫廷为人所知，而他是女皇陛

---

① 无论是俄国宫廷还是黑山，都不喜欢 1763 年生活在俄国的尼科拉·拉多尼奇或莫伊西耶·普拉梅纳茨这样的知名的黑山领导人。

下的忠实仆人。"①

根据"黑山社会"的态度，萨瓦主教的上述信件指出了瓦西里耶此行的"官方任务"。②。当然，最重要的是强调对公立教育的要求。这是一个内部发展的方向，俄国宫廷早些时候在普契科夫出使期间就已经提出这个问题，并且批准每年提供 15 000 卢布的物质资助。虽然在黑山的部落社会中建立公共权力机构并使民众服从它们的想法本身就是一种明显的进步，但是利用外国财政援助在黑山建立稳固的内部秩序的机会还不成熟。

1765 年 6 月 5 日，瓦西里耶主教动身前往俄国。在这最后一次前往俄国首都的旅途中，陪同他的有副执事佩塔尔·佩特罗维奇和马伊内教士约西夫·武基切维奇（Josif Vukićević）。这次出乎意料的糟糕旅行伴随着"难以忍受的困难"，即使是 1765 年底到达圣彼得堡后的头几天也令人不愉快。简陋的住宿条件比他以前得到的待遇要差得多，而且俄政府迟迟不能支付食宿费，侮辱了"对俄国无限忠诚的人民"的"统治者"的虚荣心。③

瓦西里耶在 1765 年 11 月 10 日给副总理加利辛（A. M. Galicin）的信中描述了他们在圣彼得堡没有公寓和马车的情况下度过的"不堪的日子"，并对此表示抗议。瓦西里耶主教请求总理帕宁（N. I. Panin）为他与女皇会面进行斡旋。他想提交自己"人民"的要求，"从伴随他的麻烦中得到安慰"。虽然他逗留期间的待遇问题很快得到解决，包括代表团的食宿费用都得到了支付，但他希望在逗留期间得到俄国女皇正式接见的愿望将无法实现。然而，在 1765 年 11 月 6 日，他和许多神职人员参加了圣彼得堡宫廷教堂的礼拜仪式，叶卡捷琳娜二世也出席了。瓦西里耶在教堂仪式结束后，利用女皇接待神职人员的时机，

---

① G·斯塔诺耶维奇：《主教瓦西里耶·佩特罗维奇和他的时代(1740—1766)》，第 171 页。

② 他从黑山接受指示："只为了完成所提到的任务，并在适当的地方将彼得大帝和伊丽莎白·彼得罗夫娜女皇的谕旨展示给需要的人看。"其目的是确保黑山的请求具有更大的说服力，"以便为人民提供服务，并通过法律加强国家"。瓦西里耶主教还要求俄国提供资金、主教衣物等资助。

③ B.帕维切维奇：《主教瓦西里耶·佩特罗维奇在俄国的使命(1765—1766)》，第 54 页。

用得体的言辞向她致意，并对她登上俄国皇位一事，转达了黑山人民的祝福。瓦西里耶给女皇留下了比较好的印象，这也鼓舞了他，他直接向副总理加利辛写信，通报了黑山的局势，并向俄外交部提交了一份书面报告，强烈要求俄国考虑他的请求，采取积极行动。在 1766 年 1 月 29 日给俄外交部的信中，他提到土耳其的防御工事对黑山各个城市——特雷比涅、内韦西涅（Nevesinje）、尼克希奇、斯普日、波德戈里察、扎布利亚克、斯库台、巴尔和乌尔齐尼等——造成了威胁，因此有必要向帝国宫廷请求帮助。

当黑山主教的请求进入俄外交部的决议阶段时，瓦西里耶主教出乎意料地病了，此后不久，他于 1766 年 3 月去世。1766 年 3 月 21 日，在他去世前，他的遗嘱见证人有他的代表团成员佩塔尔·佩特罗维奇和约西夫·武基切维奇，房东伊利亚·格罗莫夫（Ilija Gromov）和翻译瓦西里耶·沙拉托夫（Vasilije Sharatov），他在遗嘱中表示，"希望俄国女皇不要放弃黑山人民"①，并为他的同伴提供经过批准的补贴以返回黑山。遗嘱中还包括关于财产处置的最后意愿。女皇得知瓦西里耶的死讯后，下令将其埋葬在亚历山大罗夫斯科内夫斯基（Aleksandrovskonevski）修道院中，费用由俄国支付。②

至此，18 世纪黑山最重要的政治人物之一走到了生命的尽头。他将黑山作为一个自由和独立的国家，对重建"失败的帝国"的愿景十分着迷，充满幻想和热情，直到生命的最后几个小时，他始终坚持自己的立场和处理政治的方式。他准备好了为自己的见解而欺骗威尼斯总督，左右俄国沙皇，并因此受到俄国宫廷的蔑视和排挤，但他仍然有力量恢复失去的影响力。而且，当他在辽阔的东正教帝国的首都去世时，他说出了最后的遗嘱，他表示，希望强大的俄国女皇叶卡捷琳娜·阿列克谢

① B.帕维切维奇：《主教瓦西里耶·佩特罗维奇在俄国的使命(1765—1766)》，第 57 页。
② 根据文献资料，"他们为瓦西里耶主教的葬礼举行了'庄严的仪式'，在场的有俄罗斯圣公会的代表、诺维萨德的大主教西美昂和女皇的私人牧师杜巴斯基(Dubaski)以及 120 多名教会人物。主教的棺材由一名特警护卫"。

耶夫娜"不要放弃黑山人民",并向采蒂涅支付剩下的补贴,让他的同伴将他带来的帝国前任统治者的书信和两个圣像带回黑山。这位名人在黑山历史和"黑山-俄国"关系史上留下的痕迹,虽然在他生前并不那么光鲜亮丽,但随着时间的推移,越来越清晰可见。从他开始,在黑山人的心目中,"俄罗斯"一词不仅意味着一个广阔、强大的斯拉夫国家,同时也表达了黑山人原始的、几乎是神话般的希望,即"没有什么是不可以实现的",表达了他们生存和新生的希望。这层关系驱散了黑山人的孤独,将几个世纪的时间和空间连接起来,在这些时空里,俄国教堂的镀金穹顶和黑山采蒂涅修道院和教堂的十字架闪耀着同样的光辉,是居住在广大地区的斯拉夫人民同一种信仰的象征。瓦西里耶指导黑山人"通过俄国"来摆脱他们在政治和精神上的孤立,从而成为某种伟大而强大的事物的一部分,这种事物让他们陶醉,使他们安全,给他们力量,尽管他们自己常常无法理解这是真正的现实还是虚幻的希望。

三、塔拉索夫中尉出使黑山

在瓦西里耶主教的葬礼之后,俄外交部根据指示,于1766年3月底为叶卡捷琳娜女皇编写了一份特别报告,其中建议如何解决来自黑山的瓦西里耶主教的请求。外交部向女皇通报了援助的形式,包括物质方式、教堂衣服物品,以及俄国可以提供的政治保护。他们向女皇建议"向采蒂涅修道院提供1 500卢布的三年援助,并应瓦西里耶主教的要求,由女皇向黑山发出一封特别信函"。关于保护黑山免受奥斯曼帝国的侵略,俄外交部建议黑山人与其所有邻国和平相处。俄外交部的建议还包括派遣一位特别信使到黑山,亲自将瓦西里耶主教的遗产和叶卡捷琳娜二世的信函转交给萨瓦主教和黑山人民。[1] 拟议的援助总额包括已经捐赠给已故主教瓦西里耶的衣服和冠冕,以及两封早些时候就得

---

① 俄罗斯帝国对外政策档案馆,《1766年俄国与黑山的关系》,第37—38页。

到批复的信函和圣像等，这些物件将被送往黑山。这项提议由潘宁总理和亚历山大·加利辛副总理代表外交部于 4 月 1 日签署。

1766 年 6 月 16 日，叶卡捷琳娜二世的信函是基于从萨瓦主教访问圣彼得堡以来俄国一直实行的原则。对采蒂涅修道院的援助每三年支付 500 卢布（这与达尼洛主教信中所记录的彼得大帝的原初决定有所不同，根据该决定应每两年以指定的金额支付），1762 年，已经向尼科拉·佩特罗维奇中校和伊万·佩特罗维奇少校支付了 1761 年、1762 年和 1763 年的援助，在接下来的三年期间（1764—1767）仍要支付 500 卢布。

根据俄外交部 7 月 22 日的指示，米哈伊洛·塔拉索夫中尉和执事教士佩塔尔·佩特罗维奇和祭祀教士约西夫·武基切维奇一起，以及一些随行人员，"携带了两个箱子与去世的黑山主教的物品，这些在圣彼得堡海关被封了印"，返回黑山。他们途经基辅和维也纳，于 1766 年 9 月下旬到达黑山。塔拉索夫中尉将皇家信函转交给萨瓦主教，为采蒂涅修道院提供了 500 卢布的补贴，并呈交了属于瓦西里耶主教的圣服和个人物品。移交后，黑山人在采蒂涅修道院前召开了一次会议，萨瓦主教当着塔拉索夫的面宣读了皇家谕旨。除了宣布关于瓦西里耶主教的使命和目标以及他去世的消息，女皇为鼓励黑山而提供礼物和经济援助的意愿以外，这封信还向"黑山人民保证沙皇的恩典和垂怜"。除了对俄国的忠诚外，黑山人还被要求"采取最令人信服的谨慎态度，确保他们之间，以及与邻国之间，永远生活在和平、宁静和完美的和谐中，来保护自己免受一切的争吵和冲突"[1]。

萨瓦主教和黑山领导人在 1766 年 12 月 29 日的一封信中，对俄国接待瓦西里耶主教和为他举办的葬礼，以及收到的财政援助和教堂物品表示感谢，这封信是在采蒂涅元老会召开后写的。尽管他突然去世，但黑山公国、泽塔、斯库台、沿海地区、塞尔维亚等地教区的主教瓦西

----

[1]　帕维切维奇：《主教瓦西里耶·佩特罗维奇在俄国的使命(1765—1766)》，第 60 页。

里耶·佩特罗维奇在俄国的第三次出访，已成功完成。由于事先并没有计划，俄国宫廷的另一名官方代表塔拉索夫中尉携令到来。他的任务不仅是把瓦西里耶主教请求的援助、捐赠的物品和个人物品带到黑山，还要就黑山的情况提出一份报告。根据指令，中尉米哈伊尔·塔拉索夫向俄外交部提交了一份详尽的出使报告。

报告除地理描述外，还提供了有关黑山行政区划（包括 6 个部族/省份、格尔巴利和帕什特罗维奇）、与之毗邻的国家、人口的启蒙、权力的行使、教会的生活等方面的信息。塔拉索夫指出，黑山公国没有真正的权力，他补充说，即使他们的大主教被称为"总统领"，他的权力也非常有限，除了诅咒骂人，他无法以任何其他方式解决普通人之间的争吵，而"许多人对此嗤之以鼻"，关于对其他"首领"能力的评估也没有好到哪里去。除了被别人冠以头衔，他们没有任何优势或权威。类似村庄选举长老，部族选举塞尔达尔/酋长。由于没有法律，黑山人比较无知，因此没有服从意识。由大主教和几位族长组成的元老院/合议庭很原始，允许民众因为谋杀而复仇。

根据报告，就人口和财政状况而言，情况也很糟糕。由于黑山的可耕地面积小，普遍存在着贫困和苦难。许多居民由于没有财产，在奥斯曼地区——黑塞哥维那和沿海地区——参与抢劫偷盗。黑山人喜欢打游击，尤其是卡通部族的居民。在军事方面，没有正式组织。塔拉索夫估计只有 2 000 人可以组成武装，因为只有卡通部族是自由的，其余的人都在威尼斯人或奥斯曼帝国的统治下，并向他们进贡。根据他的估计，总共有 4 000 名武装人员可以从其他地区——茨尔姆尼察、里耶卡（黑山）、列什和北部山区聚集起来。

关于教会状况的报告也很不利。他估计，所有村庄中最多有 80 个教堂，只有 12 座修道院，其中共有 28 名修道士和祭祀教士。神殿的状况很差，没有十字架，没有书籍，也没有几个圣像，根本就没有大教堂，且很少执行礼拜仪式。在塔拉索夫关于黑山人的报告中，只有黑山人对俄罗斯帝国的兴趣和热情具有积极因素，尽管据他说，这也是以接受金钱和其他礼物为条件的。

四、什切潘·马利时期国际社会对黑山的认可

瓦西里耶主教去世的那年年底，一个名叫什切潘·马利的人出现在黑山。他介绍自己就是那位被暗杀的俄国沙皇彼得三世，从而借用了俄国的权威，在黑山"掌权"登场了。

黑山-沿海一带的佩特罗维奇家族未能在俄国的帮助下为黑山带来秩序，这个什切潘·马利却成功了。俄国人在经济上没有给他提供什么帮助，但他知道如何利用俄国在黑山获取声誉。

为了隐瞒自己的出身，他从事草药工作将近一年。斯泰凡这个名字并非巧合，表示属于斯泰凡·内马尼奇（Stefan Nemanjić, 1168—1196）家族，他是中世纪塞尔维亚统治王朝的创始人。然而，从 1767 年 8 月起，正如萨瓦·佩特罗维奇主教在 1767 年 10 月 23 日给伊斯坦布尔的俄国常驻公使奥布雷斯科夫的信中所述，开始只是有人说这个陌生人实际上是俄国沙皇彼得·费奥多罗维奇三世（Petar III Fjodorović）[1]，随后"俄国沙皇"到达黑山的消息被正式宣布：1767 年 10 月 6 日"他本人"发表声明，随后马尔科·塔诺维奇（Marko Tanović）和泰奥多西亚·姆尔科耶维奇在布德瓦城门前宣读声明，并于 1767 年 10 月 11 日在切克利奇（Ćeklići，位于卡通的黑山老部落，由 9 个村庄组成）举行的酋长会议上再次宣读声明。

由于尚不知晓究竟是谁隐藏在什切潘·马利这个名字的背后[2]，因此很难弄清楚他是如何在公开演讲后仅一个月的时间里，就如此迅速地做到"在黑山人民中取得这样巨大的成功"。这样的"和平与和谐"，

---

① 参见 1869 年的俄国公告《冒牌的斯泰凡·马利》，载格利戈尔·斯塔诺耶维奇：《什切潘·马利》，贝尔格莱德，1957，第 7—9 页。

② 历史学家拉斯蒂斯拉夫·V. 佩特罗维奇博士（Dr Rastislav V. Petrović）和杜尚·马尔蒂诺维奇博士（Dr Dušan J. Martinović）在他们的著作中研究了什切潘·马利的身份问题，见《什切潘·马利：谜底已经解开》，贝尔格莱德，2001；以及《斯泰凡·巴列维奇的生活和工作》，波德戈理察，2002。书中说什切潘·马利是布拉托诺日奇人斯泰凡·巴列维奇，1752 年他在哈雷（Hale）大学参加论文答辩，论文题目为"通过激进的手段传播宗教"。

用萨瓦主教的话说，"我们从来都没有做到过"①。

在列出可以归为什切潘·马利成就的事项时，我们当然应该首先从他的影响力入手，即他解决了教会的问题，也就是说，解决了修道院主持阿尔塞尼耶·普拉梅纳茨（Abbot Arsenij Plamenac）作为萨瓦主教的新副手的问题。他的当选让黑山人产生了分歧，因为新人不是来自佩特罗维奇家族，而且没有很多支持者，因此应主教的邀请，马利先生向黑山人发表了讲话，并实现了很少人相信的目标。阿尔塞尼耶·普拉梅纳茨从一个不讨人喜欢的人变成一个精神人物而被黑山人接受，外国人的一句话"压倒了人民的舆论"②。

什切潘·马利在解决黑山国内局势方面取得了更大的成功。消除流血复仇对于部落内部之间的和平至关重要，然而，什切潘·马利在黑山不是通过和平演说来平息争斗的，而是采取了严厉的镇压措施。他是黑山历史上第一个利用"世俗政府"的权威，对杀人凶手判处死刑的"统治者"。此外，他还宣布禁止盗窃和敲诈勒索，主张构建秩序，这是世俗政府必须要处理的。他试图通过建立第一批具有行政性质的机构——武装部队，来确保所引入的规范得到遵守③。

什切潘·马利在邻国和大国宫廷中引起了不亚于他在黑山出现引起的轰动。什切潘·马利的出现引起了奥地利、威尼斯共和国、杜布罗夫尼克共和国，特别是奥斯曼帝国的异常关注和焦虑。他们相信他确实是一名执行特殊任务的俄国人，他在解决黑山局势方面取得的成功以及他掌控权力的能力进一步加剧了他们的不安。

在"俄国沙皇"出现之后，威尼斯人采取了特别措施来保护科托尔

---

① 《与俄罗斯的政治和文化关系》，第 284 页。

② 《黑山史》（第 3 卷第 2 册），第 374 页。J. 托米奇：《什切潘·马利，第一次成功和第一次危险》，《运动》1925 年第 2 卷第 2 期，第 41—42，256—260 页。

③ 最初成立的部队共有 10～50 人。一开始，他们是马里的贴身护卫，然后他们被赋予权力帮助执行自封的皇帝所做的决策。事实是，不管"俄国沙皇"以何种不同寻常的方式进入社会生活，他都在黑山引入了最早的社会组织，在他统治期间建立的机构，例如由 20 位最受尊敬的黑山领导人组成的法庭，证明了公共权力的重要性。

湾地区，特别是科托尔城，同样也采取了措施保护倾向于黑山的布德瓦和其他沿海城市。由于波博里、布拉伊奇和马伊内的居民接受了什切潘·马利作为自己的统治者，因此威尼斯总督在威尼斯共和国这部分领土上的权威受到质疑，需要适当的决策（譬如及时使用武力）以保护国家的领土完整。① 在这种情况下，1768 年 9 月 26 日，威尼斯人进行了直接干预，宗教裁判所决定罢免什切潘·马利。1768 年中期，威尼斯在土耳其准备进攻黑山期间关闭了边界，使科托尔的黑山人无法得到补给。同年 10 月对马伊内、波博里和布拉伊奇采取了报复措施，其臣民因接受和帮助"自封的皇帝"而受到惩罚。

什切潘·马利的出现在杜布罗夫尼克也引起了类似的焦虑。杜布罗夫尼克人通过其驻科托尔、里桑、新海尔采格、布德瓦、斯库台的专员密切监视黑山的局势，尤其关注局势可能的进一步发展。杜布罗夫尼克共和国小议会认为什切潘·马利是从俄国来的，在执行某项任务，他的背后是俄国宫廷，杜布罗夫尼克没有适当的军事防御，因此试图通过"贿赂"来赢得"俄罗斯沙皇"的青睐。②

奥地利宫廷也密切关注了陌生人什切潘·马利在黑山的出现。维也纳的主要兴趣是"通过俄国将土耳其人赶出巴尔干，也要确保俄国对于居住在该半岛上的人民没有影响力"。奥地利当局不想干涉某些巴尔干国家的局势，也不允许自称为皇帝的使者来维也纳。

然而，什切潘·马利的出现引起了奥斯曼帝国和俄国的最大关注。

什切潘·马利的到来有充分的理由严重干扰了土耳其人。

除黑山外，黑塞哥维那人和北部山区人，以及其他受到奥斯曼帝国统治和奴役的人民，对冒名顶替者的出现以及他们"为皇帝的荣耀流

① 拉斯蒂斯拉夫·佩特罗维奇：《瓦西里耶·佩特罗维奇和什切潘·马利时代的俄国和黑山关系（1750—1773）》，载《18 世纪的南斯拉夫国家和俄罗斯帝国》，贝尔格莱德，1986，第 92 页。
② 拉斯蒂斯拉夫·佩特罗维奇：《瓦西里耶·佩特罗维奇和什切潘·马利时代的俄国和黑山关系（1750—1773）》，载《18 世纪的南斯拉夫国家和俄罗斯帝国》，第 92 页。杜布罗夫尼克人送给什切潘·马利的礼物有："咖啡、玫瑰油、食用糖、烛台、各种糖果、镀金的衣服，以及用 40 枚金币购买的豪华马车……"

血"的意愿表现出特别的兴趣。什切潘·马利在黑山的出现确实存在威胁，会引发受奥斯曼帝国奴役的人民的全面起义。

波尔特还遇到了与什切潘·马利政治活动相关的具体问题。斯库台和波德戈里察附近的一些村庄拒绝进贡，这表明在帝国更广泛的地区可能会出现类似的反应。由于向主教和黑山领导人发出的驱逐"骗子"的呼吁没有产生效果，波尔特企图扼杀这个"骗子"在巴尔干国家引发的运动。

于是苏丹发布命令，决定进攻黑山。经过鲁梅利最高将领几个月的准备，奥斯曼军队于 1768 年 9 月到达黑山边境。由于黑山拒绝了在"十天内"交出什切潘·马利和佩奇族长瓦西里耶·布尔基奇（他们与其他 6 名领导人一起逃脱）的最后通牒，进攻开始了。

两个不平等对手之间的主要冲突①发生在奥斯特罗格峡谷（Ostroški klanac）。这是土耳其军队进攻的方向之一：他们从波德戈里察朝着列什移动，从斯库台湖朝着茨尔姆尼察前进。由什切潘·马利指挥的黑山军队未能阻止奥斯曼帝国的军队。尽管损失惨重，土耳其人还是设法击溃并镇压了大多数黑山军队。奥斯曼帝国的军队在前往斯普日的途中严厉惩治了别洛帕夫利奇地区。9 月底，他们还烧毁了茨尔姆尼察的戈迪涅（Godinje）村。之后，由于天气恶劣，下一步进攻暂停。所有战线之外的黑山部落都同意向土耳其人进贡。

当年 10 月，奥斯曼帝国对俄国发动的战争使其对黑山的行动无法按照计划于来年继续进行。从军事角度来讲，这是奥斯曼帝国到目前为止，对黑山的最大规模的军事打击，而黑山军队并没有经历预期的灾难。相反，相对较小的损失使黑山人有权庆祝战争的总体胜利。此外，鉴于奥斯曼帝国军队的军事优势，对战争结果的描述也截然不同。欧洲传来消息，什切潘·马利带领的黑山人击败了 25 万奥斯曼帝国军队。

---

① 文献提供了关于双方士兵人数的各种数据。奥斯曼帝国军队估计有 100 000（威尼斯资料来源）到 120 000（国内资料来源）不等，尽管文献估计它可能有 50 000 到 60 000 人。有人指出，黑山的士兵不会超过 1 万名。

因此，他在巴尔干国家的名声越来越大。

在奥斯特罗格峡谷战役中，发生了一些不为外界所知、黑山人也没预料到的事情。在最激烈的冲突中，什切潘·马利离开了战场，展示出黑山部落社会的道德价值体系中最糟糕的特征。他表现出的懦弱让他不配做一个普通的战士，更不用说俄国沙皇了。如果不是"俄土战争"出乎意料地让黑山脱颖而出，他在黑山的政治命运将会完全不同。因此，尽管什切潘·马利在黑山的声望没有以前那样高，但是俄国，特别是多尔戈鲁科夫的出使，改善了他摇摇欲坠的政治地位。可以肯定的是，在俄土战争开始后，即多尔戈鲁科夫到达黑山后，他成了一个真正的"俄国人"。俄国对什切潘·马利的策略，至少对其官方身份认定，发生了重大变化。从最初对冒名顶替者的克制和排斥态度，到现在与他进行了公开合作，这主要是因为他在邻国享有的声誉。

五、乔治·默克和多尔戈鲁科夫亲王的使团

自什切潘·马利出现以来，俄国和黑山的关系如何发展，从他出现的消息传出后的一些外交活动就可以看出。奥布雷斯科夫和代办列瓦绍夫（Ljevašov）一起向叶卡捷琳娜二世通报了萨瓦主教收到的信息。该报告补充了来自威尼斯特使罗萨尼（旧）和查士丁尼（新）的信息。在与奥布雷斯科夫和代办列瓦绍夫的通信中，他们试图警告俄国，冒名顶替者的活动可能导致他们国家与奥斯曼帝国的关系恶化。

1768 年 4 月 2 日，奥布雷斯科夫和列瓦绍夫向女皇报告了在黑山的冒牌俄国沙皇的情况及其与波尔特和威尼斯共和国的关系。他们写道，波斯尼亚有 6 000 到 8 000 名奥斯曼帝国士兵正前往黑山和达尔马提亚，他们的任务是"保护"这些地区的人民，即防止冒名顶替者进入这些地区。根据同一份报告，什切潘·马利在威尼斯共和国统治地区也有支持者，他们在他的指挥下组建了一支由 500～600 人组成的部队。

根据外交代表们提供的信息，俄国宫廷很快就什切潘·马利问题形成了官方立场。其内容在尼什·帕宁总理给伊斯坦布尔的俄国常驻

公使奥布雷斯科夫的信中表达得最为清楚。俄国政府的立场是，从四面八方传来的关于彼得三世在黑山出现的消息，证明了黑山人民对俄国朝廷的"鲁莽、无知和忘恩负义"，否则他们怎么会让自己陷入骗子编造的各种不真实的故事中呢？但这仅仅是对黑山人指控的开始。根据俄政府的说法，在他们看来，这一切不应该考虑太久，而应该尽快阻止邻国的罪恶行径，即使在"黑山人民最终被毁灭或失败"的条件下。但是，"出于怜悯和同情，俄国女皇决定致函黑山，建议他们平息高涨的激情，从而避免即将发生的灾难"。这封帝国信函通过信使送到维也纳，交给公使加利辛亲王（Knez Galicin），他受命通过公使馆顾问乔治·默克把它送到黑山。

至此，俄国宫廷正式否认与所谓的"沙皇"有任何联系。然而，这很难改变欧洲外交界普遍认为俄国是幕后黑手的看法。俄国与奥斯曼帝国的关系陷入了日益严重的危机，这就是为什么它想把所有的责任都归咎于黑山公国。由于黑山人被认为对此负有最大责任，因此被要求解决这个问题。这就是默克的使命，这一要求已于1768年4月13日通过奥布雷斯科夫送交萨瓦主教。

在回复萨瓦主教1767年10月23日的来信时，奥布雷斯科夫首先提到了彼得三世于1762年7月6日去世，葬在亚历山大罗夫斯科涅夫斯基修道院，并对主教至圣不知道此事表示惊讶。他还说，他和他的人民误入歧途，相信了小偷或敌人。萨瓦被要求揭露这一欺诈行为，并将马利和他的使者驱逐出他们的土地，否则俄国将"永远剥夺给予您本人、您的家人和您的人民早期的恩典"①。

乔治·默克的任务也有类似的性质，俄外交部于1768年3月14日至25日发布的指令详细说明了他在黑山的任务。他本应经由维也纳，然后到达离黑山最近的威尼斯城市，从那里他可以确定是否有可能安

---

① 参见叶卡捷琳娜二世(1768年3月14日)给小俄罗斯总司令鲁缅采夫伯爵的信,她在信中通报了什切潘·马利的出现并下令如何在边境采取行动。M.德拉戈维奇(Dragović):《有关什切潘·马利的文件》,《塞尔维亚皇家学院论文集》第22期,第12页。

全地前往黑山地区，并移交皇家信函。这样一来，他必须亲自或通过黑山的机密人员向萨瓦主教和其他领导人传递女皇的信函。在这样做时，他应该特别强调，黑山人接受了一个骗子进入他们的生活，并允许他"以一个很久以前就离开这个世界的统治者的名字来称呼他……"从而使他们自己、孩子、妇女及后代面临着即将到来的灾难。[1]

如果默克来到黑山，应该在大会上当面提交谕旨。作为一种纠正错误的方法，他不得不要求黑山人"将冒名顶替者移交给正义的上级法庭"，以便使其接受"应得的惩罚"，使邻国满意。[2] 默克还应该获得有关什切潘·马利的信息（他是谁，他的出身，他的头衔、等级，他从哪儿来到黑山，他是独自一人还是有着同伙，他是如何被人们接受的……），了解什切潘·马利是如何利用黑山人的信念和心理，成功地将自己塑造成俄国"沙皇"，窃取并鼓励他们的期望，引导他们拥戴他为领导。

然而，默克没能来到黑山。1768 年 4 月 13 日，他离开维也纳前往威尼斯。在那里，他寄了几份"二手"报告给外交部。按照俄国宫廷的建议，威尼斯共和国将支持和协助他的出使任务，但是没有实现。4 月 26 日，迪米特里·加利辛从维也纳致函圣彼得堡的副总理亚历山大·加利辛，俄国政府获悉威尼斯元老院的立场，即由于需要维持威尼斯共和国和波尔特之间的良好关系，威尼斯不能支持默克的使命。为此，威尼斯方面称对其原因——为时已晚、危险性大、成功前景渺茫等——做了评估。另一方面，萨瓦主教不仅未能"消除疯狂，让民众相信什切潘·马利不是俄国沙皇"，而且使整个局势更加恶化。[3]

---

[1] 《与俄罗斯的政治和文化关系》，第 289 页。

[2] 《与俄罗斯的政治和文化关系》，第 13—14 页。

[3] 萨瓦主教试图说服聚集的人们，告诉他们上当了，误认为什切潘·马利是俄国沙皇，欺骗者应该被判死刑或移交给威尼斯当局，但首先应将他驱逐出黑山，这些努力都失败了。人们更加信任什切潘·马利。萨瓦的无能，表现在这位自封皇帝的完胜，即什切潘·马利命令剥夺了黑山大主教的自由。参见亚历山大·加利辛亲王致迪米特里耶·加利辛亲王的信，他在信中报告说，他们收到了一份"报告"，称黑山主教已对什切潘·马利采取了措施（写于 1768 年 4 月 4 日）。M. 德拉戈维奇：《有关什切潘·马利的文件》，《塞尔维亚皇家学院论文集》第 22 期，第 12 页。

威尼斯出人意料的行为导致默克的上司颁发了新的指令，该指令由 N. I. 潘宁伯爵和亚历山大·加利辛亲王签署，要求无论情况如何，使团顾问都要继续执行任务。但是，为了在不确定的路况下确保安全，默克得到了一本俄国护照，这保证了他可以自由通过所有区域。①

尽管如此，默克还是没有能够来到黑山。根据 1768 年 8 月 9 日他从维也纳寄给外交部的报告，他来到了科托尔。那里的威尼斯当局警告他，如果他继续行程，将会面临致命的危险，这是因为"那里的人民对冒名顶替者深信不疑并有着绝对的忠诚"。由于威尼斯与奥斯曼帝国关系良好，他不被允许与黑山公国进行任何接触或通信，因此他无法完成委托给他的第二个任务，即将皇家信函送达黑山。通过来到科托尔的黑山人，他向萨瓦主教送去了很多信息。但是，他没有收到黑山的任何回应，也没有再见过那些"使者"。据此，他得出一个结论，即他的信息根本没有送到收信人手里。由于他的人身安全受到极大威胁，他无法独自前往黑山，而且由于上述原因，他在科托尔的进一步停留毫无意义，因此他试图完成关于杜布罗夫尼克的任务。

默克前往杜布罗夫尼克的举动也以失败告终。杜布罗夫尼克人知道他是谁以及他的任务目标是什么后，不仅不同意与他合作，而且不允许他进入这座城市，因为担心这样会恶化他们与土耳其人的关系。由于无法完成托付给他的任务，他回到了威尼斯。

在威尼斯首都，他试图寻求某种方法来实现他的使命。他请求再次前往科托尔，前提是威尼斯向当地政府发出必要的命令，以便他的工作能够完成。由于他得不到任何保证，而且由于元老院对他出使任务的态度没有改变，他去了维也纳。

---

① 萨瓦主教试图说服聚集的人们，告诉他们上当了，误认为什切潘·马利是俄国沙皇，欺骗者应该被判死刑或移交给威尼斯当局，但首先应将他驱逐出黑山，这些努力都失败了。人们更加信任什切潘·马利。萨瓦的无能，表现在这位自封皇帝的完胜，即什切潘·马利命令剥夺了黑山大主教的自由。参见亚历山大·加利辛亲王致迪米特里耶·加利辛亲王的信，他在信中报告说，他们收到了一份"报告"，称黑山主教已对什切潘·马利采取了措施(写于 1768 年 4 月 4 日)。M. 德拉戈维奇：《有关什切潘·马利的文件》，《塞尔维亚皇家学院论文集》第 22 期，第 12 页。

未能履行所委托的任务引起了叶卡捷琳娜二世的不满，默克被从维也纳召回，他的任务在议程上被取消了。然而，对于俄国关于黑山和什切潘·马利的进一步政策而言，这样的发展具有一定的好处。默克离开威尼斯的前一天，有消息传来，黑山人不接受土耳其关于让什切潘·马利和佩奇大主教投降的最后通牒。在与土耳其人的冲突中，虽然黑山人顽强抵抗，还遭受过挫败，但包括俄国在内的国际社会的新闻对这场冲突有着不同的看法。由于俄土战争的爆发（1768 年底），俄国也改变了对什切潘·马利的态度。俄国意识到自己在组织巴尔干人民对抗土耳其人方面的重要性，决定与什切潘·马利合作，而不是像原来那样要求将他驱逐出黑山，威尼斯也提出了类似的要求。这符合乔治·奥尔洛夫（Georgi Orlov）和阿列克谢·奥尔洛夫（Alexei Orlov）的计划，即"促进俄国帮助巴尔干人民摆脱土耳其人的计划"。此外，根据一些解释，什切潘·马利在黑山的出现是奥尔洛夫兄弟更广泛计划的一部分，他们想在巴尔干基督徒中掀起一场起义。在实施这个目标的过程中，一位希腊裔的炮兵上尉帕帕·奥格里（Papa Ogli）发挥了重要作用。[1]

为了实施这个计划，帕帕·奥格里被派往希腊，但此前他在威尼斯逗留了一段时间，在那里，他与一位从的里雅斯特到杜布罗夫尼克的希腊人取得联系。他试图说服人们参与反对土耳其人的起义，"不仅在希腊，而且在巴尔干半岛的其他国家"。他的工作收入来自于出售两艘俄国船只上的货物，这两艘船已经抵达托斯卡纳港。帕帕·奥格里用这些钱购买了各种贵重物品和教堂物品，然后前往希腊。他把带来的东西分发给"那里的教堂、修道院和神职人员，并说这是他们强大的保护者叶卡捷琳娜二世送给他们的。但是，除了进行有利于俄罗斯帝国的宣传

---

[1] 在引述的著作中，拉斯蒂斯拉夫·佩特罗维奇试图破解什切潘·马利之谜，将他在黑山的出现与奥尔洛夫兄弟（braća Orlov）委托希腊裔的上尉帕帕·奥格里（Papa Ogli）进行的任务联系起来。我们认为，把他的名字写成"Papaoglu"会更正确，因为它是土耳其语。也就是说，"Papaoglu"的意思是"神父的儿子"，或者，按照我们的语言特征，"Popović"（土耳其语"Papa"是"教皇""神父"的意思，"oglu"是"儿子"的意思）仅代表姓氏，而不是名字，因此将其一起书写。但是，我们在本书中没有这样做，因为我们从 R. 佩特罗维奇的材料中获取了这些信息，因此，由于我们没有原始资料，必须按照作者在其材料中所说的那样使用它。

外，奥格里还被认为影响了黑山的什切潘·马利。①

虽然什切潘·马利的身世之谜尚未解开，但事实是，随着他的出现，他为许多希腊人获得武器做出了很大贡献，也就是说，他助推了反抗奥斯曼政府的起义。这对于奥斯曼帝国于1768年10月对俄国宣战至关重要。因此，可以认为，上述发动基督教徒参与战争的行动是更广泛的战争计划的一部分。此外，在俄国舰队从波罗的海的喀琅施塔特港（Kronštat）浩浩荡荡地转移到希腊海岸附近的地中海水域之后，两军的主要对决开始了。无论如何，不管"俄国沙皇"的出现是否是俄土对决或解放巴尔干基督徒的重大计划的一部分，事实是，1768年9月的土耳其战争即俄国一方对奥斯曼帝国宣战（1768年10月）后，俄国官方对什切潘·马利的态度发生了变化。耶菲姆·别利奇（Jefim Bjelić，什切潘·马里曾派人到圣彼得堡向其寻求帮助）和雅科夫·杰兹迪米罗维奇（Jakov Jezdimirović）上校被派往黑山，他们执行的任务与几个月前分配给乔治·默克的任务截然不同，这显然证明了俄官方政策的新方向。

根据叶卡捷琳娜二世的指示，正如杰兹迪米罗维奇上校所写，"一切都应该向什切潘·马利解释，因为他的名气很大，可能对俄国有用"②，还应该告诉他，他的"光荣事迹……需要最后的行动——解放黑山，这将是他的荣誉的顶峰"。建立一个"以牺牲异教徒为代价的新的独立国家"是俄国改变对黑山和什切潘·马利政策的另一个新元素。为了成功地做到这一点，冒名顶替者必须"尽可能多地团结黑山和其他民族，并且一刻不停地打击土耳其人"。但是，俄国女皇还要求这位自

---

① 根据那个版本，"Papa Ogli"遇到了一位希腊教士，"他交给了他一大笔钱，后来出现在黑山，1767年他自称是俄国沙皇彼得三世。根据这种解释，"俄国沙皇"在黑山领土上的出现是上述计划的一部分，由当时靠近女皇叶卡捷琳娜二世的俄国高级军官在背后支持。考虑到这是顶层设计，"为了让这个项目取得成果，设计它的人决定对什切潘·马利的名称和真实起源保密"。拉斯蒂斯拉夫·佩特罗维奇：《瓦西里耶·佩特罗维奇和什切潘·马利时代的俄国和黑山关系（1750—1773）》，载《18世纪的南斯拉夫和俄罗斯帝国》，第290页。

② R.佩特罗维奇：《主教瓦西里耶·佩特罗维奇和什切潘·马利时代俄罗斯与黑山的关系（1750—1773）》，第95页。

封的"沙皇"停止自称是彼得三世。

在组织被征服的巴尔干人民起义的计划中,黑山占有重要地位,叶卡捷琳娜二世也同意这一点。阿列克谢·奥尔洛夫于2月9日根据一项皇家法令,受命领导巴尔干人民的起义,为了发动黑山和附近的山区部落以及波斯尼亚的塞族人,他将助手尤里·弗拉基米罗维奇·多尔戈鲁科夫亲王派往黑山。1769年8月11日,叶卡捷琳娜二世时期最著名的俄国军官之一,尤里·多尔戈鲁科夫少将在几名低级军官的陪同下抵达黑山海岸。[1] 在俄罗斯代表团下船的斯皮奇附近,黑山人"从船上将战争物资转移到该国内陆"。据估计,多尔戈鲁科夫带来了"一百桶火药和一百箱铅"作为战争援助。[2] 据说俄国使节还准备再派几艘战舰与俄国军队一起帮助起义人员,"当土耳其人的军队在希腊海岸受到俄国舰队的攻击时,这些地区的土耳其人就不会加入苏丹的主力部队"。

因此,在黑山及周边地区组织起义是多尔戈鲁科夫亲王使命的主要任务。这就是他抵达黑山后在采蒂涅召开会议的原因。1769年8月17日主显节举行的议事会有2000多人参加。那次会议上,多尔戈鲁科夫向巴尔干人民宣读了叶卡捷琳娜女皇的信函,鼓动他们采取行动反对土耳其人,从而帮助俄国发动对奥斯曼帝国的战争。然而,黑山人更加关注的是,到达的俄国军官对自称"俄国沙皇"的人将采取什么行动。

那些仍然怀揣什切潘·马利与帝国宫廷有某种特殊神秘关系的人们的希望,被多尔戈鲁科夫签发的确认书破灭了:"什切潘·马利在俄国不为人知,他是一个骗子。"[3] 因此,什切潘·马利在离开战场躲藏了几个月后,也抵达了采蒂涅,他没有受到俄国军官的热情接待,而是

---

[1] 斯捷潘·安托利亚克(Stjepan Antoljak):《多尔戈鲁科夫亲王在黑山采蒂涅的使命》,第11页。

[2] R.佩特罗维奇:《瓦西里耶·佩特罗维奇和什切潘·马利时代的俄国与黑山的关系(1750—1773)》,载《18世纪的南斯拉夫国家和俄罗斯帝国》,第100页。

[3] 《黑山的历史》(第1卷第3册),第388页。参见斯托亚诺维奇(Stojanović):《什切潘·马利对黑山历史的贡献》,载《尼科拉周年纪念日(XI)》,贝尔格莱德,1889,第296—340页。

陷入了更加困难的境地。根据他的命令，什切潘·马利在采蒂涅修道院的一个房间里度过他被囚禁的日子，多尔戈鲁科夫也住在这里。

高级钦差大人的上述行为"将黑山人从睡梦中唤醒"，但并未对使团的主要任务产生积极影响。此外，多尔戈鲁科夫表现出他无法以正确的方式接近人民，以把他们与俄国的利益联系在一起，他不是通过鼓励和尊重的方式，而是通过责备和教训的方式来冒犯他们的自尊心。尽管他到处呼吁起义，但没有取得重大成果。他在黑山的进一步逗留和活动因俄国战争计划的改变而中断。由于在与奥斯曼帝国战争的新计划中，大部分军事行动是针对希腊海岸的，奥尔洛夫伯爵命令多尔戈鲁科夫结束在黑山的任务，返回意大利。

在离开之前，他承认什切潘·马利是俄国军官，并改善了他在黑山的地位。使什切潘·马利地位动摇的不仅是他在 1768 年与土耳其人作战时表现出来的懦弱，还有多尔戈鲁科夫在抵达黑山后的表现。多尔戈鲁科夫让他统治黑山，并且"命令"黑山人"把他当作主人来服从"。①

多尔戈鲁科夫的远征受到不同评价，因为他未能"组织黑山、北部山区和黑塞哥维那等部落"，因此他于 1769 年 10 月 25 日晚上秘密"离开黑山"。后来他的任务被中断，因为据估计，什切潘·马利无论如何都会"领导黑山人和其他支持者，阻止波斯尼亚、黑塞哥维那和阿尔巴尼亚的土耳其人向苏丹主力部队提供援助……"②

从 1770 年 5 月开始，俄国和奥斯曼帝国之间发生了第一次大规模冲突，人们对黑山人随后几年的战争参与有不同的评估。一方面，有人声称"黑山没有表现出多少与土耳其人开战的意愿"③；另一方面，有人指出，"在俄国人四面八方击败土耳其人的同时，什切潘·马利征服

---

① 《黑山史》（第 3 卷第 1 册），第 389 页。

② R. 佩特罗维奇：《瓦西里耶·佩特罗维奇和什切潘·马利时代的俄国与黑山的关系（1750—1773）》，载《18 世纪的南斯拉夫国家和俄罗斯帝国》，第 101 页。

③ 什切潘·马利在修路期间因地雷爆炸而受了重伤，他余生残疾，无法离开布尔切洛（Brčelo），这一事实突出地支持了这一论点。

了波德戈里察、阿尔巴尼亚的两个要塞和其他地方"①。根据这些作者的说法可知，什切潘·马利领导着黑山和其他支持者，也渗透到了波斯尼亚。进一步得出结论，黑山公国"通过阻止波黑和阿尔巴尼亚的土耳其人进入主战场，在土耳其帝国遭受陆地和海上惨败的战争中，向俄国提供了援助"②。不管黑山对俄国军队的行动有何实际贡献，事实是黑山发生的事件影响了战争的最终结果。

什切潘·马利的出现唤醒了奥斯曼帝国境内被奴役的基督教徒，特别是激励了希腊的大规模起义。相对近邻地区的战争行动也影响了黑山人，因此在俄土战争期间（1768—1774），他们重新开始了在黑塞哥维那和阿尔巴尼亚北部的武装活动。但是，与希腊海岸附近的主要行动相比，黑山人参与的战争没有那么重要。

当然，在这场战争中，俄罗斯帝国击败了奥斯曼帝国的军队，这比评估个别参与者的贡献更为重要。俄国舰队在切斯马（Česma）战役（1770年5月）中的胜利尤其具有重大意义，因为这支舰队出人意料地，可能是计划已久地，从波罗的海转移到地中海。在这场战争取得胜利之后，俄国通过《库丘克-凯纳吉和约》（Kučuk-Kajnaradži，1774）获得了奥斯曼帝国的东正教基督徒的保护权。尽管在战争结束后的头几年中，这种保护并不明显，但在此期间实现的俄国关于东方问题的政策，对于在19世纪继续的巴尔干民族解放进程特别重要。

在俄罗斯帝国与奥斯曼帝国的战争正式结束之前，1773年9月22日，什切潘·马利去世。在斯库台帕夏的命令下，他在睡梦中被他的希腊仆人杀死。通过指导黑山人进一步大胆地去走一条自己选择的道路，并且在黑山建立了第一个公共权力机构，什切潘·马利促进了黑山的解放进程，也促进了人们对解放斗争成果重要性的认识。

从他给国家带来和平与秩序方面所取得的成果可以看出，人民只

① R.佩特罗维奇：《瓦西里耶·佩特罗维奇和什切潘·马利时代俄国与黑山的关系（1750—1773）》，载《18世纪的南斯拉夫国家和俄罗斯帝国》，第102页。
② 同上，第103页。

是愿意服从沙皇权威，而这并非出于成熟的认知或建立内部权威、奠定新秩序的愿望。黑山人对这位"自封皇帝"所采取的措施的态度就是基于这种心理。①

尽管黑山公共权力机构的建立在18世纪末才取得了永久性成果，但此前，包括什切潘·马利时代发生的事情，对于理解历史无疑具有重要意义。18世纪留下的历史遗产以及所取得的发展水平，决定了下一个时代发生的事件的特征，在此时期，已经开始的解放进程将随着第一个中央政府机构的形成而继续下去。

第四节 黑山与奥地利政治关系的建立以及 与俄罗斯帝国关系的危机

一、第一个黑山政治代表团在维也纳的逗留以及出访俄国计划的流产

奥地利与黑山之间首次政治接触的历史背景是什切潘·马利时期发生的事件。在黑山的内部生活中，自封的俄国"沙皇"很明显地压制了萨瓦主教，从而降低了采蒂涅都主教区早期即有的重要性。仅将宗教功能与黑山这个重要的政治中心联系起来，是以牺牲其早期的政治影响为代价的。什切潘·马利提拔了拉多尼奇家族的头领，他们作为世俗人物开始在黑山的政治事件中发挥重要作用。萨瓦主教选择他的堂弟阿尔塞尼耶·普拉梅纳茨作为副手，无疑也削弱了主教一派的影响力。佩特罗维奇家族主教的中断，表明这一继承传统的终止，如果萨瓦主教

---

① 在某些情况下，俄国政府明确提出了在黑山组建政府机构的要求。例如，根据俄国宫廷的指示，黑山组建武装机构。根据这些指令，"什切潘·马利被认为是黑山首脑，但事实是黑山公民得到实际权力"。他被委托指挥一支由80人组成的武装卫队，他们的任务是"伸张正义"。由于这个原因，他在黑山三个不同的地方竖立了绞刑架。体现在什切潘·马利身上的中央政府权力掌握在其行政部门的武装警卫指挥官的手中。

在 1770 年没有应什切潘·马利的要求，向总督约万·拉多尼奇颁发证书，承认其家族总督的世袭头衔，那么，可能不会产生如此深远的影响。[1] 佩特罗维奇的世袭秩序被打断，拉多尼奇家族的权力得到了确定，作为世俗权力的拥有者，该家族欲攫取主教的政治地位。

总督的崛起并非一帆风顺，尤其是在修道院院长佩塔尔·佩特罗维奇介入政治生活以后。然而，外部环境对争夺权力的双方都不利。这一点在斯库台驻军被布沙特利亚家族接管后尤其突出。1774 年，马赫穆特·布沙特利亚帕夏（Mehmed-paša Bushatli）征服了库奇，这对黑山来说也是一个危险的信号。因此，"在 18 世纪的最后几十年，防范斯库台的驻军成为黑山历史上的一个重要问题"[2]。

除了团结内部力量，还需要适当的外部支持。尽管奥尔洛夫伯爵在收到通知之际曾向库奇送去了 1 000 个金币，并提出了要求，但除了通过《库丘克-凯纳吉和约》获得的保护巴尔干东正教人口的权力外，俄国对黑山的命运并没有表现出特别的兴趣，原因是黑山在最近结束的俄国与土耳其的战争中作用微弱。此外，俄国的外交政策也发生了全球性变化。随着与奥斯曼帝国战争的结束，东方政策的激活期已经过去。关系冷淡的另一原因是黑山人不满意俄国在缔结和平协定时没有提到他们。然而，业已存在的传统友谊让黑山在面对来自奥斯曼帝国的强大压力时，还是首先向俄国宫廷寻求帮助。

什切潘·马利死后，拉多尼奇家族获得一定声望，总督约万·拉多尼奇首次向俄国官员提出了求助请求。他想以此获得应有的政治效果。他是第一位以黑山领导人的身份向俄国女皇致敬的总督。这件事足够表明，黑山的内部生活正在发生某些变化，也就是说，佩特罗维奇家族作为黑山主教的影响力正在让位给一位世俗领导人——拉多尼奇总督。

修道院院长佩塔尔·佩特罗维奇试图阻止拉多尼奇在黑山和俄国宫廷里的政治崛起。文献指出，他因此与几位支持者一起去了俄国。他

---

① 弗拉丹·焦尔杰维奇博士：《维也纳国家档案馆印刷品》，贝尔格莱德，1931，第 7 页。
② 《黑山史》（第 1 卷第 3 册），第 399 页。

此行的目的是为了保护家族的声誉，捍卫采蒂修道院在该国的重要性，并希望带回俄国长期未支付给黑山的补贴。佩塔尔·佩特罗维奇率领的代表团于 7 月 24 日出发，并于 1775 年 8 月 16 日抵达维也纳。[①] 到达后，这位修道院院长给萨瓦主教写信，告知他旅途中遇到的种种困难。

尽管史学方面没有充分解释，但佩塔尔·佩特罗维奇[②]的首次外交亮相没有任何特别收获。当到达奥地利首都时，年轻的修道院院长并没有实现任何目标。同俄国驻维也纳外交代表的会谈没有为保护黑山免受土耳其侵犯获得保证，也没有获取俄国能否很快批准这种保证的任何希望。与奥地利高层人物举行会谈的尝试也以失败告终。就是说，到目前为止，关于佩塔尔·佩特罗维奇离开黑山去俄国的计划，大多数人知道的就是这些。鉴于随之而来的困难，该代表团不太可能到达圣彼得堡。在档案材料中，一般都没有提及这次访问。

除了在外交方面没有带来任何好处，佩塔尔·佩特罗维奇离开黑山去俄国对这个国家的局势也没有多大意义。他在约万·拉多尼奇不知情的情况下就出访，这样做只会加剧两个阵营之间的竞争，并导致了主教与总督之间的争吵。然而，从争取独立失败的尝试中，双方至少暂时吸取了教训，意识到必须将黑山的利益放在首位，佩塔尔院长和拉多尼奇总督都决定，他们将来会"共同努力，以获得俄国或维也纳宫廷的保护"[③]。这种协调一致的外交策略发生在 1777 年底，这一年总督约万·拉多尼奇、修道院院长佩塔尔·佩特罗维奇和族长伊万·佩特罗维奇一起出发去往俄国。

当奥地利在多瑙河盆地和亚得里亚海沿岸的扩张抱负变得更加明显且与俄国利益发生冲突时，这次访问也就取消了。仅在几年后（1782

---

① 格里戈尔·斯塔诺耶维奇：《黑山建国前》，贝尔格莱德，1962，第 23 页。

② 在有关佩塔尔·佩特罗维奇·涅戈什一世的专著里，如杜尚·武克桑的《佩塔尔·佩特罗维奇·涅戈什一世及其时代》（采蒂涅，1951），以及佩塔尔·波波维奇（Petar Popović）的《佩塔尔一世和佩塔尔二世时期的黑山》里，并未提及此次俄国之行。他于 1777 年前往俄国，被认为是这一时期最早参与外交政策事务的人。

③ 格里戈尔·斯塔诺耶维奇：《黑山建国前》，第 23 页。

年11月13日），约瑟夫二世就通过确定对威尼斯（伊斯特拉和达尔马提亚）、弗拉赫和塞尔维亚（包括贝尔格莱德和其他地区）的领土主张，明确制定了君主制外交政策的基本目标，即使在那时，奥地利也对包括黑山在内的邻近沿海地区表现出越来越大的兴趣。根据其总理考尼茨（Kaunic）1777年12月8日对玛丽亚·特蕾莎女皇和她的儿子约瑟夫二世发表的意见，奥地利对黑山产生兴趣的主要原因是："奥地利王朝比其他任何王朝都能够从土耳其统治下的边防军、黑山和其他民族那里获得最大和最丰厚的利益；……应当看到，从现在开始，奥地利军队主要是由这些人来填充的。"[1] 所强调的唯一条件是黑山人必须学习"顺从和纪律，否则他们就是强盗"[2]。

为了实现奥地利宫廷的这一基本理念，甚至在黑山代表团抵达之前，来自科托尔湾的威尼斯臣民的博若·卡梅纳罗维奇（Božo Kamenarović）和尼科拉·德贝利亚-马尔科维奇（Nikola Debelja-Marković）都在维也纳。他们致力于组织黑山人去奥地利服兵役。

新的国际形势鼓励黑山政治人物与奥地利建立更紧密的联系，一个重要的原因是威尼斯共和国的国际影响在减弱。此外，在《库丘克-凯纳吉和约》签订之后，俄国对解决东方问题的兴趣明显减弱，在这种情况下，黑山不得不重新审视奥地利宫廷的政治立场及其与奥斯曼帝国的关系。黑山代表团继续前往圣彼得堡，这为解决困境提供了机会。

在维也纳，黑山代表团受到奥地利总理考尼茨的接见。黑山使节向奥地利政府通报了他们前往圣彼得堡的原因，并且在政治上以一种夸张的方式提出了这次旅行的基本目标，即必须要切断与俄国宫廷的所有联系。让奥地利取代俄国在黑山外交政策中的优先地位的提议，并没有引起维也纳官员的特别注意。在进行政治会谈的同时，奥地利官员通过马尔科维奇和卡梅纳罗维奇提出，可以将黑山人重新安置到奥地利的某些地区，这对满足奥地利的军事需求更为重要。约万·拉多尼奇和

---

① 弗拉丹·焦尔杰维奇博士：《18世纪的黑山和奥地利》，第2页。
② 同上。

佩塔尔·佩特罗维奇没有被告知这些行动的进展情况。在卡梅纳罗维奇和马尔科维奇的斡旋下，奥地利当局与黑山代表团举行了会谈，黑山被要求提供 4 000 人的军队，以防发生战争。

威尼斯当局并不喜欢奥地利官员和两名威尼斯臣民达成的协议，这份协议也遭到了黑山人的反对。萨瓦主教尤其反对"招募黑山人为维也纳宫廷服兵役"。然而，尽管科托尔的威尼斯当局和黑山主教采取了某些措施进行阻碍，但马尔科维奇和卡梅纳罗维奇于 1779 年初抵达杜布罗夫尼克，并从那里访问了茨尔姆尼察和黑山的某些地区，设法与一些黑山族长签订了兵役合同。威尼斯人打算利用海军势力的介入，防止黑山人出境。1779 年 4 月初，六艘奥地利军舰驶入什科列（Školje）附近的布德瓦水域。然而，即使威尼斯当局干预了，针对奥地利军舰的驱逐也并没有发生。黑山元老会召开会议，决定阻止大批黑山人离开。该决定代表了大多数人的立场，即不允许黑山人迁徙，为了确保尊重会议决定，他们规定：任何离开黑山的人，其房屋将被焚毁。

因此，招募黑山人来奥地利服兵役的计划失败了。有些黑山人是奥地利的正式臣民，将他们纳入奥地利军队的整个行动并没有受到波尔特的任何重大干涉。只是在威尼斯外交代表介入后，在奥地利又一次从黑山招募志愿者的过程中，苏丹颁布了一项法令，"命令逮捕德贝利亚和卡梅纳罗维奇，他们以牺牲他国利益为代价在黑山招募志愿者"[1]。

二、关于奥地利资助黑山的提议

黑山特使拉多尼奇总督和佩塔尔·佩特罗维奇继续在圣彼得堡执行任务。事实证明，前往俄国之前在维也纳举行的会谈中，关于与俄国宫廷断绝关系的声明将会带来不利后果。可以肯定地说，出使没有取得具体结果。根据佩塔尔·佩特罗维奇后来在 1785 年呈交给俄外交部的信函内容可知，"在圣彼得堡六个月的学习期间"，他们"通过波特金

---

[1] G.斯塔诺耶维奇：《黑山建国前》，第 40 页。

（Potemkin）亲王多次恳求"拜见女皇，但"只见过波特金亲王三次"。失望之下，他们"一无所获"地离开了圣彼得堡。①

黑山代表团在俄国逗留（1778—1779）的目的失败了，这使其在返回途径维也纳时更加趋近奥地利宫廷。他们向维也纳政府表明的立场明确表达了准备同圣彼得堡断绝关系的决心，并指出黑山人愿意站在奥地利一边。应奥地利的要求，黑山代表以公约的形式提交了书面请愿书来确认这些提议。黑山代表团从俄国返回后，在维也纳提交议案这件事，充分地表达了已经出现的与奥地利宫廷相关的一种政治实践，即让奥地利成为黑山保护国这样一个新的政治概念的创立。

1779年，在讨论黑山代表团约万·拉多尼奇、佩塔尔·佩特罗维奇和伊万·佩特罗维奇等人提议的会议以及其他三份特别文件（其中一份日期为4月20日）中，黑山的领导人和大主教阿尔塞尼耶·普拉梅纳茨都声明"他们所有的兄弟都愿意成为皇帝的臣民"。② 为了满足上述最后一项要求，一支由茨尔姆尼察派出的代表团于4月初从黑山抵达维也纳，背后的文件签署人是：阿尔塞尼耶·普拉梅纳茨主教、莫伊西耶·普拉梅纳茨族长、约万·久拉什科维奇（Jovan Đurašković）族长等人。各方向奥地利宫廷发送请愿书的动机姑且不论，俄国与黑山关系破裂已成事实，人们普遍认为必须依靠奥地利是这种政治态度蔓延的充分体现。

黑山和奥地利之间的"公约"草案不仅表达了个人意见，而且在很大程度上非常符合黑山普遍存在的更广泛的政治决心。这一提议令人惊讶之处在于特使们对于与奥地利关系的精确定义以及要求的范围。整个草案，至少就第一句而言，是参与者佩塔尔·别拉迪诺维奇（Petar Bjeladinović）的构想，他也属于科托尔湾的政治冒险家。但是，一个老练的局外人可以影响（公约）文本的格式，却不会影响其基本内容。

---

① G.斯塔诺耶维奇：《黑山建国前》，第40页。
② 弗拉丹·焦尔杰维奇博士：《18世纪的黑山和奥地利》，第5页。

对两份提呈，奥地利宫廷首先审议了"公约"草案，然后审议了茨尔姆尼察代表团的请愿书。提交给总理的"公约"草案包括引言部分和14个要点。黑山人用通过抗击土耳其人而赢得的"天赋自由"来解释他们的愿望是合理的，还根据组织国家机构的原则，寻求奥地利帮助黑山建立内部秩序。向奥地利宫廷提出这类请求的理由是，先辈们"想通过俄国获得这类利益"的期望被辜负了。他们厌倦了看着黑山人继续充当"俄国幻想的玩具"，正式解开了"将我们与俄国宫廷联系在一起的纽带"，愿意秘密或公开地"将自己置于皇帝陛下的高度保护"之下，并向维也纳皇帝陛下致敬。在这种情况下，相互关系应根据14个特别要点所规定的原则加以规范。①

上述所提出的战争联盟的条件和奥地利对黑山提供保护的某些要素，都是从前面几个观点里产生的。黑山的使节们在给维也纳宫廷的一份书面提议中也强调了解放斗争的主要目标——获得独立。在这方面寻求帮助，以便在与奥斯曼帝国可能发生战争后，奥地利可以向波尔特宣布"正式承认我们的自由和独立"（第7点）。还强调了双方在捍卫这些原则方面的一致性，包括目的，即"奥地利宫廷欲将其帝国扩张到当前边界和我国之外"。在这种情况下，如果要将黑山纳入奥地利，就需要给予其宗教自由和独立。在信奉东正教的黑山和信奉天主教的奥地

---

① 代表团说奥地利的朋友将成为"我们的朋友，其敌人将成为我们的敌人"（第1点），代表团保证，在奥地利与土耳其人发生战争时，将团结"全体人民的力量"与"异教徒"展开斗争，"我们将紧随奥地利军队，从我们的边界开始，然后继续到世界各地作战"（第2点）。如果奥地利与欧洲任何其他国家发生战争，并提出与黑山建立战争联盟，只有在这种情况下，才需要皇家专员们的帮助来组织部队，然而，这些部队将由黑山军官指挥。这种情况下，将有尽可能多的人参与进来，只要他们能够脱离"农业和保卫边境的需要"。从离开黑山到返回祖国，奥地利宫廷除了要支付这些军人的生活费外，还要为那些在战争中伤残的人提供"终身抚恤金"，"就像对待所有其他奥地利军队那样的恩典"（第3点）。有人提议，在和平时期，一支由150名黑山士兵组成的分遣队在黑山由奥地利宫廷支付费用。这将是一种和平时期的军事储备，可以在该国充当"保安和警察"作用，以防止"黑山人对土耳其领土的普通入侵"（第4点）。代表团保证，黑山未经奥地利宫廷批准不会与任何人开战，但作为回报，黑山寻求维也纳"真正的保护"（第5点）。为了防止皇帝陛下的军队重新占领塞尔维亚和波斯尼亚，他们要求将现在属于土耳其的泽塔平原与斯库台湖盆地，一直到博亚那河口，并入黑山领土，目的是"将我们人民居住的被一分为二的国家"在最高宫廷的保护下，"连成一个整体"。

利的关系中，自由表达"自己的信仰"是一个非常重要的问题。在这点上，黑山特使的立场得到了准确的表达。为了在奥地利和黑山扩张领土的同时，确保教会的完全自治，他们强调了黑山公国"依靠塞尔维亚佩奇宗主并选其为主教"的愿望。他们一致同意，萨瓦都主教去世后，"他的继任者将在卡尔洛夫齐（Karlovci）受祝圣，但他将永远按照旧习俗当选，也就是说，由黑山总督、下级族长和全体人民选举产生；但只要土耳其统治塞尔维亚，我们便无法自由地把他送往佩奇"（第11点）。

在"公约"里，有一个部分专门讨论了黑山内部秩序的组织问题。黑山领土的现状是被分为5个区/部族（卡通、里耶卡/黑山、茨尔姆尼察、列什和佩希夫奇），由5名酋长、9位公爵和34位亲王统治，并由1名总督和1名大主教负责管理，因此"公约"请求每年为他们的工作提供资助。有人已经建议了一种筹集资金的方法：根据等级制度和各自的社会权力，为每位首领申请资金。[①] 向维也纳宫廷请求每年给予财政补贴被认为是暂时的，直到有其他方式替代，那时奥地利宫廷的帮助将会停止。

由于佩塔尔·别拉迪诺维奇参与了整个项目的编写，因此在单独条款中要求给予他适当的奖励。

最后一项条款指定了"公约"的期限。黑山人承诺，如果玛丽亚·特蕾莎女皇"永远地、义无反顾地"接受它，他们会"为了服务帝国，以及为了变成帝国重器的黑山的进步"而流血牺牲。最后，据估计，通过接受这些拟议的条件，奥地利将赢得"整个民族"的人心，从而获得所有伊利里亚人和希腊人民的好感，他们将不再狂热地追随莫斯科并承认自己处于奥地利权杖的保护之下。

---

① 每年最多的资助是为总督请求的（4 000福林），这意味着他在这个国家被认为是比主教更重要的人。每年为主教请求3 000福林的资助，其助手副主教则是1 000福林。5个族长中，只有第一个可以得到100个金币，其他4个各得到50个金币。计划为公爵提供25个金币的资助，为亲王们提供每人12个金币的资助。财政还需要每年提供2 000福林来资助学校。最终，黑山代表团要求奥地利宫廷一次性授予黑山人民25 000福林，黑山将会在"某个仪式上公布，让人民都高兴一下，以表达对奥地利贵族的热爱和忠诚"。

大会中拟议的"协议"由总督伊万·拉多尼奇、族长伊万·佩特罗维奇以及修道院院长和副主教佩塔尔·佩特罗维奇共同签署。就其所处理问题的全面性和深远性而言,"公约"在许多方面成为代表黑山内部秩序组织的一个独特项目。不仅如此,关于黑山国际地位的想法,尽管是以自由和独立国家的形式向奥地利提出战争联盟"协议",却大大偏离了"黑山领导人对 18 世纪末黑山地位的理解"。因此,这是一份有趣的不同寻常的文件。

1779 年 4 月 22 日,考尼茨向玛丽亚·特蕾莎女皇和约瑟夫二世报告了黑山代表团提出的"协议"。维也纳总理无法接受黑山的资助请求,根据年度数额计,黑山提出的资助额为 28 000 福林,此外增加一次性援助 25 000 福林。另一方面,维也纳宫廷从"公约"中获益只是非常象征性的。为了保持黑山人对奥地利的清醒认识,考尼茨建议,由于俄国和奥斯曼帝国已经和解,不应该在维也纳与黑山进行任何谈判,而应该派一个代表团前往黑山了解其内部情况并与黑山首领们进行商谈。帝国高层人士接受了国家总理的建议,回复内容涉及对黑山代表团的回应以及应该给予黑山成员的礼物类型。[①] 至此,黑山代表团在维也纳宫廷的任务结束了。虽然黑山的提议遭到拒绝,而且所得到的援助数额也很有限,但黑山代表对访问结果表示乐观,暗示会谈将继续进行,奥地利代表团承诺将访问黑山。

然而,黑山的第一批外交行动给奥地利宫廷造成很坏的印象,其原因在于这些请求是由几方分别提出来的。[②]

考虑了这个提议后,奥地利总理向女皇汇报时(1779 年 7 月 14日),提出了一个类似于之前的答案。关于黑山的提议没有最终意见,

---

① 黑山的使节以礼物的名义收到:三件黄金烟草器具、一枚镶有钻石的手表、4 枚金牌、200 个匈牙利杜卡特(金币)和"一幅皇帝的画像"。

② 我们已经说过,几乎就在讨论约万·拉多尼奇、佩塔尔·佩特罗维奇和族长伊万·佩特罗维奇的"公约"建议的同时,一个由米哈伊洛·普拉梅纳茨公爵、焦尔杰·普拉梅纳茨亲王和斯泰万·克内热维奇上尉组成的"茨尔姆尼察联合代表团"抵达维也纳。他们代表主教阿尔塞尼耶·普拉梅纳茨和其他黑山领导人发言,并要求让"他们所有的兄弟都成为皇帝的臣民,要给他们指派一个指挥官,由他根据法律对是非作出评判,并派遣一名教师来教授孩子们"。

裁决被推迟到稍后。他决定派遣一人或多人前往黑山以了解那里的情况并同黑山领导人和长老谈判，之后再达成适当的解决办法。该请求的财政资助要高得多，因此不可接受。然而，总额为650杜卡特（金币）的要求获得了批准，派遣两名黑山年轻人到匈牙利军团当学员的要求也被接受了。

三、黑山的政治冲突和帕乌利奇上校率领的第一个奥地利使团的到来

在奥地利宫廷里，这些"人民代表"们的汇报都谈到该国悬而未决的局势。这自然会使维也纳的外交官员陷入两难：这些出席会议的黑山代表中，哪一位才是真正的代表？

1780年底，萨瓦主教与拉多尼奇总督、佩特罗维奇族长之间的冲突表明，维也纳和圣彼得堡这两个政治流派不可能长期共存。

威尼斯怀疑黑山的新政治关系，特别是各种冒险家征募黑山和北部山区人加入奥地利军团的原因。与奥地利建立政治关系导致了山区部落和其他部落之间的冲突，这是两个政治流派之间日益激烈的竞争导致的。萨瓦·佩特罗维奇主教的去世（1781年3月7日）及其继承人问题的公开，使黑山的危机进一步加深。尽管作为佩特罗维奇家族的修道院院长佩塔尔在人民中拥有更多支持者，而且也更年轻、更有能力，但由于萨瓦主教在世时的操作，阿尔塞尼耶·普拉梅纳茨被选为新都主教。由于对黑山未来没有明确的政治愿景，只是坚持萨瓦主教指导的路线，大主教阿尔塞尼耶并不能凭借其个人力量为克服危机做出贡献，而且由于他个人缺乏创造力，加上黑山历史上陈旧过时的外交政策取向，他为黑山特别是拉多尼奇总督积极寻找外交政策伙伴的努力留下了空间。

在新的情况下，伊万·拉多尼奇希望更充分地实现已经开始的对奥地利的定位。他于1781年5月4日至5日某个夜间从威尼斯秘密出发，途经的里雅斯特前往维也纳。他随身携带了一份"1781年4月26

日黑山议事会的请愿书",实际上,通过该"请愿书"的议事会并没有举行。他要求维也纳宫廷给予黑山保护,并为黑山提供建立内部秩序的方法。为了实现这些目标,他建议派一名专员到黑山,在那里组织一支武装分队以保证帝国命令的执行。[①] 他认为这是给一个"没有谁能强迫其服从"的国家带来秩序的唯一可能。

维也纳宫廷本着先前裁决的精神做出了回应。他们不想发表具有任何约束力的政治观点,在了解黑山的实际情况之前,他们决定派代表团去黑山。代表团的任务是了解该国的情况,特别是黑山人与土耳其人的关系,并获得其他明确提出的问题的答案,据此维也纳可以就黑山向奥地利提出的保护请求采取立场。根据约瑟夫皇帝 1781 年 10 月 16 日的决定,帕乌利奇上校被任命为该代表团的团长,奥雷什科维奇(Orešković)上尉、菲利普·武卡索维奇(Filip Vukasović)少尉和弗朗切斯科·多尔奇(Frančesko Dolči)神父被任命为成员。[②]

奥地利代表团于 1781 年 12 月 28 日抵达黑山。根据在维也纳达成的协议,拉多尼奇向威尼斯人和黑山人都隐瞒了他们的任务和身份,他们把自己扮成印刷工或者泥瓦匠。在与科托尔的斯泰凡·弗拉克延(Stefan Vrakjen)[③] 进行了两次对话后,拉多尼奇改变了自己的态度,他本来试图在科托尔当局面前将这一切保密。但是,科托尔当局很清楚,这是奥地利代表团,负有某些政治任务。恼怒于总督的这些做法,科托尔当局决定关闭科托尔集市。由于这一年黑山粮食歉收,科托尔不给黑山人民供应粮食造成了严重后果。拉多尼奇又拒绝向黑山人民解释和他一起来黑山的这些人的身份,进一步加剧了黑山总体局势的紧张。普拉梅纳茨的宗族对总督的行为尤其不满,他们聚集在主教阿尔塞尼耶周围,试图通过与科托尔当局通信来与拉多尼奇的行为保持距离。

科托尔的威尼斯当局立即通知斯库台帕夏关于奥地利使团到来的

---

① 弗拉丹·焦尔杰维奇博士:《18 世纪的黑山和奥地利》,第 27 页。
② 弗拉丹·焦尔杰维奇博士:《18 世纪的黑山和奥地利》,第 25—29 页。
③ 斯泰凡·弗拉克延,驻科托尔的威尼斯情报部门的负责人。

情况。这样一来，马赫穆特·布沙特利亚帕夏进一步加强了对黑山的威胁。在帕乌利奇的建议下，拉多尼奇写信给斯库台，试图减轻土耳其人的焦虑，告知他们与他一起从维也纳来的人只是来赚钱的工匠。斯库台帕夏曾经试图通过贿赂黑山人或其他方式索取这些外来者的头颅，失败后，他在致列什、里耶卡（黑山）和茨尔姆尼察等部落领导人的信件中，要求他们在 1782 年 3 月之前驱逐这些来自维也纳的新人，并威胁他们会派军队进攻黑山。1782 年 4 月底，拉多尼奇收到了帕夏的一封信，得知他苏丹关于进攻黑山的诏书已经颁布。尽管黑山采取了准备措施，但宣布的土耳其进攻并未付诸实施。帕乌利奇的使命即将结束，他很快就要离开黑山，这推迟了马赫穆特帕夏的军事干预。

我们说过，帕乌利奇写了三份关于他在黑山的出使报告，并于 1782 年 4 月 10 日呈交给皇帝。除了对黑山局势的详细描述，报告还包含对黑山外交政策立场的详细评估。

帕乌利奇得出结论，如果奥地利和奥斯曼帝国之间发生战争，维也纳宫廷可以期望黑山和其周围的基督教徒来帮助。虽然他认为这种情况对奥地利的政策很重要，但并没有给予决定性的重视，因为根据他的报告，奥地利"无法组织黑山的行政当局并将其置于保护之下"[1]。在它的其他邻国中，威尼斯不仅可以在达尔马提亚建立权力，还可以将其扩展到阿尔巴尼亚，因此，威尼斯即使不是完全地、也可以在相当程度上确保在黑山的影响力。这将使奥地利在黑山的政策执行起来非常困难，也是为什么最好的解决方案是将黑山留给俄国。与黑山一样，奥地利当时对东正教帝国保持着克制，"奥地利只有不将黑山纳入其保护之下，才能恢复以前的声誉和影响"[2]。至于"皇帝的宫廷"，黑山人甚至包括北部山区人都没有"受到（其）任何保护"的希望。作为解决内政的一种方式，帕乌利奇提议在卡通、里耶卡（黑山）和茨尔姆尼察等部族组建黑山部队，而对于另外两个部族，他提议向其首领、族长和公爵

---

[1] 弗拉丹·焦尔杰维奇博士：《18 世纪的黑山和奥地利》，第 50 页。
[2] 同上。

们提供薪金。①

根据帕乌利奇的报告，8月30日，总理考尼茨向皇帝提交了一份报告，建议采取哪些措施以确保既得到黑山人民的认同又符合奥地利的利益，"黑山人很勇敢，不像希腊人和鲁梅利亚（土耳其西部，主要指巴尔干一带）人那样胆怯"。考尼茨认为，黑山人对皇帝陛下的忠诚和对奥斯曼帝国当局的持续抵抗可以用每年45 000福林（用以供养一支部队和给部族首领们发放薪金）来实现。根据同一份报告，奥地利本应该在总督的支持下制定其对黑山的政策。

奥地利皇帝没有接受考尼茨总理的建议。他评估说，与奥地利在战争中，特别是在和平时期从黑山获得的微薄利益相比，对黑山的投资太大了。但他没有放弃爱心和帮助，如果黑山人愿意的话，他允许黑山人定居在奥地利。最后，他同意国务院每年向黑山送去1 000个金币，以使黑山人民对奥地利保持"善意"。

这些有限的"皇家恩赐"超出了总理的期望，却远低于黑山人的期望。尽管如此，考尼茨深信应该更多地关注黑山的要求，他在给皇帝的新致辞中建议向6名黑山长老赠送礼物，并分发2 200福林。皇帝接受了这个提议，并"一劳永逸"地赐给他们2 200个金币。② 这在一定程度上改变了最初的宫廷决定。

亲奥的成效不大，尤其是帕乌利奇特派团抵达后发生的事件对黑山主要人物拉多尼奇总督及其支持者造成了沉重打击。在与俄国断绝关系、斯库台帕夏不断施压的情况下，从奥地利获得的有限的帮助和保护使黑山陷入了深度危机，因饥饿和贫穷精疲力竭。不可靠的威尼斯共和国是黑山唯一可以求助的国家。但是，给科托尔执政者发送的请求以及拉多尼奇亲自向威尼斯总督致函的尝试并没有引起威尼斯的预期反应。

---

① 弗拉丹·焦尔杰维奇博士：《18世纪的黑山和奥地利》，第47—50页。
② 同上。

在外部孤立的情况下，黑山不能指望任何大国的保护。此外，维也纳对黑山请求的答复是：黑山应自己解决与土耳其人之间的问题。维也纳宫廷指示黑山向奥斯曼苏丹屈服，这说明亲奥地利的政治策略崩溃了。尽管拉多尼奇多次向维也纳宫廷致函请求，但除了在 1783 年给了黑山 1 000 个金币，奥地利并没有其他的表示。

当拉多尼奇总督的亲奥策略经历严重危机时，修道院院长佩塔尔·佩特罗维奇的统治问题也出现了。他的任命使他成为黑山新的精神统治者。然而让采蒂涅修道院第一号人物取代年长的大主教阿尔塞尼耶·普拉梅纳茨，不仅仅具有宗教意义。随着佩塔尔一世的任命，佩特罗维奇家族的主教再次成为政治领军人物。他们的声望高出拉多尼奇家族，是因为后者亲奥政策的失败，尽管当时在建立与维也纳的政治关系的过程中，修道院院长佩塔尔也有参与。虽然在佩塔尔一世时期，黑山与世界的关系并不是完全依赖维也纳建立起来的，尤其是不像 18 世纪 80 年代那样，但奥地利与黑山关系这一最重要的篇章至今还没有被书写出来。威尼斯共和国垮台后，两国的近邻关系以及圣彼得堡和维也纳在巴尔干划分势力范围的竞争，特别是随着 19 世纪东方问题的不断出现，都将极大地决定黑山甚至整个塞尔维亚民族的命运。黑山和奥地利之间建立政治关系，尽管对黑山的内部局势和民族解放斗争的结果并不重要，但从扩大与黑山保持政治联系的国家范围的角度来看，是非常重要的。在介绍 18 世纪黑山外交政策情况时，不能忽视这些因素。同奥地利建立的政治关系也说明了黑山在实现其历史愿望中必须做出的巨大转变，即成为国际关系中的一个主体、具有独立国家的地位，而不只是大国外交政策的对象。

第二章

19 世纪黑山国家基础的奠定
以及国际地位的变化

第一节　黑山国家基础的奠定

一、历史和法律框架

18 世纪的历史遗产改变了 19 世纪初黑山国际关系的历史和法律框架。争取独立斗争的成功开启了第一批国家权力机构的组建进程。虽然在获取国际承认之前，黑山无法指望像那些国际公认的国家那样拥有特别的关系形式，但在这一时期，黑山在国际代表方面取得的成就，在更广泛的意义上构成了该国外交历史的特殊篇章。

黑山外交在 19 世纪的大部分时间里与前一段历史时期不同，其原因在于，黑山从一开始就是事实上的外交关系主体。此外，新形式的外交领事关系所达到的程度与内部发展水平一致，这种新现象成为 19 世纪黑山外交历史的主要标志。

19 世纪，黑山在国际关系中拥有事实上主体性的时期与实际外交活动的存在相对应。这段时期的黑山外交史在正式和法律意义上代表着一个独立的实体，即与随后的时期相比，黑山作为一个具有国际公认地位的国家而存在。只有国家这一新的法律地位才能赋予其外交关系充分的国际法律性质，并将当时的黑山外交与早期各种形式的外交实践区分开来。因此，为了解释黑山外交在 19 世纪和 1878 年之后的特征，我们必须回顾一下黑山国家和法律的兴起。

二、黑山于 18 世纪末 19 世纪初建国之前的内部和外部状况

19 世纪黑山国际地位的新奇之处在于，自 1796 年的马尔蒂尼尔奇（Martinići）和克鲁西（Krusi）战役以来，它"实际上已不再是土耳其不可分割的一部分"[①]。这使得第一批国家权力机构的创建和巩固过程具有特殊的历史性质。

在几乎完全被外界孤立的情况下，与维也纳建立政治关系的效果不佳，加深了该国的危机。黑山发生骚乱，饥荒肆虐，部落间的流血冲突再现。在总督及其"党派"亲奥政策失败之后，全国没有谁能够利用自己的权威来改变国内局势并打破国际孤立。另一个"政治派别"的代表是阿尔塞尼耶·普拉梅纳茨主教，这位年老力衰的主教对公共事务的干涉越来越少，在其他方面也不受人民尊重，也不能成为建立黑山法律和秩序的"人物"。

在采蒂涅辖区内，谁应该接替年老体弱的主教阿尔塞尼耶·普拉梅纳茨成为黑山的第一号人物？这件事不仅仅具有宗教性质。在这种情况下，黑山领导人推荐了修道院院长佩塔尔。佩塔尔关心采蒂涅教区在国家内部生活秩序中的重要性，并为恢复中断的俄国和黑山关系创造了条件，其家族的前辈们曾成功地维持了这种关系。

1783 年 6 月 29 日，三位高贵的族长（伊万·佩特罗维奇、莫伊西耶·普拉梅纳茨和尼科拉·久拉什科维奇）签署了推荐信，佩塔尔一世将接受卡尔洛夫齐（karlovački）都主教莫伊西耶·普特尼克祝圣，成为主教，他于 1783 年 7 月 25 日携带了推荐信前往奥地利。在此之前，

[①] 汤米卡·尼克切维奇：《19 世纪黑山建国过程中的政治潮流》，采蒂涅，1958，第 42 页。

他得到了奥地利皇帝约瑟夫二世的许可，即他可以在卡尔洛夫齐修道院接受这一祝圣仪式。[1] 在从奥地利前往卡尔洛夫齐的途中，他还遇见了总督拉多尼奇，后者也曾向他提出过受封的建议[2]，他正在那里试图说服维也纳宫廷改变对黑山赞助的决定。[3] 1784 年 10 月 13 日，莫伊西耶牧首（宗主教）举行祝圣仪式宣布佩塔尔一世为"黑山、斯库台和沿海一带地区"的主教。

1784 年 5 月 15 日，阿尔赛尼耶·普拉梅纳茨主教在卡尔洛夫齐停留期间逝世，因此随着佩塔尔一世（Petar I）的上台，都主教的尊严又回到了佩特罗维奇家族。

修道院院长佩塔尔被任命为主教是 18 世纪末黑山的一件大事。佩特罗维奇家族的第四任大主教成为"教会和人民"的领袖，这意味着黑山在外交政策上会再次转向俄国。但是，尽管佩塔尔一世坚持不懈地在俄国宫廷寻求政治支持，他却在那里经历了巨大而痛苦的失望。

根据西美昂·米卢蒂诺维奇[4]提供的信息，修道院院长佩塔尔本来打算在圣彼得堡受封。因此，他渴望恢复与俄国宫廷破碎的关系，并希望取得超越拉多尼奇总督的政治地位。根据米卢蒂诺维奇的说法，这个想法没有实现，因为俄国驻维也纳大使加利辛亲王没有向佩塔尔一世发放前往俄国的护照。[5] 在那之后，佩塔尔院长向奥地利皇帝约瑟夫二世提出请求，并获得了在卡尔洛夫齐上任的许可。

前面几任主教与俄国宫廷和圣公会的联系使佩塔尔一世在他上任后不得不去向俄国沙皇致敬。据此，在卡尔洛夫齐举行祝圣仪式后，佩塔尔主教向俄国驻维也纳的代表施塔克伯格（Štakelbergu）提出请求，即为他签发前往俄国的护照。1784 年秋，这一请求得到了积极的解决。

---

① 杜尚·武克桑：《主教佩塔尔一世时代的历史资料》，载《记录》（第 19 卷第 1 册），采蒂涅，1938，第 1—6，43 页。

② 该建议的日期为 1784 年 10 月 29 日。

③ G.斯塔诺耶维奇：《黑山建国前》，第 76 页。

④ 西美昂·米卢蒂诺维奇：《黑山从古代到近代的历史》，第 110 页。

⑤ 瓦萨·茨布里洛维奇(Vasa Čubrilović)：《黑山和 1782 年俄奥分割土耳其的条约》，贝尔格莱德，1961，第 181 页。

由于俄国和黑山之间的关系状况，与他的前任相比，本次新主教前往俄国首都的情况有所不同。佩塔尔一世是应着"内兰季奇（Nerandžic）兄弟的邀请，并根据与总督约万·拉多尼奇的协议和安排"出访。因此，在正式意义上，这只能算是一次私人访问，而不是黑山官方代表团的访问。

主教抵达维也纳后，在 1784 年 11 月 18 日给俄总理波特金写了一封信，他向总理知会，黑山公国人民在"他的前任主教去世后，根据继承权将主教一职传授给自己"，并说他希望"与他的人民一起为俄国宫廷服务"。① 1784 年 12 月，他写信给俄国大牧首汇报他的任职，并要求俄方没有他的书面信函就不要向采蒂涅修道院其他人提供援助。佩塔尔一世在这两封致辞中都表示自己是黑山的第一号政治和精神领袖，并强调他愿意在外交政策上依靠俄罗斯帝国。为了证明他的忠诚，他请求访问圣彼得堡。

三、1785 年佩塔尔一世被驱逐出圣彼得堡并离开俄国

佩塔尔·佩特罗维奇于 1785 年 2 月 22 日从维也纳出发前往圣彼得堡。据推测，主教于 1785 年 4 月初抵达俄国。抵达后，他住在什克洛夫（Šklov）的塞尔维亚籍军官西美昂·佐里奇·内兰季奇的庄园。内兰季奇的良好政治地位是基于这样一个事实，即从 1777 年秋天到 1778 年夏天，他是叶卡捷琳娜二世的情人。② 佩塔尔一世在什克洛夫呆了很长一段时间，因为他没有见到佐里奇·内兰季奇将军，而且他与俄国宫廷没有其他联系。1785 年 8 月，他写信告知佐里奇·内兰季奇他的到来、土耳其人对黑山的进攻以及他在俄国的居住地。他恳求将军让叶卡捷琳娜二世接见他。

---

① M. 德拉戈维奇：《俄罗斯帝国和黑山(1780—1790)》，《SUD 公报》第 72 期，第 247 页。

② 约万·斯凯尔利奇(Jovan Skerlić)：《西美昂·佐里奇将军》，《塞尔维亚文献报》，贝尔格莱德，1912，第 427—434 页；米洛什·莫斯科夫列维奇(Miloš Moskovljević)：《西美昂·佐里奇·内兰季奇将军》，《塞尔维亚文献报》，贝尔格莱德，1913，第 430—437 页。

在什克洛夫，佩塔尔一世也向波特金亲王写了信，告知他此行的目的，并请求让俄国女皇聆听他的请求。由于没有收到圣彼得堡的任何答复，佩塔尔一世准备去俄国首都，并于 1785 年 11 月 5 日由多尔奇神父陪同抵达那里。但是，在到达圣彼得堡的三天后，他就被波特金下令驱逐出俄国。驱逐令要求他在几小时内离开俄国首都。他是在"受到武力胁迫，而且没有护照"的情况下被俄国驱逐出境的。他的同伴弗朗切斯科·多尔奇遭受了同样的命运，虽然没有人逮捕他，但他自愿陪同黑山主教，与他同甘共苦，甚至不愿意为了 2 000 卢布而去做伪证。[①]

佩塔尔一世从俄国边界明斯克发出书面抗议，抗议对他"鲁莽的不公正"。根据梅达科维奇在《黑山史》中提供的史料记录，经过波特金这一番操作，叶卡捷琳娜二世不得不派一位军官去追赶主教，并邀请他返回俄国。佩塔尔一世感谢这一邀请，并说他"这辈子再也不会来"圣彼得堡了。[②] 这确实是他最后一次在俄国逗留。

佩塔尔一世被逐出圣彼得堡的原因有不同的说法。马尔科·德拉戈维奇提到了 4 个有关俄罗斯帝国和黑山关系的说法。除了俄国宫廷的阴谋和谴责外，还有"黑山移民"自己的诽谤，其中索弗罗尼耶·马尔科维奇-尤戈维奇（居住在俄国的黑山人）的作用凸显出来，这可能与拉多尼奇总督和佩塔尔主教在黑山为威望而争斗的事件有关。他还提到佩塔尔一世的受封方式也是原因之一。从俄国边境明斯克的来信中可以看出，佩塔尔一世未在俄国受封引起了圣彼得堡的不满，他回答说："俄罗斯圣公会的管辖范围并不包括黑山。"[③]

尽管这些言辞在形式上是关于宗教的，但实质上是具有政治性质的。这可能是俄国宫廷不满于黑山与奥地利之间建立政治关系的一种表现，除了黑山代表团在 1777 年至 1778 年间访问奥地利宫廷外，帕乌

---

① 瓦萨·茨布里洛维奇：《黑山和 1782 年俄奥分割土耳其的条约》，第 189 页。

② 米洛拉德·梅达科维奇（Milorad Medaković）：《从最早时代到 1830 年，黑山的历史和法典》，泽蒙，1850，第 70—71 页。

③ 瓦萨·茨布里洛维奇：《黑山和 1782 年俄奥分割土耳其的条约》，第 190 页。

利奇在黑山的访问也让俄国非常不满。当时的修道院院长佩塔尔一世向约瑟夫二世提出的在卡尔洛夫齐举行主教祝圣仪式的请求也被视为黑山与维也纳之间良好关系的证明。对黑山大主教的怀疑还可能是由于他的陪同者弗朗切斯科·多尔奇，他是天主教多明我会（Dominikanac）教士，是奥地利政界非常信赖的人物。

在俄国宫廷，佩塔尔一世显然被误判为奥地利政治的拥护者。虽然他最初亲自与拉多尼奇总督一起谋划与维也纳建立政治关系，但很快，他认为奥地利政策对于黑山的解放努力没有多大益处，便与奥地利宫廷保持距离，让约万·拉多尼奇成为这些关系的主要倡导者。在圣彼得堡，这种差异没有得到足够的重视。

对佩塔尔一世不利的情况还有，他的房东西美昂·佐里克·内兰季奇将军不再受到女皇的青睐，而且"女皇的新宠"波特金亲王对他充满敌意。帕什特罗维奇的马里奥（Mario）和阿纳贝尔（Anabel）兄弟参加了在佐里奇庄园印制假币的事件，这不但损害了将军的利益，而且对佩塔尔一世产生了不利影响。许多年后，在科托尔湾地区还有人谣传他和多尔奇院长因为制造假币而被驱逐出俄国。

虽然这些原因都有可能，但有人认为主教被逐还有深层原因，这种看法似乎是对的。根据这些解释，黑山主教被逐不仅与俄黑关系，也与俄奥关系以及两国关于分裂奥斯曼帝国的协议相关。

俄国在1768—1774年的战争中战胜了土耳其军队，维也纳担心俄国会自行决定奥斯曼帝国在欧洲部分的命运。受此威胁，为了在对奥斯曼帝国统治下的领土分配中为自己争得一席之地，奥地利试图与俄国达成协议。经过漫长的谈判，叶卡捷琳娜二世和约瑟夫二世于1782年达成协议，这在文献中被称为叶卡捷琳娜二世的"希腊计划"。这份协议对奥斯曼帝国的欧洲部分进行了分割，"巴尔干半岛的西部地区，沿贝尔格莱德-亚得里亚海的梅多夫斯基湾（Medovski Zaliv），瓦拉几亚（Vlaška）至阿鲁塔（Aluta），多瑙河的南岸至尼科波列（Nikopolje），包括维丁（Vidin）在内"，都属于奥地利。半岛的其余部分属于俄国，包括叶卡捷琳娜的孙子君士坦丁领导的"恢复了的希腊帝国"。[1]

因此，根据 1782 年的俄奥协议，黑山将成为奥地利帝国领土的一部分。根据该协定，18 世纪 80 年代初，奥地利试图加强其在黑山的影响力，并为吞并黑山做好准备。这就是为什么黑山在 1782 年以后向俄国提出请求，其目的是为独立争取俄国支持，这与奥地利宫廷欲采取的政策背道而驰。然而，俄国和奥地利在 1782 年达成的协议牵连到后来的佩塔尔一世，致使他被驱逐。当 1785 年佩塔尔一世住在什克洛夫（当年 4 月）期间，西美昂·佐里克·内兰季奇的兄弟大卫·内兰季奇（David Nerandžić）撰写了关于如何解决东方问题的方案。这个东方问题方案与俄奥协议的内容截然不同，却被提交给了波特金亲王。大卫·内兰季奇建议，接受"相同信仰的人"譬如黑山人加入俄罗斯帝国服役，有助于"将这些基督徒从奴役中解放出来"。为了实现这一目标，他建议允许黑山人公开承认他们在俄国的保护之下。如此，除了黑山人，其他在土耳其统治下的民族也会向俄国伸出求援之手。

这样一个由黑山特使和俄国军官（内兰季奇自 1777 年起一直就是俄国军队的一名上校）撰写的方案，让俄国和奥地利宫廷之间的协议受到质疑，显然在圣彼得堡不会受到欢迎。此外，该方案的编纂被认为是波特金驱逐佩塔尔一世的官方理由。

第二节　黑山与邻国土耳其的关系危机

一、1785 年土耳其远征黑山

佩塔尔一世在俄国逗留期间，土耳其人长期以来宣布的对黑攻击

---

[1] 瓦萨·茨布里洛维奇:《黑山和 1782 年俄奥分割土耳其的条约》,第 171 页。德拉戈柳布·日沃伊诺维奇(Dragoljub Živojinović)博士认为"希腊计划"包括以下内容:"在他看来,俄罗斯应占领黑海沿岸,解放比萨拉比亚、摩尔达维亚和瓦拉几亚,建立达契亚公国,由一位东正教统治者领导。土耳其人被驱逐出欧洲后,人们预言在君士坦丁大公的领导下,拜占庭帝国将复辟。奥地利应该与贝尔格莱德一起得到塞尔维亚的一部分,法国应该得到埃及。"请参阅德拉戈柳布·日沃伊诺维奇:《1450—1789 年期间欧洲的崛起》,贝尔格莱德,1985,第 496 页。

发生了。这场战役的真正原因是：在当时的奥斯曼帝国，以军事封地为基础的军事封建组织正在加速解体。中央集权的封建政府的衰落促进了独立行政单位的加强。18世纪60年代，这种"权力下放"的结果是出现了"半独立的斯库台省（即帕夏辖区）"。[1] 在这个过程中，斯库台负责人马赫穆特·布沙特利亚帕夏表示，他打算在阿尔巴尼亚北部组建独立的国家，并将黑山并入其中。因此，黑山人并非直接与波尔特交战，尽管斯库台帕夏代表了波尔特，黑山人实际上是与反叛的斯库台统治者战斗。1785年，奥斯曼帝国没有进攻黑山的实际军事需要，然而，由于奥斯曼帝国在危机中越陷越深，斯库台帕夏得到"伊斯坦布尔的特别法令授权而攻击黑山"[2]。

这次袭击有18 000名士兵参与。另一方面，在拉多尼奇总督指挥下的黑山部队有2 000名战斗人员。此外，黑山部落因斯库台帕夏的贿赂而产生的不团结使奥斯曼军队的优势更加明显。袭击开始时，首先是茨尔姆尼察人投降，然后是列什和卡通等部族陆续投降。6月23日，奥斯曼帝国军队抵达采蒂涅。采蒂涅修道院被烧毁。当时卡通人的抵抗还在继续，他们先是用武器与土耳其军队交战，然后是就进贡问题进行谈判，但很快就被打败了。这样，马赫穆特·布沙特利亚帕夏在黑山的战争就结束了。它持续的时间很短。黑山部落缺乏团结、组织混乱和缺乏战备等因素，妨碍了黑山人更强烈地抵抗土耳其军队。国家遭到破坏，许多成人（男子）、妇女和儿童被杀害。斯库台帕夏惩罚了不听话的黑山人，除此以外，还设法收取了大量的欠税。之后，在他们返回阿尔巴尼亚时，奥斯曼军队摧毁了帕什特罗维奇村庄。

在发给波尔特的报告中，帕夏说，他已按照苏丹的命令征服了黑山。黑山人承诺对他忠诚，并向他进贡。"马赫穆特将黑山最有威望的人劫为人质，让一部分黑山人为他服务，虽然损失了斯库台，但成功地

---

① N. I. 希特罗娃（Н. И. Хитрова）:《黑山在巴尔干的民族运动》，莫斯科，1979，第16页。
② 瓦萨·茨布里洛维奇:《黑山和1782年俄奥分割土耳其的条约》，第186页。

使黑山人依附于他。"①

随后，波尔特官方否认对马赫穆特帕夏袭击黑山一事负责，宣称它是帕夏的"个人决定"。至于洗劫了帕什特罗维奇而侵犯了威尼斯共和国的领土完整，这并没有在两国关系中造成重大麻烦。②

1786年2月，佩塔尔一世回到黑山，他发现这个国家处于非常困难的境地，所有的东西都被烧毁了。采蒂涅几乎没有房子可以住。而且，在饥荒的折磨中，人们被抢劫一空，仅存的生活资料也被炸毁。贫穷、饥荒和普遍的苦难笼罩着这个国家。此外，黑山孤立无援，没有来自俄国、奥地利或威尼斯的任何道义或其他形式的帮助。问题倍增，领导人之间出现了裂痕，人民之间也出现了不和。斯库台帕夏蹂躏了黑山人并带来更多的不和。

在俄国彼得大帝的号召下，黑山的这个世纪以觉醒的希望、民族解放和恢复没落帝国的伟大愿景开始，跌宕起伏之后，似乎一切都要因最后的挫折而结束。在幻想破灭和受苦受难的黑山人面前，是新任命的黑山和沿海地区主教佩塔尔一世，他意识到黑山一直被强权呼来喝去，不懂得相互团结的重要性，在俄国和奥地利宫廷的政治使命失败后获得的痛苦经历使他更加坚信，未来"他需要拥有自己的治国政策，不再寻求维也纳或者圣彼得堡的支持，而是在他自己的人民中寻求支持"③。

在黑山的部落之间建立和平与和谐的局面，无疑是新主教的首要任务。然而，他的这些努力本身并不是目的，也不是仅靠"苦口婆心"就能实现的。正如我们将会看到的，佩塔尔一世还使用了其他手段加强国家的解放力量，并鼓励黑山人反抗斯库台帕夏的统治，特别是在进贡方面。与此同时，他不断传播这样的信念：黑山部落必须和睦共处齐心协力才能抵抗准备再次攻击黑山的斯库台帕夏。但情况是，一方面，佩

---

① 《黑山史》(第1卷第3册)，第425页。

② B. 乔罗维奇(В. Ђоровић)：《马赫穆特·布沙特利亚帕夏对帕什特罗维奇的洗劫》，《SKA》第38期，第84—92页；D. 莱基：《佩塔尔一世的外交政策》，第69—72页。德拉戈维奇：《俄国和黑山》，第259—262页。

③ 佩塔尔·波波维奇：《佩塔尔一世和佩塔尔二世时代的黑山》，贝尔格莱德，1951，第18页。

塔尔一世在进行着统一的努力；另一方面，马赫穆特帕夏试图通过贿赂、威胁和犯罪来引诱黑山人，助长和维持部落之间的不和。

二、马赫穆特帕夏与伊斯坦布尔中央政府之间的冲突以及黑山的立场

马赫穆特帕夏的政策保持了他在阿尔巴尼亚北部独立计划的连续性。因为发动战争让黑山人通过抵抗增强了战斗士气，这也引发了自1785年以来苏丹的不满情绪，苏丹下令鲁梅利亚帕夏逮捕马赫穆特并将其带到伊斯坦布尔。[①]

奥斯曼帝国中的不团结偶尔会导致"斯库台维齐尔"对黑山压力的减弱。但是，这也带来了新的危险：波斯尼亚维齐尔以苏丹的名义呼吁黑山人与布沙特利亚作战。1786年5月，尽管马赫穆特帕夏被伊斯坦布尔当局赦免，但在奥斯曼帝国内部斗争中，波尔特提出的合作立场并不令人愉快，这一提议就失去了重要性。随着奥斯曼中央与斯库台帕夏和解的到来，针对黑山的暴力行为又开始了。尽管如此，由于帕夏继续将权力扩大到邻近城镇的政策，波尔特决定与斯库台帕夏进行最终的军事摊牌。

进攻始于1787年5月底，主要方向是尼克希奇、斯普日和波德戈里察。波斯尼亚帕夏再次呼吁黑山、北部山区和黑塞哥维那人参与到反对马赫穆特帕夏的战斗中来。在夺取了尼克希奇、皮瓦和德罗布尼亚克（Drobnjak）之后，波斯尼亚帕夏下令动员库奇，然后是皮佩尔和别洛帕夫利奇。在攻占斯普日和波德戈里察之后，波尔特军队开始了对斯库台长达三个月的围困。这场叛乱于1787年结束，帝国军队被击败，马赫穆特帕夏仍然是斯库台和阿尔巴尼亚的主人。奥斯曼帝国对奥地利和俄国的战争即将开始，这推迟了波尔特准备最终摊牌的计划。

另一方面，佩塔尔一世不得不与奥地利宫廷的扩张政策做斗争。维也纳试图通过拉多尼奇总督实施其对黑山的政策，这使黑山的局势更

---

① N.I.希特罗娃：《黑山在巴尔干的民族运动》，第16页；《黑山史》（第1卷第3册），第429页。

加复杂。1787年12月，拉多尼奇向奥地利请求提供粮食方面的援助，并考虑将黑山人迁往——首先是进入威尼斯——奥地利的可能性。但是，除了影响俄国与黑山的关系，俄国和奥地利针对奥斯曼帝国的战争（1787—1792）也影响了黑山与维也纳宫廷的关系。

第三节　奥地利和俄国针对土耳其和黑山战争采取的措施

一、萨瓦·马尔科维奇、马尔科·伊维利奇、菲利普·武卡索维奇的出使

反对奥斯曼帝国的战争迫使欧洲各国选边站队。瑞典站在奥斯曼帝国一边参战，而英国和普鲁士也支持瑞典。在这种情况下，巴尔干人民的全面起义再次与维也纳和圣彼得堡的政策以及它们与土耳其人的斗争相关。在所有这一切中，黑山获得了特殊的重要性。鉴于黑山与波尔特的关系性质，不管对哪一个国家而言，拉拢斯库台帕夏站在它们一边才是实际问题。

与奥斯曼帝国的战争爆发后，俄国政府立即尝试与黑山重新建立更密切的关系。但是，由于先前对佩塔尔一世不友好的态度，这次不能再像以前那样直接呼吁黑山人起来反抗而不担心他们的反应。出于这个原因，萨瓦·马尔科维奇（Sava Marković）少校最初被派到黑山去调查当地人民的政治倾向。与此同时，中校马尔科·伊维利奇（Marka Iveljić）也被派往黑山。如果黑山人未响应叶卡捷琳娜二世的召唤，他带来了好几千杜卡特（金币）准备"招募志愿军一起战斗，并号召北部山区人和和阿尔巴尼亚人拿起武器对抗波尔特，最重要的是争取斯库台帕夏的支持"[1]。认识到这一点，俄国宫廷通过其驻威尼斯特使亚历

---

[1]　弗拉丹·焦尔杰维奇：《18世纪的黑山和奥地利》，第70页。

山大·莫德维诺夫（Aleksandar Mordvinov）给佩塔尔主教写了一封信，表示希望他不要"拒绝联盟"，同时承诺将给予丰厚的奖赏。[1]

俄国对巴尔干半岛和黑山的全部计划都在与奥地利联合对抗奥斯曼帝国的战争框架内，并在叶卡捷琳娜二世于1788年1月底致"所有塞尔维亚人、黑山人和其他斯拉夫人民"的信中有所表达，在信中，她以基督教和斯拉夫民族团结的名义，号召人们起义反抗土耳其人。与修道院院长多尔奇会面后，萨瓦·马尔科维奇掌握了奥地利宫廷的意图和行动，包括武器发送。尽管多尔奇是"奥地利人"，而且是帕乌利奇使团成员之一，在当时及之后，都致力于在黑山扩大奥地利的影响，但当两个大国就黑山问题发生冲突时，多尔奇站在了他的主教一边。因此，他极大地影响了两国出使黑山的结果，尤其是奥地利的出使。

与俄国宫廷的措施类似，1787年底，奥地利宫廷向"信奉东正教的基督徒，特别是该信仰的主教、牧师和杰出人士"发表了一项特别公告。[2] 还向斯库台帕夏管辖区内的穆斯林发出了呼吁，只要他们不"敌视奥地利军队"，奥地利就将保证他们的"宗教自由和财产安全"。另一个以菲利普·武卡索维奇为首的奥地利代表团被派往黑山。

当奥地利代表团抵达时，俄国少校萨瓦·马尔科维奇已经在黑山了。俄国宫廷"对塞尔维亚人、黑山人和其他斯拉夫人"的公告及其在黑山的活动与1782年的俄奥协定即所谓的"希腊计划"相抵触，这引起了奥地利方面的不满，并在俄奥关系中引发了冲突。萨瓦·马尔科维奇甚至在奥地利代表团抵达后仍留在黑山，这可能意味着俄国没有履行事先商定的义务。

当然，"希腊计划"对俄奥两国之间的相互关系是重要的，但它不能改变黑山人民的政治倾向。在这个问题上，奥地利的支持者之间存在着内部分歧，即总督势力一派和佩塔尔一世领导的"俄罗斯派"之间存

---

[1] 弗拉丹·焦尔杰维奇：《18世纪的黑山和奥地利》，第72页。
[2] 《黑山史》（第1卷第3册），第432页；德拉甘·帕夫洛维奇（Dragan Pavlović）：《最后一次奥土战争中的塞尔维亚》，贝尔格莱德，1931，第35页。

在着分歧。由于主教的支持者更多，奥地利的第二个代表团遭到了大多数黑山人的抵制。奥地利争取黑山人民实现其计划的意图不仅没有达到预期的目的，而且惨遭彻底失败。武卡索维奇和他的同伴佩尔内特（Pernet）认为造成这种情况的罪魁祸首是佩塔尔主教、泰奥多西亚·姆尔科耶维奇、多尔奇神父，特别是煽动民众的俄国军官萨瓦·马尔科维奇。约瑟夫二世对这次任务的失败感到震惊，于是命令他的总理将上述俄国官员从黑山赶走，因为他的存在违反了两国之间达成的协议。随后向俄国宫廷提出了正式抗议。马尔科维奇少校在收到驱逐令之前就离开了黑山。

与马赫穆特帕夏之前的任务以及他赢得对波尔特的战争相比，奥地利使团的结果并没有更好。马赫穆特帕夏为了应对奥地利的军事威胁，在金钱、军队和武器方面设定了非常不利的条件。

可能是由于对武卡索维奇出使结果的错误评估，1788 年 4 月中旬，"一艘奥地利船只停靠在布德瓦，载有 9 个连队的士兵、200 袋粮食和弹药"。这艘船的到来违反了威尼斯共和国的中立立场，而威尼斯共和国本来对奥地利传教士的工作就不满意。从船上卸下武器和粮食并将它们运往黑山的做法，导致威尼斯当局和奥地利军官之间关系紧张，佩塔尔一世主教因此受到不公正的指控。

在上述远征队到达后，奥地利在黑山的存在就变得非常特别。这艘船继续运送新的军队、食物和弹药。奥地利雇佣大量黑山人将货物卸载下来并转运到黑山，黑山人因此认为如果奥斯曼帝国发动攻击，他们不会是唯一的受害者，这提升了奥地利在黑山人心目中的地位，特别是在最容易受到土耳其攻击的地区。意识到这些成功，奥地利认为动员黑山和山区部落人与土耳其人作战的条件已经成熟，便于 1788 年 6 月上旬在里耶卡（黑山）和维尔帕扎尔（Virpazar）发布了两份公告，呼吁黑山人在帝国的命令下"随时准备行动"。该公告得到了一些黑山领导人的支持，总督拉多尼奇在黑塞哥维那鼓动民众，开始与土耳其人对抗。而黑山人，特别是北部山区人拒绝了"皇帝的命令"。

通过与佩塔尔主教建立合作，奥地利代表团期望能成功地接触黑山人。1788 年 5 月的协议朝这一方向取得了进展，这意味着在土耳其领土上的军事行动的开始。人们认为奥地利宫廷的政治计划已经成功地开始实施。

然而，其前提是与马赫穆特·布沙特利亚帕夏在军事方面达成合作。这是来自维也纳的特使布隆贾尔（Bronjar）的使命，他于 1788 年 6 月初抵达采蒂涅。在那里，他安排了与马赫穆特帕夏的会面。他和两个同伴一起去了斯库台。没有任何礼遇可言，马赫穆特帕夏下令将三人全部处决，并将他们的头颅悬挂在斯库台的城堡上示众。

这一事件使武卡索维奇和奥地利驻黑山使团的其他成员感到不安。斯库台帕夏的行为使人们对奥地利计划的成功性产生了疑问。这也体现在武卡索维奇在黑山继续执行的任务中，因为斯库台帕夏为了获得苏丹的信任，开始对黑山人施加更大的压力和威胁。不久发生了一件对奥地利代表团不利的事——马尔科·伊维利奇上校率领的俄国军事代表团抵达黑山，他们带来了叶卡捷琳娜二世的一封信，呼吁黑山"与基督教的敌人"进行战争。[①]

随着俄国重新参与黑山事件，局势变得更加复杂。虽然俄国和奥地利宫廷对奥斯曼帝国的态度是相同的，但他们对在黑山保持政治影响力的共同利益方面，实际上是相互排斥的。然而，两个大国政治计划的对抗很快在一定程度上得到了解决。

奥地利的政策旨在争取黑山人的合作，以便武装抵抗斯库台帕夏。佩塔尔主教也准备支持奥地利尤其是盟军的行动。他的立场是根据俄国女皇的指示组织对土耳其人的战争。因此，黑山与奥地利士兵一起参加了对奥斯曼城市——斯普日、波德戈里察和扎布利亚克——的袭击。袭击于 1788 年 6 月中旬进行，但以失败告终，因为占领这些奥斯曼城市需要拥有比奥地利人和黑山人更强大的军事力量。

---

① D. 米拉科维奇（D. Milaković）：《黑山历史》，扎达尔，1856，第 184—185 页。

军事行动的失败决定了奥地利驻黑山特派团的命运。很明显，武卡索维奇的出使是一场政治冒险，甚至在阿尔巴尼亚问题上也没有取得任何结果。此外，尽管花费了大量的金钱，但所采取的行动对黑山的局势产生了负面影响，因此维也纳决定结束该行动。1788 年 9 月 17 日，在维也纳宫廷的批准下，菲利普·武卡索维奇"逃离该国"，与他的部下登上了"在波波维什特（Boboviste）港口的一艘船"。①

二、俄国介入黑山事务

盟军的这次失败并没有对另一项任务的结果产生完全负面的影响。在黑山，由伊维利奇和后来由扎博罗夫斯基（Zaborovski）领导的俄国代表团获得成功的机会要大得多。佩塔尔主教收到女皇的信件时表现出很高的热情，这表明他已经忘记了之前来自圣彼得堡的所有侮辱，并准备好与俄国宫廷合作。1788 年 3 月 14 日，叶卡捷琳娜二世致信黑山人民，呼吁联合对抗奥斯曼帝国。她告诉佩塔尔一世和黑山，她已派遣了一支舰队——在海军上将格雷格（Grejg）的指挥下前往地中海，并由中将扎博罗夫斯基指挥前往意大利"为军队准备一切必要的东西，听取那里基督徒的要求和愿望，并帮助他们"。扎博罗夫斯基奉命与主教商定联合行动以对抗"基督徒"的敌人。

1788 年 2 月 4 日，俄国介入黑山事务得到了更明确的确认。俄国驻威尼斯大使莫德维诺夫写信给佩塔尔一世，邀请他对奥斯曼帝国作战，并承诺俄国位于地中海的舰队将向黑山提供援助。佩塔尔一世于 1788 年 3 月 10 日回应了该邀请，同意对土耳其人开战并寻求武器和弹药的帮助。② 1788 年 5 月 11 日女皇写信回应，向黑山公国解释了俄国舰队在地中海的任务。③ 同时派出两名军事特使——图托尔明（Tutolmin）上

---

① 《黑山史》（第 1 卷第 3 册），第 434 页。

② 《与俄罗斯的政治和文化关系》，第 338 页。

③ 在地中海远征中，为了挑起巴尔干地区东正教人民反抗奥斯曼帝国的起义，波罗的海舰队中队在海军上将格雷格的指挥下参与其中。它本应到达地中海并击败奥斯曼帝国舰队以封锁海峡并让部队登陆伊斯坦布尔。

校和德拉什科维奇（Draskovic）少校（作为信使函持有者），再次呼吁联合作战，从而使合作开始采取具体的军事形式。

尽管黑山人愿意响应俄国女皇的号召，并特别考虑了合作的形式，但是俄国的军事介入并没有发生。这是受到两方面原因的影响。由于1788年6月瑞典对俄国的进攻和英国的敌对态度，俄国放弃了在地中海的行动——摧毁奥斯曼帝国舰队，封锁海峡登陆伊斯坦布尔，同时鼓动巴尔干东正教民族起义。新情况导致俄国的作战计划发生了改变，因为其北部和西部边境受到威胁，俄国必须在那里保留大量军队。召回黑山特使的决定也是出于奥地利将其代表团的失败归咎于俄国的原因。由于1782年的俄奥协定解决了利益范围问题，俄国宫廷不得不将黑山交给维也纳，并结束其特使的任务。这也结束了黑山在战争中的角色，"它本打算扮演起义发起者的角色，以解决东部问题"①。

奥地利和奥斯曼帝国之间签订的《斯维什托夫（Svištov）和约》（1791年9月）结束了两国战争。和约对两国交战时站在敌国一边的臣民给予了赦免。这尤其适用于黑山、塞尔维亚、瓦拉几亚（Vlaška）和摩尔多瓦（Moldavija）的人民。1792年1月，俄国与奥斯曼帝国在雅西（Jaši）签订和平条约，结束了俄土冲突。在这项和平条约中，为黑山所做的并没有《斯维什托夫和约》那么多。

三、《斯维什托夫和约》与《雅西和约》签订后，黑山与奥地利、俄国、土耳其的关系

黑山并没有从奥地利、俄国和土耳其之间的战争中受益。俄国和奥地利代表团的介入只会导致拉多尼奇总督和佩塔尔一世主教的支持者们之间进一步产生分歧，从而加剧并加深了黑山的政治危机。黑山再次成为实现大国政治目标的工具。它们对黑山的直接兴趣只持续了一段时间，即在黑山显示出军事重要性而似乎有助于实现它们针对土

---

① 《黑山史》（第1卷第3册），第443页。

耳其制定的外交政策时，才对其有兴趣。从那以后，黑山就被人遗忘了。

在欧洲国家联盟压制法国大革命期间，维也纳宫廷再次产生了对黑山的需求。动员黑山人在奥地利服役是为了促进其参与其中。为此，1793 年初，由伊万·柳比希奇（Ivan Ljubišić）和维措·弗拉特维奇（Vico Vlatković）组成的代表团从维也纳抵达黑山。这次奥地利与黑山政治接触的新奇之处在于，奥地利的主要政治对话者不是总督伊万·拉多尼奇，而是主教佩塔尔·佩特罗维奇一世。维也纳宫廷意识到佩塔尔·佩特罗维奇一世是该国最有影响力的人，只有得到他的同意和支持，他们才能实现自己的利益。随着总督失去了奥地利人的支持，其政治重要性下降，从而导致该国内部不团结和分裂的因素之一开始消失。因此，佩塔尔一世日益成长为黑山整体利益的政治代表，并参与外交活动。

黑山在此前的采蒂涅会议上已经确认，对奥地利的要求做出消极的回应，这不仅是由于希望在对法战争中保持"中立"，而且也是为了评估马赫穆特帕夏对黑山构成的威胁。对佩塔尔一世来说，决定国家命运的问题才是主要的外交政策问题。

由于奥斯曼帝国危机的持续以及某些行政区域对独立的渴望，黑山与斯库台之间的关系出现了新的状况。在重新爆发的政治危机中，黑山已经表现出了在没有任何人帮助的情况下对抗斯库台维齐尔的决心，也就是说，不屈服于他的压力。部落统一的社会力量是这场斗争取得积极结果的唯一保证。

另一方面，就在这场决定性的冲突之前，与波尔特发生冲突后的马赫穆特·布沙特利亚帕夏的境况也不再像以前一样。他在黑山的计划并没有体现出波尔特的政策，这一事实乍一看可能说明他的军事实力变弱，因此黑山的机会更大。但事实并非如此。最近的与波尔特的对峙本应意味着马赫穆特帕夏的最后终结，但实际上是伊斯坦布尔第二次失败的军事干预。这件事发生在 1793 年。在这次冲突中，马赫穆特帕夏不仅设法避免了惩罚，即军事失败，而且在 1793 年 11 月 29 日的黎明发动进攻并击败了帝国军队。[①] 他的声望和自信心随着胜利而急剧上升，黑山和北部山区一带的危险也随之增加。人们预测苏丹军队将发动新一轮进攻以惩罚不听话的帕夏并巩固中央政府的权力，但最终没有发生，马赫穆特帕夏坚信自己的实力，开始准备与黑山和北部山区进行最后的对决。这应该意味着他正在展开一项更大范围的计划，旨在将斯库台帕夏的权力扩大到黑塞哥维那和达尔马提亚。

与马赫穆特·布沙特利亚帕夏不可避免的冲突加强了黑山人的团结。黑山各部落相互团结与和谐的思想转移到黑山与北部山区的统一和联合斗争中。黑山人认识到对山区部落的攻击也是对黑山的攻击，反之亦然，这与社会意识的新水平相匹配。

第四节　将争取国家自由的道德原则转化为法律文本的法律规范

一、成文法的出现对黑山解放斗争成果的重要性和国家创立进程的意义

坚持团结和解放斗争的决心必须提高到具有约束力的社会行为规范的水平，并通过具有法律性质的行为来表达。因此，最早的法律基础开始创建，黑山中央政府和现代国家的历史由此开始。

在罗马和日耳曼民族中，现代国家出现于 16 世纪。[②] 它们的特点

---

① G.斯塔诺耶维奇：《黑山建国以前》，第 253—256 页。
② 在现代国家之前出现在欧洲的政治形式不叫国家。在远古时代，使用的术语是城邦（polis）、城市（civitas）、州（republica）、政府（imperium）等。在封建君主制和城市中，使用"州（respublica）"一词。这一时期的特点是使用了以下词语：地球（terra）、圆地（teree）、陆地（land）。仅在 15 世纪末和 16 世纪。阶级君主制被专制君主制取代，国家一词在专制君主集权制的影响下获得了新的含义。参见米罗斯拉夫·日夫科维奇博士（Dr Miroslav Živković）：《国家和法律理论基础》，贝尔格莱德，1977，第 55 页。

是拥有绝对君主专制的中央集权政府，而在现代国家出现之前存在的政治形式，并不具备这种集权特征。现代国家的一个本质特征是政府的集权性、公法性，即克服了统治者和所有者的个人化权力的混乱。

从这个意义上讲，黑山已经在采取措施创建一个国家，这表现在采取行动抵御马赫穆特·布沙特利亚帕夏的袭击上。1796年春天，马赫穆特帕夏开始为反击北部山区的战役做军事准备，佩塔尔一世主教未能通过谈判阻止冲突爆发，黑山人也开始了联合防御活动。里耶卡（黑山）部落的大多数人都在犹豫是否接受主教的命令。马赫穆特帕夏的军队采取行动后，采蒂涅于7月1日召开了族长大会并通过了一份名为"决定"的文件。尽管茨尔姆尼察人没有出席会议，但通过的文件代表了黑山人对北部山区人要求向他们提供弹药和武器援助的回应，即主教佩塔尔一世"先于黑山人站在马尔蒂尼奇人民面前了"。《决定》首次表示"对'父权'的认同"，并将其提升为法律义务，北部山区人"被视为同黑山人一起组成同一民族的兄弟"。[①]《决定》标志着黑山成文法的开始。通过采用此法，黑山人开始对抗马赫穆特，"不管他是攻击黑山人或者北部山区人"。承担义务程度如此之高，以至于在防御方面，北部山区人被视为黑山人，而北部山区则被视为黑山领土的一部分。根据该《决定》，在1796年7月5日采蒂涅大会之后，大部分黑山军队前往别洛帕夫利奇。黑山人通过向北部山区人民提供军事援助，为战斗的胜利做出了贡献，作为联合作战的另一个积极成果，黑山人实现了与部分山区部落的统一。

马尔蒂尼奇战役发生于1796年7月13日至22日。主要冲突发生在7月22日，这也是18世纪黑山历史上最重要的事件之一。那天，黑山人阻止了土耳其人的进攻，与皮佩尔人和别洛帕夫利奇人一起击败了马赫穆特帕夏的军队，表现出极大的勇气。在没有任何人帮助的情况下，黑山人和北部山区人一起给予了斯库台帕夏的军队第一次重创。马赫穆

---

① 布兰科·帕维切维奇：《1796年马赫穆特·布沙特利亚在黑山的第一次进攻》，《历史杂志》1956年第6期，贝尔格莱德，第160页。

特特本人被迫逃离，在战场上留下 473 具尸体，其中包括他的女婿——来自地拉那的逃犯雅库布巴加·塞尔达雷维奇（Jakubaga Serdarević）。

主教佩塔尔一世将击败马赫穆特帕夏的消息通报给了科托尔的执政官、俄国亲王普拉东·祖波夫（Platon Zubov）和俄国驻杜布罗夫尼克领事安东·吉卡（Anton Gika）。1796 年 9 月初，黑山人和北部山区人的成功也被报告给了奥地利皇帝利奥·波德二世和俄国女皇叶卡捷琳娜二世。与主教致皇帝陛下们的信函一起，还有一份简短的说明，描述了黑山和阿尔巴尼亚的马赫穆特帕夏之间的战况，这是由俄国执事阿列克谢撰写的，他在战争期间正好在黑山。通过向大国宫廷通过战争信息，佩塔尔一世正确地理解了这场战役能使黑山获取国际承认以及对黑山解放斗争取得进一步成功的重要性。由于这样的"政治利益"和胜利的狂喜，战事本身在俄国执事的描述中被"装扮"起来，黑山人的成功被放大了。

马赫穆特帕夏进军黑山的失败引发了另一次进攻的准备。1796 年 9 月 19 日至 10 月 3 日期间，马赫穆特帕夏第二次进攻的决定性战役发生在克鲁西。马赫穆特帕夏也在战斗中阵亡，这第二次无可争议的伟大胜利给了黑山在其他国家公众面前进一步提升地位的机会。这一点在黑山和自封为阿尔巴尼亚总督的执事阿列克谢之间传递的"第二场战况的简要描述"中表现得尤为明显。[1]

1796 年 10 月，俄国执事的报告被送到了奥地利宫廷，可能也被送到了俄国宫廷。除了国际上的肯定，从内部关系的发展以及黑山和部分北部山区（皮佩尔和别洛帕夫利奇）统一的角度来看，这些事件意味着转折点的到来。[2]

---

[1] 除了双方参战士兵人数不成比例外，该报告还特别夸大了土耳其阵亡人数。根据执事阿列克谢的描述，土耳其人在没有伤员的情况下失踪了 3 400 人，而黑山人则"死亡 132 人，受伤 237 人"。《1796 年马赫穆特·布沙特利亚在黑山的第一次进攻》，《历史杂志》1956 年第 6 期，贝尔格莱德，第 140—141 页。

[2] B. 帕维切维奇：《马尔蒂尼奇和克鲁西战役的新事实》，第 160 页。

二、确立事实上的国家地位是国际社会承认黑山的因素之一

此外，自由领土和实现统一的程度促成了国家建设进程的开始。我们已经说过，一个国家外交实践的真正开始，必须与其建国时间相联系。

创立国际主体性的最简单的参数，也就是外交关系参与者的特征是拥有强制机构的国家组织，所管辖的领土和人口不属于其他任何国家。

从以前国家创立时国际社会的最初情况来看，新的独立国家只能在其他国家已经占领的领土上建立起来，现在的情况发生了变化。虽然新创建的国家要素在法律和事实上为组建一个国家有机体做好了准备，但是这个新时刻也带来了许多问题，其中包括前一个或多个国家秩序何时终止，或新的国家对其某些地区的有效控制权问题等，这些成了重要的决定性时刻。同时，一个新国家创建的方式，即它是暴力推翻前一个国家的法律秩序，还是在双方同意的情况下终止旧政府再建立一个新政府，其复杂性要求它受国际法准则的管制，这些准则规定可以被认为是一个新兴国家创建的条件，即可以被认为是一个"国际法意义上的国家"，而不是宪法或国内法范畴内的国家创建所需的条件。在这方面，有两组事实是决定性的。

一个新的"国际法意义上的国家"只有符合以下条件才算是被创建起来："建立一个独立政府，针对特定领土强制建立秩序，而且该政府是有效的，即，如果它能够确保居住在该领土上的人永久服从该政府的命令。"① 但是，一个区域若想被视为"国际法意义上的国家"，除了新确立的法律秩序要素外，还必须符合国际法秩序。这意味着不仅要国家的事实存在，而且要"国际法意义上的国家"存在，二者都应该通过一定的法律程序来确立。获得国际主体性的过程被称为对该国的承认，对

---

① 汉斯·凯尔森(Ханс Келзен)：《法律和国家领土概况》，贝尔格莱德，1951，第 214 页。关于当代外交法律，请参照亚历山大·叶丽茨：《当代外交法》，贝尔格莱德，1978，第 45 页。

其存在感兴趣的其他国家的政府有责任确定这一事实。

因此，国际法决定了国家的构成要素：作为国际实体的出现方式，权利、责任和管辖水准，对它们承认的方式，等等。这些国际社会成员（国际法主体）之间的相互往来由外交法规定。作为国际法的一部分，它规定了有关维持国家间相互关系的机构的工作条件，即它们的信息传递和接收，职能和等级，特权和豁免。虽然国际法规范了国际社会中国家关系的全球性原则，但外交法是"一套法律规则，管理负责这些实体在对外关系中，不同国际实体机构之间建立的关系"。

因此，外交与国家的存在密不可分，只有"根据国际法"建立一个国家的问题得到解决，才能提出解决建立和维持外交关系的问题，从而提出外交的职能和任务。这两方面的决定性时刻都是国际认可。

然而，在法律理论和实践中，当一种新的法律秩序以一种有效的方式在以前属于另一个国家的特定人口和领土上建立起来时，就会发生这种情况，即，当先前国家的法律秩序在该领域停止运作，但新的国家权力还没有获得国际承认，即还未获得"国际法意义上的国家地位"。18世纪末的黑山就是这样的一个案例——它最终退出奥斯曼帝国统治，即从其内部法律秩序中退出，而这在19世纪50年代才获得了最终形式的认可。

然而，尽管取得了事实上的国家地位，当时的黑山仍不是国际法意义上的国家。根据上述观点，这意味着黑山在处理与其他国家的关系时，19世纪欧洲的国际法规不能适用于黑山。黑山不具备国际沟通主体的地位，也无权派遣和接收常驻外交代表，即，它不具备其他主权国家所具备的外交主体性。因此，在得到国际认可之前，不能用通常意义上的术语来谈论黑山外交。

虽然黑山法律意义上的外交自它得到国际认可的那一刻起就存在了，但在此之前就已经形成了非常有趣的"外交实践"形式。其本质是由国家内部秩序的建设水平决定的。虽然我们说过，黑山在18世纪与世界的关系是不具有国家间关系特征的国际关系，但是随着第一个中央政府机构的成立，即黑山作为国家的建设进程的发展，它开始获得实际外交活动的特征。在国际法意义上，黑山的对外机构与当时的外交机构还相距甚远，但通过它们，黑山早期与外国的联系日益丰富，并出现代表国家整体利益的形式。当时，黑山的临时特使不仅是重要的政治或精神人物，而且还代表了最初的国家权力机构。这种关系的性质使国家对外代表的能力呈上升趋势。从最初的狭隘框架里，国家获得了可解决的重要政治问题的范围（缔结战争与和平协议、解决边界问题、划定边界线等）。但随着国家内部建设进程的推进，国际代表的形式越来越不能适应国家日益增长的国际能力。

而在 18 世纪，黑山国际交往的形式走在国家内部发展的前头。从 19 世纪初开始，特别是自黑山宣布为公国以来，其外交交流的形式开始落后于国家发展的水平。

即便在那时，黑山的国际交往也需要常驻外交代表的形式，因此，虽然是非正式的，伊斯坦布尔、斯库台和科托尔出现了第一批黑山常驻特使。其他国家也感到有必要与黑山保持定期的政治接触。列强在黑山邻国、奥斯曼帝国和奥地利的领事，在斯库台、科托尔、杜布罗夫尼克负责与黑山当局保持政治联系。这些国家的领事虽然没有官方身份，但经常在黑山逗留，他们证实了黑山的国家发展水平很高，超过了其实际的国际地位。

除了事实上的独立，就黑山与世界的外交关系而言，其与邻国关系的矛盾已得到解决。从这方面来说，"尽管土耳其人是黑山人的宿敌，这是根深蒂固的观念"，但人们有必要明白，对奥斯曼领土的干涉和入侵，与国际公认的准则是背道而驰的。国家权力能够确保其人民不干涉邻国内部关系，是黑山进一步进入国际交流的条件之一。

黑山现代国家的创立与 18 世纪末和 19 世纪初的历史事件相关。这一过程无论在多大程度上基于中世纪国家的传统，都更多地是受到解放斗争目标的要求和黑山社会"宗法-部落"结构的具体情况的影响，必须克服黑山的分裂主义。创立国家秩序的过程是缓慢的。标志黑山国家机器开始崛起的第一批公权机构和法律法规是 18 世纪末或 19 世纪初针对欧洲制定的。

三、黑山国家创建的特点

黑山国家的创建过程中有许多具体的因素。在众多决定其创立的历史因素中，有两个在文献中经常被提及。一是反抗土耳其人的解放斗争的结果，一是粉碎部落分裂主义和建立中央政权的结果。这两个因素是相互依赖的。解放斗争的成功需要统一支离破碎的黑山部落和山区部落的抵抗力量，反之，中央政权的建立和国家创立的开始，意味着在解放领土、人口和部落统一方面已经取得成功。

反抗奥斯曼帝国统治的斗争，克服了部落分裂，也就是说，社会力量的整合有助于黑山国家的建立，而教会的作用至关重要。我们特别强调这一因素的重要性，因为教会除了是所有上述进程的基础，还通过传承作为中世纪遗产的宗教和国家传统，在保护黑山人的精神存在和社会道德价值方面发挥了关键作用。佩奇宗主教区的"尊严"作为一种精神、社会和政治因素"转移"到采蒂涅都主教区，它代表了整个黑山。自 18 世纪下半叶以来，佩特罗维奇家族的都主教区是该国第一个"超级部落"政府。黑山这个国家是在"以意识形态为幌子"的采蒂涅都主教区的基础上创建的。它是精神力量的中心，在它的支撑下，世俗权威和积极的国家法律得以发展起来。

就黑山法律秩序的构成而言，"部落的平定"即他们服从于共同的价值体系几乎与抗击土耳其同等重要。采蒂涅修道院及其主教也在这方面发挥了决定性的作用。黑山长期以来一直是一群部落和宗族的集合体，除了奥斯曼统治造成的特定封锁外，各部落还相互孤立。在部落意识前提下，贫困加剧了争夺森林、牧场、水源和耕地的冲突。尤其是他们之间发生过大规模的血仇，有时会演变成部落间的战争。游击战也是在敌对部落之间发展起来的。① 为了反抗土耳其人，黑山各部落放下了相互冲突，他们之间出现了和平。部落力量的统一为国家的创建创造了条件。我们已经说过，这方面的决定性事件是黑山人和北部山区人在马尔蒂尼奇和克鲁西战役（1796）中的胜利，此后别洛帕夫利奇和皮佩尔也并入了黑山。② 创造更广泛的自由领土是发展商品关系和贸易的条件，这可以克服自然经济导致的财产分化和社会分层。

市场的发展，特别是那些解决贸易纠纷的机构的设立，推动了规范性法规的发展以及适当的社会制度的建立和加强。长老们在贸易中扮演了重要的角色。随着时间的推移，商人与长老一起成为一个明显可识别的社会群体，他们对公权的发展很感兴趣，目的是确保稳定的贸易条件和财产权。

除了黑山人和北部山区人在没有其他人帮助的情况下赢得了马尔蒂尼奇和克鲁西战役的胜利，有利的外部政治环境对于国家建设进程也很重要。当时，俄国的新沙皇保罗一世对黑山秉持仁慈的态度，威尼斯共和国在与拿破仑的战争中彻底消失，这些都有利于黑山国家权力要素的构建。根据 1797 年《坎波福米和平条约》，威尼斯共和国的领土被法国和奥地利瓜分。由于科托尔湾（Boka Kotorska）与伊斯特拉（Istra）、达尔马提亚和科瓦尔纳尔群岛（Kvarnerska ostrva）被奥地利吞并，黑山有了一个新的强大邻国，虽然在过去的历史中他们是战争盟友，但奥地利的扩张政策将极大地影响黑山的内部要素发展和一体化进程。在圣彼得堡的政治帮助和支持下，以及被削弱的奥斯曼帝国的压力下，黑山设法在国家内部的政府组织方面取得了重要的进展，直到奥

---

① 博吉希奇（Bogišić）在他的调查中指出："大多数黑山部落之间互相残杀：卡通人和别洛帕夫利奇人、皮佩尔人和别洛帕夫利奇人、库奇人和皮佩尔人，他们之间的冲突几乎从未停止过，还有皮佩尔人和罗夫察人、罗夫察人和别洛帕夫利奇人，有时还有皮佩尔人和柳博蒂尼人（两个均是里耶卡部族）。"

② 黑山这个名字代表四个部落联盟：卡通、里耶卡（黑山）、茨尔姆尼察和列什，而北部山区是指七个部落：别洛帕夫利奇、皮佩尔、布拉托诺日奇、库奇、瓦索耶维奇、罗夫察和莫拉察。黑塞哥维纳指的是格拉霍沃、巴尼亚尼（Banjani）及周边、尼克希奇及周边、德罗布尼亚克、乌斯科齐（Uskoci）、皮瓦和沙兰齐（Šaranci）。

地利短期取代威尼斯为其邻国和法国抵达其边界（1805）。

四、佩塔尔一世时期黑山的国家政权

主教佩塔尔·佩特罗维奇·涅戈什一世（1784—1830）对黑山政府的创建做出了决定性的贡献。这一贡献既体现在他的立法活动中，也体现在他通过个人参与建立公共权力、实现国家领土统一的努力中。鉴于明显的部落分离主义因素以及当时的内外条件，很显然这是在非常复杂的情况下发生的。

1798年10月18日是黑山建立公共权力机构和制定成文法的重要日期。当日，在斯塔涅维奇的大会上，选举了黑山和山区法院的管理机构，称为"库鲁克"（Kuluk），并通过了第一部黑山法典——《佩塔尔一世法典》。

正如我们已经说过的，先于法典的是《决定》，然后是《条例》。1796年7月1日，在马尔蒂尼奇战役之前，黑山武装组织首次通过了一项《决定》，以组织对马赫穆特·布沙特利亚帕夏的武装抵抗。它是以誓言的形式书写下来，首次确认了黑山人和北部山区人民的团结，以及黑山人准备"为自己的独立而战，为山区兄弟的独立而战"。[①] 按照《决定》的精神，黑山议事会通过了一项书面法律文本——《条例》（Stega）[②]，其中共有6项条款。

关于《条例》的通过日期，有不同的解释。除了1796年7月1日，在保存完好的原始版本和两个基本版本中，即"梅达科维奇日记"（Medaković eva Povestnica）和历史书以及马尔科·德拉戈维奇撰写的历史材料中，1796年8月6日被普遍认为是它的采用日期。在当代文

[①] 参见约万·博约维奇博士（Dr Prof. Jovan Bojović）：《大主教佩塔尔·佩特罗维奇一世直到1798年才颁布的立法》，载《法律汇编Ⅰ—Ⅳ》，铁托格勒，1980，第195—196页。拉多斯拉夫·拉斯波波维奇编：《条例：最古老的黑山法律纪念碑》，波德戈里察，2008。

[②] 《条例》最初由米洛拉德·梅达科维奇（Milorad Medaković）在《黑山通讯》上发表，并附有法典第39—42条，然后由马尔科·德拉戈维奇在《南苏丹公报》（65，131—134）"上发表。后来，它又有了几处转载，最近的是R.拉斯波波维奇在2008年转载的，除了转录版本外，还出版了将《条例》翻译成俄语、法语和英语的文本。

献中，这个问题尚未完全解决。B. 帕维切维奇在其著作《黑山国家的建立》中表示，《条例》是在 1796 年 8 月 6 日在采蒂涅举行的黑山首脑大会上通过的。将这一天作为通过《条例》的日期的解释是，《佩塔尔一世法典》第 1 条的规定只能适用于这一天①，这一点是 R. 佩特罗维奇在他的著作中指出的。② 我们认为应该以保存的原件上所写的日期为其有效日期。

由族长们"通过协议确立"的具有法律意义的《条例》，在第 1 条中要求"我们互相帮助，部落对部落，部族对部族"。《条例》的其他条款也致力于实现黑山和山区更强大的统一，即禁止背叛。《条例》的目的是防止部落独立作战和与敌人谈判，这是建立统一的国家权力机构的条件。《佩塔尔一世法典》在这个方向上又迈进了一步。

《佩塔尔一世法典》在 1798 年第一次被通过时并未形成其最终形式，即确定的内容。斯塔涅维奇的议事会并未通过整个法典，而只是通过了第一部分，即从第 1 条到第 16 条。法典的其他条文——第 17 条至第 33 条——将于 5 年后 1803 年 8 月 17 日在黑山首脑大会上投票通过。那时，前 16 条已被确认，后 17 个新条款由投票决定。这就是为什么 1803 年被视为其最终被采纳的年份。具有法律意义的《条例》也被认为是法典的一部分。

《佩塔尔一世法典》就其适用范围而言，是一部法律。正因为如此，它的制定不仅对国家内部的宪法制定进程非常重要，而且对国家的国际交往也非常重要。正因如此，我们认为这种说法是正确的，即《佩塔尔一世法典》使黑山以合法化的面貌出现在世人面前，黑山"不是一个无法无天的部落群体"，而是"一个领土统一的国家，个人和财产安全

---

① 据说黑山的领导和山区的长老们在议事会上通过该法典时，"异口同声地向所有人确认了我们的奥得斯都（即主教）同一日（即 1797 年在采蒂涅的主显节的那一天）写了封信，附在本书的调查结果中"。《黑山王国的司法法律、法令和国际协议汇编》（第 2 卷），采蒂涅，1912。在"汇编"中，《条例》被采纳的时间可能搞错了，应是 1797 年，而不是 1796 年。

② 拉德米拉·佩特罗维奇：《黑山主教佩塔尔一世法典》，《历史和法律论著》，载《记录》（第 1—6 册），采蒂涅，1929，第 156 页。

是受基本的公共法律保护的"。①

除了立法，组建适当的权力机构并使其被接受对于黑山国家建设进程也很重要。我们已经说过，这方面的第一个重大事件是黑山和山区法院管理机构的成立。它是第一个具有国家机构要素的机构，它既行使司法权，又行使其他形式的行政权力，拥有一个行政机构（在某种意义上说是政府）和一个法院，其权限范围囊括黑山和山区。其作为司法机构的权力是通过行使司法职能来体现的，包括调和某些有宿仇的宗族和部落间的矛盾，即清算血仇，从而影响了"国家整体意识的形成"和"对国家应有的秩序与和平的认识"②。

政府以部落为基础选举产生，由部落首领组成。目前尚不清楚政府在第一次选举期间产生的"官员"的确切人数。1799 年 9 月 3 日的第二次议事会选举，选出了 30 名"官员"。这个数目由 1803 年 8 月 6 日"黑山和山区首领大会决议"确定。③

早期的史学评估认为，"暴力国家权力"的属性不能归因于佩塔尔一世建立的制度，但后来的研究结果在很大程度上反驳了这一点。例如，T. 尼克切维奇（T·Nikčević）声称佩塔尔一世"通过他的国家机构和这些机构中的人，即使没有完全使用暴力，也会充分地使用暴力"④。他用佩塔尔一世在 1801 年、1803 年、1807 年和 1811 年宣判的死刑文件证明这一说法。然而，这些案件很少，并不代表黑山政治生活

---

① 佩塔尔·斯托亚诺维奇博士：《黑山国际法律主体的出现》，载《贝尔格莱德法学院年鉴》，贝尔格莱德，1977 年 7 月至 8 月，第 487—488 页。

② 同上，第 109 页。

③ 托米察·尼克切维奇(Tomica Nikčević)和布兰科·帕维切维奇编：《16 至 19 世纪的黑山文件》采蒂涅，1964，第 84 页。

④ 佩塔尔一世被认为是一位以圣言权威解决争议问题的统治者。其他关于主教的许多行为并非无人知晓。俄罗斯历史学家布罗涅夫斯基(Bronevski)在他的《记录》中写道："主教有武装护卫。"虽然没有使用护卫的案例记载，但他肯定使用过。当主教估计有必要惩罚罪犯时，他就组织一些"运动"。文献提到了 1804 年突袭多尼亚克(Donjaki)村，另一个更具特色的案例是对佩希夫奇部族的打击，这是由黑山领导人按照佩塔尔一世的命令在武装护卫支持下进行的。参见弗拉基米尔·布罗涅夫斯基：《黑山和科托尔湾记录》，采蒂涅-波德戈里察，1995，第 111—113 页；B. 帕维切维奇：《黑山国家的创建》，第 178 页。

中的普遍做法。

通过联合黑山和山区部落展开解放斗争并建立公共权力机构，佩塔尔一世时代的国家组织轮廓开始呈现出更加清晰的形式。通过这些进程，黑山在国际关系中获得了事实上的主体地位，并在世界上代表了位于奥斯曼帝国和奥地利之间的一个独立区域。无论是与邻近的奥斯曼帕夏，还是与沿海地区权力不断交替的国家（威尼斯、奥地利、法国）相比，黑山在政治上都是独立的，且在实践中，随着时间的推移，针对邻国边境领土的独立形式逐渐出现，这可作为事实主体性的表现和确认的最初案例。佩塔尔本人独立地执行"外交政策"，以"国家元首"的身份出现在外国官员面前，有助于促进已经开始的国家建设进程。

在佩塔尔一世时代及其之后的时期，俄国在黑山与世界的关系中占有特殊的地位。依赖俄国对于反抗土耳其人的解放斗争和建国进程具有重要意义。俄国的影响体现在中央政府机构的组建中。叶卡捷琳娜二世去世后（1796 年末），拿破仑一世领导下的法国崛起，迫使俄国新沙皇保罗一世改变他对法国到处征服的中立政策。[1] 法国军队在征服马耳他后，入侵埃及和叙利亚，危及俄国在黑海的利益，拿破仑威胁要控制博斯普鲁斯海峡和达达尼尔海峡，这些都表明了事态的严重性，迫使俄国对其地中海和巴尔干地区的整体政策产生了质疑。为了避免这种情况，1799 年 1 月，俄国和奥斯曼军队达成协议结成同盟，共同对抗拿破仑。拿破仑战争的危险也影响了俄国与黑山的关系。

黑山在马尔蒂尼奇和克鲁西的胜利将圣彼得堡宫廷的政策引向了黑山。另一方面，对黑山人特别是对他们的主教来说，他们希望将黑山置于"高度荣光的保护之下"，也就是说，在国内引入秩序，开设学校，建立市场，开采矿山资源，等等。俄国副总理伊万·安德烈耶维奇·奥斯特曼（Ivan Andrejevič Osterman）被要求在俄国宫廷就这些问题代表

---

① 布兰科·帕维切维奇博士：《皇帝保罗一世对黑山的政策》，《采蒂涅博物馆公报》1970 年第 3 期，采蒂涅，第 11—12 页。

黑山的利益。然而，自从女皇死后，奥斯特曼不再担任先前的职位，尼科拉·达维多维奇·茨尔诺耶维奇（Nikola Davidović Crnojević）即尼科拉·契尔科维奇（Nikola Ćirković）就同样的问题来阐述黑山的利益。俄国希望维持和加强其在黑山的影响力，特别是在黑山取得巨大胜利之后，这使得尼科拉·达维多维奇的工作非常成功。1797 年 9 月，他受到俄国沙皇的接见。保罗一世决定授予佩塔尔一世主教"亚历山大·涅夫斯基（Aleksandar Nevski）勋章"，并向 15 位最杰出的长老授予金银奖章，这是俄国对黑山注入新感情的表现。俄国皇室给黑山人写了信——沙皇写给佩塔尔一世的信，还有国务大臣写给主教的信，都一并寄出。[1] 在叶卡捷琳娜二世统治期间，佩塔尔一世经历了黑山与俄国之间的关系失败，如今被授予俄罗斯帝国最高勋章，不仅是大主教个人地位的极大提升，也是对黑山的一种认可。1798 年，所有对佩塔尔一世作为最高领袖的支持都是在斯塔涅维奇会议前表达出来的，主要是通过《黑山和山区法典》的制定以及选举黑山和山区政府。这件事本身就说明了它对持续的国家建设进程产生了影响。特别是在威尼斯共和国垮台后，奥地利成为黑山的强邻，它的扩张计划比此前威尼斯人给黑山施加的压力更危险。

由于在新形势下对俄国寄予厚望，修道院院长（副主教——译者注）斯泰凡·武切蒂奇（Stevan Vučetić）作为"特使"被派往圣彼得堡。他的主要使命不仅是请求俄国对黑山的公开保护，还有"扩展""国家主权"。[2] 虽然这些要求无法被接受，因为会引起奥斯曼帝国和奥地利宫廷的误解，但由于武切蒂奇的出使，保罗一世的另一项重要决定随之而来，这对黑山国家组织的创建进程具有重要意义。这就是 1799 年 1 月 11 日的帝国敕令，其中规定每年援助黑山 1 000 元（červonac，

---

[1] 《与俄罗斯的政治和文化关系》，第 337 页。
[2] 布兰科·帕维切维奇：《皇帝保罗一世对黑山的政策》，第 25 页。杜尚·D·武克桑：《1804 年的黑山》，载《记录》（第 1 卷第 22 册），1939，第 202—204 页。

一种俄国金币），必须从 1799 年 1 月 1 日开始支付。[①]

保罗一世在 1799 年 1 月 11 日的信中还表示，除了每年的财政援助外，俄国还承担起通过自己驻伊斯坦布尔和维也纳的外交代表机构保护黑山利益的义务。这封信还对保护黑山免受法国人的侵犯给予了特别保证。他保证现在黑山不会有任何危险，因为俄国舰队正在地中海。为此，1799 年 1 月 11 日，一份特别的帝国诏书向俄国驻维也纳大使 A. K. 拉祖莫夫斯基发出指示，要求其在奥地利向达尔马提亚扩张之际保护黑山的利益。同日，向驻伊斯坦布尔特命大使瓦西里耶·斯捷帕诺维奇·塔玛拉（托马拉）（Vasilije Stjepanović Tamara）发出了一份诏书，附有保罗一世给拉祖莫夫斯基的诏书和帝国信函副本。1799 年 1 月 18 日，大使收到副总理库丘贝伊（Kučubej）写给佩塔尔一世的信，以便使他在波尔特的行动与这些文件的基本内容保持一致。俄国政府表示相信奥斯曼帝国政策已经改变，不会有以前的残酷形式，也不会有对黑山人民压迫，并指示其代表在必要时与之保持友好关系。

然而，1801 年初俄国发生的政变和亚历山大一世即位带来的变化也影响了其对黑山的政策。几年后，黑山与俄国的关系将再次恶化，除了内部原因，即 N. 达维多维奇（N. Davidović）事件，还有黑山与法国关系的制约因素。

黑山与俄国起起落落的关系让佩塔尔一世认识到，"他的个人期望只有在符合俄国巴尔干政策总路线的情况下才能实现"[②]。了解黑山的真实处境后，他更加确信，黑山必须寻求俄国支持才能实现其计划。出于对俄罗斯帝国的这种定位，通过其官方代表的关系，以及与俄国政治生活中的杰出人物（与我们自己的人）的关系，他实际上为后来与俄国宫廷的接触做好了人才准备——主要是伊万·武科蒂奇（Ivan Vukotić）和马泰伊·武契切维奇（Matej Vučićević），他们将在佩塔尔

---

① 《与俄罗斯的政治和文化关系》，第 386 页。
② 布兰科·帕维切维奇：《伊万·武科蒂奇和马修·佩特罗维奇·武契切维奇 1831—1834 年在黑山的使命》，《历史杂志》1957 年第Ⅶ期，贝尔格莱德，第 251 页。

二世时期为黑山国家秩序建立和行政管理建设，以及肯定其国际地位等方面做出贡献。

五、佩塔尔二世统治时期的政府组织和黑山事实主体性的发展

随着国家行政机构的集中化，国家权力机构在继续加强，这限制了部落首领的权力范围。佩塔尔一世时期的政府无法压制部落首领的权力。政府的运作方式不允许这样做，这是基于部落首领们"委托权限"的原则，部落首领在政府组成中按比例代表（50 名族长）。在佩塔尔一世去世后选出的"委员会"也是同样安排的。

在拉代·托莫夫（Rade Tomov）被选为国家元首之后，国家秩序组织的"模式"发生了改变。出席会议的 50 位首领还从"最强大的部落和宗族"里选出了 12 人来统治黑山。① 这第一次违反了部落比例代表制的原则。新机构的合法性来源于首领们需要机构更有效地运作。黑山和山区元老院的成立代表着国家机构的进一步发展。

元老院于 1831 年底成立，这是在俄国特使伊万·武科蒂奇和马泰伊·武契切维奇的帮助下实现的。他们在 1831 年 8 月与佩塔尔一世接触后来到了黑山。② 1831 年 12 月 6 日，涅戈什向杜布罗夫尼克的俄国领事 J. 加吉奇（J. Gagić）通告了元老院成立一事，并于次年 1 月任命伊万·武科蒂奇和马泰伊·武契切维奇为元老院院长和副院长。他们不是俄国官方职员，但他们是俄国外交部熟悉的人，尤其是武科蒂奇。俄国总理内塞尔罗德（Neseljrode）从 1832 年就接到指示，要确定他们的任务。在维也纳，他们本应从塔蒂什切夫（Tatiščev）那里把俄国剩余的 7 200 卢布援助中的一部分带到黑山。他们的到来对佩塔尔二世来说意义重大，因为他的政治影响力借此有所加强，而且在得到的物质资助上也是如此。在武科蒂奇和武契切维奇的帮助下，建立新的国家机构的过程得到了推

---

① B.帕维切维奇：《黑山国家的创建》，第 230 页。
② 亚戈什·约瓦诺维奇（Jagoš Jovanović）：《武科蒂奇和武契切维奇在黑山的角色》，《历史记录》1951年第 7 期，第 294 页。

进，这增强了主教一派的政治威望，使之超越了总督一派。这两个"政治派别"在约万·拉多尼奇是否当选为元老院成员一事上的分歧，被主教一派用来打压总督拉多尼奇一派势力，并最终将他们驱逐出黑山。随着敌对的政治派别被消灭，新的机构——元老院——的地位得到了巩固。

克服"二元权力结构"对于巩固黑山国家组织秩序的新理念当然很重要。[1] 涅戈什确定了元老院对"所有司法事务"的权限[2]，以使其执行这些事务并提交给他以征求他的意见。据判断，当时的元老院有16名成员[3]。与此前的黑山和北部山区行政机构相比，元老院是一个更加集中的机构，它行使司法权和行政权。然而，无论是当时还是后来，元老院都不拥有最高权力机构的地位。世俗的最高权力集中在主教的手中，也就是后来的——大公。然而，尽管如此，它还是被认为是第一个"在形式上和事实上都具有国家机构特征"的机构。[4] 元老院的成员都是公务员，他们的工作是有偿劳动。[5]

武科蒂奇和武契切维奇认为，通过元老院，他们可以很容易地将黑山国家地位提升得更高。因为这样的愿望，他们与主教佩塔尔二世发生了冲突。据推测，这场冲突的原因之一是武科蒂奇欲将主教的职能减少到只处理教会事务。鉴于拉代主教（即佩塔尔二世——译者注）拥有的权力，武科蒂奇和武契切维奇无法满足他们对权力的渴望。1833年涅戈什从圣彼得堡返回后，他们之间的最终分裂将要发生。

在1832到1833年，马泰伊·武契切维奇居住在俄国。他的出使还没有被深入研究过。人们认为重要的是，他向黑山提供了20 000卢布的援助。[6]

---

① R.德拉杰维奇：《涅戈什废除总督》，《历史记录》1949年第3期，第1—22页。
② 乔科·D.佩约维奇：《佩塔尔一世和佩塔尔二世时代的黑山》，贝尔格莱德，1981，第88页。
③ R.德拉杰维奇：《涅戈什废除总督》，《历史记录》1949年第3期，第1—22页。
④ B.帕维切维奇：《黑山国家的创建》，第237页。
⑤ 根据博吉希奇的民意调查，元老院是引入"中央政府"的"第一个正规政府"，在佩塔尔大主教时代并不存在。B.博吉希奇：《黑塞哥维那和阿尔巴尼亚的法律习俗》，第208页。
⑥ D.武克桑：《佩塔尔·佩特罗维奇·涅戈什的书信》，贝尔格莱德，1940，第6—61页；B.帕维切维奇：《伊万·武科蒂奇和马泰伊·佩特罗维奇·武契切维奇1831—1834年在黑山的使命》，第269页。

1833 年，涅戈什在俄国的逗留非常成功。在俄国首都，在沙皇尼古拉二世的见证下，他被封为主教。如此高水平的祝圣对于主教的政治人格的肯定和个人权力的继续巩固是很重要的。在圣彼得堡，人们向涅戈什捐赠了价值 1 万卢布的书籍和圣像，还给了他 3 000 卢布用于满足国家的文化需求，300 卢布用于装备图书馆。[①]

涅戈什在圣彼得堡接受祝圣后，他与元老院院长（又叫执政官——译者注）之间的潜在冲突随着武科蒂奇的离开相对容易解决。但是，这对已经启动的内部秩序建设产生了负面影响，且通过《父权法》得到更强烈地体现。该法律于 1833 年 5 月 23 日在采蒂涅的黑山代表大会上获得通过，除其他事项外，旨在合法地确立税收制度。[②] 然而，通过该法实际上是主教一派为了获得政治上的胜利，确认拉代主教作为黑山的绝对主人，更重要的是，"甚至不惜以《父权法》这样重要的法律作为代价，破坏伊万·武科蒂奇的名声"。

奥地利当局高兴地接受了俄国特使离开黑山的决定。随后的元老院工作危机在 1837 年（9 月 3 日）的选举中被克服，在涅戈什第二次访问俄国期间，元老院有 12 名成员当选。涅戈什的兄弟佩罗·托莫夫（Pero Tomov）当选院长，焦尔杰·萨沃夫·佩特罗维奇（Đorđe Savov Petrović）当选副院长。因此，元老院现在有 14 名成员。

随着元老院的改革，下级行政机构也进行改组。它们的起源可以追溯到佩塔尔一世去世后建立的"中央委员会"。佩塔尔一世去世后召开的大会，除选举理事会成员外，还征调了一支驻扎在里耶卡（黑山）的茨尔诺耶维奇武装部队，其任务是维持黑山的秩序与和平。当时这个国家机器（"人民政府"武装）共有 180 人，其中包括元老院成员 16 人，其余 164 人是受薪公务员，也是行政官员。大多数人（156 人）是卫队

---

① H.I.希特洛娃（H. I. Hitrova）:《黑山教育的发展，中欧和东南欧国家民族文化的形成》，莫斯科，1977，第 233 页。

② 参见 B.帕切切维奇和 R.拉斯波波维奇编:《黑山法典、法律渊源和对黑山建国历史具有重要意义的政治行为》，波德戈里察，1998。

成员，只有 8 人是主教随身警卫。

"人民政府"武装在维持黑山社会秩序和国家秩序方面具有明显的重要性。在这方面，卫队占有特殊地位，它行使地方行政和司法权力。[1] 卫队成员按月领取工资。卫队在后来进一步扩大（1834），从 156 人增加到 388 人。与此同时，该机构的内部组织也进行了调整，即根据国家有效的行政领土数进行了划分。[2]

将部落首领设立为受薪国家官员，大大削弱了孤立的部落首领的权力。通过他们，国家权力渗透到部落的内部生活中。队长们可以随时执行主教或元老院的命令。他们与卫队解决法庭上的小纠纷，并负责维持秩序。

除了国民卫队，警卫队在加强黑山的国家秩序方面也发挥了重要作用。起初，它由 8 个人组成，他们受主教和元老院院长的指挥，后来人数增加到 30 人。1837 年，根据主教的命令，警卫队也穿上了制服（羽毛帽是其显著特征）。在文献中，他们等同于主教的私人护卫。警卫队还是一个执行机构，负责抓捕和惩罚罪犯，并射杀"被元老院判处死刑的严重罪犯"[3]。

佩塔尔·佩特罗维奇·涅戈什二世主教以他的权威支持所有这些机构。拉代主教是黑山的绝对主人，所以这些机构的职能取决于他的政治权力。佩塔尔二世巧妙地利用了采蒂涅的圣佩塔尔的领袖精神和继承者的尊严，并以决不妥协的决心和严格精神，建立了自己统治的影响力。他所受的教育、高于常人的智力和诗歌天赋，说明他是一个具有罕见智慧的人。当谈及统治方式时，这些品质往往被他打压对手的冷酷手段所掩盖。佩塔尔二世将其家族的专制主义"一方面建立在政治忠诚和

---

[1] 博吉希奇的民意调查突出了卫队的司法职能。当时或之后居住在黑山的外国人（科瓦列夫斯基、罗文斯基）也写了关于卫队的文章，强调它在解决争端方面的作用，即首先是处理部落间的纷争，但也提到了它的其他能力。"当元老院成立时，这个国家就建立了一个下级法院，叫作卫队。"瓦尔塔扎尔·博吉希奇：《黑山的法律习俗》，第 209 页。

[2] 对于每个旧黑山部族、部落和山区，根据其领土的大小，确定了一名或多名队长指挥的警卫人数。

[3] Đ·佩约维奇（Pejović）：《佩塔尔一世和佩塔尔二世时代的黑山》，第 92 页。

亲属制度上"，另一方面建立在与对手的决定性对抗上。他在治理国家时使用的专制方法衍生出一个高效的政府组织，无论它多么原始。该组织的所有部分都为了同一个目的服务："主教现在是完全意义上的主人，他的手中拥有最高的权力。"① 拉代主教最重要的"内部胜利"之一是对总督的政治清算，尽管这一政治基础是由佩塔尔一世奠定的。他在统治的头几年摆脱了这一"政治反对派"，消除了黑山国家建立的严重障碍。

当时黑山国家发展所达到的水平决定了还需要有支撑国家运行的特殊资金来源。除了来自俄国的定期财政援助，黑山必须有自己的资金来源，因此在主教佩塔尔二世时期，征税成为首要任务。这种纳税义务在《佩塔尔一世法典》中就被确立过——每家每户 60 个"帕拉或迪纳拉"的规定税额，虽然很低，但无法征收到。这说明了政府的弱点，它的效力不足，无法通过武力机制将重要的国家义务强加给人民。由于《法典》的这些条款在拉代主教任职期间也是有效的，因此这项义务的法律基础可能是相同的。但是，我们已经说过，在元老院成立之后，这个问题需要被更加果断地提出。第一次引入纳税义务的重大努力是在佩塔尔二世时期通过的《父权法》。② 1834 年，主教佩塔尔二世亲自参与了行政当局的征税工作。为了更果断地克服阻力，向人民征税是必要的。赋税的征收伴随着某些部落流血冲突的发生。在佩塔尔二世的参与下，在马尔蒂尼奇（Martinići）、扎格拉达（Zagrada）、扎格拉奇（Zagarač）、切沃（Ćevo）、楚齐（Cuci）、韦莱斯托沃（Velestovo）、别利采（Bjelice）、切克利奇（Ćeklići）等地征收了赋税。③ 文献记载，

① P. A. 罗文斯基：《黑山的过去和现在》（第 4 卷），第 15 页。
② 对不纳税的处罚取决于个人或更广泛的社区（村庄或部落）是否因不遵守这项义务而受到处罚（第 18 条）。在第一种情形中，地方当局有权以武力收取适当的税，或逮捕债务人并将其移交法院。如果一个村庄或部落拒绝纳税，元老院在收到通知后，有权"召集军队打击该部落，并强迫其纳贡以羞辱和惩罚有罪者，并对整个部落处以罚款"。见《1912 年汇编》，第 14 页；《黑山和山区法典》《达尼洛法典》，载《历史法律研究》影印版，佩塔·Đ. 斯托亚诺维奇博士编，采蒂涅，1982，第 37 页。
③ 随后几年，税收制度发生了变化。引入税种不是一种而是三种：第一种，每户每年支付三个福林，第二种是 2 个福林，第三种是 1 个福林。以这种方式产生的收入为国家提供了重要财政支持。

1835 年征收的税金为 14 227 福林（fiorin）和 40 个克拉伊采尔（krajcer）。涅戈什有关于税收的著作显示，税收是从 1837 年到 1851 年征收的。

征税具有多重含义。税收制度很重要，除了显示国家效率外，它还为国家机构的工作提供必要的资金，是"将黑山人民转变为国家的臣民"的措施之一。

在外交政策层面，主教佩塔尔二世统治时期，应提及 1841 年与奥地利签订的划界议定书，以及 1842 年与奥斯曼帝国签订的和平条约，还有 1843 年的补充条款，这些是确认黑山国家法律特殊性的重要事件。

1841 年 7 月 18 日，划界委员会负责人佩塔尔·佩特罗维奇·涅戈什二世和爱德华·格里伊（Eduar Grij）在科托尔与奥地利签署了划界议定书。它在"奥地利多布罗塔市（Dobrota）和黑山部落大小扎拉济（Veliki i Mali Zalazi）"之间建立了"国家边界"。[1]

经过 1842 年 9 月 21 日至 24 日的谈判，关于黑塞哥维那部分边界的条约，由主教佩塔尔二世和阿里·里兹万贝戈维奇帕夏（Ali-paša Rizvanbegović）在杜布罗夫尼克签署。在该条约的序言中，规定了"黑山独立地区和黑塞哥维那帕夏"之间的和平和边界。[2] 双方还于 1843 年 11 月 9 日在科托尔签署了一项特别的附录。在附录中，商定了守卫边界的方式和禁止未经授权"没有护照"的黑山人"越境进入黑塞哥维那，或没有奥斯曼帝国签署的通行证的黑塞哥维纳人进入黑山"[3]的规定。

不论这些协议在多大程度上具有国际双边性质，事实上，它们的缔结都反映了黑山的某种协议能力。此外，如果我们关注这些协议的限制

---

[1] A. 拉伊诺维奇（A. Lajnović）：《关于黑山的三个法国人》，采蒂涅，1949，第 104 页。

[2] 同上。

[3] 尽管黑山仍被视为奥斯曼帝国的一部分，但土耳其臣民无法穿越黑塞哥维那部分地区的设防边界——黑塞哥维那人没有奥斯曼帝国签署的旅行证件（jolteskera）无法进入黑山，就像黑山臣民没有护照无法进入黑塞哥维那一样。所有这些都说明了黑山存在某些事实主体性，这在某种程度上也受到了奥斯曼帝国的尊重。

性规定（国家边界即相互分界线，以及边界的安全保卫和过境方式），很明显，这一进程已开始具有按照黑山当局的意见来确定黑山和邻近国家领土边界的特点。

这一进程的本质是加强对自己国家及其边界的认识，此外，还规定了维持与邻国关系的新规则。[①] 协议要求黑山的居民在与邻国的关系中以"国民"的身份出现，即作为在黑山当局与邻近地区当局的代表达成协议的框架内，可以在邻国享受权利的人。

佩塔尔·佩特罗维奇·涅戈什二世时期的建国进程得到了更大范畴的国际认可，其发展还体现在内部教育和文化方面的进步上。直到1834年，黑山还没有正规学校。人们在修道院或某些神职人员那里学习识字。那一年，全国第一所三年制的学校成立了。在这里，人们可以读、写、算，"从教会的历史和宗教研究中学到一些东西"。这所学校有30名学生。凭借他的文学天赋，涅戈什也成为黑山文化崛起的保障。[②]

六、黑山宣布为公国

19世纪上半叶，黑山国家组织的发展取得了很大的成就，以至于必须提出改变"国家形式"的问题，使其外部形式与内部发展程度协调一致。如果由于缺乏主权而不能在外部层面上具有独立实体的地位，那么在可行性的层面上，就需要赋予国家有机体一个世俗的特征。

既然最高宗教领袖同时也是国家的君主，那么我们有理由问一个问题：在黑山被宣布为公国之前，它在多大程度上是一个真正的神权国家？最纯粹的神权政体出现在宗教扮演"极其重要的角色"且"与国家紧密联系"的国家中。黑山的历史经验表明，泽塔宗主国沦陷后，黑山

---

① 杜尚·武克桑：《加吉奇在1832年的使命》，载《记录》（第11卷第20册），1938，第130页。

② 他创办了一家印刷厂，1835年第一本《黑山日历》（Grlica，1835—1839）在这里印刷，然后是塞尔维亚语的初级读本，目的是教授年轻人进行"教会阅读和民间阅读"。此外，涅戈什的《采蒂涅隐士》《箴言》和武克·卡拉季奇（Vuk Karadžić）的《字典》也相继出版。为了避免与反对采用新字母表的塞尔维亚东正教会发生冲突，根据语言改革，武克的《箴言》采用了新的拼写方式，而《字典》和其他书籍则采用了旧的拼写方式。参见：《1834—1984年的采蒂涅学校，纪念黑山第一所公立学校成立50周年》，采蒂涅，1985。

地区处于奥斯曼帝国的统治下，泽塔都主教区是唯一一个具有普遍影响力的机构，其内部结构或多或少地保留了下来，可以凌驾于某些特定利益之上，即超越某些现存的部落社会的利益。原国家组织的所有其他机构都被摧毁，在奥斯曼统治的体系中，没有条件成立其他机构来承担保护人民利益的职能。

都主教区的历史意义在于，即使没有"国家属性"，它也影响着政治失落的地区，用道德力量将"黑山与泽塔、滨海以及其他地区"连接起来。① 采蒂涅都主教区是保存下来的精神生活形式与世俗组织形式之间的纽带，这些世俗组织在进一步的历史发展中逐步扩大。历史环境使人民"集会为自己选举了一位新主教"，并且"最上级的牧首只能决定是他"。世俗为都主教区选举第一精神领袖，他从族长们那里得到了教会的绝对权威，这一权威还附加了"特殊的意义"。正是由于这一点，黑山主教与其他教会领袖有所不同，即教会在黑山设立了一个特殊的位置，由人民选举产生的教会领袖也是被授权执行宗教任务和世俗任务的政治人物。

从主教达尼洛·佩特罗维奇（1697—1735）开始，选举黑山大主教的方法便有了君主制的元素。它们体现在世袭秩序的原则上，因为黑山主教不再是选举产生，而只是在元老会上确认，他们的"选举"是由作为世俗首脑的前任主教的遗嘱决定的。他们都是从佩特罗维奇家族（莫伊西耶·普拉梅纳茨除外）中任命的，他们的就任保持不变。

对于接近神权政治的政府形式的出现，教会至关重要，因为它是作为先前秩序的保留机构而存续下来，并拥有宗教"极其重要"的作用，即上帝的教义已作为最高的道德原则渗透到黑山人的生活中。尽管我

---

① 1499 年茨尔诺耶维奇（Crnojević）公国垮台后，黑山都主教区隶属于奥赫里德大主教，奥赫里德大主教在专制政权垮台后夺取了塞尔维亚教会的权力（1459）。随着 1557 年佩奇宗主教区的恢复，采蒂涅都主教区再次受其管辖，一直持续到 1766 年，宗主教区再次被废除。在那之后，采蒂涅都主教区不再像塞尔维亚教会的其他部分一样受伊斯坦布尔宗主教区的管辖，"而是依赖于承认其自治权的俄国教会"。斯洛博丹·米勒乌斯奇（Slobodan Mileusnić）编：《拉多斯拉夫·格鲁伊奇（Radoslav Grujić）的塞尔维亚东正教字母表》，贝尔格莱德，1993，第 295 页。

们强调教会作为一个机构在黑山建国过程中的特殊作用，也谈到宗教作为信条的重要性，但是，与教会在真正的神权政治中的影响相比，我们无论如何都不想把这两者分开，它们也不能分开。相反，东正教对黑山人的精神生活非常重要，这不仅体现在教条式的宗教信仰方面（即因为信仰上帝、爱上帝、尊重上帝、敬畏上帝而按照信仰规则来生活），而且体现在宗教的凝聚力方面。作为人民存在的一个决定性特征，在他们陷入奥斯曼帝国奴役又没有其他社会机制的情况下，这种（宗教）体系应该不惜一切代价和手段去维护人民。保护人民是教会的任务，但不能主要通过宗教教义来实现，也不能通过其他形式的斗争来实现，因为基本问题是确保人民生存，既不要让他们遭到生命和财产的毁灭，也要保障他们不会丧失其历史存在的本质。

黑山国家秩序的基础产生于教会，采蒂涅都主教区对宗教和民族解放都很重要。不能否认其神权政治的某些特征，但就其本质而言，它并不是由宗教作为基本的决定性的最终原则，也不是类似神权国家通常以一种简化形式所表达的方式和意义。黑山的神权政治适应了其解放斗争的具体条件，并建立了第一个公共权力机构。

对于继续建设现代国家的进程，放弃神权形式的国家权力尤为重要。黑山将与达尼洛·佩特罗维奇——佩塔尔二世在遗嘱中任命他为继任者——一起走上这条道路。然而，尽管涅戈什的政治对手和他本人都意识到需要放弃陈旧的治理形式，但向新的国家组织形式的过渡并不容易实现，而且内部动荡仍然存在。

主教佩塔尔二世在欧洲发生巨大变化的时候去世。法国革命（1848）的思想以其社会和民族内容在欧洲国家传播，特别是在专制君主制的德国和奥地利传播，唤醒了那里被压迫的人民对实现其基本历史任务的可能性的希望。除了在奥地利的匈牙利人、意大利人和捷克人，巴尔干地区的某些民族也加入了争取民族权利的斗争，包括塞尔维亚人、克罗地亚人、斯洛文尼亚人、希腊人。为了维护自己的统治地位，欧洲宫廷开始与新思想的传播者展开了激烈的对抗。应维也纳宫廷之邀，俄军也参与了镇压匈牙利的革命。许多国家和社会发生动乱，虽然它们在争取被压迫人民的民族权利方面失败了，但意义重大，因为这些动乱导致了大多数欧洲国家封建关系的废除。

虽然这场运动绕过了奥斯曼帝国，但在其部分地区的政治局势上留下了痕迹，例如在波斯尼亚-黑塞哥维那，那里的穆斯林贵族中出现了改革派。此外，奥斯曼帝国并不是欧洲社会政治事件的被动观察者，它通过与匈牙利和波兰叛乱分子的联系，试图促成奥地利君主制的瓦解，同时削弱俄罗斯帝国。

在这些事件中，让欧洲各国的利益不断发生冲突的东方问题始终处于次要地位。由于西欧国家内部的危机是由革命思想引起的，其最初并不想以任何方式挑起革命。此外，尼古拉一世的俄罗斯帝国虽然为反革命势力的胜利做出了最大的贡献，但由于其本身在革命年代陷入深刻的经济和政治危机，因此对开放并不感兴趣。但由于奥斯曼帝国的糟糕状态，东方问题出现了，导致了新的联盟集团的产生。大多数西欧国家担心一旦奥斯曼帝国崩溃，俄国会乘机崛起并控制海洋，从而获得巨大的政治声望，因此，这些西欧国家坚定地团结起来。①

在欧洲政治局势中，东方问题再次成为了欧洲列强特别是俄国宫廷的热门话题，在这一背景下，巴尔干以及当时的黑山局势被强化了。在佩塔尔二世去世后，黑山新的政治领导人能否在内部和外部保持住国家发展的连续性，对俄国来说非常重要。

黑山相当戏剧性的局势是由佩特罗维奇家族的权力斗争引起的。在拉代主教的遗嘱中，他立自己的侄子达尼洛·斯坦科夫为继任者。除

① 英法两国在共同利益的基础上达成和解，在这种情况下，奥地利的政治立场对俄国来说尤为重要。尤其是在俄国沙皇尼古拉一世向英国驻圣彼得堡代表汉密尔顿·西摩（Hamilton Seymour）提交了俄国关于分配奥斯曼遗产的计划之后。尼古拉一世向英国代表提议，将奥斯曼帝国的多瑙河公国遗产的分割置于俄国的控制之下，让塞尔维亚获得类似的地位，并为保加利亚提供建立独立国家的机会。作为对英国支持的补偿，尼古拉一世提议英国占领克里特岛和埃及。英国和俄国并没有就奥斯曼帝国的领土划分问题达成协议，而俄国的计划引起了欧洲的一致反对。俄国控制海洋的提议，以及通往小亚细亚道路的开通，尤其危及英国的利益。参见 B. 帕维切维奇：《达尼洛·佩特罗维奇·涅戈什一世：黑山大公篇（1851—1860）》，贝尔格莱德，1990，第30页。

了他在国内拥有的所有财产外，他还把"自古以来在黑山就已合法化的统治权"交给他，并任命他的兄弟佩罗·托莫夫辅佐达尼洛，"达尼洛以其儿子的名义继承他的一切，直到他成熟后有能力治理人民"①。

1850 年 5 月 20 日，拉代主教在普尔查尼（Prčanj）立下遗嘱，7 天后遗嘱被送往杜布罗夫尼克的加吉奇那里。主教关于元老院和黑山首领继任者的意愿自 1850 年中期就已为人所知。俄国宫廷自然也知道它的内容。因此，1851 年 11 月 9 日，黑山议会选举佩罗·托莫夫为新任掌权者的决定令俄国官员大吃一惊。

这件事太奇怪了，加吉奇在 1851 年 11 月 6 日的一封信中，将主教遗嘱的副本交给了元老院院长佩罗·托莫夫。佩罗·托莫夫召集大会，宣读了主教的遗嘱和加吉奇的信。虽然维持秩序与和平的建议被接受，但大会做出的决定违背了主教的意愿，即，议事会一致同意宣布佩罗·托莫夫为黑山的新"主人"，新当选的统治者庄严地宣布他将"负责维持秩序与和平"②。作为元老院院长和佩特罗维奇家族的显赫人物，佩罗·托莫夫开始"以执政官的身份签约"。

鉴于佩塔尔二世去世时，其法定继承人正从维也纳前往俄国，他相信没有人可以挑战他在黑山的任命。据外界称，佩罗·托莫夫试图用含糊的表述来解释他的"即位"，说他的新角色源于主教的最后遗嘱。因此，他在给阿莱克桑达尔·卡拉焦尔杰维奇（Aleksandar Karađorđević）的信中，除了通报关于黑山主教去世的消息外，还表示"在主教死后由他来管理人民的事务"。在 11 月 14 日写给加吉奇（主教于 1851 年 10 月 31 日去世）的一封信中，佩罗·托莫夫告知其他已在国民议事会中宣读了一份主教书面遗嘱的副本，他解释了自己的角色，称主教的侄子达尼洛·佩特罗维奇已经被"送到俄国接受教育"。考虑到拉代主教在遗嘱中建议"达尼洛以其儿子的名义继承他的一切"，任命佩罗·托莫夫为新的主人，可以通过引用主教的最后遗嘱来解释。

---

① D. 武克桑：《拉代主教的遗嘱，洛夫琴山的回声》，采蒂涅，1925 年 7—12 月，第 168—169 页。
② B. 帕维切维奇：《达尼洛大公和佩特罗维奇·涅戈什》，第 37 页。

俄国官员认为黑山的新形势非常严重。俄国驻维也纳外交代表迈恩多夫(Mejendorf)接到加吉奇的消息后,决定让达尼洛"留在奥地利首都"以等待圣彼得堡的指示。他返回黑山被认为是危险的,因为有可能发生王位继承权的冲突,他与佩罗·托莫夫、克尔斯托·马沙诺夫·佩特罗维奇等都是王位候选人。

俄国总理 K. V. 内塞尔罗德在 1851 年 11 月 26 日的一篇报告中就这一情况提出了俄国对黑山外交政策的基本方向,该报告被沙皇尼古拉一世接受。除了承认达尼洛·斯坦科夫·佩特罗维奇为黑山统治者的合法继承人,该报告还预见到俄国宫廷在达尼洛行使统治权方面将可以发挥积极作用并给予强大的支持。[1] 与此同时,政府形式没有任何改变,因为达尼洛在俄国受祝圣为大主教。

根据这些指示,迈恩多夫派了一个代表团前往黑山,代表团由秘书默辛斯基(Merčinski)率领,任务是向黑山元老院提议,如果在接受合法继承人时发生争议,应将最终解决方案的裁夺权交给俄国沙皇。代表团于 1851 年 12 月 2 日抵达黑山。在他们为期两天的逗留期间,默辛斯基和加吉奇陈述了俄国宫庭的观点。然而,在俄国特使离开后[2],元老院与部落首领们一起,选举拉代主教的兄弟佩罗·佩特罗维奇为黑山的新统治者和大公。他承诺忠诚和服从,并在"有关人民的所有事务中"获得公认的权力。根据 1851 年 12 月 3 日的决定,拉代主教的遗嘱中关于黑山政府形式的内容也发生了变化。这位主教将权力原封不动地留给了他的继任者,但众所周知,他对自己不是黑山唯一的世俗统治者而深感遗憾。罗文斯基认为,佩塔尔二世打算通过侄子拉扎尔·佩罗夫(Lazar Perov)将国家向这个方向转变,拉扎尔·佩罗夫被指定为佩塔尔二世的继任者时,正被送在圣彼得堡的军校佩奇军团去学习。然

----

[1] 布兰科·帕维切维奇:《1852 年达尼洛·斯坦科夫·佩特罗维奇被宣布为黑山大公》,采蒂涅,1987,第 85 页;N. I. 希特罗娃:《俄国与黑山公国宣言(1852)》,载《斯拉夫-巴尔干研究》,莫斯科,1972,第 341—342 页。

[2] 代表团于 1851 年 12 月 2 日抵达黑山。里斯托·德拉吉切维奇:《1851 年底的黑山》,采蒂涅,1953,第 1,90—113 页。

而，拉扎尔在俄国呆了两年后便去世了，主教"对黑山重组的所有希望都破灭了⋯⋯"①

12月3日的决定，尽管不具有合法性，但表达了黑山引入"公民政府"的想法，这是国家进一步成熟发展的需要。然而在涅戈什死后，俄国对黑山的政策是认为统治合法性问题和合法选举新统治者的必要性问题更重要。俄国对这种政治立场的坚持表明了它的政治决心，即要把黑山尊重世袭秩序的传统提高到统治王朝的基本政治权力的水平。

俄国的政治立场不仅是保护佩特罗维奇政府，而且要保护由前任掌权者任命继任者来确定新领导人的既定方式。达尼洛在1851年12月带来的迈恩多夫的信中就包含了这种态度。除了对自己和兄弟米尔科（Mirko）公爵的信任，俄国人的书面支持是达尼洛可以依靠的第三个决定性因素。

当时，佩罗·托莫夫无疑是黑山最重要的人物，拥有最大的政治权力，站在他一边的是"黑山人民的长老们"，"因此是整体黑山人民"。此外，1851年12月3日决定的背后是元老院院长、执政官佩罗·佩特罗维奇（Pero Petrović）和副院长焦尔杰·佩特罗维奇（Đorđije Petrović），看来统治家族的内部不允许法定继承人实现其权利。

然而，凭借他的勇气和个人能力，并依靠俄国沙皇尼古拉一世的支持，达尼洛设法使政局对他有利起来。他在元老院会议中宣读了迈恩多夫的信，元老院成员们首先动摇了立场，然后是焦尔杰·萨沃夫·佩特罗维奇站到达尼洛一边，然后是著名的卡通部族首领斯泰凡·佩尔科夫·武科蒂奇（Stevan Perkov Vukotić），局势出现了大逆转，最后会议宣布选举佩罗·托莫夫为黑山执政者无效。通过政治、经济、教育、文化和社会改革计划，达尼洛很快就成功地把人们吸引到他的身边。1852年1月13日，国民大会确认了主教的遗愿，标志着达尼洛彻底战胜了政治对手，实现了国家的统一，因此达尼洛成为了"拥有其前任所

---

① P. A. 罗文斯基：《黑山的过去和现在》（第4卷），第17—18页。

有特质的黑山统治者"。

　　俄国外交界把达尼洛的成功当作自己的成功来祝贺。根据内塞尔罗德（Neseljrode）早些时候的一份报告，在获得统治权后，达尼洛应该去俄国受封大主教。在此次大会之后，佩罗·托莫夫通知俄国驻维也纳大使迈恩多夫，达尼洛打算前往俄国，"以便为教会任职做准备"。在1852年1月28日的一封信中，他要求尽快任命达尼洛·佩特罗维奇为大主教。然而，尽管黑山的官方致信是本着内塞尔罗德的总体计划精神进行的，尽管达尼洛前往圣彼得堡的请求是为了获得宗教认可，但新任统治者和元老院院长似乎在黑山达成了协议，即拟订关于宣布黑山为公国以及为黑山统治者确立大公头衔的提案。黑山议会对此表决通过后，达尼洛主教应在逗留俄国期间强调这一提案。

　　在希贝尼克（Šibenik）和扎达尔（Zadar）逗留期间，达尼洛向奥地利当局讲述了他成为大公的计划。前往俄国的途中，他还在维也纳逗留了一段时间。由于与前往黑山的俄国政府特使科瓦列夫斯基（Kovaljevski）的会谈，他在奥地利首都的逗留时间被意外地延长。由于达尼洛·佩特罗维奇成功地接管了统治权，他的使命基本完成，但与黑山新统治者的会晤对科瓦耶夫斯基出使的总体结果非常重要。科瓦列夫斯基认为，尽管这位新任统治者给人的印象是"对自己的价值有所夸大，而且只有少数品质证明这种看法的正确性"，但对他的总体评价是积极的。这使迈恩多夫加快了护送达尼洛前往俄国首都的速度。

　　当达尼洛准备离开维也纳时（1852年3月25日），黑山举行了一次会议并向俄国沙皇尼古拉一世提交了一份请愿书。请愿书的日期为1852年3月19日。黑山请愿的本质是要求"未来将精神权力与世俗权力分离，一个是由人民选举的主教行使"，而另一个世俗权力将由达尼洛·佩特罗维奇和他的后代按照出生顺序排位行使，并享有大公头衔。[1] 大会任命了一个代表团，该代表团将把元老院和"黑山及其山区

---

① 　N.I.希特罗娃:《俄国和黑山公国宣言(1852)》,第345页。

人民"的请愿书交给沙皇。1852 年 3 月底或 4 月初，代表团抵达维也纳。当达尼洛·佩特罗维奇前往圣彼得堡准备接受宗教祝圣时，俄国官员通过迈恩多夫得知黑山要求被宣布为公国的请求。①

由佩罗·托莫夫和焦尔杰·萨沃夫（Đorđe Savov）等人签署的黑山议事会请愿书的内容，引起了俄国官员对黑山宣布自己为公国的意图的怀疑。迈恩多夫认为，这样做是为了不使涅戈什"家族消亡的观点似乎无法令人信服。他认为，黑山采取这些行动最有可能的原因是想通过一种"迂回的方式，由俄罗斯帝国来承认其政治独立"，这种承认将是最为明确的，因此，也是更为直接和有效的保护，而使其不受土耳其的侵犯。② 科瓦列夫斯基仍然对宣布黑山为世俗国家的原因表示怀疑。他感到惊讶的是，像佩塔尔·佩特罗维奇·涅戈什二世这样的伟大人物"能轻松地讨论周围的一切，对人类创造力的最精细的领域有着与生俱来的感觉，他是一位主教，也是一位意志坚定的统治者，竟然允许自己生活在这样一个国家，管理着破败的教会和忽视教会生活的人民"③。由于涅戈什的继任者能力较弱，科瓦列夫斯基认为改变政府形式意味着很大的风险。

1852 年 4 月 8 日，内塞尔罗德在呈送给尼古拉一世的文件中阐明了外交部对黑山要求的明确立场。根据总理的说法，宣布黑山为公国的提议应该被接受，因为佩特罗维奇家族有消亡的危险，另外作为其保护国，可以在适当的情况下向黑山人民提出建议，但与此同时，"很难反对这种涉及建立国家内部组织的措施"的请求。无论黑山是由宗教人士

---

① 书面请愿书所载的要求有以下几点："1. 在黑山建立世俗和世袭的最高权力；2. 黑山拥有大公头衔的领主达尼洛·佩特罗维奇·涅戈什，由已故主教推选，其头衔由其男嗣长子继任；3. 黑山的教会事务将由一名主教或大主教来管理，该主教或大主教将在政府的调解下，从佩特罗维奇·涅戈什部落或其他黑山家族中选出；4. 黑山的宪法、法律和所有现行习俗，在不违反上述规定的情况下，将继续完全有效；5. 目前身在圣彼得堡的新大公被请求尽快回到他的人民身边……6. 将通过的决定通知黑山最高守护者，即沙皇陛下，以及达尼洛·佩特罗维奇，为此将派一个代表团前往圣彼得堡。"

② B. 帕维切维奇：《宣布达尼洛·斯坦科夫·佩特罗维奇为大公》，第 93 页。

③ B. 帕维切维奇：《达尼洛大公和佩特罗维奇·涅戈什》，第 57 页。

还是世俗人士统治，"国家的对外关系都不会因此而改变，其政治立场也不会改变"①。

然而，也有人表达了某些保留意见。在新的权力结构中，精神和世俗权威是相互独立的，也就是说，它们被设置为代表该国中两个对立的政治中心，这可让人预见到引入新秩序的不良后果。然而，这并没有被预估为一种真正的政治危险，因为在这种情况下，最高权力将集中在领主或大公身上，而精神事务只被托付给教会打理，因此，在这方面不可能出现分歧和纠纷。

最后，总理给出了另一个支持接受黑山请愿书的理由。事实上，达尼洛·佩特罗维奇正处于这样一个年龄（年轻——译者注），要成为一个献身宗教的神职人员，他应该具备一种特殊的感情和意志，而这些品质在这位"年轻的主教"身上是看不出来的。在这种情况下，根据内塞尔罗德的说法，他被提升到更高的宗教/精神等级，很难符合俄国东正教的规则。

达尼洛·佩特罗维奇·涅戈什应该熟悉黑山人民和参议院的信件内容，所以如果他同意黑山治理形式的改变，沙皇将告知黑山人民不要反对这种措施——只要他们不反对，就不会违背已故主教的意愿，也不会改变黑山的政治存在。沙皇建议，这些措施不应被视为最终措施。②

俄国外交部认为达尼洛·佩特罗维奇对元老院和院长的提议并不知情，因此提出接受该提议必须以其得到达尼洛的同意为前提。在信件中，达尼洛·斯坦科夫被称为主教。考虑到他没有任何宗教等级，而"弗拉迪卡"一词应该是黑山最高领袖的意思。在后来的文件中，这个头衔没有再出现过。由于黑山决定同意对提议的修改，直到沙皇接受，

---

① B. 帕维切维奇：《达尼洛大公和佩特罗维奇·涅戈什》，第 346 页。
② 留给黑山"统治者"的可能性是，"当他到了更成熟的年龄时，他会再次考虑一切并与人民讨论，如果情况允许，最好不要放弃任何先前的命令，统治者本人将宣布他想获得修道院的尊严并成为主教，这样他就不会被剥夺这项权利"。总理的第三项提案与上一项提案有关，即向黑山元老院和领导人提出建议，不要根据该国新提议的安排现在就选举主教。推迟选举主教可以让新主教的权力得到更好的巩固，"因为黑山人习惯了最高主教的这张脸"。

后来"弗拉迪卡"和"大公"这些头衔盛行起来。

俄国对黑山要求的官方立场早在 1852 年 4 月初就已经形成。然而，由于不仅与波尔特，而且与维也纳的关系可能会因此恶化，沙皇并没有立即接见黑山的新统治者。黑山接受新的政府形式，也可能被解读为俄国东方政策的"危险转向"。因此，已经通过的决定被推迟了一段时间公布。

在等待沙皇决定的过程中，达尼洛·佩特罗维奇亲自给俄国沙皇写信。他在 1852 年 4 月 26 日的一封信中强调，他通过秘密顾问塞尼亚温（Senjavin）了解了黑山和山区人民的要求，并写道："人民的愿望也是我的愿望。"以此证明他对俄罗斯帝国的忠诚。

1852 年 6 月 27 日，达尼洛被允许觐见沙皇。沙皇将黑山人民请愿书的内容和他将答应这些要求的决定告知了达尼洛。他特别强调，新措施必须不改变"黑山的政治存在"，即保持与奥地利和奥斯曼帝国的稳定关系。保持国内和平与边境和平被认为是达尼洛未来政策的主要任务。根据俄外交部的立场，沙皇指出，尽管头衔发生了变化，但年轻的大公只要表达意愿，就可以再次获得主教的头衔。至此，宣布黑山为公国的程序得以完成。

承认黑山统治者为大公，对于巩固黑山国家秩序及其进一步发展为现代世俗国家具有重要意义。该宣言也具有重大的国际意义，它谈到了俄国在这一地区的巨大影响力，这当然不能让奥斯曼和奥地利满意，也不能让其他欧洲国家满意，这些国家都在关注与东方问题有关的事件。因此，1852 年 6 月 30 日，秘密顾问塞尼亚温在离开俄国前交给达尼洛的信件内容，再次引起人们的注意，即秩序的变化对黑山政治局面没有影响。除了需要与邻近地区保持和平关系外，这封信还强调了教会的重要性，即需要维护人民的精神生活。

宣布黑山为公国在黑山也有其官方仪式。1852 年 9 月 20 日，在大公归来并受到热烈欢迎后，黑山国内举行了一场仪式，所有政府代表都向新的第一公民宣誓就职。有 4 000 多人参加了在采蒂涅举行的集会，并确认了早些时候的元老院成员、军事将领和其他官员的当选。最后，大公本人作为新的世俗统治者宣誓就职。

精神权力与世俗权力的分离加速了国家机器的建设进程。为此目的而进行的改革加强了大公的地位，而包括元老院在内的所有其他国家机构都归他领导。在大公身上，是人格化的至高无上的世俗权威。大公的尊严是不可侵犯的，他不对任何人负责。大公还拥有立法权，因为与元老院达成协议颁布的任何法律未经他的批准不得生效。大公任命所有国家官员，这些国家官员在他的监督下工作并以他的名义行使权力。而国家外交领域的一切问题都掌握在他的手中。他在对外关系中代表国家，与外国缔结协议，独立主管外交政策。

在达尼洛大公时代，黑山引入了兵役制，并以国民警卫队的形式成立了一个特别军事单位，有1000名士兵，分成10组。军队改组后，还列出了可能被征召入伍的名单。新成立的下级单位的名称与其人数构成相对应。虽然没有建立正规军队，但一些较简单的军事组织形式或多或少可以满足维护既定秩序的需要，成为国家强制的有效手段。这类例子包括：帮助在库奇部族征税，克服摇摆不定和分裂主义的思潮；另外在别洛帕夫利奇镇压叛乱（1854），也是有效地利用国家强制功能的一个例子。

除军队改革外，国家行政区划也进行了改革。① 在立法层面，达尼洛大公开始统治的标志是通过了《达尼洛法典》，自此他成为自由黑山和北部山区的第一任大公和主人。该法典于1855年在采蒂涅制定，同年在诺维萨德印刷。这一步骤"可被认为是社会经济进程的最后行动，由于特殊的社会经济结构和特殊的国际地位，该进程在黑山持续了将近一百年"②，这一评价证实了《法典》的通过对黑山建立国家的重要性。

法典特别注重为国家进入国际舞台创造内部条件。除了保护私有

---

① 部落（即宗族和部落内的村庄）是基本的行政单位。部落首领不是亲王，而是族长，是军事首领，也是法官和部落中的最高权威。
② B. 帕维切维奇：《黑山国家的创建》，第294页。

财产、公民平等和保护外国人外，该法典还特别注意维持边境的秩序与和平。[1] 立法者认为有必要在第 26 条中规范与土耳其人有关的盗窃和犯罪行为。这是黑山的法律首次明确禁止对奥斯曼帝国领土的袭击和报复。[2]

随着《达尼洛法典》的通过，从政府内部组织的角度来看，黑山理应被承认为国际社会的平等成员。这种情况并没有发生，其中一个原因是，在 1852 年至 1853 年的"黑山-土耳其"战争之后，黑山与俄国之间的关系发生了变化。在采蒂涅，人们认为奥地利向波尔特施压以结束其对黑山的战争行为的努力，比俄国的努力更为明显。黑山未能实现建国的期望，首先是因为忙于处理其他事务，然后是因俄国在克里米亚战争（1853—1856）中战败。随着俄国整体国际地位的削弱，黑山开始寻求从法国获得更强有力的外交支持。

七、达尼洛大公时期法国与黑山的合作

法国在黑山影响力的加强，导致黑山与俄国关系降温，这种加强也反映在 1856 年黑山大公在巴黎会议上的期望中。由于在克里米亚战争中战败的俄国无力在大会中发挥更积极的作用，并且由于其对黑山宫廷亲法政策的不满，俄国对黑山的外交政策没有给予预期的支持。俄国代表在大会上声明（1856 年 3 月 26 日），俄国对黑山没有任何兴趣，除了黑山对俄国的爱戴和俄国对黑山高地人的喜爱，俄国与黑山没有其他关系，黑山想获得国际承认的隐秘希望，被这个声明扑灭了。随后，奥斯曼帝国代表阿里帕夏（Ali-paša）发表声明说，波尔特认为黑山是奥斯曼帝国的一部分，他们无意改变"目前的状况"。[3] 为了维护

---

[1] 《黑山王国关于司法职业的司法法律、命令和国际条约汇编》，第 26—55 页；弗拉基米尔·D. 约维切维奇：《达尼洛的国家权力法典》，波德戈里察，1994，第 12—49 页。

[2] 佩塔·D. 斯托亚诺维奇：《黑山国际法律主体性的出现》，第 496 页。

[3] 在讨论奥斯曼帝国与巴尔干基督徒的关系时，俄国代表回答了奥地利代表的问题，即他的国家与黑山之间的关系只是一种道德性质的关系。参见 V. 乔罗维奇：《南斯拉夫历史》，贝尔格莱德，1989，第 500 页。

奥斯曼帝国的利益，合法性原则占了上风，这一原则在维也纳会议上被确立为国际关系的主导原则。

巴黎会议的结果更加激发了黑山为争取国际认可而斗争。起义人员在黑塞哥维那南部和瓦索耶维奇的解放活动得到了更坚决的支持，黑山做出努力向世界展示黑山武装的威力。格拉霍瓦茨战役（1858 年 5 月 13 日）就是这样发生的，在这场战役中，黑山人取得了巨大的胜利。格拉霍瓦茨战役是国际社会对待黑山态度的一个转折点。

1858 年 11 月在伊斯坦布尔举行的国际会议上，由于大国的干预，波尔特同意成立一个国际划界委员会。因此，土耳其被迫放弃其在国际层面上对黑山的控制权，"尽管它没有正式承认黑山是一个政治上独立的国家"。伊斯坦布尔会议的决定，即在大国的参与下确定黑山领土的边界，是对其独立性的一种默许。划界涉及的领土利益很小，黑山的国界内包括长期以来一直属于它的地区，唯一真正的收获是它包括了一些被认为有争议的领土："格拉霍沃、鲁迪纳（Rudine）、乌斯科齐（Uskoci）、德罗布尼亚克的一部分、尼克希奇教区、瓦索耶维奇（Vasojević）的一部分以及库奇和利波沃的一部分。"[1]

由于达尼洛·佩特罗维奇大公对黑山国家建设的贡献，其短暂的统治时期将被记录为黑山历史上最重要的时期之一。19 世纪 50 年代，黑山的国家政权建立在组织结构和整体法律秩序两个基础上。事实上，就某些制度解决方案而言，在欧洲世界，"黑山人"表面上占了上风，但这并不意味着该政府的基本国家法律属性使其国家地位的国内和国际主体性合法化。

尽管已经取得了一定程度的民族独立，并且拥有了国家权力必须的切实属性，但除了 1862 年的那次战争，黑山人不得不在 1876 年至 1878 年间对土耳其人发动另一场大战，以使其国家获得国际承认。随着他们在狼谷（Vu čjem Dole）、丰迪纳（Fundina）、特里耶普切

---

① 拉多曼·约瓦诺维奇：《1858 年黑山和土耳其的划界》，《历史记录》1949 年第 3 期，第 123 页。米奥米尔·达西：《瓦萨耶维奇 1860 年的纪录》，贝尔格莱德，1986。

（Trijepče）和瓦索耶维奇等地的武装行动赢得了声誉，黑山在国际法层面上最终获得了国家的合法地位。这首先是因 1878 年圣斯泰凡的初步和平实现的，然后是因柏林大会（1878）的决定。

八、黑山独立前的国际法地位

黑山通过一场武装斗争来反抗土耳其人的霸权，开始建立其国家和国际身份。它认为这是它的权利，不承认奥斯曼帝国以征服者的姿态来统治自己。另一方面，自从这些地区落入奥斯曼的统治之下后，土耳其人就认为黑山是他们国家的一部分，并否认黑山具有任何特殊的国际地位。考虑到奥斯曼帝国在 18 世纪和 19 世纪的大部分时间在欧洲政治地图上的国界划分，黑山在官方是土耳其帝国领土的一部分似乎是不可否认的。

但是，由于黑山在该领土上拥有自己的政权，因此它具有特殊地位，奥斯曼帝国实际上将其视为具有自身主体性因素的领土。这种地位具有国家法律性质，因为除了已建立的公共政权和黑山主教即亲王们相对于苏丹的独立地位，根据土耳其苏丹的说法，"土耳其自 18 世纪末以来，一直无法对黑山行使主权"[①]。奥斯曼帝国被剥夺对黑山的权力，是否仅仅是因为黑山人对其领土实行有效统治，这是另一个问题。

自 18 世纪末以来，特别是自 1796 年在马尔蒂尼奇和克鲁西击败马赫穆特帕夏的军队以来，黑山已成为奥斯曼帝国和其他大国不得不考虑的重要政治因素。1806—1807 年在科托尔湾的拿破仑战争，以及黑山人在杜布罗夫尼克周围和俄国军队并肩作战等事件，都清楚地证实了这一点。

黑山国家地位的独特性与国际主体性要素主要体现在奥地利和奥斯曼帝国签订的边界条约（从 1820 年开始，经过 1823 年、1837 年、1839 年、1840 年，直到 1842 年和 1843 年签订的边界条约）中，其中

[①] 《南斯拉夫国家历史和人民权利》，贝尔格莱德，1986，第 328 页。I. S. 多斯蒂安：《19 世纪初俄罗斯帝国-黑山政治关系中黑山国家组织的问题》，载《巴尔干历史汇编》，基希讷乌，1974，第 11 页。

黑山"国家边界"被确定，黑山被称为"独立区"，即"独立的黑山"。虽然根据这些协约划定的边界线不可能具有充分的国际法律意义，因为黑山不具有真正的国际法主体地位，但还是缔结了这些协约、划定了这些边界（尽管仍然不具有国际性质）。这意味着，尽管黑山在形式上是奥斯曼帝国的一个省，但在实践中，它被作为有着特定建国地位的个体来对待，其独立也具有了获得国际承认的历史背景。

1878年正式承认黑山国家独立的，首先是圣斯泰凡的和平条约，然后是柏林大会的决定。在此之前，其他一些国家已经做出了非官方的事实性承认。1852年6月27日，俄国沙皇尼古拉一世在圣彼得堡接见了黑山的统治者达尼洛·佩特罗维奇，并宣布他为大公。俄国承认黑山国家独立这一点很重要。因此，尽管黑山的统治者们——主教们——作为高于一切的精神人物，以前都曾到过俄国，但当时他们的往访并没有在波尔特引发像这次这样的反响，因为土耳其人认为黑山在国际舞台上的解放是对他们主权的侵犯。

在巴黎大会（1856）上未能获得国际承认后，达尼洛大公于1857年动身前往巴黎去拜访法国皇帝拿破仑三世，这对黑山获得国际认可有一定的意义，尽管意义不大。奥斯曼帝国代表在大会期间发表的声明——"他们认为黑山是他们领土的一部分"，而不是一个国家——因大公在法国首都受到的热烈欢迎而遭到否决。按照外交礼仪，他更适合觐见独立国家元首。大公对巴黎的访问对于1858年格拉霍瓦茨战役后发生的事件也很重要。为了防止土耳其人对黑山人的报复，拿破仑三世派遣了一支舰队到亚得里亚海，并向各大国提议在奥斯曼帝国和黑山之间划定分界线。法国的提议被俄国欣然接受，而英国经过最初的克制后也表示支持。于是，1858年11月的伊斯坦布尔会议确定了黑山与奥斯曼帝国的分界线，这是列强又一次对于黑山特殊的政治和领土主体性存在的认同。

1860年4月，国际委员会根据伊斯坦布尔会议的决定进行了实地标界。在法国和俄国的施压下，黑山被授予具有国际公认边界的国家地位，但其国际地位尚未确定。黑山的国际地位没有正式改变，尽管这种划界可以被理解为国际社会默认其独立的一种形式。

直到 1875 年黑塞哥维那起义、1876—1878 年黑山和塞尔维亚对土耳其的战争以及 1877—1878 年的俄土战争之后，1878 年俄国和奥斯曼帝国之间签订了初步和平条约，黑山国家独立的事实才得到承认。根据 1878 年 3 月 3 日在圣斯泰凡签订的和约的第 2 条，波尔特"明确"承认黑山公国的独立。[①] 因此，黑山第一次在国际上得到土耳其的认可。该和约将黑山领土扩大了约 3.5 倍。计划由包括奥斯曼帝国和黑山代表在内的国际委员会将实地确定黑山的边界。

1878 年 6 月 13 日至 7 月 13 日在柏林举行的代表大会修订了《圣斯泰凡和约》的条款。从 1878 年 7 月 1 日黑山在圣斯泰凡获得国际承认之际代表大会进行的讨论之中，可以看出大国对黑山以前的国际地位所持的态度。《圣斯泰凡和约》初审第 2 条第 10 款中写有"波尔特最高政府绝对承认黑山公国的独立"，索尔兹伯里勋爵说，他的政府从未承认这种独立性，并要求删除"绝对"一词。[②] 德国代表俾斯麦（Bizmark）和比洛夫（Bilov）表示，德国原则上承认公国的独立，而奥匈帝国代表安德拉西（Andraši）伯爵和科罗拉伊（Korolaj）伯爵则表示，他们的国家已经正式承认了公国的独立。法国代表瓦列埃（Valijer）在被问及时回答说，他们正在处理含蓄的承认问题，而俄国代表戈尔恰科夫（Gorčakov）亲王和舒瓦洛夫（Šuvalov）伯爵则表示，他们的政府从未停止过承认黑山，因为黑山大公们没有得到过苏丹的认可，也没有向他们进过贡。关于这个问题的讨论，以意大利代表科尔蒂（Korti）伯爵的发言作为结束，他表示，所提出的合约条款可以保留，所表达的意见应写入《议定书》，即大会的最后法案中，措辞仍然是"黑山的独立得到了波尔特最高政府的绝对承认"，这里也包括"那

---

① 加夫罗·佩拉济奇教授（博士），拉多斯拉夫·拉斯波波维奇（硕士）：《1878—1918 年关于黑山的国际协定》，载《文件汇编和评论》，波德戈里察，1992，第 111 页。
② 同上，第 119 页。

些尚未承认它的所有缔约国"。①

　　大国代表们（除英国外）发表的意见表明，他们甚至在大会之前就直接或间接地承认了黑山的特殊地位。在大会关于奥斯曼帝国国家债务的讨论中，黑山先前获得的主体性程度也得到证实。因此，在7月1日讨论黑山问题的会议上，卡拉泰奥多里帕夏（Karateodori-paša）提议，黑山公国按照最终将并入的领土的收入比例，接管奥斯曼帝国的部分公共债务。② 因此，大会以牺牲奥斯曼帝国为代价，决定分配一部分领土给黑山，黑山成为这一部分（债务）继承国。至于它原先的"本土"，并不被视为属于奥斯曼帝国的领土，而是被视为一个主权国家的领土，则对奥斯曼的公共债务没有义务。

　　综上所述，认可行为本质上并没有改变黑山国家组织、国家组织形式或内部法律秩序的构建，它只是陈述了实践中已经存在的事实。

---

① 拉多斯拉夫·拉斯波波维奇：《19世纪下半叶俄罗斯帝国在巴尔干地区外交政策的任务以及圣斯泰凡和柏林的决定对塞尔维亚和黑山、黑山和俄罗斯帝国的国际意义》，载《试验和文论集》，贝尔格莱德-波德戈里察，2005，第213—234页。
② G.佩拉济奇，R.拉斯波波维奇：《1878—1918年黑山国际协定》，第120页。

第三章

黑山在建国时期的常驻外交和领事代表形式

第一节 建国时期的常驻外交和领事事务

一、法律-历史的前提条件

众所周知，只有"国际法意义上的国家"才能成为外交和领事关系的主体。由于黑山不是"国际法意义上的国家"，因此在黑山与其他国家的关系中没有传统的外交和领事代表形式。在 19 世纪的大部分时间里，黑山的国际关系表现出一些特殊性，主要体现在内部秩序的实际建设所强加的对新的国际交流的真正需要，与不变的国际地位衍生的局限之间的矛盾。这为某种国际代表权形式的发展提供了条件，这种形式在 19 世纪上半叶主权国家的外交实践中是不寻常的，但在黑山的外交史上却异常重要。这涉及在伊斯坦布尔、斯库台和科托尔设置代表团的工作，以及通过俄国驻科托尔领事馆的领事代表黑山利益和与法国建立领事关系的尝试中。

虽然它们不能被归入传统国际法的已知类别中，但这些机构代表了在黑山国家（不是国际法意义上的国家）实际存续期间实现的有趣的国际交往形式，是其国家创建的"法律-历史"前提条件。除了在 19 世纪上半叶显著地反映其国际关系史以外，它们还是后来常驻代表团这一外交和领事代表经典形式的先驱。

二、马尔科·伊维利奇伯爵的出使任务

黑山在建国时期最早的外交和领事代表形式之一是在俄国领事机构成立后实现的。也就是 1804 年 10 月至 1806 年初俄国驻科托尔的领事馆。

我们的兴趣点集中在与国际法相关的方面，但是这样就无法深入了解更广泛的巴尔干和欧洲范围内、当时总体军事政治历史视域下的黑山。从这个角度来看，俄国驻科托尔领事馆的设立在很大程度上是为了通过领事事务保护黑山利益，并以此实现俄国的外交政策目标。马尔科·伊维利奇的出使具有引领意义。

俄国在科托尔设立领事馆的原因，包含在 1789 年法国资产阶级革命后欧洲大国之间的政治关系中。18 世纪末至 19 世纪初，年轻的法兰西共和国发起了反对欧洲君主制的战争。后来，1804 年拿破仑宣布为皇帝，他强烈的征服欲望威胁到这些国家的地位以及大国之间的均衡关系。权力再分配的斗争引发了奥斯曼帝国的命运问题。随着拿破仑的征服，东方问题出现了危机，其解决须以建立联盟为条件，即以反波拿巴主义为基础把各国组织起来。

俄国是对解决东方问题和欧洲整体力量平衡特别感兴趣的国家之一。俄国在彼得大帝时代成为一个大国，在叶卡捷琳娜二世统治期间得以进入黑海北岸（1774 年《库丘克-凯纳吉和约》），并有权通过博斯普鲁斯海峡和达达尼尔海峡，作为一个对巴尔干和地中海问题极为感兴趣的国家，俄国在开启奥斯曼帝国命运问题方面，起着重要作用。从它在巴尔干利益的角度来看，俄国也有兴趣解决这个问题。1774 年，俄国在《库丘克-凯纳吉和约》当中设法逼迫奥斯曼帝国让步，以获得了奥斯曼帝国东正教基督徒保护者的地位，这代表了对这一长期利益的确认。在这种情况下，拿破仑可能对奥斯曼帝国发动军事行动。在《坎

坡福尔米和约》签订（1797）和奥地利人首次占领科托尔湾之后，黑山为接近法国而采取的行动无法得到圣彼得堡的赞许。

随着威尼斯共和国的崩溃和奥地利于 1797 年进入达尔马提亚和科托尔湾，黑山又多了一个强邻在侧，奥地利在黑山边界的存在削弱了其在黑山解放斗争和国家创建中的地位。造成这种情况的原因，可以从奥地利巴尔干政策的基本外交政策方面找到。

就解决巴尔干问题而言，维也纳政策的实质是同一解决方案的两个变体——"一是在有利的国际条件下，占领巴尔干半岛的西部地区；二是让土耳其帝国留在那里，直到它自己能够做到这一点。"[1] 这些解决方案都不利于黑山民族解放和国家建设进程的继续。在其他国家的解放进程中或在巴尔干地区建立一个斯拉夫国家的可能性方面，情况也类似。

黑山夹在雄心勃勃的维也纳和强大的奥斯曼帝国之间，在向俄国寻求更多帮助而未获成功后，试图与法国建立更密切的关系[2]。从俄法关系[3]的角度来看，黑山官员的这种行为有悖于俄国在巴尔干地区的利益。由于黑山和法国可能结成军事联盟，而俄国和法国军队之间可能发生冲突，同时鉴于俄国在拿破仑反对奥斯曼帝国的战争中采取的政治计划，黑山外交政策的新方向对俄国来说是不可接受的。

根据其官方确立的外交政策方向，如果法国和奥斯曼帝国发生战争，俄国认为自己的基本任务是动用一切手段保护奥斯曼帝国。[4] 如果

---

[1] 瓦萨·茨布里洛维奇：《南斯拉夫国家在 18 世纪末和 19 世纪的国际地位》，载《论文集：1804—1813 年第一次塞尔维亚起义期间的南斯拉夫国家和俄国》，贝尔格莱德，1983。

[2] D.武克桑写道："主教与法国高级官员菲利克斯·德·拉普拉达（Felix de Laprad）的接触，我们不知道是何时；但我们知道，他在 1803 年派他的侄子（尼科拉?）到拉海耶（La Haye，荷兰地名）去找他，写信邀请他来黑山指挥黑山军队对抗奥地利。同时，他授权拉普拉达主教代表他将所有部队交由拿破仑调遣。"杜尚·D.武克桑：《佩塔尔·佩特罗维奇·涅戈什一世和他的时代》，采蒂涅，1951，第 94 页；Ð.佩约维奇：《佩塔尔一世和佩塔尔二世时代的黑山》，第 356 页。

[3] 拿破仑称帝后，法国和英国之间的敌意在 1805 年重新燃起，当时结成联盟反对法国的，除英国和俄国外，还包括瑞典、奥地利和那不勒斯。

[4] 《外交部常务部长 A.A.恰尔托雷斯基，P.A.斯特罗加诺夫，1806 年 2 月 6 日（或 18 日）》，载《19世纪和 20 世纪初俄罗斯帝国的外交政策》（第 1 辑第 3 卷），莫斯科，1963，第 54—56 页。

这都无法阻止拿破仑，那么巴尔干问题的折中解决方案之一就会是：在波尔特的支持和俄国的保护下，让从科托尔湾到塞尔维亚的所有斯拉夫人组成一个独立的国家。另一个这样的国家可能是由统一在爱奥尼亚共和国下的希腊地区组成的。这两个国家将接受独立的行政管理，类似于杜布罗夫尼克共和国或七岛共和国。它们的首要任务是利用一切机会阻止法国人进入奥斯曼帝国的领土。多山地形将使这些地区的人民能够顺利完成这项任务，而俄国、英国和奥斯曼帝国的军队将能够为之提供援助。

考虑到俄国的这种计划，就能明白为什么黑山领导即大主教佩塔尔一世为了帮助黑山人和山区人民的解放斗争而与法国建立更密切的联系，会引起圣彼得堡的强烈反应。俄国无法接受失去其在巴尔干地区外交政策的重要据点，因此便向黑山派出特别顾问马尔科·伊维利奇伯爵，委托他执行一项重要的外交任务。

来自里桑的马尔科·伊维利奇将军和修道院院长斯泰凡·武切蒂奇二人的出使于1803年11月上旬开始[①]，此行的主要工作对象是佩塔尔一世和他的秘书多尔奇（修道院）院长，他们被视为黑山新外交政策的"主角"。俄罗斯和其他国家的一些历史学家断定，这次出使不是为了惩罚佩塔尔一世，而是为了防止法国在黑山的影响力加强。这在欧洲范围内非常重要，加强俄国在黑山的地位应该可以防止天主教的渗透并阻止拿破仑进一步征服巴尔干地区的计划。

1803年10月28日，伊维利奇伯爵离开圣彼得堡时，国务总理沃龙佐夫将"俄国沙皇致黑山和斯拉夫-塞尔维亚山区地带的总督和公爵的信件"和相应的指示交给了他[②]。根据伊维利奇伯爵1803年11月至

[①] 文献中通常说伊维利奇的出使始于1803年10月中旬。然而，由于宫廷许可文件是在10月28日交给他的，他只能在11月初到达科托尔湾。

[②] 沙皇陛下给黑山和北部山区各首领的文件草案。除了本档案中包含的文件授予日期（1803年10月28日），另一份题为"关于1803年11月至1806年5月期间伊维利奇建议的说明"的档案指出，伊维利奇于1803年10月24日收到文件。俄罗斯帝国外交政策档案，F，主要档案（GA），I—7，1803，d.4，I.2.

1806 年 5 月期间的受托和完成事务的纪要，可以看出他的工作是如何进行的。抵达科托尔湾后，伊维利奇首先试图尽可能多地招募黑山人和北部山区人，即从主教佩塔尔一世手中分离出一部分军队，以备在法军登陆时，从侧翼或后方攻击法军。为了达到这个目的，他使用了各种各样的手段，有些手段让主教利益受损。

抵达黑山后，伊维利奇就公开与主教发生冲突。在一个温和的版本中，佩塔尔一世并未被指控为背叛者，因为他的秘书、法国代理人、"俄国宫廷的邪恶敌人"多尔奇院长向主教进谗言，才导致他与俄国保持距离。

主教以"冷酷和克制"的态度对待这种攻击。俄国特使要求了解储存在马伊内修道院的"火药和铅"的情况，主教认为他没有义务亲自回答，便通过他的秘书多门蒂扬（Domentijan）提交了答复，他认为"除了他的政府以及黑山和北部山区人民，他没有义务向任何人报告此事"[1]。1804 年 3 月 6 日，佩塔尔一世表现出了更大程度的"专断"，他剥夺了修道院副院长武切蒂奇的职务（他和伊维利奇一起被派往黑山）。在上述关于伊维利奇受托和执行事务的记录中，据说，1804 年 3 月 16日，黑山公国决定终止与伊维利奇的一切关系，并拒绝接受那封有倾向性的、不可接受的高层"谕旨"。

伊维利奇报告中关于（佩塔尔一世）不接受俄国沙皇御函的信息，与迄今为止在这个问题上的史学研究不一致。从黑山政府及北部山区人士与俄国沙皇、外交部和伊维利奇本人之间的通信来看，我们得到了相反的印象。黑山方面在信件中最常表现的惊讶是：为什么伊维利奇在科托尔呆了这么久，为什么他不递交御函!？根据同一消息来源，主教在 1804 年 5 月初写信给伊维利奇，对他没有按照沙皇的命令行事感到惊讶。

很明显，伊维利奇的工作完全是为了罢免主教佩塔尔一世。他认为

---

① 俄罗斯帝国外交政策档案，F. GA, I—7, 1803, d. 4, I. 6.

可以轻易做到这一点，显然是对主教在黑山的地位和俄国在这些地区的影响做出了错误估计。

伊维利奇伯爵罢免黑山都主教的努力与圣公会的措施有关。圣公会关注的是主教在精神生活领域的工作，他们对教堂工作和教会仪式的执行提出尖锐的意见。1803 年 10 月 23 日圣公会给黑山和山区人民都主教的信件，引用了有关以前两国交往时的信息以及采蒂涅都主教从俄国获得的援助，黑山主教在执行教会事务方面疏忽的具体事项也被列出来。① 圣公会经沙皇陛下同意，决定将大主教带到俄国法庭：他可以驳斥所有上述的谴责，并为自己辩护或忏悔。

圣公会相信主教会回应"邀请"的，还警告说，拒绝将意味着"公开承认蓄意对抗东正教的行为"，这就是为什么"黑山和山区的东正教人民"应该选择另一位更有价值的最高牧师并送他去圣彼得堡接受祝圣"②。

伊维利奇的使命和圣公会的行动都要是将佩塔尔一世从主教的位置上赶走，并期望让一名新主教（斯泰凡·武切蒂奇）取代他，这种做法是不切实际的。考虑到佩塔尔一世受到的诽谤和无理指责，黑山人和北部山区人站在主教一边，希望通过行政机构采取措施消除误解。随后，黑山行政机构与俄国官员进行了众所周知的通信，以解决争端。

三、黑山及其山区政府与俄罗斯圣公会的通信

黑山行政机构（相当于政府）于 1804 年 3 月 18 日首次向马尔科·伊维利奇伯爵提出抗议，对他在科托尔的长期逗留以及与黑山和北部山区的反对者们的接触表示不满。在 1804 年 5 月 1 日于采蒂涅举行的族长会议之后，政府向俄国沙皇和俄外交部发出两封信函，内容更加详

---

① 例如，圣公会的信中写道，在洗礼期间，教堂里的孩子们没有被涂上神圣的膏油，教堂没有提供做圣事时所必需的物品，修道院很荒凉，没有圣像，人们不听有关信仰和尊重上帝的课程，而大主教自己也不希望教导他们，"他甚至一整年都没有做礼拜"。俄罗斯帝国对外政策档案，F，GA，I—7，1803—1809，d. 4，l. 2。

② 同上。

细。次月类似的活动还在继续，因此在 7 月初，沙皇和伊维利奇伯爵收到新的信件。

这些信件强调了黑山在宗教和世俗方面相对于俄国的完全独立和自治。信中说道，佩奇牧首区被废除后，"我们的都主教都是独自掌管当地教会，独立于任何权威"，也就是说，"自古以来，我们接受的基督教信仰不是来自俄罗斯人，而是来自希腊人"。黑山和北部山区人民并不臣服于俄罗斯帝国，只受其道德庇护。因此，将都主教告上法庭的可能性被拒绝。如果他有罪，他们将自己审判他，但不是作为大主教审判，而是作为"我们当中最诚实的公民"[1]。

尽管拒绝服从俄国的要求，但政府和主教本人一直强调有必要澄清事实，即审查大主教被诽谤的真相；有人要求让黑山派出一个委员会，即让俄国为其提供护照，以便黑山和山区人可以派他们的代表解释整个争端。伊维利奇伯爵和斯泰凡·武切蒂奇被称为黑山的叛徒和敌人。

黑山和北部山区人的果决态度决定了俄国外交政策的新理念：不再要求撤掉佩塔尔一世，而是欲通过在科托尔设立俄国领事馆来实现俄国的影响力。伊维利奇伯爵为期 10 个月的出使任务的失败使俄国宫廷相信黑山"不是俄罗斯帝国的属国，而是一个通过自己的力量建立并设法寻求国际支持的国家"[2]。因此，俄国在科托尔设立领事馆，是对黑山新立场的一种体现。

四、俄国在科托尔设立领事馆

1804 年 5 月初的几天，俄国在科托尔设立领事馆的消息就传开了，该领事馆独立于其在杜布罗夫尼克的领事馆，而黑山在此之前一直在

---

[1] 俄罗斯帝国对外政策档案，GA，I—7，1803，d.4，p.4。

[2] 拉多曼·约瓦诺维奇博士：《黑山-俄罗斯帝国政治关系(1771—1917)》，载《黑山国际关系》，铁托格勒，1984，第 29 页。

杜布罗夫尼克领事馆的管辖范畴内①。1804 年 5 月 17 日，俄国总理亚当·恰尔托雷斯基（Adam Čartorijski）通知黑山主教，沙皇亚历山大一世签署了一项法令，要在科托尔设立领事馆。伊维利奇在 6 月 19 日的一封信中证实了这一消息，沙皇法令宣布当时抵达科托尔的宫廷顾问阿列克谢·马祖列夫斯基（Aleksej Mazurevski）被任命为俄国驻科托尔领事馆的领事，"该领事馆将保护黑山和山区人民"。在 7 月 26 日的一封信中，佩塔尔一世通知黑山和北部山区民众，俄国沙皇在科托尔设立了领事馆，并任命了一名领事。

俄国政府对这个领事馆格外感兴趣。俄政府想通过它来实现外交政策的两个重要目标，其中一个涉及维持对黑山更加持久的影响，这是俄国对巴尔干和地中海的总体计划，以及针对拿破仑一世对该地区政策的一部分；第二个较小的目标是消除伊维利奇任务失败的负面后果，他们不想公开承认这一点。抵达科托尔湾后，俄国领事除了创办领事馆外，还致力于完成伊维利奇伯爵的工作。从这个意义上说，最重要的事情之一是将帝国诏书转交给黑山和山区人民，而在马祖列夫斯基抵达时，该诏书仍然在伊维利奇手上。

在与主教和解后，伊维利奇本人已经朝着这个方向迈出了一步。根据协议，1804 年 8 月 19 日，也就是"主显节"的那一天，在采蒂涅将举行一个仪式移交这份诏书。然而，伊维利奇在一封特别的信件中通知主教，他因病不能来采蒂涅，但他会将这份诏书交给马祖列夫斯基。8 月 19 日，在 1 625 人的见证下，伴随着祈祷的歌声、51 门迫击炮的轰鸣声、教堂的钟声和对俄国皇帝庄严的称颂，马祖列夫斯基将诏书交给了"黑山和山区统领"。后者打开诏书的封条，向聚集在那里的"斯拉夫-塞尔维亚地区"的人民宣读了诏书内容，尽管诏书的内容差不多在一年前就确定了。

诏书反映了俄国最初的、失败的外交政策概念的表象，与期间发生

① 拉多斯拉夫·拉斯波波维奇：《俄罗斯帝国驻科托尔和黑山领事馆》，波德戈里察，2005。

的情况不相符。诏文中评价道，"外国人欲行暴政，在黑山一些怀有不良意图的人的支持下，以入侵威胁黑山和山区人民，企图破坏黑山独立"，消除这些危险的愿望让沙皇做出决定，"派一个值得信赖的人，即伊维利奇伯爵前往黑山，向人民提出建议，使人民相信我们的日常恩泽，揭示他们即将到来的厄运，向他们展示自己的利益和荣耀，并为其指明道路"。①

这封信的内容和诏书的颁布（诏书承认伊维利奇的成功工作），与伊维利奇10个月的出使所取得的成果不一致。因此，如果没有涉及俄国驻科托尔领事馆的第二部分，从移交诏书行为的角度来看，8月19日的仪式在政治上是不合适的。

伊维利奇在1804年8月16日给马祖列夫斯基的一封信中的指示也证实，移交诏书的仪式是为了确定将通过科托尔领事馆来维持相互关系。特别有趣的是指示的第三点，内容如下："用承诺和方便的借口说服都主教及其政府：黑山在科托尔有一个领事和来自俄国的庇护者奥古斯丁（即沙皇）。通知当地执政官罗塞蒂，以后将与之进行信函来往或公开/秘密的谈判，且只能通过上述与之出自同一个部落和同一种信仰的领事来维持通信。"②。

黑山与俄国领事关系的性质是在1804年8月19日接受诏书的仪式上确定的，这一事实得到了另外三份档案文件的证实。③

---

① 俄罗斯帝国外交政策档案，f，GAI—7，1803，d.4，l.4。
② 《1803年11月至1806年5月期间伊维利奇伯爵命令和执行的事务记录》，俄罗斯帝国外交政策档案，f，GA I—7，1803，d.4，p.2。俄罗斯帝国外交政策档案，f，GA，I—7 1803，d.4，l.4。
③ 这些是已经引用的关于《1803年11月至1806年5月期间伊维利奇伯爵命令和执行的事务记录》，然后是1804年10月19日伊维利奇给沙皇亚历山大一世的信，最后是一份没有日期和标题的文件，其中也报告了这些问题。第一份文件指出，"8月7日，集会的人们很荣幸地接受这封致黑山人民的最高信件，并保证黑山人与奥地利高层没有任何关系，他们在生命和财产受到威胁时，将通过俄国领事来解决问题"。伊维利奇在给沙皇的信中描述了转交诏书的仪式，继而表示如果没有俄国领事的建议，"黑山政府及其人民不采取任何重大行动"，他们以书面形式授权都主教处理奥地利地方政府的一切事务。黑山政府和主教都会亲自知会奥地利总督，并向所有的部落发出公开的命令。在第三份文件中，强调黑山和山区政府与奥地利科托尔当局的关系，因（俄国）向黑山和山区人民移交皇家文件而中断。

关于黑山和北部山区人委托给俄国领事的工作范围和权限类型，黑山人民比黑山都主教及其政府对 1804 年 8 月 26 日公布的内容更感兴趣。

公告除了提到俄国领事将提供"防卫和一切必要的、体面的帮助"外，还规定了黑山和山区人对俄国领事的义务，在某些情况下黑山可以向俄国领事提供保护。一切都在 8 月 26 日的这份公告的四个特别要点中得到阐述。①

首先，它规定，作为沙皇的代表，"不论黑山的首领们，还是其他任何黑山人和北部山区人"，都要给予俄国领事相应的尊重。

俄国领事对所有人包括人民和地方当局的优越感，在前一项有关尊重和荣誉方面的要求中就有所体现。而第二点是关于黑山人前往科托尔和其他地方的：每一个黑山和山区人如果没有向"俄国领事先生"报告，就会被禁止去往科托尔和其他城镇。②

第三点是为解决黑山和山区人与奥地利臣民之间的私人、财产和其他纠纷。规定每一个黑山和山区人都应通过法庭实现自己的诉求，即"向黑山当局坦白、公正地提出自己的真实诉求，黑山当局将致函领事先生"，领事先生将向帝国请示，"邀请法官做出公正的判决"，并让黑山人满意。③ 在黑山与奥地利当局存在争端的情况下，俄国领事将扮演调停人的角色。

第四点规定了俄国领事对那些前往集市特别是前往科托尔的人进行有效管理的义务，并规定俄国领事对黑山和山区人的领事保护，以防止"某个沙皇的臣民"在"受到巨大诱惑和有犯罪冲动时"可能发生的行为。同时规定那些在集市上制造混乱的黑山人必须承担司法责任。

---

① 耶夫托·米洛维奇：《佩塔尔·佩特罗维奇·涅戈什一世——信件和其他文件》，载《资料（1780—1820）》（第 1 卷），铁托格勒，1987，第 195 页。

② 《1803 年 11 月至 1806 年 5 月期间伊维利奇伯爵命令和执行的事务记录》，俄罗斯帝国外交政策档案，f，GA I—7，1803，d，4：2.

③ 同上。

除了公告中规定的职责外，俄国领事还履行其他职责。① 在前两次事件（发表宣言和大会决定）发生之前，黑山官员提出了保护黑山人民利益的请求。现存的文件证实了黑山和山区政府曾请求俄国驻科托尔领事与奥地利当局协调，以保护黑山和山区人民的利益②，申诉日期早于 1804 年 8 月 19 日，这表明，请求是在领事馆开放之前向俄国领事提出的。

五、领事馆开馆

关于领事馆开馆日期，我们从文献和资料中获得的信息各不相同。杜尚·武克桑在他的《1804 年的黑山》一书中指出，领事馆于 1804 年 10 月 13 日开馆，由黑山总督拉多尼奇和 5 位领导人组成的代表团出席了开馆仪式。③ 除了在场人员的姓名外，该书还提供了有关开馆仪式的信息。

俄罗斯历史学家尼娜·伊万诺夫娜·希特洛娃（Nina Ivanovna Hitrova）在她的著作《19 世纪初的俄黑关系史》中指出，领事馆于 10 月 14 日开馆，"主教和 25 位黑山长老"出席了开幕仪式。④

---

① 杜尚·武克桑在其《1805 年的黑山》一书中指出，自从俄国驻科托尔领事馆开设以来，黑山人在没有领事颁发护照的情况下便无法前往俄国。并列举了拉扎尔·达姆亚诺维奇（Lazar Damjanović）的例子，马祖列夫斯基没有给他颁发护照。在第二个案例中，在主教的推荐下，萨瓦·斯托亚诺维奇得到了护照，他被派往俄国处理黑山事务。虽然所引用的出版物中没有说明授权签发护照一事，但在某种程度上这是不言而喻的，因为当时黑山人没有自己的护照，他们大多使用俄国护照旅行。D. 武克桑：《1805 年的黑山》，载《记录》（第 19 卷），1938，第 267—277 页。
② 在俄罗斯帝国外交部的档案中，我们发现了黑山政府向马祖列夫斯基领事两次致信。首先，1804 年 8 月 6 日，黑山政府要求领事为米塔尔·米洛舍维奇的儿子采取行动，他是采蒂涅人，他的父亲在科托尔去世后，他从事贸易并与某个斯泰凡·阿夫拉莫维奇发生过冲突。在另一封信中，黑山政府委托领事要求科托尔指挥官释放一名来自采蒂涅的儿童，该儿童没有犯过罪，在地牢中也没有滋事。俄罗斯帝国外交政策档案，f，GA，I—7，1803；D，4：10。
③ 杜尚·武克桑：《1804 年的黑山》，第 269 页。
④ 安德烈·尼基佛罗夫（Andreij Nikiforov）在《历史记录》的一篇文章中也指出，1804 年 10 月 6 日，马祖列夫斯基从里桑报告称："我负责的领事馆于 10 月 2 日按惯例举行了开馆仪式，出席的有上校、骑士、伊维利奇伯爵，黑山和北部山区代表等。"正文的后续部分，对我们来说似乎是一个多余的问题：领事馆是否真的在科托尔，因为马祖列夫斯基的信是从里桑寄出的，尽管他自己陈述了令人信服的信息，排除了对领事馆所在地的任何怀疑。

在俄罗斯帝国外交档案中，我们看到了第三条关于领事馆开馆日期的信息。即，马祖列夫斯基于 1804 年 10 月 18 日在里桑写给外交部的信："由于伊维利奇伯爵报告的原因，领事馆仍未开放，但他希望很快就能开放。"①

我们认为，包括俄国领事和黑山代表团出席的"开馆仪式"于 1804 年 10 月 13 日或 14 日举行。这些日期中哪个日期正确并不重要，正如在场有多少黑山代表并不重要。领事馆的开馆很有仪式感，是对俄国和黑山代表先前达成的共识的庄严确认。此次开馆对该领事机构的国际法地位没有任何意义，因为俄国驻科托尔领事馆依职权而言，是俄国和奥地利之间领事关系的进一步制度化。因此，领事任命的日期，尤其是奥地利当局发布执行令的日期，是领事馆工作开始的重要时刻。"开馆仪式"上黑山代表的出席没有构成意义，在法律上也不影响其开设。

起初，奥地利拒绝同意俄国领事的工作，因此马祖列夫斯基在 1804 年 10 月 18 日从里桑发出的信件中提供的信息，很可能是指获得奥地利当局必要许可的时刻。根据希特罗娃在上述文件中提供的信息，奥地利在最初收紧政策后又同意开放。1804 年 10 月，奥地利政府正式宣布承认俄国驻科托尔领事馆。② 只有从这一天起——不幸的是，我们不能准确地确定是这一天——俄国驻科托尔领事馆才被认为是正式开馆，科托尔领事与奥地利当局的交往才具备两国官方机构之间正式接触的性质。

科托尔领事馆是 18 世纪末和 19 世纪初俄国在世界上拥有的众多外交和领事机构之一，也是其于俄奥建交后设立的众多领事机构之一。为了满足国家的需要，俄国领事负责当时领事馆的日常事务。为了保护帝国的利益，马祖列夫斯基有义务"为每一位俄国人和每艘俄国船只提供

---

① 俄罗斯帝国外交政策档案，f，GA，I—7，1803：4。
② N.I.希特罗娃：《19 世纪初的俄奥关系史》，载《1804—1813 年第一次塞尔维亚起义期间南斯拉夫和俄罗斯帝国的交往》，第 325 页。

援助和庇护，为俄国相关贸易和所有利益撰写准确的报告，告知政府正在发生的一切，否认有关俄国的负面声音"，而当他遇到麻烦时，会向俄国驻奥地利大使寻求帮助。①

由于这样的工作，如果领事馆的设立不是为了实现一个不直接涉及"俄国-奥地利"关系，而是主要由俄国在黑山的利益所决定的目标，我们就不会特别对此感兴趣。因此，领事馆的作用可以从两方面来描述：首先从黑山国家中央当局的立场出发，然后从其他国家特别是奥地利对其建立的态度着手。

虽然在科托尔的领事馆不能被列为黑山的一个国家机构，但它的主要任务之一是在奥地利领土上通过领事事务（及外交事务）代表黑山的利益。奥地利已获悉双方建立领事馆的目的。如果黑山在当时具有独立国家的地位，这种在国际关系中的利益代表方式就不是什么新鲜事了。在实践中，已经有一些这样的案例，即某个国家的领事和外交机构在第三国领土上代表另一个国家的利益。因此，反过来说，它的建立可以解释为对黑山国家地位独特性的一种认可，尽管其国家地位的要素尚未清晰化。

除上述任务外，俄国领事还被指派履行通常不会委托给其他国家领事或外交代表的任务。授予俄国领事馆的权限，超出了通过外交代表来维护国家独立性所必需的措施范畴。俄国领事会被委托处理一些通常属于国家主权范围内的事务。这类事务包括：实施外交政策、与邻国建立关系、规范公民出国旅行等。事实上，所有这些权力都是政府和主教委托给俄国领事的，他们在 1804 年 8 月 28 日正式写信向俄国沙皇汇报。②

① 安德烈·尼基福罗夫：《俄罗斯帝国首个驻黑山的代表》，《历史记录》1991 年第 1—2 期，波德戈里察，第 30 页。

② 佩塔尔一世在给沙皇亚历山大一世的信件中说，"除其他事项外，我和黑山及山区人民将我们在奥地利管辖下的所有工作交给了这位领事，同样，我们也放弃了同奥地利任何公开或秘密的交往和通信，这些都将通过上述这位领事来进行。"耶夫托·米洛维奇：《佩塔尔·佩特罗维奇·涅戈什一世》，载《资料（1790—1820）》（第 1 册），第 198 页。

如果黑山拥有更大程度的主权，这种"庇护"，在国际代表权方面，可以说佐证了俄国在某种程度上是黑山的保护国。相反，还有另一种说法。在领事馆存在期间，黑山与奥斯曼帝国的关系是正式的从属关系，即它是奥斯曼帝国领土的一部分。俄国的领事保护是在未经奥斯曼帝国同意的情况下建立的，这要么表明奥斯曼政府软弱无力，无法控制黑山的事态发展，要么表明黑山已经摆脱了它的控制，而且确保了黑山一直追求的高度的政治独立性。

　　考虑到这一切，问题出现了：其他国家——例如奥地利和奥斯曼帝国，如何看待俄国和黑山之间的这种既定关系？

　　因涉及其政策的具体目标，奥地利对俄国代表表示了不满。这也意味着奥地利通过获得一定数量的黑山领导人支持来阻止将俄国沙皇的信函交给黑山和山区人的行动没有成功。此外，奥地利的不满是由黑山人和马祖列夫斯基的行为引起的，从他们的行为中可以看出，俄国在黑山的政策意图比简单地通过领事手段保护其利益要深刻得多。[1]

　　他们考虑俄国与黑山进一步和解的可能会产生严重后果，说明了奥地利方面对俄国的政策目标普遍存在着怀疑。这些分析引发了要求俄国召回马祖列夫斯基的提议，因为据估计，"随着黑山臣服于俄国……将会诞生一个对土耳其和奥地利都意味着巨大危害的省份，尤其是对奥地利而言，因为该省将吞并科托尔湾和杜布罗夫尼克共和国"。因此"主教从伊万·茨尔诺耶维奇时代就已有的土地愿望必将得到满足，因为届时它将不会是小国黑山的省份，而是俄罗斯帝国的省份"。如果俄国占领了黑山，奥地利占领塞尔维亚和波斯尼亚的希望就会落空，因为这些省份有很多俄国的支持者，俄国在黑山站稳后，自然会争

---

[1]　也就是说，1804 年 8 月 26 日在科托尔第一次见面时，马祖列夫斯基已经向罗塞蒂男爵提交了一项法案，通知他黑山已经在俄国的保护统治下长达 94 年了。黑山代表团成员在领事馆开馆仪式上声称，从现在开始，黑山人是俄国的臣民，他们将通过马祖列夫斯基领事与奥地利当局开展所有业务，这样的表述具有类似的政治含义。基于这样的公开声明和双方代表的行为，罗塞蒂可以得出结论，俄国的意图是将黑山变成俄国的一个省，伊维奇将在该省担任省长，而主教最初在与法国达成一致的过程中被佯称为叛徒，以便轻松欺骗科托尔的奥地利当局。

取塞尔维亚和波斯尼亚。①

维也纳代表出现在圣彼得堡也是出于同样的动机——提醒人们一项秘密条约，根据该条约，在奥斯曼帝国分裂的情况下，黑山属于奥地利。俄国外交部长亚当·查托里斯基保证，黑山是一个独立的国家，沙皇希望为其提供保护，"它不可能成为俄国的一个省"。

在与伊维利奇的会面中，罗塞蒂男爵表达了其宫廷的坚定决心，即不能将黑山人置于俄国沙皇的庇护下，而应将他们视为奥斯曼帝国的臣民，这就是俄国不能与黑山人有任何其他关系的原因。

根据亚当·查托里斯基在 1804 年 10 月 22 日的信中所述，马祖列夫斯基发表的"在另一个国家领土上不合时宜的言论"② 导致了更严重危及俄奥关系的新分歧。这迫使奥地利地方当局终止与他的关系，维也纳宫廷也向俄国外交部提出正式抗议。在 1805 年 2 月 12 日的指示中，亚当·查托里斯基向伊维利奇询问了有关马祖列夫斯基对奥地利地方当局的行为，以及沙皇提议在俄国主持下，在黑山建立斯拉夫-塞尔维亚国家中心的"公告"。③

在这方面，伊维利奇奉命严厉斥责马祖列夫斯基，并通知他要更加小心，否则他们将被迫召回他。在争端中，奥方提到了其早先的一些立场和条款，以及 1791 年奥地利与奥斯曼帝国在斯维什托夫（Svištov）签订的和平协议，根据该协议条款，黑山是奥斯曼帝国的一部分。俄方回应称，黑山受到俄国的庇护，波尔特知道这件事，也知道伊维利奇的那次出使。查托里斯基还表示，《斯维什托夫和平协议》是在没有俄国参与的情况下缔结的，这就是为什么俄国政府拒绝承认黑山是缔约国的一员，因为它认为黑山是一个事实上的独立国家。④

---

① D.武克桑：《佩塔尔·佩特罗维奇·涅戈什一世和他的时代》，第 133—134 页。
② 1804 年 10 月 22 日亚当·查托里斯基给伊维利奇的信。俄罗斯帝国外交政策档案，f，GA，I—7，1803：4。
③ 1805 年 1 月 31 日亚当·查托里斯基给伊维利奇的信。俄罗斯帝国外交政策档案，f，GA，I—7，I—7，1803：6。
④ N. I.希特罗娃：《19 世纪初的俄黑关系史》，兹博尼克，第 329 页。

至于奥斯曼帝国在这个问题上的整体态度和立场，俄国外交部长查托里斯基在给俄国驻维也纳大使拉祖莫夫斯基伯爵的一封信中，关于与黑山关系的表述值得玩味。波尔特非常清楚黑山的政治存在，知道其绝对不依赖于土耳其，因此对俄黑关系没有什么意见。[①] 前有在黑山的军事失败，如果此时再使俄土关系尖锐化，只能导致更大的麻烦，因此波尔特几乎没有做出任何官方反应。

六、驻科托尔领事馆工作的终止

在接下来的几年里，科托尔领事馆一直在运行，主要是因为奥地利和奥斯曼帝国都不希望严重损害与俄国的关系。它的最终命运取决于变化的国际环境。拿破仑军队在奥斯特里茨（Austerlic）附近战胜俄奥联军后（1805 年 12 月 2 日），根据《波茹恩（Požun）和平协议》（1805 年 12 月 26 日，又称《布列斯堡和约》，布列斯堡或波茹恩均为今布拉迪斯拉发的旧称或别称——译者注）的规定，科托尔湾归属法国。达尔马提亚和科托尔湾向拿破仑投降的最后期限是 1806 年 1 月 2 日。斯泰凡·桑科夫斯基（Stevan Sankovski）[②] 于 1805 年中期带着物资援助来到黑山，其任务是继续扩大俄国的影响，动员黑山和山区人民为俄国的事业而努力。1806 年 1 月初，他通知说，俄国已决定将其领事撤出科托尔。[③] 鉴于与俄国为敌的法国的主权要扩大到科托尔湾，两国的外交和领事关系不得不终止。

事态的进一步发展推迟了法国人到达科托尔湾的时间。然而，俄国驻科托尔领事馆仍然停止了工作，因为在 1806 年 2 月，黑山-科托尔湾联军和俄国军队从奥地利当局手中解放了科托尔和整个科托尔湾。保

---

① D.武克桑：《佩塔尔·佩特罗维奇·涅戈什一世和他的时代》，第 135 页。

② P.A.罗文斯基指出，斯泰凡·桑科夫斯基被任命为佩塔尔一世主教的全权代表。桑科夫斯基将沙皇亚历山大的信件带到黑山，信里有沙皇带给黑山人民的致辞。P.A.罗文斯基：《过去和现在的黑山》（第 1 卷），第 548 页。

③ 布兰科·帕维切维奇：《1805 至 1807 年的黑山和科托尔湾，从〈波茹恩和平条约〉到〈提尔西特和平条约〉》，《历史记录》1985 年第 3—4 期，第 5 页。

护黑山人对抗奥地利的需要已经不复存在。黑山与俄国关系的一个阶段已经结束，从黑山外交历史的角度来看，俄国驻科托尔领事馆是一个罕见的现象。

俄国在科托尔设立领事馆，其范围超出了具体的外交领事意义。由于它具备了这些功能，代表和保护了那些正式属于奥斯曼帝国的人民的利益，这些人民的国家还未拥有形式上的国家地位，但设法在奥斯曼帝国内建立了具有一定程度独立性和特殊地位的政府组织，更重要的是确认了这一特殊性，其历史使命不仅包括加强国家组织，还包括与邻近未解放人民进行联合解放斗争和统一行动等。

七、1807—1808 年法国尝试在黑山建立领事馆

1805 年拿破仑在乌尔姆（Ulm）附近击败奥地利军队后，这位世界历史上最重要的军事领导人之一在同年年底，庆祝了另一场伟大的胜利——这次是在奥斯特里茨附近战胜了俄奥联军。在接下来的几年里，拿破仑继续取得巨大的战争胜利。首先，普鲁士军队在耶拿（Jena）和奥尔施泰特（Auerštet）战役中被击败（1806），俄国军队在弗里德兰（Fridland）战役中被击败（1807）。1807 年 7 月 7 日，法国在提尔西特（Tilzit）与俄国签署了和平协约；7 月 9 日，法国与普鲁士也签署了和平协议。根据协议规定，科托尔湾归属法国。

根据《波茹恩和约》的规定，科托尔湾和达尔马提亚被分给了拿破仑。然而，这些地区在最后期限（1806 年 1 月 2 日）并没有向法国军队投降，而且黑山-滨海地区军队在俄国舰队的帮助下，最终于 1806 年 2 月从奥地利军队手中解放了整个科托尔湾。因此，科托尔湾对法国的投降被推迟到《提尔西特和约》签订时（1807）。

虽然这一消息到达黑山较晚，但它的第一个后果是宣告黑山和俄国军队在科托尔湾的战争结果无效，这迫使他们从被征服的领土上撤出。直到 1807 年 7 月 31 日，法国人占领了科托尔湾地区，这项工作才完成。

黑山人有了一个强大的帝国作为新邻居，必须面对与它未来关系

的问题。8月6日举行的黑山部族首领会议讨论了"黑山人应如何与新老邻居相处"的问题。① 在那次会议上，黑山决定同法国将军马尔蒙（Marmon）举行一次会晤。这就是黑山与法国建立更密切关系的原因，在黑山建立法国领事馆的想法也由此产生。俄国通过其特使斯泰凡·安德烈耶维奇·桑科夫斯基得知了黑山与法国谈判的开始和进程，当时桑科夫斯基仍在黑山。

1807年8月13日②，佩塔尔一世主教与马尔蒙将军在科托尔举行了第一次会晤，当时并没有提出开设领事馆的问题。马尔蒙向主教保证，"黑山人最好与法国人和睦相处，而对黑山来说，鉴于其地位，接受拿破仑的庇护将是最有用的"③。主教没有接受法国庇护的想法，因为俄国是黑山的守护国，但在原则上与法国达成了和平相处的协议。

主教在1807年8月26日的公告中向黑山人通报了与法国将军的会面和会谈内容，同时要求他们约束自己在沿海城市的行为，不要引发动乱，从而影响与法国的友好关系。

1807年10月14日，黑山主教与洛里斯顿（Loriston）将军会面，首次讨论了法国领事馆的开设问题。资料（来自文献）表明，主教同意"在黑山建立法国领事馆，总部设在科托尔"。

1808年2月，根据之前的会谈，马尔蒙派官员帕夫莱·托米奇（Pavle Tomić）前往黑山，后者在斯塔涅维奇向主教递交了一封信，马尔蒙在信中通知主教，法国皇帝和意大利国王陛下"决定在黑山设置领事"。送信人帕夫莱·托米奇已被任命为驻黑山的临时代理领事。根据马尔蒙信中的内容，托米奇本应该一部分时间留在采蒂涅，另一部分时

---

① 布兰科·帕维切维奇：《1805至1807年的黑山和科托尔湾，从〈波茹恩和平条约〉到〈提尔西特和平条约〉》，《历史记录》1985年第3—4期，第5页。

② 进入科托尔湾后，根据拿破仑的指示，马尔蒙要求与主教佩塔尔一世会面，双方商定1807年8月22日在三一要塞（Trojica）会面。虽然主教和随从们来到了约定的地方，但主教和黑山人不想进入被军队包围的要塞，因为他们害怕被骗。由桑科夫斯基斡旋的新会议定于8月25日在科托尔举行。尽管主教接受了邀请，但临近科托尔时，他却不愿进入城市，直到他的随从被允许携带武器。《马尔蒙元帅回忆录》，弗拉诺·巴拉斯编译，斯普利特，1984年，第15页，注释95。

③ D. 武克桑：《佩塔尔·佩特罗维奇·涅戈什一世和他的时代》，第166页。

间住在斯塔涅维奇修道院的主教那里。①

呈送给主教的信件具有领事任命函的性质，因为托米奇就此正式被称为领事，即被任命为"陛下的使节"以履行领事和外交职责。

可能是受到之前与法国关系的影响，即1804—1806年俄国在科托尔开设领事馆之前的经验，佩塔尔一世对提议做出了否定的回应（虽然不是最终决定）。主教告诉马尔蒙说，在他早些时候与洛里斯顿的会谈中，没有谈到任命一名领事"驻在黑山"，但提到"他的皇帝"想在科托尔任命一名领事以维护"睦邻和平"。鉴于这样的商定方式，主教在信的最后总结道，"在没有召开国民大会的情况下"——5月前大会不会召开——以及没有咨询俄国沙皇的情况下，黑山"不能以任何方式接纳任何人"为领事。

主教向俄国驻维也纳公使A. B. 库拉金（A. B. Kurakin）通报了他与马尔蒙的通信情况，请他指示下一步工作。由于俄国与法国的关系有所改善，库拉金没有像几年前那样表现出对黑法关系的强烈情绪，他深信主教不会做出违背俄国利益的行为，于是他将此事留给主教自己解决。因此，1808年5月4日举行的议事会讨论了法国的提议。最终，大会否决了关于设立法国领事馆的提议。②

---

① 关于托米奇的任命，马尔蒙说："我从达尔马提亚军团挑选了一位名叫托米奇的军官，他是一个非常聪明的人，作为驻黑山的常任领事。主教小心地接待了他，但反对他在黑山的常驻。他让我把他安置在科托尔，在需要谈判的时候，他可以从那里到采蒂涅的修道院拜访他。"

② 大会的结论是："①我们从来没有来自任何国家的领事，也不曾有任何外国人以任何名义……驻扎在我们这个地方；②我们的城市或城镇，也没有供领事居住的房子，只有散布在山上的狭小而贫穷但自由的屋子，住着我们的家人；③我们不做大买卖，也没有大商人，受意大利王国约束，贸易不在我国进行，或通过我国到土耳其去，但我们自己必须将物品在城市或市场出售给意大利的商人，这主要在科托尔进行，我们从土耳其购买东西，或者从上述商人手里购买物品，我们都是当面交易，没有法庭或者协议；④我们之间还没有建立起友谊，而只是开始了一段友谊，这种友谊……不能让来自这样一个大国的执政官有体面的住所和荣誉，那样才是体面的……⑤根据我们的自然推理，当某个亲爱的国家想要任命一位领事或其他办事员，只要让我们获悉认可……并获得俄国宫廷的许可，黑山自古以来就一直在它的保护下，我们对俄国的热情和忠诚不亚于俄国人本身……⑥我们希望双方保持睦邻和平与安宁，尤其是与意大利王国，但出于许多原因，尊敬的阁下，这是我们所有议事会成员以及整个黑山和山区人民对扎诺维奇（Zanović）先生的基本回应。这样一来，我们既不能接待上述提到的托米奇先生，也不能接待另一位领事，我们的曾祖父母和父母，对我们崇高的庇护者充满热情和忠诚，这一点仍然不可动摇。"

黑山人的表态虽然引起了截然不同的反应，因为这是对大国尊严的侮辱，其主权是以统治者即皇帝的名义表达，但并没有打消法国人在科托尔设立领事馆的意图。意识到不建立领事关系的部分原因是被提议的领事人选不可接受，马尔蒙在 7 月 19 日给主教的一封信中建议，如果黑山"宣布接纳领事"，法方将任命另一位领事代替托米奇，他"绝不会是杜布罗夫尼克的公民"。至于领事的住所，他坚持设在采蒂涅，但不排除"在另一地方"的可能。领事不会干涉黑山的任何事务，他唯一的职责是将科托尔"执政官"的信息传达给主教，并负责工作的"管理和完成"。除了抄写员，没有其他人为其服务。扎诺维奇将这封信交给了主教，他承诺"类似的互惠"，以建立马尔蒙和主教佩塔尔一世之间的友谊。

法国做出的让步和表示的善意并没有改变黑山人早先的态度。8 月 6 日，就该新提议再次举行的部族首领会议确认了"法国领事不能进入黑山"的理由。①

因此，法国放弃了在黑山设立领事馆的计划。如此法国再也没有理由坚持要开设一个领事馆了。

由于担心黑山人的拒绝可能会引起法国人的反感，佩塔尔一世将所有事情都通知了俄国驻维也纳公使。主教的担心是有根据的。在向拿破仑报告黑山人的立场时，马尔蒙建议："如果预见到与俄国或奥地利的决裂，那么应该利用这个机会来征服黑山。"他要求在这次行动中投

---

① 这一次说："①黑山和山区现在的人民一直是自主和自由的，从来没有任何其他权力凌驾于他们之上，除了我们受到俄国沙皇的保护，他尽可能地根据我们的情况统治黑山并统治自己的国土，我们中间有这样一位大主教，他是一位黑山本土人，我们尊重他，认为他是我们的尊长和最高的权威；②来自不同国家、不同时期的人被派到我们中间，按照他们政府的指示，为他们的利益而工作，而不是为我们的利益而工作，我们的人民因此遭受了很多痛苦；③我们没有任何理由让法国领事驻扎在我们中间，因为我们没有可以接收领事的城市、地方和机会，因为我们的贸易规模不大，有任何问题的话，我们就在科托尔就地解决，如果有意见分歧的话，我们并不羞于在科托尔当局面前诉；④我们都希望与法国和他的人民和睦相处，我们将努力确保我们不做任何事情去损害任何一个法国公民的荣誉和利益；⑤……法国领事在黑山的存在只能在黑山人民和法国及其臣民之间造成混乱、仇恨和邪恶；⑥出于所有方面考虑和许多其他原因，我们一致表示，我们永远不会接待任何以法国领事名义出现的人。"

入 8 天时间和 7 000 到 8 000 名士兵。在解释他的整个想法时，他提出了这个计划："从采蒂涅……我要建造一座堡垒，在征服后统治整个国家。"为了使其成为法国军队安全的驻扎地，"我会在里面安置好仓库货物。为了解放人民，我会组织一支强大的军团。最后，我建议效仿罗马人和查理曼大帝，驱逐一部分人口，例如，他们应该穿越察伊斯特（Cajst）（荷兰）的荒地"。但是，马尔蒙最后说，"这些建议都没有得到皇帝的青睐"。[①]

俄国驻科托尔领事是通过第三国维持领事关系的形式，继此之后，在黑山设立法国领事馆的提议则通过派驻采蒂涅的法国常驻代表与黑山建立直接领事关系来实现。建立领事馆的提议包括了"类似的互惠"的承诺，即在科托尔开设黑山领事馆。

然而，黑山人拒绝了这两种可能性。从他们对法国提议的回答中可以看出，他们吸取了以往的经验，想要不惜一切代价与"同一信仰和同一血统的保护者"保持良好关系。他们的答复内容表明，黑山仍然没有准备好接受以上述方式融入国际关系，即通过常驻代表与邻国保持联系。黑山的社会意识水平仍然不允许外国领事的存在，因为它并不认为那是一种国际肯定形式——承认其相对于奥斯曼帝国的独立性，而是相反。建立领事关系的行为被解读为法国自行扩大对黑山的庇护和黑山丧失已取得的独立程度。因此黑方认为，领事馆的存在将产生与其意愿相悖的结果。[②]

法国打算以这种方式规范与黑山的关系，说明了黑山在其国家和法律发展方面所达到的历史和国际程度。此外，还说明了黑山对法国军事的重要性，因为其与科托尔湾有着天然的联系。在拿破仑的战争计划中，欧洲东南部最重要的地点之一是科托尔湾，黑山正好位于其腹地，

---

① 《马尔蒙元帅回忆录》，第 170—171 页。

② 拿破仑认为获得黑山人的服从非常重要。虽然他"没有要求他们像达尔马提亚人一样成为其臣民"，但他认为，既然他们没有放弃独立，他们应该首先请求他的保护。《马尔蒙元帅回忆录》，第 106 页。

而且在军事意义上，它影响着科托尔湾的命运，因此黑山具有特殊意义。

法国想让黑山人参与到其与土耳其或俄国间可能的战争中，好控制科托尔湾的"基地"，不论在军事上还是在宗教上。科托尔湾的重要性体现在一系列后续事件上，如随后抗击拿破仑的战争，这场战争在1813年实现了黑山和科托尔湾的短暂统一，这在历史上是非常重要的。

八、黑山在伊斯坦布尔的代表：克罗地亚巴沙——黑山队长

尽管在19世纪，黑山与奥斯曼帝国频繁战争，但从19世纪后半期开始，黑山人开始到那里去找工作，尤其是在伊斯坦布尔，黑山人也从博斯普鲁斯海峡和小亚细亚到红海的其他奥斯曼小城市里去工作，这些都有记录在册。这种现象在达尼洛大公时代尤为明显。达尼洛大公的"护照登记簿"被保存下来，由此可以确定在他统治期间有多少黑山人去过伊斯坦布尔。[1] 当这些人生活在一个并不友好的外国时，他们通常不说自己是黑山人，而说自己是来自科托尔湾的克罗地亚人。

为了在土耳其当局治下行使自己的权利，黑山人向外国领事求助，主要是俄国领事。哈蒂舍里夫（Hatišerif）从1830年开始管理塞尔维亚和波尔特之间的关系，伊斯坦布尔允许"塞尔维亚代理人"的存在，他们可以与"波尔特高级官员"代表谈判有关国家事务。[2] 黑山人也向他们寻求帮助。然而，根据塞尔维亚法律，其代理人只能保护塞尔维亚人。

在19世纪50年代以前，黑山没有自己的代表在奥斯曼帝国处理保护黑山人的问题。"克罗地亚巴沙"（hrvat-baša）这个名字是对克罗地亚长老的称呼，即克罗地亚人的首领。1858年居住在伊斯坦布尔的柳博·内纳多维奇（Ljubo Nenadović）说，克罗地亚的黑山人称自己为

---

[1] 乔科·D.佩约维奇：《19世纪的黑山移民》，铁托格勒，1962，第103页。根据不完整的资料，在19世纪下半叶，有1 000到4 000名黑山人在伊斯坦布尔居住。以前也发生过规模不大的迁徙。

[2] 米尔科·基索韦茨博士：《外交代表》，贝尔格莱德，1939，第53页。

克罗地亚人，"这样他们就能在敌国更安全地工作"，因为黑山经常与土耳其交战，黑山人不被允许前往该国。这就是为什么他们取了一个相关的名字说自己是克罗地亚人："在整个土耳其帝国，众所周知，克罗地亚人受到维也纳皇帝的庇护。"[①]

麦肯齐（Mekenzen）和厄比（Erbi）都在19世纪下半叶的游记中证明，黑山人前往伊斯坦布尔是为了赚钱，他们获得了优秀园丁（园丁和葡萄种植者）的名声。[②] 自称"克罗地亚人"而不是"黑山人"是出于黑山人的骄傲，他们不允许以自己的名义为土耳其人干活，他们已经与土耳其人交战了好几个世纪。

对该名称的进一步解释是，它与克罗地亚这个词的词源有关，"Croat——意思是挖掘者，因为上面提到我们在伊斯坦布尔的人对农业特别感兴趣"[③]。

然而，不管它从何而来，即"克罗地亚巴沙"这个名称是如何产生的，它已非常普遍，实际上它与黑山人而不是克罗地亚人有关。同样地，焦尔杰·波波维奇在他的土耳其语和其他东方词汇词典[④]中用我们的语言解释："'Hrvat-baša'，来自土耳其语'Hrvat-bashi'，伊斯坦布尔黑山工薪阶层的长老。"里斯托·J. 德拉吉切维奇（Risto J. Dragićević）指出"黑山的克罗地亚人（Ervat Crnogorski）"[⑤] 一词甚至一度源于这个名字，它实际上指的是所有那些为了打零工而来到奥斯曼城市的黑山人。尼科·S. 马尔蒂诺维奇（Niko S. Martinović）罗列了所有它以前的含义，指出克罗地亚人一词，即黑山、塞尔维亚和马其顿的

---

① 柳博·内纳多维奇：《关于黑山人》，载《1878年采蒂涅的来信》，诺维萨德，1889，第147页。里斯托·J.德拉吉切维奇：《赫尔瓦特巴沙》，载《资料（1939）》（卷22），第334页。

② 麦肯齐和厄比：《穿越欧洲土耳其的斯拉夫地区》，第229页。

③ 拉扎尔·托马诺维奇：《在解放希腊的战争中的科托尔湾地区》，扎达尔，1873，第13—14页。

④ 焦尔杰·波波维奇：《土耳其语和我们语言中的其他东方词汇》，载《塞尔维亚学术协会》（第1卷），第6页。

⑤ 尼科·S.马尔蒂诺维奇：《黑山劳工移民》，贝尔格莱德，1976，第16页。"这个题外话很有必要，与黑山在伊斯坦布尔的代表有关，因为在两次战争期间和1945年之后，在政治家的某些著作中，出现了与对这个术语的解释，他们试图用"红色的克罗地亚将黑山与没有科学依据的种族主义理论联系在一起"。

克罗地亚人（Rvatinema）这个词汇具有种族含义。[①]

第一批在伊斯坦布尔的黑山代表是由黑山人自发选举的，他们留在伊斯坦布尔，以方便与奥斯曼帝国当局进行交涉。然而，有资料显示，他们是在 50 年代初由黑山大公达尼洛·佩特罗维奇任命的。我们从大公 1855 年与来自伊斯坦布尔的外交官的通信中了解到这一点，在信中他被告知"马尔科·佩约维奇（Marko Pejović）将在他的前任的陪同下，以黑山当地代表的名义向有关当局报到"。

因此，马尔科·佩约维奇是黑山在伊斯坦布尔的代表。柳巴·内纳多维奇证实了他们当时的职责，他描述了 1859 年与克罗地亚巴沙米尚·马尔蒂诺维奇（Mišan Martinović）在伊斯坦布尔的交往。[②]

19 世纪 70 年代末，黑山在伊斯坦布尔的代表不再使用"克罗地亚巴沙（hrvat-baša）"这个名字，取而代之的是"队长（kapetan）"一词。神甫焦科·佩约维奇（Djoko Pejovic）去过伊斯坦布尔两次，根据我们的资料，他是第一个同时使用这两个头衔的人。在他第一次逗留期间，他还参观了奥斯曼帝国内地一些黑山人工作的地方。在那里，他任命了下属官员，根据与地方当局的协议，这些官员只能代表黑山人。在他离开后，当地黑山人对他们的处境和代表的组织工作感到不满，来自斯麦那（Smirne）的黑山人给大公写了一封信（1868），请求关注他们。

从程序上讲，任命黑山队长的做法有时并不统一，他们或是由大公或是由元老院任命。

---

① 里斯托·J.德拉吉切维奇，《克罗地亚巴沙》，第 335 页。

② Lj.内纳多维奇写道，克罗地亚巴沙"年轻、英俊，是一个聪明而睿智的人。他总是穿着漂亮干净的黑山礼服，上戴银色的托卡（黑山民族服饰常见铆钉式饰物——译者注）、装饰品、勋章等。他被达尼洛大公任命为在伊斯坦布尔的代表，负责保护黑山人。每个黑山人每年给他一个迪纳拉。这是他的薪水，使他可以体面地生活。土耳其政府默认了他的存在，因为如果没有他，他们会与黑山人有更多的麻烦。他是唯一一个被允许随时携带武器在镇上走动的（黑山）人；他有一把漂亮的武器，用银链锁着。他认识伊斯坦布尔和周边地区的黑山人；他知道他们住在哪里，做什么工作。他侦察和解决黑山人的争端，与土耳其警察和法院打交道，除了某些重大罪行，土耳其人便与黑山人毫无关系。如果黑山人与雇主进行诉讼而得不到全额赔偿，他总能巧妙地为自己的同胞摆平……当土耳其当局因某些事情指责黑山人时，他们会立即打电话给克罗地亚巴沙查明真相并责令他去搜查"。

关于这一职位的最早的文献之一，可以追溯到 1872 年 5 月的一份文件①。其中将队长的职责以及黑山人对队长和奥斯曼帝国当局的义务概括为 18 条。该文件实质是指示队长如何在伊斯坦布尔代表黑山人。

队长首先必须注意禁止他的属民盗窃，如果有这种情况，应立即将这些黑山人送到采蒂涅受审。如果黑山人被奥斯曼法庭误判入狱，他有权抓住真正的罪犯并将其移交给奥斯曼当局。而且，根据这些指示，为了把"真正的黑山人"从"监狱"中拯救出来，队长必须"自费上法庭，尽快把他弄出来"。② 做这类工作，他不允许要求任何补偿。不过，如果当局"以小偷为由将某个黑山人关进监狱"，则禁止队长为他的释放而求情。

除了对黑山人的工作进行全面监督（这样他们就不会在酒吧里浪费钱财），队长还可以将那些闲散的人送回黑山。他还被赋予一定的司法权。如果黑山人在争吵中分成几个"派别"——党派，也会被队长处以 30 塔勒（talir）的罚款。队长必须保留一份关于判决和罚款的特殊协议，每年两次送交元老院审查；以协议的形式保存着一份"听命于他"的黑山人的名单。队长必须要知道他们的地址，保存他们的护照——他们只有在搬家时才能拿到。对（在奥斯曼帝国的黑山人）保卫国家的义务也有特别规定。③

每个在奥斯曼帝国的黑山人每年都必须付给队长一个福林。这笔钱和罚款一起被移交给采蒂涅的国库。队长和他的秘书从元老院执政官那里领取年薪。除了队长，由当地黑山人自己选举产生的指挥官具有受薪公务员的地位。他们的年薪是 30 塔勒，不能超过 8 人。

普拉梅纳茨上尉认为，元老院规定的上述《规则手册》应再补充 7

---

① 杜尚·武克桑：《伊斯坦布尔的黑山队长，其政府和法律，法典》，波德戈里察，1933，第 2—3、127 页。

② 同上，第 128 页。

③ 第 17 条这样写道："一个黑山人如果在战争期间，不听大公的召唤归来，他就会被置于可怕的诅咒之下，他的名字便位于羞辱的行列，成为自己国家的叛徒，不能再被称为黑山人，无论在哪里，都会遭所有人的鄙视。"

项内容。1872年9月初，他将该提案提交元老院确认。提议的前三项涉及黑山人之间或黑山人与外国国民之间收受贿赂的情形。为此将处其30至100塔勒的罚款。罚款应上缴国库。如果当地黑山人的不动产和货物受到损害，其应得到赔偿。赌博的黑山人可被处以10塔勒的罚款和一个月的监禁。

由于队长的一项经常性任务是根据元老院发出的要求来偿还债务，该修正案提议，队长从所收费用的每一塔勒中保留一克拉伊采尔（krajcer）以及差旅费部分。修正案还规定了队长要登记不得参与商务活动的黑山人名单。

《规则手册》和修正案规定的队长工作内容完全属于领事范畴。这些文件没有提到黑山的政治代表权。然而，某些迹象表明存在这种最初的外交活动形式，这些迹象来自第一批黑山代表的工作。即柳巴·内纳多维奇提到的米尚·马尔蒂诺维奇，他"去俄国大使馆，就像去他自己的家一样。他特别受到当时大使馆顾问诺维科夫的欢迎"①。还有我们已经引用过的资料，即来自斯麦那的俄国领事承认伊利亚·米亚伊洛维奇（Ilija Mijailović）是"我们（黑山人）的头领"，并且土耳其帕夏"下令让伊利亚·米亚伊洛维奇作为黑山队长一事已经广为人知"。

黑山队长与奥斯曼当局以及与俄国领事和代表的接触，并没有表明在这些情况下他是黑山的政治代表。19世纪70年代的约科·约维切维奇（Joko Jovićević）队长的例子也证实了这一点。

根据约科·约维切维奇队长在1872年7月26日写给元老院的信，由于未能使当地警方成功释放两名被转移到鲁米利亚的无辜被捕的黑山人，约科·约维切维奇队长向奥斯曼帝国外交部致函。他写信给奥斯曼帝国外交部长塞费尔帕夏（Sefer-paša）。然而，部长未能接见他，部长代表穆斯泰沙尔·埃芬迪亚（Mustešar Efendija）接待了他。埃芬迪亚拒绝了约维切维奇的请求，甚至拒绝查实他的官方身份。②

① 柳博·内纳多维奇：《关于黑山人》，第147页。
② 黑山共和国历史研究所-档案室，《元老院记录（1870—1879）》，411盒。

奥斯曼当局的最高机构没有表示愿意承认黑山在伊斯坦布尔的代表的官方地位，但令人惊讶的是，黑山对此也没有特别在意。这种印象可以从对黑山代表职务的描述中看出来，该描述来自 1876 年在采蒂涅确认的队长管理指示。我们已经看到，1872 年的一份具有指导性的类似文件并没有提到任何这方面的内容。关于与奥斯曼帝国或其他国家外交机构的关系，第 2 条严格禁止队长"与土耳其官员有任何关系，也禁止与其他外国代表有关系，特别是与后者不得有任何接触，无论是出于什么原因"[1]。

1876 年 2 月 19 日的《我们在伊斯坦布尔的队长管理指示》，并没有预见到在奥斯曼帝国首都有任何形式的政治代表权。《指示》第 3 条明确"黑山在伊斯坦布尔的代表"（自 1872 年以来的正式称呼）的活动，仅限于"处理伊斯坦布尔土耳其法庭涉及黑山人的事务，而且只有在队长有权将黑山人从酒馆驱逐出去或代表黑山臣民的贸易利益时"。与外交机构的关系，无论是与奥斯曼帝国或其他国家，第 2 条有严格禁令。我们无法确定制订这一禁令的真正原因是什么。

1876 年以来的文件所记录的黑山代表的权限，与 1872 年以来的《规则手册》确定的权限相似。除了登记那些居住在伊斯坦布尔或其周边地区的黑山人名单以及有关罚款的协议外，他还有义务收缴并保留居住在伊斯坦布尔的黑山公民的护照，并将那些没有"护照"却来到伊斯坦布尔的黑山人遣送回黑山。《指示》还特别提到通过黑山境内的债务人自愿偿还债务来规范债务信任关系。[2] 在房地产买卖领域，有时买卖的房地产位于黑山，而卖家是在伊斯坦布尔缔结的合同，为了给此种交易方式确立秩序，按照规定，黑山法庭将不会批准任何此类交易。在货币债务方面，规定在黑山产生的债务与在伊斯坦布尔产生的债务同时存在时，应优先偿还前者。

---

① 黑山共和国历史研究所-档案室，《元老院记录(1870—1879)》，411 盒。
② 如果债务信用关系不以上述方式加以规范，可以预见，从《指示》颁布之日起(1876 年 2 月 19 日)到佩塔尔日期间，即使债务人不在黑山，其在黑山的财产也将被出售以偿还债务。

九、克罗地亚巴沙和黑山队长的机构特征

在 1876 年的《指示》中，黑山在伊斯坦布尔的代表权限没有显著变化，与 1872 年底以来正式规定的一样。与 1872 年的《规则手册》内容相比，只能说《指示》在范围上有所变化，因为后者对某些关系（例如债务债权人）做了更详细的规定，而其他一些问题（指挥官）则被省略了。在某些情况下，个别机构的名称发生了变化，尽管其所建立的关系的本质保持不变。我们有类似案例，即黑山代表收取其属民在克罗地亚巴沙时期必须缴纳的费用。在前面的说明中提到了这个义务，但使用的名称不同。指定向克罗地亚巴沙和队长们上交的费用说明了该机构历史发展之间的联系，也就是说，上述名称是对克罗地亚巴沙刚开始实现的代表权的回归。根据 1876 年《规则手册》第 5 条，队长必须"接收克罗地亚巴沙时的协议，他不能签发任何东西，而应立即将相关协议发送给采蒂涅金融机构的负责人"①。

克罗地亚巴沙所在机构之所以值得关注，还有另一个原因。也就是说，这种金钱收取方式也表明了黑山在奥斯曼帝国的机构有某种内部结构，其由黑山队长和其秘书组成，其余官员们也发挥了重要作用，我们已经提到过，他们是在部落基础上选举产生的。自 1872 年以来，他们一直是公务员。他们最重要的活动与克罗地亚巴沙收费有关。在德拉吉沙·武科夫·普拉梅纳茨（Dragiša Vukov Plamenac）队长任职期间的收入和支出报告中，即从 1872 年 5 月 16 日到 1873 年 6 月 28 日焦科·佩约维奇（Đoko Pejović）队长接任为止，黑山代表所征收的金额都包含在内②。

---

① 黑山共和国历史研究所-档案室，元老院记录(1870—1879)，411 盒。

② 每个人头收 1 个福林，卡通地区的两名官员收了 262 个福林，里耶卡(黑山)地区来的两名官员收了 353 个福林，从列什人手里收了 131 个福林。加上从茨姆尼察人手里收取的 615 个福林，总计 1 383 个福林。除这些金额外，队长从罚款中收取了 146 个福林，而仍有 86 个福林未收取。报告还指出，第三项收入来源是签发护照。为此收取了一个塔勒(talir)，即在上述期间因签发 13 份护照而收取 26 个福林。1873 年黑山队长的总收入为 1 555 个福林。

费用账单列有队长办公室所在房屋的"办公室"费用、家具费用，以及队长、指挥官和办事员的薪金（626 福林）。该报告只谈到了在伊斯坦布尔地区而不是向所有士兵筹集的钱款。焦科·佩约维奇队长拒绝向那些未在其管辖范围内领取所需金额的指挥官提供工资差额。关于 1874 年和 1875 年克罗地亚巴沙收费的报告虽然不太系统，但证实了相同的原则和征收到相同金额。

考虑到克罗地亚巴沙的收费方式，出现了两个问题：这种现金缴纳是什么性质？谁是指挥官？

从柳博·内纳多维奇的资料中，我们知道第一批克罗地亚巴沙曾向每个来奥斯曼帝国的黑山人收取了 1 个迪纳拉，他们以此为生。根据 1872 年和 1876 年元老院的指示，队长和其他人员是国家官员，由政府向其支付薪酬，因此克罗地亚巴沙收取费用的直接目的不是维持他们自己的生存。根据焦科·佩约维奇提交给元老院的报告可知，这一费用是按人头收取的，"它也可以在那里（黑山）购买"[1]，因此可以得出结论，这是一种根据《达尼洛法典》第 59—63 条建立起来的税收方式。最有可能的是，所有黑山人，无论是在境内还是在境外，都须服从该法典。一些研究人员通过对黑山队长（即伊斯坦布尔的指挥官）制度性质的诠释得出结论，这可能是一种从国外征收的税收类型。因此，尼科·S. 马尔蒂诺维奇在评论上述 1872 年的《指示》时声称："根据这项法律规定，在土耳其工作的所有黑山人的地位等同于黑山人在黑山的地位，他们的队长等同于黑山部落的首领。"[2] 根据马尔蒂诺维奇的说法，"黑山队长被授权在土耳其审判黑山人，就像他在黑山的部落里一样"。伊斯坦布尔队长与黑山首领唯一不同的是，他只能胁迫犯人。在刑事案件中，他必须"抓住罪犯，把他送到采蒂涅接受审判"[3]。

虽然不可能将伊斯坦布尔的黑山队长与黑山部落首领的职责完全

---

[1] 尼科·S.马尔蒂诺维奇：《伊斯坦布尔的黑山劳工及其保护》，第 18 页。
[2] 同上。
[3] 同上。

区别开来，但也不能否认他们的权限有某种巧合的相似，克罗地亚巴沙的职责可以被解释为一种类似于该国既定内部制度规定的职责。克罗地亚巴沙不是典型的税吏，但其形式仍然是对国家的一种财政义务的体现。自从队长和其他人员成为受薪公务员以来，伊斯坦布尔的黑山公民就不再为其工作提供报酬了。曾经以克罗地亚巴沙的名义收取的款项、罚款和签发护照的费用，一部分被保留用于支付指挥官们的薪金和房租，另一部分则被送往黑山。

因此，这种收入的性质，即采取克罗地亚巴沙管理形式的特征，可以从两方面来解释：一方面，这是黑山在土耳其的代表自筹资金的一种方式；另一方面，这是黑山对在海外生活的黑山人采用内部法律管理后获得的一种国家收入。但事实是，这个机构的内容已经从前一种形式演变到的一种形式。最初，它是黑山代表为开展工作自筹资金的一种形式，这些代表虽然由元老院（或大公）任命，但不从国库获得薪酬，也不具有受薪官员的地位。然而，当这种做法（即授薪）在 1872 年被确立时，从伊斯坦布尔的黑山人那里收钱的方式仍在继续，但此时不是作为一种自筹资金的形式，而是作为向国家上交税收的形式，其中一部分是为支付队长的工作开支。

在任何情况下，克罗地亚巴沙收费制都不能成为一种领事制度，因为按照规定，这些费用是针对具有领事性质的服务收取的。根据 1872 年《指示》的补充条款，克罗地亚巴沙可按照人头从债务人那里各收取一个塔勒，或从保存和签发护照等事项里收取有关费用。

要回答队长是什么人，他们的身份是什么。可以说，他们履行的重要职责具有领事特征。就其与奥斯曼帝国的关系而言，他们不是黑山的政治代表，其领事职能因之大大减少。他们的主要职责是代表黑山的臣民和保护他们的利益，而领事的一些基本职能，例如保护贸易利益、海事和其他服务则不在内，因为没有这种需求。这些队长们在没有与奥斯曼当局打交道的情况下履行了大部分领事职责：签发和保管护照，保存在伊斯坦布尔和其他城市工作的黑山人名单，调节债权和债务关系，等等。

在没有驻在国当局干预的情况下，他们还履行司法职能，解决小纠纷并收取罚款。1873年的一份文件甚至提到了位于伊斯坦布尔的黑山法院。这一职能的存在，表明在该机构的实践中，出现了最早的领事性质的活动形式。这是关于欧洲国家的执政官对其在所谓的非基督教国家（奥斯曼帝国和中东国家）臣民的司法管辖权。这些权力由欧洲国家的领事代表根据所谓的折衷协议获得，并在折衷制度下由领事拥有。①

黑山队长的管辖权不能与欧洲国家在奥斯曼帝国或其他非基督教国家的领事实践相提并论，因为黑山当时被认为是奥斯曼帝国的一部分。此外，这类权力是在国际协定——"折衷"——的基础上获得的。行使这类权力的领事代表不受奥斯曼地方法院的管辖，而黑山不存在这种越过奥斯曼地方法院的管辖权。黑山队长审判同胞的权力仅适用于因相互纠纷引起的轻微罪行，他们这样做的根据是黑山法律即习惯法。这并非质疑奥斯曼法院对法规所批准行为的管辖权，尽管在这些争端中，队长有权在法庭上代表黑山人。

可以说黑山队长具有某种领事代表性质，当然对其领事区管辖权还需要讨论。虽然这个我们暂定为领事区的区域不是按照通常的方式由一项国际协定来确定的，但仍然可以确定，尽管比较宽泛。这可以从元老院发给在奥斯曼帝国黑山人的公告中看出，公告通知他们元老院"在伊斯坦布尔和从博斯普鲁斯海峡到黑海的所有黑山人"中任命了一位新队长。②

因此，如果我们认为队长是传统领事的前身，那么由队长或元老院任命的在队长管辖范围内执行任务的官员，也可以用同样的类比称作领事代理人的前身。他们的选举方式受到了黑山社会部落组织的影响，这种组织方式被转移到了国外，所以他们和部落首领有很多共同之处。

---

① 在实行这一制度的国家中，基督教国家的国民不受地方法院的管辖，而受本国领事代表的管辖。非基督教国家的领事法庭适用原籍国的法律。
② 黑山共和国历史研究所-档案室，元老院记录（1870—1879），411盒，文件没有编号。

在土耳其的黑山代表，作为国家公务员，自称为队长或指挥官，这一事实表明，他们对黑山社会的传统价值观十分关注，而黑山社会的意识主要是被不断斗争和组织军事的国家需要所支配。

虽然这一机构的领事性质偏弱，但是不能否认在伊斯坦布尔的黑山队长具有类似黑山政治代表的某种重要性。考虑到奥斯曼帝国的国家官员也曾介入过，黑山通过这些队长实现了国家在海外层面的某些目标，无论这些目标有多么微小。该机构对国际承认黑山独立的初步形式也很重要。因此，这一代表其臣民利益的形式可以被认为是黑山国际主体性表现的开端，这是通过设立具有常驻性质的类似使节的方式实现的。因此，必须承认黑山在伊斯坦布尔设立队长具有一定的政治意义。

十、黑山代表——斯库台的代办处

除了在伊斯坦布尔的代表，19 世纪下半叶，黑山还在奥斯曼帝国的斯库台地区设立了另一个代表机构。关于该机构的名称和成立日期，文献里存在一些争议。

伊利亚·拉多萨沃维奇（Ilija Radosavović）博士在《黑山在 19 世纪的国际地位》一书①中指出，该机构的工作可追溯到 1855 年，其设立的原因是黑山和土耳其之间的政治、贸易和法律往来的需要。关于名称，他指出，它最初是一个领事代表处，后来发展成为领事馆。据他介绍，黑山的第一位代表是佩罗·佩约维奇（Pero Pejović），后来由约万·瓦茨利克（Jovan Vaclik）接替。《南斯拉夫百科全书》中关于黑山外交的章节里也提供了相同的资料。②

米洛·武克切维奇（Milo Vukčević）在《1874—1876 年战争前夕的黑山和黑塞哥维那》③ 一书中称黑山驻斯库台的代表为代理人，并说

---

① 伊利亚·拉多萨沃维奇：《黑山在 19 世纪的国际地位》，贝尔格莱德，1960，第 31 页。
② 《南斯拉夫百科全书》（卷 3），萨格勒布，1958，第 2 页。
③ 米洛·武克切维奇：《1874 至 1876 年战前的黑山和黑塞哥维那》，采蒂涅，1950，第 16 页。

他从 1864 年起就一直在那里。根据作者的说法，他的职位"不受任何官方行为的约束，但（这）是一种'痛苦的快乐'，因为他管理着黑山和阿尔巴尼亚之间的政治和贸易关系"。

布兰科·帕维切维奇在他的研究《黑山在 1862 年的战争》[1] 中指出："自 1863 年 1 月以来，黑山代表佩罗·佩约维奇一直在斯库台，他的任务是代表黑山的利益。4 月初，他被马尔科·佩约维奇取代，后者三年前在伊斯坦布尔担任黑山的克罗地亚巴沙。"

有关促成该领事馆设立的历史条件及其正式运行的更多的信息，可以在 D. 武约维奇（D. Vujović）的作品里找到：1872 年关于驱逐黑山代表的争端[2]，以及达尼洛大公要求黑山和土耳其建立直接外交关系，等等。[3]

在与奥斯曼帝国建立关系之前，格拉霍沃战役（1858）之后，发生了一件事情——黑山获得了与土耳其接壤的国际公认边界即国家地位，尽管它的国际地位并未因此改变。[4] 这一划界并没有满足达尼洛大公的所有期望，特别是关于黑山进入主权国家圈的期望。意识到与奥斯曼帝国划界的历史意义，他试图利用这一事件来加强国家的国际地位。这一想法的具体实施是要求在黑山和奥斯曼帝国之间建立直接外交关系。

这方面的活动始于对国际划界委员会提议的回应，该提议于 1860 年 3 月 8 日送交达尼洛大公和奥斯曼帝国的帕夏。大公提议建立直接的外交关系，以避免"现行做法的不便"。黑山在国际委员会中的要求得

---

① 布兰科·帕维切维奇：《黑山在 1862 年战争中》，贝尔格莱德，1963，第 519 页。

② 迪莫·武约维奇博士：《关于 1872 年将黑山代表从斯库台驱逐出境的争议》，《历史记录》1963 年第 20 卷第 4 期，铁托格勒，1963，第 585 页。

③ 迪莫·武约维奇博士：《达尼洛大公要求在黑山和土耳其之间建立直接外交关系》，《历史记录》1965 年第 22 卷第 1 期，铁托格勒，第 158—162 页。在国际划界委员会开始工作时，围绕黑山代表在委员会中的地位发生了争执，因为波尔特不愿给予黑山与其他成员相同的地位。这个问题的解决办法是，承认黑山代表有权签署黑山地图及其描述，但随后奥斯曼特使得出结论说，无需就黑山相对于土耳其的特殊地位做出任何结论。

④ 根据伊斯坦布尔会议签署的议定书，1859 年 3 月末成立了一个国际委员会，来确定黑山和奥斯曼领土之间的边界线。1859 年 11 月末，委员会在斯皮奇附近的土耳其-黑山边界设立了最后一个也是第 88 个边界标志。

到了法国代表埃卡尔（Ekar）的支持，他也指出现行做法的弱点。[①] 他建议在波德戈里察、斯库台和尼克希奇设立克罗地亚巴沙，就像在伊斯坦布尔一样。

法国关于保持黑山大公与邻国奥斯曼帕夏之间关系的方式的建议，考虑到了截至当时的做法。然而，这两种黑山代表的工作内容是不同的。虽然驻扎在伊斯坦布尔的代表的职能仅限于管理居住在那里的黑山臣民，但由于距离遥远且无法快速沟通，其代表黑山大公与奥斯曼当局和外国代表进行政治谈判是不可想象的，甚至被1876年的《指示》正式禁止，而驻扎在波德戈里察、斯库台和尼克希奇的克罗地亚巴沙则可以负责这些工作。他们本应在黑山大公和奥斯曼当局之间就各种投诉和争端进行调解，并执行维护贸易关系所要求的其他任务，以促进黑山对斯库台市场的参与。[②] 这并不排除对黑山臣民的保护，但与维持和促进贸易相比，保护黑山臣民被置于次要位置。

关于在黑山和奥斯曼帝国之间保持直接联系的建议得到了划界委员会中的俄国和普鲁士的支持。奥地利和英国专员提出了某些保留意见，而奥斯曼专员则表示，"虽然他认为法国专员的建议可能不错，但他不建议那样做，因为他没有权力决定"[③]。随着划界委员会于1860年3月27日结束工作，这个问题的解决被移交给在伊斯坦布尔举行的大使会议。在1860年4月17日的议定书中，会议"提请波尔特高层注意建立斯库台帕夏和达尼洛大公之间的直接联系"，同时成立一个地方委员会来解决有争议的问题。[④]

达尼洛大公坚持要同奥斯曼帝国外交部直接沟通，但事与愿违，一切都被简化为同邻区民众的联系，而且只能处理地方性事务。奥斯曼一方违背承诺，不顾各大国代表的敦促，没有执行大使会议的上述建议。

---

① 阿尔巴尼亚帕夏有义务就最轻微的投诉向斯库台的四位外国领事致函。他们传给大公，大公传给他们，他们传给帕夏。反过来同黑山大公交流时也是同样的程序。这非常浪费时间。

② 迪莫·武约维奇博士：《达尼洛大公要求在黑山和土耳其之间建立直接外交关系》，第189页。

③ 同上，第160页。

④ 同上。

根据上述讨论，武约维奇博士说，黑山在达尼洛大公时期与土耳其没有领事关系。他认为 1863 年是领事馆开馆的确切年份。武约维奇是根据 1872 年一名黑山领事被驱逐出斯库台的事件得出此结论的。黑山办事处的开设与上文提到的达尼洛大公关于在黑山和土耳其之间建立官方关系的活动无关。大使会议的议定书并不足以成为设立代表处法律基础。在斯库台开设黑山代理机构是奥斯曼当局默许的结果，这也是为什么黑山代理后来（1872）被驱逐的原因。

　　自 1864 年起，驻斯库台的黑山代表是佩罗·佩约维奇队长。据武约维奇称，他履职期间并没有因奥斯曼当局而遇到大的困难。他偶尔不在斯库台时，鉴于他是该机构唯一的官员，并没有人接替他。1872 年 9 月底，他因病长期离职近一年才回到斯库台。在随后的工作中，佩约维奇于 9 月 28 日向舍夫凯特帕夏（Šefket-paša）递交了一封信，尼科拉大公在信中将他推荐给了帕夏。文献指出，斯库台帕夏对黑山代表的到来并不满意，因为他与反叛的阿尔巴尼亚部落有联系。佩约维奇受到了礼貌接待。在确信档案中没有文件可以确认黑山代表的官方身份后，舍夫凯特帕夏请求波尔特批准将他免职。得到许可后，帕夏给了佩约维奇一封信，让他把信交给采蒂涅。

　　黑山代表拒绝在未经大公批准的情况下离职，他向舍夫凯特帕夏保证，书面信件会及时送达。再一次地，舍夫凯特帕夏于第二天"断然"声明，波尔特高层"不再希望黑山的代理人出现在斯库台"①，并要求佩约维奇立即离开这座城市。

　　通过俄国领事的调解，黑山代表将舍夫凯特帕夏的最后通牒延长了三天。为了解决这一争端，大公下令佩约维奇返回采蒂涅，然后给大维齐尔致信。武约维奇根据信函中的信息，确定 1863 年是黑山驻斯库台办事处设立的年份。大公在 1872 年 10 月 5 日的信中写道："我在斯库台的代表自 9 年前就（已）得到认可，因此，他被所有的帕夏接受，

---

① 迪莫·武约维奇博士：《关于 1872 年将黑山代表从斯库台驱逐出境的争议》，第 587 页。

并且在未来……他是我们两国关系的有益调解人。"①

　　另外两份文件被引用来作为论据，证明黑山在斯库台的机构自1863 年就存在了。这两份文件分别是杜布罗夫尼克的俄国领事约宁·伊格尼亚蒂耶夫（Jonin Ignjatijev）于 1872 年 11 月 4 日的报告，以及法国驻斯库台领事于 1872 年 10 月 8 日向法国皇家外交部长提交的报告。在第一份报告中，俄国领事向其外交部通报了关于黑山代表的争执并说，"有人会说以前没有这样的代表，没有他，我们也照样生活"，然后补充说，"直到那个时候，即 1863 年，他们一直在不停地打仗"②。在另一份文件中，法国代表说，奥斯曼帝国的帕夏"允许黑山在斯库台设立一个机构，该机构是在两国取得和平后立即设立的"。1862 年 8 月31 日与黑山缔结并由族长兼帕夏的埃克雷姆·奥梅尔（Ekrem Omer Pasǎ）签署的《斯库台公约》不包含任何赋予黑山在阿尔巴尼亚代表权的条款。然而，该机构的存在如果超过 8 年，将被视为一项"既成事实，并不断被时间证实"③。

　　这些文件很有趣，因为它们讨论了大国代表参与解决争端的问题。正因为如此，伊斯坦布尔政府很快放弃了最初的立场。因此，这就是为什么问题的解决不是驱逐黑山代表，即禁止他的工作，而是指责这位代表到当时为止并不称职。波尔特回复说，他们并不反对该机构的工作，只是代理人不应该是佩罗·佩约维奇，"其奇特的性格是远近闻名的"④。因此，在 1873 年初，拉代·图罗夫·普拉梅纳茨（Rade Turov Plamenac）取代了佩约维奇来到斯库台。

　　俄国认为争端的解决意义重大。除了支持黑山并肯定其独立，俄国认为黑山在斯库台的代办处的存在对其自身有益，因为"除了赞助和保护黑山的利益外，它还必将承担黑山和土耳其之间的谈判角色"⑤。在

---

① 迪莫·武约维奇博士：《关于 1872 年将黑山代表从斯库台驱逐出境的争议》，第 588 页。
② 同上，第 586 页。
③ 同上。
④ 米洛·武克切维奇：《1874 至 1876 年战争前的黑山和黑塞哥维那》，第 16 页。
⑤ 迪莫·武约维奇博士：《关于 1872 年将黑山代表从斯库台驱逐出境的争议》，第 592 页。

谈判过程中，约宁要求土耳其方面出具一份文件，作为任命黑山代表的依据，这样波尔特就不会在一开始就说黑山代表是"一个生活在斯库台的普通黑山人，而不是一个被允许拥有随从并与土耳其当局正式沟通的代表"①。然而，俄国的这些努力都没有成功，伊格尼亚蒂耶夫在1873年5月27日给约宁的信里说，"黑山大公的代表在土耳其的存在从未得到任何国际条约的承认"，但出于对黑山的尊重，他被允许在那里工作。②

显然，领事馆自1855年以来就一直在斯库台运作的观点很难让人接受，因为这意味着在与土耳其人的战争期间，即在1858年、1862年和1876年与土耳其的战争期间，领事馆的工作出现过中断。领事馆于1863年首次开馆的说法当然更有根据。

我们无法了解瓦茨利克1863年7月4日报告内容的真实性。根据该报告，在重新开馆时，"旗帜是黑山领事馆的第一个公开标志"③，是被允许使用的，因此我们无法对此做出更充分的说明。布兰科·帕维切维奇在他的研究《黑山在1862年的战争》一书中，也谈到黑山在奥斯曼帝国开设领事馆的决定及条件，即黑山代表不能在建筑上悬挂国旗，只能展示国徽。④

事实证明，1863年5月22日，在安德里耶维察（Andrijevica）小学开学之际，它的第一位老师米洛什·米洛舍维奇（Miloš Milošević）以书面形式通知了黑山驻斯库台的领事瓦茨利克。同样值得注意的是，瓦茨利克在同一年向黑山大公提交的关于斯库台局势的报告。在1863年10月24日从斯库台发出的这份报告中，瓦茨利克向采蒂涅宫廷通报了针对阿齐兹帕夏（Aziz-paše）的抗议，描述了人们如何聚集在"英国领事周围和我们房子前面空地上的情况"⑤。

---

① 迪莫·武约维奇博士：《关于1872年将黑山代表从斯库台驱逐出境的争议》，第592页。
② 同上。
③ I.拉多萨沃维奇：《黑山在十九世纪的国际地位》，第38页。
④ 当斯库台当局想对黑山施加压力时，他们采取了这一措施，例如1859年（6月6日），格拉霍沃战役后，黑山发生饥荒时。1863年5月8日，瓦茨利克的一份报告介绍了黑山人是如何在那里交易的。即，他们也赊购货物，但"如果每个黑山人将粮食或其他东西带到土耳其，他就会将土耳其人带到我们的办公室，他们的结算记录在黑山驻斯库台领馆签订的《贸易协定议定书》中"。
⑤ B.帕维切维奇：《黑山在1862年战争中》，第519页。

瓦茨利克不仅在 1863 年和 1864 年，而且很可能在 1865 年担任斯库台的领事。有关其头两年工作的说法的准确性已得到若干文件的证实。除了黑山公爵米连·武科夫（Miljan Vukov）和瓦茨利克之间关于瓦索耶维奇拒绝履行皇家关税义务的通信，瓦索耶维奇代表团于 1864 年 10 月访问了黑山驻斯库台领事一事，也证实了这一点。至于瓦茨利克 1865 年的工作，1865 年的《黑山年鉴》也有记录，其中伊万·瓦茨利克还被列为黑山在斯库台的代表，跻身于贵族官员名单中。[1]

在同一年鉴中，1866 年、1867 年、1868 年的贵族官员名单，以及 1869 年和 1870 年的政府官员名单，直到奥尔利奇《黑山年签》定期出版之前，都提到佩罗·佩约维奇是黑山在斯库台的代表。这让人怀疑佩罗·佩约维奇是第一位在斯库台任职的黑山代表，而瓦茨利克取代了他担任该职位的说法。只有认为佩约维奇在 1863 年初担任黑山代表，只是时间很短，然后在这一年年中和次年被瓦茨利克取代，并在 1864 年或 1865 年初再次被任命为黑山代表，这种假设才是可行的。正如我们所见，在提到的 1872 年争议之前，他一直待在该位置。这种说法不太可能，但在掌握准确资料之前不应被否定。

斯库台的领事机构非常重要。该机构是黑山在土耳其官方所属的领土上的一个常驻代表处，而波尔特默许它的运行，这一事实充分说明了黑山已达到的政治独立程度，并在维持与奥斯曼帝国当局的关系方面向前迈出了一步。由于与土耳其和其他国家之间派驻代表等重要外交活动是通过领事馆进行的，它可以被认为是在黑山的政治代表机构中，具有外交机构特征的第一个常驻代表机构。

黑山代表在缔结和实现商业交易、订立或确认销售合同、证明各种文件等方面的作用也很重要。通过斯库台代办处，黑山人满足了自己的大部分贸易需求。在斯库台的集市上，他们购买各种商品，从玉米和其他食品到弹药等。黑山商人们不仅是斯库台集市的主要买家，也是地拉

---

① 奥尔利奇：《黑山年鉴（1865—1870,1885）》影印版,采蒂涅,1979,第 23 页。

那和都拉斯集市的主要买家。斯库台帕夏对黑山商人的活动给予了优待。关闭斯库台或边境地区的其他集市，就如同禁止商品出口到黑山。①

与伊斯坦布尔的队长类似，黑山驻斯库台代表在解决黑山人之间的争端以及他们与奥斯曼当局的争端中也发挥了作用。他们采取措施试图解决诉讼问题，在奥斯曼地方法院的判决过程中保护黑山人，他们提供援助的范围不仅限于斯库台地区，还包括边境地区，特别是在斯普日和波德戈里察两地。黑山代表在斯库台执行的基本任务具有明显的领事性质，但通过与奥斯曼当局的接触，他们也履行政治性质的职责。由于斯库台靠近黑山，这个机构在这两种形式中，相对于克罗地亚巴沙（即在伊斯坦布尔的黑山队长）而言，内容更为丰富。

十一、黑山在科托尔的办事处

在外国领土上代表黑山利益的机构中，黑山在科托尔的办事处历史最长。虽然它并不代表与邻国奥地利的正式关系，但黑山在科托尔的办事处在黑山建国的过程中，在维持外交关系方面发挥了重要作用。

该机构有三个运行时期，很容易识别。第一个时期是佩塔尔一世和佩塔尔二世时期，第二个时期是达尼洛大公时期，第三个时期是达尼洛大公去世到1878年黑山获得国际认可的时期。当黑山与奥匈帝国建立外交关系并允许奥匈帝国在采蒂涅开设代表处时（1879），黑山驻科托尔的办事处失去了以前的政治意义，但对黑山的经济仍然很重要。

关于黑山在科托尔办事处的第一批资料，可以追溯到佩塔尔二世统治的头几年。然而，他的前任佩塔尔一世则为办事处的确立和开设做了准备工作。在主教佩塔尔一世的遗嘱中（1830年10月18日），他（除了其他叮嘱）特地留下了一份遗嘱，要求对"每个人"，"我的和你们的每一位教会成员、僧侣、学生和仆人们，就像我一直做的那样，好好照顾他们，特别是我的伊万契克（Ivančik）"。② 正如涅戈什在1830

---

① R. J. 德拉吉切维奇：《约万·瓦克契奇向尼科拉大公提交的两份关于斯库台局势的报告》，第53页。
② 里斯托·J. 德拉吉切维奇：《大主教佩塔尔一世的遗嘱》，《历史记录》1949年第3卷第5—6期，第242页。

年 11 月 7 日写给耶雷米亚·加吉奇的信中所报告的那样，黑山人履行了主教的最后遗嘱，在阅读了遗嘱后，他们发誓将"遵从他的意愿"，同时任命波波维奇为黑山人的代理。

随着伊万·尼科拉耶维奇·波波维奇-伊万契克的任命，领事代理人制度被引入到黑山同奥地利的关系中。该制度的公开设立只是伊万·波波维奇在佩塔尔一世时期所进行活动的一种官方形式。

虽然黑山代表的任所设在科托尔，但代表最初的任务并不涉及黑山和奥地利之间的关系。相反，虽然他的主要职责似乎是与科托尔的奥地利当局有关，但保存下来的档案材料证明，他在被"正式任命"后的主要职责是支持耶雷米亚·加吉奇维持与俄国驻杜布罗夫尼克领事的关系。在此之前，俄国领事就认识他，这表明他在佩塔尔一世时期也执行过这类职务。这一结论可以从涅戈什 1830 年 11 月 3 日给加吉奇的信函中体现出来，他在信中通知加吉奇有关主教的死讯，并建议派伊万契克去通报。波波维奇很快被派到加吉奇处，并带来了一封来自拉迪沃耶·佩特罗维奇（Radivoje Petrović）的信函，日期是 11 月 7 日，信中载有关于执行主教遗嘱的通知，以及任命信函的持有人为代理人的通知。

"黑山代理人"最初的工作职责是保证新当选的黑山统治者和俄国驻杜布罗夫尼克领事之间牢固的关系。通过他的协调，通信得以维持，即传递从黑山寄出的信件，并向黑山转交加吉奇的书面建议和意见等。伊万契克不仅是一个信使，他还代表当权者，根据获得的授权参与一些政治谈判。除了政治通信外，伊万契克还被赋予了财务方面的任务。此类例子在涅戈什的信件中有所体现。①

---

① 因此，佩塔尔二世在 1832 年 3 月 30 日给加吉奇的信中写道："我收到了您的两封珍贵的信函，一封是 1818 年 3 月 8 日写的，另一封是 3 月 18 日写的。从一开始，我们就看到您是如何选择把 1830 年的黑山薪酬和从您那里借来的 1 200 法郎交给我们的代理人的，为此我非常感谢您；第二，您通知我处理 1831 年的薪酬，金额是 4 500 法郎（4 张支票和 40 法郎的金币），拒绝您 1 200 法郎的借款。"佩塔尔·佩特罗维奇·涅戈什：《书信往来》（第 1 卷，1830—1837），准备出版，笔记和解释由米拉什·基乔维奇（Miraš Kićović）博士撰写，贝尔格莱德，1951，第 10 页。

从外部来看，黑山代理人的业务只是简单地传递信息，即关于杜布罗夫尼克给予采蒂涅的经济援助。但是，他的工作内容并不能被简化至这么狭隘的框架内。正如我们之前所指出的，他拥有更广泛的权力，其他例子可以证明这一点。因此，他和主教之间的官方通信是在"采蒂涅—科托尔"这条线上进行的，这表明他毕竟是黑山的"特使"，他在科托尔期间所做的贡献对黑山来说非常重要，因此他受到尊敬。他执行的任务带有机密性质，是从"黑山主教和继任者"拉迪沃耶·佩特罗维奇那里接受的。[①]

鉴于上述所有因素——他在科托尔的居住，以及他所从事的工作性质，不能否认其作为黑山代表在另一个国家领土上从事工作的重要性。鉴于与奥地利的关系及其对黑山国内事务的影响与众不同，科托尔办事处的主要职能并非针对其所在国家的当局。这就是为什么涅戈什与奥地利边境专员和科托尔地区行政长官米歇尔·马泰里尼（Michele Martelini）的通信没有通过黑山代表进行。他在与此人以及后来在科托尔的一位奥地利高级官员加布里埃尔·伊万契奇（Gabrije Ivančić）的通信中，都没有提到黑山的代表，但这并未削弱其工作的重要性。

尽管波波维奇是一位重要的"国家官员"，但他却是从俄国领取的补贴。我们从 1833 年 2 月 25 日波波维奇逝世之际，涅戈什给耶雷米亚·加吉奇的信中了解到这一点。这封信指出，由于伊万·尼科拉耶维奇·波波维奇于 2 月 21 日"从暂时的生活转入永恒的生活"，"他生前在俄国享受的薪酬"将转予死者的家属。[②] 事实上，在伊万契克工作期间，"塞尼亚温（Senjavin）海军中将带着帝国陛下的一个中队和国务委员桑科夫斯基，被派去他那里执行重要的公务……"[③] 这是伊万·波

---

① 涅戈什在 1833 年 11 月 11 日写给加吉奇的信中有一段话很好地说明了他的这一职责范围："我们有时间就把伊万契克派到你处，并建议他在来我们这里之前和你谈论一切并继续以后的讨论。"《书信往来》(第 1 卷，1830—1837)，第 12 页。

② 涅戈什在 1833 年 11 月 11 日写给加吉奇的信中有一段话很好地说明了他的这一职责范围："我们有时间就把伊万契克派到你处，并建议他在来我们这里之前和你谈论一切并继续以后的讨论。"《书信往来》(第 1 卷，1830—1837)，第 176 页。

③ 同上，第 181 页。

波维奇在科托尔任职期间，黑山代理机构所执行的具体任务之一。由于他的忠诚，沙皇亚历山大一世每年给予他 400 卢布的薪酬。在他去世后，黑山代理机构在一段时间内不复存在，因为它所执行的任务被委托给了不具备这一头衔的人。

起初，拉迪沃耶·佩特罗维奇要求加吉奇将寄给他的所有信件交给"我们已故代理人的妻子"维察（Vica，也作 Vicentija），直到她找到"一个我们可以提前把信件委托给他的人"。① 早在 1833 年 4 月，拉迪沃耶·佩特罗维奇就派斯泰凡·波波维奇（Stefan Popović）申请 1832 年的"黑山薪酬"。他没有被任命为代理人，但涅戈什称他为"作家"或"我的知己"。② 次年，涅戈什派他的秘书迪米特里耶·米拉科维奇（Dimitrij Milaković）为黑山寻求财务支援。1835 年 3 月，米拉科维奇被派去接管"2 600 元的账目和 1 000 枚金币"③。自从 1836 年他被派往俄国执行一项特殊任务以后，从 30 年代开始，黑山代理最重要的任务之一就被托付给了警卫拉多万·姆尔查里察（Radovan Mrčarica）。

黑山宣布为公国后，黑山代理人的问题再次亟待解决。正如我们将看到的那样，达尼洛·佩特罗维奇在这些事务中依赖别拉迪诺维奇家族，涅戈什在他生命最后几年与他们建立了密切的联系，并用他们为自己服务。早在 1845 年，所有由米哈伊洛·武切蒂奇或耶雷米亚·加吉奇经手的从的里雅斯特和杜布罗夫尼克运给主教的货物都寄给了科托尔的商人斯泰凡或马尔科·别拉迪诺维奇。④ 根据现存文件，别拉迪诺维奇家族没有被赋予任何官方职务或头衔，通信中也没有强调他们的特权地位。然而，别拉迪诺维奇兄弟，尤其是斯泰凡，在佩塔尔·佩特罗维奇·涅戈什二世时代作为涅戈什知己这一事实，可能促使达尼

---

① 《书信往来》（第 1 卷，1830—1837），第 170 页。

② 同上，第 183 页。

③ 同上，第 312 页。

④ 《书信往来》（第 3 卷，1843—1851），第 268，372，389，420，430 页；耶夫托·M. 米洛维奇：《佩塔尔·佩特罗维奇·涅戈什二世》，载《资料（1830—1851）》（卷 5，1848—1849），铁托格勒，1987，第 649，524 页；卷 6，1850—1851，第 45 页。

洛·斯坦科夫（Danilo Stankov）继续使用他们，并试图赋予他们所从事的工作以官方身份。他的意图不仅是简单的、片面的授权，即在科托尔任命一名"黑山代理"，他试图获得奥地利方面对这种代表地位的承认。这标志着在历史上，黑山代理在科托尔工作的第二个时期的开始。

黑山在宣布为公国之后的时期，与奥地利相对良好的关系得到了巩固，这首先得益于维也纳宫廷表现出的积极态度，此外还由于对俄国影响力扩大的担心。与其他欧洲国家的态度不同[1]，有消息称，奥地利政府打算正式承认黑山为一个国家，黑山甚至任命了一个代表团，准备向维也纳内阁提出请求。南部斯拉夫民族的报纸报道了这些信息，这些报道表现出极大的热情，这说明在一些南部斯拉夫国家，达尼洛·佩特罗维奇大公的宣告得到了回应。这显然与大公于 1853 年初抵达维也纳有关。

维也纳的政策并没有那么激进，至少就当时的黑山而言，它还算比较现实。奥地利承认奥斯曼帝国对黑山的正式主权，但由于苏丹无法在该地区行使权力，只得通过与黑山当局的直接接触，解决彼此关系中所有的争端——从划界问题到邻国强加给他们的其他问题。

另一方面，当时的黑山也有兴趣与奥地利保持良好关系。这尤其受到以下事实的影响：一旦涉及国家经济生活，即内部市场组织受到威胁时，就很难说"谁更需要谁，是科托尔湾更需要黑山，还是相反"[2]。黑山在奥地利城镇有三个集市：科托尔（周二、周四和周六）、里桑（除周日外的每一天）和布德瓦（每周六）。[3]

---

① 如果不是担心俄国在该地区的影响力扩大，奥地利可能更愿意将黑山宣称为一个受其青睐的公国。这是因为以这种方式在塞尔维亚和南部斯拉夫民族之间建立了另一个政治中心，可能使他们更难以实现统一的想法。同样的道理，塞尔维亚也注意到黑山宣布为公国的消息，它打乱了"加拉沙宁（Garašanin）的计划，阻碍了他的国家政治宣传，并揭示其在与佩塔尔·佩特罗维奇·涅戈什二世主教建立联系而没有预料到的政治争端和冲突发展的可能性"。这就是为什么加拉沙宁称达尼洛大公为"疯子""阿基辛"和"自己也不知道遇到了什么"的"魔鬼"。B. 帕维切维奇：《达尼洛大公》，第 70 页。

② B.帕维切维奇：《达尼洛大公》，第 437 页。

③ 奥尔利奇：《黑山年鉴（1865）》，第 78 页。

正是因为与科托尔稳定的贸易关系关乎民生，达尼洛大公在他统治的第一年就试图使黑山和奥地利之间的关系正式化。因此，1852年4月，元老院试图在科托尔正式任命代理人——斯泰凡·别拉迪诺维奇。1852年4月28日元老院首脑佩罗·佩特罗维奇给科托尔湾地区行政长官 M. 雷塞塔鲁（M. Rešetar）的一封信证明，黑山政府承认"科托尔居民和公民斯泰凡·别拉迪诺维奇"为其代理人，并要求奥地利当局也承认他的身份。①

杜尚·武克桑说，任命别拉迪诺维奇的主要原因是，黑山人在科托尔的集市上受到各种歧视。他们被禁止进入科托尔集市，只能进入黑山集市。同时，黑山人在该地区也不安全，他们经常受到军队和警察的骚扰，尤其是当地财政官员的骚扰。任命代理人是为了确保当地黑山人受到保护，与奥地利当局的代表交往，以及协助缔结各种贸易协定。除了这些原因，我们认为，黑山还希望在与奥地利当局的类似交往中，进一步获得国际肯定，黑山在这方面的政治期望比这项任命本身更为重要。维也纳宫廷没有对黑山宣布为公国做出消极反应，这被认为是促使科托尔当局对任命黑山代理的官方行为做出积极反应的有利时机。但是，事实证明，所有这些计划都过于乐观了。奥地利回答说，他们既不承认这个代理人，也不需要他来维持它们之间的相互关系。② 因此，黑山的这种设立代表机构方式，与黑山在奥斯曼帝国领土上运作的其他代表机构命运相同。尽管他们的工作没有得到驻在国的正式批准，但为了互利，他们的活动是在这些国家当局的包容下进行的，关于如何建立关系，并没有严格的规则可以参照，这是由于黑山还没有受到国际承认。因此，别拉迪诺维奇继续"非正式地"履行黑山在科托尔代理人的职

---

① 黑山国家博物馆（AOMCG）档案，达尼洛一世，1852年，第1盒，无文件编号。
② 奥地利科托尔当局的代表答复如下："您在4月16日和28日的信中通知我的代表，您已选择斯泰凡·别拉迪诺维奇先生为尊敬的元老院的代理人，为此，我奉我的上级当局的特别命令，通知最尊敬的阁下，奥地利政府总是应黑山的要求，考虑到所有因素，现在这种情况下，我们无法批准您以一般性理由提出的议案……您的信函。"黑山国家博物馆（AOMCG）档案，F,达尼洛一世，1852年,第1盒。

责。鉴于他是"奥地利公民"，在两个主权实体之间存在正式法律关系的情况下，他可以被列为名誉领事代表。

斯泰凡·别拉迪诺维奇成功地代表了黑山，两次因"为黑山政府服务"而受到俄国沙皇的表彰。①

别拉迪诺维奇家族的另一位代表马尔科在黑山的政治生活中占有重要地位。他是达尼洛大公的副手，因此，他经常在科托尔当局面前担任黑山大公的受托人。1852 年 7 月，大公授权他在 1853 年 2 月于科托尔的特里芬法庭上代表他处理"孙代契奇－弗拉斯泰利诺维奇"（Sundečić-Vlastelinović）的纠纷案，特别授权书被保存下来。②

别拉迪诺维奇一直是达尼洛大公的亲密伙伴，直到大公去世。1854 年 8 月，马尔科·别拉迪诺维奇奉大公之命前往维也纳，向俄国外交代表戈尔查科夫送信。大公在 1860 年遭暗杀袭击后，被转移到他在科托尔的"代理人"别拉迪诺维奇的家中，并于次日去世。③

黑山代表——1860 年后在科托尔的代理人——的命运如何，以及他是否一直存在到 1870 年，尚不清楚。奥尔利奇《黑山年鉴（1865—1870）》在"大公的官员"一栏中记载，作为唯一的黑山代表，在斯库台，是约万·瓦茨利克（Jovan Vaclik）（1865）和佩罗·佩约维奇（1866—1870）。在 1865 年题为"黑山最新统计资料"的文本中，明确指出"黑山在斯库台只有一名代表"。与奥尔利奇年鉴接下来三年的记录一样，只有佩罗·佩约维奇（黑山在斯库台的代表）作为黑山代表出现在名单中，据此可以断定没有其他类似的代表。然而，这些报告没有提到伊斯坦布尔的黑山队长的名字，尽管他们大部分在当时是正式任命的，但他们直到 1872 年才具有官方地位。因此，仍然假设科托尔的代表有可

① 第一次是在 1852 年底，应达尼洛大公的请求，他被授予了刻有"感谢"字样的金章。在 1860 年达尼洛大公于科托尔被暗杀之前，别拉迪诺维奇获得了第二枚俄罗斯帝国勋章。据《塞尔维亚日报》报道，1860 年 7 月 28 日，俄国驻杜布罗夫尼克总领事佩特科维奇向元老院成员和佩塔尔·武科蒂奇公爵以及黑山驻科尔代理人斯泰凡·别拉迪诺维奇颁发了圣弗拉基米尔勋章。

② 授权书的内容是："弗拉斯泰利诺维奇，这样他就可以在这所房子里签订协议、收钱、交钱、更换另一个官员……"黑山国家博物馆（AOMCG）档案，F，达尼洛 I，第 1 盒，177 号文件。

③ 《黑山之声报》，1906 年，采蒂涅，编号 29。

能发生相同的情况。在奥地利地方当局面前代表黑山和保护该城市黑山人民的利益，仍由别拉迪诺维奇家族中的某个"受人尊敬的人物"作为代表来执行。

根据上述《黑山年鉴》的记载，黑山于 1870 年在科托尔任命了第一位受薪的国家代表。佩塔尔·拉马达诺维奇（Petar Ramadanović）被任命担任这一职位，并一直担任到 1906 年。然后，韦利米尔·拉马达诺维奇（Velimir Ramadanović）被任命接替他的位置。

至于这段时间内该代理人在科托尔的工作内容，尽管那是在另一个国家进行的，但仍可以将其描述为与黑山代表在斯库台的工作同等重要。该机构主要与黑山元老院进行沟通，当债务人在黑山而债权人在科托尔时，按照元老院的要求进行债务催收；在商业交易方面，代理人曾被要求负责协调黑山货物的销售。

除了上述工作外，科托尔的黑山代理人还执行与继承有关的财产任务，即黑山人死后财产的继承事务。这些往往是政治移民的财产，这些移民数量相当多，他们自涅戈什时代或达尼洛大公统治的最初几年以来陆续移民。此外，还要签订或确认各种销售合同、颁发在科托尔湾可能进行交易的证明，并确认护照等。贸易事务是最重要的，因为黑山的经济生活依赖于此。大部分重要的食品如面粉、盐等都是通过科托尔进口的，科托尔还是黑山的"火药市场"。所有的牲畜出口、干肉和鱼都要经过科托尔运往的里雅斯特或意大利和马耳他等其他地方。黑山代理人还负责组织货物运输。

从上述所有情况可以看出，黑山代表在科托尔的活动首先是领事性质的。他在黑山未获得国际承认时出现在奥地利领土上，也具有政治意义。然而，这种类型的业务在他的工作中并没有占主导地位，因为元老院直接与科托尔的奥地利当局——C·K·公国，即 C·K·科托尔政府和科托尔市政府——通信。但是，也有黑山通过其代理人向奥地利当局通信的情况。执行这些任务使黑山代表具有外交重要性。这些零星任务并不能改变其主要的领事形象。

第四章

黑山在建国时期的特别外交

第一节　第一批国家权力机构成立后的特别使团

一、特别使团性质的变化

虽然前一章所描述的黑山外交代表的形式可以被认为是现代意义上的外交代表，但设立临时代表的做法不能被认为是拥有外交代表权，我们谈论的是与常驻外交相对的早期外交活动形式。在外交理论中，这种形式的代表被称为临时外交，作为一个通用术语，它也包含通过特别使团进行的外交活动。

历史、法律、外交和其他资料中的例子表明，欧洲、亚洲、非洲和美洲的古代民族和国家也曾有过某些特别的使团。其本质是临时派遣一个国家的代表到另一个国家去执行某种任务。它们之间的主要区别是根据其活动的主题是政治任务还是宽泛的所谓技术性事务而定。通过派遣和接收特派团，宣战、缔结和平协定、结盟、贸易和其他对国家重要的问题都得到了解决。

不用说，特派团的做法主要是以国家作为国际实体。就黑山而言，在这类关系中，有一些特殊性。在关于 18 世纪黑山实现的国际关系的部分论文中，我们指出，在第一批国家权力机构建立之前，即在奥斯曼地方政府权力被推翻之前和在黑山与北部山区实现统一之前，通过暂时性的代表进行交流的形式就已经出现了。在通过特派团进行的联系中，黑山在其他主体面前采取主动或被动的形式，但不是作为一个国家，而是作为一个具有获得独立和建立国家组织倾向的地缘政治个体。为了实现这些目标，黑山寻求与其他国家合作。

随着第一批国家权力机构的成立，黑山派遣的特使具有了不同的性质。法律秩序的引进使其他国家对黑山的态度出现了转折。国家主体性的实现程度改变了其国际关系的内容。随着这一进程的发展，特派团被委托去处理作为国家的黑山和其他国家的关系问题。这种接受定期派遣团和接待其高级别的政治代表而不管该国是否被承认的做法，导致人们得出这样的结论：其领土和合法的国家创立过程已经完成，黑山建国成了一个不争的历史事实。

在黑山与世界关系的后期，即黑山作为具有主权国家属性的国家存在时期，与当时的"欧洲惯例"相比，特派团制度的特别之处在于，它们是在发达国家常驻外交使团形式盛行的情况下实行的。然而，尽管在 18 世纪末，特派团在发达国家的外交实践中失去了往日的意义，这种国际交流也从未停止过。

在黑山，最初使用这种形式是因受到国家创立延迟（即较晚获得国际实体地位）的制约。在黑山外交历史上，设立特派团与（其他国家）设立常驻代表机构不同，它与另一种或其他类行的典型模式相比，具有明显的特点。

二、佩塔尔·佩特罗维奇·涅戈什一世时期的使团

18 世纪偶尔派遣授权代表执行与国家利益相关任务的某些做法，在佩塔尔一世时期仍在继续。

尽管两国关系经历了更明显的危机，但俄罗斯帝国仍是黑山的主要外交政策伙伴。黑山同奥地利以及当时同法国建立的联系并不那么

重要，因此这可能被认为是黑山外交政策的一个特点。黑山对俄国政治上和物质上的依赖占了主导地位，这也决定了黑山需通过派遣特使来代表其外交政策的方向。虽然就全球外交而言，这种特使派遣与前一时期相比没有显著差异，但在方式上有一些新意。这一时期黑山派遣代表团得到认可的原因，可能是和造成佩塔尔一世与俄国宫廷之间关系"不良"的事件有关①。

这一时期的临时外交保留了早期黑山主教时期的基本特点。无论如何，这对黑山的全面外交活动产生了积极的影响。关于佩塔尔一世在俄国的逗留，我们已经说过与瓦西里耶主教的第三次访俄、塔拉索夫到访黑山、黑山与奥地利之间建立政治联系有关。为了清楚起见，我们将简要回顾一下这些问题。

佩塔尔·佩特罗维奇·涅戈什一世曾三次在俄国首都逗留。计划中的求学之旅是他首次往访的原因。这次旅行的目的因瓦西里耶主教去世（1766）而中断，当时陪同他到俄国的是修道院院长佩塔尔。这个意外情况迫使他迅速返回黑山。1778—1779 年，他第二次访问俄国首都，却没有得到更好的结果。② 第二次访问前，佩塔尔一世曾在 1774 年试图在总督拉多尼奇不知情的情况下前往俄国。根据历史学家的说法，这次并没有成功，修道院院长佩塔尔只到达了维也纳。当时，采蒂涅大主教区为首的是阿尔塞尼耶·普拉梅纳茨。第二次访问是在同奥地利建立政治关系之后，在与约万·拉多尼奇总督的合作下进行的。虽然合作有明确的任务，却以失败告终。因此，黑山与俄国的关系也陷入了危机。

在卡尔洛夫齐接受祝圣仪式之后，黑山的都主教第三次访问圣彼得堡（1785），也没有取得更好的结果。他被驱逐出俄国，几乎失去了所有后续入境的可能。因此，与他的前任和继任者不同，作为统治者的佩塔尔一世，很少与俄国宫廷以及其他国家宫廷的高层政治人物进行

① 这一方面显而易见地表现为黑山与俄国之间的政治关系恶化，这是由于什切潘·马利的出现造成的；另一方面表现为俄国政界对黑山与奥地利之间的关系进行了过度评估。
② G.斯塔诺耶维奇：《黑山建国前》，第 24 页。

个人接触。在这些受祝圣的人物中，他显然是唯一一位受到奥地利皇帝约瑟夫二世接见并"亲自向他致谢"的人。[1] 在他一生与其他高层政治人物的会晤中，与俄国亲王格里高利·波特金（特使：M. 塔拉索夫和 S. A. 桑科夫斯基）和奥地利总理考尼茨的会谈，特别是他与法国将军马尔蒙和洛里斯顿的政治接触，被认为很重要。

三、授权代表

尽管佩塔尔一世与外国国家元首没有多少私人联系，但黑山与外国宫廷关系密切，这是通过授权代理人来实现的。除了通过副主教修道院院长武切蒂奇、尼科拉·达维多维奇·查尔诺耶维奇（Nikola Davidović Čarnojević）、马泰伊·武契切维奇、萨沃·普拉梅纳茨和其他人——前面已经部分讨论过，黑山在俄国的利益也以"纯粹的特别使团"和具有常驻性质的代表团的形式代表。由于表达比较特殊，这类代表可能被过分强调了重要性，即被列为黑山在俄国的常驻代表。考虑到当时的国家发展水平，我们没有这样做。采取这种类型——作为边缘案例，我们在关于特别使团一节中已经介绍过。这些是关于佩塔尔一世主教、伊万·武科蒂奇和阿塔纳西耶·斯托伊科维奇（Atanasije Stojković）的代表或受托人的活动。作为俄国的永久居民，他们被授权执行黑山事务，主教称他们为他的"受托人"或"代祷者"，他们是黑山的官方全权代表。

主教佩塔尔一世和伊万·武科蒂奇之间的联系可以追溯到 1819 年。然后，武科蒂奇向主教要求"贵族出身"证明，即证明他是伊万·武科蒂奇公爵和安娜的儿子，出生于伊瓦诺维奇。主教与他会面，并在科托尔法庭出示了五位著名长老签署的证书，伊万·武科蒂奇成为黑山在俄国的官方代表。[2]"亲信"（俄语词，意思是授权）的职责是接收黑山

---

[1] 参见 B. 帕维切维奇：《佩塔尔·佩特罗维奇·涅戈什一世》，波德戈里察，1997；《黑山史》（第 1 卷第 4 册）；B·帕维切维奇：《黑山民族国家的创建（1796—1878）》，波德戈里察，2004。

[2] B. 帕维切维奇：《关于伊万·伊瓦诺维奇·武科蒂奇和马泰伊·武契切维奇在黑山的使命》，《历史杂志》1956 年第 7 期，贝尔格莱德，第 25 页。

主教的信件并根据其内容行事。根据主教的推荐，来俄国学习的人也给他带来信件。主教的侄子焦尔杰·萨沃夫·佩特罗维奇就是这种情况。1825 年 6 月，主教给伊万·武科蒂奇写信，描述黑山的困难形势，并要求他将"附信"交给加利辛亲王。① 这封信要求俄国支付黑山在征服布德瓦期间花费的 16 000 金币。

根据收到的指示，武科蒂奇向俄国副总理加利辛致函，并（于 7 月 22 日）将主教的信件交给他。为了使他的努力更有把握，主教还写信给诺夫哥罗德主教。由于这些问题的解决没有按照预期进行，主教在 12 月初给加利辛亲王发了一封新的信函。他没有得到预期的答复，而对方建议他向奥地利提出请求。杜尚·武克桑估计，由于上述政治努力的失败，武科蒂奇放弃了进一步履行"忠实于宫廷和俄国政府"的职责，并推荐阿塔纳西耶·斯托伊科维奇教授担任该职位。

斯托伊科维奇"为整个学术界熟知"，并且可以"做很多好事"。由于他曾表示愿意"与所有力量"合作并"为人民巩固繁荣"做努力，正如 D. 武克桑记载，主教任命他负责黑山事务。

第二年，也就是 1826 年，佩塔尔一世与俄国宫廷的大部分通信都是通过斯托伊科维奇进行的。其中，在 5 月 13 日，他对沙皇亚历山大一世的逝世表示哀悼，并祝贺新沙皇尼古拉即位，表示希望得到他的庇护和帮助。1826 年 12 月 12 日，主教写信给沙皇尼古拉，指出他的祖先一直都在向俄国沙皇寻求帮助，"为了建设黑山的政府和学校，他也加入了请求的行列"②。根据 D. 武克桑的说法，主教通过斯托伊科维奇转达了所有这些请愿和恳求。

文献中没有关于斯托伊科维奇何时进行上述工作的信息。根据一些信息来源，他再次被伊万·武科蒂奇取代，1830 年他抵达黑山时仍担任该职位。在 11 月 11 日写给加吉奇的信中，涅戈什向"俄罗斯守护神"寻求建议，并希望将斯托伊科维奇送到帕尔费诺夫卡（Parfenovku）

---

① 杜尚·D.武克桑：《佩塔尔·佩特罗维奇·涅戈什一世和他的时代》，采蒂涅，1951，第 334 页。
② 同上，第 363 页。

"我们信任的"伊万·伊瓦诺维奇·武科蒂奇那里。他应该"找到武契切维奇",而这个人需要将俄国宫廷的信息带到黑山。武科蒂奇住在哈尔科夫省,在那里他拥有"千人大庄园",即拥有"来自波德戈里察的伊万·米哈伊洛维奇伯爵的遗产"。

关于佩塔尔一世去世后"授权代理人"的地位,拉迪沃耶·佩特罗维奇于 1830 年 11 月写信给加吉奇称:"为了我们在俄国的信使和受托人,也是为了我们未来的政治生存,我们按照当局的命令写下了很多东西,并且更重要的是,他仍然从我已故的叔叔那里得到了广泛的指示,我们希望这些指示能够被执行下去,并且不会被我们改变或夸大。"[1]按照主教佩塔尔一世授予他的权力,武科蒂奇应该继续履行他的职责,而现在他是新"首脑"的"亲信"。尽管他是被"单方面任命的",但俄国官员知道他在黑山和俄国关系中的特殊作用。为了证明这一说法,这里引用内塞尔罗德信中的内容,其中提到了佩塔尔一世去世后伊万·武科蒂奇和马泰伊·武契切维奇抵达黑山。据说武科蒂奇"在俄国待了一段时间","已故的大主教把他推荐给我们,称他是知己和可信赖的人"。[2]

我们给出的例子说明了授权代理人的工作内容,表明斯托伊科维奇和武科蒂奇被称为"佩塔尔一世的官方代理人"有很多原因。正如我们所看到的,武科蒂奇以这种身份为人所知,这一事实支持了俄国外交部关于他们所履行的职能具有"官方性质"的说法。尽管他们活动的某些外在特征无疑与常驻代表工作形式相似,但此种"信任"不能被视为是常驻代表待遇。尽管在当地常驻,但他们并不是黑山在俄国宫廷被正式"认可"的代表。在这种身份下,他们甚至没有受到俄国官员的接待,因为主教佩塔尔一世"有一段时间"只是"向俄国宫廷引荐"武科蒂奇为"值得信任和尊敬的人"。他的任务是促进与俄国宫廷的政治沟通,他的地位并没有得到更大程度的制度化。在他的职位上,找不到任

---

① 佩塔尔·佩特罗维奇·涅戈什:《书信往来》(卷Ⅰ,1830—1837),第 12 页。
② 杜尚·D.武科桑:《加吉奇 1832 年在黑山的使命》,《历史记录》1938 年第 19 卷第 3 期。

何外交性质的因素可以适用外交代表级别的规则。这就是为什么佩塔尔的使节不能像有些文献里提到的那样，被归类为临时代办的原因。

这种与俄国保持关系的方式可能是由于两国之间在空间和地理上的距离所致。主教的态度也加强了这一点，在圣彼得堡并不美好的逗留，让主教经历了种种不便，他今后将不再访问俄国宫廷。上述人士是作为他的授权代理人的，这些人确实不是典型的特使，但他们的常驻形式并不足以被称之为黑山的常驻授权特使。

由于在各国的外交代表被认为是统治者的个人使节，因此提到的"亲信"代表的是主教而不是国家，这可以作为一个理由，在此类情况下，他们是某种形式的外交代表。然而，即使有了这一解释，且他们的活动具有政治性质——这是外交的一个重要特点，他们仍不能被认为是常驻外交代表，因为他们缺乏确立这一地位的重要法律基础，即向另一国家元首递交国书的过程。这种做法除了需要国家实体切实存在外，还需要得到官方的承认，即具有国际关系中权利和义务承担人的地位。即使假定这种关系是主权国家或宫廷之间的关系，武科蒂奇和斯托伊科维奇也不能被视为第四类外交代表，即符合国际法的代办，因为佩塔尔一世不是一个受国际公认的主权国家的元首。

在黑山派出常驻代表之前，这类代表是黑山从临时代表到常驻代表过渡过程中有趣的案例。其完整形式将在获得国际承认后实现，这不仅是对驻俄国的代表来说的，对驻其他一些欧洲国家的代表来说也一样。

四、佩塔尔二世时期的特别使团

佩塔尔一世时期，黑山在外交政策方面没有与俄国当时的最高政治人物接触。佩塔尔二世统治时期的状况完全不同。这位年轻的黑山主教和诗人是圣彼得堡宫廷的常客，尤其是维也纳宫廷的常客。由于他的世界之旅，特别是在他生命的最后几年，因为疾病而频繁地去意大利，可以说，他是黑山史上与欧洲宫廷的政治官员和其他人物联系最多的主教之一。

主教佩塔尔一世去世后，立即有人提出修道院院长拉迪沃耶·佩特罗维奇前往圣彼得堡的问题，新"主教"意欲在俄国首都那里"接受祝圣为主教"，其前提是加强他在该国的政治影响力。这样做，他将获得政治支持，很容易想见，俄国宫廷的物质援助被评价为是对"新统治者"开始政治活动的重要支持。

俄国方面没有立即批准拉迪沃耶·佩特罗维奇的请求。这不仅发生在 1831 年，次年 1832 年也同样如此。1831 年 8 月，"黑山代表"武科蒂奇和武契切维奇从俄国给黑山带回了拖欠的 7 000 卢布的财政援助，同时由于黑山国内开始实施的国家改革，主教的俄国之行自然推迟了。此外，同年 10 月，黑山对波德戈里察发动了袭击，引起俄国宫廷的不满，因为这违反了与土耳其人保持和平关系的指示。1832 年 6 月，加吉奇使团的到来旨在警告黑山人，俄国不会批准或支持他们的征服行为，俄国的支持和武契切维奇①出使圣彼得堡能否成功将取决于"其建议在黑山得到执行的准确性"②。

这无疑是拉迪沃耶·佩特罗维奇推迟前往圣彼得堡的原因之一。此外，俄国宫廷和政府对"黑山新首脑"的情况一无所知。除了因为他太年轻而不能被祝圣为主教，在俄国首都，流传的关于黑山第一公民的各种传闻也使他陷入了困境。为了避免仓促行事，在对拉迪沃耶·佩特罗维奇的到来做出决定之前，俄国宫廷将亚历山大·罗伊茨（Aleksandar Rojc）派往黑山。

亚历山大·罗伊茨的任务是收集黑山和已故主教佩塔尔一世继任者的信息。③ 虽然这次访问的结果总的来说是积极的，但是俄国并没有因此批准涅戈什前往圣彼得堡。除了宫廷的沉默外，拉迪沃耶·佩特罗

---

① 1832 年上半年，马泰伊·武契切维奇往访圣彼得堡的任务（文献中几乎没有相关信息）对黑山来说是成功的。武契切维奇设法确保了 20 000 卢布的援助。

② D.武克桑：《加吉奇 1832 年在黑山的使命》，第 133 页。

③ 佩塔尔·I.波波维奇博士：《佩塔尔一世和佩塔尔二世时代的黑山》，第 143—144 页。

维奇在俄国的首次出访也因该国的局势而变得复杂起来。伊万·武科蒂奇也反对他离开，因为拉迪沃耶·佩特罗维奇的存在是为了让"人民能更好地适应"刚引入的秩序。然而，"不可能留住他"，涅戈什在1833年中期武断而过早地前往俄国。① 佩塔尔·I. 波波维奇在他的书中引用了其他证据，譬如在1833年5月23日，黑山举行了一次会议，会议决定修道院院长佩塔尔应该前往俄国并被祝圣为主教，同时向沙皇提出黑山的需求，因此涅戈什这样做并非出于武断。

在迪米特里耶·米拉科维奇和斯泰凡·佩特罗维奇的陪同下，拉迪沃耶·佩特罗维奇于6月19日离开科托尔前往的里雅斯特（他于6月27日抵达意大利港口）。② 短暂停留后，他继续前往维也纳。他从俄国驻维也纳大使D. P. 塔季谢夫那里收到了护照以及给副总理内塞尔罗德的引荐信。在维也纳逗留两周期间，他遇到了武克·卡拉吉奇（Vuk Karadžić）和耶尔内伊·科皮塔尔（Jernej Kopitar）。③ 这些会晤对涅戈什的文学作品和印刷厂工作的起步都很重要，随后几年里，《武克谚语》便被印刷出来。

涅戈什于1833年8月上旬抵达俄国首都。他和自己的随行人员被安置在亚历山大罗夫斯科内夫斯基修道院。他到达时，首先受到副总理内塞尔罗德的接见，他向内塞尔罗德递交了塔季谢夫的引荐信④，后者认为"涅戈什在治理人民方面表现出来的决心和正义"以及他所获得的信任，足以让沙皇册封其为主教⑤，让他得到"行使权力并取得更大成功"的机会。内塞尔罗德也了解黑山领导人希望涅戈什在俄国被加封为

① 佩塔尔·I.波波维奇博士：《佩塔尔一世和佩塔尔二世时代的黑山》，第144页。
② 在的里雅斯特，他访问了塞尔维亚和希腊的教堂和学校，他也是马泰·伊瓦诺维奇大公的客人，他把《卡门什塔克(Kamenštak)之声》献给他。佩塔·科伦迪奇：《涅戈什的〈卡门什塔克之声〉》，由佩特拉·森蒂萨萨翻译成意大利语，载《塞尔维亚皇家学院论文集》第94期，第5页。
③ 帕夫莱·波波维奇：《佩塔尔·佩特罗维奇·涅戈什二世的生平》，采蒂涅，1966，第18页。克鲁诺斯拉夫·斯帕西奇博士：《涅戈什和法国人》，扎耶卡尔，1988。
④ 耶夫托·M.米洛维奇：《佩塔尔·佩特罗维奇·涅戈什二世和他的时代》，铁托格勒，1984，第122页。
⑤ 同上。

大主教的愿望。

俄国沙皇尼古拉一世同意了这一请求，"不是看在这位二十岁的青年面子上，而是考虑到早期的那些案例"，沙皇在圣公会上做出了加封的决定。[①] 仪式于 1833 年 8 月 18 日在主显大教堂举行，在场的有俄国沙皇、他的随从和圣公会成员。仪式结束后，涅戈什被授予了一份"主教证书和主教宣誓书"，他和任命他的人在上面签了名。[②]

受封后，涅戈什在俄国首都呆了一个多月。在返回维也纳的途中，他与奥地利总理梅特涅（Meternih）就出售下马伊内（Podmaine）修道院事宜进行了会谈。他于 10 月 27 日抵达的里雅斯特，从那里等待从圣彼得堡运来的书籍和印刷机，并于 11 月底启程前往黑山。

佩塔尔二世在俄国宫廷受到欢迎，他设法为黑山获取了大量的物资援助（10 000 卢布）。他这次出访的成功，对于进一步发展与俄国宫廷的关系以及他在该国的政治地位都具有重要意义。由于被祝圣为主教，他成为国家的绝对主人，这标志着伊万·武科蒂奇希望的终结。由于涅戈什在黑山人中拥有权威，并且得到俄国宫廷一些高层人士的支持，作为元老院院长，他也成为黑山的世俗统治者。

涅戈什第二次访问俄国是在 1837 年。在此之前，黑山与奥斯曼帝国之间的不稳定关系导致黑山发生了一场危机。虽然在涅戈什首次访问俄国时，俄国政府建议他与周边国家避免武装冲突，并与奥斯曼和奥地利当局保持良好关系，主教也采取了与邻国和平相处的措施，但与奥斯曼帝国的关系很快陷入了危机。1835 年，黑山占领了扎布利亚克（Žabljak），1836 年 8 月却在格拉霍沃战败并失去该地，导致危机加重。此外，由于干旱和贫瘠，处于饥荒中的黑山只能期待俄国的帮助。

然而，在离开黑山并与涅戈什发生政治分歧后，伊万·武科蒂奇开始在俄国宫廷散布有关黑山主教和该国局势的不实谣言。在这些消息的

---

① 耶夫托·M. 米洛维奇：《佩塔尔·佩特罗维奇·涅戈什二世和他的时代》，铁托格勒，1984，第 122 页。
② 同上。

影响下，俄国国内形成了一股对黑山不利的情绪。1836 年 4 月，武科蒂奇的备忘录通过康斯坦丁·康斯坦丁诺维奇·罗多菲尼金（Konstantin Konstantinovic Rodofinikin）传到了内塞尔罗德总理那里，前者是俄外交部亚洲司的负责人，黑山事务也属于该司①，该备忘录造成了特别负面的影响。

为了保护自己不受武科蒂奇在俄国宫廷活动的影响，佩塔尔二世在启程前往圣彼得堡之前，先把迪米特里耶·米拉科维奇派到俄国首都。在与内塞尔罗德的谈话中，米拉科维奇应该把武科蒂奇说成是一个给黑山造成巨大损害的骗子，特别是在与奥斯曼的关系上。他说这一点可以从武科蒂奇和武契切维奇在黑山犯下的滥用职权事件中得到说明，其中包括利用沙皇签名仿造"假信件"，这就是为什么他们适用"俄国法律"的所有规则。② 除了承诺的 20 000 卢布和每年 2 000 卢布的援助外，他还要求俄国帮助从武科蒂奇那里收回 4 000 卢布，这是他在黑山逗留期间曾向黑山人民承诺过的。事件还在发酵，他还携带了"证据"，质疑武科蒂奇的政治地位。尽管在俄国首都采取了措施，米拉科维奇的任务还是以失败告终。

1836 年 10 月 20 日，为准备圣彼得堡之行，佩塔尔二世向杜布罗夫尼克的俄国领事致函，请求他提供经济援助，以支持其旅行费用。然而，加吉奇并没有满足涅戈什的要求③，即便没有得到预期的经济援助，涅戈什也被迫在 11 月 25 日与焦尔杰·萨沃夫·佩特罗维奇一起前往俄国首都。他在 11 月 24 日向黑山人发出"公告"，并在 11 月 25 日通知了加吉奇。

---

① B.帕维切维奇：《涅戈什 1837 年在俄国的使命·对文学、语言、历史和民俗的贡献》，第 48—70 页。

② 佩塔尔·佩特罗维奇·涅戈什一世：《信件》（第 I 卷），第 348 页。

③ 事实上，有人要求加吉奇"从一些拉古萨的商人那里贷款"，这笔钱可以"用薪金"来偿还，即"每年都从伟大的俄国宫廷通过瓦日人之手交给我们的钱"。然而，加吉奇并没有遵从涅戈什的要求，他解释说："这个地方的财富太少，商人们需要拿钱来支付房租和其他不动产，无法支付这么一大笔钱。"里斯托·J.德拉吉切维奇：《涅戈什第二次俄国之行期间的黑山》，《历史记录》1952 年 4 月至 12 月第 8 卷第 5 期，第 256 页。

加吉奇将佩塔尔二世行程的信息通过塔蒂什切夫报告给了圣彼得堡，随后俄国政府发来指示，要求不惜一切代价阻止主教抵达俄国，要把他留在维也纳。因此，当主教于1836年12月下旬抵达维也纳时，在奥地利首都受到俄国代表的冷遇。俄国代办戈尔查科夫亲王建议他返回黑山（因为土耳其有发动袭击的可能），并承诺俄国将通过驻波尔特的特使就停止敌对行动进行调解。

涅戈什没有接受戈尔查科夫的建议，由于冬天来临，他否认了与土耳其人即将发生冲突的可能性。相反，他提出了三个要求，每一个都让与之对话的俄国人吃惊。由于自己国家人口过密，他首先要求通过俄国的外交干预，让泽塔加入黑山公国。由于戈尔查科夫不得不拒绝这样的要求，涅戈什提出了将俄国补贴增加到80 000卢布的问题。由于这一要求也不可能得到满足，他继续请求允许他和其他15个黑山家庭一起移民俄国。令戈尔查科夫惊讶的是，一位统治者竟提出了这样的要求，涅戈什回答说："我们自己觉得这个要求很低，但迫切性很强。"①

涅戈什在1837年1月4日写给俄国沙皇的信中更详细地解释了同样的要求。内塞尔罗德在给沙皇的报告中说明已拒绝了主教的请求，并再次建议他返回黑山。为了解决黑山与奥斯曼帝国的关系，俄国再次承诺将在波尔特进行调解。为了减轻国家人口过密问题，黑山政府宣布未来可能将黑山人迁往奥斯曼帝国或者是俄罗斯帝国。由于对俄国总理的反应感到失望，佩塔尔二世在维也纳请求梅特涅允许他前往巴黎。②由于奥地利总理的回答也是否定的，涅戈什向法国驻维也纳的外交代表提出了申请护照的请求。由于主教决心与法国宫廷建立个人联系，俄国政府改变了最初的决定，允许涅戈什来到圣彼得堡。

在涅戈什停留奥地利首都期间，1837年2月4日，武科蒂奇通过向罗多菲尼金请愿，再次对主教提出指控，认为他对格拉霍沃事件负有

---

① 布兰科·帕维切维奇：《涅戈什1837年在俄国的使命》，第52页。
② J.米洛维奇：《涅戈什1836年和1837年在维也纳的逗留和他去巴黎的尝试》，《历史记录》1954年第10卷第7期，第76页。

责任，因为他以 7 000 荷兰盾抵押了马伊内修道院，并拿走了采蒂涅修道院的所有贵重物品。他指出，由于国民的不满情绪，黑山国内有可能发生流血事件。

由于主教访问期间出现的不愉快情况，在对指控进行适当核查之前，主教将被留在普斯科夫（Pskov）的佩乔斯基（Pečorski）修道院。① 亚洲部负责人 K. K. 罗多菲尼金也来到了普斯科夫。在与罗多菲尼金的谈话中，主教否认了"他典当修道院财产并转运贵重物品"的指控，并试图利用这个机会介绍黑山局势及其所处的形势。

根据他的解释，黑山国家生存的前提是维持秩序，而这没有俄国政府的帮助是不可能实现的，他决定去法国是因为他的人民和他自己处于绝望状态。当他得知戈尔查科夫的否定回答后，他做出了"不回国的决定，不想目睹原本依靠人民巨大的痛苦和牺牲创造出来的国家秩序被推翻"②。对其他指控的成功否认是罗多菲尼金向内塞尔罗德报告的关键，报告称针对黑山主教的传言是不正确的。在普斯科夫呆了 12 周后，黑山主教得以继续前往圣彼得堡的行程。

1837 年 5 月 30 日抵达俄国首都后，佩塔尔二世继续讨论他在维也纳向戈尔查科夫提出的要求，然后又在给俄国沙皇的信中重申。除了内塞尔罗德总理外，涅戈什还与俄国沙皇尼古拉一世讨论了他的诉求内容。他于 5 月 24 日被获准进宫。虽然在冬宫的谈话内容我们尚不清楚，但合乎逻辑的结论是，关于他受到批评的猜测是正确的，特别是关于涅戈什打算去巴黎这一点。在内塞尔罗德给沙皇提交的报告中，黑山主教从一开始就强调了三个基本要求，其中包括提供为期 10 年的 80 000 卢布财政援助，以及移民的要求，即重新安置黑山人口的问题，但不是转移到俄国，而是转向希腊。由于涅戈什不喜欢这种解决人口过密问题的

① 此前曾向加吉奇发出指示，要求他提供关于"是否对涅戈什存在普遍不满"、黑山内部是否存在不和，以及主教是否真的典当了马伊内修道院并带走采蒂涅修道院的贵重物品。

② B. 帕维切维奇：《涅戈什 1837 年在俄国的使命》，第 61 页。里斯托·J. 德拉吉切维奇在作品《涅戈什第二次俄国之行期间的黑山》（第 36 页）里详细介绍了加吉奇为提供有关黑山局势的信息而采取的行动。

方式，因此，它和领土扩张问题一样，从议程中被删除了。

从取得的成果来看，涅戈什此次的俄国之行圆满结束。此外，考虑到开始时的许多不利情况，我们可以说，其结果比在过程中所能预期的要好。涅戈什设法为自己辩护，摆脱了许多针对他的指控，并为黑山争取了迄今为止最重要的财政援助。他在国外逗留期间的政治活动的成果之一，是在他等待前往俄国的批准期间，在维也纳达成的协议。

在与奥地利总理的谈话中，涅戈什就解决两国关系中最重要的问题之一，即黑山和奥地利的划界问题，原则上达成了协议。这是主教在政治上的巨大成功，因为奥地利同意确定共同边界意味着承认黑山"国家领土"的特殊性，即事实上的独立。1837 年 2 月 16 日，涅戈什在维也纳的"出版物"中，将奥地利和黑山委员会绘制边境线的协议通知了"黑山和北部山区人民"。[1] 涅戈什返回黑山后，划界工作立即开始，并于 1841 年结束。

五、马伊内修道院和斯塔涅维奇修道院的出售

在维也纳，主教还参与了马伊内修道院的出售。这次出售有着丰富的背景铺垫，还涉及奥地利和黑山的两国（边界）问题。为了这个目的，涅戈什在他第一次俄国之行前就做了认真的尝试。1833 年在维也纳逗留期间，他通过塔蒂什切夫提出将修道院出售给梅特涅，即奥地利政府。由于没有达成协议，他被授权将修道院卖给任何有意愿的买家。此后，他在"这一带"也没有找到合适的人购买修道院及其物品。1834 年，主教再次求助于奥地利宫廷，希望将其出售。[2] 因此，在 7 月 11 日的一封信中，他提议梅特涅将修道院买下。由于这一问题直到主教再次启程前往俄国时才得到解决，因此他在维也纳的一次会议上提出了划界的要求。

涅戈什与利连贝格（Lilijenberg）协商出售修道院。他将修道院

---

① 里斯托·J.德拉吉切维奇：《涅戈什第二次俄国之行期间的黑山》，第 278 页。
② 佩塔尔·佩特罗维奇·涅戈什一世：《信件》（第 I 卷，1830—1837），第 244 页。

（起价 40 000 福林）作为他叔叔的财产来出售，这是他继承的，因此不会引起黑山人的反对。在谈判过程中，最初的价格被降至 17 000 福林，1837 年 2 月 17 日，马伊内修道院被出售。[①]

出售条件在"关于修道院出售证书"中有所表述，其中指出涅戈什将其"位于科托尔地区马伊内名下"的不动产卖给了奥地利政府。那天，只登记了价格，并就出售修道院做了郑重声明。关键业务的最终法律效力，应该是在财产移交给奥地利官员时，也就是说，从他们那里收到了上述款项之后生效。

1837 年 10 月 24 日，与科托尔地区的区长加布里埃尔·伊万契奇（Gabriel Ivančić）签订了出售马伊内修道院的合同，他是奥地利政府的代表。约定的金额不变，所以在 1838 年 1 月 4 日，伊万契奇通知涅戈什，达尔马提亚总督已授权维也纳当局为购买马伊内修道院向银行家泰奥多尔·蒂尔克（Teodor Tirk）清点这笔钱。几年后，斯塔涅维奇修道院以同样的价格出售，因此引起争议的奥地利领土上的不动产和教堂财产问题从议程中被删除。

六、雅科夫·奥泽列科夫斯基的出使

主教出使俄国后，紧接着是由俄国特使奥泽列科夫斯基（Ozereckovski）陪同主教使团回访黑山，这是继在圣彼得堡和维也纳取得成果之后的收获。这与俄国政府就主教的要求所做决定的内容有关，特别是与俄国每年必须向黑山提供 80 000 卢布的高额援助有关。

奥泽列科夫斯基颇具教养学识，在俄国以其科学和文化活动而闻名。主教之前逗留维也纳时，与他成为朋友。出使黑山期间，他是俄国驻奥地利大使馆的顾问，因此他了解到涅戈什在抵达俄国时遇到的困难，1837 年 2 月 24 日，他亲自向贝肯多夫（Bekendorf）伯爵提交报告，试图帮助主教妥善解决这个问题。

---

① 佩塔尔·I.波波维奇：《佩塔尔一世和佩塔尔二世时代的黑山》,第 232—233 页。

他的任务是"向主教就黑山的内部组织制度提出'建议'"①。合理使用批准的资金是加强国家秩序改革的先决条件。年度补贴的前三分之一，即 26 660 卢布，是一笔相当大的资金，资金递送人的在场能够保证内部秩序改革成功进行。奥泽列科夫斯基指出，为了顺利实施这些改革，必须确保边境和平，即与土耳其保持睦邻友好关系。

黑山主教和雅科夫·尼科拉耶维奇（Jakov Nikolajevič）于 1837 年 8 月中旬回到黑山。8 月 27 日，他们到了采蒂涅。抵达后，由于已经收到了补贴，1837 年 9 月 3 日，涅戈什召开了全黑山大会。在所有黑山部族代表出席的情况下，会议决定改革"整个国家机构"。这首先涉及元老院、警察和卫队的组织和工作。大会选举产生了一个新的元老院，有 12 名成员。主教的兄弟佩罗·托莫夫被任命为执政官。第一批行政、警察和卫队等机构也得到了显著加强。30 名警官和大约 400 名卫队成员被选举出来。

"九月议事会"的决定致使国家权力进一步集中，也就是说废除了不利于维持秩序的地方政府形式。元老院成员、警察和卫队成员都领有薪水，这是朝着建立稳定的国家机构和政府运转机制所需的适当"国家工作人员"迈出的重要一步。因此，奥泽列科夫斯基的出使促进了黑山国家的法律发展，而且还有另一个重要意义。在涅戈什承受所有指控之后，奥泽列科夫斯基的报告对于黑山主教在俄国宫廷里的"政治平反"具有特殊的重要性。当然，这是迄今为止俄国官方特使所写的关于黑山的最有利的报告之一。他对涅戈什个人的尊重以及对他的人品的高度推崇，特别是他统治时表现出来的精力和决心，促使奥泽列科夫斯基对黑山统治者与人民之间的和谐关系做出了评价。他认为，在俄国的帮助下，涅戈什是合适的人选，能够领导黑山走上全面社会变革之路。

在黑山逗留期间，奥泽列科夫斯基病倒了。这也是他的出使提前结

---

① B. 帕维切维奇：《涅戈什和雅科夫·尼科拉耶维奇·奥泽列科夫斯基》，《历史记载》1967 年第 24 卷，铁托格勒，第 196 页。

束的原因。根据涅戈什给塔蒂什切夫的信函，奥泽列科夫斯基于 10 月 17 日离开黑山，并于 10 月 21 日离开科托尔前往的里雅斯特。① 作为黑山的好朋友，他继续维护黑山的利益。他在这方面非常坚持，并且很系统化，除了通过政治备忘录向俄国政府汇报（其中还包含"统计、经济和历史性质"的资料），还使用了一些当时不同寻常的手段。②

同时，雅科夫·尼科拉耶维奇"天赋异禀，能够将与黑山有关的任何严肃政治运动或事件——即使它们只具有过渡性的特征或现象——纳入巴尔干地区总体政治状况的逻辑背景里，以确定其在复杂的东方问题中的地位和意义……"③ 他对黑山在奥地利和奥斯曼帝国政策中的地位的评价，以及俄国对黑山采取的政治步骤的性质的评价，特别值得注意。在这段时间里，他一直与涅戈什通信。④

尽管佩塔尔·佩特罗维奇·涅戈什二世第二次访问俄国非常成功，并且在某种程度上，又因后来雅科夫·奥泽列科夫斯基的报告而套上光环，但这也是黑山主教最后一次访问圣彼得堡了。尽管他在 19 世纪 40 年代多次寻求俄国沙皇再次接见他，但所有这些尝试都以失败告终。

七、弗拉尼纳和莱森德罗两岛周边的外交活动

1843 年底，黑山与奥斯曼帝国之间的关系变得纷乱复杂，需要俄国的干预。斯库台帕夏人选发生了变化，斯科普里当选为新的奥斯曼帕夏，这一地区的边境关系开始变得复杂起来。除了格拉霍沃与波斯尼亚维齐尔之间的悬而未决的关系外，黑山-土耳其边境的另一个"热点"

---

① 佩塔尔·佩特罗维奇·涅戈什一世:《信件》(卷Ⅰ,1830—1837),第 407 页。
② 奥泽列科夫斯基为这位俄国沙皇制作了一本画册，里面有十幅精美的关于黑山的图片。他在维也纳教授格泽曼(Gezeman)的帮助下，制作了两尊木制雕像，并为雕像"穿上"了黑山的男女服装，配备了黑山人的原始武器。他还撰写了黑山的历史手稿，他本打算用它们来引起俄国宫廷对黑山问题的兴趣。
③ B.帕维切维奇:《涅戈什和雅科夫·尼科拉耶维奇·奥泽列科夫斯基》,第 37 页。
④ D.武克桑:《奥泽列科夫斯基、科瓦列夫斯基和切夫金致拉达代主教的信件》,载《塞尔维亚皇家学院论文集》1935 年第 63 期,第 3—15 页。

也出现了。1843 年 8 月，在一个边境村庄发生武装冲突后，奥斯曼帕夏下令占领黑山的弗拉尼纳岛和莱森德罗岛。斯库台湖的军事行动与波斯尼亚维齐尔对格拉霍沃地区的袭击相呼应。奥斯曼舰队的参与形成了强大军事压力，黑山人无法守卫弗拉尼纳和莱森德罗。这些岛屿被占领对于黑山来说是一个巨大的损失。除了在政治上对该国造成了负面影响外，还在经济上对该国造成了巨大的损害，特别是湖上贸易和渔业。[1]

两岛具有军事重要性，特别是莱森德罗作为湖上的战略要塞，（失去该岛）削弱了黑山的防御。因此，主教想努力夺回失去的岛屿。除了军事准备，即为夺回该岛而采购必要的武器外，主教还开展了某些具有外交性质的活动，目的是通过俄国的外交干预迫使波尔特归还两岛。为此，在 1844 年初，当与奥斯曼帝国接壤的边界处于和平状态时，主教来到了维也纳。

佩塔尔二世在奥地利首都采取的政治措施，旨在使奥地利总理梅特涅和俄国驻奥地利大使梅德伯爵了解这一问题对黑山的重要性，并争取他们的外交政策支持以迫使波尔特归还这些岛屿。主教受到双方的欢迎。俄国驻维也纳的大使表示，俄国保证支持黑山采取的行动，以保护黑山的利益。有人建议主教不要采取任何军事措施强行收复这些岛屿。佩塔尔二世对所宣布的外交措施的严肃性印象深刻，于是接受了有关黑山以和平方式解决冲突的建议。他从维也纳写了一封信，向俄国沙皇尼古拉一世通报了该国的局势，并得到了沙皇将督促波尔特归还这些岛屿的保证。涅戈什对俄国的保证感到满意，他返回黑山，也希望通过外交途径解决争端。

俄国很快就兑现了与土耳其政府进行政治调解的承诺。这些努力首先得到了奥地利内阁的支持，然后是英国和法国内阁的支持。土耳其占领黑山岛屿而引起的争议的拟解决方案是建立一个国际委员会，其

---

[1] 根据加吉奇写给俄国驻维也纳大使梅德（Medem）的信，黑山人每年的捕鱼收入达 4 万金币。参见佩塔尔·I. 波波维奇：《佩塔尔一世和佩塔尔二世时代的黑山》，第 198 页。

中包括苏丹的代表、斯库台帕夏，以及俄国和奥地利各一名专员。波尔特不接受这种解决争议的方式。在成功希望渺茫的情况下，英法建议"在黑山及其北部山区的统治者都出席的情况下，在伊斯坦布尔讨论这个问题"①，该建议最终被接受。因此，俄国和其他大国通过外交手段解决问题的尝试以失败告终。

上文提到土耳其人强化了对黑山人的军事防御，之后黑山人进行了武装干预，这种干预无法形成威胁，因此对黑山来说，这个问题得到积极解决的机会越来越小。失去两岛所造成的负面政治影响和其他后果也因黑山恶劣的条件而加剧，一年来黑山颗粒无收，饥饿和贫穷等问题愈发严重，斯库台帕夏成功地利用这些因素来分裂黑山的一些部落，煽动他们对主教产生敌意。佩塔尔二世意识到黑山日益迫近的危险，他自己无法采取任何有利措施来改变局势，于是再次请求前往圣彼得堡。他打算亲自向俄国沙皇解释黑山所处局面的严重性。但是，这一次他的要求也没有得到批准。

1846 年，国内形式更加恶化。大旱造成了严重的后果，使已经饥肠辘辘的人民更加窘困。斯库台帕夏的活动加剧了黑山的危机，他继续以贿赂和勒索的方式煽动黑山人反对政府和主教，造成黑山内部不和。此外，在 1846 年和 1847 年，俄国批准了为期十年、每年 80 000 卢布的援助，但黑山并未像期望的那样在这一时期实施改革实现社会进步，并实现资金自足。尽管总体上采取了重大步骤，但情况是，如果俄国的援助不再延续，就无法想象既定秩序的维持和巩固。这些原因以及进一步财政补贴的问题需要同俄国朝廷进行政治谈判，也就是说，他们强调有必要到圣彼得堡去。

八、佩塔尔二世主教的维也纳之行及其出访俄国的尝试

1846 年 10 月初（或 10 月 12 日），主教前往维也纳，为与梅德伯爵

---

① Ђ. 佩约维奇：《佩塔尔一世和佩塔尔二世时代的黑山》，第 303 页。

一起去俄国做准备。他随身带着《山地花环》的手稿和 2 000 个金币，准备存在奥地利的一家银行，以赚取"利息"。[①]

涅戈什在维也纳呆了四个月。抵达后，他最关注的是圣彼得堡之行。各项请求中，解决向黑山提供进一步财政援助无疑是最突出的的问题。为确保请求成功，涅戈什提议无限期延长 80 000 卢布的"临时"补贴，或"一次性给与 80 000 金币"。这相当于黑山在过去十年中收到的金额。如果第二种方案被采纳，主教打算将资金存入俄罗斯国家商业银行，并每年从投资金额中提取一定比例，用于"永远巩固内部秩序"。

而其他一些问题，俄国总理大多是在涅戈什早些时候的信件中了解到的。作为解决黑山人口过密问题的一种方法，涅戈什再次提出将人口重新安置到俄国。还要求俄国外交干预波尔特以防止斯库台帕夏对黑山的"颠覆活动"，以及收回弗拉尼纳和莱森德罗岛。还就教会事务，即宗教生活的组织方式，向圣公会征求意见。[②]

在俄国总理为沙皇起草的报告中，最受关注的是俄国进一步援助的问题。内塞尔罗德建议将给予黑山人民的补贴减半，降至 12 000 银卢布。根据他的建议，该数额本应在下一个五年期间批准，并应收到关于支出方式的更准确的年度报告。原则上接受将黑山人安置到俄国的做法，但由于迁徙费用高昂，且俄国对这类事情的兴趣不太明确，建议制定重新安置计划。建议按照黑山的要求，指示俄国驻伊斯坦布尔代表向波尔特采取外交措施。主教要求获准前往俄国的请求没有得到积极的解决。有人建议他不要离开黑山。

总理的部分建议立刻被沙皇接受了。涅戈什首先被告知沙皇决定推迟他到达圣彼得堡的时间。拒绝的"欢迎"明显让主教感到失望。1847 年 1 月中旬，梅德通知主教，沙皇决定从 1847 年开始，将 22 850 个银卢布的补贴期延长到未来的五年。至于进一步延长的可能性取决

[①] 布兰科·帕维切维奇：《关于涅戈什在 1846 年未实现的访问圣彼得堡的愿望》，《历史记录》1969 年第 26 卷第 1 期，铁托格勒，第 72 页。

[②] 同上。

于"黑山的情况和需要",以及黑山统治者对俄国政府的"建议"的"关注"。①

沙皇并没有接受内塞尔罗德最初提出的减少补贴的建议。核定的数额为 22 850 银卢布和 14 银戈比,相当于先前拨款总额的 80 000 卢布。因此,尽管沙皇不赞成主教前往达圣彼得堡,但主教提出的最重要的请求得到了积极解决。虽然发生在维也纳,但主教"出使"俄国宫廷的政治使命已经圆满完成,因此他可以心满意足地返回黑山。延长补贴,说明俄国宫廷对维持在黑山的政治影响力的兴趣没有改变。另一方面,黑山收到的财政援助对于继续加强其内部秩序建设的进程很重要,特别是考虑到那些年发生的不利情况。

九、佩塔尔二世最后一次出访圣彼得堡的尝试

在生命的最后时刻,主教仍试图再次前往圣彼得堡。1851 年夏天,面对土耳其进攻黑山的危险,他离开意大利前往维也纳。他要求俄国驻奥地利的外交代表让他面见沙皇,以确保黑山得到保护。

奥斯曼人进攻的危险确实存在。1850 年奥斯曼帝国进行的改革旨在让波斯尼亚引入帝国的继承制度。黑塞哥维那维齐尔阿里帕夏(Ali-paša)的抵抗不仅以军事失败告终,而且还以阿里帕夏的肉体消灭而告终,这一事实充分表明了危险的存在。这些变化的推动者奥梅尔帕夏的政治权力正在上升,他也打算征服黑山。

然而,尽管黑山局势严峻,主教也一再坚持前往圣彼得堡,但俄国沙皇这次也没有表示愿意接待他。在这种情况下,面对奥梅尔帕夏进攻黑山的危险,加之佩塔尔二世身体状况欠佳,他从维也纳回国。这是他最后一次尝试通过亲自在外交层面的参与为解决关系黑山命运的重要问题做出贡献。

---

① 布兰科·帕维切维奇:《关于涅戈什在 1846 年未实现的访问圣彼得堡的愿望》,《历史记录》1969 年第 26 卷第 1 期,铁托格勒,第 79 页。

十、从宣布为公国到国际认可时期的临时外交

黑山被宣布为公国，即达尼洛·佩特罗维奇成为大公，除了对加强国家秩序的进程具有重要意义外，还具有重大的国际意义。虽然俄国宫廷的态度是"政府形式"的变化不会改变"黑山的存在"，但这无疑会对黑山的国际关系产生一定的影响。

除了引发某些欧洲内阁的政治表度（决定了他们与黑山以及奥斯曼帝国的进一步关系），这一行为的后续还涉及黑山外交代表的具体形式。政府形式的变化也对临时代表的性质产生了具体的影响。这一点在达尼洛·佩特罗维奇第一次出访圣彼得堡时就已经被注意到，在黑山大公们后来的外交表现中得到特别体现。

他们新外交立场的实质体现在他们所履行职能的世俗特征上。由于神权政治的因素，在公国成立之前，黑山主教的国外出访尽管具有世俗意义，但更具有教会高官会晤的性质，因为他作为教会要人、采蒂涅都主教区的代表（曾经也是佩奇宗主教）与俄罗斯圣公会的代表，以及俄国宫廷的代表会晤。他们是高级神职人员，这一事实决定了使团的待遇，包括仪式和授予他们荣誉的性质，这往往使他们的政治或外交性质相对化。自从大公作为"国家元首"的职能制度化以来，黑山统治者出访其他欧洲国家，尽管在荣誉和仪式上存在不对等，但作为高级别的特别使团即临时政府外交的性质不会改变。因此，黑山国家的实际存在得到了适当的国际确认，而黑山与世界的关系，尤其是通过派出特别使团，证明其具备主权国家的特点。

黑山被宣布为公国之后，其国际待遇发生的变化不仅仅是形式上的。它们在其他方面也具有至关重要的意义，这一点通过与其他国家代表解决的问题的性质得以体现。它们的全面性、更加具体化和对黑山国家整体利益的适当性，也说明了其持有者的外交能力得到了扩展，他们现在按照已经建立的国际主体的实际意义行事。

十一、达尼洛·佩特罗维奇访问圣彼得堡和维也纳

我们已经说明了黑山第一位大公出访俄国的基本性质、政治内容和意义。由于接受黑山的要求而承认黑山为公国的决定是由俄国沙皇在一次正式场合中宣布的，当时达尼洛·佩特罗维奇被指定为大公，这次出访的政治意义是非凡的。实际上，它不仅把黑山的新统治者，而且把巴尔干半岛的新世俗统治者引入到欧洲的政治生活中来。

从俄国回来后，达尼洛·佩特罗维奇在维也纳稍作停留。他期待着奥地利皇帝会接见他。然而，由于弗朗茨·约瑟夫（Franc Josif）当时不在维也纳，外交部长布尔（Buol）伯爵接见了他。达尼洛大公没等多久就见到了奥地利皇帝。1853 年初，他从俄国驻奥地利外交代表那里得知，"奥地利宫廷倾向于承认他为黑山大公"，"他希望此后奥地利承认黑山独立"①。达尼洛很乐意出席维也纳宫廷宴会的消息，很快被弗朗茨·约瑟夫于 1853 年 3 月底发出的邀请所证实②，该邀请是奥地利和黑山之间良好关系的延续，特别是在奥梅尔帕夏进攻期间（1852—1853），奥地利还向黑山人提供了大量援助。

这位黑山大公带着几位将领来到维也纳，受到了热烈的欢迎。奥地利方除了请他与皇帝共进午餐外，还为他举行了阅兵式。人们对会谈内容知之甚少。杜尚·武克桑引用了大公从维也纳写给焦尔杰·佩特罗维奇的信件内容，这是唯一保存下来的文件。里面说道，他"在皇帝那里吃饭，皇帝问了他各种各样的问题"。他在奥地利首都停留这件事情，也与奥地利政府向科托尔湾和达尔马提亚的军事和民政当局发出的通告有关，该通告赋予了黑山人在这些地区携带武器的权利，并给予黑山大公"作为军事和民政当局的一切最高荣誉"和"双重仪仗队"。

虽然会谈内容尚不明确（据消息人士透露，奥地利提议黑山与奥斯

---

① 杜尚·武克桑：《达尼洛·佩特罗维奇·涅戈什大公执政第二年（1853）》，载《记录》（第 9 卷），1931，第 12 页。
② 布兰科·帕维切奇：《达尼洛大公》，第 162 页。

曼和解，同时放弃对圣彼得堡的依赖)，但大公在维也纳的逗留有助于国际社会对黑山的认可。他在奥地利首都受到的欢迎方式，与主权国家元首正式访问时所得到的外交仪式是一致的。因此，在掌权不到两年的时间里，达尼洛大公作为黑山的世俗统治者，第二次受到最高级别的接待，这次是受到强大的奥地利帝国皇帝的接见。

十二、关于达尼洛大公访问拿破仑三世的结果

1856年，在巴黎会议上，黑山期望的国际承认没有实现，再加上没有得到俄国的支持，大公感到失望，因此离开黑山出访巴黎。大公访问拿破仑三世的原因是"黑山-俄国"势力衰落导致的政治危机。他试图找法国作为盟友，以获得国际社会对黑山独立的认可。然而，对法国的访问以及大公特使先前举行的会谈，将黑山的外交政策从要求独立转到了一个在过去两个世纪中从未有过的方向——与波尔特就正式承认奥斯曼帝国的霸权进行谈判。尽管臣服于土耳其统治者的想法意味着波尔特的某些让步，但这种外交政策取向与黑山解放努力的基本方向背道而驰。虽然没有真诚地接触，但土耳其主权问题在采蒂涅得到了认真的审议。由于对法国的依赖，黑山的这一外交举措在俄国遭遇到强烈的反应。整个事情有其历史前缘。

达尼洛大公在巴黎大会之前同俄国驻维也纳代表进行接触时，建议俄国向各大国的代表们发送一份关于国际承认黑山的备忘录。俄外交部的指示是反对这一建议，其理由是："在巴黎大会上发生的黑山'事件'，只会使局势'更加复杂化'，对黑山没有任何'好处'。"根据俄国政府的说法，"这将对黑山有害，因为它确实存在，虽然没有得到正式承认……"①

大公的建议是由他本人或是其代表参加巴黎和会，他在给亚历山大二世的信中提到，他们将在那里提请人们注意：①黑山和土耳其"处

---

① D.武克桑:《达尼洛·佩特罗维奇·涅戈什大公执政第二年(1853)》，第12页。

于持续战争中，原因之一是部分领土——土耳其和黑山的臣民都不能自由耕种，没有这部分，黑山就不能'存在'"；②黑山"四面八方"都被阻隔，连一个小小的贸易港口都没有，因此为了自身利益，要求将巴尔港的斯皮奇村划归黑山所有；③为了准确地确定黑山和土耳其之间的国家边界，"就像和奥地利标记地界一样"，黑塞哥维那应割让一小部分领土，即奥诺戈什特（Onogošt）、杜布罗夫尼克和皮瓦三个地方给黑山。① 这些要求构成大公后来对欧洲统治者们通信的要点，他还向巴黎大会的参与者提交了备忘录。大公在巴黎的政治活动都是以这些诉求为基础，他也竭力为实现这些目标而奋斗。

1856 年下半年，在大公启程前往巴黎之前，他的助手达尼洛·武科维奇（Danilo Vuković）先往法国首都执行任务。他的任务是向法国政府提交一份备忘录，该备忘录是为巴黎大会的参与方准备的。备忘录要求通过外交手段承认黑山的独立，要求获得出海口、扩大领土，并且确定与奥斯曼帝国的边界。米洛拉德·梅达科维奇也有类似的任务，他向奥地利和俄国提供了类似的文本。

在法国，达尼洛·武科维奇会晤了拿破仑三世和法国外交部长。两次会晤让他意识到法国内阁无法满足黑山的要求，因为黑山受到已签署的《巴黎协定》条款的限制。他们建议黑山与波尔特谈判，以承认苏丹的宗主权。② 作为回报，黑山将实现领土扩张并拥有出海口。奥地利和英国政府的建议也是如此。

向黑山施加的政治压力越来越大，各方都要求其接受这种解决办法，有关土耳其准备进行军事远征——目的是实现其宗主权，即消除黑山问题——的消息也传开了。基于这种情况，采蒂涅讨论了通过缔结土耳其-黑山条约来承认奥斯曼最高宗主权。尽管遭到了俄国的反对，但他们还是这样做了。

法国的提案对黑山统治者的影响日益明显，在考虑该提案时，恰逢

---

① D. 武克桑：《达尼洛·佩特罗维奇·涅戈什大公执政第二年（1853）》，第 251 页。
② 同上，第 250 页。

英国、法国和俄国也采取了政治行动——研究通过与波尔特谈判实现这一目的可能性。俄国在黑山接受宗主权方面的立场是消极的，与其他两个欧洲国家的立场相反。然而，克里米亚战争失败后，俄国国际地位被削弱，无法左右欧洲国家对黑山的政策。此外，俄国曾努力改变黑山大公承认土耳其宗主权的意图，但这种努力被证明是失败的。俄国驻杜布罗夫尼克领事斯特列穆霍夫（Stremuhov）发现，想在采蒂涅找到一位能与他的宫廷就相关政治观点进行对话的人，是越来越困难了。尽管俄国一再反对，但取消黑山事实上独立的计划逐渐有了苗头。由于元老院大多数成员已经选择了承认土耳其宗主权的提议，达尼洛利用俄国特使逗留黑山的机会，向俄国宫廷施加压力，将关于土耳其人管理黑山的协定草案交给了沙皇政府。这项协定草案，作为一种"正式提议"，在经过黑山议事会的讨论后，于 1856 年 9 月初被送至伊斯坦布尔。虽然协议的内容基本上代表了对奥斯曼霸权的否定而不是接受，但圣彼得堡认为这样的提议对俄国的利益是一种打击。[1] 这就是为什么当俄国驻杜布罗夫尼克总领事在 11 月底再次试图改变黑山大公的政策失败时，俄国选择了更为激进的措施。

1857 年 12 月，俄罗斯帝国政府决定中止对黑山的一切形式的保护，决定"中止对黑山的一切物质援助"[2]。此外，由于关系十分紧张，

---

[1] 送交伊斯坦布尔的协定草案文本，正式名称为"黑山和山区大公从其独立立场出发，同意承认奥斯曼波尔特名义的协定"，全文共有 30 点，所提议的解决方案与奥斯曼帝国实际宗主权的任何方面都不相容，可以从协议项目的下列几项规定中看出："①黑山和山区公国统一于黑塞哥维那帕夏地区，并由阿尔巴尼亚纠正以前的边界，统一巴尔的沿海地区。②黑山大公将获得国王称号，并被称为上述地区和联合地区的国王，这将由专门的领土法规确定。③被吞并的地区和黑山一样，归黑山大公所有。④这个国家统一部分与黑山一起，置于黑山大公完全地对内对外的控制和管理中。⑤在这个联合统一的国家中，黑山大公有权自行决定出售或改变附属国的土地，任何人不得干涉。……⑫大公仍享有独立权力，决定宣战或缔结和约。……⑲内政和与其他国家的外交关系均由黑山大公亲自安排和执行。……⑳在这些行为和关系中，即使是名义上的宗主官员也不得参与其中，而是由大公本人独立且不受约束地实施正义的统治。㉑今后，大公保留其国家盾徽，即双头白鹰（从塞尔维亚皇帝那里继承了黑山公国），同时，保有在这里或在别处使用或不使用另外的国家盾徽的权力。"布兰科·帕维切维奇：《达尼洛大公 1856 年协议与波尔特关系的计划》，《历史记录》1960 年第 1 期，铁托格勒，第 53—54 页。

[2] 布兰科·帕维切维奇：《达尼洛大公》，第 272 页。

俄国最后的手段是计划冻结存入圣彼得堡银行的黑山资金，并更迭黑山王位，让焦尔杰·萨沃夫亲王或他的堂兄克尔斯托·佩特罗维奇（Krsto Petrović）继承王位。因此，俄国驻杜布罗夫尼克总领事斯特列穆霍夫与黑山"反对派领导人"焦尔杰·佩特罗维奇建立了秘密关系。俄国开始对黑山施加外交压力，意图挑起叛乱。这种情况一直持续到圣彼得堡发现波尔特对宗主权协议的负面反应为止。1857 年初，这个消息就传到了黑山。

在圣彼得堡与巴黎举行的会谈中，俄国反对法国关于奥斯曼作为黑山宗主国的提议，要求推迟谈判。在这样的氛围下，达尼洛大公访问了法国。

大公的到访消息早已宣布。1856 年 9 月，武科维奇的出使结束后，大公告诉法国驻斯库台副领事埃卡尔，他想去巴黎亲自感谢拿破仑三世"对黑山的恩典和同情"，之后他将前往伊斯坦布尔，以协调他与苏丹的关系"①。法国外交大臣瓦列夫斯基（Valevski）伯爵认为大公的要求为时过早。根据法国的建议，土耳其和黑山关系的协定草案已被送往伊斯坦布尔，随着与俄国的关系变得更加复杂，1857 年 1 月，大公向拿破仑三世发出前往巴黎的书面请求。然而，法国政府拒绝了大公的这一请求。

尽管大家都认为这条路走不通，但达尼洛大公并没有放弃他的打算。1857 年 1 月底，来自维也纳的俄国大使巴德伯格（Budberg）的一封信，以及杜布罗夫尼克的俄国领事给一名黑山上尉写的一封信，谈到俄国宫廷和黑山大公断绝了所有联系，但没有与黑山人民断绝关系（上述第二封信里，就像之前一样，甚至要求黑山人更换他们的统治者，用另一个主教来代替他），这些加速了大公的决定，即使没有法国的批准，他也要以个人身份前往巴黎。② 1857 年 2 月 5 日，应大公邀请来到采蒂

---

① 布兰科·帕维切维奇：《达尼洛大公》，第 273 页。
② 德拉戈斯拉夫·斯特拉尼亚科维奇：《从巴黎大会(1856)到斯泰凡·佩罗维奇-楚察于 1857 年 6 月 11 日在伊斯坦布尔去世期间，达尼洛大公承认苏丹对黑山的宗主权问题》，载《记录》(第 7 卷第 5 册)，1930 年 11 月，第 271 页。

涅的法国驻斯库台副领事埃卡尔得知了他的意向。为避免因未获法国同意而可能带来的不便，大公表示他将以"卡通公爵"的身份旅行——没有大量护卫随行，并借口他此行的主要目的是看望他在巴黎学习的儿子。[①] 埃卡尔别无选择，于 1857 年 2 月 8 日通知外交大臣瓦列夫斯基：达尼洛大公将以"卡通公爵"的名义前往巴黎和伦敦。2 月 14 日，大公与妻子达林卡（Darinka）、两名元老院成员、两名卫兵和他的私人秘书——法国人德拉里（Delarie）一起出发。他们乘船经过科孚岛，离开了科托尔。

他于 1857 年 3 月 7 日抵达巴黎。[②] 他认为亲自出面将加快黑山问题的解决，但事实证明这是错误的。在与法国外交大臣瓦列夫斯基伯爵的会晤中，大公重申了黑山给各大国的备忘录中提出的要求，但被告知他所期望的这些要求不能得到满足的理由：与土耳其的划界遭到英国政府的反对，因为这将间接地成为国际承认黑山的一种形式；维也纳政府对出海口要求提出了反对；土耳其关于黑山领土扩张的要求则以承认其宗主权为条件。达尼洛因此意识到"实现他的要求比他想象的要难得多"[③]。然而，文献上说，大公在巴黎表现得很有尊严。他拒绝通过土耳其大使与拿破仑三世会面。为了满足他不被当作附庸而是作为自由国家的统治者被接见的要求，法国为其提供了特殊条件下的礼仪接待。

在诸大国关于伊斯坦布尔的外交行动中，法国越来越公开地赞同俄国关于推迟解决黑山问题的立场。另一方面，奥斯曼政府提出的相反建议，对于黑山来说是不可接受的。1857 年 1 月，土耳其政府为解决黑山问题提出了以下条件："①黑山承认苏丹的宗主权；②断绝与俄国

---

① 德拉戈斯拉夫·斯特拉尼亚科维奇：《从巴黎大会(1856)到斯泰凡·佩罗维奇-楚察于 1857 年 6 月 11 日在伊斯坦布尔去世期间，达尼洛大公承认苏丹对黑山的宗主权问题》，载《记录》(第 7 卷第 5 册)，1930 年 11 月，第 272 页。尼科拉·佩特罗维奇，黑山未来的大公和国王，当时在巴黎接受教育。

② 关于大公在法国的逗留，请参阅 D. 武克桑：《达尼洛大公执政第六年(1857)》，载《记录》(第 18 卷)，第 135 页。D. 莱基奇：《关于达尼洛大公到巴黎的旅程和他在那里受到接待的法国资料》，《历史记录》1959 年第 16 卷；D. 武约维奇：《黑山和法国(1860—1914)》，第 20—25 页。

③ 拉多曼·约瓦诺维奇：《黑山与列强》，铁托格勒，1983，第 34 页。

的一切政治和宗教关系；③同意修建一条穿过黑山，将阿尔巴尼亚与黑塞哥维那连接起来的便利的道路。"① 其内容影响了黑山对法国宫廷政策的改变。

大公意识到，他必须纠正自己起初在法国首都政治舞台上提出的要求。这就是为什么在1857年4月22日致拿破仑三世的照会中，他强调准备接受波尔特的宗主权，以获得领土扩张或出海口。作为回报，大公请求皇帝在盟国和波尔特面前进行斡旋，以继续划定黑山和土耳其之间的界限。根据这份照会，如果法国皇帝将黑山置于他的保护之下，这一目的是有可能实现的。大公的上述请求得到积极的响应。皇帝许诺了法国的庇护。他承诺法国政府将在波尔特采取行动，以获得同意处理黑山和土耳其之间的划界问题，但这并不意味着撤回"土耳其对黑山独立的承认，或黑山对苏丹宗主权的承认"。虽然他认为他的出面将有助于解决黑山问题，但这个期望没有实现，不过大公的行动还是产生了一定的效果。他的巴黎之行使黑山问题"更有力地纳入欧洲问题"，并使欧洲对其产生兴趣。

大公没有实现在巴黎之后访问伦敦的意图。因为英国内阁不愿意支持黑山对土耳其的要求，而且他们找到了拒绝申请的办法。从巴黎回来后，他呆在维也纳，但没有觐见奥地利皇帝，因为大公不愿意通过土耳其大使来引荐。

大公访问巴黎的结果将在次年变得更加明显，1858年的格拉霍沃战役之后，"为了防止进一步的流血和土耳其的报复，拿破仑三世派遣他的舰队前往杜布罗夫尼克，并向列强提议在土耳其和黑山之间划定界限"②。当年底，在伊斯坦布尔会议后，国际委员会决定了黑山和土耳其的边界，这是对其独立的一种承认。

---

① D.斯特拉尼亚科维奇：《从巴黎大会(1856)到斯泰凡·佩特罗维奇-楚察于1857年6月11日在伊斯坦布尔去世期间，达尼洛大公承认苏丹对黑山的宗主权问题》，第331页。

② D.莱基奇：《达尼洛大公的巴黎之行和他在那里受到接待的法国资料》，《历史记录》1959年第16卷第3—4期，第52页。

达尼洛大公统治的最后几年，在选择黑山外交政策伙伴方面发生的某些变化，导致俄国和黑山关系陷入僵局，但这些变化很快就被消除了。在围绕边界划分的行动中，俄国外交发挥了重要作用，俄国政府和黑山大公之间的关系得到了恢复。然而，尽管俄国再次成为黑山的主要外交政策伙伴，但其绝对影响力直到 1868 年才恢复。这一年是尼科拉·佩特罗维奇大公首次访问圣彼得堡，除了访问本身，俄国外交政策在巴尔干地区主要伙伴方面的变化对黑山与俄国关系的进一步发展也很重要。

十三、俄国外交政策的变化以及塞尔维亚与黑山之间的关系

1860 年之后，米哈伊洛（Mihailo）大公领导下的塞尔维亚被认为是巴尔干国家联盟的中心，而黑山在俄国的计划中则隶属于崛起的塞尔维亚。除了与塞尔维亚就巴尔干政治所有事务达成的协议外，俄国认为必须控制黑山在黑塞哥维那的影响，及时防止不符合其政治利益的叛乱行动。根据圣彼得堡对塞尔维亚和黑山的政策精神，米哈伊洛大公的政策"代表着俄国在巴尔干政策的传递"[1]，1866 年，塞尔维亚和黑山缔结了一项秘密协议，其中第二条展望，如果"土耳其的全体塞族人民获得自由并团结成一个未来的大塞尔维亚"，黑山的尼科拉大公"将黑山与这个伟大的国家联合起来，承认米哈伊洛大公是整个塞尔维亚国家的统治者"。[2]

尽管在俄国的压力下，大公本人放弃了王位，转而支持联盟国未来的统治者，但在采蒂涅，圣彼得堡宫廷的这种计划被视为黑山在塞尔维亚南部斯拉夫民族框架中威望的丧失，即为了奥布雷诺维奇（Obrenović）的利益做出牺牲。把塞尔维亚作为巴尔干地区斯拉夫民族政治统一的

---

[1] 诺瓦克·拉日纳托维奇博士：《19 世纪黑山与塞尔维亚之间的政治关系》，载《国际关系中的黑山论文集》，铁托格勒，1984，第 79 页。

[2] 格尔古尔·雅克希奇（Grgur Jakšić）和沃伊斯拉夫·武茨科维奇（Vojislav Vucković）：《米哈伊洛大公政府的塞尔维亚外交政策——第一个巴尔干联盟》，贝尔格莱德，1963，第 486 页。

中心，这种承诺在采蒂涅没有得到理解。俄国政治的新进程被黑山视为放弃了对黑山传统的保护和赞助，即黑山失去了以前的地位。这是俄黑相互关系偶尔降温的原因，程度上忽高忽低，然后黑山不得不在法国那里寻求支持。

黑山外交政策立场的这个特征一直持续到 1868 年米哈伊洛·奥布雷诺维奇大公去世。塞尔维亚外交政策方向的变化是由 1867 年伊利亚·加拉沙宁（Ilija Garašanin）政府倒台引发的，首先是因总督的消极政策，然后是米洛什·奥布雷诺维奇对奥匈帝国而不是俄国的依赖，这些将影响黑山在圣彼得堡政策中的地位。在新的背景下，尼科拉大公获得了米哈伊洛大公之前的地位，即黑山成为巴尔干各国人民应该聚集的中心。塞尔维亚和俄国关系的变化恰逢法国在黑山的影响力急剧削弱。普拉梅纳茨第二次出使伊斯坦布尔和大公 1867 年巴黎之行的成果对此做出了贡献。

十四、伊利亚·普拉梅纳茨牧师的出使任务

1862 年黑山-土耳其战争的消极后果，除其他外，还表现在结束这场战争的和平条约的规定中。①

1862 年 9 月 8 日的《里耶卡和约》还规定将米尔科（Mirko）公爵驱逐出黑山，但和约里关于土耳其在黑山领土上建造防御工事的内容，让黑山受到的打击最大。和约这部分内容的实现威胁到黑山的主权。因此 1863 年之后，黑山的整个外交活动和外交政策都致力于为修改这部分协议而进行斗争。为说服土耳其同意拆除已经建成的防御工事，并放弃建造新的防御工事和解决其他有争议的问题，黑山依靠的是俄国，还

---

① 在和平条约签订之前，奥梅尔·拉塔斯帕夏（Omer-paša Latas）接受了 14 点最后通牒（1862 年 9 月 2 日），以换取大公停止敌对行动。最后通牒的文本是后来和平条约的基础。其条款规定以不同的方式对待黑山。最后通牒的第 1 条声明尊重黑山的行政领土地位。第 2 条中，奥斯曼政府同意尊重 1859 年划界条约所确立的共同边界。第 3 条规定了除运输战争物资外，使用巴尔港的可能性。有人质疑第 5 条和第 6 条的规定是否尊重了黑山的基本主权。即，第 5 条要求将最高指挥官米尔科公爵驱逐出境，而第 6 条规定在斯普日和尼克希奇之间修建军用公路，沿着这条公路建造奥斯曼的军事防御工事（碉堡）。

有法国。由于法国驻斯库台领事维耶特（Vijet）的调解，1866年伊利亚·普拉梅纳茨在伊斯坦布尔成功地完成了任务，签署了解决土耳其-黑山边界争端包括土耳其在黑山领土上的防御工事问题的议定书。伊斯坦布尔议定书于1866年11月7日签署。它讨论了奥斯曼军队在新村（Novo Selo）的地位、维索契察（Visočici）的碉堡防御工事和混合委员会的工作等问题。[1]

考虑到签署协议的结果是加强法国在黑山影响的良好基础，法国领事认为1866年战争联盟协议中所表达的塞尔维亚-黑山和解对这种政策来说是一种威胁。由于塞尔维亚与俄国的关系，该协议也意味着俄国在该地区的影响力扩大。因此维耶特致力于将黑山从俄国和塞尔维亚的影响中分离出来，他认为，尼科拉大公的巴黎之行很可能起到这个作用。[2] 当年在巴黎举行的世界博览会，苏丹应该出席，这个信息被呈交给尼科拉大公，这是一个很好的机会，可以在法国外交斡旋下与苏丹讨论所有争议问题，即在奥斯曼帝国和黑山两国之间可能达成协议。

当时，由于塞尔维亚政府不希望两国统治者在巴黎会面，采蒂涅和贝尔格莱德之间产生了误会，尼科拉认为这是对新签署的协议的侮辱和践踏，因此他决定接近法国领事并请求法国宫廷正式接待。

十五、尼科拉大公访问巴黎和伊利亚·普拉梅纳茨牧师的第二次出使

1867年5月初，尼科拉大公决定向波尔特提出修正黑山与土耳其边界的问题。从伊利亚·加拉沙宁涉及这些问题的信息来看，有人建议大公推迟这些行动，直到一切准备就绪可以发动全面起义。采蒂涅获悉，米哈伊洛大公将参观在巴黎举行的世界博览会，并向苏丹请求对波斯尼亚的统治。大公请求获知米哈伊洛在法国首都逗留的时间，却被加

---

[1] 在拜会外国派驻代表期间，普拉梅纳茨特别感谢法国外交斡旋使他的使命取得成功。更多信息参见迪米特里耶·迪莫·武约维奇博士：《黑山和法国（1860—1914）》，第127页。

[2] 同上，第142页。

拉沙宁拒绝，他回答说："目前还不知道大公何时会到巴黎，因为他必须先在加斯坦因（Gastajn）接受治疗。"俄国和塞尔维亚尝试通过外交部劝阻他不要去巴黎，但都失败了，所以在 1867 年 7 月 4 日，大公离开科托尔前往威尼斯，7 月 14 日从那里前往巴黎。

1867 年 7 月 20 日，黑山大公在巴黎受到法国皇帝拿破仑三世和皇后的接见。他还同法国外交大臣进行了会谈，并向他提出黑山对土耳其的领土要求和其他要求。此外，在法国的外交斡旋下，奥斯曼外交部长福阿德帕夏（Fuad-paša）接见了他。当时达成的协议，即在重新对话中认真考虑有争议的问题，由于奥斯曼部长前往伦敦而未能实现。即使大公做出了重大的道德让步，"向苏丹的随从展示自己是他的附庸"，也无助于黑山问题解决。结束旅行后，感到被冒犯的大公回到黑山。法国在黑山的影响力因此受到严重动摇。

除了指责大公的法国之行没有带来任何好处外，维耶特并没有打算放弃维护法国在黑山的影响力。他说服大公已经无法指望盟友们，并坚持让他的盟友"派一个代表团前往伊斯坦布尔，向波尔特提出某些请求，他保证这项任务将圆满成功"[1]。尽管塞尔维亚人通过俄国驻杜布罗夫尼克总领事佩特科维奇（Petković）对大公的意图提出警告和反对，但大公决定这次还是听从法国的建议。因此，在 1867 年底，牧师伊利亚·普拉梅纳茨前往伊斯坦布尔执行他的第二次出使任务。[2]

与第一次任务不同，普拉梅纳茨的第二次任务以完全失败告终。尽管法国外交界做出了努力，但黑山要求的领土和其他让步并未实现。法国在黑山的政治影响彻底崩溃。这种事态发展加速了采蒂涅对俄外交政策的重新定位。次年，即 1868 年，尼科拉大公最终与法国政坛疏远。在加拉沙宁辞职和米哈伊洛大公被暗杀后，米洛什·奥布雷诺维奇的塞尔维亚不再是俄国在巴尔干地区外交政策计划中的中坚力量。这反

---

① 迪莫·武约维奇博士：《俄罗斯和法国争夺对黑山外交政策影响的斗争以及 1867 年反对尼科拉大公的运动》，《历史记录》1964 年第 21 卷第 4 期，铁托格勒，第 625 页。
② 同上。

映在俄国对黑山的政策中。

十六、尼科拉大公访问圣彼得堡

上述情况导致黑山在巴尔干事件中的重要性突然增加。解放运动的中心转移到黑山和保加利亚后，黑山大公的声誉越来越高。在新形势下，他成为中心人物，正如早先与米哈伊洛·奥布雷诺维奇大公有关的计划一样，在俄国政府的帮助下，巴尔干国家将聚集在一起从事解放斗争。

圣彼得堡的新政策将黑山牢牢掌控在自己手里，并通过支持和加强尼科拉大公的声誉，强调了其在巴尔干的特殊地位。事实上，这一相互关系阶段的开始，意味着回归到黑山外交政策的历史基础，如果没有俄国的帮助和支持，这一政策在很大程度上是无法实现的。此后一直到尼科拉大公统治结束，黑山的外交政策大多是"由圣彼得堡指挥批准，大公本人只是独立执行一些行动"[1]。这个新时期的开始以 1868 年大公访问圣彼得堡为标志。

1868 年底，尼科拉大公获准对俄国宫廷进行正式访问，并开始了他的首次访俄外交之旅。大公摆脱了亲法的嫌疑，俄国官员热情地接待了他。在俄国宫廷第一次谒见时，沙皇亚历山大二世斥责了他对法国的态度。这一行为引起的冷场并没有持续多久。大公设法使宫廷相信"他和他的人民的忠诚"，而沙皇将米卢廷纳·内马尼奇（Milutin Nemanjić）国王的军刀赠送给黑山大公是恢复相互信任的表现。[2]

尼科拉大公访问的成果之一是，俄国决定延长对黑山的年度补贴期限，并给予其一次性援助 10 万卢布。大公被建议与塞尔维亚保持友好关系。为了加强俄国在黑山的影响力，圣彼得堡外交部决定撤除前俄国驻杜布罗夫尼克领事 K. 佩特科维奇的职务，后者对尼科拉大公所谓的"破坏外交政策"并不抱好感。在杜布罗夫尼克的俄国领事

---

[1] 拉多曼·约瓦诺维奇：《黑山-俄罗斯帝国政治关系(1771—1917)》，第 39 页。
[2] 《黑山王位五十年(1860—1910)》，采蒂涅，1910，第 8 页。

馆，A. S. 约宁（Jonin）① 取代佩特科维奇开始履职。随着时间的推移而发展起来的友谊，使他成为大公的首席外交顾问和黑山的好朋友。

尼科拉大公从圣彼得堡返回途中（1868）还访问了普鲁士。在柏林的普鲁士宫廷，他"深受欢迎，留下了极好的印象"。几年后（1873），他在罗马拜访了意大利国王维克托·埃曼努埃尔（Viktor Emanuel）。除了与霍亨索伦（Hoencolern）和萨沃伊（Savoj）王朝的关系外，大公还寻求与奥地利保持良好关系。虽然那个时期风云变化，他还是设法与奥地利皇帝建立了友谊。这些访问的成果，除了尼科拉大公在 1875 年访问维也纳，还有弗朗茨·约瑟夫在 1874 年的科托尔湾之行期间拜访了黑山大公。虽然那不是对黑山的正式访问，而是统治者们在科托尔边界的一次会晤，但体现了两国统治者的相互尊重和友谊。大公首先在科托尔迎接了奥地利皇帝，然后皇帝去了黑山的米尔茨，在那里他视察了黑山军队的 5 个营，士兵们"列队"向皇帝致敬。②

尼科拉大公在 1868 年之后与一些欧洲国家的统治者进行的上述外交接触，并没有改变黑山与俄国的友谊与合作。在外交政策上，大公坚定地坚持受传统保护者的庇护，也意识到他的政治计划必须根据黑山的外交利益进行调整。

在俄国的保护下，黑山不得不"承受"俄国在国际层面有限力量所带来的后果。这指的是其外交政策的方向，也涉及俄国相对于其他大国影响的客观政治立场。例如，在大东方危机开始后，俄国 1876 年在雷希施塔特和 1877 年在布达佩斯与奥匈帝国达成协议，将波斯尼亚和黑塞哥维那移交给维也纳，以确保维也纳在俄国与奥斯曼帝国的战争中保持中立，这决定了黑山在黑塞哥维那的战争范围。由于俄国与其他大国相比处于较弱的地位，柏林大会没有为黑山提供更多的保护，导致其

① 更多关于 A. S. 约宁的内容请看易卜拉欣·特皮奇：《俄罗斯资料中的波斯尼亚和黑塞哥维那（1856—1878）》，萨拉热窝，1990，第 74 页。
② 《黑山王位五十年（1860—1910）》，第 8 页。

解决方案比俄国为使黑山在圣斯泰凡实现和平而制定的解决方案更弱，而当初的《圣斯泰凡和约》确定了俄罗斯对土耳其的军事优势。这一点在黑山独立的第一个和第二个十年尤为明显，1878 年以后开展的特派团和其他外交活动都可以看出这一点。

十七、黑山第一个正式派驻伊斯坦布尔的外交使团

土耳其当局努力将黑山统治者达尼洛大公和尼科拉大公作为奥斯曼帝国省长，而不是把他们当作独立主权国家的代表，黑山在此期间进行的"最高级别"外交接触就是在这种阴影下进行的。黑山的大公们拒绝通过土耳其代表引荐进入欧洲国家的宫廷，这表明了黑山事实上的独立，同时也引发了黑山与奥斯曼帝国之间关系性质的问题。鉴于黑山尽管在国家和领土的意义上不被国际承认，但它是一个独立的实体，这种做法要求它与奥斯曼的关系必须以两个政治实体之间的接触形式进行。

这种关系从达尼洛大公时代就已经显现。1862 年与土耳其签署和平条约之后，且在奥梅尔帕夏对黑山发动战争之后，为了减轻缔结和约所造成的局势的消极后果，这些关系正式形成。

另一项重要的外交活动是黑山代表团与苏丹的首次会晤，这是《里耶卡和平协议》带来的局势。就其本身而言，它对于解决有争议的问题没有任何政治意义。其重要性在于，这是黑山代表团对奥斯曼帝国统治者的首次正式访问，黑山从未承认过苏丹对黑山的最高权威，相反地，黑山在与其斗争中，建立了自己的历史身份和内部秩序。

对苏丹的访问与黑山努力消除 1862 年和平条约中的不利条款有关，主要是关于建造带有防御工事（碉堡）的"斯普日至尼克希奇"公路的条款。这次访问是 1862 年 11 月米尔科·佩特罗维奇在维也纳逗留期间安排的。他访问奥地利的目的是实现"皇帝与波尔特就暂停道路和塔楼（碉堡）的建设进行调解"。除了与弗朗茨·约瑟夫的会谈外，米尔科公爵还试图通过与维也纳宫廷的奥斯曼帝国代表卡利马基帕夏

（Kalimaki-paša）的私人接触，来了解波尔特在什么条件下会放弃根据上述协议获得的权利。由于黑山在这方面受到来自俄国等大国的压力，波尔特也认为大公的使节到达伊斯坦布尔比较合适，可以更容易地找到放弃奥梅尔帕夏所提条件的方法。[①] 因此，向伊斯坦布尔派遣大公特使的建议被同意了。1863 年 2 月，元老院议员久罗·马塔诺维奇（Đuro Matanović）和大公的秘书约万·瓦茨利克前往伊斯坦布尔。

代表团成员的任务，除了将大公的信件交给大维齐尔外，还包括谈判促停建造碉堡，并成立一个联合委员会，以纠正"黑山-土耳其"边界问题。抵达伊斯坦布尔后，黑山代表将指示内容传达给了奥地利驻波尔特代表普罗凯什-奥斯滕（Prokeš-Osten）男爵。甚至在尼科拉大公给大维齐尔的信中，黑山的要求也没有超过这两点。[②] 在与阿里帕夏的会谈中，黑山代表扩大了他们的要求，强调黑山需要通过斯皮奇港出海。尽管尼科拉大公给苏丹的信中没有提到出海问题，但黑山代表出发前在采蒂涅收到了这方面的指示，不过他们可以自由决定是否提出这个问题。[③] 尽管就此进行讨论的授权是在确定主要请求之后给出的，但黑山代表已经在前往伊斯坦布尔的途中将其提升到了出使的基本目标水平。

麦肯齐和厄比在他们的游记中证实了这些说法的真实性，1863 年，"他们乘坐一艘奥地利船从科托尔前往科孚，在巴尔停留并参观了这座城市，随行的是同船前往伊斯坦布尔的黑山代表。代表们奉命让波尔特同意将亚得里亚海的任何港口割让给黑山。如果被问到他们想要得到哪个具体港口时，黑山代表们打算说要巴尔。然而，他们并不想特别坚持要回巴尔，因为说实话，他们现在对斯皮奇港已经很满意了"[④]。部

---

① 里斯托·J.德拉吉切维奇：《黑山特使首次拜见苏丹》。《档案记录》1939 年 7—12 月第 30 卷第 1—6 期，采蒂涅，第 208—215 页。
② 尼科拉大公致大维齐尔的信，日期为 1863 年 2 月 9 日，在马塔诺维奇和瓦茨利克执行任务后，大维齐尔致大公的回信由弗拉丹·焦尔杰维奇博士发表在《黑山和奥地利（1814—1894）》一书中。贝尔格莱德，1924，第 195—198 页。
③ 如需更多信息，请参阅麦肯齐和厄比：《穿越欧洲土耳其的斯拉夫地区》，第 216 页。
④ 弗拉丹·焦尔杰维奇博士：《黑山和奥地利（1814—1894）》，贝尔格莱德，1924，第 195—198 页。

长理事会立即（2月22日）解决了三项要求中的一项："让土耳其部队离开碉堡。"2月28日做出了修正边界的决定。斯皮奇港的请求没有获得认真考虑。根据部长理事会的这些决定，黑山最重要的要求原则上得到了积极的解决。

出使目标的实现与大维齐尔向尼科拉大公提出的条件的履行有关。因为放弃了和平条约中的权利，奥斯曼方面要求黑山"始终保持没有堡垒的道路畅通无阻，并且对在该道路上通行时受到任何损害的通行者给予全额赔偿"①，接受了这些条件，黑山代表的目标已经实现。

在毫无计划也没有请求的前提下，马塔诺维奇和瓦茨利克被邀请去见苏丹。瓦茨利克的一份报告内容证实了这一邀请带来的惊讶。②

黑山代表团获邀觐见苏丹，这表明波尔特愿意以和平方式解决与黑山的争端。这一点，以及对黑山的特殊地位的认可，是这次访问的主要价值所在。至于那次谈话的内容，我们可以直言不讳地说，没有任何特别的意义，因为是在已经商定的范围内进行的。瓦茨利克的报告详细描述了1863年3月19日的会晤，在黑山代表们介绍了情况后，苏丹开始发言："很高兴第一次在我这里见到黑山人，我们已经和他们打过很多次仗了，他们迫使我们做出如此巨大的牺牲，只是为了实现和平。在尼科拉大公的请求下，我下令按照他的意愿行使管辖权；我这样做是因为我希望在黑山和周边国家实现和平，这种和平对我们和你们都是有益的，以便人民从战争中得到休息。我不希望从黑山索取任何东西，除了和平，和平对大家都有好处，我可以向你们保证，当黑山处于修养状态，当黑山不经过其他国家而以正确的方式与我对话时，黑山的未来将会更美好，因为我希望黑山一切顺利，并祝贺你们进步顺利。这样，人

---

① 弗拉丹·焦尔杰维奇博士：《黑山和奥地利（1814—1894）》，贝尔格莱德，1924，第198页。

② 瓦茨利克写道："我们对苏丹的邀请非常好奇，也对整个当地的外交活动感到惊讶，这在以前从来没有发生过，因为从来没有哪个外交官与苏丹交谈过，或者特别被邀请在非假期的情况下进入皇室住所。"里斯托·J. 德拉吉切维奇：《黑山特使首次拜见苏丹》，《档案记录》1939年第30卷第1—6期，采蒂涅，第212页。

民才会幸福安康，双方都能进步。"① 关于黑山人的要求，瓦茨利克说：
"'我们……已经注意到，没有一个出海口，我们的人民就无法得到幸
福，这只是人民的意愿……只有这样他们才会受到陛下的青睐。陛下，
唯有进步才有可能……根据我们的观察，奥梅尔帕夏用土耳其语告诉
了福阿德帕夏，福阿德帕夏又向苏丹报告，帕夏们再次跪倒在地，我们
礼貌地鞠了三次躬，然后把脸转向苏丹……"②

　　这就是黑山代表与苏丹的第一次会面。在很长一段时间里，这是唯
一的一次，直到 1883 年尼科拉大公前往伊斯坦布尔。但是，尽管在
1876—1878 年的战争之前没有达到如此高规格的水平，为了谈判以及
和平解决有争议的问题，通过临时特派团同土耳其接触已变得越来越
普遍。这是由于黑山事实上的独立立场对奥斯曼造成压力才获得的。

十八、19 世纪黑山与塞尔维亚之间的政治关系形式

　　黑山在建国时期与主要大国的临时外交接触形式，在与塞尔维亚
的关系中也可以看到。和黑山一样，塞尔维亚也在脱离奥斯曼帝国而争
取独立的过程中。鉴于这两个国家在国际上不被承认的地位，直到
1878 年，它们之间的关系在法律上只能被认为是奥斯曼帝国两个省份

---

① 瓦茨利克这样描述在苏丹宫殿举行的欢迎仪式："上周六,我们受邀拜访了苏丹阿卜杜勒·阿齐
　兹陛下和一些知名人士。两个皇家副官在我们的马车前骑着马,引导我们从餐厅到多尔玛巴赫
　切宫。佩拉济奇上尉骑着马跟在我们后面,另外两个黑山人作为警卫骑着马跟在马车后面。一
　个黑山人和车夫坐在一起;他们都穿着漂亮,长相英俊,身配不少武器。我们经过佩拉(Pera)和塔
　克西姆(Taksim),所经之地离皇家军队很近,士兵们拿着武器向我们问好,一路到皇宫都是这样。
　在那里,迎接我们的是军事大臣兼将军福阿德帕夏以及苏丹任命的翻译奥梅尔帕夏。之后,我们
　都受到了艾敏帕夏的接待,并被带到苏丹和他后宫所在的另一个宫殿。我们等了一会儿,然后他
　们带我们从美丽的欧洲沙龙穿过大厅,越过神奇的楼梯,我们所到之处都被粉红色的灯光照亮,
　大部分都到了一楼(楼层-RR),在那里我们被带到会晤大厅。苏丹站在两根科林斯柱子之间,头
　上戴着土耳其毡帽,穿着欧式的黑色长袍和阔腿裤。东方仪式结束后,我们鞠躬三次,当时福
　阿德、艾敏和奥梅尔帕夏却跪在地上,我们走了 40—50 步后来到了苏丹面前。当国王陛下讲话
　并向我们介绍时,那三个人再次下跪。奥梅尔指着公爵回答说,这是马塔诺维奇族长;又指着我
　鞠躬道,这是军事大臣瓦茨利克。"(瓦茨利克出生时是捷克人,所以文本中出现错误是因为他没
　有完全掌握塞尔维亚语——作者注)引自里斯托·J.德拉吉切维奇:《黑山特使拜见苏丹》,
　第 212-213 页。
② 同上,第 213 页。

之间的一种交流形式。但是，由于两国的实际立场表明两国在政治上一定程度地独立于土耳其政府，因此两国关系可以被看作是半主权实体关系，都处于构建国家法律和国际独特性的过程中。但是，由于当时两国大公都没有充分的国际法地位，他们之间通过特别代表团建立的关系只是看起来具有外交性质。

无论如何，在国际法意义上，黑山和塞尔维亚之间的关系，特别是在19世纪上半叶和1878年以前，都低于他们与其他国际公认主权主体国家之间的关系。这是因为，黑山和塞尔维亚通过特别使团或其他方式与大国或其他国家维持的关系，也意味着对它们国家法律独特性的某种事实上的国际承认，就它们之间的关系而言，很难说是到了何种程度。但这正是它们的关系值得被简要研究的原因。

19世纪黑山与塞尔维亚的关系基于相同的国家任务，二者具有相同的外交政策目标，不仅包含在它们自己的思想解放中，而且也包含在其他地区的塞尔维亚和南部斯拉夫民族的解放和统一思想中。尽管在19世纪初，无论是在塞尔维亚，还是在后来的黑山，这一外交政策任务都没有以一种特殊的政治纲领的形式制定出来，但很明显，它是从两个国家的政治实践中产生的。在黑山，这一目标以一种政治上积极的方式体现在解放斗争的最后阶段，当时争取脱离奥斯曼统治的解放运动在黑塞哥维那、波斯尼亚和旧塞尔维亚等地区获得了更广泛的发展。

此前，在18世纪，直到黑山人民解放斗争第一次取得伟大胜利，和第一批中央政府机构开始组建之前，黑山主教们向俄国宫廷表达的主要外交政策思想都是狭义上的。他们提到了黑山可在俄国的庇护下获得独立。除了提议在俄国沙皇的权威和外交保护下引入"黑山公国"，这意味着将黑山从土耳其的统治之下移出并置于俄国的保护之下，还提出永久的外交政策任务是通过武力解放黑山。当时，这一请求主要与俄国有关，因此，黑山解放势头高涨，在当时的思想感召下，黑山人甚至有恢复"失落帝国"的想法，这也随俄国宫廷关注东方问题程度高低而起伏跌宕，为了自己的利益，俄国呼吁巴尔干各国人民发动起义。

随着巴尔干地区特别是塞尔维亚人民解放运动的加强，黑山人的主要外交政策目标有了自力更生的色彩，且不仅仅停留在黑山和北部山区的范围。在某种程度上，其外交政策目标有所扩展，它现在具备了成熟的特征，需要将解放运动相互联系起来，以摆脱奥斯曼帝国的统治，但与此同时，她不仅没有排除，而且将俄国的进一步支持包括进来。佩塔尔一世时代开始建立第一批常设公共权力机构，以及1804年塞尔维亚革命，随后1815年的起义都为建立一个独立的塞尔维亚国家"铺平了道路"，它们之间开始有接触，以合作对抗奥斯曼帝国，共同开展解放斗争。1804年8月，虽然黑山人没有回应卡拉焦尔杰（Karađorđe）起义领袖向佩塔尔一世发出的的邀请，因为俄国劝告黑山人要"学会克制"，但是后来，在1807年俄国加入对土耳其人的战争后，塞尔维亚和黑山之间就达成了上述的合作。尤其是在1809年，"卡拉焦尔杰的武装组织通过苏沃多尔（Suvodol）渗透进谢尼察（Sjenica）时，一支由350名北部山区人和黑山人组成的分队与起义组织相遇"①。起义组织和黑山部队计划在科拉欣地区举行会晤，随后卡拉焦尔杰将和佩塔尔一世见面，但由于土耳其在尼什附近的袭击削弱了起义部队的力量，会晤没有举行②。

　　1815年，在米洛什·奥布雷诺维奇的领导下，第二次塞尔维亚起义爆发，黑山和塞尔维亚之间一直保持着联系，直到佩塔尔一世去世。除了通信，米洛什大公和佩塔尔一世之间还通过互派使者来保持联络。

　　米洛什·奥布雷诺维奇继续与佩塔尔二世进行政治合作。考虑到自己有义务协助这位年轻主教的外交活动，他试图就如何与奥斯曼宫廷保持关系向他提供建议。为此，他于1832年派西马·米卢蒂诺维奇-萨拉伊利亚（Sima Milutinović-Sarajlija）前往黑山执行外交任务，并

① 诺瓦克·拉日纳托维奇博士：《19世纪黑山和塞尔维亚的政治关系》，载《黑山国际关系论文集》，铁托格勒，1984，第74页。米奥米尔·达希奇：《第一次塞尔维亚起义对瓦索耶维奇和其他黑山山区的民族解放运动的影响（1804—1813）》，载《1804年塞尔维亚革命的历史意义》，贝尔格莱德，1983，第545—598页。

② 《黑山和黑塞哥维那的第一次塞尔维亚起义和基督教欧洲（1804—1813）》，采蒂涅，2006。

要求主教也派遣他的使者回访，以便他们就与奥斯曼帝国和俄罗斯帝国的相互关系及政策达成一致。[1] 但由于两国对外政策不同，以及对黑山解放斗争本质的处理方式略有不同，米洛什建议不要与土耳其人开战，但其战术和智取的策略在黑山不能被接受。[2] 涅戈什"作为诗人和骑士的天性使他更具有起义领袖的英雄特征，米洛什·奥布雷诺维奇则表现出务实的现实主义，否则米洛什就成了他前任的凶手了"[3]。

塞尔维亚王位有了变动，米洛什·奥布雷诺维奇（1839）和他的儿子米哈伊洛大公的退位（1842），以及阿莱克桑达尔·卡拉焦尔杰维奇的到来，在采蒂涅受到了热烈的欢迎。出于对第一次塞尔维亚起义领袖的爱戴，亚历山大·卡拉焦尔杰维奇的上台让涅戈什更加喜欢塞尔维亚。涅戈什还表达了对塞尔维亚人民的热爱，将他最重要的诗歌《山地花环》献给"塞尔维亚之父"，即卡拉焦尔杰，以及塞尔维亚文学协会的成员们，他还于1846年在贝尔格莱德出版了作品《微观世界的光芒》。他特别赞赏伊利亚·加拉沙宁，他向加拉沙宁写道："没有哪个塞尔维亚人比您更关心塞尔维亚，为塞尔维亚奉献更多。"[4]

由于涅戈什民族解放"计划"的主要议题之一是塞尔维亚人民的解放和统一，他自然最重视塞尔维亚的作用。[5] 因此，他不能与塞尔维亚开始出现的年轻公民力量的政治抱负发生冲突，他们的政治观点在"加拉沙宁的计划"（1844）中表达出来。其实质可以这样理解：塞尔维亚人民的解放和统一可以通过加强塞尔维亚来实现，即通过纳入波斯尼亚-黑塞哥维那、黑山、旧塞尔维亚和其他处于外国统治下的塞尔维亚领土来实现。为了实现该计划的一部分，在塞尔维亚政府的推荐下，马

---

① 诺瓦克·拉日纳托维奇博士：《19世纪黑山与塞尔维亚的政治关系》，载《黑山国际关系论文集》，第74页；米奥米尔·达希奇：《第一次塞尔维亚起义对瓦索耶维奇和其他黑山山区民族解放运动的影响（1804—1813）》，载《1804年塞尔维亚革命的历史意义》，第545—598页。

② 同上。

③ 《塞尔维亚人民的历史》，贝尔格莱德，1981，第200页。

④ 《塞尔维亚人民的历史》，第200页。

⑤ 诺瓦克·拉日纳托维奇博士：《19世纪黑山与塞尔维亚的政治关系》，载《黑山国际关系论文集》，第72页。

蒂亚·班（Matija Ban）1848 年来到黑山。涅戈什对关于所有塞尔维亚人的解放和统一的思想充满热情，所以他"同意塞尔维亚政府提出的一切关于合作的建议"。根据当时制定的计划，黑山在某一特定时刻"应该攻击将其与塞尔维亚分开的土耳其领土，塞尔维亚军队的一个师将在那里与黑山会合"。在"国家政治"工作中，黑山应该在"黑塞哥维那、达尔马提亚和阿尔巴尼亚地区"采取行动。①

该计划很快就被放弃了（1850），其他合作尝试也被放弃，尽管在黑山大旱和饥荒时期②，有些黑山家庭在塞尔维亚定居，与之建立了深厚的民族关系，且黑山与塞尔维亚人民的解放和统一目标一致，但其他合作将伴随着王朝间的竞争，如果黑山国家的加强和佩特罗维奇王朝所获得的认可与加拉沙宁关于塞尔维亚的统一和解放计划发生冲突，这种竞争就会更加明显。在贝尔格莱德的政治圈里，宣布黑山为公国（1852）被理解为"整个塞尔维亚人民的不幸，因为除了塞尔维亚公国，还出现了黑山公国，这将在共同的国家任务和整个巴尔干政治中产生不利影响"③。这将引发两国在塞尔维亚和南部斯拉夫民族解放和统一中皮埃蒙特式的竞争。

两个公国宫廷之间的竞争，在 1852—1853 年的"黑山-土耳其战争"之后尤为突出，黑山在这场战争中遭受重创，塞尔维亚没有提供援助。达尼洛大公不想了解阻碍塞尔维亚向黑山提供军事援助的真正原因，他开始致力于让米洛什和米哈伊洛·奥布雷诺维奇父子重返塞尔维亚的王位，他们当时在维也纳。贝尔格莱德也没有袖手旁观，而是致力于罢黜达尼洛大公，并将佩塔尔二世的堂弟斯泰凡·佩特罗维奇-楚察推上黑山的王位。

---

① 诺瓦克·拉日纳托维奇博士：《19 世纪黑山与塞尔维亚的政治关系》，载《黑山国际关系论文集》，第 72 页。《塞尔维亚人民的历史》，卷 5；M. 伊克美奇：《南斯拉夫的建立（1790—1918）》，贝尔格莱德，1989。

② 佩塔尔·波波维奇：《19 世纪塞尔维亚和黑山关系（1804—1903）》，贝尔格莱德，1987；M. 伊克美奇：《南斯拉夫的建立（1790—1918）》。

③ 诺瓦克·拉日纳托维奇博士：《19 世纪黑山与塞尔维亚的政治关系》，载《黑山国际关系论文集》，第 72 页。

黑山解放斗争的成果、1858 年格拉霍瓦茨战役的胜利以及国际划界（1859）等事件进一步加剧了两国间的相互猜疑，因为那意味着黑山独立获得了事实上的承认。黑山当时在塞尔维亚和南部斯拉夫世界中所取得的威望，对两国宫廷之间的相互关系造成了更大的制约。达尼洛大公本打算在 1860 年派遣他的代表前往贝格尔莱德，以便在可能的法国和奥地利战争情况下提出塞尔维亚问题，但由于进一步的事态发展而受阻。达尼洛于 8 月 13 日在科托尔被杀，而在 1860 年 9 月 26 日，米洛什·奥布雷诺维奇大公也去世了。

在米哈伊洛·奥布雷诺维奇登上塞尔维亚王位（1860）之后，两国关系也受到俄国政策的影响，正如我们所看到的，俄国在塞尔维亚这里找到了其巴尔干外交政策的主要支撑。黑山将对圣彼得堡这一政策的不满转移到两国相互关系上。此外，黑山以煽动黑塞哥维那起义（1861）为起点，对土耳其发动战争，塞尔维亚一再不参与其中，这些被采蒂涅视为对塞尔维亚民族利益的背叛。尽管由此而导致关系降温，黑山试图通过力挺法国而为其外交政策寻求支持，但采蒂涅和贝尔格莱德之间仍经常接触并努力改善关系。黑山大公曾多次派遣政治使团前往塞尔维亚，试图协调与"大北方大兄弟宗族"的关系，但收效甚微。

黑山的这些尝试经常与塞尔维亚的努力发生冲突，塞尔维亚作为俄国在巴尔干半岛政策的倡导者，试图限制黑山官员在执行外交政策方面的独立性，即确保他们自己的主导作用。在俄国坚持采取协商一致行动的压力下，塞尔维亚将会朝着这个方向采取措施。有趣的是，黑山和塞尔维亚的统一与塞尔维亚王位继承问题结合起来，即如果米哈伊洛没有生育就去世了，那么该权利属于尼科拉大公，1865 年和 1866 年，尼科拉·佩特罗维奇大公领导了关于缔结两国协议的谈判，并准备放弃王位，转而支持米哈伊洛·奥布雷诺维奇大公。[1]

---

① 格古尔·亚克希奇和沃伊斯拉夫·J.武茨科维奇：《塞尔维亚米哈伊洛大公政府的外交政策——第一个巴尔干联盟》，第 284 页。

在 1866 年 9 月由米洛耶·列什尼亚宁（Miloje Lješnjanin）（他与副主教尼契福尔·杜契奇和马绍·弗尔比察一起返回，他们在贝尔格莱德向大公的教父米哈伊洛·奥布雷诺维奇转达了尼科拉女儿洗礼的邀请）带到采蒂涅的协议的最终版本中，关于可能的王位继承问题在第 4 条中被提出来了。协议写道："特别是，现在在位的黑山大公保证了来自统治家族的大公等级，如果有这样的事情，他将首先派出统治者及他的合法继承人……"①

黑山大公于 1866 年 10 月 5 日签署了协议。这在实践中并没有产生任何效果，因为"虽然这种协约关系持续存在（1866—1868），但它实际上并未奏效，它在实践中也没有被证明可以作为它们政治关系和行动的指南"。"双方都奉行自己的政策，为自己的国家和王朝利益而战"。

两国随后又以协议的方式再次调整关系。当加拉沙宁在 1867 年下台和米哈伊洛大公被暗杀后，塞尔维亚对奥地利的政策发生了转变，黑山再次成为俄国在巴尔干半岛政策的中心，此时用协议方式规范相互关系就有了不同的意义。塞尔维亚担心在巴尔干地区更广泛的解放运动中，黑山在俄国的帮助下将会发挥更重要的作用，从而危及其皮埃蒙特式的雄心，因此试图通过代理人将黑山与自己牢牢地捆绑在一起。对相互政治关系进行协议管理的想法又被提及，这将维持塞尔维亚的领先地位。尼科拉大公显然得到了俄国的支持，并因此在巴尔干人民中享有声誉，他不想同意这样的提议。他对两国政治和军事关系的规范保持沉默。塞尔维亚代表为缔结军事协议以控制黑山军队所做的努力没有成功。在评估军事协议对他的国家的政治独立构成的威胁时，"尼科拉大公坚持拖延谈判，以至于约万·里斯蒂奇（Jovan Ristić）版本的协议从未缔结"。

塞尔维亚和黑山在 1866 年签订的协议没有产生任何实际效果。在 1875 年至 1878 年的黑塞哥维那起义期间，两国建立了一种完整的协议

---

① 格古尔·亚克希奇和沃伊斯拉夫·J.武茨维奇：《塞尔维亚米哈伊洛大公政府的外交政策——第一个巴尔干联盟》，第 487 页。

关系，双方都尊重所承担的义务。这项协议是在黑塞哥维那和波斯尼亚发生的事件的逼迫下缔结的，因为塞尔维亚和黑山必须在即将到来的战争中规范相互义务，站在"起义人员"一边。于是，1876 年 6 月 15 日，两国代表在威尼斯签署了联合对土耳其作战的协议。根据协议，1876 年 6 月底，黑山和塞尔维亚都将向土耳其宣战。①

尽管协议确立的主要目标之一，即"解放土耳其欧洲部分的塞尔维亚人民"，在 1876—1878 年战争后并未实现，但两国仍然取得了重大成果，除了领土扩张外，它们还获得了国际认可。这将在两国关系和两国与其他国家的关系中开创一个新时代，在这个时代中，国际代表形式将具有充分的外交特征。届时，黑山和塞尔维亚之间的关系将进入合作时期，但也会有冲突和危机，随着塞尔维亚和南部斯拉夫国家的威信问题和统一的可能性被更公开地提上日程，这些冲突和危机会更加明显。

---

① 诺瓦克·拉日纳托维奇博士：《黑山与塞尔维亚 19 世纪政治关系》，载《黑山国际关系论文集》，第79 页。

卷　下

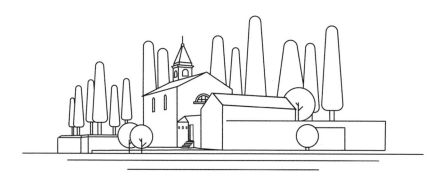

第一章

国际社会的承认是黑山获得
完全外交代表权的先决条件

第一节　黑山在国际法意义上从一个实体
转变为一个国家

一、获得国际承认前的外部因素

随着 1878 年获得国际承认、在圣斯泰凡（Sveti Stefan）岛上缔结和平协议，以及后来柏林会议的召开，黑山与世界各国的关系具备了完全的国际法意义。柏林会议后，黑山的实际国家地位才具有主权国家的属性，也才在与各国的交往中被接受，这意味着，黑山具备了与其他国际社会主体平等的法律地位。

黑山并不是因国际承认才成为国际关系中的一个全新面孔。柏林会议上解决的只是它的国际法地位问题，也就是说，她被承认为一个国际法主体。这实际上是将独立问题从一个国家内部问题，提升到了一个新台阶，使其走入了国际视野。黑山从一个既成事实的国家，成为了一个"国际法意义上的国家"。

获得这一承认，是黑山人几个世纪以来，为从奥斯曼统治者手中争取解放、拓展自己狭小的领土而努力的成果。这是黑山外交活动规划的重要组成部分，特别是从 19 世纪 50 年代初开始，黑山人看到临近的黑塞哥维那和山区部族，为了建立大"塞族国家"相继从奥斯曼统治者手中获得解放。[①] 虽然这些并没有被写入文献，但这样的外交规划已经在黑山的军事和外交行动中得以窥见。

从 19 世纪 70 年代开始，除上述针对土耳其的行动外，黑山的外交活动，还与奥匈帝国在波斯尼亚和黑塞哥维那的企图相冲突。因此，在完成自身外交首要任务的过程中，黑山处于两大邻国的夹缝当中。黑山自身利益与这些大国利益的冲突，最终表现在东方危机[②]当中，以及 1876 年至 1878 年塞尔维亚和黑山与土耳其的战争当中。

奥斯曼帝国在欧洲的命运，衍生出 1875 年发生在波黑的一系列事件。奥斯曼政权试图缓解塞族在这一地区的不满情绪，却引发了更大规模的混乱和冲突。黑山的军事部署和反抗土耳其的战争（1876—1878），也是黑塞哥维那一系列事件的结果。[③] 黑山在 19 世纪下半叶（1851—1853、1862、1876—1878）几次主要的军事和外交活动，通常都是由黑塞哥维那的起义所引发的。

1875 年，黑山积极为起义提供帮助，并在黑塞哥维那进行活动部署，实际上是因为害怕奥匈帝国可能利用起义占领波黑。如果那样的

---

① 《塞尔维亚族历史》（第 1 卷第 5 册），贝尔格莱德，1981，第 427 页；M. 达希奇（M. Dašić）：《1860 年之前的瓦索耶维奇家族记忆》，第 398—451 页。

② 瓦西利·波波夫（Vasilj Popov）：《东方问题》，贝尔格莱德，1996；维利亚姆·DŽ. 斯蒂尔曼（Vilijam DŽ. Stilman）《黑塞哥维那起义与黑山-土耳其战争（1876—1878）》，贝尔格莱德，1997；伊利亚·普拉梅纳茨公爵（Ilija Plamenac）：《回忆录》，日夫科·安德里亚舍维奇（Živko Andrijašević）博士和斯拉夫科·布尔扎诺维奇（Slavko Burzanović）硕士编，波德戈里察，2004，第 214—230 页。

③ 黑山被宣布为公国这件事，对塞族人居住地区的解放斗争和民族意识强化是一个有力的刺激，特别是在黑塞哥维那地区。由于这些解放运动与黑山的主要外交计划相符，黑山基本的军事和外交活动及国家命运，在 19 世纪下半叶与黑塞哥维那的形势产生了不可分割的联系。这一时期，黑山发动了 3 次反抗土耳其的战争（1851—1853；1862；1876—1878）。见佩特科·卢科维奇（Petko Luković）：《1875 年黑塞哥维那起义中的军事组织》，《信使报》1956 年第 3 期，南斯拉夫人民军军事博物馆，贝尔格莱德，第 199—217 页；托米察·尼克切维奇（Tomica Nikčević）：《1875 年黑塞哥维那起义筹备期间黑山对外政策和国际行动的总体特点》，载《1876—1878 年黑山-土耳其战争一百周年论文集》，铁托格勒，1978，第 101—105 页。

话，黑山扩张领土的外交目标就不可能实现了。由于自身所处的地缘位置，黑山意识到，本国的外交目标只能通过开始走下坡路的奥斯曼帝国才能实现。因此，1875 年夏，黑山开始有组织地向黑塞哥维那人提供帮助。佩科·帕夫洛维奇被派往黑塞哥维那，而佩塔尔·武科蒂奇被派往格拉霍沃，以指导那里的起义。

向起义民众提供帮助是与塞尔维亚合作进行的，此时，塞尔维亚考虑到发生在波斯尼亚的起义，自行为战争做了准备。在各方为了在即将到来的战争中进行合作的谈判中，也谈到了塞尔维亚和黑山的结盟协议，该协议于 1876 年 6 月 15 日在威尼斯签署。虽然塞尔维亚和黑山的最高指挥层已经商定互派代表，但并没有涉及两军参与战事的具体操作。①

1876 年至 1878 年黑山和塞尔维亚反抗土耳其的战争分为两个阶段。② 第一阶段是从向土耳其宣战开始的，黑山和塞尔维亚同时于 1876 年 6 月宣战，战争持续到了同年 10 月，参战各方才达成停战协定。黑山第一阶段的作战计划是沿韦利姆列（Velimlje）—加茨科（Gacko）—内韦西涅（Nevesinje）—莫斯塔尔（Mostar）一线发起战略进攻。③ 然而，在攻打内韦西涅和莫斯塔尔附近的比希纳（Bišina）失利后，黑山军队从黑塞哥维那撤出。黑山人该阶段作战夺得过几次出色的胜利，分别是 1876 年 7 月 28 日在狼谷（Vučje dole）、1876 年 8 月 14 日在丰迪纳（Fundina）和 1876 年 9 月 6 日在特里耶普奇（Trijepč）。虽然这些胜利对于实现"将塞族从欧洲的土耳其手中"解放出来的战争目标来说，并不能产生什么重要意义，但强化了欧洲民众对黑山问题的印象。

虽然结盟协议将塞尔维亚和黑山联系了起来，但双方都还是基于

① 拉多曼·约瓦诺维奇博士：《1860—1878 年黑山与塞尔维亚的政治关系》，采蒂涅，1977，第 268 页。

② 战争第一阶段，黑山军队共有 27 000 名士兵参战，对方的奥斯曼军队有 124 000 名士兵。见《南斯拉夫百科全书》（C—D 册），第 421 页。

③ 诺瓦克·拉日纳托维奇博士（Dr Novak Ražnatović）：《黑山与柏林会议》，采蒂涅，1979，第 21 页。

自身利益指挥作战。黑山的关注点在于黑塞哥维那,而塞尔维亚的战争目标则在于波斯尼亚。在取得最初的胜利之后,塞尔维亚军队受到了奥斯曼军队的压制,陷入危机。于是大国之间开始了外交行动,以期结束战争。

停火谈判期间,塞尔维亚又在久尼斯(Đunis)遭遇了失利。俄国威胁如果不达成停火协议就将参战。在俄方的施压下,1876 年 11 月 1 日,各方达成停火协议。停火期起初确定至 1 月 2 日,后又延长至 1877 年 4 月底。

由于评估认为黑山和塞尔维亚反抗土耳其的战争,损害了奥地利在波斯尼亚和黑塞哥维那的利益,因此奥匈帝国开始采取行动,争取国际保障以维护自己的利益。同时,奥匈帝国努力与俄国达成协议瓜分利益范围,首先是 1876 年 7 月在雷希施塔特(Rajhštat)会谈,后来又于 1877 年 6 月达成《布达佩斯协定》,作为在俄土战争中保持中立的回报,奥匈帝国如愿获准在"合适的时机"占领波黑。就这样,虽然苏丹名义上仍是波黑的最高统治者,但这片领土上已经确定了"新的管理者"。俄国与奥匈帝国的协议不光强行规定了塞尔维亚和黑山在波黑战争中的结局,还将这一地区民族的解放与合并推迟了半个世纪。

除了与俄国的协议,奥匈帝国为了保护自己在波斯尼亚和黑塞哥维那的利益,还对黑山采取了外交行动。奥匈帝国外交大臣安德拉希(Andraši)伯爵派出中校古斯塔夫·冯·泰梅尔(Gustav fon Temel)男爵作为驻尼科拉大公总参谋部的军事政治代表,其职责是预防黑塞哥维那的解放运动,因为那可能会损害奥匈帝国的利益。泰梅尔曾警告称,整个战争的结局将由奥匈帝国决定。[1]

由于大国和关键参与方关于巴尔干命运的态度,而且黑山领土在战争第一阶段已经有所扩张,因此黑山无法继续指望 1876 年 11 月的伊斯坦布尔大会还能做出什么有利于自己的决定。这次会议是为了与奥

---

[1] 泰梅尔表示,"至于如何用武器做出判决,我们保留修正斗争结果的权利",实际上,他以此(颇具预言性地)警告称,整场战争的结局将由奥匈帝国决定。

斯曼帝国进行和谈而召开的。会议上，大国代表们提议将尼克希奇、皮瓦、巴尼亚尼，土耳其部分的库奇、斯库台地区，到利姆河为止的瓦索耶维奇、波德戈里察的大小布尔多（Malo i Velje brdo）、斯普日和扎布利亚克（此处指斯库台湖畔的扎布利亚克，现称"茨尔诺耶维奇的扎布利亚克"，而非现黑山北部城市扎布利亚克——译者注）划给黑山，同时允许其在博亚纳（Bojana）河和斯库台湖自由航行。[①]

波尔特没有接受这一提议。由于会议无果而终，奥斯曼政府开始与塞尔维亚和黑山单独和谈。作为土耳其与塞尔维亚的和谈结果，双方在 1877 年 2 月 28 日达成和平协议，而与黑山的谈判没能取得成果。博若·佩特罗维奇（Božo Petrović）公爵于 1877 年初亲自前往采蒂涅，但也没能让波尔特与黑山达成协议。俄国于 1877 年 4 月 24 日对土耳其宣战，两天后（4 月 26 日），尼科拉大公宣布延长黑山军队的战时行动，战争第二阶段就此开始。军事行动除了向尼克希奇-斯普日开进，还以解放波德戈里察和沿海地区为目标。

沿海地区的行动对黑山来说很重要。按照俄国的建议，这样可以保证黑山拥有出海口，不过行动受到了维也纳的干扰，维也纳在黑山军队解放了尼克希奇和比莱恰（Bileća）之后，通过泰梅尔表示，不同意黑山人继续向黑塞哥维纳发起进攻。[②]

至 1877 年底，黑山夺取了斯皮奇，1878 年 1 月又夺取了巴尔、乌尔齐尼和博亚纳河的海岸。黑山军队虽然已经近在咫尺，但直到 1878 年 1 月 31 日俄国与奥斯曼帝国在埃迪尔内（Jedrene）达成停火协议时，黑山军队都没能继续在波德戈里察、斯普日和扎布利亚克方向的前线上取得成功（黑山 2 月 3 日加入了该停火协议）。这部分还在奥斯曼军

---

① 诺瓦克·拉日纳托维奇博士：《黑山与柏林会议》，第 22 页。

② 诺瓦克·拉日纳托维奇在论文《奥匈帝国与柏林会议关于黑山的决定》（《1876—1878 年黑山-土耳其战争一百周年论文集》，铁托格勒，1978 年，第 259 页）中写道："在两个月的包围后，黑山-黑塞哥维纳军队解放了尼克希奇。但是随后，当黑山军队夺取了比莱恰，奥匈帝国政府警告尼科拉大公，如果他要扩张到黑塞哥维纳，那么他所有的努力都将是徒劳的。根据所有情况判断，俄国人并没有告知尼科拉大公他们与维也纳签署过什么样与波黑有关的协议。他们直到那时才开始指使黑山人向沿海地区发起军事行动。"

队手中的领土，让黑山的战争成果和已经实现的领土扩张变得不再那么重要，而且，它给黑山还能否继续独立存在打上了问号。黑山领土上土耳其飞地的存在，让黑山经济和地缘政治遭遇不利局面，因此这些问题必须在黑山主权范围内加以解决。在埃迪尔内达成的停火协议排除了武力解决的选项，保留了谈判的可能性。

边界划定谈判于 1878 年 2 月 27 日在维尔帕扎尔举行，谈判双方是黑山代表和由里扎帕夏（Riza-paša）领衔的奥斯曼代表，俄国卡乌巴尔斯（Kaulbars）男爵的特使也出席了谈判。谈判中提出，要根据停火时的兵力分布来划定分界线。[1]

根据里扎帕夏、卡乌巴尔斯男爵和马绍·弗尔比察（Mašo Vrbica）签署的议定书，黑山战场上的战斗于 1878 年 1 月 31 日停止。[2] 这意味着黑山军队需要在停战生效的当天撤出并归还部分占领的土地，因为黑山在达成停火时还在继续作战，直到 1878 年 2 月 3 日。

不过黑方并没有履行义务将军队撤至 1 月 31 日时的边界线上。边界线最终是按照 1878 年 2 月 3 日敌对状态停止时双方占领区确定的。

在维尔帕扎尔的谈判中，奥斯曼一方的代表只奉命就斯库台地区阿尔巴尼亚和黑山之间的边界线进行谈判，但不包括与黑塞哥维那和老塞尔维亚之间的边界线。因此整个边界就只确定了第一段。关于边界线的协议并没有包括波德戈里察、斯普日和扎布利亚克的问题，所以也没有给黑山和土耳其通过双边谈判解决问题留下机会。

埃迪尔内的休战意味着东方危机武力阶段的结束。但危机本身并没有结束。相反，强加于奥斯曼帝国头上的和平条件和西方国家的不接受态度，将开启危机的第二阶段——即外交阶段。为了修正"强迫和平"的条款，黑山的命运也随之被决定了。

---

[1] 谈判日期我们是根据 2 月 25 日签署的《划界委员会议定书》确定的，该议定书发表在 G. 佩拉济奇（G. Perazić）与 R. 拉斯波波维奇（R. Raspopović）所著的《1878—1918 年黑山的国际协议》中，见第 106 页。

[2] 同上。

二、从圣斯泰凡到柏林，关于黑山国际地位的若干方面

俄国与奥斯曼帝国之间的初步和平协议，让黑山开始希望通过外交手段获得那些没能用武力夺取、也没能在由波尔特代表主导的谈判中获得的领土。[①] 初步和平协议于 1878 年 3 月 3 日在圣斯泰凡签署。黑山、塞尔维亚和罗马尼亚获得了独立地位和领土的扩张，而保加利亚获得了居于苏丹主权之下的自治公国地位。

通过该协议，黑山的疆域扩大了 3 到 4 倍，得到了贝拉内（Berane）、比耶洛波列、普列夫利亚（Pljevlja）、普里耶波列（Prijepolje）、图廷（Tutin）、罗扎耶（Rožaje）、鲁戈瓦（Rugova）、普拉夫（Plav）、古西涅（Gusinje）、尼克希奇、加茨科、波德戈里察、科拉欣、斯普日、扎布利亚克以及出海口。其疆域囊括了几乎整个斯库台湖，边界直抵博亚纳河中线，还得到了包括巴尔港在内的部分亚得里亚海沿岸地区。根据协议，包括"波尔特高级官员"和公国政府代表在内的欧洲委员会将确定公国边界。[②]

欧洲国家众内阁认为《圣斯泰凡和约》只是一个初步协议。维也纳和伦敦都拒绝承认其为最终协议，并称该协议内容与 1856 年和 1871 年的《巴黎和约》和《伦敦和约》相悖。在法国和意大利的支持下，这些国家的内阁采取行动，重新审查了俄国与奥斯曼帝国达成的战争结果，以及巴尔干国家从中获得了什么。

奥匈帝国当时在巴尔干的政策目标是：防止大保加利亚国家的形成，限制黑山和塞尔维亚的领土扩张并防止二者合并，同时加强在波斯尼亚和黑塞哥维那以及新帕扎尔桑扎克（Novopazarski sandžak）的影响力。该国希望就此保证在这一地区的政策主导地位和经济扩张，并为

---

① 谈判日期我们是根据 2 月 25 日签署的《划界委员会议定书》确定的，该议定书发表在 G.佩拉济奇（G. Perazić）与 R.拉斯波波维奇所著的《1878—1918 年黑山的国际协议》中，见第 110 页及其后。同时见约沃·武基奇博士(dr Jovo Vukić)：《1878 年 3 月 3 日〈圣斯泰凡和约〉中的黑山》，载《记录》(第 5 卷第 12 册)，采蒂涅，1929，第 27 页。

② G.佩拉济奇与 R.拉斯波波维奇：《1878—1918 年黑山的国际协议》，第 106 页。

向索伦（Solun）进发创造条件，这也是奥匈帝国政府在通过《圣斯泰凡和约》获得的亚得里亚海沿岸加强统治的途径。

至于英国，它是个殖民国家，但首先是个航海大国，东地中海（Sredozemlje）对于其保持贸易主导地位、在军事上控制航路和沿岸地区，以及保证海上势力范围都具有重要意义。而奥匈帝国则希望削弱俄国在巴尔干的地位。出于上述原因，两国建议召开欧洲国家大会，来审视业已达成协议的内容。

俄国无力反对奥匈帝国和英国干涉其与奥斯曼帝国的战争成果。圣彼得堡建议大会审议具有欧洲性质的问题，而主张召开会议的两国则不顾战争威胁，坚持讨论所有关乎欧洲利益的问题。

为了应对事态的发展，也为了保证自身安全，俄国着手准备以军事反击保卫战果。一些部队被安排在伊斯坦布尔周围，沙皇亚历山大二世和多瑙河部队司令部之间的往来公文中，提到了夺取博斯普鲁斯海峡。[1] 据估计，俄国没有足够的军力部署以抵挡西方国家的联盟。而它的盟友塞尔维亚和黑山竭尽预备兵力，也无法提供更强有力的支持。[2] 除了羸弱的军事力量和装备不足外，黑方在回复俄国驻采蒂涅使节 A. S. 约宁时称，原因还有波德戈里察、斯普日和扎布利亚克都在奥斯曼的占领之下，黑山正处于不利的形势中。

既然军事行动已经显得不切实际，圣彼得堡与维也纳在《圣斯泰凡和约》已达成后又开始进行谈判。作为圣斯泰凡和平的主要缔造者，俄国驻伊斯坦布尔大使伊格尼亚蒂耶夫（Ignjatijev）伯爵及其使团的目标，是要与维也纳政府在东南欧问题上达成妥协。与安德拉希的谈判则显示出，奥匈帝国为扩大其在巴尔干的利益毫不退让。在这场对话中，维也纳内阁力求确保占领波斯尼亚和黑塞哥维那，俄国对此已表示赞

---

① 见尼科拉一世论文《柏林会议》，载《记录》（第 2 卷第 1—6 册），采蒂涅，1928，第 94 页。

② 关于黑山在俄国与奥匈帝国军事冲突中的地位，大公曾说："如果俄国与奥匈帝国发生冲突，黑山会站在俄国一边参战，而如果土耳其与英国发生冲突，黑山会保持中立。"诺瓦克·拉日纳托维奇：《尼科拉大公与奥匈帝国侵略黑塞哥维那（1878）》，载《波斯尼亚和黑塞哥维那抵抗奥匈帝国1878 年的侵略》，萨拉热窝，1979，第 312 页。

成，同时维也纳希望通过在塞尔维亚和黑山的影响力，将保加利亚的西段边界向东推移。① 由于这样的政策，两个斯拉夫公国想要扩大领土以获得共同边界的想法，便没有了成功的可能。

在圣斯泰凡，黑山本可以预见获得领土扩张，但根据安德拉希在谈判中的表态，这对奥匈帝国来说是不可接受的。奥匈帝国也想要这些土地，因为其计划朝这个方向建造铁路，途径索伦，以获得爱琴海（Egejsko more）的出海口。② 按照同样的思路，奥匈帝国努力扩大在这部分原属于奥斯曼帝国沿海地区的统治权。这就涉及了黑山刚得到的权益。

在黑山从《圣斯泰凡和约》得到的权益中，奥匈帝国唯一希望得到的就是在斯库台湖和博亚纳河上的自由航行权。

但俄国不能接受巴尔干出现这样的形势。在此种形势下，俄国不仅要放弃盟友，还要任由奥匈帝国扩大在半岛上的影响力，俄将由此丧失曾经的保护者角色。

奥匈帝国在《圣斯泰凡和约》的修正中毫不妥协，特别是在黑山疆域扩大和出海口的问题上。因此也引起了欧洲舆论对黑山的不满。甚至有人散布消息称黑山政府欺辱占领地区的天主教徒。③ 而天主教神职人员也参与了这场宣传攻势。

与此同时，召集国际会议修正《圣斯泰凡和约》的工作也在进行。奥匈帝国的行动得到了英国的支持，于是 1878 年 4 月，列强收到了关于召集大会的照会。

大多数欧洲国家都确认参会。法国则提出了两个参会条件。它要求 1856 年《巴黎和约》的所有缔约方都派代表出席，还有更重要的，要求"在会上只讨论最后一次战争的相关问题"，而不要讨论"埃及、黎

---

① N. I. 希特罗娃（N. I. Hitrova）：《1878—1908 年的俄罗斯帝国与黑山》，莫斯科，1993，第 19 页。

② 诺瓦克·拉日纳托维奇：《1877—1878 年东方危机末期的新帕尔桑扎克问题》，载《1877—1878 年东方危机末期的塞尔维亚论文集》，贝尔格莱德，1980，第 115 页。

③ 迪米特里耶·迪莫·武约维奇博士：《黑山和法国（1860—1914）》，采蒂涅，1971，第 226 页。

巴嫩和圣地（sveta mjesta）的问题".[1]

奥斯曼帝国对此次会议也特别感兴趣。会议唤起了奥斯曼在谈判桌上赢回战争中所失去土地的希望。西方国家对于《圣斯泰凡和约》的消极态度鼓舞了波尔特，这也成为波尔特愿意重新审查协议的原因。国际关系中普遍存在的紧张状态和俄国的不利地位被波尔特利用来对黑山进行武装挑衅，因为这个层面的冲突不会引起新的俄土战争。为了让公国局势动荡，波尔特还煽动阿尔巴尼亚人参与进来，通过阿尔巴尼亚族联盟来反抗黑山，其主要目的是避免将普拉夫和古西涅交给黑山。沿黑山边界一带的军事战备已经启动，而飞地范围内，特别是波德戈里察的阵地也被加固了。波尔特反对按照《圣斯泰凡和约》的规定将土地划归黑山、保加利亚和塞尔维亚的行动，得到了奥匈帝国、意大利和英国的支持，并逐渐发展成反斯拉夫人的宣传鼓动。[2]

三、柏林会议与黑山

俄罗斯帝国已无力阻止欧洲范围内针对其与奥斯曼帝国的协议而衍生的不利形势。面对列强的施压，特别是来自奥匈帝国和英国的压力，俄国不得不同意举行会议修正该协议。柏林会议是由奥匈帝国、英国和俄国三个大国协商一致召开的，旨在讨论如何解决东方危机所引发的问题。

局势的发展也影响到了黑山。《圣斯泰凡和约》的条款对黑山有利。除了让它的疆域扩大了超过 3.5 倍，黑山还获得了国际承认，以及波德戈里察、斯普日和扎布利亚克几个城市及出海口。

会议筹备阶段，黑山国内采取了一系列措施以维护自身利益。评估认为，维也纳的政策可能会对《圣斯泰凡和约》的决议产生负面影响。黑山国内确定的努力方向，主要是要争取大会上一些大国的支持。尼科

---

[1] 迪米特里耶·迪莫·武约维奇博士：《黑山和法国（1860—1914）》，采蒂涅，1971，第 226 页。
[2] 诺瓦克·拉日纳托维奇：《奥匈帝国与柏林会议关于黑山的决定》，载《1876—1878 年黑山-土耳其战争一百周年论文集》，铁托格勒，1978，第 264 页。

拉大公于 1878 年 6 月初启程前往巴黎之前，在采蒂涅召见了法国驻斯库台总领事杰卡尔迪（Đekaldi）。大公在会谈中指出，自己对于大会上法国的立场有不好的预感，因为法国政府意欲"明确反对黑山的诉求"①。杰卡尔迪虽然称相信法国不太可能持不友好立场，但他同时表示，黑山扩大领土和出海口等一些问题，并不涉及法国的直接利益。他转移话题说，在这些问题上一些利益相关大国的立场更加重要，比如奥匈帝国。②

除克制立场外，在黑山的一些要求上，特别是出让巴尔的问题上，法国的政策是积极的。法国政府对黑山的偏向在法国国内的民意中也有所体现。③

与法国媒体相反，奥地利的官方报纸则谴责黑山境内天主教徒受侵害的问题，指出奥地利不能满足黑山在圣斯泰凡提出的领土要求。

为了缓解奥地利政策对柏林会议结果的不利影响，尼科拉大公派遣由博若·佩特罗维奇公爵和斯坦科·拉多尼奇（Stanko Radonjić）公爵率领的特别使团前往维也纳。此举意在通过与奥匈帝国官方的直接谈判，争取该国政府对黑山诉求的支持。

在博若公爵与安德拉希伯爵的会谈中，黑山代表被公开告知，奥地利将拒绝黑山对黑塞哥维那、利姆河谷和新帕扎尔桑扎克的诉求。④ 将新帕扎尔桑扎克并入塞尔维亚或黑山公国，或将其拆分给两个国家，会让哈布斯堡王朝的南面出现一个强大的斯拉夫国家。奥匈帝国需要桑扎克来确保通往爱琴海的出海口通畅，同时让黑山的边界离塞尔维亚的边界更加遥远。安德拉希认为，将桑扎克划归这两个公国中的一个，或者将其拆分，对于奥匈帝国来说都很不利，都会让其陷入两难："我

---

① 迪米特里耶·迪莫·武约维奇：《黑山和法国（1860—1914）》，第 226 页。
② 格尔古尔·亚克希奇（Grgur Jakšić）：《柏林会议上的波斯尼亚和黑塞哥维那》，贝尔格莱德，1955。
③ 同上，第 227 页。前述援引的迪米特里耶·武约维奇的书中谈到："在法国的媒体上也出现了要求将巴尔让给黑山的言论。当时法国最著名的报纸《时报》（Le temps）于 6 月 3 日刊登文章，呼吁让黑山得到巴尔和亚得里亚海的出海口，并希望反对此事的奥地利能够赞成。"
④ N. I. 希特罗娃：《1878—1908 年的俄罗斯帝国与黑山》，第 21 页；M. 达希奇（M. Dašić）：《1860—1878 年起义中的瓦索耶维奇家族》，第 605—617 页。

们必须整个吞并这个斯拉夫复合体，将所有斯拉夫人带到一个帐篷里，不然就会将自己置于新的危险之中，由于天然的传统和利益，这个复合体会对临近的斯拉夫人具有吸引力，且蔓延给临近的斯拉夫人，打扰到我们的塞尔维亚-克罗地亚族群。"①

黑山对黑塞哥维那的诉求也不具备更好的前景。在维也纳的会谈中，博若公爵还遭受了针对黑山政府的指责，古斯塔夫·冯·泰梅尔中校指责黑山抵抗当时奥匈帝国对黑塞哥维那的占领。他举了黑塞哥维那穆斯林受鼓动要求并入黑山的例子，并指出黑山正在为反抗奥匈帝国的战争进行军事准备。②

在向沿海地区扩大领土的问题上，安德拉希努力说服博若·佩特罗维奇公爵称，出海口对黑山来说并非必要，黑山最好的选择是与奥匈帝国达成贸易协议，他还承诺在科托尔为黑山提供贸易出海口和其他优惠条件。此外，他还建议博若劝说大公，在欧洲强迫他之前，放弃亚得里亚海的港口。③

黑山无法向沿海地区扩张的形势已经非常明显了。不过，寄希望于欧洲大国向黑山施压迫使其放弃这一地区的话，也有些夸张了。取而代之的是，尼科拉大公 1878 年 5 月 13 日电报拉多尼奇公爵，令其告知戈尔查科夫和吉尔斯，"如果大会上他们要夺走沿海地区，我们将为巴尔血战，直到上帝应允我们"④。黑山朝沿海地区发动战时军事行动其实也是得到了俄国的建议。因此戈尔查科夫非常严肃地警告俾斯麦，"俄国是黑山人沿海财产在道义上的担保人"⑤。就此，大会上解决这一问

---

① 诺瓦克·拉日纳托维奇：《1877—1878 年东方危机末期的新帕扎尔桑扎克问题》，第 115 页。
② N. I. 希特罗娃：《1878—1908 年的俄罗斯帝国与黑山》，第 23 页。
③ 博若公爵告诉大公说："安德拉希伯爵开诚布公地宣称，奥地利永远不会将海域拱手让给黑山，因此大公最好不要等到会议举行，而是马上从巴尔沿岸撤军，放弃这里。"尼科拉·佩特罗维奇-涅戈什一世：《自传、回忆录、游记》，采蒂涅，1969，第 522 页。见拉多斯拉夫·拉斯波波维奇：《东方危机末期斯坦科·拉多尼奇公爵外交活动的若干文件——黑山与俄罗斯帝国》，载《短评与杂文》，贝尔格莱德-波德戈里察，2005，第 235—251 页。
④ 同上，第 523 页。
⑤ 诺瓦克·拉日纳托维奇：《1877—1878 年东方危机末期的新帕尔桑扎克问题》，第 115 页。

题的大门被开启了。

博若·佩特罗维奇公爵访问维也纳的结果说明，维也纳内阁不愿满足黑山的要求，相反，维也纳坚决反对《圣斯泰凡和约》中关于黑山领土扩张的条款。维也纳这种不妥协政策的背后，掩藏的是针对俄国及其势力范围的政策。如果塞尔维亚和黑山从多瑙河向亚得里亚海扩张领土，从而建立强大的斯拉夫国家，会阻碍奥匈帝国从新帕扎尔桑扎克向爱琴海进行的经济和政治突破，这与维也纳皇室的主要外交目标相悖。奥匈帝国很清楚，要实现自己的外交目标，最好的办法是将黑山和塞尔维亚与自己捆绑在一起，消除这两个国家内部俄国的影响力，奥匈帝国在会议筹备阶段就已经开始朝这个方向推进。

通过利用塞尔维亚对《圣斯泰凡和约》中领土扩张内容的不满（塞尔维亚欲将尼什周边以及科索沃和新帕扎尔桑扎克方向上的一些土地收入囊中，共计 8 750 平方公里），奥匈帝国成功地将塞尔维亚外交政策的指针，从圣彼得堡转移至维也纳方向。[1] 安德拉希从 1878 年春天开始与塞尔维亚进行接触，至此终于以赢得塞尔维亚政府的同意而告终，塞同意在柏林签署协议。《塞尔维亚与奥匈帝国关于铁路、贸易和杰尔达普交叉线的协定》（《里斯蒂奇-安德拉希协定》）于 1878 年 7 月 8 日在柏林签署，7 月 14 日生效。[2] 协定要求塞尔维亚与奥匈帝国就修建一条穿过塞领土的铁路达成协议。1880 年 4 月 9 日，《塞尔维亚与奥匈帝国关于修建铁路的协定及附加议定书》在维也纳签署，并于同年 6 月 14 日获得核准。这是维也纳将塞尔维亚拉入自己利益范围的第一个重要步骤。

为了在黑山也实现同样目标，清除俄国在黑山的影响力，安德拉希努力在博若·佩特罗维奇访问期间向其表明，这样的政策转变会给采

---

[1] 杜什科·科瓦切维奇（Duško Kovačević）：《1878—1889 年的塞尔维亚与俄罗斯帝国》，贝尔格莱德，2003；拉多什·柳西奇（Radoš Ljušić）：《塞尔维亚族国家历史-塞尔维亚与黑山》，贝尔格莱德，2001。

[2] 《1800—1918 年塞尔维亚具有国际法意义的国际协议和其他文件概述》，贝尔格莱德，1953，第83 页。

蒂涅带来怎样的便利。根据他的解释，这对黑山未来的命运和解决塞尔维亚民族问题，乃至整个斯拉夫民族在巴尔干的地位问题，都有益处。为了努力让对方信服，他还利用了业已在塞尔维亚形成的影响力。或许正是因此，1878 年 6 月初，约万·里斯蒂奇在前往柏林与奥匈帝国签署铁路协议前，向博若·佩特罗维奇公爵提出，希望塞尔维亚和黑山都放弃俄国转而投奔奥匈帝国，幻想着这样可以组建一个大的南部斯拉夫国家。[1]

黑山并没有走上塞尔维亚的道路，但这并不是因为黑山在政治上更有智慧，或者更加坚持自己的政策，而是因为它与俄国的联系超越了在外交伙伴中进行政治选择的可能性。当时黑山国内对俄国的崇拜非常强烈。因此黑山的利益在更大程度上与奥匈帝国的利益产生了冲突。所以上述安德拉希的努力只能无果而终。

在柏林，黑山的两位代表博若·佩特罗维奇公爵和斯坦科·拉多尼奇公爵努力解释黑山的考虑，却没有得到回应。能参会对他们来说就已经是最大的满足了。关于黑山的领土诉求，两位公爵向大会提交了备忘录。这份文件被放入大会档案当中。俾斯麦首相接见了一次黑山的代表们——不过是站立会面的形式，而且只是对他们说："所有安德拉希批准你们的事，我和大会全体都会予以确认。"[2] 俄国代表团也为保护黑山的利益而进行了斗争。

早在大会一开始就已经很清楚，黑山的所有主要诉求都无法太过指望俄国。由于所处的国际环境，俄的政治地位并不十分有利。在 6 月 13 日开始的大会上，黑山的边界，从纸面上来讲，由奥匈帝国制定，并得到了英国和德国的支持。不过，对黑山来说，大会的决议却比奥匈帝国最早的态度更有利。英国和俄国于 1878 年 5 月 30 日秘密达成的协议，对冲了维也纳的政策影响。[3]

---

[1] 拉多曼·约瓦诺维奇博士：《1860—1878 年黑山与塞尔维亚的政治关系》，第 305 页。
[2] N. 拉日纳托维奇：《奥匈帝国与柏林会议的决议》，第 262 页。
[3] 尼科拉·佩特罗维奇·涅戈什一世：《自传、回忆录、游记》，第 520 页。

1878 年 5 月 30 日，英国和俄国在德国的调停下达成了协议，协议由索尔兹伯里（Solzberi）和舒瓦洛夫（Šuvalov）在伦敦签署。这份协议奠定了大会决议的基础。协议将保加利亚分解为两个省：一个是——"巴尔干地区"——一个自治公国，有自己的大公；另一个是——"巴尔干以外"——土耳其的一个自治省，以"基督教徒为领导"，经列强同意，由苏丹任命，任期 5 到 10 年。

土耳其军队需从这两个省撤离，只有大会有权确认何种情况下波尔特可以向鲁梅利亚（Rumelija）派出部队。根据协议，比萨拉比亚（Besarabija）被划归俄国所有，而俄国的战争开支，不能以土耳其的土地来偿付。协议的其他条款都不涉及巴尔干。此外，奥匈帝国政府预见到，将来占领波斯尼亚和黑塞哥维那时，可能因为黑山的干扰面临复杂形势，于是在某种程度上改变了对黑山诉求的态度。但奥匈帝国不想放弃要求黑山缩小领土诉求的范围。① 黑山对于柏林会议的结果有多么不满意，在尼科拉大公给身在柏林的代表们发去的最后指示中就可见一斑，"由于我们的事情已经完全结束了，大公通知我：在你回来的时候向每一个大国的全权代表告别，并告诉他们，黑山并没有得到公正的补偿，它的新边界的很多地方都是勉强的。因此黑山人民感到痛心和恐惧，他们会因为边界的勉强结果感到不安，并不再为和平发展付出努力。"②

关于黑山的边界，就这样达成了某种妥协。另一方面，黑山徒劳地向俄国代表们求助，希望他们"反对由奥地利军事占领桑扎克的计划，或者至少将其留给土耳其"③。会议上俄国代表 P. A. 舒瓦洛夫原本认为奥匈帝国军事占领桑扎克是不可接受的，但这一立场被俄国政府的决定改变了，因为安德拉希要求，桑扎克的问题不解决就不讨论黑山的问题。奥匈帝国保留了军事占领桑扎克和占领波斯尼亚和黑塞哥维那

① 尼科拉・佩特罗维奇・涅戈什一世：《自传、回忆录、游记》，第 530 页。
② 拉多曼・约瓦诺维奇博士：《1860—1878 年黑山与塞尔维亚的政治关系》，第 304 页。
③ 尼科拉・佩特罗维奇・涅戈什一世：《自传、回忆录、游记》，第 530 页。

的权利，并以此成功确保了东方危机于己有利的结局。就这样，虽然塞尔维亚和黑山在柏林会议上获得了比 1878 年之前有利的国家地位，但"1875 年到 1878 年整个东方问题"都没有得到解决，问题可以归结为"是否允许南部斯拉夫民族在土耳其遗留的废墟上，建立一个自己的国家"[1]。大国们的决定让这个提议无法实现，因此塞尔维亚族和其他南部斯拉夫民族的合并被推迟了。直到 1912 年至 1913 年，这一问题再次被提上日程，在塞尔维亚境内和黑山境内都出现了"特别顽强的国家分离势力"[2]。

四、关于给予黑山国际承认和外交代表权的决定

柏林会议根据上述决议对著名的《柏林条约》进行了修订。

1878 年 7 月 13 日，6 个大国的代表签署了条约，1878 年 8 月 3 日条约获得核准。涉及黑山的是第 26 条至第 32 条。

最高波尔特和所有其他尚未做出承认的"高级缔约国"关于承认黑山独立的决定（第 26 条）和新的国际认可边界的决定（第 28 条），是条约中对黑山最重要的内容。此前在圣斯泰凡的双边协议中承认黑山独立的条款，现在得到了列强的确认。

至于承认的条文，在 7 月 1 日讨论黑山问题的会议上形成了第 10 号议定书，会议审议了《圣斯泰凡和约》第 1 部分第 2 条的内容，"最终地"承认了黑山的独立地位，列强代表们也表达了不同立场。最终参会代表们决定让黑山成为国际社会的全权成员。

这个"新国家"的边界原则上与战争中黑山军队的战果相当。根据这一原则黑山也放弃了大片土地。黑山在沿海地区损失得最多，只得到了巴尔和部分海岸，而它在这片区域的主权也受到了限制。奥匈帝国获得了斯皮奇，而乌尔齐尼地区从海岸到博亚纳的领土都要还给土耳其。

---

[1] 米洛拉德·埃克梅契奇（Milorad Ekmečić）:《1849—1878 年巴尔干革命成熟过程中的外部因素》，《南斯拉夫历史杂志》1964 年第 3 期，贝尔格莱德，第 28 页。

[2] 拉多曼·约瓦诺维奇博士:《1860—1878 年黑山与塞尔维亚的政治关系》，第 305 页。

作为回报，黑山得到了波德戈里察、斯普日和扎布利亚克；在黑塞哥维那境内，黑山放弃了比莱恰、加茨科、祖普齐（Zupci）和茨尔克维察（Crkvica），这些地方都归奥匈帝国所有；此外黑山还获得了普拉夫和古西涅。

根据会议决议，黑山得到了出海口。黑山沿岸的控制权归奥匈帝国所有。[①] 奥匈帝国获得的黑山沿海地区控制权是多样的。

第 29 条规定，巴尔港和黑山全部水域对所有国家的战船关闭；巴尔和黑山沿海的海岸警察和救护监督职责均由奥匈帝国的轻型警卫舰执行。黑山沿海适用在达尔马提亚生效的法令。奥匈帝国保留了为黑山商船提供领事保护的权利。最后，黑山还与奥匈帝国就在黑山沿海修建并维护一条公路和铁路达成了协议。黑山拥有在博亚纳河的自由航行权。[②]

所有这些条款都意味着黑山在巴尔港和沿海的主权受到了限制。它的多种权利都只能为外国——即奥匈帝国所用。这种限制还包括摧毁博亚纳河沿岸和黑山腹地修建起的堡垒。此外，这一区域禁止修建新的堡垒。接受所有这些"消极地役权"，是奥匈帝国提出的条件，在这一条件下，黑山才能在缩小领土诉求范围的同时，获得出海口。

让奥匈帝国得以扩大在黑山影响力的条款还不止这些。起到类似作用的还包括宗教自由条款，该条款在奥匈帝国代表的要求下被写入《柏林条约》。第 27 条规定"黑山所有公民和外国人有参与所有种类宗教仪式"的自由，不受"教会团体等级组织或他们与宗教首领关系"的"干扰"。[③] 该条款保证了奥匈帝国的利益，使其可以通过天主教宣传实现在沿海地区的影响，并在宗教上将这一地区与黑山其他地区分离开来。

---

① J.武基奇博士：《1878 年柏林会议上的黑山》，载《记录》（第 2 卷第 1—6 册），采蒂涅，1928，第 281 页。关于会议结果，论文写道："很遗憾会议做出的决定只是暂时恢复了和平。问题并没有得到最终和公正的解决，而是更进一步复杂化了……"
② 拉多斯拉夫·拉斯波维奇：《1878—1903 年的黑山与列强》《欧洲与东方问题、文明和政治变革》，载《国际科学大会论文集》，贝尔格莱德，2001。
③ G.佩拉济奇，R.拉斯波维奇：《1878—1918 年黑山的国际协议》，第 127 页。

五、黑山在 1878 年获得国际承认之前和之后的独立地位：F. 马尔滕斯的观点

俄国著名律师、国际法理论家 F. 马尔滕斯对黑山在柏林会议之前和之后的国际法地位有着有趣的见解，并在其《文明国家的现代国际法》一书中做了阐述。[①] 他将 1878 年之前的黑山在广义上算作半独立类型的国家。

半独立国家，按照他的理论，是国际关系和国际秩序的产物。它们的存在可以解释为，这些国家努力找到了一种防止"无法避免"的冲突的生存方式。这是一种在无法解决的利益冲突中达成妥协的办法。从这种意义上说，半独立是一种从附属地位过渡到完全国际主权——或者相反——中间的过渡阶段，是唯一一种存在即有理的过渡和临时形式。从国家学的角度看，这被认为是种谬论，因为国家的存在本身就排除了任何从属性。

半独立国家的基本特征包括在外交上服从于外国政权，而内政则在最大程度上完全自治。通常这样的国家，要按照一定数额或根据双方协议商定，向宗主国上贡。

如果将上述理论模式与黑山在 19 世纪获得独立前的国际地位相比较，我们可以断定，它的地位，与最恰当的关于半独立国家的表述，存在很多相抵触的地方。其中最明显的在于宗主国与附属国之间订立协议，包括由宗主国来主导附属国的外交等等。由于与这部分内容不相符，马尔滕斯不认为黑山是典型的半独立国家，而是实质上的独立国家。然而，将黑山在柏林会议前的地位与《柏林条约》第 29 条中提到的限制相比较，可以断定，黑山公国的国际地位在 1878 年并没有被具体确定。马尔滕斯提醒，一些作者和国家（1878 年柏林会议上的英国）认为黑山是从属于奥斯曼帝国的半独立国家。但实际上，它并没有臣服

---

① F. 马尔滕斯：《文明国家的现代国际法》，圣彼得堡，1882。

于奥斯曼帝国，没有向其纳贡，公国的大公也不是由苏丹任命。当阿里帕夏作为奥斯曼帝国的代表在 1856 年的巴黎和会上说，黑山是依附于波尔特的国家并向苏丹纳贡，其他国家的代表并没有否认，而黑山大公立即抗议，证明其公国从不是附属国。马尔滕斯判断，黑山相对于奥斯曼帝国的实际地位，最好地否认了波尔特的观点。[①]

他认为根据柏林会议的决议，特别是第 29 条可以断定，"《柏林条约》，很明显地，将黑山置于比早前更糟糕的地位：《条约》将其从一个战争前事实上相对独立于土耳其的国家，变成了一个被奥匈帝国庇护的国家，奥匈帝国有实力也有办法显示出自己的庇护权。他认为应该接受布隆奇洛（Bluncilo）的看法，即，拥有 28.5 万人口的黑山无法在《柏林条约》营造的环境下，避免周边大国对其产生影响，也很难保持自己的政治独立性"[②]。

马尔滕斯的看法，特别是第二部分，我们认为非常有意思。不能否认它具有一定的理论价值，虽然一些观点可能会受到挑战。从对黑山海岸的控制权来看，可以肯定，那些限制性条款，非典型地将会议的决定，强加于黑山这个已经被国际社会承认的国家身上。它更属于半独立和附属国家类型，即属于拥有不完全主权的国际法主体。不过，由于黑山的完全国际法行为能力被限制，特别是黑山被会议决议强行置于对别国有利的奴役状态之下，因此无法被认为具有完全的国际法地位，但对它来说重要的是，黑山就此实现了领土扩张并获得了出海口。不过上述这些负担是暂时的，因为随后由于 1908 年的吞并危机（aneksiona kriza），这些负担在 1909 年会得到最大程度的释放。[③] 在所有其他领域中，截至当时，黑山在很高水平上都表明其是一个主权国家。

---

① F.马尔滕斯:《文明国家的现代国际法》,第 264 页。

② 同上,第 265 页。

③ 奥匈帝国大臣埃伦塔尔(Erental)提出,要想取消《柏林条约》第 29 条,前提条件是"黑山放弃对哈布斯堡帝国的敌对立场"。见约翰·特雷德韦:《雄鹰和苍鹰——黑山和奥匈帝国(1908—1914)》,第 53—55 页;卢卡·武克切维奇(Luka Vukčević):《1908—1909 年波斯尼亚危机中的黑山》,铁托格勒,1985,第 353—378 页。

马尔滕斯的评估是在黑山获得独立后相当短的时间内做出的，评估中一部分更多地是基于预测而不是对黑山实际情况的分析。还有很大一部分则是基于"小国的经济社会资源总会受到外交的限制，会依赖于大国的意愿"这一普遍观点。不过即便如此，由于黑山成功地获得了国际承认，这些评估理论确实在政治和国家的高层次主体性问题上，扩大了人们的认知范围。

《柏林条约》的上述条款，赋予了奥匈帝国在黑山境内很大的权利，这促使马尔滕斯断定，会议决议将黑山置于了比之前更糟糕的地位。我保留关于"黑山的地位比东方危机之前更糟糕"这一评估的看法，事实是，由于奥匈帝国在波斯尼亚和新帕扎尔桑扎克问题上获得了让步，黑山在后续实现外交目标过程中的地位、塞尔维亚及其他斯拉夫民族在巴尔干的地位、它们的解放与合并前景，都比以前只需要对抗奥斯曼帝国时的状态更加不利了。现在，除了争取国际承认以外，塞尔维亚和黑山在周边环境的问题上，对奥匈帝国的依赖更强烈了。综上所述，黑山从柏林会议上得到的承认，一方面是经正式国际文件认可的；但另一方面，由于对其主权的限制，这是带有附加条件的承认。

那么问题来了：这种带有附加条件的国际承认如何体现在黑山的外交活动中，也就是说，她的外交地位如何？我们看到，柏林会议之前，黑山实际上已经得到了某些国家的承认。这无疑反映了对黑山已经拥有的、特别是在 19 世纪下半叶已经拥有的国际社会对其国家地位的尊重。虽然黑山与这些国家的交流符合主权国家间的关系状态，但通常还不具有外交的性质。特别是在通过派遣常驻代表体现的"使节权"的问题上。因此，不论有多么重要，上述交往的例子还不能算在国际交往范畴之内，黑山与这些国家的关系也不具备获得正式承认的、具有外交代表权的国家间该有的外交关系特点。

在国际法意义上，当时那个时期对黑山最重要的事实是，尽管在某些个案中获得了实际的承认，或者它特殊的国家地位得到了尊重，但它并没有被认为是国际社会的一员。由于它不是国际法主体，就无法参与决定国家间关系的国际秩序的制定，或是参与国际交往准则的制定。它不是一国对一国法律义务的承担者，因为那只能是拥有国际法主体地位的国家。虽然这些法律和义务的范围非常宽泛，但在这些黑山无法参与的法律中，我们要看的是接受和派遣使节的法律，因为这涉及派遣常驻使团代表的权利。

以黑山在邻国派驻代表为例，在之前的论述中，我们暂且称之为"外交"或者"领事"机构，虽然它们是黑山国际交往中的重要机构，但它们绝不是可以获得外交或领事礼遇的代表机构。这些关系的建立并不具有主权国家官方间交往的特征，也不存在类似协议。黑山第一批在外国开设的常驻代表处，得到了邻国的默许，为的是方便黑山保证本国国民的利益，确保黑方与国民所在地区地方政府的沟通，或者，还有比较少见的情况是，通过这种方式让当地与黑山的贸易运输更加便利。这种代表机构没有被看作是外国的机构，享有的只是外国个人组织的待遇，组织中的"官方代表"与其他外国人是平等的，他们自行选择与驻在国的哪些机构沟通。这些机构不能从事真正的外交或领事机构的工作。这种不完整的交往关系中，不存在对等原则。虽然这并不是确立和保持外交领事关系的重要条件，但在此种情况下，这是黑山不具备国际承认的结果。虽然当时已经存在一些政治利益，比如，奥匈帝国或其他国家可以在黑山施加影响，但这些国家并没有那样做，因为那样的话就等于给予了黑山国际承认。同时，那也可能给对土耳其关系造成不良后果。有资料显示，当时一些国家在斯库台或杜布罗夫尼克的外交领事官员与采蒂涅保持了政治接触，但这并不意味着他们被委任负责与黑山的交往，也不意味着他们的国家与黑山建立了任何官方关系。相反，他们从事这些工作恰恰是履行他们在驻在国的职责，按照派出部委的具体指示行事。

黑山距离获得国际承认、被接纳为国际社会的全权成员，还缺少像其他国家那样可以无条件获得的基本权利。这些让国家被承认为国际社会成员的权利之一就是代表权，以及国际交通运输权。其中特殊的一种形式就是在国外派出代表机构的权利，也就是接纳和派遣国际代表的权利。

关于承认黑山国际地位的公文中，不会专门提及基本权利，基本权利会包含在专门公文当中，因此在《柏林条约》的条款中也无需详细写明。通过《条约》第26条对黑山独立的承认，黑山自动成为了所有基本权利的拥有者，包括我们上述提到的权利。第31条中，黑山公国被要求直接与波尔特就"黑山向伊斯坦布尔和帝国其他有需要地区任命和派驻代表"达成协议，但这绝不意味着黑山只可以向这个国家派遣和接收使节。在《条约》文本中写入这样的措辞，应该是建议黑山和土耳其通过此种方式，作为继承国和被继承国，以最简便的方式处理好相互间的继承关系，以及大量黑山人参与奥斯曼帝国事务的有关问题。

将这些内容写入《条约》第31条的原因，是基于奥匈帝国对《圣斯泰凡和约》第2条的态度。根据该条款，黑山与波尔特关系的最终处理应遵循圣彼得堡和维也纳的安排。安德拉希认为，随着黑山获得独立，这样的内容已经失去了存在的理由，因此他拒绝让自己的国家接受仲裁或者接受《圣斯泰凡和约》第4章第2条里规定的其他安排。取而代之，安德拉希表达立场称，"国家获得承认后就成为了自己命运的主人，应该学着靠自己生存"。在《条约》文本最终校订时，这些国家参与处理黑山与土耳其关系的条款被略去了。

六、《柏林条约》第 29 条与黑山主权问题

这里出现的两个问题是：奥匈帝国通过《柏林条约》，以黑山为代价，究竟收获了什么？而有条件的国际承认对黑山的国际交通运输权和与其他国家建立外交领事关系产生了什么样的影响？[1] 这些问题涉及《条约》第29条，根据该条款，向黑山海上商船提供领事保护的权利归

---

[1] 拉多斯拉夫·拉波波维奇：《19世纪下半叶俄罗斯在巴尔干的对外政策任务和〈圣斯泰凡和约〉与〈柏林条约〉对塞尔维亚和黑山的国际法意义》，《历史杂志》2002年第49期，贝尔格莱德。

属于奥匈帝国。这样一来，那些所有者为黑山国民的船只（只是有权悬挂黑山的商船旗帜），在航行到奥匈帝国派驻有领事代表机构的国家的港口时，其领事保护权属于奥匈帝国。至于外交关系，很明显"有条件的承认"并没有产生什么影响。

上述条款让海上交通的领事权归属了奥匈帝国。但这原则上并不能阻止黑山在所有需要的地方开设领事机构。19世纪时，领事馆的开设通常是为了保护国家的航海和商业利益，很明显，黑山除此也没有别的开设领事馆的特殊原因。为黑山的商船提供领事保护究竟能给奥匈帝国带来多少好处，我们不得而知。丁科·弗拉内托维奇（Dinko Franetović）——研究黑山1918年之前航海和渔业历史的专家，就此并没有具体地阐述。可以确定的是，黑山在柏林会议之后很快就"在巴黎、马赛、热那亚、纳波利（Napulj）、卡塔尼亚（Katanija）、马耳他、巴里（Bari）和的里雅斯特开设了领事馆，以保护自己在国外港口的航运"①。由此可以得出结论，除奥匈帝国领事机构的监管之外，黑山当时也有自己的领事部门。据此可以得出两点结论：

一方面，在获得独立地位后，黑山，由于其商船队规模、海上经济的发展和与世界交往的频率，并没有开设更多领事馆的需求。另一方面，从领事服务的历史发展阶段来讲，当时还处在设立名誉领事和付费聘请领事代表的阶段，这也说明了1908/1909年之后，即黑山废止《柏林条约》第29条之后领事代表处的情况。

上述观点并不能确定领事机构的发达与否，以及奥匈帝国对黑山的商船队产生了怎样的影响。这就引发了对这些问题的整体思考，就这个问题迄今并没有进行足够的研究，即，奥匈帝国在多大程度上实现了《柏林条约》第29条所包含的权利并没有得到深究。

---

① 丁科·弗拉内托维奇·布雷：《1918年之前黑山的航海和渔业历史》，铁托格勒，1960，第72页。

第二章

独立后黑山国内外交机构的发展

第一节 对外交往机构和机制的建立

一、争取获得国际承认期间外交机构的发展水平

原则上，除了负责引导和保持国际关系的外交机构，也就是狭义上的外交机构，外交中还有所谓的国内机构扮演着重要角色，它们当中，除了外交部，主要包括：国家元首、政府和人民代表机关。除了可以直接代表国家外，国内机构活动的重要性还体现在，国内政治决策关系到对外政策的制定，而对外政策则由外交来实现。

而在黑山的情况中，还存在着第三个不能忽略的方面——非常贫乏的海外常设使团。首先我们来回顾一下黑山国内用以维持国际关系的各个机构。

在获得国际承认后，黑山的国家机器所处的组织水平，或许最能说明黑山最早面临着怎样的国际治理环境，以及它用何种方式向各方正式告知，黑山已经在柏林会议上获得了独立。会议上形成了"致所有相关国家"的特别议定书，上面有会议决议和所有国家代表的签字。泰斯塔（Testa）男爵被指定"将其正式交给大公"，成为议定书的递送人。

然而，加夫罗·武科维奇（Gavro Vuković）公爵证实，"当俾斯麦的特别代表抵达采蒂涅来见大公时，发生了一些后果极其严重的情况，没有谁来见他，也没有人对他表示关照"①。泰斯塔男爵在采蒂涅呆了三天，"当他发现并没有人理会他后，便回到了科托尔。他从科托尔向俾斯麦首相发出了言辞激烈的抗议电报，表达对大公的不满"②。

当"文明世界"亲自来告诉黑山它已经被接纳进这个圈子时，却没有得到应有的接待，这可以说是黑山的马虎大意或是不了解欧洲各国宫廷的情况所导致的——对黑山来说，虽然给人的印象糟糕，倒也没有给对德关系造成完全悲剧性的后果。俾斯麦用"无法描述的丑闻"和"严重的伤害"来评价自己的代表在黑山的遭遇，同时他"不要求道歉，但是，由于已经了解到这种针对其使者的闻所未闻的做法"，他带着最大的愤怒通告"日耳曼驻世界各地的所有外交机构和领事馆，必须利用一切机会无视黑山，就像它不存在一样"。就是以这种古怪的方式，"不光普鲁士王国的友谊反转成了敌意，强大的新生日耳曼帝国与小小的黑山之间的外交关系也中断了"。③

加夫罗·武科维奇所记录的事情发生在 1878 年下半年。关于泰斯塔男爵的黑山之行，《黑山之声报》也在 1879 年 10 月 30 日（星期六）报道此事，但是错误地写成了这位德国代表是来担任代办的。除了黑山确实在外交界展现了糟糕形象以外，这件事并没有引发作者在《回忆录》里认为可能产生的全部后果。也不能说由于黑山的失误导致了与德国外交关系的中断，因为当时双方还没有正式建立外交关系。德国代表在柏林会议上原则上承认黑山独立，以及其他大国的集体承认，并不意味着黑山与德国的外交关系正式建立起来。从会议举行到上述事件发

---

① G.武科维奇在自己的回忆录中写道："大公当时身在国内。由于那时候黑山还没有设置各个部委，负责我们对外政策的斯坦科·拉多尼奇公爵担任陪同大公的工作。"加夫罗·武科维奇公爵：《日耳曼与黑山，记录笔记》（第 1 册），采蒂涅，1927 年 7 月—12 月，第 97 页。

② 同上。

③ 同上。见《外交部—文件汇编（1879—1915）》，斯拉夫科·布尔扎诺维奇（编纂），波德戈里察，2007。

生，双方还没来得及建立外交关系，所以不能说外交关系被中止，但可以说德国拒绝在未来与黑山进行官方接触。也许加夫罗公爵想说的是对未来双方关系的影响。

不论怎样，该事件给两国关系造成了深远而消极的影响。黑山及其机构在整个事件中更加名誉扫地，但黑山并没有真正了解德国持保留态度的原因。起初，加夫罗·武科维奇还奇怪为什么德国驻伊斯坦布尔大使不愿接受他的正式拜会，而只愿在"团体和休闲场合"见面，直到1882年初，武科维奇才从俄国大使内利多夫（Nelidov）那里了解到俾斯麦的通告。随后，德国公使在英国大使馆向他展示了通告文本。[①]

武科维奇了解到与德国关系恶化的原因后，告知了采蒂涅王室，但这并没有促成任何大的改观，没有人去"回顾总结"，以改变这种粗鲁笨拙的行为方式。据说加夫罗·武科维奇被任命为外交大臣后，曾试图自行解决这个问题，虽然并没有投入很大努力，但还是通过俄国外交人员进行了尝试。在大公的继承人达尼洛（Danilo）王储迎娶梅克伦堡-施特雷利茨（Maklenburg-Strelic）的尤塔（Juta）公主后，黑山方面计划让大公于1900年访问德国，并借机向德国皇帝递交信件并颁授勋章。不过，通过俄国驻柏林外交人员对德国官员的打探，黑方了解到最好再等待下一次更好的时机。时机终于在1905年到来，在大公女儿耶莱娜（Jelena），也就是意大利国王维克托·埃曼努埃尔（Viktor Emanuel）的王后居中协调下，相关各方于德国皇帝当年访问达尔马提亚时商定[②]，作为此前两国元首未能实现会面的替代方案，大公将择期访问柏

---

① 加夫罗·武科维奇公爵：《日耳曼与黑山》，第97页。

② 1905年3月，有消息称德皇威廉二世将乘船巡游地中海和亚德里亚海，访问杜布罗夫尼克和其他达尔马提亚城市。当时的国际礼宾惯例是：当一国统治者在某个国家边界附近停留，该国的统治者当亲自前往，向其致以问候，并派出家族或国家的一名代表与之会见。黑方通过意大利国王维克托提出尼科拉大公拜会的建议。但德皇后来放弃前往杜布罗夫尼克，并电复意大利国王称可以接受大公的建议"与其会面，但不会在别的地方，而要在柏林，当对方收到邀请的时候可以来做客"。1906年4月下半月，德皇致大公的邀请被送抵，请其"按旧历5月17日前往柏林"。1906年5月7日尼科拉大公启程前往德国首都，也终于化解了1878年事件的后果。详见加夫罗·武科维奇：《日耳曼与黑山》，第97页。

林。那次访问的成果是两国正式建立了外交关系，而德国在采蒂涅开设了公使馆。[1]

整个事件表明了黑山在获得国际承认后，其国内负责对外关系的政府行政机构的真实状态。我们称之为国内机构，是因为黑山在 1874 年的国家行政改革中，才第一次设立了负责外交的部门。1874 年久尔杰日（Đurđevdan）开始的改革中，元老院（Senat）只被保留了法院的职责，成为国家最高法院，同时"为国家其他事务设立了专门部门，包括：军队、财政、教育、内政部门和大公外事办公室"[2]。元老院公署作为元老院的专门部门，由斯坦科·拉多尼奇担任负责人，成为后来外交部的前身。

1874 年的改革并不是尼科拉大公发起的第一次国家改革。此前，在其父亲米尔科（Mirko）1867 年 8 月 1 日去世后，大公也采取了措施以实现"好的行政管理"。

大公认为，新的改变非常重要，他自己将其称为未来"黑山宪政"的开端。改革的内容，除 1868 年 4 月 6 日大公向元老们、军官们和黑山主要神职人员们阐述的实质内容外，还包括对属于政府、采蒂涅修道院和黑山教会的财物，以及大公个人财产进行分类和普查。确定了大公的年薪以及抚养达尼洛王储女儿所需的数额。采蒂涅大主教被允许掌管教会的财产和每年从俄国获得的补贴。按照规定，国家的所有收入都应纳入国库，由董事会（委员会）掌控，该委员会由三名成员组成：博若·佩特罗维奇（主席）、久罗·马塔诺维奇（出纳员）和伊利亚·普拉梅纳茨神父（财物总管）。国库的任何支出没有委员会的批准都不能执行。

按照尼科拉大公的解释，改革的目标是要整顿好国家的财政状况。

---

[1]　德国的首位使节皮尔格里姆-巴尔托西（Pilgrim-Baltoci）于 1906 年抵达采蒂涅。

[2]　见 K. 佩特科维奇（K. Petković），布兰科·帕维切维奇（Branko Pavićević）博士和拉多斯拉夫·拉斯波波维奇博士（编纂）：《黑山与黑山人》，载《东方文集》，1887，第 438—444 页；《黑山法典（1876—1916）》，载《与黑山历史有关的法律出处和政治条款》，载《公文集》（第 2 册），第 18—26 页。

为了实现这个目标，必须改变此前惯常的做法，要像一个"好的一家之主"那样管理国家收入，不能将"国家的贡品、资本，以及我们个人和国家的财产混淆放入同一个袋子里"①。

随着 1874 年的改革和公署的设立，19 世纪中叶以来由大公亲自领导的外交政策实践有了新的变化。元老院成员斯坦科·拉多尼奇作为新设立机构的领导，获得了某些特权。不过，从大公办公室接管相关事务时，还是遭受了外界的反对之声。久尔杰日改革之前，所有与外国交往的问题都是在国家"最高层面"解决的。在与奥斯曼帝国的交往中，大维齐尔都是"直接与大公对话"。波斯尼亚、科索沃和斯库台帕夏与黑山的沟通也是采取同样的方式。与奥地利的政治书信往来是在"大公和维也纳首相"之间进行的，如同"大公与达尔马提亚总督"之间一样。一些次要问题的公文往来，则由元老院与"科托尔公爵和布德瓦政治专员"进行。与其他国家——英国、法国、意大利——的关系则通过这些国家驻斯库台的领事馆来维系；至于俄国和普鲁士，则在有需要就一些问题与黑山方面进行讨论时，由它们驻杜布罗夫尼克的领事馆派人前往采蒂涅。由于当时还不存在专门机构，在撰写所有较为重要的外交照会时，都会邀请俄国驻杜布罗夫尼克的领事前来。在这些工作中有时候还会用到宫廷御医，通常是法国人。②

大公办公室成立后，尼科拉大公并没有改变与邻国和大国代表们的关系，还是继续签署所有外交公文。但是，特别是在波德戈里察屠杀后③，黑山与相邻奥斯曼帝国和其他大国代表间的往来明显增加了，大公遂授权自己的办公室主任、元老院成员 S. 拉多尼奇"独立处理与大

---

① 佩塔尔·斯托亚诺维奇博士：《黑山国际关系主体性的出现》，载《贝尔格莱德法学院年鉴》（第 7—8 册），贝尔格莱德，1977，第 497 页。

② 米洛·武克切维奇（Milo Vukčević）：《代尔维什帕夏与黑山的行政改革》，载《笔记》（第 6 册），采蒂涅，1930，第 292—229 页。

③ 波德戈里察屠杀发生于 1874 年 10 月，尤索·穆钦·克尔尼奇（Juso Mučin Krnić）被杀事件，引起了土耳其的报复，土耳其因此杀害了 15 名黑山人。详见米哈伊洛·克内热维奇（Mihailo Knežević）：《波德戈里察黑山人大屠杀》，载《笔记》（第 1 卷），采蒂涅，1927，第 92 页；加夫罗·武科维奇：《杀害尤索·穆钦·克尔尼奇》，载《回忆录》。

国代表们和与土耳其边境当局的公文，同时将具有重大政治意义的事务留给自己"①。大公还就此专门向外国代表们发布了公告。公告写道："在颁布此项任命的同时及未来，请您就相关事务联系我的办公室主任，黑山政府所有（正式）公文上都应有他的签字。"②

关于这些变化，还专门于 1875 年 11 月 29 日特别照会驻斯库台各领馆领团长、奥匈帝国总领事瓦西奇（Vasić），告知了各国及其政府代表们。③ 大多数外国领事官员都毫无异议地接受了这项变化，但土耳其却因此与黑山发生了争执。

波斯尼亚和黑塞哥维那总督代尔维什帕夏在拿到斯坦科·拉多尼奇签字的公文后，感觉受到了侮辱，他命令秘书拉西姆-贝伊（Rasim-bej）通知采蒂涅，帕夏此前都是与尼科拉大公直接进行公文往来，不会接受其他任何人签字的公文。大公的解释并没能安抚波斯尼亚帕夏，帕夏对黑山表现得非常不友好，这场冲突在黑塞哥维那起义后得以终结，代尔维什帕夏离开了波黑以免让已经受损的土耳其与黑山关系变得更加复杂。

1874 年的改革让大公办公室开始参与外交，但并没有改变专门机构与外国机构之间的往来工作安排。事实上，办公室的成立恰恰说明需要强化这样的机构，"如果外交关系得到更好的规范，可能更容易实现黑山在国际关系中的主体性"这种意识有所加强。不过，大公办公室作为黑山第一个此类机构，并没有发展成更重要的国家机关，因为在它成立后不久就发生了东方危机，即 1876 年至 1878 年与土耳其的战争。战争状态导致国家机器和专门机构失去了继续发展的条件。因此在柏林会议后，黑山第一次面对国际关系事务时，从国内机构的角度来看，这个国家并没有做好准备。

---

① 米洛·武克切维奇：《代尔维什帕夏与黑山的行政改革》，第 293 页。
② 同上。
③ 同上，第 294 页。

二、1879 年开始的国家改革

黑山获得独立后必须马上着手进行国家改革。这一点官员们非常清楚，俄国也提出了同样的建议。圣彼得堡的《新时代报》在 1879 年 7 月 28 日发表《黑山的改革》一文称，俄国使节 A. S. 约宁在较长时间的缺席后，回到采蒂涅为黑山政府带来了指导意见，建议黑山进行符合公国利益的国家机构重组。根据俄国政府的建议，黑山应走出因循守旧的僵化传统，按照时代精神设立新的机构，同时这种内部改革不应干扰其与邻国的关系。[①]《新时代报》的文章补充说，大公带着强烈意愿接受了国家改革的建议，他还收到了 6 个涉及社会生活各个方面的特别规划，包括教育、农业发展、贸易和工业、军队组织、地方自治以及国家机关的重组。

黑山公国 1879 年国家机构改革的一个项目是将国家行政机构分成 7 个专门的行政单位：内政署、教育署、教会事务署、司法署、财政贸易署、军事和建筑工程署及外交署。[②] 项目规划中还有特殊的章节对行政部门的组织和工作方式进行了说明。[③]

我们提到这个项目是因为在 1879 年的改革中没有配套的法律条款。改革从 3 月 20 日开始，这是由于"大公殿下宣布从这一天开始重新调整国家机构，元老院和地方长官都被召集在内"[④]。大公向国民发表了讲话，宣布废除元老院，成立新的掌管国家治理的机构，但讲话不具备法律文本的性质，没有规定新成立机构的职权和管辖范围。大公的公开

---

① 《新时代报》(1213)，圣彼得堡，1878 年 7 月 16/28 日。
② 黑山人民博物馆档案处，1879 年新增加手稿，XX VII 分册，无编号文档。
③ 外交署的工作被拟定为 8 个专门的要点。第 1 点中关于大公的职责描述相当不明确，据说是由他来进行与外国的公文往来。外事办公室(第 2 点)负责"国家的所有外交事务"和"执行国家的对外政策"，以及"在与外国交往中代表国家利益"。黑山所有驻外代理人和驻伊斯坦布尔的官员都从属于该机构，并与其进行直接的公文往来(第 4 点)。除主管(同时也应该是达尼洛大公的办公室主任)，办公室应该还设有塞尔维亚语和法语秘书。为了实现"外交政策目标"，外交署应在预算中预先列出额外需要支出的数额。每行行政单位，包括外交署，都拥有自己的公章，印有黑山国徽和机构名称，公章掌管人为相应机构的主管。
④ 《黑山之声报》(第 8 版)，采蒂涅，1879 年 3 月 10 日。

讲话中，这部分内容非常笼统。在之后的工作实践中，从职责范围来看，外交部门的职责并没有明显偏离规划框架。

关于进行国家行政改革、废除元老院这个"从设立之初"就承担和执行着三大"最高任务"的机构的原因，大公解释说，是因为要"让国家拥有真正国家的形态和威望、拥有能正确推动国家事务的内部秩序发展、拥有能造福国家的坚强和健康的基础"①。元老院截至当时所承担的工作，被转移到了三大新成立的机构身上，即国务委员会、内阁和大法院。

国务委员会由诸大臣、主教和其他被大公任命的高层人士组成。除提出建议外，它的职责包括立法、制定基本法，审议由一些大臣提交的法律草案。国务委员会有对国家行政工作和一些部委的监督权，还有派出监察组、调查组和其他工作组关注相关部门工作的权力。从这个意义上说，它其实是"立法机构"和"国家最高人民政府"。担任主席的是博若·佩特罗维奇公爵。

行政执行权集中于内阁。它由以下几个部门组成：1. 外交局，2. 内政和工程建筑局，3. 教育局，4. 司法局，5. 财政局，6. 军事局。机构重组并没有设立专门的外交部。只是成立了一个特别从事此类工作的部门，其名称也不具备部委的级别。② 不过通过改革，在这个部门的领导位置上还是设立了大臣，且在工作实际中很快就被改为部级。比如，1879年3月10日斯坦科·拉多尼奇致信塞尔维亚公国外交大臣约万·里斯蒂奇（Jovan Ristić），告知其国家行政部门新的组织构成和新成立的部门，信中说，博若·佩特罗维奇担任国务委员会总理一职，而他本人被任命为外交大臣。晚些时候，上述司局领导的头衔中加上了主管领域的名称。这样一来，成立外交部的道路被扫清了，虽然在1879年改革的公告中并没有表明要成立外交部，相关机构只是内阁里的一个局级部门。

虽然已经非常接近，但内阁并不具备真正政府的特征。因为还缺少

---

① 《黑山之声报》(第8版)，采蒂涅，1879年3月10日。
② 黑山档案馆，外交部1879年分册，第110号文件。

一些明确的、正式的和实质性的前提。虽然当时已经由大臣们来领导国家的一些行政部门，但还没有选举出首席大臣——即政府总理。[①] 内阁不是一些专门部门的特殊结合，因为大臣们是国务委员会的成员，并且只是"法律的执行者"[②]。他们通过国务委员会在自己的职责范围内工作，并对大公负责。因此，加上刚才提到的，内阁没有首席大臣，且大臣以及其他职位是在早前元老院的结构重组下进行分配，这些都说明，这次改革更多的是形式上的，而不是实质上的。[③]

大公保留了对所有国家机构的管辖权，元老院也没有让出曾经的权力。同时"在特别情况下和大公殿下召集的会议上，所有曾经的元老院成员也都会出席"[④]。

第三个在机构重组中设立的是大法院。它由院长和四名成员组成。负责审判地区法院职责范围以外的违规和犯罪行为，并负责地区法院初审后的上诉程序。[⑤]

这次改革还向改变政权的"父权式结构"迈出了一步，在父权式结构中，大公和元老院是政权唯一的推动力量。改革的原则是分解权力，但并没有取得很大进展。多年的行事方式不是那么轻易就能终止的。加夫罗·武科维奇说："这个新的国务委员会的工作并不符合自己真正的使命。它成了一个新的司法机构，解决属于大法院的诉讼官司，而不是履行它应有的职责，但诉讼双方又都不接受。"司法权当时是最重要的，

---

① G.武科维奇关于此曾说："1879年3月在各个部门都设置了大臣，没有首席大臣。"G.武科维奇：《日耳曼与黑山》，第100页。

② 《黑山之声报》(第8版)，采蒂涅，1879年3月10日。

③ 改革的实施者应包括：博若·佩特罗维奇，前元老院主席，现司法大臣；斯坦科·拉多尼奇，前大公办公室主任，现外交大臣；马绍·弗尔比察(Mašo Vrbica)，前元老院负责内政的成员，现内政大臣；伊利亚·普拉梅纳茨神父，前负责军队问题的元老院成员，现军事大臣；久罗·采罗维奇(Đuro Cerović)，与此前负责的领域一样，担任财政大臣。新加入者包括西梅·波波维奇(Sime Popović)，任大公秘书；加夫罗·武科维奇，最高法院成员；亚戈什·拉多维奇(Jagoš Radović)，同为最高法院成员。但这些人的加入并没能改变人们"新成立机构中还是早前元老院成员"的印象。

④ 《黑山之声报》(第8版)，采蒂涅，1879年3月10日。

⑤ 尼科拉·拉伊科维奇(Nikola Rajković)(编纂)：《黑山法院1879—1899年公文》，波德戈里察，1998。

所以大臣们也参与审判，"他们只是没有被称为法官"。国家在很长一段时间里都没能治好这种"法庭上瘾症"。①

在国家对外关系中的所有重要问题上，管辖权都还是与大公个人密切相连。内阁中特别部门的设立，第一次让国家得以通过专门机构与世界保持官方政治关系。这一新机构设置后，黑山的外交伙伴们再不能像之前对待大公办公室那样，对黑山相关部门与之的公文往来提出质疑。设立相关司局以及后来的外交部，为按照国际惯例进行国际交往奠定了基础。

黑山的这次改革对它的国际交往具有多大意义，我们可以看一下其改革之前维持国际关系的实际情况。除了泰斯塔男爵事件，关于黑山在获得独立时国内外交机构所处的状态，从主管大臣马绍·弗尔比察的活动中可见一斑。在斯坦科·拉多尼奇和博若·佩特罗维奇出席柏林会议期间和后来斯坦科·拉多尼奇担任黑山驻伊斯坦布尔特命全权公使时，弗尔比察曾是尼科拉大公身边主要的外交"活动家"。

《新时代报》的记者曾于1878年10月到访黑山，对这个处于"平静而无序状态"中的小国予以了特别关注，并与驻采蒂涅的外国官员进行了交流。让他觉得有趣的是，外国代表正式来访都不需要在王宫里接受尼科拉大公的会见，而是在外交大臣的层面进行。这位记者跟踪采访了马绍·弗尔比察的相关活动后得出结论，大多数与外国代表们的外交接触，特别是与奥斯曼代表的接触，弗尔比察都是在自己家里进行的。虽然马绍·弗尔比察是当时最富有的黑山人之一，但俄国记者笔下他的住房条件还是与那时欧洲的标准相去甚远。②

---

① 加夫罗·武科维奇：《日耳曼与黑山》，第100页。
② "房子是两层的。一层供佣人居住，有着很难清除的污秽。木楼梯直达二层。那里，左边，是间大屋，全家人都睡在地板上。房间里没有家具，也有常年累积的污垢。右边是一间小客房，完全是欧式风格的，有软垫家具、吊灯、烛台、餐巾、地毯。他只在这间房间里接待外宾。欧洲人来到黑山这位主要官员的'欧式房间'里，会错误地相信马绍·弗尔比察就是'公国事实上的首相'，过着像文明人一样的生活。"圣彼得堡这家报纸的记者出席了一次非常重要的外交会议，马绍公爵与波尔特的代表就交出科拉欣附近的军事设备和材料进行谈判，于是这位记者写下了这段描述。《新时代报》（第11版），圣彼得堡，1878年12月24日。

外交活动无法追求光鲜的排场，很大一部分原因是由于黑山的贫穷和落后。这个问题之所以在外交领域体现得特别突出，是因为会被拿来与世界其他地方进行比较。这样的窘境即便是国家行政改革也无法迅速改观。要想改变境况，除了推动经济社会快速发展——那也意味着巨大的财政投入，还需要把握和了解改革的方向。要做到这些，就需要大批受过教育、了解欧洲外交传统、并且有能力付诸实施的人士。

遗憾的是，所有这些，黑山当时都不具备，或者非常匮乏。第一次国家改革是努力要让国内环境适应国家新的外交地位，"新制度的特点在于"，"官僚机构的数量没有增加"，这样"不用国家花什么钱"。① 因此外交局内唯一有公务员身份的是斯坦科·拉多尼奇，即第一位外交大臣。但是，他在这项任命（1879 年 3 月 3 日）之后很快就在 7 月底（1879 年 7 月 22 日），与大法院成员加夫罗·武科维奇，"当时黑山唯一的法学家"② 一起被派往伊斯坦布尔。拉多尼奇被任命为黑山派驻苏丹皇宫的特命全权公使，而加夫罗·武科维奇任公使馆秘书长。他们的任期持续到 1879 年 8 月。这期间外交局的大臣由马绍·弗尔比察担任，他同时还兼任内政大臣。从伊斯坦布尔返回后，斯坦科·拉多尼奇重新担任外交大臣直到 1890 年，随后加夫罗·武科维奇被任命为外交大臣。③

外交局的官员数量之后几年都没有增加。根据关于久尔杰日薪资的报告，从 1883 年起，外交部的名单上就只有外交大臣斯坦科·拉多尼奇、黑山驻科托尔代理人佩塔尔·拉德马诺维奇（Petar Ramadanović），驻伊斯坦布尔代办米塔尔·巴基奇（Mitar Bakić），和内阁办公室公务

---

① 《黑山之声报》(第 8 版)，采蒂涅，1879 年 3 月 10 日。

② 加夫罗·武科维奇是黑山第一位法学专业毕业生。随后 1879 年，博格丹·梅梅多维奇（Bogdan Memedović）在贝格莱德大学（现贝尔格莱德大学在 1863 年至 1905 年的前身——译者注）取得了法律专业的毕业证书。莫姆契洛·佩约维奇（Momčilo Pejović）：《黑山人的海外教育：塞尔维亚章节》，波德戈里察，2000。

③ 斯坦科·拉多尼奇是黑山第一位外交大臣，1879 年 3 月 15 日由大公通过公告任命。随后加夫罗·武科维奇接替了他的工作，武科维奇于 1890 年被任命为外交大臣。

员四个人。① 这么少的人同时包括了身在国内和常驻国外的人员，他们担任黑山外交代表，要从事对外政策、外交和领事等工作，实在无法取得多大的成绩。除了上述人员，国家工作人员还包括其他官员、书记员和翻译，俄国驻采蒂涅使节和俄国驻其他国家的代表们也提供了很大帮助。

关于外交部的职权范围，公国1879年的通告中什么具体内容都没有说。整个文件中都无法看出外交部工作的分类，包括哪部分是政策性的、哪部分是行政或技术性工作。不过，不管在实际工作中这两部分内容是否被区分开来，都必须这样做。可以确定的是，除了与别国有关机构及其驻采蒂涅外交代表机构的书信往来，外交部工作的一部分与接见外国代表们有关。外交部的职责还包括与黑山为数不多的驻外外交和领事机构进行公文往来。这是外交部的主要工作。这一点从它1893年、1894年和1895年的工作报告中就能看出来。那里面详细记载着发出和接收公文的数量，以及从驻伊斯坦布尔代办 M. 巴基奇和驻斯库台的拉扎尔·米尤什科维奇（Lazar Mijušković）处发来的编号信件和报告。②

根据上述年度工作报告，外交部的重要工作都与签发护照和汇票有关，比如，1893年签发了3 670份护照，1894年2 964份，1895年2 959份。年度工作报告还包含了外交部的收支情况（某些年份除外），

---

① 报告全文如下：

外交部官员1883年久尔杰日薪资：

1. S.拉多尼奇先生 金币　　　　　　　 f. 633,20 k，
2. P.拉德马诺维奇先生 金币　　　　　 f. 285,20 k，
3. M.巴基奇 金币　　　　　　　　　　 f. 266,40 k，
4. 办公室公务员　　　　　　　　　　　 f. 40,40 k.

　　　　　　　　　　　　　　　1.224,60 k.

如果将这些钱换算成克拉，按照每个拿破仑金币45克拉计算，那么总额约为1 447奥匈帝国福林及两枚硬币。黑山档案馆，外交部分册，会计事务，1883年，第1分册，无编号文件。

见拉多斯拉夫·M.拉斯波波维奇：《1711—1918年黑山外交》，贝尔格莱德-波德戈里察，1996，第200页。

② R.拉斯波波维奇：《1711—1918年的黑山外交》，第200页。

这是他们的另一项工作职责。在获取外国的资金援助时，外交部还扮演着中间人的角色。①

报告里没有包含却又非常重要的一项内容，是外交部的政治工作情况，或者说，是 19 世纪最后几十年国家外交的重要事件。

第二节 20 世纪初完善国家机构的措施

一、1902 年和 1905 年的国家改革及外交机构在国内的地位

随着黑山与世界交往的扩展，外交部的工作量也随之增加。增加的工作量更多是源于经济利益的扩大，主要是意大利和奥匈帝国在黑山的投资，较为明显的增长出现在 19 世纪末 20 世纪初。虽然黑山的国际交往确实有所增加，毕竟这是经济发展的前提，但加夫罗·武科维奇的说法听起来还是有些夸张，他说，1896 年之后黑山的"国际交往增加了一百倍"②。我们认为，那些年没有发生什么特别的事情让黑山的外交地位发生重大变化，导致外交部的工作量增加那么多。工作量的大幅增加，给外交部的运行带来了一定困难。现存的档案文件也证实了这一点。③ 将政治工作单独列出是很重要的一步。尼科拉大公在 1900 年 12 月 19 日的讲话中宣布将进行国家行政改革，但改革直到两年后 1902 年的尼科拉日才开始。

宣布国家改革时，大公用推动国家发展的现实条件来限定公国政

---

① 1893 年的报告中写到外交部 3 月 8 日和 7 月 16 日向国库上交了获得的 15 000 福林用于修路，名义是从奥地利得到的补贴；同年 8 月，外交部从波尔特获得了 4 000 土耳其金里拉，价值 4 480 福林，名义是贷款。在随后几年的工作报告中也有类似的数据内容。

② G. 武科维奇：《日耳曼与黑山》，第 100 页。

③ 1900 年 2 月，黑山外交大臣在致驻伊斯坦布尔代办的信中明确写道："由于该部的工作大量增加，有必要对工作进行分门别类。从现在开始将所有政治工作在报告中与其他私人和官方的工作分开。同样地，将每件具有政治性质的工作，按照照会的重要程度，包括口头照会，区分清楚。这将使工作更加便利。"黑山国家档案馆，外交部分册，1900 年，54 分册，第 30 号文件。

府和国务院的架构。① 这清楚表明其对改革的高度重视,其对改革的雄心壮志可能都超过了社会条件的成熟度。不少领域已经在立法上取得了一些进展,比如民法领域,已经通过了《一般财产法典》。同时还有望在其他领域启动或接近完成立法,包括刑事法、行政法、诉讼法,这些法律在民意中的热度都在升高。《一般财产法典》被推崇为法律条例的范例,即被作为"后续根据国家司法原则、公序良俗和实际需要推动立法工作的基石"②。虽然不能指望随后的法律文本都能达到博吉希奇(Bogišić,指瓦尔塔扎尔·博吉希奇/Valtazar Bogišić,受尼科拉大公委任,主持《一般财产法典》的立法工作——译者注)工作成果的水平,但 1902 年的改革是全方位的。

1902 年的尼科拉日改革通过了"一揽子法律":①《公国政府和国务院基本法》;②《公务员法》;③《司法权法》;④《公国法院组织法》;⑤《民事诉讼法》;⑥《刑事诉讼法》。

截至当时,国家行政改革首次以大规模立法的形式推进,这些法律都在各自领域确立了秩序基础。据《黑山之声报》报道,《国务院法》应当成为"未来所有立法工作的坚实基础"。行政执行权则由《公国政府法》来界定,以促进国家的秩序、繁荣和普遍发展。上述两部法律的内容还与《公务员法》息息相关,旨在保证"那些组成公国政府、工作内容对法律负责的人"依法行事。③ 其余三部法律都适用于司法机构,即法院组织和民事及刑事的司法权。

《公国政府和国务委员会法》于 1902 年 12 月 19 日获得通过,1903年 1 月 1 日生效,是首部特别涉及政府机关规范的法律。政府被定义为一个行政机构,其权限在形式上和法律上要完全服从法治。但是,虽然国家行政机构由于立法工作而变得更加现代化,一些解决方案仍然给大公留下了很大的权力空间,因此,从决策权的角度来看,尽管整体内容发生

---

① 《黑山之声报》(第 49 版).采蒂涅,1902 年 12 月 7 日。
② 《黑山之声报》(第 11 版).采蒂涅,1902 年。
③ 同上。

了变化，但这些变化只是象征性的。这部法律的名称本身就说明，这不是一次彻底的、要设立新机构的改革，而明显是对现有机构的升级改造。

国家行政机构根据这部法律被分成若干部委，领导这些部委的是大臣们。根据该法律第3条，公国政府由内政部、外交部、司法部、财政部、军事部、教育和教会事务部构成。[①]

大臣们由大公自行任命和更换。如果他们不执行大公（统治者）委任的工作，就需要担责（第2条）。这次的国家机构重组也没有设立首席大臣，即总理，因此所有相关权力都归大公所有。虽然包含在法律名称中，但政府并没有成为一个专门的机构。它仍然是一个部委的集合，但各个部委的工作相互独立、互不依赖。因此，法律保留了早前的一项决议，即大臣们不组成专门的机构（政府内阁），而是定期开会，为实施已制定的政策做出决定。大臣们与"黑山大公、王储、大主教、国家监督机关主席和所有被大公授予国家参事头衔的人"组成国务委员会，并在国务委员会拥有席位和选票（第29条）。大公在任何时候都可以召集国务委员会会议，他本人主持会议。为了让国务委员会能够有完全的决议权，法律规定了会议必需有包括主席在内的4名成员出席。

由于大臣们同时也是国务委员会的成员，他们也就同时充当立法者和司法者的角色，于是1879年通过的政权分配原则受到了干扰。[②]

---

① 《公国政府和国务院基本法》于1902年12月19日获得通过，1903年1月1日生效。1902年采蒂涅的《黑山之声报》第49期正式发布。盖有国家公章、尼科拉大公签字的正式手抄版本现存于采蒂涅的黑山档案图书馆内。

② 《公国政府法》第5条规定了大臣们的职权范围：
　大臣们的主要职责和权利：
　— 领导委任的工作，并指导和关注进展；
　— 关注法律和法规的执行情况；
　— 依各自职责向大公提交报告和汇签公文，并由大公裁决；
　— 根据各自的领域准备必要的法律依据、条款和标准；
　— 根据《公务员法》为人事任命和部门发展向大公推荐官员人选并提议离任和退休人员；
　— 对所管辖范围的机构及人员进行监督和检查；
　— 依各自职责在年底为下一年制定预算并根据《预算法》规定向国务委员会提出建议（第6、7条），及对未结贷款进行支出管理。
　他们的全部工作还是没有被具体确定下来，因为这里没有包括作为国务委员会成员的工作，以及那些大公所委任的工作。

1902 年尼科拉日改革的这些决议，并不能说政权因此有了实质性的新结构，而只是通过这些法律，将现行做法作为标准确定了下来。相应地，尽管外交部的权限首次得到具体规范，但它的地位和与大公、国务委员会及其他部委之间的关系，并没有大的变化。至于它的工作内容，就像我们看到的，1900 年出于实际需要，依据《公国政府和国务委员会基本法》的规定，外交部的工作已经开始将政治和行政的内容区分开来。

法律第 16 条规定："政治工作包括：①机要事务；②存储和翻译密码；③指示和外交信函；④谈判、签署协定和其他政治活动；⑤管理黑山驻外外交使领馆的工作人员，工作指示和规定；⑥授权书、批准书、外交公告、国书和召回函；⑦接见外国代表；⑧国家礼仪典礼。"

同一条款还规定："行政工作包括：①与驻采蒂涅外国代表和黑山驻外代表们的非政治类公文往来；②公文和私人文件的翻译和认证；③黑山领事机构的指示及其工作规定；④护照；⑤法庭文件的执行和翻译；⑥应外国当局要求转送各类公文；⑦官方投诉；⑧经司法部同意的引渡；⑨协议和协定的执行。"

上述法律条款规定的外交部职责，也就是设想中这个机构的全部工作内容。所有职责描述都在这一条款（第 16 条）中，而与外交部有关的第 17 条只是用一句话介绍称，将为外交部和驻外使领馆的组织形式制定专门法律，因此我们可以断定，由 46 个条款构成的《公国政府和国务委员会基本法》，对于规范从事外交的国家机构所投入的关注太少了。如果我们再看看该法律赋予国务委员会的对外交往权限，也会得出这种判断。第 32 条第 3 款规定，国务委员会的权限包括："与外国签订法院、商业、关税、航行、领事和邮政-电报领域的协议。"[①] 国务委

---

① 《公国政府和国务委员会基本法》于 1903 年 1 月 1 日颁布；《黑山之声报》官方版《黑山法典（1876—1916）》，载布兰科·帕维切维奇博士和拉多斯拉夫·拉斯波波维奇博士编纂：《与黑山历史有关的法律出处和政治条款》（第 2 卷），第 582 页。

员会在该领域中的权限更多是咨询性质的，也就是说，它只能提出想法，建议大公签署某份协议。而达成协议的权限属于大公。

虽然与此前相比，法律赋予了外交部更多权力，但在一些实质性的工作内容上并没有进步。而那些更详细规范外交部职责的部分，也还是留下了不少悬而未决的问题。刚才列举的工作中就有一些例子，虽然这些职责名义上属于外交部，但实际上还是在大公的权限范围。这些工作包括：机要事务、使节任命、国际谈判授权、国际协议批准等等。外交部在技术层面参与，但最终决定权还是属于大公。

如果黑山拥有最高法律或者《宪法》（Ustav），可能外交部和大公之间的职权范围能够被更清晰地加以划分，即让法律来界定国家元首的权力和义务。但在没有这样的法律、外交部的职责只有简要列举的情况下，给人的感觉就是，与之前授权国内机构进行对外交往时的情形相比没有什么改观，从前的做法没有受到什么影响。

二、《宪法》的确立对于推动国家外交工作的意义

随着黑山公国 1905 年《宪法》的确立，国家两大基本实体——外交部和大公——在外交领域的职责终于被更清楚地界定下来。这是第一次，至少是框架性地，规范了大公的职权范围。此外，从标准意义上来说，《宪法》是由议会制定的，因此它代表着国家立法权向更清晰的界定迈出了重要一步。同时，随着国民议会的成立并被赋予一定的国家外交权力，有权参与外交工作的机构范围也扩大了。[①] 其他一些国家高级别机构也有了部分的对外交往权限。除了带有政府性质的大臣理事会和外交部及大公，在对组织模式和基本情况进行了一些调整后，国务委员会也有了参与外交的职责。

《宪法》第 7 条给大公作为国家元首的职责下了定义："大公在所有对外关系中代表国家。在国家利益和国家安全许可的情况下，他有权宣

---

① 约万·焦诺维奇（Jovan Đonović）：《1905—1910 年黑山的〈宪法〉和政治斗争》，贝尔格莱德，1939。

布战争、达成和平协议、结盟并通告国民议会。"在订立协议关系的其他领域，"如贸易协议，以及那些要求从国库支出，或要求修改国家法律、改变对黑山民众和私人权利限制的协议"，需要得到国民议会的批准。① 但是，在批准或核准时，按照法律规定，大公也能起到重要作用，因为根据《宪法》第3条，立法权分属大公和国民议会。大公负责确认和颁布法律，没有他的确认和宣布，任何一部法律，包括议会根据第7条第2款通过的法律，都不能生效（第4条）。他的宪法管辖权也适用于此类协议。其他内容方面，还有一些条款间接地规定了进行对外交往的机构权限，根据这些条款，大公有权任命国家官员，从外交大臣到外交部工作人员，再到外交和领事官员。

国民议会在外交领域中，负责监督外交政策的实施情况。从这层意义来讲，在核准一定类型的国际协议时，国民议会被赋予了某种权力，这个我们已经谈到过了。在法律技术层面，议会在该领域的职责在《宪法》（第一部分）中得以界定，这部分涉及"大公在国家政权和宗教中的统治形态"。《宪法》中与国民议会相关的条款（第三部分），对此前的权限进行了补充（第93条），规定没有议会的同意，国家不得举债。这里说的是在海外的借贷，很明显，这项内容被予以高度重视，规定如果"国家特别需要对外借贷"，议会可以召集特别会议。

通过这样的步骤，国民议会在对国家经财状况进行民主监督上，迈出了重要一步。但是，该条款即便是被写入《宪法》，也不具备绝对的强制性。如果国家处于紧急状态，国民议会无法召集特别会议，那么大公可以根据大臣理事会的提议，与国务委员会协商后，决定对外进行不超过20万克朗的借贷。同样地，如果出于应对国家紧急状态的需要，大公可以在没有法律批准拨款的情况下，从国库划拨不超过5万克朗的

① 《黑山公国宪法》，采蒂涅，1905，第7页。见《黑山法典（1876—1916）》，载《与黑山历史有关的法律出处和政治条款》，载《公文集》（第5卷），由布兰科·帕维切维奇博士和拉多斯拉夫·拉斯波波维奇博士编纂，第18—26页。丽丽亚娜·约基奇（Ljiljana Jokić）：《黑山公国宪法》，波德戈里察，2005。

支出。

关于核准此类国际协议（如贸易协议，以及那些要求从国库支出，或要求修改国家法律、改变对黑山民众和私人权利限制的协议）的条款，和关于国家借贷的条款，是《宪法》准许国民议会参与国家外交的唯一范畴。议会不被允许以机构或团体的形式参与国家外交，或与外国议会建立联系。《宪法》将外交领域所有重要的权力都保留给了大公（第7条），授权其在与外国的"一切关系中"代表国家。关于国家元首获得的授权，比如有权决定开战、和解和结盟等，不必向议会报告，但应向议会和其他机构寻求相应的宪法立场。议会在外交领域的地位是相对微弱的，但无需就此做出消极评价。相反，考虑到此前这一领域的所有权力都归大公所有，而现在某些方面（协议核准、国家借贷）的权力已经分属议会和大公，很明显，这是向欧洲议会制决议方式迈出的重要一步。

随着大臣理事会宪法地位的确定，它的下属单位——外交部的职权范围也首次有了较明确的界定。《宪法》在这个问题上并没有增加什么新内容。特别令人惊讶的是，大臣理事会，这个国家机器中的首席机构（《宪法》第105条）、这个由一些国家机关的主管大臣组成的机构，曾经由大公担任主席，却没有任何一个条款规定大臣理事会在外交领域的职责。1905年，黑山已经是君主立宪政体，在包括君主立宪制在内的所有议会制度中，政府作为最高执行机构，应当是拥有代表国家这一重要权限的机构，可以通过声明和行动等方式在国际场合承担国家义务。但在《宪法》中关于大臣理事会的章节并没有谈到这个问题。根据《宪法》第105条第2款，大臣理事会直接服从于大公，而非议会。这就解释了为什么其在外交领域唯一的权限，是当大公缺席或王储无法履行职责，其职权交给政府时，大臣理事会被授权履行大公的宪法权力。只有履行《宪法》赋予大公的职责时，大臣理事会才能参与国家外交。

《宪法》没有提及各个部委的职责，包括外交部的职责，这意味着虽然国家最高法律文本已经获得通过，但涉及外交部门的法律制度并没有得到明显的完善，还停留在 1903 年《公国政府与国务委员会基本法》那个极度匮乏的水平上。事实上那部法律并没有要求成立专门的政府（外交）部门，而 1905 年的《宪法》还是没有显示出明显的进步。考虑到《宪法》赋予大臣理事会的总体权限，我们可以说《宪法》对国家外交不具意义。《宪法》没有改变政权的性质，也没有改变大公的专制地位。

三、国务委员会在国家外交中的作用

不论是就大臣理事会的地位而言，还是就外交部的地位而言，《宪法》都没有给外交工作带来明显改善，因此也无法指望从国务委员会地位的角度看到什么新意。相较于国务委员会之前的角色，如立法等，随着议会构成的确定，国务委员会的整体地位、构成和角色都发生了变化。国务委员会总共由 6 名成员组成（第 118 条），由大公任命。大公还会从任命的参事中选择国务委员会总理。

国务委员会的职责带有咨询和司法的性质。根据《宪法》第 20 条，国务委员会负责就政府向国民议会提交的法律提案给出自己的看法，并根据政府的建议提出关于其他问题的想法。国务委员会还就大臣们因行政争议而受到的投诉，解决行政管辖与司法权之间的冲突，并作为纪律法庭审判国家官员。

国务委员会在外交领域的职责被限定在两种情况之下："批准黑山国籍的特别申请"（第 120 条第 7 款）和根据《宪法》第 93 条"批准国家借贷及额外贷款"。但是，从这两条可以看出，国务委员会在国家借贷方面的权限，比第 120 条第 9 款规定的要少得多。第 120 条第 9 款是关于出于"全国性需要"且无法临时召集国民议会时而进行借贷的条款，大公"根据大臣理事会的提议，经与国务委员会商定"，可以进行不超过 20 万克朗的借贷。额外借贷的决定由三方共同做出，包括大公、大臣理事会和国务委员会，其中大公，而非国务委员会，发挥主要作用。

国务委员会参与外交工作的第三种情况在《宪法》中并没有明文提及。那是由于它在议会立法工作中的角色。《宪法》第 120 条第 1 款规定，国务委员会有义务在认真审议后，就政府向国民议会提交的法律提案发表意见。由于对国际协议的核准应以立法的形式完成，因此国务委员会的咨询职责也属于这一范畴。在审议过法律提案后，国务委员会应当以书面形式向大臣理事会提交意见。国务委员会或议会主管委员会的意见是对法律的基本解读，由报告人向议会报告。议会职责中对国际协议的核准程序也大致如此。

从大公和其他机构在外交中的宪法地位可以明显看出，国家的整体对外政策掌控在大公手中。其他机构，虽然头衔中包括其工作内容，但实际上只是将工作过渡给大公及其亲近人士来决定。宪法制度非但没有对这种早已存在的做法做出任何改变，而且还相反地，将其规范并加强了。

四、王国时期的国家机构组织

1905《宪法》一直实施到黑山独立的末期。之后确立的法律法规，都没能摆脱《宪法》确定的国家专制体制。但是，既定的社会秩序基础也没能阻止新的立法工作的推进，在黑山被宣布为王国时，事实上还是借助一些法律，比如 1914 年 5 月 27 日的《王国政府和国家权限组织法》，进一步对一些国家机构的职责进行了界定。① 首先，我们指的是更详细地定义了大臣理事会、王国政府和外交部的职权范围。

这部法律中，最显著的变化是部门的数量。1903 年的《公国政府法》中，国家行政机构被分为 6 个部委，而 1914 年的《王国政府法》又增加了第 7 个——国民经济和建设部。该法律第 4 条规定，大臣们由

---

① 《王国政府和国家权限组织法》，《黑山之声报》1914 年 5 月 14 日第 6 版。见《黑山被宣布为王国后尼科拉·佩特罗维奇国王的外交，尼科拉国王——个性、工作和时光》（第 1 卷），载《国际科学大会论文集》，波德戈里察，1998。

国家元首——也就是当时的国王——任命或免职。其中一位被任命的大臣，受国王的指派担任大臣理事会主席。除召集并主持委员会会议，如果国王无法签署某些涉及自身权限、又不属于任何部委的公文，那么将由大臣理事会主席代为签署（如关于更换和任命大臣的命令、关于任命国务院和国家监督机关人员的命令等）。大臣理事会主席的其他职责在这部法律中没有体现。

每个部委的工作都是相对独立的，它们的权责也都是专门确定的。① 所有大臣相应地根据法律组成大臣理事会。委员会代表着"政府的唯一性，因此对国家和行政部门，以及对大臣们向国务院和国民议会提出的建议和法律提案，都具有权威和影响力"②，并在委员会会议上做出决议。大臣理事会被授权就所有部委的职责范围进行研讨并做出决议，这也是首次在法律的规定下，大臣理事会的职责中包含了外交工作。

根据该法律第12条，大臣理事会有权就签署协议提出建议，包括：与外国签署的司法协议、贸易协议、关税协议、航海协议、领事协议、邮政-电报协议等等，以及就签署贷款和国家债务转移协议提出建议。就国家在外交领域的基本职责而言，这部法律在涉及政府的问题上，取得了明显进步。大臣理事会的地位相较之前有了很大改观。法律还对外交部投入了更多关注。

外交部在新的组织架构中相应地具有了双重职责，此时外交部拥有一个司，下属两个处：行政处和政治处（第40条）。两个处的职责范

① 根据《王国政府法》第6条，大臣们的主要义务和权利包括：
领导本部委工作并关注进展；
关注法律、指令和法规的执行情况；
根据本领域情况向国王提出建议并根据国王的确认副署公文；
根据本领域情况准备必要的法律和法规提案；
根据本领域情况，在《公务员法》的基础上，向国王提出任命、晋升、离任和退休官员的人选；
根据本领域情况准备预算草案，根据《国家预算法》的条款和《国家监督机关组织法》管理贷款支出情况。
此外，根据第8条，外交大臣还有额外的职责，即任国王修道士团高级文官。
② 《王国政府和国家权限组织法》，第4页。

围都被专门加以界定。① 外交部的所有工作都被安排到这两个处当中，对比 1903 年的《公国政府法》，外交部政治性的工作和行政工作的数量都有所增加，我们可以说，这部法律符合欧洲国家 19 世纪末 20 世纪初该领域的立法体系。②

为将政治处和行政处的工作进行区分，1914 年的法律特别规定了两个处室需要完成的工作。《王国政府法》将与国家外交代表权相关的工作，依照标准划分到政治性工作这一类中。至此，这部分工作被清晰地与不带有政治性质的领事工作区分开来。关于外交部的工作描述对外交和领事官员进行了区分，但在关于机构本身的等级划分条款中，没有这种区分。也就是说，在涉及驻外外交代表的第 44 条里划分了使节等级，根据他们所处的机构，使节们被分为：

a. 特命全权公使；

b. 常驻公使；

c. 代办；

d. 领事和副领事。③

法律的这些规定中还存在几点异议。首先，将这样的区分方式写入法律，就引发了外交活动分类的问题，毕竟有些活动带有政治色彩，有

---

① 行政处的职责（第 1 条）包括："(1)与驻采蒂涅外国代表、黑山驻外机构和外国当局非政治性的官方通信；(2) 官方和私人文件的翻译和认证；(3)对黑山驻外领事机构做出指示，制定规章制度；(4)接受和任命领事，发布领事报告；(5)执行和翻译司法公文；(6)应外国政府要求递送各种公文；(7)处理官方投诉；(8)处理私人索赔；(9)报告并签发死亡和出生证明，翻译这些证明并认证；(10)引渡；(11)协议和协定的执行；(12)监督外交部相关人员；(13)处室档案和外交部会计工作。"
政治处的职责，根据法律第 42 条，包括："(1)处理外交大臣的私人信件；(2)机要工作；(3)保存和翻译密码；(4)处理指示和外交信函；(5)处理谈判、协定、宣言和其他政治公文；(6)收集新闻评论和媒体信息；(7)处理黑山驻外外交人员的指示及部门规章制度；(8)涉及海外黑山公民的问题；(9)全权证书、条约批准、外交声明、国书、召回函；(10)接见外国代表；(11)提出向外国公民颁发奖章的建议；(12)处室档案；(13)国家典礼事宜。"
② 1886 年 11 月 13 日颁布的《塞尔维亚外交部、外交代表机构和领事馆组织法》中，对政治工作与行政事务进行了大致相同的分工。斯洛博丹·约瓦诺维奇（Slobodan Jovanović）和科斯塔·库玛纳迪（Kosta Kumanadi）编纂：《法律法规集》，贝尔格莱德，1913。
③ 法律没有规定大使的等级，因为只有大国的使节才能拥有这一等级。

的并不牵涉政治。这样一来，法律中的一些条款就会自相矛盾。同时，领事官员（领事和副领事）被归入外交使节一类，也与一般的做法相左。

我们已经说过，领事从定义上来说，并不是一国的政治代表。与外交官不同，他们没有政治职责，在国际关系中也不代表国家，而是在领事权限范围内，保护国家和本国公民在行政、司法、经济、科学教育和文化领域的利益。在领事部门发展成为国家机构之后，专业人士对于其在保护公民和国家利益之外所具备的代表性，有不同的看法，但不可否认，领事工作与外交工作还是有所区别的。

就领事职责无法与外交工作划等号这一问题，我们援引米兰·巴尔托什（Milan Bartoš）教授的观点，他认为按照国际法经典流派的观点，即便是在没有设立外交代表的驻在国，领事也不能行使政治职责。如果他们得到授权，也只能作为本国外交部意愿的传达者，而不是政治官员。巴尔托什教授就这个问题说："在没有外交代表的驻在国，领事馆具有特殊地位。但即便那样，他们也不能作为政治官员出现，而只能作为本国外交部意愿的转达人和公文的接收人。如果作为外交官员履行职责，那么他们必须在每一项活动中声明，他们是在本国外交部的明确指示下，而不是以个人名义行使此职责。"[1] 因此，上述提到的《王国政府法》条款，不仅与外交和领事职责区分的一般做法不同，同时也与普遍的国际法标准不同。

第 4 类中的领事和副领事，与 19 世纪使节的分类和等级原则相矛盾。不论是按照 3 类还是 4 类的方法划分，当时外交领域参照的文件（1815 年的《维也纳条约》、1818 年《亚琛条约》）中，并没有列出领事和副领事。不过与国际法规定不同的是，在实践中也有一些特例，除了代办，在第 4 类外交代表的分类中还有过总领事（不是领事也不是副领事），总领事除了负责领事事务，还受托履行外交职责。在这种情况

---

[1] 米兰·巴尔托什：《国际公法》（第 2 卷），贝尔格莱德，1956，第 551 页。

下，外交代表拥有"代办总领事的头衔"①。一些欧洲国家，比如法国，就拥有同时担任代办的总领事，在中美洲和南美洲也有这种情况。

黑山《王国政府法》将代办划入外交代理人的第 3 类，却没有提及总领事。这种情况不属于已知的"特例"范畴，这只是黑山领事部门组织形式的特殊情况。

除了这种做法的特殊性，从普遍的外交领事官员级别划分来看，黑山这种做法即便是在领事方面，也算是稀奇了。这样一来，在领事官员级别划分上，留下了悬而未决的问题。他们的分类和级别在法律中并未提及，而只是在使节的第 4 类中写入了领事和副领事。可以确定的是，第 44 条与普遍的领事分类相悖，按照普遍接受的分类方法，应该分为：总领事、领事、副领事、领事代理人。

唯一能解释上述现象的推测是，黑山希望用这种方法抵消对外政策以及外交机构的不发达和未开化，特别是当黑山的驻外机构还处在非常低的水平上。可能因此，黑山的领事官员需要履行政治职责，但是他们并没有被他国的主管机构当作外交官来对待，而只是被作为政治信息的传递者。

整体来看，这部法律在很多方面还不完善。比如，完全没有提及驻外代表机构的开设，外交官的任命，他们的级别和地位，驻外外交机构的人员构成（秘书、书记员、译员）以及他们的义务和职责。在这部法律涉及的内容中，我们唯一还没有提及的条款是外交部官员数量。除了上述两个处室的领导及其副职，外交部还可以有 3 名秘书，其中 1 名是档案员，以及 3 名书记员和新闻局负责人。但法律中并没有关于他们职责、级别、分类和地位的详细描述。

还有很多其他与外交部工作相关的问题，特别是外交-领事部门的工作，有必要特别界定。在 1902 年的法律中，曾提到将为此制定专门的文件。虽然通过这么一份文件经过了长时间的计划，但很遗憾，最终

---

① Gl. 盖尔希奇(Gl. Geršić)：《今日外交与领事法》,贝尔格莱德,1898,第 307 页。

并没有遵照执行。所以这里就缺失了一项外交领域的规范。在宣布通过该法律时，其他巴尔干国家都早已拥有这样的法律文本。希腊（《外交部人事组织和培养法》）和塞尔维亚（《塞尔维亚外交部、驻外使节和领事馆组织法》，1886 年 11 月 13 日）都有这类法律，而根据文献，罗马尼亚也有类似的法律。[①] 遗憾的是，黑山一直到 1918 年丧失独立地位，都没有规范这一问题。

《王国政府法》于 1914 年年中通过，几个月后黑山就参加了第一次世界大战，因此不清楚法律中规定的外交部组织形式是否得以实现。可以肯定的是，在战争条件下，外交部的工作流程无法得到遵守。但毫无疑问，上述提到的各主管部门，包括大臣理事会主席一职，都按照规定满编了。

政府和国家行政机构的地位，在 1916 年 1 月黑山军队投降后发生了变化。当时国王和政府都离开了黑山，国土被占领。占领并没有让黑山丧失国家地位，但国王和政府都处于流亡状态。国家负责保持外交关系的各个机构只能在国土之外继续自己的工作，艰难地保持对外交往。

五、对外交部工作的评价

对不同年份外交部工作的评价方式会有所不同，其财政工作的收支数据也不尽相同。这方面信息包含在国家预算收支当中，从 1905 年《宪法》确立、1906 年底国民议会启动开始，预算案由国民议会通过，并在议会会议纪要中或者通过专门的法律文本公布出来。此前，即 1900 年之后的几年，当米勒（Miler）的使团第一次为黑山引入现代国家预算体系，就已经可以找到外交部工作的支出数据。但是，由于国家年度收支统计太过笼统，甚至有些年份缺失，因此即便这样也不能清楚体现外交部的发展情况。

通过对国内从事外交的机构真实地位的分析，可以看出谁才是外

---

① 米卢廷·D.内希奇（Milutin D. Nešić）：《佩特罗维奇·涅戈什家族》，诺维萨德，1939，第 65 页。

交政策的主要决策者和创立者，也能够了解国家机器的发展状况和政权特点，因为这些特点体现在其设立的机制中，从中还能看出外交机构的价值取向。

以黑山为例，从分析中可以看出，虽然进行了所有上述法律和机构的调整，但在国家存续期间，不论是从机制上还是从国家对整体外交的影响上来看，各机构还是处于不发达状态。造成这种局面的原因，更多地在于黑山政权组织的另一大特点，即国家运行的专制性，在这样的体制中，大公也就是尼科拉·佩特罗维奇一世，拥有最高发言权。而把政府分解成一个系统，并引入议会制的做法，表面上看是民主国家的治理方式，但实际上并不允许机构在履职时拥有更多独立性。从组织实践来看，这绝对是从事外交的国内机构没能实现发展的因素之一。此外，还叠加了其他因素，比如国家弱小、经济不发达、贫困、受过相关职业教育的人不多、国际地位受限、黑山参与欧洲外交事务太少等等。在这样的条件下，即便黑山非常努力地走向世界，但其国内的主要决策者，以及1878年至1918年外交政策的执行者，都一直是大公，也就是尼科拉·佩特罗维奇国王本人。由于在国外的常设外交代表机构稀缺且欠发达，他才是黑山的最高"外交官"。

第三章

1878 年之后黑山的常设外交和领事机构

第一节　黑山现代外交时代的起始

一、外交代表权的实现

从国内外交机构的发展水平看，黑山所处的情况说明，即便实现了外派使节，也不意味着有更好的转机。柏林会议后，除了黑山的国际地位和国际价值发生了重大变化，黑山经济与社会、教育与文化和政治领域的矛盾都有增无减，因此，黑山能否因独立而获得某些权利，还不得而知。其中，就包括作为国家现代化特征的对外交往权和代表权，即派遣、接收常驻使节的权利。

该权利有主动派遣形式和被动接收形式，黑山在柏林会议后与多个国家——首先是与大国——建立了外交关系，接收了它们驻黑山王室的使节。大国中，俄国和法国 1878 年就在黑山开设了代表机构，奥匈帝国、奥斯曼帝国、英国和意大利于 1879 年开设。不过，黑山在上述国家开设代表机构的情形却有很大不同。

黑山的财政状况不允许其在与上述国家的关系中遵循对等原则，并且，黑山最初的计划就只限于在与黑山接壤的奥斯曼帝国和奥匈帝国开设代表机构。鉴于形势发展和政治局势混乱的现实，黑山在独立期间总共只在外国开设了4个外交代表机构。除在伊斯坦布尔的公使馆外，黑山还在贝尔格莱德、巴黎和华盛顿派驻了使节。[①]

二、由俄国代表黑山利益以及在伊斯坦布尔开设公使馆

黑山刚刚独立时，在建立官方关系、向外国派遣常驻使节的问题上，奥斯曼帝国扮演了重要角色。黑山与奥斯曼帝国之间有很多亟待解决的问题：从边界划定和落实柏林会议决定，到伊斯坦布尔和土耳其其他城市黑山人的财产继承和地位保护等等。《黑山政府与波尔特关于互派常驻代表建立外交关系的协议》就是柏林会议的成果之一。[②] 根据《柏林条约》第31条，黑山公国应"与奥斯曼波尔特就任命黑山驻伊斯坦布尔和其他所需地区的代表直接达成协议"。至于在其他国家开设外交代表机构的问题，黑山在物力和人力上都不具备条件。[③]

虽然意识到本国在这一问题上捉襟见肘，但黑山又希望能保护海外本国公民的利益，保证自己的政治利益在外不受侵犯，黑山官员们于是向俄国求助。主管外交的大公办公室主任斯坦科·拉多尼奇公爵于

① 至于梵蒂冈(Vatikan)，它与黑山的关系不是通过采蒂涅和教廷(Sveta stolica)互派常驻使节来建立的。但是，有必要说明，引起某种谬误的是，卢约·沃伊诺维奇(Lujo Vojnović)从1901年8月1日开始，持教皇利奥十三世(Lav XIII)谕令履行使团职责。这里不谈巴尔大主教和塞尔维亚大主教的具体争议细节，对我们来说，这里重要的事实是，卢约·沃伊诺维奇伯爵作为司法部代表与巴尔大主教希蒙·米利诺维奇(Šimun Milinović)被派往罗马，作为尼科拉大公的特使，推动改变圣热罗尼莫教养院的名称，将其改回到"全面的旧称"。

在关于解决争议的文献中，沃伊诺维奇的头衔引起了某种混乱。比如，1902年3月7日由枢机主教拉姆波拉(Rampola)签署的公报，地址中写的是"沃伊诺维奇伯爵，黑山驻教廷公使"。而沃伊诺维奇自己在回复枢机主教信件时称呼自己为"黑山大公殿下特命全权公使"，这样一来他就被归入了第二级别使节，即特命全权公使那一类。可能此时一些历史学家认为卢约·沃伊诺维奇就是黑山驻梵蒂冈的代表，他们的判断起了决定性的作用。所以在百科全书类的作品中，如《南斯拉夫百科全书》(第8卷，萨格勒布，1971：530)提到他时用的是"黑山驻梵蒂冈全权公使"。然而沃伊诺维奇并不是黑山驻教廷的代表，他的任务是临时的，只是去解决具体争议。在罗马工作了4个月之后，他回到了黑山。在罗马他并不是常驻使节，而是临时外交人员，从广义上来说是为了履行专门职责，其本质是一国为解决具体问题派往另一国的临时代表。

② G.佩拉济奇，R.拉斯波波维奇：《1878—1918年黑山的国际协议》，第128页。

③ 这里黑山国内缺乏受过高等教育的人士来从事外交的情况，佐证了前述1879年加夫罗·武科维奇是该国唯一法学毕业生的说法。

1879 年 1 月 3 日将这样的想法转达给了俄国驻采蒂涅使团秘书 A. N. 什佩耶尔（A. N. Špejer）。[1] 大公的请求内容带有一般授权的性质，即请对方代表黑山的外交利益，什佩耶尔于 1878 年 7 月 1 日以照会的形式（圣彼得堡于 1879 年 1 月 21 日收到照会）通知了俄国外交大臣尼科拉伊·卡尔洛维奇-吉尔斯（Nikolaj Karlovič-Girs）。

俄国政府对黑山的请求予以了积极回复，同意让本国海外外交和领事人员代表黑山的利益。为此，1879 年 1 月底，俄国外交部起草了一份准备向驻外使节们发出的通函，以便正式授权其保护黑山的利益，直到黑山有能力向相关国家派出自己的代表。

在这封通函发出之前，奥匈帝国驻圣彼得堡的使节隆格纳乌（Longenau）男爵已经知晓了通函的内容。同时，诺维科夫（Novikov）也在维也纳半官方地向外交大臣安德拉希（Andraši）伯爵通报了此事。由于看起来维也纳皇室并不会对黑山的外交代表权进行任何干涉，俄国于 1879 年 2 月 8 日公布了接受黑山请求、为其提供保护的官方立场，并向所有驻外使团发出草拟完成的通函，宣布在黑山无力派出代表的国家，向黑山国民提供保护。俄皇同意满足尼科拉大公的愿望，而俄国的驻外代表们则向驻在国政府通告，他们将向当地黑山国民提供保护。

奥匈帝国对俄国接过黑山外交代表权的反应非常激烈。维也纳同时向采蒂涅和圣彼得堡表达了对黑山向俄国提出请求的"震惊和惊讶"，因为这与奥匈帝国政府给予黑山的"支持和善意"背道而驰。针对两国间的协议，安德拉希确立了本国政策立场，排除了由某个国家担任奥匈帝国和黑山之间的中间人的可能性。这就意味着俄国无法保护在奥匈帝国的黑山国民。[2] 1879 年 3 月 6 日，什佩耶尔从采蒂涅报告称，奥匈

---

[1] 在解释自己向对方表达想法的原因时，拉多尼奇指出："由于目前无法任命本国的驻外代表，但又希望身处或途经国外的国民得到保护，我尊贵的主人命令我请求您，向您的政府转达想法，希望你们强大的帝国提供帮助，在我们无法派驻代表的国家，保护我们的国民，希望得到俄皇陛下的应允，实现我国殿下的愿望。很荣幸向您提出请求，让各国知道你们将为当地的黑山国民提供保护，让这些国家应你们的要求赋予黑山人应有的权利。"俄罗斯帝国外交政策档案馆（АВПРИ），斯拉夫民族分册，425，č. 12。

[2] 诺瓦克·拉日纳托维奇：《1879 年黑山与土耳其外交关系的建立》，第 457 页。

帝国的使节泰梅尔接到安德拉希的指示，要求其向黑山皇室就俄国对黑提供保护表示抗议。① 安德拉希不能接受在奥匈帝国的黑山人从属于另一国家，因为根据《柏林条约》第 29 条，奥匈帝国要向黑山的商船提供保护。因此，安德拉希以断绝外交关系相威胁，要求黑山放弃俄国的保护。②

至于其他国家，奥匈帝国的立场是，黑山可以"按照自己的意愿行事"，但在那些奥匈帝国有权保护黑山商船、而黑山又不想放弃这种保护的国家不行。③

面对泰梅尔的指责，斯坦科·拉多尼奇辩解称需要确认一下"俄国政府在通告中提到的事"是指在哪里，因为"黑山政府原本想的"只涉及在土耳其的黑山人。鉴于黑山王室对请求内容的含糊其辞和维也纳对圣彼得堡的持续施压，俄国外交大臣于 1879 年 3 月 8 日在电报中通知本国驻外外交代表机构称，2 月 8 日通函中所指令的事情，不涉及奥匈帝国及该国对黑山商船的保护。

在奥匈帝国的压力下，黑山政府于 1879 年 3 月 21 日发出口头照会，正式确认俄国政府明显"越权"。④ 试图将导致问题出现的大部分责任推卸给俄国。这种缺乏经验和自相矛盾的做法，最终让黑山政府只能在涉及奥匈帝国境内的黑山国民时，不再请求俄国代表自己。由于黑山正准备尽快任命驻维也纳的代表，于是只要求俄国保护本国在土耳

---

① 俄罗斯帝国外交政策档案馆，斯拉夫民族分册，Ф. 425，л. 10。

② 安德拉希通过电报向泰梅尔转达了本国政府的强烈不满："我们对黑山这一行为的本质和方式感到惊讶。到现在为止，殿下都没有对奥皇表示出一点忏悔，也没有对奥皇政府向公国提供的这么多帮助表示应有的谢意，我们对圣彼得堡政府的公告非常惊讶，因为我们有权期待大公应当首先向我们说明。"黑山人民博物馆档案处，1879 年补充手稿分册，27 号归档文件夹：24。

③ 诺瓦克·拉日纳托维奇：《1879 年黑山与土耳其外交关系的建立》，第 458 页。

④ 1879 年 3 月 21 日照会的内容（按照弗拉丹·焦尔杰维奇（Vladan Đorđević）在《1814—1894 年的黑山与奥地利》一书第 440 页所引用的）是这样的："公国政府特请俄国政府接受请求，在公国没有派驻代表的国家保护本国国民，直到黑山在当地任命代表。考虑到如果圣彼得堡内阁允许这一请求，黑山政府就无法实施《柏林条约》的第 29 条，该条款规定，由奥匈帝国在各国的领事馆来保护黑山商船及全体人员。因此，黑山的上述请求仅将黑山在土耳其、埃及和美国的国民置于俄国的保护之下，如果涉及生活或途经奥匈帝国的黑山人，会给维也纳造成非常不愉快的印象。黑山政府远没有造成这样的印象。"

其、埃及和美国的国民。

鉴于自己未经与奥斯曼帝国商量，就率先向俄国提出请求，为了改善这种不好的印象，黑山又对波尔特做了一些工作。基于黑山 1879 年 3 月 19 日的照会，俄国驻采蒂涅公使馆秘书什佩耶尔向驻伊斯坦布尔的俄国使节洛巴诺夫-罗斯托夫斯基（Lobanov-Rostovski）亲王发电报，转达了大公想与波尔特建立真诚和正常关系的愿望。电报要求洛巴诺夫-罗斯托夫斯基向波尔特转达，黑山受经济条件限制，无法在伊斯坦布尔派驻自己的使节。因此大公请求在黑山任命自己的代表之前，由俄国政府来保护和代表黑山的利益，这得到了黑山政治高层的同意。[①]

根据什佩耶尔的要求，洛巴诺夫-罗斯托夫斯基亲王于 1879 年 3 月 31 日照会卡拉泰奥多拉帕夏（Karateodora-paša），告知尼科拉大公关于与奥斯曼帝国建立睦邻友好关系的意图，以及由于其当时无力任命本国代表，所以授权俄国外交官在黑山任命自己的代表之前，保护黑山的利益。洛巴诺夫-罗斯托夫斯基在信中继续说，沙皇已经接受大公的请求，授权俄国外交部告知波尔特，俄罗斯帝国驻土耳其使领馆将临时奉命为黑山国民提供保护。[②] 照会还补充说，俄国的代表们会根据指示让自己的工作符合《柏林条约》第 29 条和第 31 条[③]，同时要求卡拉泰奥多拉帕夏在黑山任命自己的代表之前，认可俄国在伊斯坦布尔和土耳其其他城市代表黑山。[④]

在向俄国政府报告自己的行动时，洛巴诺夫-罗斯托夫斯基亲王在同日（3 月 31 日）的信函中建议俄外交大臣尼科拉伊·卡尔洛维奇-吉尔斯向奥斯曼帝国境内的领事馆发布通函，告知他们将黑山人纳入自己的保护之下。[⑤]

---

① 俄罗斯帝国外交政策档案馆，斯拉夫民族分册，Ф. 425，л. 7。
② 同上，第 15 页。
③ 这些条款赋予奥匈帝国向黑山商船提供保护的权利（第 29 条），以及要求在土耳其相关地区的黑山人受当地法律和地方政权的约束（第 31 条）。
④ 俄罗斯帝国外交政策档案馆，斯拉夫民族分册，Ф. 425，л. 7。
⑤ 俄罗斯帝国外交政策档案馆，斯拉夫民族分册，Ф. 425，л. 7。

乍一看，似乎可以得出结论，借助俄国来保护土耳其境内黑山人的问题已经解决了。但是，下这样的定论还为时过早。波尔特还是拒绝了通过这种方式与黑山建立关系，并且提出，根据《柏林条约》，黑山应当就任命驻奥斯曼帝国的使节直接与奥斯曼达成协议。《柏林条约》授权奥斯曼帝国在对待在其境内的黑山国民时，可以像对待自己的国民一样。因此由任何另一国家来提供保护的做法都不在考虑范围内。

波尔特拒绝俄国政府的要求，除了是由于《柏林条约》的条款，还需要谈一下奥地利和英国的压力，这两国并不接受这样的建议，并且在黑山获得独立地位后，它们对采蒂涅和伊斯坦布尔之间的关系表现冷淡。英国在这个问题上的态度受到奥匈帝国的强烈影响。泰梅尔通过英国驻黑山的代表基尔比·格林（Kirbi Grin），成功促使英国驻伊斯坦布尔大使对波尔特施加影响，让它不接受俄国的外交官成为黑山在土耳其代表。[①] 此外，据什佩耶尔报告，英国驻伊斯坦布尔的代表通过英国驻采蒂涅的代表，经常对尼科拉大公施加压力，让其撤回对俄国外交机构保护黑山利益的授权。[②]

关于英国大力干涉黑山外交，还有黑山大公致英国驻采蒂涅代办兼驻斯库台总领事基尔比·格林的两封信为佐证。第一封信的日期为1879年4月7日，信中表明，在寻求俄国的外交保护并获得俄国的同意后，黑山方面非常难以"克服众多疑虑和财政困难，派出一位常驻最高波尔特的代表，而这正是我们向俄国寻求帮助的原因"[③]。第二封信除了告知英国代办，尼科拉大公无法派出一位黑山代表常驻伊斯坦布尔外[④]，还表达了采蒂涅对波尔特立场的不满。

黑山与土耳其的糟糕关系体现在多个方面。两国关系的失调从波尔特的公开行为中就能看出来。波尔特拒绝对俄驻伊斯坦布尔代表洛

---

① 诺瓦克·拉日纳托维奇博士：《黑山与土耳其外交关系的建立》，第459页。
② 《尼科拉大公致英国驻采蒂涅代办兼驻斯库台总领事格林的两封信》，载《笔记》（XXII，св. 1—6），采蒂涅，1939年7—12月，第164页。
③ 同上。
④ 弗拉丹·焦尔杰维奇博士：《1814—1894年的黑山与奥地利》，第439页。

巴诺夫-罗斯托夫斯基亲王所做的工作给予任何回应,并且对黑山大公致土耳其苏丹的正式表态予以了侮辱性的无视。不过,按照《柏林条约》的要求,以及根据1879年2月2日在维尔帕扎尔签署的《混合委员会议定书》,奥斯曼与黑山的领土交换得以完成,波德戈里察、斯普日和扎布利亚克划归黑山,而乌尔齐尼被还给了土耳其[1],尼科拉大公为此致电苏丹,表达了对所完成工作的满意。

不过,土耳其苏丹没有对大公的电报做任何答复,这可以被认为是对一国元首的侮辱。这一行为的真实原因,并不是泰梅尔男爵试图向采蒂涅解释的"电报形式和内容有误"。最可能的原因是,土耳其不满黑方没有接受土方建议,让"波德戈里察地方长官奥斯曼贝格(Osman-beg)在该市划归黑山后,仍作为某种'波尔特的代表'留在波德戈里察",于是土耳其借机羞辱采蒂涅。而黑山人相反地,在获得这座城镇后,命令该地方长官立即离开黑山。甚至还带有驱赶的色彩,只不过被英国代表出面阻止了。

既然黑山与土耳其关系是如此状态,那么双方也没什么希望能自主达成建立外交关系的协议了。这一点采蒂涅也很清楚,于是当大公借次子诞生的机会、第二次与苏丹进行交流时,他立即将情况告知英国驻黑山代表,期待英方从中协调,让黑山统治者的官方表态不至再次被无视。[2]苏丹在15天后做出答复。这是奥斯曼统治者首次向黑山统治者的正式表态,这也点燃了黑土关系紧张状态得以消解的希望,尤其是尼科拉大公心中的希望。不过,在建立更好的相互关系的问题上,并没有任何变化。特别是土耳其关于黑山使节的立场没有任何实质性的改变。

---

[1] 诺瓦克·拉日纳托维奇:《〈柏林条约〉决议的执行》,载《波斯尼亚和黑塞哥维那科学艺术院论文集》,萨拉热窝,1977,第295页。——"根据协议,土耳其人离开后,黑山人于2月7日占领了扎布利亚克,1879年2月8日占领了斯普日和波德戈里察。但黑山把对波德戈里察安全具有战略意义的小村庄迪诺沙(Dinoša)让给了土耳其人。另一边,黑山人于2月8日向土耳其人归还了乌尔齐尼。"

[2] 弗拉丹·焦尔杰维奇博士在此前引述的书籍第444页中,关于这件事说道:"但是,由于担心连这封致苏丹的电报都得不到答复,大公请求泰梅尔上校,再由上校请求安德拉希伯爵,指示驻伊斯坦布尔的济契(Ziči)伯爵,对黑山的这份善意予以支持。"

受奥匈帝国和英国的鼓动，波尔特为了消除俄国在土黑领土划界争议上的影响，仍坚持按照《柏林条约》的决定，直接与黑山就派驻伊斯坦布尔和帝国其他地方使节的问题达成协议。

虽然众多悬而未决的问题和与土耳其的紧张状态，给两国建立常规外交关系画上了问号，但采蒂涅和圣彼得堡都认为，这是修复两国关系、建立持久和平的唯一办法。既然没有别的选择，在俄国政府同意向黑山外交机构提供财政支持的情况下，黑山决定任命外交大臣斯坦科·拉多尼奇公爵为该国首个正式的外交常驻代表，级别为特命全权公使。据《新时代报》报道，1879 年 7 月 22 日，国务委员会主席博若·佩特罗维奇公爵、国家法院成员加夫罗·武科维奇和此前的元老院秘书长斯泰凡·库斯图迪亚（Stevan Kustudija）也启程前往伊斯坦布尔。[①] 博若公爵还前往了敖德萨（Odesa），在那里他要申请贷款以购买粮食[②]，不过，根据斯坦科·拉多尼奇发自伊斯坦布尔的报告，他此行的目的是拜会苏丹。黑山代表团于 1879 年 8 月 1 日抵达伊斯坦布尔[③]，但黑山代表与苏丹的第一次会面非常不愉快，斯坦科·拉多尼奇 1879 年 8 月 14 至 15 日曾报告采蒂涅称，他们还没有受到苏丹的接见，而博若公爵已经于前一日启程离开了。[④]

关于加夫罗·武科维奇此行的目的，《新时代报》错误地报道称他将被任命为黑山驻塞尔维亚、保加利亚和罗马尼亚的使节，常驻地为贝尔格莱德。[⑤] 实际上，根据采蒂涅的想法，拉多尼奇应该只是在伊斯坦布尔短暂停留，与波尔特解决现时的主要问题，然后就回到外交大臣的岗位上，而由加夫罗·武科维奇担任驻伊斯坦布尔的代办。本来这个计划的大部分就要实现，但随后出现了一些未曾预见的问题。

---

① 《新时代报》（第 1230 号），1879 年 8 月 14 日第 2 版。
② 加夫罗·武科维奇公爵：《回忆录》（第 2 卷），采蒂涅-铁托格勒，1985，第 30 页。
③ N.拉日纳托维奇：《黑山与土耳其外交关系的建立》，第 461 页。
④ 黑山国家档案馆，外交部分册，第 2 分册，第 208 号文件。
⑤ 《新时代》（第 1230 号），1879 年 8 月 14 日第 2 版。

三、各公使馆的活动情况

第一批黑山官方特使并不知道任命驻外国宫廷的公使需要征求驻在国政府的同意。俄国常驻采蒂涅公使约宁，即黑山"政治和外交工作的主管"，因为自己的原因"疏忽了这一棘手问题"①，当斯坦科·拉多尼奇和加夫罗·武科维奇寻求土耳其外交部的接见时，对方外交大臣回答说，"在他们向（土耳其）政府征求常规同意之前，并不知晓他们的情况"。洛巴诺夫-罗斯托夫斯基亲王不愿帮助他们协调波尔特来完成这一手续，于是黑山特使们不得不等待通过电报来完成这项工作。他们的行程就这样被拖延了6天。

在获得驻在国的同意后，虽然还没有向苏丹递交国书，黑方与波尔特的谈判就可以开始了。这是为了尽快启动关于移交普拉夫和古西涅的谈判，也为了让斯坦科·拉多尼奇按计划回国。从土方对黑山代表团的态度来看，很明显苏丹的接见还要等上很长时间。苏丹阿卜杜勒·哈米德（Abdul Hamid）二世对黑山表现出相当程度的不耐烦，甚至有意拒绝接见黑山代表们，只让他们向大维齐尔递交国书。② 在洛巴诺夫-罗斯托夫斯基亲王的抗议下，苏丹才改变了决定，但是又提出"黑山代表们穿什么样的外交制服才可以被接见"的问题。苏丹拒绝接见"那种不穿外交制服或者穿着伊斯坦布尔门卫和园丁服装的公使"，坚持要求黑山人来见他的时候"按照美国人的穿着"，穿燕尾服。

制服的问题解决了，苏丹同意黑山使节们在接见时身穿"黑山套装"但不佩戴通常的转轮手枪，接着又冒出其他的问题。③ 接见日期数度被推迟，理由据称是苏丹抱恙，直到这一天终于到来（1879年9月5

---

① 加夫罗·武科维奇公爵：《回忆录》（第2卷），第31页。

② 同上，第35页。

③ Gl.盖里希奇在《当今外交和领事法》一书（贝尔格莱德，1890）中描述了19世纪初以前，苏丹皇宫举行外交典礼的情景。除了要解下包括盛装佩剑在内的所有武器，公使们都要穿着特别的"带有极宽大袖子的土耳其长袍，公使们就这样被带到苏丹面前，而随从们要多次反复地向苏丹深鞠躬"。在黑山使节们被接见时，这种习俗已经被抛弃。前述内容详见V.泰普洛瓦（V. Teplova）：《曾经伊斯坦布尔的欧洲国家代表们》，采蒂涅，1892。

日），加夫罗·武科维奇终于得以觐见。①

黑山代表们在伊斯坦布尔的主要政治任务包括：接收普拉夫和古西涅，对接划界委员会的相关工作，以及防止土耳其在泽塔（Zeta）新建军事堡垒。根据 1879 年 8 月 23 日的报告，由于在所有这些问题上黑山都处于劣势，在与土耳其外交大臣萨费特帕夏的会谈中，拉多尼奇公爵建议波尔特考虑将普拉夫和古西涅移交给黑山的方式，"以便我们无需被迫以武力方式获得两地"②。因为在威胁使用军事手段时的方式不够灵活，拉多尼奇不得不在后续的工作中努力化解武力威胁带来的消极后果。虽然在这段插曲之后，关于普拉夫和古西涅的谈判得以继续进行，但没能取得成功。波尔特用尽办法干扰后续谈判。波尔特拒绝执行《柏林条约》，并称这是由于黑山想"用普拉夫和古西涅换取其他地方，明显是要库奇地区"③。后来被证实，该提议被恰米尔帕夏（Ćamil-paša）通过英国使节基尔比·格林通报给了采蒂涅。然而黑山代表们坚持最严格地执行《柏林条约》，谈判又回到了关于移交普拉夫和古西涅给黑山的轨道上。

至于划界委员会的工作，拉多尼奇和武科维奇坚持更换委员会中的奥斯曼首席代表——胡塞因帕夏（Husein-paša）。根据波尔特的承诺，黑山的这一要求得到了土耳其外交大臣的理解。但实际上，在这个问题上，以及在摧毁泽塔的奥斯曼堡垒问题上，都没什么进展。萨费特帕夏虽然担任外交大臣，却无法独自决定任何一个争议问题。

斯坦科·拉多尼奇逐渐丧失了勇气，这也说明黑山外交部、大臣理事会和它们所召集的会议没有任何意义，因为所有问题都是在奥斯曼

---

① 参加完宫廷里的常规仪式后,斯坦科·拉多尼奇觐见了苏丹,他在交谈中问候了奥斯曼的统治者。当苏丹按照常规习惯回复问候时,"他拿出一张小字条,读了起来,但是我们没有听清他的声音。萨费特帕夏(Safet-paša)(土耳其外交大臣——本书作者注)翻译了他的讲话然后靠近他,向二人伸出手,大声说了几句话,然后就去了另一间大厅"。苏丹这次接见让黑山首个正式驻外机构,即驻伊斯坦布尔公使馆完成了开设工作。G.武科维奇:《回忆录》(第2卷),第36页。
② 黑山国家档案馆,外交部分册,1879年,第3分册,204/2号文件。
③ 同上。

宫廷里解决的，而它的奸佞之臣以奥斯曼帕夏为首。所以拉多尼奇等人在伊斯坦布尔的停留是徒劳的，除了花费大量钱财，并没有带来"任何解决问题"的希望。拉多尼奇和武科维奇唯一"为黑山事务"做出的实质性推动是向黑山人签发护照，特别是伊斯坦布尔那些来自巴尔和克拉伊纳（Krajina）的黑山人，此前替代黑山护照的，是"土耳其的证件"。为了更换掉旅行证件，采蒂涅给他们寄出了 500 份黑山护照。

签发护照不是公使馆作为国家外交代表机构唯一的工作内容，公使馆的工作还包括很多领事工作。根据《柏林条约》第 31 条，在奥斯曼地方机构的管理范围内，黑山国民与奥斯曼帝国国民的待遇是同等的。因此对他们的领事保护工作，与其他基督教国家对本国国民的保护是不同的。根据领事裁判制度，那些国家在奥斯曼帝国的领事官员们，在此期间仍然可以行使职责，他们有权解决自己国民之间的纠纷，以及本国国民与其他国家国民之间的纠纷。但黑山人却没有这样的待遇（塞尔维亚人也没有），他们只能由土耳其法庭来宣判。因此，斯坦科·拉多尼奇说："我们只能为我们接受审判的国民做一件事"，那就是"我们的人可以在宣判时进入土耳其法庭"。也就是说，这样的人员必须懂土耳其语，以便多少对黑山国民有些帮助。

拉多尼奇强调，由于工作量的原因，最适宜的做法是让黑山"拥有与其他国家驻伊斯坦布尔同样的领事馆"。让自己的"领事馆"与其他国家领事馆一样，就必须有"一名领事来作为主要领导，一名秘书，一名翻译和一名侍卫"。此外，还需要"有一幢房子，作为办公室和牢房"。[①] 但黑山不论从财政上，还是从《柏林条约》的角度来说，都无法在伊斯坦布尔拥有自己的领事馆，从而像在其他基督教国家一样，按照真正的标准执行领事工作，拉多尼奇建议黑山王室寻求某个国家的帮助，将在伊斯坦布尔的黑山国民纳入自己的保护范围。

---

① 黑山国家档案馆，外交部分册，1879 年，第 3 分册，204/2 号文件。

由于意识到黑山不论在政治层面还是在领事层面都不具备有利条件①，在抵达伊斯坦布尔两个月之后，1879 年 10 月 3 日，拉多尼奇写信给外交局负责人马绍·弗尔比察，请求他"让他们返回黑山"。基于此前获得任命时的经验，他建议如果大公决定将他召回，要发一封"召回函"以便他及时寻求苏丹的接见。②

斯坦科·拉多尼奇的请求很快就得到了满足，他很快回到了黑山，按照之前的计划，加夫罗·武科维奇留下担任代办。虽然我们无法推断出具体时间，但是从 1880 年 1 月 23 日塞尔维亚外交大臣的一封信中可以得出结论，1879 年 12 月底，拉多尼奇就已经身在采蒂涅了。③

他的回归让黑山驻伊斯坦布尔公使馆的工作停顿了下来。因为拉多尼奇，作为政治上更重要和更有威望的人士，在与波尔特的接触中，都无法在那些对黑山来说重要的问题上取得任何实质性的进展，那么就更无法指望加夫罗·武科维奇能做些什么了。因此，武科维奇在 1880 年 1 月 23 日的一封信中，要求国内将其召回，"因为我们与土耳其之间的关系中断了"④，他认为自己的"身份"是没有必要的。公使馆在经济上也麻烦缠身⑤，而在奥斯曼常规的外交礼仪活动中，黑山代办也完全被排除在正式会见之外。他无法应邀参与"公使舞会和宴会"，因为他"没有服饰"，也没有什么"尊贵"的身份。而这类庆典又时常举行，这让他陷入非常尴尬的境地，因为"去的话没法去，不去的话连

---

① 关于这个问题，斯坦科·拉多尼奇报告说："土耳其政府有时候会将某个我们的国民送来，要求关押在我们的牢房里。这种情况让我们在对待本国国民时和面对土耳其政府时都很为难。他们都认为我们拥有公使馆应该拥有的一切。"黑山人民博物馆档案处，尼科拉一世分册，1879/91 分册。

② 同上。

③ 黑山国家档案馆，外交部分册，1870 年，第 4 分册，481 号文件。

④ 由于外交关系的中断无从知晓，这里说的可能是正式外交往来严重减少了。

⑤ 在 1880 年 1 月 23 日的信中，加夫罗·武科维奇说："来自米希奇(Mišić)村的尼科·斯蒂耶波夫·诺瓦科维奇(Niko Stijepov Novaković)在斯皮奇附近给了我 20 拿破仑金币(napoleon u zlato)，想通过武克·佩约维奇(Vuk Pejović)和伊沃·约沃夫(Ivo Jovov)交给他的妻子斯塔娜(Stana)。请你们把分配给我的那些钱寄给我的时候，把其中的 20 金币寄给那个叫斯塔娜的女人。这笔钱来的时候我已经没钱了，又欠着电报工人的钱。我留着它们以备不时之需，你们寄到这里或者那里可能对我来说都一样，抑或最好是能减少一些邮局的费用。"黑山国家档案馆，1880 年外交部分册，4 分册，495 号文件。

歉意都无法表示"①。

由于黑山使节在奥斯曼帝国的处境愈加困难，解决主要外交问题的活动重心，就转移到了大国派驻伊斯坦布尔的代表们身上。很明显，波尔特不愿交出普拉夫和古西涅，于是开始寻找另一条出路，即用土耳其的其他领土来代替这两座城市交给黑山。除了关于交换库奇的提议，1880年初又有了交换格鲁达（Gruda）和霍塔（Hota）的提议，那么就需要修改柏林会议上确定的边界线。在意大利使节科尔蒂（Korti）的协调下，各方以此为解决方向进行外交活动，科尔蒂在本国外交大臣贝内代特·卡伊罗利（Benedet Kairoli）的指示下，和与黑山方面的磋商下，与波尔特详细确定了边界线的修改方案。通过这种方式，各方达成一致，黑山代办和土耳其外交大臣于1880年4月24日在伊斯坦布尔签署了特别备忘录，备忘录还被呈送给了《柏林条约》的缔约国们。但波尔特并没有遵守这份协议的条款，而是通过提出新的建议拖延解决方案的最终达成。波尔特的建议是向黑山提供资金补偿，以换取普拉夫和古西涅。黑山并不接受该建议，最终的解决方案是基于英国的建议制定的，即用普拉夫和古西涅换取乌尔齐尼及周边地区。波尔特在列强们发出最后通牒的情况下才接受了这样的建议，列强们甚至向士麦那（Smirna）（今伊兹密尔——译者注）和索伦派出了国际舰队。《关于交接乌尔齐尼的协议》于1880年11月25日在科尼亚（Kunja）签署。②

在解决黑山与奥斯曼帝国之间主要政治问题的过程中，黑山驻伊斯坦布尔的使节能起到的作用微乎其微。那些根据《柏林条约》要求，需要双方直接沟通解决的争议问题，主要还是以大国们为主导。这样的情况也发生在国际划界委员会的工作中，其中大量内容被公布出来，1880年4月被发表在意大利的文件汇编《总理、外交大臣向议会提交

---

① 黑山国家档案馆，1880年外交部分册，4分册，495号文件。
② 协议文本见：《新的与国际法有关的条约和其他法案总集》，载《伟大的收藏续篇》（系列2），1876，第511—512页。G.佩拉济奇，R.拉斯波波维奇：《黑山的国际协议》，第158页。

的外交文件》中。[①]

随着《柏林条约》中这个问题和其他边界问题的解决，黑山和土耳其关系进入相对稳定时期。虽然随后的边境冲突偶尔引发暂时的关系紧张，但双方的相互容忍占据主流。除了土耳其移民和债务问题，以及博亚纳河航行问题，黑山代表们的注意力特别集中在了就排干斯库台湖达成协议的可能性上。由于这对黑山经济具有重要意义，在很长时间内这个问题成了黑山代表机构工作的主要议题。[②] 从两国建交起，通过调节博亚纳河的河道，使斯库台湖成为两国自然边界的问题就被提了出来。尼科拉大公1883年首次访问伊斯坦布尔、拜会苏丹时，也提出了这个问题，因为看起来这很容易能达成协议。一名法国工程师被聘请来规划调节博亚纳河流向的项目（1884），并做出工程预算。

黑山驻伊斯坦布尔的外交人员还就国际关系重要事件，向本国政府递交报告，汇报巴尔干地区所有对政治形势具有重要意义的事情。比如，普罗夫迪夫剧变（1885）或塞尔维亚-保加利亚战争（1885—1886），除了完成常规外交工作（收集驻在国信息），他们还收集了其他国家的政治形势信息，为黑山外交政策的形成做出了贡献。保护黑山国民利益也是他们的日常工作。为了确保获得他们的信息，19世纪80年代末，公使馆启动了伊斯坦布尔黑山国民的登记工作。当地黑山人须携带护照前往公使馆，用以协助制订专门的登记簿。[③] 此外，将黑山宗法-部族传统在社会中的重要作用，贯彻到对在土黑山国民的保护中，也是公使馆的工作内容。为此，代办在伊斯坦布尔各个地方都指派了自己的雇员，要求他们关注黑山人的行为并向他报告这些人的劣行。关于保护在奥斯曼其他地方黑山人的工作，由俄国的领事们来负责。在伊斯坦布尔的这项工作中，他们也为黑山代办提供了帮助。

---

① 《总理、外交大臣向议会提交的外交文件》，罗马，1888。从1879年4月3日至1880年4月27日共公布了140余份文件。

② 见安德里亚·拉伊诺维奇（Andrija Lainović）：《黑山外交史中的一页》，载《历史札记》（第7卷），采蒂涅，1951年10月—12月，第511—528页。

③ 黑山国家档案馆，1880年外交部分册，21分册，20号文件。

四、1912 年之前公使馆的工作

自成立起，公使馆的工作未曾中断地持续到了 1912 年。只是在 1881 年至 1882 年期间出现了短暂的停歇，一次是由于加夫罗·武科维奇休假，公使馆的领导位置空出来了一段时间，还有一次中断是由于米塔尔·普拉梅纳茨（Mitar Plamenac）和米塔尔·巴基奇（Mitar Bakić）两位代办的去世。

武科维奇离开伊斯坦布尔去休假的时间比较短，没有对外交对等关系造成影响。他回到岗位后（1882），公使馆的工作继续开展。武科维奇担任代办直到 1884 年[①]，随后米塔尔·巴基奇被任命为代办。巴基奇作为黑山使节的第一个阶段就这样开始了。公使馆在这段时间除了一名门卫，还有一名译员[②]。巴基奇被任命后在伊斯坦布尔短暂地工作了一段时间。1887 年 10 月底，他请求轮换，于是米塔尔·普拉梅纳茨被任命为代办。[③]

米塔尔·普拉梅纳茨是一位年轻人，曾在俄国尼古拉耶夫（Nikolajev）求学。他是黑山贵族首领萨沃（Savo）的兄弟，也是伊利亚·普拉梅纳茨公爵（军事大臣）的侄子，迎娶了尼科拉国王的妹妹。从 1883 年到被任命为代办之前，担任外交部秘书。[④] 据俄国消息人士称，在黑山驻伊斯坦布尔公使馆工作不到两年的时间里，他以自己的机智、好人缘和安静的性格赢得了普遍的好感和尊重。1889 年 12 月初，他在苏丹送给黑山大公的埃米尔甘（Emirgan）[⑤] 宫，即黑山公使馆所在地，患病去世。[⑥] 临去世前，他要求将死讯告知俄国使节，请他们就

---

① A.拉伊诺维奇：《黑山外交史中的一页》，第 511 页；伊利亚·拉多萨沃维奇（Ilija Radosavović）博士：《十九世纪黑山的国际地位》，第 116 页。
② 久罗·博格达诺维奇（Đuro Bogdanović）曾长期担任该职务。
③ 黑山国家档案馆，1880 年外交部分册，1 分册，86 号文件。
④ 《黑山年鉴》，格尔利察，1891，第 48 页。
⑤ G.武科维奇在《回忆录》开篇时提到，公使馆所在地正确的叫法是埃米尔甘，而非埃米尔吉扬（Emirgijan），而后者常出现在文学作品中。
⑥ 黑山国家档案馆，1889 年外交部分册，25 分册，1674 号文件。

黑山公使馆的工作采取一切必要措施。因此，像一直以来的那样，在黑山没有派驻代表的地方，公国的利益被托管给俄罗斯帝国，于是米塔尔·普拉梅纳茨的办公室按照俄国外交官的指令关闭了。公使馆的档案、密码以及可支配资金都由俄方管理起来。在俄国水兵仪仗的护送下，普拉梅纳茨的遗体被用轮船从宫殿通过博斯普鲁斯（Bosfor）海峡送往潘卡尔达（Pankalda）的俄国教堂，并在那里举行了安魂仪式。土耳其宫廷、外交部和市政府代表与其他国家的使节和他们的副手一起参加了教堂的仪式。一名主教代表普世牧首出席仪式，土耳其大维齐尔和外交大臣代表苏丹出席。[①] 应尼科拉大公电报的要求，普拉梅纳茨的遗体被用船运抵黑山，而档案和密码被从埃米尔甘宫移交给俄国驻伊斯坦布尔使团。移交的物品都被登记在册，俄国大使馆将其一直保留到黑山任命新的驻奥斯曼帝国使节。

1890 年初，在刚刚被任命为大法院成员后不久，米塔尔·巴基奇又回到了驻伊斯坦布尔代办的职位上。[②] 就这样开启了自己在土耳其的第二阶段外交生涯。米塔尔·巴基奇最初被任命为代办。1893 年格尔利察出版的黑山公国驻外代表、总领事、领事、驻外商业代理人名单中，他的职务是代办。[③] 但是，在 1897 年《黑山年鉴》的同一名单中，米塔尔·巴基奇被称作是驻伊斯坦布尔的特命全权公使。在 1903 年《黑山人报》上为他刊登的悼词中，也提到他作为特命全权公使被派驻到伊斯坦布尔。这就意味着在他的第二阶段外交官任期内，代办处被重新提升到公使馆级别。除斯坦科·拉多尼奇，巴基奇成为黑山在奥斯曼帝国任命的唯一一名第二等级使节，而其他人都是被任命为代办（第三等级）。随后几年，他都是黑山唯一的驻外外交官。通过尽职尽责地工作，巴基奇成功地在伊斯坦布尔的外交官圈子里获得了有尊严、受尊重的地位。俄国驻采蒂涅使节什切格洛夫（Ščeglov）评价说，巴基奇为

---

① 《黑山年鉴》，格尔利察，1891，第 58—59 页。
② 《黑山之声报》（第 35 版），1903 年 8 月 16 日。
③ 《黑山年鉴》，格尔利察，1891，第 58—59 页。

推动黑山政府与波尔特之间的关系做出了很大贡献，为双方建立了"相互包容的关系"，并延续到19世纪最后几年至20世纪初。[1] 对巴基奇的认可不只来自俄国方面。早在第一次前往伊斯坦布尔履职时，巴基奇就曾成功与塞尔维亚的使节建立非常密切的关系。这种合作关系直到他回国都还在延续。在塞尔维亚外交大臣和前驻奥斯曼帝国使节弗拉丹·焦尔杰维奇博士的建议下，为了表彰其"为国效力，作为黑山代表，用最大的决心和爱国牺牲精神，帮助了塞尔维亚代表"，塞尔维亚国王于1897年10月27日向巴基奇授予了"塔科夫一等十字勋章"。[2]

不过，1903年8月13日，黑山驻伊斯坦布尔使节米塔尔·巴基奇因公殉职。他去世后，公使馆区域进行了与此前类似的封存，档案和密码被保存在俄国外交官员们那里。他被临时安葬在伊斯坦布尔，后又被转移到他的出生地瓦索耶维奇安葬。多位欧洲政要、欧洲国家政府使节和领事们都以书面形式向黑山大公和政府发来慰问信。[3]

鉴于巴基奇享有的声誉和威望，及其在外交官岗位上取得的成功，可以想象要物色合适的人接替他并不容易。尼科拉大公非常明白这一点，于是在找到"称职的继任者"之前，任命外交部秘书之一的约万·马塔诺维奇（Jovan Matanović）担任临时代办。马塔诺维奇被任命后与外交大臣加夫罗·武科维奇一同前往伊斯坦布尔。除了要完成巴基奇去世前未竟的工作，武科维奇此行的目的还在于"向有关人士介绍和推荐"黑山这位新的使节。[4]

由于他此前已经担任过驻伊斯坦布尔外交官，并且随着时间的推移，黑山已经掌握了外交事务的"秘诀"，也知晓了外交实践对外交政

---

① 黑山人民博物馆档案处，1903年新增手稿分册，LIA分册。
② 黑山国家档案馆，1897年驻伊斯坦布尔公使馆分册，4分册，135号文件。
③ 佩塔尔·卡拉焦尔杰维奇（Petar Karađorđević）国王在电报中说："巴基奇公使去世是全体塞尔维亚人的巨大损失，巴基奇是他们真诚的代表。"《随想——关于杰出黑山人的记录》（第18期），尼克希奇，1939年1月29日，第4页。
④ 黑山人民博物馆档案处，1903年新增手稿分册，LIA分册，无编号文件。

策和国家地位的重要性，在任命马塔诺维奇时，人们更担心的是他的履职过程。除了刚才说到的原因，还有一个非常重要的原因是，由于两国关系已经达到了历史最好水平，采蒂涅估计，很难想象两国关系还能变得更好。[①] 如果双方关系变差，在目前的环境下，只能归咎于新的代办人选，这一点加夫罗·武科维奇也警告了马塔诺维奇。

可能是出于这个原因，"在整个从采蒂涅前往伊斯坦布尔的途中，以及刚抵达伊斯坦布尔后的日子里"，黑山外交大臣都努力让这位新任使节更好地"承担起这份艰巨的职责"。马塔诺维奇还收到了一份专门的书面指导，分为两个部分。第一部分涉及与奥斯曼帝国皇室的关系，第二部分以"公使馆"为标题。[②] 除了工作方式，即如何与别国使节、土耳其宫廷和苏丹维系关系，在正式接见和典礼仪式时的行为方式，这份指导还直接或间接地包括了黑山对某些国家的外交政策和立场。关于土耳其，从整份文件可以得出结论，黑山的主要目标是不扰乱既定关系。文件甚至还建议，要克制住不与波尔特和苏丹进行过度接触而造成负担。因此要防止"吸引苏丹的注意力"，避免在土耳其宫庭受到过多关注。

文件还非常具体地就黑山代表对待同仁们的行为方式做出了指导，

---

① 黑山国家档案馆，1903年驻伊斯坦布尔公使馆分册，9分册，249号文件。
② 黑山国家档案馆，1905年外交部分册，79分册，783(6)号文件。关于与奥斯曼帝国皇室关系的指导包括："①没有指令永远不要请求接见。②一旦引起苏丹和观众们的注意，在非必须或没有指令的情况下就不要频繁进入男宾区。③如果出于需要或接到指令，要通过苏丹信任的人向苏丹提出请求，但是要对这些人保持警惕，非必要不换人，因为当你将其买通，要小心不要有不合适的行为惹恼他们，不然你就办不成事了。④在行事中不需要提醒你们，一言一行要极度彬彬有礼，但还是建议要严格保持尊严，因为土耳其人很容易接受极端的卑微，所以你们会轻易丧失所有尊严。⑤要当心宫廷里针对别国、大使馆和外交机构的间谍活动，因为侍臣们会用你们的秘密情报和轻信做交易，损害你们国家和个人的声望。⑥不要放过宫廷里任何一次活动的机会，任何时机的庆典日，甚至是悼念活动，履行职责时不要总是与别国的代们一致。不要模仿大使们或其他高级别官员，而是要学习与你们同级别官员的样子。你们做的一切都要在你相应礼节要求的范围内，那样最好，但完全不能低于这个范围。⑦不要向侍臣或任何其他人承诺授勋，就像能实现一样，你只能承诺会提出建议，如果能成行最好，不行的话就不行。⑧除非有指令，不要推荐任何黑山人受勋。⑨没有外交部的特别指令，不要通过侍臣替任何人向苏丹索求礼物、帮助、退休金以及贷款。⑩如果苏丹要向谁提供任何东西，要待核查后考虑，而不是双手接受；然后按照指令行事。"

特别是对待塞尔维亚的使节。① 随着 1903 年塞尔维亚王朝更替，激进的亲俄政府掌权，人们对塞尔维亚新的外交政策心存疑虑，随之而来的是黑山外交地位的削弱，不论是在塞尔维亚人、南部斯拉夫人当中，还是在俄国面前。因此，除了提醒要与塞尔维亚外交代表机构保持友好关系，但"不要吐露任何秘密"外，指导中还明确，两国代表要减少直接的相互合作。这种合作，并没有来自外交部的特别指示，唯一保留的是关于斯科普里大主教任命的问题，而在其他问题上的行动，要以此前的要求以及采蒂涅的特别批准和指示为前提。

马塔诺维奇作为黑山使节在伊斯坦布尔停留期间，还发生了一段插曲。早期，公使馆中唯一具有外交职能的就是代办。馆里当时还有一名翻译和一名同时担任守卫的仆人，但还需要一名懂土耳其语的文书兼翻译。虽然米塔尔·巴基奇生前曾写信向外交大臣建议，由在伊斯坦布尔学习过法律的杜尚·德雷聪（Dušan Drecun）来担任该职务，德雷聪当时因为没有奖学金而被迫中断学业。巴基奇的请求没有得到批准。直到根据国务委员会的建议获得大公批准，1903 年 11 月，杜尚·德雷聪才被送到伊斯坦布尔"研究土耳其法律并从事文书和翻译工作"。他在公使馆担任文书的这段时间（1903 年 11 月 8 日—1906 年 1 月 7 日）

---

① 公使馆的使命明确为以下内容："①面对大使们时的行为方式你们已经了解了,不过不要忽略面对他们时应有的礼节。②不要忽略任何一个国家代表机构的庆祝活动,要与其他的代表们保持一致。③在俄国、意大利、塞尔维亚公使馆的庆典或悼念仪式上,要像在自己的活动上一样重视。④不要缺席任何形式的公使馆的邀请,因为那是获取信息、了解正在发生的事情的最佳场合。⑤要尽可能地与各大使馆的人员建立个人关系,而不只是交换名片,因为每个只将关系维系在交换名片上的人,最后都会失去需要的人脉关系变成孤家寡人。⑥要在固定的接待日拜会公使馆的夫人沙龙,因为这种机会对外交官来说也非常珍贵。⑦要成为圈子的成员,因为这是与使团人员见面的好机会。⑧不论白天还是夜晚都不要光顾那些使团人员都避免前往的污秽之地。⑨要对所有使馆保守国家秘密,即便是最亲密的人。主人与苏丹之间的秘密关系不仅要向所有外国人保密,而且要向本国外交机构的人员保密。为此要备有专门的秘密处所并配有专门钥匙,且不要向任何人吐露机密。⑩要特别小心塞尔维亚外交机构的朋友们。对他们不要透露任何秘密,但要努力与他们建立最好的关系。⑪在任命斯科普里大主教问题上要与塞尔维亚外交机构保持一致。但其他任何事务没有特别指示不要与他们一致行动。⑫在奥地利使馆和总主教关于波斯尼亚和黑塞哥维那教会民族事务上,要保持谨慎,无必要不卷入,而且俄国和塞尔维亚的外交机构都对此保持中立。绝不允许你们为了个人野心而牺牲祖国利益。⑬我们的财政状况困难,要避免大额支出和债务,以免伤及机构的声望。"

被计算在他为国家单位供职的时间内。1906 年 1 月初，根据一项特别法令，德雷聪被任命为公国公使馆二等秘书。①虽然时间很短，但这是第一次，公使馆有了自己的秘书。

杜尚·德雷聪并没有在秘书的岗位上工作很久。1906 年底 1907 年初，他就代替马塔诺维奇担任起了代办的职务。但在他被任命后，很快新的代办就到任了。1907 年 5 月初，公国公使馆有了新的代办杜尚·格雷戈维奇（Dušan Gregović），而德雷聪可能是回到了之前秘书的职位上。因为他不愿"与格雷戈维奇先生共事"，5 月 10 日，德雷聪向政府总理拉扎尔·托马诺维奇（Lazar Tomanović）提出请求，希望解除自己的职务。②德雷聪的请求得到了批准，他于 1907 年 7 月回到黑山，担任外交部二等秘书。③而他早前在伊斯坦布尔的工作由杜尚·格雷戈维奇担任。1909 年底，时任邮政-电报局局长的约沃·波波维奇（Jovo Popović）接替了格雷戈维奇，任职命令于 1909 年 11 月 8 日签发。波波维奇在伊斯坦布尔度过了大概一年多的时间，随后他辞去公职④，1912 年 3 月 22 日，佩塔尔·普拉梅纳茨（Petar Plamenac）被任命为黑山驻奥斯曼帝国的最后一任代办。⑤

上述人员轮换的工作交接，主要是在新任和前任使节之间以公使馆事项编制记录的形式来完成的。前任代办应向波尔特和其他国家的外交代表介绍继任者。最后一任黑山代办 P. 普拉梅纳茨的工作，随着黑山和土耳其外交关系的中断而结束。

---

① 根据外交大臣的口头批准，博若·博什科维奇（Božo Bošković）与杜尚·德雷聪一起抵达伊斯坦布尔，担任公使馆的文书。由于马塔诺维奇没有接到任何这方面的指示，博什科维奇不得不就此再次请示外交大臣。虽然我们没有掌握这方面的信息，但总体判断，他的请示没有得到积极的答复。黑山国家档案馆，1904 年外交部分册，137 分册，397 号文件。
② 黑山国家档案馆，1907 年外交部分册，14 分册，168 号文件。
③ 黑山国家档案馆，1907 年驻伊斯坦布尔公使馆分册，14 分册，340 号文件。
④ 黑山国家档案馆，1907 年外交部分册，14 分册，168 号文件。
⑤ 黑山国家档案馆，1909 年驻伊斯坦布尔公使馆分册，16 分册，325 号文件。

五、驻伊斯坦布尔公使馆工作的中止

　　随着黑山于 1912 年 10 月 8 日发动了第一次巴尔干战争（黑山于当日向土耳其宣战——译者注），黑山与土耳其的外交关系也中断了。时任代办的佩塔尔·普拉梅纳茨没有翻译也没有秘书，在他离开土耳其之前，指定由俄国驻伊斯坦布尔总领馆的助理阿莱克萨·马尔蒂诺维奇（Aleksa Martinović）来代表黑山的利益。普拉梅纳茨给马尔蒂诺维奇留下了致奥斯曼帝国外交大臣的照会，正式通知其由俄国使馆来代表黑山的利益。俄国使馆同意代为递交照会。10 月 8 日，在得到俄方同意后，照会被递交给土耳其外交大臣。[1] 我们没有资料能证明俄国在奥斯曼帝国同意下，在多大程度上扮演了保护者的角色，但事实是，俄国做得非常高效。俄国使领馆作为黑山的大国保护者，是受黑山代办之托代表黑山利益，马尔蒂诺维奇必须帮助其处理相关事务。[2]

　　俄国外交代表们的工作包括给黑山国民签发回国所需的护照。没有黑山护照的黑山人获得了"俄罗斯通行证"，1912 年 10 月共签发了 650 份旅行证件，其中 500 人是返回黑山的志愿兵。[3] 俄方的工作还涉及用轮船运送返乡人员。奥斯曼帝国批准免除其各种赋税，这些赋税设立的初衷是要增加移民回国的成本。由于俄国外交-领事官员们的尽心安排，黑山人被免除了这些税费，他们的回国之路也变得容易了一些。在俄国的协调下，1912 年 10 月，500 名黑山人在没有支付"礼金"的情况下得以启程，而最开始他们曾被要求为回国支付 500 格罗申（groš），后来又涨价到了 1 000 甚至 2 000 格罗申。[4]

　　俄国的外交和领事官员们还采取措施保护土耳其其他城市的黑山人。除了上述工作，俄国人还成功从宗古尔达克（Zinguldak）接出 86

---

① 黑山人民博物馆档案处，尼科拉一世分册，161/1912。
② 黑山国家档案馆，1912 年驻伊斯坦布尔公使馆分册，19 分册，28 号文件。
③ 同上，28 号文件，无编号文件。
④ 同上，19 分册，30 号文件。

名黑山人。俄国驻梅里马（Merima）、士麦那和贝鲁特（Bejrut）的领事官员还将当地黑山人护送到附近的港口，以便他们尽快回国。

上述工作是由于第一次巴尔干战争打响、黑山人需要回国履行爱国义务而进行的。因此在俄国使领事官员们的工作中，防止奥斯曼政府官员利用职权和地位欺负归国黑山人，成为重要的工作内容。黑山向土耳其宣战后，土耳其当地警察开始威胁黑山人，并逮捕数人，或者以携带武器为罪名将他们送上战争法庭。黑山人在伊斯坦布尔充满不确定的地位，也是有传统的。经过俄国使领馆官员们的努力争取，很多人被释放，被捕人数也有所减少。

俄国作为黑山的庇护国，还采取措施保护所有返乡黑山人留在奥斯曼帝国的财产。为此事俄方专门安排律师进行不动产所有人变更，将在土黑山人的财产划归俄国国民所有。针对那些被奥斯曼政府征收的属于黑山人的动产，也采取了类似的处理方式。在俄国领事馆相应的认证下，这些财物被划归到俄国国民名下。这样也增加了日后偿付的可能性。俄国对黑山人的保护甚至包括命令奥斯曼帝国的一些俄国修道院为黑山人提供食宿。

俄国的外交领事保护中还特别包含了对黑山公使馆财务和档案的保护。有两箱黑山公使馆公文"被封装并捆绑起来"，交给俄国驻伊斯坦布尔使馆的秘书，还配有接收确认函，后被送往黑山。公使馆的家具和细软什物"被装在两辆车上，在卫兵的护送下被送去了埃米尔甘宫"，即尼科拉国王的宫殿里。

这其中绝大部分工作，是由于黑山与土耳其断交、俄国担任黑山的庇护国而产生的。

巴尔干战争结束、和平协议签署后，在俄国归还黑山公使馆档案时出现了问题。这些档案，在阿莱克萨·马尔蒂诺维奇的协调下，按照黑山最后一位驻伊斯坦布尔代办佩塔尔·普拉梅纳茨的吩咐，于 1912 年 10 月被交给俄国使馆秘书处。俄方按规定将档案的接收确认函交给黑方。

而当 1913 年年底需要交还档案时，人们发现黑山外交部的那份接收确认函丢失了。黑山外交大臣佩塔尔·普拉梅纳茨在 1913 年 9 月 30 日致俄国驻伊斯坦布尔大使吉尔斯的信中确认，黑方没有"档案交接的确认函"，请求对方宣布该函件无效。普拉梅纳茨请求吉尔斯"命令（将档案）物归原主"，以便即使没有那份函件，俄方也能向黑山驻伊斯坦布尔外交代表机构交还档案。档案应该是交给了阿莱克萨·马尔蒂诺维奇，根据同一份文件，他当时是俄罗斯帝国银行驻伊斯坦布尔的职员。鉴于其在巴尔干战争结束时回到了岗位上，他被要求接管黑山公使馆的档案并将其送到黑山。俄国大使馆满足了黑山外交部的请求，将公使馆档案交给了阿莱克萨·马尔蒂诺维奇。黑山外交部在 1913 年 10 月 31 日的一封信中获悉了此事。

　　交还公使馆档案一事的重要性，不只体现在保护重要外交资料这件事本身，还在于它体现了黑山在巴尔干战争之后的外交政策走向。黑山政府并不打算在战争结束后重新与奥斯曼帝国建立外交关系。这表明黑山王室有意在 1914 年架设起外交代表机构网，除贝尔格莱德外，还要在"布加勒斯特、维也纳、圣彼得堡、阿尔巴尼亚和雅典"开设驻外机构，但不包括伊斯坦布尔。

　　确定该外交政策走向的原因在于，黑山认为东方问题在巴尔干战争中得到了解决，而现在，由于土耳其并不是黑山的邻国，因此它在黑山的外交政策中并不具有重要意义。黑山对土耳其依赖程度的降低和黑土关系中直接利益的减少，可以在塞尔维亚-黑山整体关系中看出端倪，由于黑塞两国在桑扎克拥有了共同边界，对塞关系成为摆在黑山王室面前的新问题。共同边界将黑山与塞尔维亚合并的问题摆上了日程，黑山政府官员们对此持抵制态度，这表明黑山在国际关系中确认自身主体性的需求正不断增强。因此，与维也纳、圣彼得堡和布加勒斯特建立外交关系和与贝尔格莱德关系正式制度化，无论如何都比恢复与奥斯曼帝国的外交关系更重要，因为奥斯曼在巴尔干的影响力已经衰弱了。此外，巴尔干战争，特别是斯库台历史所产生的某些心理效应，都是战后不立即恢复与土耳其的外交关系的因素之一。

从根本上说，黑土复交未被纳入黑山外交政策的主要原因是某些国内政治立场，并没有什么其他国际法的限制因素。这个问题在《伦敦和约》（第1条）中说得很清楚，黑山、土耳其和其他缔约国确认，从和约被核准之日起，"要在奥斯曼帝国皇帝陛下与各主权盟友陛下之间保持永恒的和平与友谊"①。

《伦敦和约》的条款是黑山与奥斯曼帝国恢复外交关系的法律基础，此外，在第二次巴尔干战争后，新的和平条约不光对巴尔干国家间的关系进行了调整，还对巴尔干国家与土耳其的关系进行了调整。而保加利亚与其他巴尔干国家（塞尔维亚、希腊、罗马尼亚和黑山）签署的《布加勒斯特和约》对黑山没有什么特别意义，土耳其没有参加和平会议，黑山后来也没有像其他参战国那样，与土耳其达成专门的和约。而其中个别国家，如塞尔维亚，则相当迅速地开始调整因战争状态受到干扰的对土关系。与黑山不同，塞尔维亚和土耳其认为1913年5月30日的《伦敦和约》涉及自身且已经获得核准，于是两国于1914年3月14日在伊斯坦布尔签署双边协议，梳理彼此间所有争议问题，并建立了常规外交关系。该协议第1条说："两国间达成的协议、协定、公文和那些在外交关系中断期间具有重要意义的文件，从本协议签订之日起恢复完全效力，两国政府和国民恢复到敌对状态前的相互地位。"② 同一条第2款规定，协议签署后，恢复塞尔维亚和奥斯曼帝国之间的外交和领事关系。其他条款则就因战争引发的问题做了规定，特别是割让给塞尔维亚地区人们的财物、资产、国籍继承等非常细节的问题。

黑山并没有以这种方式处理与奥斯曼帝国的关系，虽然在被军队解放的领土上、也就是那些在巴尔干战争后归属黑山的领土上，也有类似的问题。有可能是一战的爆发让这些问题没有被提上日程。不过，与

---

① 《1913年5月30日和平条约》，外交部出版物，贝尔格莱德，1914，第15—17页。
② 南斯拉夫联邦外交秘书处档案馆，《国际协议汇编·塞尔维亚王国与奥斯曼帝国1914年3月1日/14日在伊斯坦布尔签署的和平协议》。

1914 年计划建交相比，与土耳其复交并没有被认为是亟待解决的、涉及直接政治利益的问题。

一战期间集中发生的历史事件，让计划建交变得完全不可能。而 1918 年黑山这个国家的消失，和第一个南部斯拉夫国家的建立，让成员国之一的黑山与奥斯曼帝国的关系，只能在新国家——塞尔维亚人-克罗地亚人-斯洛文尼亚人王国的层面上体现了。

第二节　黑山在欧洲各国外交代表机构的建立

一、在各国开设外交代表机构的计划

驻伊斯坦布尔公使馆在很长一段时间内都是黑山在海外唯一的外交代表机构。财政条件是压缩对外交往的主要原因，再加上黑山的发达程度不高，在欧洲政治生活中的重要性不足，使得黑山的对外交往对象只限于几个大国。按照黑山的利益和实际重要性排序，排在奥斯曼帝国之后的，是邻国奥匈帝国。此外，从俄罗斯帝国对黑山法律制度的整体影响力和历史传统来看，当时的黑山在圣彼得堡开设外交代表机构，也无疑是件大事。

与奥匈帝国建立外交关系的谈判早在 1879 年初就开始了。阿尔蒙德-伦金（Armond-Renkin）在 1879 年 2 月 28 日从维也纳发给马绍·弗尔比察的信中，就提到了任命黑山驻奥地利宫廷代表的问题。他建议，黑山使节应该是常驻公使级别，但不应该是受薪公务员，而应是"一个有意愿有能力想要当黑山人的外国人。他会在维也纳居住并当之无愧地代表黑山"[1]。也有建议称黑山应设置名誉外交代表，不过这在实践中还是个完全陌生的概念。国际法中只有名誉领事，而没有名誉外

---

① 黑山历史研究所档案，元老院文献(1870—1879)，档案集，411 分册，无编号文件。

交代表。我们认为，这两种建议的区别在于，奥匈帝国的建议是要让一名外国人加入黑山国籍，而如果是名誉领事的话则不用。虽然这样很便利，但从经济的角度来看，如果黑山遵从奥匈帝国的建议，便可以更轻易地与奥匈帝国开展贸易和建立货币信贷关系，那么设置名誉领事的便利性就不占优势了。黑山国内也清楚，即便是这样的派驻形式，也无法解决国家目前面临的不利局面，这种局面让黑山无法与奥匈帝国和其他建交大国在互派代表时秉持对等原则。

在对俄关系中，这个问题在黑山获得独立后就没有启动。唯一可能会引起误解的一次，是约万·瓦茨利克（Jovan Vaclik）毛遂自荐，要担任黑山政府驻圣彼得堡俄国皇宫的代理人。[1] 然而，根据什佩耶尔1878年11月24日从采蒂涅发出的报告，在俄国并没有黑山派驻的正式或非正式代理人。

驻伊斯坦布尔公使馆的工作结束后，黑山再次开设新的外交代表机构的问题直到巴尔干战争结束都没有被真正提上日程。1913年，黑山形成了正式意向，要与奥匈帝国、俄罗斯帝国、罗马尼亚、塞尔维亚、希腊和阿尔巴尼亚建立对等外交关系。该意向也确实得到了落实，1914年国家预算收支中的办公支出这一项，即写有"驻贝尔格莱德、维也纳、圣彼得堡、阿尔巴尼亚、罗马、斯库台和科托尔的公使馆和领事馆办公支出预计达 29 800 佩佩（perper）"。同一份文件提到，黑山在国外的代表机构包括驻贝尔格莱德、布加勒斯特、维也纳、圣彼得堡、阿尔巴尼亚和雅典的公使馆，驻罗马、斯库台的领事馆以及驻科托尔的代理机构。[2] 该计划更多地是作为黑山的政治意图而非可行的外交政策。黑山这样做是出于它此时的处境。

巴尔干战争结束后，黑山领土面积得到大幅扩张，人口数量实现增长。但战争中的成功，特别是在桑扎克的成功，也笼罩在某种阴影之下。在斯库台的行动暴露出黑山的弱点，首先是军事上的弱点，加上之

---

① 俄罗斯帝国外交政策档案馆，斯拉夫民族分册，9256 分册，2 号文件。
② 《1914 年黑山王国国家收支预算》，采蒂涅，1914，第 65 页。

后在伦敦会议上的外交失败，导致斯库台最终没有归属黑山，这引起国内民众对国家主要政治官员的强烈不满。这种不满情绪首先针对的是统治王朝，统治王朝在战争中暴露出的政治无能被解读为"黑山若不加入一个更广泛的国家共同体，就无法像现代国家一样发展"。此外，在桑扎克地区的共同边界，使黑山与塞尔维亚的合并问题被提上了日程。19 世纪末到 20 世纪初，采蒂涅曾被赋予推进这一进程的"皮埃蒙特"角色，而 1903 年之后，特别是巴尔干战争后，黑山内部逐渐形成这样一种思想：佩特罗维奇-涅戈什王朝不是一个能实现合并的王朝。巴尔干战争结束后，军队遭受的巨大牺牲和糟糕的财政状况，使黑山陷于困顿之中，国家政治高层面临着越来越强烈的要求合并的呼声。驻黑山的奥匈帝国外交代表们遗憾地做出判断："要求与塞尔维亚合并的情绪越来越高涨，除里耶卡（黑山）和采蒂涅地区外，黑山国内支持合并的人比支持尼科拉国王的人要多得多。"①

合并问题使黑山王室及其亲近人士进退维谷，合并意味着丧失现有地位，但由于这一步已经在所难免，他们非常不真诚地进行了谈判，力图作为"黑山爱国者"阻止国家被吸纳进塞尔维亚。② 与民众表达的意愿相比，这一政治选择包含着狭隘的王朝利益和分离意图，只有在这样的背景下，才能整体理解黑山官方在上述多个国家、特别是在塞尔维亚开设新的外交代表机构的做法。

1903 年之后，俄国的直接政治支持从采蒂涅完全转移给了贝尔格莱德，因此，在维也纳和圣彼得堡开设外交代表机构，可以被看作是黑山的外交策略之一，为的是直接向两国政府施加影响，巩固自己的国际地位，而在国内无法阻止的合并进程，黑山希望利用个别大国的政治支持从外部加以阻止。特别是奥匈帝国，它较早就对黑山与塞尔维亚合并带来的危险予以关注，保皇派很清楚，两国合并与奥匈帝国皇室的目标相悖。

---

① 诺维察·拉科切维奇博士（Dr Novica Rakočević）：《1903—1918 年黑山与塞尔维亚的政治关系》，载《国际关系中的黑山汇编》，第 90 页。
② 同上。

在当时的全球背景下，黑山在巴尔干战争后，尽管没有公开和系统化的清晰方式，还是开启了重新定义对外政策目标的步伐。当时的统治王朝下可能实现塞尔维亚民族的解放和统一，于是将行动方向转变为保护黑山国家的独特性。这其中，我们尤其可以看一看黑山在贝尔格莱德开设外交代表机构的情况。它显示出，黑山和塞尔维亚是两个正式合法的、平等的国家，在合并问题中是两个具有同等地位的、平等的国际法主体。

黑山政府建议，在两国边界划定完成后，就任命黑山驻贝尔格莱德的使节，此人将致力于加强两国联系，捍卫共同民族利益。但没有提议合并或联盟，而只是在两个独立地位和国际独特性都不存在疑问的国家之间，进行密切合作。[1] 只有在这样的基础上，黑山才同意进行谈判，才有可能在最适宜的情况下完成两国的现实性联合，并保持王朝的独特性。

二、驻贝尔格莱德公使馆

到一战爆发前，黑山计划的新设立外交代表机构中，只成功开设了一个公使馆，即驻贝尔格莱德公使馆。尼科拉国王于 1913 年 10 月 19 日下令，任命已退休的国务委员会主席拉扎尔·米尤什科维奇为特命全权公使。[2]

黑山驻贝尔格莱德公使馆位于圣萨瓦大街 41 号的一座大楼里，黑山政府租用了 5 年。公使馆的开设过程没有出现什么纰漏。为了装备得更具代表性，拉扎尔·米尤什科维奇首先前往维也纳，然后去到巴黎，"以便购买物资和制服以及给夫人的连衣裙"[3]。公使馆人员中，除公使

---

① 诺维察·拉科切维奇（Novica Rakočević）博士：《1903—1918 年黑山与塞尔维亚的政治关系》，载《国际关系中的黑山汇编》，第 90 页。

② 大公在开设驻贝尔格莱德公使馆的国书中提到，希望"更好地发展和强化我们两个兄弟国家的关系，两国在上一场幸运的战争中通过共同努力，成功清除了几个世纪以来将其分隔的障碍"。任命公文调整了两国关系，使其建立在与以往不同的基础之上。黑山国家档案馆，1913 年外交部分册，168 分册，1994 号文件。

③ 黑山国家档案馆，1913 年外交部分册，169 分册，20915 号文件。

本人，还有一名侍卫和一名仆人。这是黑山历史上第二个、也是当时黑山在国外唯一的常驻使团。

从 1913 年 12 月的第一批报告中可以看出，巴尔干战争结束后就被提及的黑塞两国合并问题，从来都是驻贝尔格莱德公使馆工作中无法回避的内容。此外，战争结束后的巴尔干国家间关系，特别是塞尔维亚与保加利亚关系，也是公使馆负责汇报的内容。

米尤什科维奇一直关注塞尔维亚、特别是贝尔格莱德的民意，并定期向采蒂涅报告。在 1913 年 12 月 14 日的信中，他确认"民意希望塞尔维亚和黑山能尽可能密切地相互靠近"①。在分析政界对两国未来关系的立场时，他将注意力放到了那些"不论提出关于两国关系的什么建议，他们都会陷入困境"的人身上。据他观察，存在"一些人"，他们"可能纯粹出于财政原因而感到紧张"，因为塞尔维亚必须为黑山做出物质牺牲，至少要持续几年；还有另一些人，"他们反对合并，是出于幸灾乐祸，因为这样"②会让黑山的生存变得艰难。但是，不论他如何尝试辨别塞尔维亚国内反对合并的人，连他自己都意识到，不得不达成一份无法建立在睦邻友好原则上的两国关系协议。他认为，两国都需要保持完全的政治独立，"因为这样在欧洲事务中就有两票，这对黑山的外交和赢得世界对黑山已有的同情有利"。然而，当合并无法避免时，他认为，鉴于民意，最好由黑山提出缔结协议的建议。③

到一战爆发前，合并问题主宰了黑山驻贝尔格莱德公使的工作内容。1914 年 1 月 23 日，米尤什科维奇通过电报，详细汇报了与尼科拉·帕希奇（Nikola Pašić）第一次就此问题进行会谈的结果。虽然 1913 年的最后几个月，帕希奇在面对几位法国和英国记者、谈到两国合并的传闻时，掩饰两国对合并的渴望，他说："塞尔维亚政府没有意图探讨这个问题，也不会朝这个方向上做什么"，而如果"黑山政府将

---

① 黑山国家档案馆，1913 年外交部分册，169 分册，20915 号文件。
② 同上。
③ 同上。

它提出来，塞尔维亚不会接受"[1]，不过，1914年初，他表现出了探讨合并的意愿。塞尔维亚政府总理之前的声明，实际上是由于奥匈帝国不愿看到两国合并。[2]

在关于两国未来关系的会谈中，帕希奇完全接受两个王朝和国家平等的原则。塞方唯一的条件是由黑山提出建议，因为那样可以避免人们对塞尔维亚态度诚恳与否的怀疑。由于帕希奇的建议在其访问圣彼得堡时，得到了俄国的支持，因此黑山必须接受。俄国驻塞尔维亚使节哈尔特维格（Hartvig）也参与了采蒂涅与黑山驻贝尔格莱德使节之间的沟通，各方相信，官方正式谈判最好的由头是由尼科拉国王给佩塔尔国王写一封信。在黑山接受这一建议前，两国关系已经被提上了新当选的黑山议会的议程。[3]

1914年2月12日，议会首次会议开幕，在审议国王发表的讲话时，虽然报告称气氛克制且有所掩饰，但很明显人们期待与塞尔维亚建立一种不超越军事、关税和外交的联盟关系，且共同规范金融。由于国王的敏感且事关奥匈帝国，虽然有些党派的议员提出这样要求，但黑山政府和议会都不能就结盟公开发表意见[4]，议会通过的文件强调，黑山唯一的愿望是达成所需的和最符合两国利益的合作。

尼科拉国王很清楚，联盟其实是通向合并的途径，与王朝的利益和他主导的"黑山政策"相悖，因此在致信佩塔尔国王一事上，他犹豫了很久。不过，在政府和政界高层的施压下，尼科拉国王由于担心失去国内影响力，且国内民众的注意力越来越多地投向塞尔维亚，遂于1914年3月15日致信佩塔尔国王。[5] 在保持国家和王朝独立平等的前提下，

---

① N.拉科切维奇：《1903—1918年黑山与塞尔维亚的政治关系》，第205页。

② 同上。

③ 《黑山国民议会工作纪要》，1914，第38页。

④ 黑山和塞尔维亚就建立关税、军队和外交联盟达成协议的公开提案，是由议会法律委员会主席塞库拉·德尔列维奇（Sekula Drljević）博士提出的。不过议会拒绝了该提案。

⑤ 信中写道："需要为双方未来的共同事务打下坚实基础"，以便更容易地解决国家使命中悬而未决的问题，并让这些问题尽早得到协商一致的解决，"因为这对两国有益"。诺维察·拉科切维奇博士：《1903—1918年黑山与塞尔维亚的政治关系》，第99页。

他在信中建议就军队、外交和财政事务进行谈判。[1]

俄国也参与了谈判，有资料显示，国王的信被送抵后，拉扎尔·米尤什科维奇和尼科拉·帕希奇首先将信件内容告知了哈尔特维格，之后（3月23日），信件才被呈送给佩塔尔国王。帕希奇此时也同意，需要在国家独立和不改变王朝地位的基础上进行结盟谈判。在塞尔维亚政府起草、佩塔尔国王签字、于4月2日发出的复信中，塞方接受了在上述原则基础上"建立塞尔维亚和黑山牢固关系"的建议，同时提议，为保险起见，后续的谈判通过负责起草协议草案的全权代表来进行。塞方任命的代表是政府总理尼科拉·帕希奇，黑方代表则是驻贝尔格莱德公使拉扎尔·米尤什科维奇。结盟谈判在贝尔格莱德举行。[2] 米尤什科维奇并没有被授予协议签字权，谈判开始前他在采蒂涅短暂停留时，也没有得到关于谈判方向的指示。尼科拉国王在接见他时非常冷淡（当时国王正在里耶卡（黑山），5天后才接见了米尤什科维奇）。政府总理扬科·武科蒂奇（Janko Vukotić）和外交大臣佩塔尔·普拉梅纳茨也没能就谈判方向说些什么，因为他们还在等待尼科拉国王的决定。这一切都说明，虽然谈判的提议由采蒂涅提出，但在执政层面上，特别是国王本人，都没有真正地为谈判结果做出努力。

米尤什科维奇唯一被授权的是"在那里启动与帕希奇的谈判"[3]，仅此而已。1914年5月，双方代表就协议草案达成了一致。俄国驻贝尔格莱德公使哈尔特维格也参与了草案某些细节的制订。两国在调整

---

[1] 国王就此说："需要毫不拖延地就国家和王朝的独立与平等进行商定，确定在军事、外交和财政事务中的相互间义务。"A. 卢布里奇（A. Luburić）：《黑山的投降，2号文献》，贝尔格莱德，1940，第165页。

[2] 在考虑未来与塞尔维亚关系计划时，除了国王和政府，积极参与的还有王储达尼洛。根据加夫里洛维奇（Gavrilović）1913年3月28日致帕希奇的信件内容，达尼洛最先向外交大臣普拉梅纳茨表示，"他将同意与塞尔维亚建立'真正的联盟'，前提是保证其家族的物质利益"。达尼洛要求普拉梅纳茨形成这样一份结盟草案。根据加夫里洛维奇4月2日的电报，政府建议国王逊位，因为这是"当前形势的唯一出路"，而国王"怀着沉重的心情"做出了原则性同意，而达尼洛，可能是在国王的劝说下，拒绝接受王位，并指出，没有看到国王逊位的必要。南斯拉夫档案馆（Arhiv Jugoslavije），约万·约瓦诺维奇-皮容（Jovan Jovanović Pižon）分册，80-3-1，2。

[3] 尼科拉·什凯罗维奇（Nikola Škerović）：《20世纪初的黑山》，第599—602页。

相互关系的同时尊重以下基本原则："保留各自王朝并保持两国独立性；合并两国军队，最高指挥权仍保留在各自统治者手中；成立一个共同的司令部，并由其制定军事条例；协调对外政策并在国外开设两国共同的代表机构；两国的司法、行政机构、财政、关税、邮政和电话联盟平等化。"①

此外再没有更多的进展。为了不让结盟协议加速两国的合并进程，尼科拉国王虽然给出了启动谈判的建议，但没有急于考虑由两国代表达成的协议草案。文献中提到，他逃避答复协议草案，实际上是源于当时的国际环境。一方面，俄国基于不为难奥匈帝国的政策和相关原因，反对塞、黑军队的合并，同时认为，更合适的解决方式是让黑山军队在俄国教官的控制下组织和训练。另一方面，奥匈帝国公开反对两国任何形式的合并，特别是两国军队的合并有可能被用作发动战争的借口，这些都给了尼科拉国王更多理由拖延回复协议草案。这样一来，谈判的成果就被削弱了，最终的结果变得难以预期。人们认为，这也导致了国王于 1914 年 6 月 11 日前往国外。6 月 28 日，奥匈帝国皇储在萨拉热窝（Sarajevo）遇刺，更使其困在了国外。事情随后发生了巨大而迅速的变化，特别是一战的爆发，让两国合并问题完全中断了。黑山的官员们在合并问题上究竟有多坦诚，可能尼科拉国王在谈判期间对塞尔维亚驻采蒂涅公使说的一句话，是最好的证明，他当时说："只要我还活着，黑山就永远不会丧失独立性。"②

结盟谈判成为黑山驻贝尔格莱德外交代表机构的主要工作内容。而公使馆的日常工作还包括其他内容，比如典型的外交工作，还有类似于领事代表机构职责的工作。

第一类工作包括在驻在国的使节事务，维护本国在驻在国的利益，向国内报告驻在国政治形势、舆论观点和驻在国的日常政治生活。因此

---

① 安德里亚·卢布里奇：《黑山的投降，2 号文献》，第 172 页。

② 诺维察·拉科切维奇博士：《1903—1918 年黑山与塞尔维亚的政治关系》，第 215 页。

1913 年 12 月 19 日的报告就谈到了塞尔维亚的大臣危机①，而其他多数报告主要关注的是舆论动态，特别是媒体报道。

第二类工作包括向黑山国民颁发新护照，或办理护照延期，以及向学生们提供资金帮助，或为穷苦黑山人提供路费帮助他们回国。还有两国间贸易往来相关的工作。②

一战爆发时，黑山外交代表机构由于工作条件的变化，职责大幅减少。当塞尔维亚政府迁往尼什，拉扎尔·米尤什科维奇也与其他国家的使节们一同迁往。除了战争造成的困难，1914 年底，米尤什科维奇与黑山外交大臣普拉梅纳茨之间的紧张关系也给外交工作造成了影响。③原因是公使馆在未被授权的情况下，在私人通信中使用了公使馆的密码，这实际上意味着在未被授权的情况下，暴露了官方通信的密码方式。④

米尤什科维奇继续担任黑山使节，直到塞尔维亚军队先后向阿尔巴尼亚和科孚岛撤退。由密码使用所引发的争议也存在于后续的工作中（因为米尤什科维奇被认为是亲奥匈帝国的），之前对他的指责是与奥匈帝国勾结。然而，除了工作中亲奥匈帝国的做法外，并无证据证实其在与奥匈帝国的往来中有妥协行为。⑤

---

① 黑山国家档案馆，外交部分册，170 分册，2191 号文件。

② 黑山国家档案馆，外交部分册，171 分册，290 号文件。

③ 关于普拉梅纳茨与米尤什科维奇之间关系遇冷，以及政府总理有意派遣约万·马塔诺维奇和米塔尔·马尔蒂诺维奇（Mitar Martinović）前往替换一事，加夫里洛维奇 1914 年 12 月 13 日从采蒂涅发给塞尔维亚外交部的报告予以了证实："鉴于大臣和米尤什科维奇的糟糕关系，希望其不再担任外交大臣的候选人。至于米尤什科维奇，据说无法留任的原因是他的粗心大意，他在离开贝尔格莱德时，将所有秘密档案以及塞尔维亚-黑山结盟谈判的相关文件，都留在了公使馆内。"南斯拉夫档案馆，约万·约瓦诺维奇-皮容分册，80-3-50。

④ 米尤什科维奇因此遭到了罚款和纪律处分。不过，除了早前的密码被换成了新的，整个事件并没有造成严重后果。黑山档案馆，1914 年外交部分册，177 分册，2367 和 2368 号文件。

⑤ 关于米尤什科维奇的亲奥匈帝国倾向，诺维察·拉科切维奇博士在《1914—1918 年第一次世界大战中的黑山》一书第 140 页中，叙述 1916 年 1 月米尤什科维奇组阁时写道："在新政府人员公布后，人们公开说：'这是一届亲奥匈帝国的政府，这会是一届能与奥匈帝国达成和平的强势内阁'。这样说的人是对的。事实也证明了这一点。人们公开声称新的政府总理亲奥匈帝国。这其中有多少是真实的——至今还没有证明。事实是俄国不愿看到这种情形。"

从 1915 年 11 月起，米尤什科维奇都身居采蒂涅，他作为黑山驻塞尔维亚使节的工作就中止了。关于其公使任期结束的正式照会是晚些时候发出的。1915 年 12 月 25 日黑山议会举行的特别会议上，扬科·武科蒂奇政府辞职。随后多次组阁尝试都没有成功，从而引发了政府危机，直到 1916 年 1 月 2 日黑山驻塞尔维亚特命全权公使拉扎尔·米尤什科维奇组成政府，这场危机才过去。由于很快议会就休会了（1916年 1 月 4 日），新当选总理于是前往斯库台拜会正与塞尔维亚最高司令在一起的塞尔维亚王储亚历山大（Aleksandar），米尤什科维奇以黑山驻塞尔维亚宫廷代表的身份，向王储递交了召回函。由于黑山没有任命新的使节，黑山驻塞尔维亚宫廷的外交机构只得暂停工作。但两国间的外交关系并没有因此中断。虽然无法遵守对等原则，但也没有引发什么问题，因为塞尔维亚驻黑山宫廷的使节仍在任。随着递交召回函，黑山当时在国外唯一的外交代表机构结束了工作。

三、黑山在维也纳、圣彼得堡和阿尔巴尼亚开设外交代表机构的相关活动

在贝尔格莱德开设公使馆的同时，黑山还致力于在欧洲其他国家开设独立的外交代表机构。

关于黑山在维也纳开设公使馆一事，奥匈帝国的报纸称，1913 年12 月底，黑山外交部收到一份报价，一家位于维也纳的捷克公司愿为公使馆提供设备。该外交部称，王国在维也纳开设公使馆一事还没有完全确定，但是会向被任命的人选推荐这家公司。[1] 不过公使馆最终没有开设起来。

关于黑山在阿尔巴尼亚开设外交代表机构的愿望，1914 年 4 月 19日，俄国驻采蒂涅代表奥布诺尔斯基（Obnorski）在一份报告中提到此事。[2] 他向俄政府报告称，黑山外交大臣佩塔尔·普拉梅纳茨在与外国

---

① 黑山国家档案馆，1913 年外交部分册，169 分册，2064 号文件。
② 俄罗斯帝国外交政策档案馆，斯拉夫民族分册，425 分册，第 70 页。

代表们的交谈中表示，希望很快确定阿尔巴尼亚驻黑山及黑山驻阿尔巴尼亚使节的人选。俄国使节提醒，由于新成立的阿尔巴尼亚国家还没有确定国界、没有成立政府，目前这么做不合时宜，奥匈帝国驻采蒂涅代表奥托（Oto）男爵表示同意，并建议无论如何应在阿尔巴尼亚确定边界之后再行此事，时间很可能会在当年（1914）秋天。①

黑山在巴尔干战争后最旷日持久的外交行动，莫过于在圣彼得堡开设常驻外交代表机构。早在1913年10月12日，吉尔斯就从采蒂涅报告称，据可靠秘密消息，尼科拉国王和黑山政府希望他回国正式请求俄国政府同意由黑山在伦敦和会上的代表约沃·波波维奇担任黑山驻俄罗斯帝国的使节。②吉尔斯暂不预判俄政府的决定，只是将人们的注意力转移到了波波维奇个人身上，他由于自己不太光彩的过去，在人们心目中的形象并不好。俄国收到人选提名时并不了解情况。③

1913年10月初，吉尔斯正式报告称，黑山的国家预算中已经列出了驻贝尔格莱德、圣彼得堡和维也纳外交使团的额度，而黑山政府也决定派约沃·波波维奇前往圣彼得堡。根据吉尔斯1913年10月26日的报告，虽然此前黑方没有征求俄方对波波维奇履职的同意，黑方也没有得到俄政府关于在圣彼得堡开设黑山外交代表机构的同意，但普拉梅纳茨要求波波维奇尽快启程赴任。吉尔斯将普拉梅纳茨的请求，作为黑山的正式申请，发送给了本国政府。

由于一直没有得到圣彼得堡的答复，采蒂涅向奥布诺尔斯基施压，要求其尽快解决。而奥布诺尔斯基完全遵循他几位前任的立场，认为波波维奇前往圣彼得堡会增加俄国驻采蒂涅公使馆工作的难度，毕竟，黑山没有必要向俄国派遣代表。④

有意思的是塞尔维亚政府在此事上的立场。根据1913年11月25

① 俄罗斯帝国外交政策档案馆，斯拉夫民族分册，425分册，第70页。
② 同上，第294页。
③ 俄罗斯帝国外交政策档案馆，斯拉夫民族分册，133分册，第286页。
④ 俄罗斯帝国对外政策档案馆，斯拉夫民族分册，133分册，第299页。

日哈尔特维格从贝尔格莱德发回的报告，帕希奇在了解到黑山有意向多个欧洲国家派驻使节后，明确反对这种会"给黑山国库造成多余负担"的做法，他强调，在贝尔格莱德和圣彼得堡开设公使馆尤其没有必要。[①] 帕希奇认为，黑山开设驻圣彼得堡公使馆，并非意在外交，而是具有政治色彩的举动。黑山想要摆脱俄国驻采蒂涅使节的监管。尼科拉国王认为，这个目标是能够实现的，如果能在俄国首都安排一个可信的人，这个人会恰当地代表黑山的态度。至于被提名的代表人选，贝尔格莱德同样认为是不合适的。[②]

俄国驻采蒂涅代表反应消极，而贝尔格莱德也表明了塞尔维亚政府的立场，那么俄罗斯帝国外交部关于黑山开设外交代表机构的答复，也就不可能积极正面。[③] 奥布诺尔斯基在 1913 年 12 月 30 日致尼科拉国王的信中，强调了俄国政府的态度，认为在向俄国转达"单一部族民族"的需要时，双方拥有俄罗斯帝国驻采蒂涅的使团就够了。此外，他还解释说，开设外交代表机构只会加大黑山政治层面解决重要问题的难度，干扰黑山与强有力庇护者的合作。

黑山在圣彼得堡派驻外交使团的问题就这样被从议事日程上拿下了。在黑山独立地位存续的末期，也就是第一次世界大战期间的 1915年，这个问题再次被提起。由于当时所处的形势，黑山需要盟友的军事援助。战争伊始，黑山就努力加强与法国的合作，以期安排从斯库台撤回的法国炮兵部队去夺取科托尔和杜布罗夫尼克，但一直没有成功，于是黑山转而向俄国寻求帮助。为了修复与俄国的关系，尼科拉国王希望在俄国最高司令部派驻自己的代表。

由于尼科拉国王将女儿们嫁给了俄国的亲王们，通过这层血缘关系，在尼科拉国王女婿尼科拉·尼利拉耶维奇（Nikolaj Nikolajević）即俄国军队最高司令的协调下，他成功地在俄国最高司令部安排了黑

---

① 俄罗斯帝国对外政策档案馆，政治档案分册，1604 分册，第 70 页。
② 同上。
③ 俄罗斯帝国对外政策档案馆，文件出版委员会分册，帝国时代，第 418—162 页。

山军事代表。派驻初期,原本被提及的人选是卢卡·戈伊尼奇(Luka Gojnić)师长,但最后还是派出了米塔尔·马尔蒂诺维奇。理由是让他短期参与军事使团,以便获得来自俄国的资金、物资和食品援助。1915年4月14日,马尔蒂诺维奇从采蒂涅出发。

不过,黑山派驻军事代表,并不只是出于军事技术原因。与俄国建立直接的军事联系,然后寻找建立外交联系的可能,为的是把黑山从塞尔维亚手中"解放"出来。从1915年初之后整体形势的发展来看,或多或少地,两国的合并已经完全无法避免了。甚至即便一开始有条件地保留了两个王朝,但很明显最后还是会合并。米塔尔·马尔蒂诺维奇的使命就是要放缓这一进程,也就是要比纯军事代表更向前迈进一步。

奥布诺尔斯基在1915年4月19日的报告中怀疑,黑山政府意欲将马尔蒂诺维奇的短期技术任务转变为永久的、不仅限于军事还有外交性质的使命。俄国驻采蒂涅军事代表 N. 波塔波夫(N. Potapov)在《日记》[1] 中曾写到,马尔蒂诺维奇曾向他袒露了全部意图。根据 A. 卢布里奇在《公文集》中的记录,米塔尔·马尔蒂诺维奇曾说,黑山政府任命他为"军事代表和全权代办"。[2]

不论政府有什么样的意图,马尔蒂诺维奇在俄国没有过任何外交职责,也不曾有过代办级别的使节身份。黑方也没有与俄国政府进行过相关谈判或者获得过派驻同意函,而俄国和塞尔维亚驻黑山的外交和军事[3]代表们包含黑山类似请求的报告中,曾谈到这种行为不合时宜也不恰当。奥布诺尔斯基在马尔蒂诺维奇启程前往俄国之前曾告知佩塔尔·普拉梅纳茨说,马尔蒂诺维奇的职责只可以具有军事-技术性质。

---

[1] H. M. 波塔波夫,A. H. 萨哈罗夫(A. N. Saharov),R. 拉斯波波维奇编:《俄罗斯帝国驻黑山军事代理人 1906—1907 年、1912 年、1914—1915 年日记》(第Ⅱ卷),波德戈里察-莫斯科,2003,第 728 页。

[2] 安德里亚·卢布里奇:《黑山的投降,2 号文献》,第 21 页。

[3] 在黑山军队最高司令部长官扬科维奇(Janković)将军和波塔波夫中校的交谈中,双方认为,"如果米塔尔真的作为公使'打入'圣彼得堡,那么塞尔维亚-黑山的合并问题会变得复杂"。见 N. M. 波塔波夫,A. H. 萨哈罗夫,R. 拉斯波波维奇编:《俄罗斯帝国驻黑山军事代理人 1906—1907 年、1912 年、1914—1915 年日记》(第Ⅱ卷),波德戈里察-莫斯科,2003,第 711—730 页。

甚至在该领域中也有限定范围，因为根据帝国政府的态度，俄国无法向黑山提供军事援助，只能在巴黎批准 800 万至 1 000 万法郎的贷款用于黑山军队的武器装备。马尔蒂诺维奇对俄国政府官员暗示称，愿就全面政治问题进行会谈，俄方为了转移他的注意力，只是回答说，这类问题只能通过俄罗斯帝国驻采蒂涅使团交换看法。① 因此，马尔蒂诺维奇的职责只能被限定在军事-技术问题的狭窄范围内，虽然总的范围被缩小，但毕竟黑山的这些事务曾掌握在塞尔维亚军事代表们手里。俄国驻采蒂涅军事代表 N. 波塔波夫还曾反对马尔蒂诺维奇前往担任常驻俄国代表。②

俄国驻贝尔格莱德使节的报告曾转述帕希奇的观点称，其反对马尔蒂诺维奇的职责中带有任何外交性质。他警告称："马尔蒂诺维奇师长参与进俄国最高司令部，有助于黑山在领土扩大的过程中，将黑山利益与塞尔维亚利益区分开。"③ 而塞尔维亚方面则指出，俄国政府接受马尔蒂诺维奇作为常驻军事代表，不光会让塞尔维亚在黑山派驻军官和向黑山支付战争补贴变得没有必要，还会增加黑山与塞尔维亚合并的难度。④ 俄外交大臣萨佐诺夫 5 月 3 日向俄皇奏报了马尔蒂诺维奇履职一事。黑山在俄国开设代表机构的渴望，让俄国-黑山的政治关系走向相反的方向。他警告称，尼科拉国王希望就此将黑山的利益与塞尔维亚的利益区分开来，这会导致损害斯拉夫民族的后果，还会影响俄国的利益。

根据上述评估，很明显，在理解文献观点时，要有所保留，据文献记载，马尔蒂诺维奇"还是被俄国最高司令部接受为军事代表和驻俄国政府的代办"⑤。特别是他的外交职责也是如此，还有他作为常驻正式

---

① 俄罗斯帝国外交政策档案馆，内阁分册，д. 972，л. 21。
② N. M. 波塔波夫，A. H. 萨哈罗夫，R. 拉斯波波维奇编：《俄罗斯帝国驻黑山军事代理人 1906—1907 年、1912 年、1914—1915 年日记》（第 II 卷），波德戈里察-莫斯科，2003，第 715—735 页。
③ 同上。
④ 安德里亚·卢布里奇：《黑山的投降，2 号文献》，第 193 页。
⑤ 诺维察·拉科切维奇博士：《1914—1918 年第一次世界大战中的黑山》，第 66 页。

军事代表的工作安排，也存在疑问。这两种说法可以说是相互对立的，而马尔蒂诺维奇卸任时的情形也说明了问题。他在俄国最高司令部常驻至 1915 年 11 月中旬，随后回国，回国是"出于自己的意愿，也是因为认识到自己在俄国继续停留没有任何实际意义"[①]。离开俄国前，他没有递交召回函或是其他任何函件。

四、驻巴黎公使馆的开设

黑山在 1915 年底成功开设了又一个外交代表机构。在巴黎的外交使团是黑山历史上第三个（当时还是唯一一个）常设外交使团。迪米特里耶·武约维奇博士被任命为常驻法国使节。[②]

武约维奇指出，向法国宫廷提出开设对等外交常驻机构的并不是黑山政府，而是黑山驻巴黎总领事路易·布里内（Luj Brine）。1915 年 9 月 9 日，他向法国外交部递交照会。在说明为什么黑山之前没能在巴黎开设公使馆时，他指出，黑山现在要为"自己的总领事所关心的问题"做些事了。信中他向法国政府建议，由自己担任临时代办，直到"环境允许时"，黑山政府再派遣本国公民"作为常驻公使"。[③] 这种开设外交代表机构的程序在国际实践中并不常见，因为不是由主管机构提出的，因此法国外交部向黑山政府征求了意见。

布里内的做法与黑山政府的意图存在一定出入。能够提供佐证的资料还包括，黑山政府总理曾两次被法国外交部询问意见，但他拒绝回答布里内的请求是否源于黑山政府。因此，法国外交部不得不于 1915 年 9 月 25 日再次向黑方寻求答复，并请求给出补充解释。由于黑山再次没有答复法国外交部门的询问，还将法国驻采蒂涅使节拉罗什·韦尔内（Delaroš Verne）晾在了一边，黑山在巴黎开设外交代表机构的问

---

① 诺维察·拉科切维奇博士：《1914—1918 年第一次世界大战中的黑山》，第 67 页。
② 迪米特里耶·迪莫·武约维奇：《1914—1916 年黑山与法国的战争合作》，波德戈里察，1994，第 247 页。
③ 同上。

题开始向不愉快的方向发展。接下来法方任何一点对黑山态度的兴趣，都可以被解读为是法国政府希望黑山在巴黎开设公使馆。

1915 年 10 月，在拖延了一个月后，黑山终于给出了积极但不太寻常的答复。黑山政府称，"如果幸运的话，如果不会给法国政府造成不便"，可以将黑山总领事路易·布里内"任命为代办，但不开设公使馆，因为黑山的财政不允许"。① 黑山外交大臣佩塔尔·普拉梅纳茨向法国驻采蒂涅公使转达了黑山政府的立场，路易·布里内也借机向法国外交部阐明了自己的建议。他要求法方在黑山驻巴黎公使馆最终开设前，承认他的外交人员身份，承认他作为"总领事行使外交代表的职责"，因为黑山赋予了他代办的头衔。

法国外交部再次将布里内的建议，看作是黑方决定建立对等外交关系的基础和官方正式行为。1915 年 11 月 15 日，黑山政府递交了书面请求，表达了感谢，并表示"如果承认布里内的代办身份"，那么就清除了程序上的障碍，就可以考虑这个问题了。法国政府 1916 年 6 月做出了积极的决定——接受布里内为黑山驻法国代办。这样，常驻法国的外国外交官名单里，代表黑山的就是路易·布里内了。

由于黑山军队的投降以及国王和政府流亡海外——不久他们就抵达了法国首都，因此在巴黎开设黑山公使馆的问题，很快就失去了基本的外交代表意义。由于那些认为自己是黑山国籍的黑山政治家们此时都身处巴黎，他们提出的向巴黎派遣常驻使节的建议也就没有意义了。不过，布里内还是履行代办职责直到 1917 年 2 月。代办处在这之后并没有取消，但代办和总领事的职位上，换成了此前担任黑山外交部秘书的德拉古廷·马塔诺维奇（Dragutin Matanović）。根据《黑山之声报》公布的任命命令，马塔诺维奇的职务是"黑山王国驻法国政府代办及驻巴黎总领事"②。1917 年 7 月马塔诺维奇辞职后，前驻巴黎副领事和前

---

① 迪米特里耶·迪莫·武约维奇：《1914—1916 年黑山与法国的战争合作》，波德戈里察，1994，第 248 页。

② 《黑山之声报》（第 1 版），1917 年 2 月 4 日。

上诉法院律师勒内·勒·特纳（Rene le Turner）被任命为新的代办和总领事。他担任该职务直到 1920 年 12 月 20 日黑山与法国中断外交关系。

虽然我们不掌握关于他工作内容的信息，但很明显，黑山驻法国的外交代表机构并没能在黑法关系中发挥更大影响，也没能在黑山的外交事务中起到更大作用。

五、黑山对外政策中的盎格鲁-萨克森阶段

黑山军队在 1916 年初的投降，导致国家面临的国际形势更加艰难，同时，黑山流亡王朝的名声也愈加败坏，合并运动正不断加强，1917年底，黑山启动了旨在开设驻伦敦和华盛顿外交代表机构的活动。黑山王国当时只有一个驻外代表机构。德拉古廷·马塔诺维奇辞职后，时任黑山驻法国副领事的勒内·勒·特纳接任黑山王国驻法国代办和驻巴黎总领事的职位。[①] 在英国和美国开设公使馆，应该是黑山确认主权、恢复经济和政治生态、在与塞尔维亚的合并谈判中确立平等地位的途径之一，因为从当时的情况看，南部斯拉夫国家的合并趋势已经越来越明显。

黑山军队于 1916 年 1 月的投降，明显削弱了各方为黑山未来命运进行盟友外交的兴趣，也增强了各方认为黑山应该加入南部斯拉夫国家或者与塞尔维亚合并的信念。[②] 盟友国家们的多数代表都在朝这个方向考虑，具体的表现可以在塞尔维亚政府的政治活动中看出端倪。1916年下半年，大国们开始明确倾向于黑山与塞尔维亚的无条件合并，这意味着从此时开始，这项议题所依据的原则，已经远远不再像 1914 年上半年两国关系谈判刚开始时的那样了。1916 年 12 月 28 日，塞尔维亚

---

① 《黑山之声报》（第 45 版），1917 年 7 月 22 日。

② 德拉甘·R. 日沃伊诺维奇（Dragan R. Živojinović）：《1917—1922 年黑山讷伊政府经济复苏计划》，《采蒂涅博物馆公报》（第 1 册—第 1 卷），1968，第 26 页。同一作者：《不情愿的盟友（1914—1918）》，贝尔格莱德，2000。

大臣理事会通过了一份帕希奇的报告，即一份详细的工作计划书，它证明，各方政治立场与最初相比的变化不是偶然的。[①] 这份文件中，除了塞尔维亚政府针对黑山的政治行动目标，还有如何实现这些目标的考虑。为了实现无条件合并，需要强化联合主义分子们以"避免暴力和流血"的运动。这意味着要将作为一个国家的黑山清除掉，消除其任何形式上的政治自治性，也就是说要推翻尼科拉国王，将佩特罗维奇王朝赶下政治舞台。为了实现目标，必须创造一个新的政治机构与塞尔维亚政府合作，充当塞政府的下游机构——黑山分支，合并进程就这样接近尾声。带着这个目标，3月4日，黑山民族统一委员会在巴黎成立，为首的是流亡政府前总理安德里亚·拉多维奇（Andrija Radović）。

按照塞尔维亚政府的设想，黑山与塞尔维亚的合并是与南部斯拉夫民族的统一相对独立开来的，统一南斯拉夫的工作是1914年12月7日塞尔维亚在尼什制定战争目标时确立的，于是1915年5月，塞尔维亚开始与南斯拉夫委员会合作，将其作为南部斯拉夫民族在奥匈帝国的代表。在南部斯拉夫民族统一工作中，塞方想要避免将黑山流亡政府视为黑山的对外政治合作官方代表，而只是与黑山委员会的代表们合作，该委员会的任务就是为了实现塞尔维亚和黑山的合并。战争期间，塞尔维亚政府举行了一场最重要的会议，会议上达成的最高原则就是——通过《科孚宣言》（1917年7月20日），并依此来组织未来的国家，但这场会议上没有黑山流亡政府的代表参加，也没有黑山民族统一委员会的代表出席。就连宣言的决议中，关于新的南斯拉夫国家的组成原则里都没有提到黑山的国家地位问题。因为塞尔维亚认为，既然要进入新的国家体系，那么终止黑山国际法主体地位这件事，已经无需在两国关系中提及，因为两国的合并已经被预设为前提。

南部斯拉夫地区的未来关系已经发生了变化，但黑山政府和尼科

---

① 帕希奇的报告里特别写道："合并问题不能被拖延，因为会使形势恶化，让问题的解决往糟糕的方向发展，然后我们会迫于环境采取某种行动。"塞尔维亚的合并计划包括11点内容。塞尔维亚档案馆，1916年黑山分支分册，第1分册，Д. II, док. 47。

拉国王对此无能为力，整件事背后的推手是尼科拉·帕希奇政府。不论是塞尔维亚与黑山合并，还是更广泛的南部斯拉夫民族统一、组建包括黑山在内的新的南斯拉夫国家，尼科拉国王和黑山政府都没有参与政治决策的权利。这两项问题中，二者地位都受到更具影响力的塞尔维亚政治军事角色的严重挤压。黑山王室和政府在与其他国家关系中的地位，特别是在与主要大国关系中的地位，也没有高多少。相反地，"阴谋、歧视、贬低，以及最重要的，对尼科拉国王和佩特罗维奇王室的不信任，随处可见"[1]。对他们政治活动的封锁，甚至体现在"黑山代表们无法出席各种会议会见，而位于讷伊（Nej）的政府经常收不到盟友国家政府的最新计划和决定"[2]，虽然其中有些决定最直接地涉及黑山。通过这样的做法，"盟友们奉行了反对黑山及其主权的政策"。甚至俄国政府，在黑山军队溃败后，在英国和法国的介入下，也支持盟国们减少对黑山的补贴，并指责国王和黑山政府用这笔钱来进行反塞尔维亚的宣传。[3] 于是这笔黑山不定期从盟友国家那里拿到的补贴，从 80 万法郎减少到了 40 万法郎。[4] 黑山官员们就这样被置于歧视和孤立之下。尼科拉国王在军队投降后和他离开黑山后的错误政策，以及对盟友国家的信任，让黑山这个国家只能属于过去了。

实际上，"欧洲的孤立和大国同情的缺失，据说与讷伊政府和尼科

[1] 德拉甘·R.日沃伊诺维奇博士：《黑山为了生存的斗争：1917—1918 年黑山驻华盛顿公使馆的开设》，《采蒂涅博物馆公报》（第 5 册—第 5 卷），采蒂涅，1972，第 83 页。

[2] 同上，第 84 页。"各方在与黑山代表的日常接触和交往中，存在着明显的傲慢、任性甚至公然蔑视。国王和他的大臣们由于其过去的政策、行为方式、保守和过度的野心，成为遭受最严厉批评的对象。面对这样的环境和盟友政府们的做法，黑山代表们常常无从辩解自己的立场和政策，无法缓解盟友政府们对自己的不信任，更不用说让对方支持自己的建议和请求。"

[3] 德拉甘·R.日沃伊诺维奇：《1917—1922 年黑山讷伊政府经济复苏计划》，第 29 页。

[4] 1915 年底，在法国政府建议和英国与俄国内阁的支持下，各方决定，不考虑黑山贷款 2 600 万法郎的请求，取而代之的是向黑山提供食品援助，并向其提供每月 80 万法郎的补贴。根据盟国的这一决定，黑山从 1916 年 1 月开始获得援助，但总共只领取了一个月。黑山军队投降后，各方以支出减少为理由，将支付给流亡政府的补贴减少到 40 万法郎。这一决定得到了法国、英国和俄国的支持，而资金直接由法国和英国政府支付。从 1917 年 4 月开始，援助金额又被减少到每月 20 万法郎。由法国和英国政府向黑山不定期支付的这笔盟国补贴，被支付到 1919 年年中。见迪米特里耶·迪莫·武约维奇：《1914—1921 年盟友们与黑山的财政》，载《历史札记》（39 年），铁托格勒，1986，第 49—97 页。

拉国王转投美国人有关"①。这是由于美国获取欧洲形势信息不畅，以及美国对黑山和塞尔维亚、比利时等类似国家表现出的慷慨所导致的。美国总统是"弱小民族自决解放"和战后恢复其国家地位等政策的主要拥护者。此外，美国的财政援助让黑山可以不再依赖那些无暇顾及黑山事务的欧洲国家。在黑山未来命运问题上，华盛顿的支持，让国王计划的回国一事，有了强有力的政治理由。简而言之，美国的物质援助和政治支持，成为黑山国家地位和佩特罗维奇王室存续的保障。② 基于所有上述原因，从 1917 年 7 月开始，流亡政府在保持与美国的密切外交关系、争取其为黑山提供资金帮助的同时，还努力推动在美开设外交代表机构。③ 设立常驻外交使团有利于减轻黑山的财政困难，但还具有其他重要意义。黑山投入的这些努力，同时还有利于确认和保障黑山的独立和主权存续。

六、驻华盛顿公使馆的开设

1917 年 8 月 22 日，黑山政府向美国政府发出正式请求，希望对方同意黑山向华盛顿派驻公使。黑山政府总理埃夫盖尼耶·波波维奇（Evgenije Popović）在美国驻巴黎大使格雷夫斯·夏普（Grejvs Šarp）的协调下，发出了这份请求。有消息称，拉扎尔·米尤什科维奇将出使华盛顿，而杜尚·格雷戈维奇将出使伦敦。④ 但这些信息并不准确，因为埃夫盖尼耶·波波维奇政府最初寻求由前外交大臣佩塔尔·普拉梅纳茨出使美国。

黑山的请求得到了意大利的支持。1917 年 9 月，维克托·埃马努

---

① 德拉甘·R.日沃伊诺维奇博士：《1917—1922 年黑山讷伊政府经济复苏计划》，第 28 页。
② 黑山政府通过这种方式能够"对迁居美国的黑山政治移民施加影响，特别是对黑山民族统一委员会施加影响，该委员会在美国拥有自己的支持者和组织"。黑山同时还希望以此反抗塞尔维亚的官方代表，塞方对志愿军的集结工作进行了干扰，并且系统性地反对黑山的利益。德拉甘·R.日沃伊诺维奇博士：《黑山为了生存的斗争：1917—1918 年黑山驻华盛顿公使馆的开设》，第 85 页。
③ 同上，第 83 页。
④ 1916 年春季之前，黑山与美国的关系是在名誉领事米哈伊洛·普平（Mihailo Pupin）的协调下维系的，后来黑山驻加拿大领事塞费罗维奇（Seferović）接替了普平的工作。

埃尔三世（Viktor Emanuel III）国王与尼科拉国王在巴黎会谈时，直接表达了意大利的支持态度，同时，意大利政府也在美国国务院进行了协调。在意大利公使戴·契勒（De Ćiler）的干预下，黑山的请求被加速处理，而此前的处理进度非常缓慢，且结果如何完全不可预知。1917 年 10 月 8 日，美国外交部长（应为国务卿——译者注）兰辛（Lansing）通知夏普，美国政府经过考虑，将"愉快地接受黑山公使的任命"①。

美国政府正式同意接受黑山公使的态度，被位于讷伊的黑山政府看作是巨大的政治成功。看起来，任命佩塔尔·普拉梅纳茨为代表已成定局。然而，由于当时的环境愈加复杂，问题的性质远比单纯的两国建交要复杂得多，黑山讷伊政府的政治立场和其他请求，招至盟友国家们的激烈反应，它们出于各种原因，基于或清晰或模糊的目标，反对向黑山及其流亡政府提供任何支持。特别是塞尔维亚、法国和英国政府都表达了这样的立场。

塞尔维亚政府早在 10 月 9 日就通过本国驻巴黎使节韦斯尼奇（Vesnić）获知了美国的决定，并通知了塞驻华盛顿公使柳博·米哈伊洛维奇（Ljubo Mihailović）。第二天，帕希奇本人又向米哈伊洛维奇发去了更详细的指示。指示中特别强调，要阻止美方同意佩塔尔·普拉梅纳茨前往美国赴任，"不论用什么方法"②。10 月 21 日，米哈伊洛维奇奉政府指示，向美国助理国务卿威廉·菲利普斯（Vilijam Filips）递交备忘录，"反对美国接受黑山公使的决定"③。备忘录中，尼科拉国王被指控与奥匈帝国单独媾和，"背叛了共同事务"。米哈伊洛维奇还警告称，"如果美国政府接受一个背叛了塞尔维亚民族的统治者的代表，将造成非常糟糕的印象"，"尼科拉国王尝试过寻求其他国家的同意，以便向它们派遣代表，但没有成功"④。与米哈伊洛维奇相似，安德里亚·

---

① 德拉甘·R.日沃伊诺维奇博士：《1917—1918 年黑山驻华盛顿公使馆的开设》，第 88 页。
② 塞尔维亚档案馆，政治分部，II 分册，VI 号文件，1917，第 766 页。
③ 同上。
④ 德拉甘·R.日沃伊诺维奇博士：《1917—1918 年黑山驻华盛顿公使馆的开设》，第 89 页。

拉多维奇则以黑山民族统一委员会的名义，在美国驻巴黎使节的协调下，向美国国务院递交了特别备忘录，反对尼科拉国王"反民族的虚伪政策"①。在塞尔维亚政府和黑山民族统一委员会寻求美国政府改变立场、拒绝普拉梅纳茨任命的过程中，柳博·米哈伊洛维奇的一封电报引发了特别的关注，1917 年 10 月 28 日，他在电报中称，"美国政府原则性同意接受黑山公使，原因是不久前英国政府也做出了相同的答复"②。黑山驻英国外交代表机构的开设，让塞尔维亚寻求合并的政治活动变得更加复杂，帕希奇接到电报后，命令向塞尔维亚驻伦敦公使约万·约瓦诺维奇-皮容转告电报内容，并询问"他是否知道英国政府同意接受黑山任命的驻英国王室或驻加拿大公使"一事③。

实际上，米哈伊洛维奇关于英国政府"同意黑山在伦敦开设公使馆"的电报信息有误。不过电报内容虽然更像是未经证实的谣言，还是与英国内阁的某些立场有所关联。英国政府原则上不反对黑山任命使节，特别是虽然两国已建立官方联系，但尚未实现关系对等。对等原则在实际操作中遇到了很大干扰。1917 年，埃夫盖尼耶·波波维奇政府请求英国政府接受英国国民亚历山大·代温（Aleksandar Devin）为黑山驻伦敦公使，英国拒绝的理由是公使必须为黑山国民。④ 虽然没有同意代温的提名，但英方也没有否认黑山有权向英国王室派驻使节。⑤

在开设黑山公使馆的问题上，英国政府的态度与华盛顿是一样的。

---

① 德拉甘·R.日沃伊诺维奇博士：《1917—1918 年黑山驻华盛顿公使馆的开设》，第 89 页。"拉多维奇指出，尼科拉国王的企图是一回事，黑山人民的愿望是另一回事，二者是有区别的。他表示，黑山人民希望与塞尔维亚合并，这和其他南部斯拉夫民族在战后的愿望是一致的，拉多维奇强调，尼科拉国王的追求与之相反……另一方面，黑山人民应该与自己的兄弟联合在一起，不光因为他们要形成同一个民族，还因为'经济原因需要这种统一，这是我们继续生存的前提'。"
② 塞尔维亚档案馆政治分部，II 分册，VI 号文件，1917，第 675 页。
③ 同上。
④ 塞尔维亚政府及其外交大臣都关注着黑山开设公使馆的一举一动，但他们并没有收到黑山可能要任命杜尚·格雷戈维奇为代表、并与英国建立外交关系的消息。内政大臣在 1917 年 12 月 3 日致外交部的信中称，据可靠人士透露，人们在与格雷戈维奇的交谈中并不觉得他有意接受这一职位。塞尔维亚档案馆，政治分部，II 分册，766 号文件。
⑤ 德拉甘·R.日沃伊诺维奇博士：《1917—1918 年黑山驻华盛顿公使馆的开设》，第 82 页。

兰辛要求了解英国政府对黑山开设驻伦敦公使馆一事的立场，美国大使沃尔特·佩吉（Volter Pejdž）转达了英国政府就代温的任命给埃夫盖尼耶·波波维奇政府的答复。虽然英方并没有拒绝黑山开设公使馆，也没有否认黑山有权在华盛顿开设公使馆，但对提名的驻美公使人选产生了决定性影响，佩塔尔·普拉梅纳茨因此没有得到美方的同意。尼科拉国王就任命普拉梅纳茨提出的请求，很快就被美国外交部拒绝。在这个问题上，起到关键性作用的是英国前驻黑山代表约翰·萨利斯（Džon Salis）的一份报告，而他的继任者乔治·格雷厄姆（Džordž Graham）也向本国政府发出了警告。根据萨里斯的报告，普拉梅纳茨作为外交大臣（1914—1915）是"黑山侵略性政策的主要倡导者"，该政策让黑山在 1915 年与盟友们、特别是意大利和英国发生了激烈冲突。[①] 他还有意在 1915 年发动针对阿尔巴尼亚北部和斯库台的独立军事行动。英国外交大臣亚瑟·巴尔福尔（Artur Balfur）原本同意将萨里斯的报告呈送给华盛顿，但由于"法国政治层面的不利言论和评估，及其在黑山对斯库台政策中扮演的角色"而最终放弃，但萨里斯站在英国政府立场上的观察与分析，还是被部分地转达给了美方，并对美国立场的改变产生了影响。当英国驻华盛顿使馆参赞将报告中的内容告知美方后，威尔逊（Vilson）于 1917 年年中，拒绝了由普拉梅纳茨担任驻美公使的提议。很明显，英国政府的立场契合了塞尔维亚政府的努力，同时也与法国内阁的想法一致。法国驻华盛顿使节也向美方转达了本国政府的想法，认为"黑山公使在这里（华盛顿）是不受欢迎的"[②]。

在取得令人鼓舞的初步进展后，黑山在美国开设公使馆的行动看似是成功了。美国政府接受了黑山开设公使馆的请求，但否决了提名人选。虽然这样的解决方式留出了余地——只要找到新的"让美国可以接受的"人选就可以开设公使馆，但仍被认为是尼科拉国王政治努力的失败。受外部环境影响，虽然在意大利的协调下美方后来的立场有所改

---

① 德拉甘·R.日沃伊诺维奇博士：《1917—1918 年黑山驻华盛顿公使馆的开设》，第 92 页。
② 同上，第 93 页。

变，但黑山在华盛顿开设公使馆一事还是陷入了危机。有文献指出，英国的主张在各种构想中占了上风，英国战争内阁"当时已经决定，黑山的问题，最好在战后通过与塞尔维亚合并的方式来解决"。拒绝对普拉梅纳茨的提名，可以被看作是标志着"逐步剥夺黑山主权国家权利的政策"已经开始实施了。黑山在华盛顿开设公使馆的努力，就只剩下了形式上的可能性，客观上已经很难继续下去了。

1918 年 3 月，在意大利政府及其驻法国使节的协调下，黑山在此事上的努力又再次被推动起来。黑山驻罗马总领事菲利普·多布雷契奇（Filip Dobrečić）首先重又提起了黑山向华盛顿派驻公使一事。1918 年 4 月 22 日，国王副官安托·格沃兹代诺维奇（Anto Gvozdenović）博士成为黑山驻美国特命全权公使新的建议人选。

与提名普拉梅纳茨时的情形一样，黑山请求美方同意接受格沃兹代诺维奇的提名又一次引起了塞尔维亚政府的反应。塞政府再次试图从科孚岛通过公使米哈伊洛维奇影响美方立场。5 月中旬，美国国务院被告知，格沃兹代诺维奇博士未担任过黑山公使，他完全是一名冒险主义者，且人品值得怀疑。[1] 身处美国的黑山委员会的成员们，也参与了反对格沃兹代诺维奇提名的活动。由于美国政府没有给出任何正式回应，可能这次尝试也还是以失败告终，而在安排亚历山大·代温担任黑山"驻伦敦非官方代理人"的问题上，黑山的请求也没有得到积极回应，驻纽约总领事（取代塞费罗维奇）的位置上，被提名的是威廉·迪克斯（Vilijam Diks），威尔逊总统的关系密切人士。

在以书面形式向总统解释接受黑山总领事职务的原由时，迪克斯还提到了美国政府就黑山希望任命驻华盛顿公使一事所做的答复。在威尔逊的干预下，美国政府考虑了黑山的请求。但同时，美国外交部长（国务卿——译者注）认为，黑山提名公使一事并不合时宜。兰辛认为，

---

[1] 根据伊斯拉温(Islavin)1916 年 5 月 2 日呈送给萨佐诺夫的报告,格沃兹代诺维奇曾是俄国国民,担任过俄国的秘密顾问,在日俄战争中曾为指挥官库罗帕特金(Kuropatkin)将军效力过。A.卢布里奇,文件 I,第 93、83 号。

"鼓励黑山政府并使其扩大行动范围"可能会使黑山问题复杂化，并导致"与盟友（意大利）之间的冲突、致使意大利甚至尼科拉国王本人对美国强力施压"[①]。另一方面，他也意识到，对黑山的请求不能给予否定答复，因为拒绝的原因"很难解释"，虽然美国驻黑山王室使节的位置目前空缺，但毕竟黑山政府仍是一个盟友国家的合法政府，与美国建立有外交关系。最终，美国政府建议，任命迪克斯为总领事，而黑山政府放弃派遣格沃兹代诺维奇担任公使，不过这一建议失败了，美方只得给出同意函。1918 年 7 月 12 日，威尔逊将美方的决定书面告知了迪克斯，同日，美国国务院将类似通告也发送给了位于讷伊的黑山政府。1918 年 6 月，"虽然并不情愿，但应来自讷伊的请求，华盛顿还是发函同意了由华盛顿和威尔逊总统的亲近人士来担任总领事职务，并在华盛顿开设黑山代表机构"[②]。尼科拉国王于 1918 年 8 月 1 日任命安托·格沃兹代诺维奇博士为驻美国特命全权公使。[③]

黑山任命驻华盛顿公使的问题其实并没有就此解决。虽然得到的同意函被认为是流亡政府的巨大成功，但事情后续的发展说明它的政治意义微乎其微。那些曾试图影响美方使其拒绝接受佩塔尔·普拉梅那茨的人们，仍发挥着决定性作用。其中除了塞尔维亚政府和黑山民族统一委员会，还包括英国和法国政府。虽然他们无法改变任命的决定，但黑山向美国派遣使节的程序被严重拉长了。更严重的是，由于美国政府没有听从欧洲盟友们"不为黑山的格沃兹代诺维奇开具同意函"的要求，现在只得接受法国的建议，"让这位黑山未来公使的工作徒劳无功，

---

① 德拉甘·R.日沃伊诺维奇博士：《1917—1918 年黑山驻华盛顿公使馆的开设》，第 100 页。
② 德拉甘·R.日沃伊诺维奇博士：《1917—1922 年黑山讷伊政府经济复苏计划》，第 39 页。
③ 《黑山之声报》1918 年 7 月 22 日第 50 版刊登有任命安托·格沃兹代诺维奇为特命全权公使的命令，及开设黑山公使馆的命令。命令文本刊登时，内容有所修饰，并没有公开这曾是黑山单方面的行动，而看起来是两国达成一致的决定。命令内容称："我尼科拉一世，蒙上帝恩典，作为黑山的统治者，在外交大臣、大臣理事会主席的建议下，听取了大臣理事会的报告，决定：在华盛顿开设王国公使馆。此命令由我们的外交大臣、大臣理事会主席以及财政和建设大臣执行。巴黎讷伊，1918 年 7 月 19 日/8 月 1 日，尼科拉。"

率先剥夺其每一点成功"①。安托·格沃兹代诺维奇正式履职前，他的外交使命实际上已经结束了。1918 年 10 月 20 日，格沃兹代诺维奇在白宫受到了正式会见。② 此外，意大利政府通过驻华盛顿代表对其表达了支持。

虽然接见外国使节更多地是形式上的和外交礼仪上的，但无论如何，还是具有一定的政治意义。这种意义体现在递交国书时的欢迎词中。虽然黑山公使格沃兹代诺维奇在致辞时相当克制，但在文献中，更受关注的仍是他不太成功的表现。据说，他的失策在于，他提醒了威尔逊曾经承诺过帮助黑山复国，并就黑山的未来提出疑问，这就将话题引向了与南部斯拉夫民族统一政策相反的方向，而"统一"是列强们已经决定了的。威尔逊在回应中并没有提及美国未来黑山政策的任何具体细节，这次令人期待的与美国总统的会见，就这样结束了。它本应是格沃兹代诺维奇履职期间非常重要的一次会见。

递交国书后，格沃兹代诺维奇开始尝试改变黑山在美国公众心目中的印象，以便请美方为黑山提供物资援助。为了成功实现这个首要诉求，格沃兹代诺维奇必须向众多公共媒体施加影响，但这在他的能力范围之外。至于他以黑山政府的名义向美国国务院提出的借贷请求，也没有得到任何积极回应。但亚历山大·代温的活动为格沃兹代诺维奇在该领域提供了一定空间，代温致力于恢复黑山经济，在美国为黑山寻求帮助，这与格沃兹代诺维奇的工作相契合。不过，代温对黑山讷伊流亡政府的看法非常消极，认为它"缺乏声誉和完整性"，他还反对为黑山的官员们提供任何资金，因为这些资金虽然是以帮助黑山人民的目的募集的，但经常被用于政治用途。作为黑山真诚的朋友，代温熟知奥匈帝国占领后该国人民的境况，他努力对美国总统施加影响，成立负责收集和分配援助的委员会，因为黑山政府无法以一己之力恢复国家的经

---

① 德拉甘·R. 日沃伊诺维奇博士：《1917—1918 年黑山驻华盛顿公使馆的开设》，第 106 页。
② 关于会见细节、内容及递交国书时相互问候的情况，德拉甘·R. 日沃伊诺维奇博士在前述著作的第 122—123 页有记述。

济生活。① 10 月 22 日，在致威尔逊的信中，他提出了一份计划，包括向黑山人民提供援助的数量、物品种类和分配方式。②

代温的计划成为格沃兹代诺维奇行动的基础，二者完全吻合。而二人所请求的物资种类和对讷伊政府无力独自恢复黑山经济的分析，都让人们相信，"代温与讷伊政府之间进行着全面的合作"③。在代温的帮助下，双方共同的努力原本有望在这一次结出果实，但最终还是南部斯拉夫地区的一系列事件占得了先机。美国政府很快就放弃了通过混合委员会为黑山提供帮助的意图。包括黑山在内的塞尔维亚人-克罗地亚人-斯洛文尼亚人国家的出现，使得新国家的机构有理由接管这项工作。黑山流亡政府及其外交代表多次书面劝说美国政府，提醒他们的这种做法是错误的，但没能引起任何人的重视。类似的请求还包括希望美国军队在战争结束前夕采取干预措施，防止塞尔维亚军队进入黑山。1918年，威尔逊出席巴黎和会，黑山讷伊政府认为，这让格沃兹代诺维奇在美国的停留变得不合时宜。因此，这位黑山使节于 12 月中旬告知美国国务院，他将于 12 月 16 日前往欧洲。④ 按照原计划，他的离开只是暂时的。

格沃兹代诺维奇的离开，让黑山驻美国外交代表机构的工作也随之告一段落。格沃兹代诺维奇离开期间，代办一职由焦科·马塔诺维奇（Đoko Matanović）担任。国王在 1918 年 8 月 1 日关于开设公使馆的命令中，任命他为书记员，他同时还担任秘书的工作。⑤ 关于他的工作内容，我们的信息很少。但可以猜测，他在日常工作中不太经常给流亡政府撰写报告，与美国政府的接触就更少了，只是维持黑山使节的职位。这些工作不具备太多实际意义，因为马塔诺维奇在格沃兹代诺维奇离

① 详见德拉甘·R.日沃伊诺维奇博士：《1917 年—1922 年黑山讷伊政府经济复苏计划》，第 43 页。
② 德拉戈柳布·日沃伊诺维奇（Dragoljub Živojinović）：《亚历山大·代温：盎格鲁-萨克森世界里黑山独立的守护者(1916—1920)》，《采蒂涅博物馆公报》，采蒂涅，1970，第 13—130 页。
③ 德拉甘·R.日沃伊诺维奇：《1917—1922 年黑山讷伊政府经济复苏计划》，第 45 页。
④ 德拉甘·R.日沃伊诺维奇：《1917—1922 年黑山讷伊政府经济复苏计划》，第 50 页。
⑤ 《黑山之声报》（第 51 版），巴黎讷伊，1918 年 8 月 2 日。

开后，并没有在公使馆工作太长时间。1919 年 4 月 30 日，他申请辞去公职，并得到了讷伊政府的批准。① 尽管如此，驻华盛顿公使馆并没有就此关闭，只是它的政治重要性被降至更低的水平。黑山没有任命新的使节，只是任命了 J. 沙乌利奇（J. Šaulić）担任公使馆的办事员。1919 年 7 月 4 日美国国庆日（独立日），沙乌利奇应邀出席了庆典，在庆祝游行环节手举黑山国旗。② 虽然这个细节证明黑山代表机构的官方地位没有改变，但那些日子里，黑山王国驻美国公使馆更多地是只形式上的、而非实际意义上的存续。③ 黑山公使馆以这样的状态一直存在到1921 年 1 月，"直到美国政府撤回了给黑山公使的同意函"，并承认黑山被并入塞尔维亚人-克罗地亚人-斯洛文尼亚人王国。④ 黑山通过派驻代表来体现的国际外交代表权，在这之后实际上就终结了。

---

① 《黑山之声报》（第 73 版），巴黎讷伊，1919 年 6 月 30 日。
② 《黑山之声报》（第 75 版），巴黎讷伊，1919 年 7 月 27 日。
③ 德拉戈柳布·日沃伊诺维奇博士：《黑山王国的终结（1918—1921）》，贝尔格莱德，2002，第 335—337 页。
④ 德拉甘·R. 日沃伊诺维奇博士：《1917—1918 年黑山驻华盛顿公使馆的开设》，第 128 页。

第四章

各国在黑山和黑山在
国外的外交代表机构

第一节　被派驻到黑山的各国外交使团

一、使节权——接纳外国使节的法律基础

众所周知，使节权包括主动和被动两方面。它所指的不光是国家向外国派遣使节，还包括国家接纳外国使节。如果我们在介绍黑山外交时，不谈外国通过在采蒂涅开设外交代表机构的方式与黑山建立外交关系的话，就不够完整。黑山的驻外外交使团数量很少，因此外国在黑山派驻使节的情况，就体现了国家间外交关系的重要程度。甚至，这部分关系在某些时期占据了黑山外交的主导地位，因为黑山借此才能维系与列强和其他国家的关系。

不过，虽然柏林会议后黑山通过这种方式与大国们建立了关系，文献中关于何时与某些国家建立某一级别的关系，还是有很多不准确的内容。这当中的错误多种多样，有些所提及的"建交"日期，实际上当时黑山还没有获得国际承认，没有获得独立地位，无法建立外交关系，还有一些是搞错了与建交国建交的日期。

第一类错误的例子，涉及 1876 年至 1878 年黑山-土耳其战争期间，奥匈帝国驻黑山军队司令部的军事代理人泰梅尔，以及意大利代表杜兰多（Durando），他在战争期间即 1876 年曾在黑山停留过。他们在文献中被写成是本国的外交使节。然而，不论是这位奥地利人还是这位意大利人，都没有外交代表的身份，也没有向黑山王室递交过国书。他们都是各自国家的特别代表，在柏林会议之前被派往黑山，以表达对黑山实际独立地位的尊重，以及奥匈帝国和意大利两国政府对黑山参与军事行动结果的关注。他们二人来到黑山，并不是作为各自国家驻黑的正式使节，当时黑山尚未获得国际承认。这两个国家彼时也不想派驻使节，杜兰多后来在 1879 年 5 月向黑山大公递交国书时说的话也确认了这一点。他当时说：“这次任命，让我荣幸地在殿下面前，完成了自 1876 年以来，特别是上次战争以来的特殊使命。”①

第二类情形，是外国驻黑山外交代表机构开设时间和级别的谬误，我们将在各国与黑山建立外交关系的个案中详细说明。关于建交的决定性节点，这里我们不以派驻人选同意函开具的节点为准，因为那些情况我们并不掌握，我们以正式递交国书的日期为准，因为这方面的详细报道，被刊登在《黑山之声报》的“国内新闻”（Domaće vijesti）栏目里。通过这一信源，可以非常具体地确定在黑山独立地位存续期间，黑山与各国建立外交关系的时间，只有 1878 年例外，因为这一年《黑山之声报》没有出版。

虽然黑山在与世界多个国家建立关系方面取得了长足进展，但各国在黑山派驻代表的需求并没有消失。这在黑山整个独立期间的外交领域都是如此。虽然这并不属于“黑山的外交”，但代表机构的设立生动地说明了当时的情况。

二、与世界大国建立起外交关系

由于俄国在黑山历史上所具有的重要意义，不难理解黑山在获得

---

① 《黑山之声报》（第 18 版），采蒂涅，1879 年 5 月 19 日。

独立地位后，最先与这个国家建立了外交关系。根据我们此前在《1711—1918年的黑山外交》一书中引用的档案材料，1878年9月17日，俄国外交副大臣向俄驻杜布罗夫尼克领事亚历山大·塞姆约诺维奇·约宁（Aleksandar Semjonovič Jonin）发出了"皇帝陛下致尊贵的尼科拉大公"的国书，并任命其为俄国驻黑山使节，级别为常驻公使。[①] 我们前面提过，圣彼得堡的《新时代报》在1878年9月1日那一期刊载新闻，俄国驻塞尔维亚、罗马尼亚和黑山的总领事都被任命为常驻公使。新闻中解释道，这是由于根据《柏林条约》，公国获得了新的国家地位，在这之后，俄国无法再通过次级别代理人来保护自身和其他斯拉夫国家的利益。所以"前驻布加勒斯特、贝尔格莱德和采蒂涅（拉古萨，Raguza[②]）的领事馆都变成了以常驻公使为首的独立代理机构，从俄国驻伊斯坦布尔公使馆的管辖范围内脱离出来，隶属于俄外交部的直接管辖之下。这样，俄罗斯帝国驻这些新获承认的巴尔干国家的外交代表们，获得了与俄国驻其他国家使节一样的身份"。

在俄罗斯联邦驻黑山大使馆的协调下，我们获得了一些新的关于上述新闻报道的文件，其中介绍了俄国公使递交国书的过程。

首先，俄国外交部负责人 N．K．吉尔斯在1878年8月12日致俄皇亚历山大二世的报告中，介绍了重新任命俄国驻布加勒斯特罗马尼亚王室、贝尔格莱德塞尔维亚王室外交代理人和驻拉古萨黑山王室总领事的情况，并请示关于这些代表们级别的问题。吉尔斯在报告中提出的备选方案包括，俄国在这项事务中可以单独行事，抑或与其他大国的政府协同一致。问题是，俄国是按照奥匈帝国政府建议的那样，各自任命公使，还是保持俄国政府的立场，任命常驻公使。N．K．吉尔斯认为俄国单独决定任命比较好，于是建议不就此与其他

---

① 黑山人民博物馆档案处，1878年附加手稿分册，24号文件夹，无编号文件。俄皇致尼科拉大公的国书中写道："尊贵的大公！为了更进一步巩固我们两国间业已存在的友好关系，我认为任命现任国务参事亚历山大·约宁担任我驻贵国的常驻公使，是十分有益的。现由这位常驻公使携带我的信函赴贵国，恳请您对他给予完全信任，他将荣幸地在您面前代表我……"

② 指杜布罗夫尼克。

国家达成专门协议，而是将现在驻罗马尼亚、塞尔维亚和黑山的代表们任命为常驻公使。亚历山大二世在报告上批注了"同意"。

任命的决定由俄国外交部于 1878 年 8 月 14 日以通令照会的形式通知了驻各地的常驻使团，时任国务参事亚历山大·约宁被任命为驻黑山的常驻公使，而驻布加勒斯特的外交代理人及总领事德米特里伊·斯图阿尔特（Dmitrij Stuart）男爵，被任命为驻罗马尼亚常驻公使，驻贝尔格莱德外交代理人和总领事、国务参事亚历山大·佩尔西亚尼（Aleksandar Persijani）被任命为驻塞尔维亚常驻公使。1878 年 8 月 12 日，三人获得任命。

1878 年 11 月 7 日，约宁受到正式接见①，向黑山大公递交了俄皇委任其担任常驻公使的国书。② 他用俄语向黑山大公致辞，大公则用本

---

① 在 1878 年 11 月 8 日致外交大臣 N.K. 吉尔斯的报告中，约宁称，前一日，即 11 月 7 日向黑山大公递交了国书，并做了如下表示："尊贵的大公！在此向您呈递帝国君主陛下的国书，请您接受我为驻贵国的常驻公使，我非常高兴地请您相信，我国皇帝陛下与您以及两国人民之间的友好情谊永远不会改变。蒙您应允，我坚定地希望俄国与黑山之间建立在互相尊重基础上的兄弟关系，在未来将在并肩战斗中得到加强，永不动摇，永远保持像现在一样真诚。能被无限仁慈的皇帝陛下选中担任首任驻贵国的使节，我认为自己非常幸运，因为，这证明了您和黑山人民多年的努力和功绩还在不断延伸，贵王室现在通过这样荣耀的方式，让公国拥有了被显著扩大的领土，以及被承认了的独立地位，我愈加希望您也能赐予我宽厚和友善。祈求您不要改变对我的仁慈和怜悯，这将使我更容易履行我的职责。"

同一份报告中，约宁称大公用"下面的塞尔维亚词句"答复说："俄国皇帝陛下用新的举动证明了他对我和我的人民的仁慈，令我深受感动；保持与我的恩人（Dobročinitelj）之间诚挚的关系，将是我在未来神圣的职责。公使先生，请允许我借此机会向您表达我真诚的喜悦，因为皇帝陛下的选择落在了您的肩上。您可以相信，我和我的政府会做出真诚的努力，让您更容易地履行您的新职责。由于夫人米莱娜（Milena）患病，递交国书——由弗兰戈尔（Vrangel）男爵转交给我，几乎推迟了一个月，后来我又因为生病，必须离开黑山一段时间。"

在时任俄罗斯驻黑山使节尼科拉伊·亚科夫列维奇·杰拉西莫夫（Nikolaj Jakovljevič Gerasimov）的热情帮助下，我们才获得了这份文件，谨向其致以最真挚的感谢。这份文件曾在 2008 年 11 月 7 日俄罗斯与黑山建交纪念日期间，在采蒂涅俄罗斯公使馆原址展出。

② 截至这份文件公开时（本书中是第一次公开），关于俄罗斯帝国在黑山采蒂涅开设公使馆的具体日期有过好几个版本：安德雷伊·尼基佛罗夫（Andrej Nikiforov）在《苏维埃地平线报》（莫斯科，1990）上发表的文章《俄罗斯帝国首批驻黑山外交代表》中曾提到，1878 年 8 月 12 日（旧历）俄国第一位正式使节（常驻公使级别）抵达黑山大公所在的采蒂涅，他就是曾经的驻拉古萨（杜布罗夫尼克）领事亚历山大·塞尔盖耶维奇·约宁，这可以被看作是"俄国与黑山之间正式建立了外交关系"。相同的观点还见于《历史札记·俄国首批驻黑山和驻塞尔维亚的外交机构》。可能两种说法都出自《外交部论文集（1802—1902）》一书，该书 1902 年出版于圣彼得堡。书中记录的俄国驻黑山使节的名单中，关于 A.S. 约宁的部分写道，他从 1878 年 8 月 12 日担任该职　　（转下页）

国语言向其表示了感谢。

让我们回到《新时代报》刊登的文章上，评估一下俄国在巴尔干的政治和外交任务。为了恢复在柏林会议上丧失的地位，俄国新任驻采蒂涅常驻公使的主要职责，是保护黑山的利益不受所有敌人的各种压迫。由于俄国与黑山之间存在着牢固的利益关系，双方进一步彼此靠近的需求，让俄国的代表成为黑山秘密或公开的保护者。实际上，不仅如此，他还充当着——至少让人有这样的印象——黑山的国家公务员，而非俄国政府的公务员。甚至《新时代报》驻采蒂涅记者曾在11月的一期中写道："这里的常驻公使实际上履行的是黑山外交大臣的职责。"② 造成这样局面的原因，除了由于黑山缺少专业人才、缺乏与世界进行正式交往的经验，还因为早在约宁在杜布罗夫尼克任职期间，就与尼科拉大公建立起了真挚的友谊，这份友谊也推动了俄国与黑山一起实现共同的政治目标。即便是到1883年10月底，A. 科扬代尔（A. Kojander）接替约宁成为新的常驻公使③，俄国使节在黑山政府面前，相对于其他国家使节的地位也没有发生很大变化。

根据截至目前的史学成果，俄国的外交代表机构是1878年驻采蒂涅唯一的外国外交代表机构。不过我们还是有理由断定，当年黑山还与法国建立了外交关系。

文献中，这个问题上最具意义的研究成果，莫过于迪米特里耶·迪莫·武约维奇博士非常详尽的《1860—1914年的黑山与法国》。书中介

（接上页）务直到1883年7月2日。在建立外交关系的过程中，任命使节的日期很重要，驻在国给出同意函的日期也很重要，不过我们要从递交国书正式履职的日期算起。所以，特别是在建立外交关系和任命第一位使节的过程中，那一时刻才被认为是外交关系正式建立。这种情况下，我们可以得出结论，外交关系实际上是在稍晚时候建立的：不是从（俄国外交部）任命约宁为俄国驻黑山使节算起，而是从得到黑方的同意算起（这个日期我们不知道），因此最保险的是从递交国书的时刻算起。在这一刻之前，使节还没有履职，不能在驻在国进行任何工作，所以在派遣常驻代表的层面上来说，外交关系还没有开始。也就是说，两国之间即便没有派遣公使，外交关系也可以形式上存在。举例来说，使节职位空缺（或降至较低级别）不能被看作是中断外交关系，尽管在那个时期，两国都没有获得认可的外交官。

② 《新时代报》，圣彼得堡，1879年11月20日。

③ 《黑山之声报》(第45版)，采蒂涅，1883年11月6日。

绍了黑山与大国、特别是与法国的关系，武约维奇判断，在柏林会议后，法国对黑山并不是特别感兴趣。但即便如此，黑山"几乎是在柏林会议之后很快就与法国建立了直接的外交关系"。武约维奇认为，由于不太强烈的兴趣和谨慎程度，法国"虽然是首批认可黑山事实独立的国家之一，但比别的大国行动要晚，法国也是除俄国外，唯一派遣了驻黑山公国代表的国家，这位代表同时担任法国驻斯库台领事，在任命过程中，法国政府与大公保持了定期沟通，领事还向大公递交了国书"①。武约维奇认为，黑山和法国的直接外交关系建立于 1879 年 12 月（或 1880 年 1 月），法国第一位驻黑山代表圣康坦（Sen Kanten）于 1879 年 12 月抵达杜布罗夫尼克，目的是"考察一下法国的代表是否有可能居住在采蒂涅"。

通过强调建立直接外交关系的日期，人们可以看出，在关系建立之后的一段时间里，双方并没有直接接触。这段时间里，法国驻奥斯曼帝国（斯库台）的领事同时也担任驻黑山的使节。很明显，武约维奇认为当时双方的关系并没有占据很重要的位置，法国也没有直接在黑山派驻代表。他认为，只有在两个职位分开任命时，也就是由两个不同的人分别担任这两个职务时，才能说明法国和黑山之间建立了直接的外交关系，因此他认为 1879 年底至 1880 年初是两国建立外交关系的时间。

但如果只因为法国代表职务兼任，就认为法国没有与黑山建立直接外交关系，那我们必须说，这不能作为区分直接或间接外交代表形式的基础。国际法允许由同一个人来担任驻不同国家的外交官和领事官员。不论过去还是现在，很多国家出于经济或其他因素的考虑，都会选择这种更实际一些的做法。不论是理论上还是实践中，外交代理人是在一个国家还是在多个国家任职，是担任这种职务还是那种职务，都不应该拿来作为区分"直接"或"间接"外交关系的标准。因此，法国驻斯库台领事官员被任命兼任驻黑山的使节，不存在任何法律障碍。我们认

---

① 迪米特里耶·迪莫·武约维奇博士：《黑山和法国（1860—1914）》，第 272 页。

为，如果法国于 1878 年就正式向黑山王室介绍了驻黑山的代表，那就能说明为什么我们在 1879 年和 1880 年的《黑山之声报》上无法找到法国任命外交代表的确切信息。那些年间，《黑山之声报》总是非常详细地报道大国们——除 1906 年建交的德国——派驻黑山使节的任命，由此可见，黑山与法国应该是在 1878 年底就已经建交了。

上述推断还有一项事实支持，那就是，1879 年出版的某几期《黑山之声报》，比如 10 月 27 日那一期，在报道外交人员活动时就提到了法国驻黑山代表的活动。该报写道："英国代表格林、法国代表勒·罗伊（Le Roe）和意大利代表杜兰多"从斯库台来到采蒂涅。① 从这些内容可以看出，上述三国的代表都是相同的身份，也就是说，法国代表已经被采蒂涅正式接纳。

我们之所以推断 1879 年初法国与黑山就已经建立了外交关系，还有一些源自档案文件的佐证。② 由于国际法中没有直接或间接外交关系之分，我们可以断定，两国的外交关系是在 1878 年的最后几个月建立的，即勒·罗伊担任法国驻斯库台领事和驻采蒂涅使节期间。

其他大国委任使节的日期和情形不尽相同。这里就涉及黑山与某些大国建立外交关系年份的谬误。这种情况在文献中非常普遍，伊利亚·拉多萨沃维奇博士在其著作《19 世纪黑山的国际地位》中的说法起了决定性作用。③ 由于拉多萨沃维奇是《南斯拉夫百科全书》的作者，撰写过其中一些关于黑山外交的百科全书式的文章，其他一些作者未经查证便引用了他的数据，因此同样的错误就在他们的作品中被不

---

① 《黑山之声报》（第 41 版），采蒂涅，1879 年 10 月 27 日。
② 比如，根据黑山财政大臣久罗·采罗维奇公爵和不动产所有人斯泰万·拉多尼奇（Stevan Radonjić）达成的"契约"（Pogodba），很明显法国驻斯库台领事兼"法国驻采蒂涅全权代表"带有受委任外交代表的性质，而他的秘书在第一次临时前往黑山时，为他租赁了合适的房子，作为法国使团的驻地。在签署协议租赁久罗·采罗维奇的房屋时，西莫·波波维奇坚持认为，由于大公已经发出指令，要尽快完成这项工作，以便法方的秘书"马上从供特派专员们居住的洛坎达（Lokanda）（采蒂涅唯一的酒店——作者注）搬出来"，特派专员们此行是来确定新边界。另外一份 1879 年 10 月 30 日的文件显示，法国驻斯库台领事和法国政府驻采蒂涅全权代表被要求确认他的秘书 E. 皮亚蒂（E. Pijati）与黑山政府签订的协议。黑山国家档案馆，1878 年外交部分册，3 分册，336 号文件。
③ 伊利亚·拉多萨沃维奇博士：《19 世纪黑山的国际地位》，贝尔格莱德，1960。

断重复。

拉多萨沃维奇在《南斯拉夫百科全书》中写道："自 1881 年起，奥匈帝国在采蒂涅派驻有常设代表，同年，意大利也任命了驻采蒂涅的外交代表。1882 年 1 月，土耳其任命了第一位驻采蒂涅特命全权公使。同年，法国政府任命了驻采蒂涅的使节。"[1] 根据拉多萨沃维奇的说法，黑山与英国的外交关系建立于 1882 年。然而，我们所掌握的情况完全不同。在俄国和法国之后，德国以外的所有大国于 1879 年按照以下顺序，陆续与黑山建立了外交关系。

1879 年 2 月 10 日的《黑山之声报》（周末版）写道："英国新任派驻公国王室的代办基尔比·格林（Kirbi Grin）上周一抵达采蒂涅。周二中午他对王室进行了拜会，举行了正式到任仪式。"几天后他前往斯库台，"在那里他将一直停留到前往采蒂涅长居"。[2]

按照同样的典礼仪式，奥匈帝国使节泰梅尔上校也于 1879 年 2 月递交了国书。[3] 2 月 24 日的《黑山之声报》写道，他以常驻公使的身份拜会了大公。

与意大利建立外交关系、即杜兰多正式担任意大利代办一事，是在 1879 年 5 月中旬正式公布的。[4] 同年，黑山与奥斯曼帝国也建立了外交关系。1879 年 10 月 27 日（周六）的《黑山之声报》写道："上周四，大公殿下接见了奥斯曼政府的首位特命全权公使哈利德-贝伊（Halid-bej），并接受了他递交的国书。"[5] 同一期《黑山之声报》还援引消息称："本周日英国代表格林、法国代表勒·罗伊和意大利代表杜兰多将从斯库台抵达采蒂涅"，目前俄国、奥匈帝国和奥斯曼帝国驻黑山的代

---

① 《南斯拉夫百科全书》（第 3 册），萨格勒布，1958，第 2 页。
② 递交国书的仪式是这样的："殿下的副官 G. 马塔诺维奇（G. Matanović）与大公的 4 名侍卫前往格林的住处并陪同其前往宫殿，宫殿前，侍卫队列队迎接并致意。大厅内，大公在高官们的陪同下迎接并会见了格林先生"，格林"递交了国书……"
③ 《黑山之声报》，采蒂涅，1879 年 2 月 24 日。
④ 同上，第 18 版，1879 年 5 月 19 日。
⑤ 《黑山之声报》（第 41 版），采蒂涅，1879 年 10 月 27 日。

表都将身处采蒂涅。①

　　到 1879 年 10 月，黑山不是只与俄国，而是与 6 个大国都建立了外交关系。大国委任的代表中，起初只有奥斯曼帝国的代表拥有特命全权公使的身份——黑山驻伊斯坦布尔的代表斯坦科·拉多尼奇也是同样的身份。俄国和奥匈帝国代表的身份是常驻公使，法国、意大利和英国的代表是代办级别。在尼科拉大公首次接见法国、英国和意大利代表时的新闻报道中，没有提及他们的公使头衔，而只是说他们是代办。上世纪（20 世纪）初南斯拉夫最重要的法学家之一的 G. 盖尔希奇在《当代外交和领事权》一书中说，法国当年驻巴伐利亚和黑山的外交使节拥有的是公使衔代办头衔。② 可能其他两国（意大利和英国）的代办身份与之相同。很快，在 1880 年 7 月，法国就将代表机构的级别提升为公使馆，并任命圣康坦为全权公使。

　　理论上来说，一般代办不向驻在国元首、而是向外交大臣递交委任证书。然而，上述所有使节都是向黑山大公递交的国书，并且，不论属于哪个级别，他们的递交国书仪式都是完全一样的。综上所述，我们可以得出结论，建交之初，大国驻黑山的代表们都是公使或公使衔代办级别的。

　　我们已经说过，这些国家的代表起初都不是常驻采蒂涅的。因为法国和英国的代表之前是各自国家驻土耳其的领事，都是临时履行使节职能，离开斯库台的领事馆所在地，到采蒂涅进行短期访问。相似的情况还有意大利的领事代表，而奥匈帝国的领事代表则常驻科托尔。他们对黑山的临时访问，能够满足与黑山不太活跃的外交往来需要。只有俄国使节从一开始就常驻采蒂涅。俄方因与黑山王室的亲密关系和与大公及黑山政府的密切往来，在各国外交代表中凸显出来。我们已经说过，他们几乎成了黑山的国家官员，熟悉黑山外交政策的所有秘密，包括官方文件的编纂。在黑山获得独立地位的最初几年里，他们时常与大

①　《黑山之声报》(第 41 版)，采蒂涅，1879 年 10 月 27 日。
②　Gl. 盖尔希奇：《当代外交和领事权》，贝尔格莱德，1879，第 305 页。

公在一起，即便是大公每年在里耶卡（黑山）居住的几个月里，俄国使节也与他在一起，甚至会因此临时更换代表机构的驻地。在 1885 年 11 月 24 日的《黑山之声报》上我们看到，当时的俄国驻黑山使节 K. M. 阿尔吉罗普洛（K. M. Argiropulo）与秘书武尔采洛（Vurcelo）一起从采蒂涅搬到了里耶卡（黑山），"在那里俄罗斯帝国公使馆租用了殿下宫殿附近的一幢房屋"。"只要尊贵的殿下在里耶卡（黑山）"，俄国公使馆就在那里。[①]

在这些与黑山建立了外交关系的大国中，最先永久解决使团驻地问题的是土耳其。1885 年，土耳其特命全权公使杰瓦德帕夏（Dževad-paša）以奥斯曼政府的名义，为满足外交代表机构需要，买下了马绍·弗尔比察公爵的房子。这在黑山是第一次有外国人成为不动产的所有者。其他大国的代表们也以类似的方式，为公使馆租用或购买了办公场所。只有法国和意大利的代表还是继续未在黑山常驻。[②]

这样的状态持续到了 20 世纪最初几年，当时俄国又率先向前迈进了一步。1900 年初，俄国政府决定修建"公使馆自有馆舍"。尼科拉大公为此感到非常高兴，不光准许时任俄国使节的康斯坦丁·阿尔卡迪耶维奇（Konstantin Arkadijevič）为公使馆选择最适宜的地块，还在 1900 年 5 月 15 日，为了"友谊长存"，将这块地皮赠予了俄罗斯帝国。[③] 之后，其他大国也陆续行动起来，20 世纪头 10 年，奥匈帝国、意大利和法国（1908—1910）都在采蒂涅建起了自己的馆舍。

三、其他国家（希腊、保加利亚、塞尔维亚、美国和德国）在黑山开设的外交代表机构

此外，巴尔干国家最先与黑山建立起外交关系，包括希腊、保加利

① 《黑山之声报》（第 46 版），1885 年 11 月 24 日。
② 驻黑外国外交官们的职位空缺在冬季尤甚。在谈到关于黑山的印象时，索洛夫耶夫（Solovjev）说，1905 年初冬，在国王前往里耶卡（黑山）时，几乎所有外国外交官们都离开了，他成为唯一一留在采蒂涅的外国外交官，他的工作也仅限于与外交大臣加夫罗·武科维奇为数不多的接触。直到春天，外交官们才重新聚集而来，王宫里外交官们少有的接见和仪式等活动也重又开始。
③ 俄罗斯帝国外交政策档案，1917 年驻采蒂涅公使分册，19-6 号文件.

亚和塞尔维亚，然后是美国和德国。

1881年1月初，希腊使节洛戈泰蒂斯（Logotetis）受到了隆重接见，同一场仪式上被接见的还有大国的代表们。[①] 我们提及此事，是因为这里涉及了小国的代表及其级别，在外交领域，他们的级别经常不太明确。洛戈泰蒂斯被希腊国王任命为政治代理人兼首席领事。由于外交官等级体系中不存在"政治代理人"这个级别，而领事递交委任证书与使节递交国书也应在不同的场合，并且，由于自身的非政治性职责特点，领事不向驻在国元首递交委任证书，因此在法理上，希腊代表的外交官身份是存在疑问的。不过，这一切也可以解释。

在实践中，虽然少见，但总领事可以被算入使节的第四等级。文献中曾提到过这种案例，类似的情况还出现在黑山1914年《王国政府法》的修订版中。那里面列出的第四等级使节中就包括了领事。这位希腊代表应该是总领事职位，但被委任了一定的政治职责，这样就有了外交官身份。总领事通常不向驻在国元首、而是向外交大臣递交委任证书，不过这在黑山并没有被予以特别的重视。

在黑山，并没有因为级别的高低和所代表国家的不同，而对使节们区别对待，在典礼等礼宾程序上也没有区别。希腊代表的外交官身份并没有受到争议，在礼宾安排上，他与其他国家驻黑山特命全权公使们得到一样的待遇。而他在多大程度上从事外交或领事工作，我们尚没有相关信息。

希腊公使馆开设后，洛戈泰蒂斯并没有在采蒂涅停留太久。1883年，希腊代表的职位就出现了空缺，并一直持续到1886年洛戈泰蒂斯返回黑山。他是在大公的坚持下才回来的，大公通过米塔尔·巴基奇找到希腊驻伊斯坦布尔使节，要求与希腊重新建立外交关系。

在希腊公使馆决定继续运转的前后，黑山先后与保加利亚和塞尔维亚建交。所有这些都发生在巴尔干地区民族解放运动强化的时期。在

---

① 《黑山之声报》（第2版），采蒂涅，1881年1月10日.

俄罗斯帝国的影响下，巴尔干国家开始建立相互联系，着手创立巴尔干联盟，这意味着塞尔维亚、保加利亚和黑山之间的合作更加紧密。不过，随着保加利亚大公费迪南德·科布尔什基（Ferdinand Koburški）获得承认（他曾于 1886 年在俄国的帮助下推翻了巴滕堡的亚历山大），俄国和保加利亚达成和解并相互承认（1887），这两国的建交，引起了塞尔维亚的疑心。塞尔维亚怀疑，俄国的新政策将导致其为了保加利亚而牺牲塞尔维亚的利益。事态的发展表明，三个斯拉夫国家可以与俄国建立平等的友好关系，但条件是要在对外政策方面接受俄国的建议。保加利亚和塞尔维亚在俄国的巴尔干政策问题上针锋相对，为了能赢得比保加利亚更高的声望，对塞尔维亚而言，黑山的支持变得很重要。

在巴尔干国家这样的关系背景下，1896 年 6 月，尼科拉大公访问贝尔格莱德。在塞尔维亚首都，他受到了非常热情的接待。会谈中，黑塞双方一致同意："解放塞族人是塞族统治者的任务。"双方还认为，应当通过扩大各自国家的疆域来解决这个问题，即从奥斯曼帝国手中获得解放后，要把塞族人聚居地连接在一起。对尼科拉大公来说，鉴于黑山的规模和实力，重要的是在谈判中被当作平等的对话伙伴来对待。双方在外交大臣层面的谈判中商定，要共同反对任何侵害塞尔维亚民族的人，不论对方是奥斯曼帝国、奥匈帝国还是保加利亚。大臣们还商定了如何瓜分土耳其欧洲省份的势力范围。

1896 年春，保加利亚政坛出现了与塞尔维亚和黑山拉近关系的趋势。在俄国的主导下，形势逐渐向三国达成协议的方向发展。然而，1879 年 1 月，克里特岛（Krit）的希腊族为了并入希腊，发起了反抗奥斯曼帝国的武装起义，为阻止起义演变成希腊-土耳其战争，并防止巴尔干国家卷入导致冲突范围扩大，俄国坚持寻求和平解决危机。因此，尼科拉大公和塞尔维亚政府都被警告不要利用当时的形势加入反抗土耳其的战争。

1897 年 2 月，亚历山大国王在访问索菲亚（Sofija）期间，签署了塞尔维亚-保加利亚协议。这份被正式称为"契约"（Ugodba）的文件于 1897 年 2 月 19 日签署，文件关照了俄国的立场，内容包括塞保两国在没有预先协调一致的情况下，不得采取任何单方面的、可能扰乱东方局势的行动，包括政治和军事行动。[1] 协议还确定了"塞尔维亚和保加利亚在奥斯曼帝国领土上的利益范围"，以及在面对波尔特时协议双方应协调一致。

根据《契约》的最后一条，1897 年 3 月初，保加利亚大公的私人秘书抵达采蒂涅告知协议签署一事并带来了《契约》文本。黑山也加入了该《契约》。

与保加利亚建立外交关系的建议是由黑山方面提出的。1896 年 2 月 17 日，加夫罗·武科维奇作为外交大臣，电令米塔尔·巴基奇通过保加利亚驻伊斯坦布尔代理人迪米特罗夫（Dimitrov），建议两国建立正式外交关系，提议保加利亚在采蒂涅开设外交代表机构。[2] 根据巴基奇 2 月 20 日的报告，保加利亚政府乐意接受关于建交的提议，但是坚持对等原则，希望黑山也在索菲亚开设外交代表机构。基于对黑山羸弱财政能力的了解，保加利亚愿意接受黑山驻伊斯坦布尔使节兼任驻索菲亚代表，只需每年前往保加利亚 3 次，每次 15 天。

由于黑山认为不一定要在索菲亚派驻自己的代表，遂答复称如果保加利亚政府任命本国驻采蒂涅的代表，那么出于财政原因，黑方愿意做出让步，也就是说，为了让保加利亚更容易接受黑方建议，黑方强调"黑山统治者不会过于看重形式，如果保方愿意派出驻采蒂涅的代表，那么代表的级别和头衔可由保方自行决定"[3]。黑山官员所提供的，是保加利亚本来无力获得的权限。

根据柏林会议的决定，保加利亚并没有获得完全独立的地位，这一点与塞尔维亚、黑山和罗马尼亚不同。由于保加利亚只有半主权国家的地位，它的外交代表权范围较窄，只局限在总领事的代表权范围内。保

---

[1] 黑山人民博物馆档案处，尼科拉一世分册，1879/32。
[2] 黑山国家档案馆，1896 年外交部分册，V-41,236/2 号文件。
[3] 同上。

加利亚的外交究竟在什么层级上，是否拥有外交权，这一点在当时的文献中是有争议的。里维耶（Rivije）认为，"即便就保加利亚国内而言，总领事跟代办或其他受委任的外交代理人一样，但由于其从 1875 年开始就只是半主权国家，因此是不具备外交性质的"[1]。

根据盖费肯（Gefeken）的看法，东方国家派出的领事们，除了作为通商利益的代表，同时也是政治代理人，而在较重要的情况下，也可以被委任为代办，比如米斯尔（Misir）（即埃及——译者注）和保加利亚都是如此。[2] 实际上，欧洲国家向半主权国家派驻的总领事也有外交代理人的头衔，而在某些情况下，他们就只能担任外交代理人。基于对等原则，半主权国家，比如 1908 年之前的保加利亚，可以向主权国家派出同级别的代表，即作为外交代理人的总领事。

尽管保加利亚希望黑山在索菲亚开设代表机构，或者由自己驻伊斯坦布尔的代办兼任驻黑使节，但他们的坚持没有成功，1896 年底，双方还是商定保加利亚在采蒂涅开设代表机构，两国正式建立外交关系。保方任命斯帕斯·康斯坦丁诺维奇（Spas Konstantinović）为外交代理人。[3] 这符合当时保加利亚的实际情况，保在其他国家派驻的代表都被任命为外交代理人，最高也只被算作第四级别的使节，因此，其不向国家元首而是向外交大臣递交委任证书。不过在黑山，这样的惯例并没有被遵照。康斯坦丁诺维奇是在 1897 年初抵达采蒂涅的，随后即在洗礼节按照所有驻公国使节到任的仪制，受到了尼科拉大公的正式接见。除委任证书外，他还向尼科拉大公转交了费迪南德大公的亲笔信。[4] 这意味着他是作为一个主权国家的代表，被派驻到另一个主权国家黑山，而不是一国外交大臣派往另一国外交大臣处的代表，虽然后一

---

① G. 盖尔希奇：《当代外交和领事权》，第 309 页。

② 同上。

③ 黑山国家档案馆，1896 年外交部分册，42 分册，809 号文件。关于保加利亚在采蒂涅开设代表处进展缓慢的问题，巴基奇解释说，是由于将工作支出纳入保加利亚预算的需要，根据该国宪法，这需要议会批准，因此是程序原因拖慢了决定的进度。

④ 《黑山之声报》（第 2 版），采蒂涅，1897 年 1 月 11 日。

种情况才符合康斯坦丁诺维奇的级别。

保加利亚的代表机构一直保持在外交代理机关（diplomatska agentura）的级别，直到 1908 年该国代表才被提升到了代办级别。在黑山被宣布为王国时，保加利亚代办处被提升到了公使馆级别，而保加利亚代表得到了特命全权公使的头衔。

在与保加利亚建立外交关系后不久，1897 年，黑山与塞尔维亚建立了外交关系。其实更早的时候两国就曾尝试过建交。那是在 1878 年塞尔维亚获得独立地位后，米兰·奥布雷诺维奇（Milan Obrenović）大公于 1879 年 3 月派安杰尔科维奇（Anđelković）中校前往采蒂涅。除了授予尼科拉大公塔科夫一等勋章，安杰尔科维奇还带来了米兰大公致尼科拉大公的私人信件。信中特别提出两国可互派使节，或者，如果黑山"因任何原因无法派遣代表，塞尔维亚政府仍愿意派代表前往采蒂涅以保持良好关系"。由于尼科拉大公当时无法委派代表前往贝尔格莱德，为了王室声誉，也因为塞尔维亚驻采蒂涅的代表会"向米兰大公转达这里的政治私密言论、思想、方针和工作"，这一提议没有被接受。

直到亚历山大·奥布雷诺维奇（Aleksandar Obrenović）国王对采蒂涅进行回访前夕，两国才正式建立了直接关系。可能塞尔维亚在黑山开设外交代表机构一事，是双方在尼科拉大公访问贝尔格莱德时商定的。相关手续于 1897 年 3 月中旬完成。首先由塞尔维亚王国政府向黑山公国政府告知，其有意派遣"韦利米罗维奇（Velimirović）上校先生"赴采蒂涅担任特命全权公使。外交大臣加夫罗·武科维奇积极答复称"大公本人高兴地接受此项任命"，实际上是以这种方式接受塞尔维亚首位驻黑使节的人选。[①]

当时《黑山之声报》总是定期报道常驻黑山王室外国使节的任命、正式接见和递交国书的过程，但异于常规的是，关于塞尔维亚特命全权

---

① 《黑山之声报》（第 11 版），采蒂涅，1897 年 3 月 15 日。

公使抵达的消息却十分欠缺。1896年4月11日出版的那一期写道，韦利米罗维奇上校"几天前抵达我国，并于同日拜会了外交大臣武科维奇公爵先生。大公殿下赐予G.韦利米罗维奇私人会见的待遇"①。据说，那只是一场私人会见，并不是递交国书的仪式，鉴于使节等级，递交国书的程序无疑是必须的。如果这不是报道上的谬误，也就是说，后来确实没有举行正式会见，那么唯一可能的原因就是亚历山大国王很快将访问黑山，此事当时已经完全确定了。两个"兄弟国家"间的关系在那些年堪称典范，塞尔维亚统治者的到访激发了黑山民众的热情。

虽然两国关系开局良好，但双方并不是一直都相互尊重彼此信任的。两国关系在发展过程中出现过明显的危机。从1899年4月开始，塞尔维亚驻黑山使节的职位就出现了空缺，时任特命全权公使、上校马欣（Mašin）前往海牙（Hag）出席了和平会议。1900年初出现了一些声音，认为塞尔维亚政府是有意空出驻采蒂涅使节的位置，但俄国使节古巴斯托夫（Gubastov）向本国政府报告称，这种传闻是不准确的。②但几年后，随着1903年塞尔维亚国内发生的一些变化，两国关系得到改善。虽然黑山与塞尔维亚的外交关系没有中断，但塞尔维亚驻采蒂涅使节的职位再次出现了空缺。这种状态一直持续到吞并危机的开始。当时约万·约瓦诺维奇（Jovan Jovanović）被任命为塞尔维亚驻黑山使节。③ 塞尔维亚是19世纪最后一个与黑山建立外交关系的国家。

20世纪头10年，黑山还与以下两个国家建立了外交关系。

1905年10月，美国驻希腊使节约翰·杰克逊（Džon Džekson）被任命为美国驻黑山特命全权公使。他于1905年10月30日向尼科拉大公递交了国书。④ 从黑山与美国正式建立外交关系开始，到黑山依据对

---

① 同上，第15版，1896年4月11日。
② 俄罗斯帝国外交政策档案，帝国时期文件出版委员会分册，63号文件，政治档案分册，481-16号文件。
③ 同上。
④ 米兰·布拉伊奇博士（Dr Milan Bulajić）：《黑山与美国及黑山侨民的关系》，《会见报》1988年3月—4月第90-91期，铁托格勒，第19页。

等原则开设驻华盛顿外交代表机构之前，都是由美国驻雅典使节通过临时访问黑山来协调两国交往的。两国建交期间共经历了几任使节。约翰·B. 杰克逊的在任时间为 1905 年 10 月 30 日至 1907 年 10 月 27 日，随后是：里奇蒙德·佩尔森（Ričmond Person，1908 年 5 月 20 日至 1909 年 6 月 29 日），乔治·H. 莫泽斯（Džordž H. Mozes，1910 年 5 月 31 日至 1912 年 9 月 30 日），雅各布·戈尔德·舒尔曼（Jakob Gold Šurman，1913 年 7 月 21 日—1913 年 8 月 18 日），乔治·弗雷德·威廉姆斯（Džordž Fred Vilijams，1914 年 5 月 10 日—1914 年 9 月 28 日）和加雷特·德罗佩尔斯（Garet Dropers，1914 年 11 月—1918 年 12 月 4 日）。由于上述均为无任所外交官，"美国公使馆驻地"位于采蒂涅大酒店内。①

20 世纪与黑山建立外交关系的另一个国家是德国。与这个大国延迟建交的原因，跟柏林会议后泰斯塔男爵向黑山递交决议公函时的不愉快事件有关。黑山国家机关行政能力低下，没有做好平等地融入国际社会的准备，那次事件在两国关系中留下了印记。多年后，当误会解除后，德国才在采蒂涅开设了外交代表机构。1906 年 7 月初，德皇任命了第一位驻黑山特命全权公使皮尔格里姆·巴尔塔奇（Pilgrim Baltaci）。②

四、20 世纪初外国驻黑山外交使团的数量、种类和级别

德国的加入让黑山拥有了 11 个在黑委派代表的建交国（10 个欧洲国家和美国）。我们强调这一点，是因为有些资料说有 13 个国家与黑山建立了外交关系，这是不准确的。③

据称，除了上述 11 个国家，与黑山建立外交关系的还有比利时和

---

① 《黑山之声报》（第 41 版），1905 年 10 月 15 日。
② 《黑山之声报》（第 29 版），1906 年 7 月 26 日。
③ 伊利亚·拉多萨沃维奇博士：《19 世纪黑山的国际地位》，第 122 页。

西班牙。[①]《南斯拉夫百科全书》关于黑山外交的内容里曾简短提到，黑山与比利时的外交关系建立于 1910 年。而拉多萨沃维奇博士在《19世纪黑山的国际地位》一书中，粗略地历数了各个国家派驻黑山代表的名字和任职时间，谈到比利时驻采蒂涅的领事官员时他指出，1910 年至 1912 年，武科·武莱蒂奇（Vuko Vuletić）担任驻黑名誉副领事。[②]那么，这就与黑山和比利时建交的说法相矛盾了，不论是黑山外交部现存的档案中，还是当时的出版物（《黑山之声报》《采蒂涅信使报》）中，比利时都没有被作为黑山的建交国提及过，因此只能认为黑山与比利时建交的说法是不准确的。

至于所谓与西班牙建立外交关系，也是犯了相似的错误。最早的表述称黑山与西班牙在 1912 年建立了外交关系（《南斯拉夫百科全书》），后来措辞又有了变化，称西班牙少校托罗（Toro）在巴尔干战争期间（1912—1913），曾担任驻采蒂涅武官。[③] 在 1912 年 10 月的《采蒂涅信使报》中我们确实找到了相关信息，当时在黑山的外国军事人员中有一位名叫埃米利奥·托罗（Emilio Toro）的西班牙少校。除去他和两名英国军官，当时抵达的还有挪威上校 H. 安格尔（H. Angel）和葡萄牙炮兵上校弗朗切斯科·德·卡尔瓦洛（Frančesko de Karvalo）。[④] 但是，无论如何，不能断定这就是巴尔干战争期间驻黑山的外国军事人员名单。他们当时身处黑山毋庸置疑，但我们要指出，这些未建交国家派往黑山的军事人员，他们的身份是所属国家的军队专员，不能说明两国建立了外交关系。因此，第一次巴尔干战争期间身处黑山的埃米利奥·托罗并不是西班牙的使节，也不能就此认为两国已经建交。

① 《南斯拉夫百科全书》（第 3 册），萨格勒布，1958，第 2 页。

② 伊利亚·拉多萨沃维奇博士：《19 世纪黑山的国际地位》，第 123 页。根据索洛夫耶夫的叙述，武莱蒂奇某种意义上是采蒂涅唯一的酒店"洛坎达"的经理，但据信酒店实际属于尼科拉一世。武莱蒂奇是大公的亲信。他的女儿于 1905 年嫁给了保加利亚驻采蒂涅使节里佐夫（Rizov）。Ю. Я 索洛夫耶夫：《外交官回忆录（1893—1922）》，莫斯科，1939，第 148 页。

③ 同上，第 123 页。

④ 《采蒂涅博物馆公报》（第 85 版），1912 年 10 月 15 日。

所以，与黑山建交的国家中并不包括西班牙和比利时，国家数量也不应多于 11 个，外交部期刊中一份名为《王国政府成员及驻黑山外国外交和领事人员名单》的文件也证实了这一点。[①] 1912 年，该刊物曾提到共有 11 个国家与黑山建立了外交关系。比利时和西班牙并不在其中。

这份名单显示，1912 年初，常驻黑山的外国使节及馆长们，均为特命全权公使，只有希腊代表的头衔是外交代理人。不过，根据 1912 年 5 月 21 日的《黑山之声报》，希腊政府也将本国驻黑使团提升至公使馆级别，这意味着到 1912 年下半年，所有驻黑外国代表都是公使级别、都属于第二等级使节了。[②] 根据《黑山年鉴》，1913 年外国外交使团的馆长们（共 10 人，因为当时已与土耳其断交）都是特命全权公使。[③]

虽然黑山独立期间与之建立外交关系的国家不多，但其重要性不可否认。相反，鉴于当时各国交往和沟通的水平，以及当时黑山经济社会的发展水平及其地缘战略地位，可以说，与黑山正式建交国家的数量已经达到最理想的水平了，毕竟它们都是重要的、对黑山国际地位有决定意义的国家。除了所有大国都在黑山获得独立地位后向采蒂涅派驻了使节，黑山还与巴尔干国家们建立了外交关系——包括塞尔维亚、保加利亚和希腊，并与之共担历史使命。对于黑山和这些国家来说，并没有特别的理由与亚洲、中东和拉美国家建立外交关系，甚至与一些"弱小又不相邻"欧洲国家也没有建交的必要。

不过，建交的方式从客观上来说还是削弱了建交的实际意义，因为事实上，除了与奥斯曼帝国和与塞尔维亚、法国、美国在短时间内对等互派使节外，黑山无法与其他建交国实现对等。黑山的使节权在实现过程中都是被动使节权，黑山无力向所有正式建交国派遣使节以实现主动使节权（代表自己的国家和政府、保护侨民的利益、对内报告形势、

---

① 《黑山外交部及驻黑山外交领事人员名单》，采蒂涅，1912。黑山档案馆，外交部分册，156 分册，3580 号文件。
② 《黑山之声报》（第 22 版），1912 年 5 月 21 日。
③ 《黑山王国年鉴》，采蒂涅，1913，第 25 页。

对外宣传国家及履行其他职责)。但是，如果考虑到无力派遣使节的原因（财政紧张和经济欠发达），可以很清楚地发现，外国驻采蒂涅使节扮演着更重要的角色，他们成为了重要的沟通渠道，让黑山更容易地融入欧洲外交生活。如果没有他们而只靠自己的外交，黑山在政治上可能会面临欧洲国家内阁各不相同的态度，甚至面临国际孤立，也无法赢得主要国际关系主体对黑山的积极态度。

外国在采蒂涅派驻使节的数量表明，欧洲大国和巴尔干国家对黑山有着明显的兴趣。事实上，从整体来看，这种兴趣并不总是专门针对黑山这个国家，而是意图通过它的对外政策部署，来找到东方问题和其他问题的解决办法，或者对欧洲和世界的力量分布产生影响，建立和维持各自的利益范围和影响区域。但综上所述，也不能排除黑山内外政策自身的重要性。

黑山与这 11 个国家的外交关系只维持到其失去国际主体地位之前，即南部斯拉夫民族国家成立前夕。巴尔干战争和第一次世界大战及相关事件，让外国驻黑代表的数量，到黑山军队投降和尼科拉国王流亡前，减少了一半以上。

第二节　黑山独立时期的外交代表类型

一、黑山在国外的外交代表形式

使节权是派遣和接纳外交使节的法律基础。然而，被动使节权的实现，随之而来的并不是黑山同时在国外开设外交代表机构。黑山首先面临的问题是财政困难，1878 年底，黑山请求俄国的驻外外交领事机构保护黑山及其国民在海外的利益。我们之前讲过，这遭到了奥匈帝国和奥斯曼帝国的反对，最后黑山只得在伊斯坦布尔开设外交代表机构。

应黑山的请求，俄国决定于 1879 年 2 月 8 日发出通函，要求其驻外外交代表们暂时担任黑山国民保护者的角色，这是俄黑两国交往中的特例。从真正的法律意义上来讲，其他国家的情况无法细说，因为黑山方面对与奥匈帝国间的争议存在不同立场。[①] 事实上，黑山在超过 30 年的时间里，在国外只派驻有一个外交代表机构，且直到 19 世纪末，它的领事代表机构还相当不发达。由于黑山这样的机构构成，不论有多少国家在采蒂涅派驻使节，都无法满足与各国保持正常外交关系的需求，同时也给别的国家保护黑山的利益留下了空间。这种"保护"分为两个方面。一方面，别的国家可以保护黑山海外国民的利益；而另一方面，是在国际会议上代表黑山。

至于涉及黑山国民的外交代表权，我们的关注点主要集中在黑山人最常居住的国家上。奥匈帝国不允许第三国在其境内对黑山人进行领事保护。因此我们的注意力主要放在黑山人常居的其他国家中。这其中首先就是巴尔干国家、黑山驻伊斯坦布尔使节无法前往的土耳其部分地区，以及一些中东、亚洲国家和美国。根据现有档案材料，这些情况在西欧国家并不多，因为当时前往西欧的黑山人相对较少。另一方面，黑山在那些国家中设立有相对多的领事代表机构，因此不太需要第三国来进行领事保护。

上述国家中，黑山当时的利益保护国是俄国。俄国受托履行这样的职责，是基于两个基础：一是源于柏林会议之前就业已存在的情形；二是基于两国就黑山的请求达成的协议，也就是法律依据。根据这份 1879 年 2 月签署的协议，俄国外交部通告本国驻外代表机构，暂时将黑山国民置于庇护之下。

上述两条由俄国代表黑山利益的理由都相当笼统，导致某些国家时常与俄国外交代表机构发生误会争执，需要双边解决。比如，1885年黑山驻伊斯坦布尔代办从来信中获悉，在保加利亚和东鲁梅利亚的黑山人，受到当地政府的摆布无依无靠，而俄国领事则称，他们无法

---

① 为了平息奥匈帝国的怒气，黑山外交部称是俄国误解了黑方的请求，黑方只要求俄方保护其在土耳其的利益，而不是像在原始文本中写的还包括在其他国家。

"做任何有利于他们的事，因为领事们没有接到本国政府的授权"①。因此黑山驻伊斯坦布尔代办米塔尔·普拉梅纳茨 1885 年 1 月 25 日在致黑山外交部的信中称，由于俄国驻保加利亚和其他一些国家的领事，并不了解俄政府已经接受黑方请求要保护黑山国民的利益，那么这项指令应当重新发送。后来 1889 年黑山人团体从索菲亚发出的一封信（当时迁居保加利亚的黑山人数量众多）显示，他们对俄国领事的保护没有异议，有异议的是俄方对黑山人的看法和滥用黑山人的好感，因此该团体建议在保加利亚首都开设黑山领事馆。②

类似的黑山人利益保护问题还出现在罗马尼亚。1883 年年中，俄国使团和罗马尼亚政府通过公文往来，讨论俄国使团是否要将黑山国民利益置于俄驻罗领馆的保护之下。罗马尼亚外交部要求，要想实现这样的权利，俄国和黑山政府要先提出请求。③

根据公使馆档案，俄国驻罗马尼亚使节乌尔索夫亲王 1879 年 2 月 8 日的一封公文显示，当天俄国外交部正式告知使团，授权其保护在罗马尼亚王国的黑山国民，而罗马尼亚外交大臣坚持要求黑山方面也就此事提出请求。随后，1883 年 8 月，在被告知相关争议后，黑山外交部致函罗马尼亚政府，按对方要求提出了请求。就此，由俄国外交领事官员在罗马尼亚担任黑山人的外交代表这一问题得到了解决。

黑山人还大规模前往希腊务工。当时在希腊有黑山人因疾病和失业而生活无所为继。这种情况下，他们会寻求俄国驻希腊使领馆的帮助，俄方提供资金帮助他们返回祖国。俄国外交领事官员们因此建议黑山政府限制黑山人移居希腊，并向他们提供患病就医或归国所需的资金。1883 年至 1884 年前往希腊的黑山人数量尤其众多。此后，黑山政府采取措施，限制给这些移民颁发护照，同时，随着越来越多的黑山人在希腊当地遭到袭击，黑山人对于前往希腊兴趣减弱，这些限制措施也

① 黑山国家档案馆，伊斯坦布尔公使馆分册，1885 年 1 分册，4 号文件。
② 黑山国家档案馆，1899 年外交部分册，51 分册，1328 号文件。
③ 俄罗斯帝国外交政策档案，斯拉夫民族分册，9261—71 号文件。

就失去了意义。不过前往希腊的黑山人数量的减少，并没有降低已在希腊黑山人的花销成本。1884 年 11 月 29 日，俄国使节从雅典发出信函，建议采蒂涅只允许已签署合同、获得授权的劳工前往希腊，并且要详细确认其回国费用，由当地用工企业承担这笔费用。我们在档案中没有找到在希腊的黑山人遇到与在罗马尼亚类似的争议案例。[1]

俄国驻外代表们还要负责照料在塞尔维亚的黑山国民。主要是俄驻贝尔格莱德外交机构处理在塞黑山人的请求，即通过俄方要求采蒂涅的黑山外交部签发新的护照和其他证件。签发新护照时，护照会寄给俄国驻塞尔维亚外交机构并由其签发给个人。[2] 俄国外交机构与黑山外交部之间的往来，让黑山在其他欧洲国家的代表权具有了现实意义，鉴于黑山在这方面的直接需求不多，因此这种情况出现的频率比较低。

除了前面提到的巴尔干国家，俄国外交领事机构主要在奥斯曼帝国为黑山行使代表权并保护黑山人利益。尽管黑山自己在该国派驻有外交代表机构，但还是需要俄方来做这件事。原因可能是奥斯曼地域辽阔，而在该国居住的黑山人有事也无法寻求黑山外交代表机构的帮助。对他们来说，更容易的是寻求最近的俄国领事。由于俄国驻奥斯曼帝国的代表们无法拥有这项授权（在黑山和奥斯曼帝国建交过程中出现争议后），俄方对黑山人的外交-领事保护遵从的是"历史权利"，因为在黑山获得国际承认之前的很长时间里，这种做法就已经成为惯例。不过奥斯曼帝国仍坚持挑战俄国领馆的这项权利。

比如，1878 年 11 月，俄国驻埃及的领事代表在致本国外交部的信中称，在当地居住的黑山人向其寻求保护。由于他没有收到黑山政府关于保护在埃黑山人的正式请求，就无法满足这些黑山人的需求。[3] 还有

---

① 黑山人民博物馆档案处，1894 年附加手稿分册，33 分册，I 号文件。

② 1892 年 3 月 22 日，日夫科·斯帕索耶维奇（Živko Spasojević）在致俄国驻贝尔格莱德公使的信中写道："由于黑山在贝尔格莱德没有公使，借此机会请求俄国公使馆尊重约定作为黑山的永久代表，接收我国的护照。"俄国驻采蒂涅公使馆收到请求后，致函黑山政府要求解释这件事。黑山国家档案馆，1892 年外交部分册，31 分册，440 号文件。

③ 黑山人民博物馆档案处，1878 年附加手稿分册，26 分册。

耶路撒冷总督伊布拉西姆帕夏（Ibrahim-paša）于 1893 年年中正式告知俄国驻耶路撒冷总领事，他没有接到任何指示显示俄方有权为居住在巴勒斯坦的黑山国民提供保护。[①] 俄国总领事认为，这项权利是总领馆过去就有的，据他所知，对波尔特来说，这件事在巴勒斯坦从无争议，因此他致信驻伊斯坦布尔的俄国公使馆寻求建议。在越来越多的俄国驻土耳其领事代表机构的请求下，尼科拉大公要求黑山驻伊斯坦布尔公使馆向土方做出解释——由俄方来保护黑山国民。这里我们展示其中的一封信函，这是 1894 年 7 月 21 日沙皇公使内利多夫致俄驻士麦那总领事的一封信："《柏林条约》明确规定身处土耳其的黑山人必须接受土耳其法庭和地方政府的管辖。但是，俄国在《圣斯泰凡和约》缔结时就获得了代表黑山人的权利，这也是早前的一项惯例，还被写入了《柏林条约》第 31 条，在'应服从土耳其的法律和政府'的语句之后，提及了既定习俗的立场。这些语句的意思是，黑山人应服从他们以请愿者或调解人身份出现的领导者，这些人到战争爆发前按指示担任黑山人的公开庇护人，因此他们给予我们一些代表他们的权利。"[②] 大多数情况下，这种保护的范围限定在陪同黑山人在土耳其法庭出庭（或者出于需要，提供一名土耳其语翻译陪同），以及在地方政府面前充当黑山代表，而当地政府通常会表达抗议。

黑山驻伊斯坦布尔代办于是决定与波尔特沟通，厘清黑山人的地位问题，以及在土耳其内部省份中俄国对黑山人的保护问题。内利多夫建议俄国驻奥斯曼帝国的领事们，在帮助黑山人时"不要就带有法律性质的问题提供保护，不要将其变成原则性问题"[③]。

根据俄国外交部的指示，该国驻奥斯曼帝国的领事官员们，不光有义务为在奥斯曼内部省份的黑山人提供保护，还要保护那些在伊斯坦布尔工作的黑山人。此类工作在实践中并不具有法律性质，因为在俄国

---

① 黑山人民博物馆档案处，1893 年附加手稿分册，41 分册，Ⅰ 号文件。
② 黑山人民博物馆档案处，1894 年附加手稿分册，52 分册，15 号文件。
③ 同上。

与土耳其之间、土耳其与黑山之间不存在任何官方协议，所有具体个案都倚赖俄国代表们的个人技巧以为黑山人争取权益。

1894年9月，鉴于黑山人在土耳其的糟糕处境，黑山通过驻伊斯坦布尔代办要求"在没有黑山代表的地方，黑山人的保护全部交给俄国领事"①。同时，米塔尔·巴基奇还引述惯例称，在土耳其的黑山人从来无需缴纳任何贡赋，并且享有俄国领事的保护，他还表示，波尔特无权"收紧"黑山人的权利，因为它已经得到了《柏林条约》的确认。不过，大维齐尔拒绝了黑方的请求，并表示，虽然波尔特无权像要求本国人一样要求黑山人缴纳贡赋，但永远不会承认俄国领事馆对黑山人的保护，也不会允许黑山的领事参与调解。

除在奥匈帝国和土耳其的部分地区，俄罗斯帝国驻所有其他国家的领事代表们，只要有需要，就会应1879年2月8日那份通函的要求，为黑山国民提供领事保护。但有不少俄国外交代表称并不了解通函的内容，需要补充的指示。比如，1882年年中，尼科拉大公就通过俄国驻采蒂涅使团，要求俄国外交代表在华盛顿法庭为一位姓拉多尼奇的黑山人提供保护，俄国公使馆秘书什佩耶尔也向美国的同事做出了同样的指示，并转达了大公的要求，同时提到俄国外交部1879年2月8日通函的内容，证明这是他们的职责。由于俄国驻华盛顿公使馆的档案中并没有这份文件，公使馆秘书还要求向其发送了复印件。②

俄国驻纽约总领事也遇到过类似的问题，他也不清楚是否要按照外交部的指示为在纽约的塞尔维亚人、罗马尼亚人和黑山人提供服务。还有俄国驻布林迪西（Brindizi）（意大利东南部城市——译者注）的副领事也是如此，布林迪西当地经常有悬挂黑山国旗的船只抵达，他不了解在意大利的黑山国民是否受俄国领事馆的保护。他们都收到了俄国外交部的指示和1879年2月8日的通函，要求他们保护黑山国民。

20世纪初还有一件发生在中国的趣事。当时在中国居住着大量外

---

① 黑山国家档案馆，外交部分册，779—1601分册，1060号文件。
② 俄罗斯帝国外交政策档案，斯拉夫民族分册，425-19号文件。

国人，而他们的国家并没有在他们所在的中国城市开设代表机构，甚至在整个中国都没有。因此当时在满洲北部的希腊人受到法国外交使节的保护，而俄国使节负责保护这个地区的塞尔维亚、保加利亚和黑山国民。不过法国政府很快就放弃了向希腊国民提供领事保护，并建议未来由俄国的外交领事机构来做这件事。这也涉及了在华黑山人，虽然黑山政府将在华黑山人的保护权交给了俄国，但法国驻采蒂涅使节 1908 年 5 月 9 日表示希望未来由法方来为在中国南部的黑山人提供保护和管辖。① 法方希望与俄国就在华黑山人和希腊人的保护权进行交换。俄国原则上同意了法方的建议，但在实践中具体是如何解决的——我们不得而知。

上述是我们唯一能找到的海外黑山人受俄国以外国家保护的案例。根据能查询到的档案，俄国的代表们在所有其他国家，不论是欧洲、亚洲、美洲甚至非洲的国家都负责保护黑山国民。而塞得港（埃及港口城市——译者注）的黑山人则对俄国领事的工作不满，于是 1902 年初，当地黑山人要求黑山公国在当地任命自己的领事。②

甚至在南美洲的阿根廷，布宜诺斯艾利斯的两名德国银行家担任俄国的名誉领事，他们为当地的黑山人提供了领事保护。在乌拉圭的蒙得维的亚（Montevideo），瑞典领事承担了俄国领事官员的职责，在他们的协调下，黑山国民在当地受到他们的保护。③

在上述国家为黑山人提供保护的俄国代表主要是领事官员们，很少是外交使节。由于这项工作主要涉及的是黑山国民，而不是黑山这个国家，因此不具备政治性质，也不针对驻在国的中央政府机构。俄国代表们的职责范围，除了签发护照和认证（很少独立签发护照），还包括递交官方公文类的工作，如传递法庭传票和债务偿还传票，解决国内房产纠纷，等等。

---

① 俄罗斯帝国外交政策档案，1908 年附加手稿分册，60 分册。
② 黑山国家档案馆，1904 年外交部分册，73 分册，786 号文件。
③ 黑山人民博物馆档案处，1909 年附加手稿分册，61 分册。

俄方还负责照管患病或离世黑山人的遗产，并负责陪同黑山人出庭和面对当地政府机构，在需要时为黑山人提供保护或帮助他们回国。在履行这些职责时，俄方会与黑山外交部保持沟通，有时还通过俄国驻采蒂涅公使馆接收工作指示。

二、黑山在各个国际会议上的代表形式

据俄国使节列尔蒙托夫（Ljermontov）说，1899 年 1 月初，尼科拉大公收到荷兰政府 1898 年 12 月 30 日发出的邀请——应俄皇的提议将举行和平会议，尼科拉大公预祝大会成功举行并告知对方已"将黑山的命运和利益交到俄皇陛下手中"。大公表示，希望由俄国代表黑山完成大会程序方面的工作。俄国外交大臣 1899 年 2 月初通知列尔蒙托夫，俄皇已批准派员代表黑山出席在海牙举行的会议，但需要尼科拉大公以书面形式表达这一愿望，并以相同方式告知荷兰政府。在这样的指示下，1899 年 2 月 22 日，黑山外交大臣加夫罗·武科维奇致信俄国政府，说明了尼科拉大公和黑山政府的意图，由俄方全权代表黑山出席在海牙举行的和平会议。① 会议期间的工作表明，任命全权代表来出席会议，对于签署最终决议非常重要，因为需要由专门的受权代表出席全体会议。这样的授权必须给予专家型的代表。②

在俄国代表的协调下，除了参与 1899 年海牙和平会议的最终决议，黑山还成为了几个多边协议的签署国，这些协议包括：1864 年 8 月 22 日的《日内瓦公约的原则适用于海战的公约》《和平解决国际争端公约》《陆战法规和惯例公约》《禁止从气球上或用其他新的类似方法投掷投射物和爆炸物宣言》《禁止使用在人体内易于膨胀或变形的投射物，如外壳坚硬而未全部包住弹心或外壳上刻有裂纹的子弹的宣言》《禁止使用专用于散布窒息性或有毒气体的投射物的宣言》。

由于俄国以黑山的名义签署了《陆战法规和惯例公约》，晚些时候

---

① 俄罗斯帝国外交政策档案，政治档案分册，4729-2-6 号文件。
② 黑山人民博物馆档案处，1899 年附加手稿分册，10046 分册。

黑俄之间出现了争议。黑山政府抱怨没有及时被告知瑞士政府关于该公约的声明，瑞士政府在声明中解释了不签署该公约的原因。黑山认为，如果获悉了瑞士的声明，也会采取同样的步骤。而俄国代表在答复中，不光否认了未及时告知黑方瑞士的立场，还表示《公约》中引人担忧的武装力量和全民抵抗问题，在黑山并不存在。

针对尼科拉大公关于人民军队规定的不满，俄国外交大臣希望使对方确信，大会无意削减军队在这方面的权利，而只是同意有必要将保护祖国的军队与普通的强盗土匪区分开来。《公约》中明确提到（条文中第 1 条）："战争的法律、权利和义务不仅适用于军队，也适用于具备下列条件的民兵和志愿军：①由一个对部下负责的人指挥；②有可从一定距离加以识别的固定明显的标志；③公开携带武器；④在作战中遵守战争法规和惯例。"这些符合黑山军队的情况。

此外，俄方指出，黑山在俄国代表的协调下签署上述《公约》，并没有将自己置于糟糕的境地，因为对于与黑山类似的国家来说，《公约》中加入了保护性条款。《公约》中写道："在民兵或志愿军构成军队或部分军队的国家中，民兵和志愿军应包括在'军队'一词之内。"同时，未被占领地的居民在敌人迫近时，自动拿起武器以抵抗入侵部队而无时间按照第一条组织起来，只要他们公开携带武器并"尊重战争法规和惯例"，就应被视为交战者。

由此可见，代表国家签署《公约》的人与瑞士代表相比并非不爱国，更何况《公约》中包含了对保护人民军队权利的考虑。《公约》没有忽视正规军队的利益，只是认为有必要将其与背叛者和"反军队荣誉的强盗和土匪"区分开。这并不意味着黑山的士兵会被算作这一群体，而是说《公约》的限制性影响可以适用于他们。

这些解释解决了因签署《陆战法规和惯例公约》产生的争议，而俄国代为签署《公约》的合理性就毋庸置疑了。黑山将签署该《公约》以及 1899 年海牙的其他多边协议视为义务。

1907 年的第二次海牙和平会议上，黑山也是由俄国代表其参加的。

在这之前的 1905 年，当俄国一度可能无法出席该会议，黑山曾暗示或将请求意大利代表自己出席。俄国评估认为，自尊的黑山"有意再一次在某种国际角色中展示"自己的意愿。[①] 后来俄国决定出席这次会议，便像上一次一样继续代表黑山参会。1907 年 10 月 18 日签署的大会 14 项最终决议中，有几项俄国既没有以自己的名义，也没有以黑山的名义签署，它们是《关于敷设自动触发水雷公约》《关于海战中限制行使捕获权公约》和《禁止从气球上投掷投射物和爆炸物宣言》[②]，而签署了《和平解决国际争端公约》（1907 年海牙第一公约），《关于限制使用武力以索偿契约债务的公约》（1907 年海牙第二公约），《关于战争开始的公约》（1907 年海牙第三公约），《陆战法规和惯例公约》（1907 年海牙第四公约），《中立国和人民在陆战中的权利和义务公约》（1907 年海牙第五公约），《关于战争开始时敌国商船地位公约》（1907 年海牙第六公约），《关于商船改装为军舰公约》（1907 年海牙第七公约），《关于战时海军轰击公约》（1907 年海牙第九公约），《关于 1906 年 7 月 6 日日内瓦公约原则适用于海战的公约》（1907 年海牙第十公约）。[③]

俄国还代表黑山出席了日内瓦会议，会议上缔结了《关于改善战地武装部队伤者和病者境遇的公约》及最终议定书（1906 年 7 月 6 日），俄方还代表黑山出席了其他一些类似的国际会议。[④]

颇令人意外的是，此间黑山的外交生活中，奥匈帝国也占据了重要的一席之地。在以黑山的名义签署的约束性协议中，奥匈帝国代表黑山签署的协议数量只屈居俄国之后。在黑山获得独立地位后不久，奥匈帝国的使节就开始为黑山提供这样的服务。

从一封黑山外交大臣 1884 年 2 月 26 日致奥匈帝国驻采蒂涅使节米林科维奇（Milinković）的信中，我们了解到，"黑山政府请求米林科

---

① 黑山人民博物馆档案处,1908 年附加手稿分册,60 分册。
② 同上。
③ G.佩拉济奇,R.拉斯波波维奇:《1878—1918 年黑山的国际协议》,第 752—753 页。
④ 黑山国家档案馆,1884 年外交部分册,76 号文件。

维奇协调奥皇陛下和帝国政府高级代表，代表黑山政府出席电报大会及万国邮联大会"，会议将于次年2月在里斯本举行。在奥匈帝国的外交协调下，黑山加入了大多数国家都参与了的邮政-电报领域的多边协议。①

黑山授权奥匈帝国全权代表其出席了1875年在柏林举行的电报大会。1885年在巴黎举行的国际电报大会上，对1879年在圣彼得堡国际电报大会上签署的《国际电报公约》所附的《国际电报条例和费率》进行了修订和增补，代表黑山签字的也是奥匈帝国。相同的情况还有1891年7月4日，在维也纳的国际邮联大会上通过的《万国邮联公约》及附加议定书和条例。

在黑山外交部的档案中我们找到，黑山曾授权奥匈帝国的诺伊鲍尔（Nojbauer）博士（他代表奥匈帝国和黑山出席了之前的邮政电报领域的数次大会）代表黑山出席1903年7月在伦敦举行的国际电报大会，大会上通过了《电报业务条例》。奥匈帝国代表黑山出席了大多数涉及邮政-电报领域的国际会议。

不过这并不是奥匈帝国代表黑山出席国际会议的唯一领域。奥匈帝国还代表黑山出席了1893年4月15日在德累斯顿举行的世界卫生大会，会议上通过了防治霍乱的《国际卫生公约》及附加议定书；还有1903年10月在巴黎举行的世界卫生大会，会上通过了相应的《国际卫生公约》。还有在其他数次类似1903年10月10日巴黎世界卫生大会这样的卫生领域国际会议上，黑山都是由奥匈帝国代表出席的。

所有这些多边协议都是由其他国家代表黑山出席相关国际会议来签署并提交核准的。1905年的黑山《宪法》通过之前，国际协议的核准权属于大公，《宪法》将这一权力分别赋予了大公和国民议会。国际

---

① 这些协议有：《1878年6月1日邮政公约和规章的补充法案》(黑山也是1876年6月1日的《邮政公约和规章》的签署国)及附加议定书；《1880年11月3日无标价邮包交换公约和条例的补充法案》及附加议定书(黑山也签署了1880年11月3日的《无标价邮包交换公约和条例》)；《1878年1月1日邮政公约实施细节的条例》等。

协议的核准程序是非常重要的，因为国际协议被签署后还需要国家主管部门再一次进行确认。如果协议的内容对黑山并不合适，那么即便是已经签署，其规定的权利义务也有可能不被接受。1893 年在德累斯顿签署的防治霍乱的《国际卫生公约》就是这种情况。《公约》规定每个签署国都应安排一个港口"以便霍乱病人上岸接受治疗"，而每个港口都要配备全部所需的"楼宇、医生和药品"以及所有治疗霍乱的卫生条件。由于不具备这些条件，黑山认为无力承担《公约》规定的义务。但由于《公约》已经被奥匈帝国代表代为签署，黑山政府要求奥匈帝国驻采蒂涅公使进行干预，撤回黑山的签字。黑山希望以此规避那些无力承担的义务。但这样做的同时，黑山还声明会继续遵守达尔马提亚地区的卫生和海事相关法律。

上述是俄国和奥匈帝国代表黑山出席国际会议的情况，黑山独立参加国际会议的情况非常少。在有限的档案文件中，我们了解到，黑山曾参加过 1897 年 9 月在卡尔斯鲁厄（Karlsrue）举行的第四届国际红十字会大会，出席的是大公的全权代表佩塔尔·米利亚尼奇（Petar Miljanić）博士，他同时也是黑山红十字会的代表。[①] 而 1905 年的列日（Liež）世界博览会上，黑山拥有了自己的专员及副官，他们是黑山驻意大利和法国的名誉领事。[②]

我们还要提一下，黑山曾独立参加在伦敦和布加勒斯特举行的和平会议。但这两次会议的形式和本质与前面说的国际会议并不相同。这两次会议的目的不是编纂普通的法律规范或制定国际法准则，而是解决参战国之间的相互关系和具体问题。

虽然黑山确为参战方，但即便派代表直接参会，也未能对会议结果产生更大影响。伦敦和会上，黑山的代表团由拉扎尔·米尤什科维奇、卢约·沃伊诺维奇和约沃·波波维奇组成，他们的任务是为黑山争取到斯库台。然而，由于阿尔巴尼亚的建国和疆域划界问题，斯库台问题

---

① 黑山国家档案馆，1877 年外交部分册，20 分册，822 号文件。
② 黑山国家档案馆，1905 年外交部分册，78 分册，40 号文件。

和阿尔巴尼亚与黑山的边界问题都被排除在会议的讨论范围之外，因此按照《斯库台危机》一书的作者米哈伊洛·沃伊沃迪奇的说法，作为参战方，黑山和塞尔维亚的代表"都无法对他们最感兴趣的问题做出决定。他们无能为力，只能通过与大国代表们的单独接触表达自己的愿望，然后等待大国们的最终决定"[1]。一切决定都是由一场 6 个大国的大使和代表举行的会议做出的。

第二次巴尔干战争后的布加勒斯特和会对黑山来说也没有什么直接意义，因为会上解决的是塞尔维亚、希腊和保加利亚瓜分马其顿的问题。根据大会决定，黑山只是扩大了一定范围的领土。

---

[1] 米哈伊洛·沃伊沃迪奇博士：《1913 年斯库台危机》，贝尔格莱德，1970，第 37 页。

——— 第五章 ———

黑山独立时期的领事机构

第一节　领事实践的新形态

一、1878 年以后黑山领事机构的特点

由于驻外外交代表机构的数量很少，在黑山与世界的沟通中、特别是在经贸领域，扮演重要角色的是黑山的领事机构。根据 1914 年的《王国政府法》，领事们在这一时期被当作了驻外外交代表，基于这样的事实，我们特别关注一下这一时期的领事机构。在这部法律出台之前，通常来说，我们并不把领事机构视为外交机构。

黑山在其独立地位获得承认之前，在斯库台设有领事馆，在科托尔设有领事代理处。这两个机构的设立并没有遵循常规的领事关系建立程序，因为当时国际社会还没有承认黑山的国家地位。这里工作的是受薪公务员，因此这些机构具有国家驻外机构的性质。它们是领事机构的前身，黑山在获得独立地位后开始强化这些机构。

在该领域和常设外交使团领域，机制机构的发展并没有呈现出明显的上升趋势。经济欠发达和贫困让世界对与黑山发展经贸关系兴趣淡薄，这也导致领事机构发展缓慢。除了与邻国即奥匈帝国、奥斯曼帝

国和意大利，起初黑山并没有与其他国家建立领事关系的需求。同时，导致黑山领事机构发展缓慢的原因还有《柏林条约》第 29 条，该条款规定，对黑山商船的领事保护权归奥匈帝国所有。

黑山在获得独立地位之初，只在科托尔设有一名领事代理人。位于斯库台的领事馆于 1893 年重新开放。加上后来驻罗马和的里雅斯特领事馆的开设，这就构成了黑山的全部"国家领事机构"。所有领事工作都是由职业领事来担任的。19 世纪 90 年代初，出现了第一批名誉领事，但之后他们的数量与受薪的领事们相比，要多得多。

二、1878 年以后科托尔的领事代理机构

正如我们看到的，科托尔的首位黑山领事代理人，可以追溯到佩塔尔·佩特罗维奇·涅戈什二世时期及达尼洛·佩特罗维奇大公时代。除了因为他们是"外国人"以外，1870 年之前从事这份工作的人都没有公务员身份，因此可以将这一时期的工作人员称为某种形式的名誉领事。直到 1870 年，佩塔尔·拉马达诺维奇（Petar Ramadanović）被任命为驻科托尔代表，身份是受薪的公务员。他担任这一职位直到 1906 年退休。继任者是他的儿子韦利米尔·拉马达诺维奇（Velimir Ramadanović），韦利米尔担任该职位直到一战爆发。

黑山驻科托尔的代表，直到身份被转变为国家公务员，都没有获得正式的工作许可，而奥匈帝国政府认为该职位对双方都有利，也就一直容忍了黑山的做法。不过，到黑山的独立地位获得承认前，黑山的领事代理人履职时都是没有领事证书的，即便后来黑山加入了国际承认的国家行列，也一直没有获得正式或非正式的领事证书，但领事代理处的工作却一直进行着。佩塔尔·拉马达诺维奇的工作在 1876 年至 1878 年黑山-土耳其战争期间也没有中断，在黑山独立地位获得承认之后，他也一直继续同样的工作。在国家成为国际社会的一份子时，他也无需出示关于身份合法性的正式文件。他还是继续他的工作，虽然他所代表的国家的地位已经发生了重大变化。

所谓的"正式文件"，我们认为是按照常规做法，协议国家间达成领事公约，规范国家间领事关系、领事代表机构、领事工作内容、领事的任命及其种类和等级。这些常规程序完成后，需要任命特定领区的领事人选，并由驻在国颁发领事证书。所有这些，在黑山获得独立地位后，黑山驻科托尔的领事代理人都不具备。这些手续，虽然在其他主权国家间稀松平常，但在这里甚至都不用指望，至少在柏林会议之后的短时间内是如此。因为《柏林条约》第 29 条将黑山商船的领事代表权赋予了奥匈帝国。由于科托尔位于黑山的领土范围内，直到《条约》第 29 条废止之前，这种在黑山领土范围内允许另一国在其领土上独立行使领事代表权的做法，都是不合逻辑的。这也就可以解释，至少在黑山获得独立地位初期，为什么黑山驻科托尔代理人的地位没有发生变化。至于在独立地位存续期间代理人的地位仍旧没有改变，可能是因为奥匈帝国在采蒂涅设立了外交代表机构，也就没必要在科托尔设置更重要的领事机构，也没有必要对这部分机制进行更大的调整。

国家国际地位的变化，也反映在黑山领事代理处的工作内容上。我们看到，截至黑山获得独立地位前，驻科托尔的黑山代理人所从事的工作主要是领事事务，但毕竟代理处是一个未被国际承认的国家在奥匈帝国领土上的机构，因此具备一定的政治意义。如果涉及与科托尔地方政府的沟通，和与其他国家驻奥匈帝国机构的来往，那么代理处就又被赋予了外交职责，成为黑山这个政治主体的代表机构。但随着黑山获得独立地位、奥匈帝国在采蒂涅开设外交代表处，该领事代理处就失去了这方面的功能，只保留了最基本的维护黑山民间贸易往来方面的职责，从历史上看，它的最主要职责还是领事事务。在这一职责范围内，代理处为黑山人提供帮助，在当地政府面前代表他们的利益，帮助他们在市场上进行交易，在奥匈帝国科托尔关税办公室进行关税相关工作，当时还经常发生临时前往科托尔的黑山人遭受虐待或被科托尔政府驱逐的情况。黑山的领事代理人需要调查事情经过，向监狱管理局提出抗议，或设法从监狱中救出被关押的黑山人，同时向黑山政府报告所有重要问题，以便黑山政府通过奥匈帝国驻采蒂涅的使节解决争议。[①]

在科托尔有一定数量的黑山人定居，他们通常是打零工或从事体力劳动。他们其中一些人拥有房产，但也有一些人常年未曾纳税。因此1900 年初，奥匈帝国政府委任的高等税务局负责人决定，要求黑山人一次性补缴税款及 50 克朗（kruna）罚金。但这对在科托尔的黑山人来说是笔巨大的负担，于是大公的领事代理人试图延长偿付期限，以防止这些人的财产被没收。他穷尽所能未果，只得寻求黑山外交大臣的帮助，看能否通过外交部协调解决此事。[②]

领事代理人的活动在商业领域是很重要的，他代表买方或卖方向黑山政府或主管部门报告情况。在他的协调下，黑山可以为官员们采购办公用品，同时，驻科托尔代理人的重要作用还表现在确保国家进出口商品的运输和仓储。当时除主要的商业物流，主要的交通道路也与科托尔相连，这座城市的航线除了连接奥匈帝国，还与英国船只保持往来，能够保证货物通过最快的线路运往世界各地。在驻科托尔领事代理人的帮助下，黑山的学生和移民都是从这里启程前往土耳其、美国和其他国家。

公国驻科托尔代理处有自己的办公室，除领事代理人外还有一名服务员。代理处就是以这样的人员配置来完成上述工作，他们的工作一直持续到一战爆发。随着黑山站在奥匈帝国的敌对方参战，两国断交，驻科托尔代理处的工作也就中断了。

就像我们开头提到的，从黑山领事机构的情况及其分布来看，毫无疑问，黑山独立期间的驻科托尔代理处，应算作受薪领事机构，而非名誉领事机构。虽然归入这一类别，但事实上，鉴于它的级别，它无法与黑山其他类似的领事机构——比如驻斯库台和罗马的领事馆——享有相同的待遇。除了我们说过的原因，即，它位于一个长时间被认定拥有黑山的领事代表权的国家之内，代理处的地位无法确定，从黑山的内部法规来看，该机构的待遇也与其他领事代表机构不同。最明显的体现在

---

① 黑山国家档案馆，1900 年外交部分册，33 分册，396 号文件。
② 黑山国家档案馆，1893 年外交部分册，34 分册，353 号、428 号文件。

从国库拨付给科托尔代理人的款项和隶属关系上。比如，驻罗马和斯库台的领事们被认为是正式人员，可以拿到一定的资金补贴，而驻科托尔代理人被认为是非正式人员，只能领取与身份相应的报酬和补助。驻科托尔代理人的年收入与驻阿尔巴尼亚的翻译员相当，比驻罗马和斯库台领事的收入少一半。这些数据被记录在 1906 年至 1914 年黑山王国的预算中。数据显示，付给科托尔代理人的报酬与低级别领事人员相当，并且是从之前就开始这样做了。从这些数据我们注意到，科托尔的代理机构与黑山其他的领事机构是有区别的，不论其是否拥有名誉性质。

三、驻的里雅斯特领事馆——第一阶段的工作

黑山驻的里雅斯特领事馆的工作分为两个阶段。第一阶段任命的领事是名誉领事；而第二阶段，从 1905 年起，该职位的领事就成了职业领事。该领事馆开设的过程证实了早前的说法，即奥匈帝国政府并没有采取任何官方措施来延长科托尔领事代理处的工作，或通过协议规范代理处的地位。1889 年 12 月底，黑山政府考虑到在的里雅斯特的商业利益，决定在该市设立领事馆。[①] 一封向奥匈帝国驻采蒂涅使节转达黑山政府请求的信函显示，由于双方还没有互派领事的"特别公约"，"黑山政府请求奥匈帝国外交部转告最高政府，黑方希望在的里雅斯特开设领事馆，并请给予批准"[②]。考虑到奥匈帝国政府不会拒绝给出"最高批准"，黑方随即建议由的里雅斯特当地居民杜尚·里斯蒂奇（Dušan Ristić）担任领事。随后，里斯蒂奇被告知已经获得了任命，以及获得领事证书后的工作建议，即，他应当在黑山和奥匈帝国两国的法律范围内行使"领事职责"，同时要为黑山的商业利益服务。[③]

由于杜尚·里斯蒂奇是"自己人"，说明黑山原本要在的里雅斯特任命的是职业领事，而非名誉领事。然而，围绕他的任命又出现了问

---

① 黑山国家档案馆，1889 年外交部分册，25 分册，1726 号文件。
② 同上。
③ 黑山国家档案馆，1889 年外交部分册，25 分册，1371 号文件。

题。里斯蒂奇出生在被奥匈帝国占领的波斯尼亚，后来又表明愿成为土耳其国民，因此他还需要向土耳其领事馆申请"必要证明"才能获得领事证书。① 这一事实再次表明，里斯蒂奇作为外国人，只能被任命为名誉领事，因为这是任命外国国民担任领事时的"国际规则"。② 只要里斯蒂奇不是黑山国民，他就无法担任职业领事。不过按照采蒂涅的说法，这并没有妨碍他与当地政府和其他领事们的交往。领事馆拥有自己的公章和办公场所，并悬挂黑山国徽。

我们没有找到里斯蒂奇从奥匈帝国政府获得领事证书的时间，但是 1892 年和 1893 年他就已经担任了该职务。已掌握的文件中，很少提到他在黑山人商业活动中的代表事务。他的主要工作是为来的里雅斯特工作的黑山人签发身份和旅行证件。黑山移民对航海工作很感兴趣，通过驻的里雅斯特领事，他们希望得到的不只是护照，还有海员证（一种身份证件，以及出生证），否则就无法从事该职业。③ 里斯蒂奇呈递给外交部的，除了护照数量，还有上述证件申请人的描述，以便外交部通过驻的里雅斯特领事向申请人寄送新的证件。

驻的里雅斯特领事馆在第一阶段的另一项工作，是与当地的希科尼-蓬格拉茨（Čikoni-Pengrac）公司就博亚纳河的航行以及调整博亚纳、德里姆（Drim）和基尔河（Kir）河道排干斯库台湖等问题进行谈判以达成协议。谈判是在此前波尔特和黑山政府间达成的协议基础上进行的，该协议要求寻找对"博亚纳河问题进行深入技术研究"的"团队"，并根据研究结果，在晚些时候开工。里斯蒂奇需要以黑山外交大臣加夫罗·武科维奇的名义进行谈判，并试图推翻之前马绍·弗尔比察在谈判中取得的进展，直到他与公国政府发生冲突。④

虽然里斯蒂奇非常投入地做这件事，但与之前涉及斯库台湖水排

---

① 黑山国家档案馆，1890 年外交部分册，28 分册，1235 号文件。
② 黑山国家档案馆，1891 年外交部分册，29 分册，330 号文件。
③ 黑山国家档案馆，1894 年外交部分册，(779—1691)分册，1566 号文件。
④ 黑山国家档案馆，1892 年外交部分册，31 分册，588 号文件。

干问题的每一次尝试一样，还是没能达成协议。至此，黑山驻的里雅斯特领事的活动只能算作是又一次无果而终的努力。

关于里斯蒂奇的其他工作，我们就只能猜测了。可能属于一些普通领事事务，与黑山国家的需求、体量、发展程度和历史地位相适应。这些因素也决定了领事馆第一阶段的工作。在 1894 年 12 月致外交大臣的信中，杜尚·里斯蒂奇提醒称，"即便是比黑山重要性小很多的国家，付给驻这里领事的薪水都要多得多"[1]。虽然从信的内容来看，这并不是最后通牒，但事实是之后的数年里，黑山外交部的档案里都没有再提及过驻的里雅斯特领事的活动。从那之后，也再没有过外交大臣与这位领事之间的公文往来，根据所有情况判断，这意味着从 1895 年初开始，该领馆的工作停止了。

四、驻的里雅斯特领事馆——第二阶段的工作

黑山驻的里雅斯特领事馆于 1905 年初重开。此番被任命为总领事的是奥匈帝国国民科尔内利耶·戈鲁普（Kornelije Gorup）。重开领事馆的程序于 1904 年 11 月启动，黑方同时决定对维也纳主管部委做必要工作，以期获得领事证书。由于黑山在的里雅斯特的经济移民众多，包括参与建设意大利与奥匈帝国之间铁路的工人，以及从当地前往美国的黑山人，领事馆重开的需求非常迫切。采蒂涅预估领事馆的工作量会很大，于是决定派出国家公务员前往的里雅斯特承担领事馆的工作，并赋予其领事身份，而戈鲁普只拥有名誉领事身份。[2]

1905 年 4 月 1 日，奥匈帝国政府复照称，"批准黑山驻的里雅斯特总领馆开馆，并批准领事人选"，但条件是黑山政府同意奥匈帝国在波德戈里察开设领事馆。[3] 鉴于维也纳政府的要求并不十分坚决，因此在奥匈帝国已经在巴尔设有领事馆的条件下，黑山建议奥匈帝国外交部，

---

① 黑山国家档案馆，1894 年外交部分册，(779—1691)分册，1527 号文件。

② 黑山国家档案馆，1904 年外交部分册，72 分册，1664 号文件。

③ 黑山国家档案馆，1905 年外交部分册，79 分册，636 号文件。

在两国尚未达成《领事公约》前，此事暂缓实施。[①]

1905 年 9 月，黑山前驻斯库台领事斯拉沃·拉马达诺维奇（Slavo Ramadanović）的领事证书被签发出来。[②] 不过，他作为黑山候任驻的里雅斯特总领馆领事，已经于 1905 年 3 月 20 日，比就职日期提早很多就抵达了岗位。原因是他需要尽早为在当地务工的黑山人和取道的里雅斯特前往美国的黑山人提供帮助。据斯拉沃·拉马达诺维奇称，科尔内利耶·戈鲁普的名誉领事头衔只是个"摆设"，必须尽快组织起为大批抵达的里雅斯特的黑山人提供帮助的工作。

当地的黑山移民确实需要紧急帮助，因为他们不光数量众多，而且事实上他们中的大部分人并没有物资保障。这些黑山人中，最多的是应聘于各种私人企业，修建从的里雅斯特通过戈里察（Gorica）、托尔明（Tolmin）、圣卢西亚（Sent Lucija）、波德布尔多（Podbrdo）、阿乌斯林格（Ausling）、威尔德萨（Veldesa）直到克拉根福特（Klagenfurt）的铁路。根据拉马达诺维奇甫一抵达搜集的数据，共有 1 450 名黑山人在从的里雅斯特到波德布尔多这一段线上工作。不过，在他抵达后，铁路工人（不光是黑山人）的数量呈下降趋势。从最初的 17 000 人，下降到 9 000 人，因为工程已经接近尾声。因此身处的里雅斯特的黑山人面临失业，生活无着。在拉德马诺维奇抵达后，当地政府将 130 名黑山人遣返黑山。而他的任务则是帮那些无业的、成群结队沿铁路线游荡的黑山人找到工作，或帮他们筹集路费返回黑山。在 1905 年 3 月 30 日从卢布尔雅那（Ljubljana）发出的报告中，拉马达诺维奇对自己的工作表示满意，因为他成功"安置了超过 100 名我们的工人，这让当地政府从现在开始对他们更加关照也更有好感"[③]。

拉马达诺维奇的第二项工作与前往美国工作的黑山人有关。在的

---

① 黑山国家档案馆,1905 年外交部分册,79 分册,636 号文件。

② 黑山国家档案馆,1905 年驻伊斯坦布尔公使馆分册,11 分册,340 号文件。

③ 黑山国家档案馆,1905 年外交部分册,79 分册,697(3)及 700(2)号文件。

里雅斯特有两家公司从事跨国海上客运业务①，即"奥美"公司和一家总部位于利物浦的英国公司。但也有大量代理商运送乘客离境。黑山人在这里经常受骗，他们被收取了费用，却被送回了黑山。除了就选择最保险的代理商为黑山人提供帮助外，如果他们遇到行骗，拉马达诺维奇还需努力补偿损失，他在的里雅斯特还组织运送黑山人前往别的国家。为此，他试图协调奥地利航运协会（前"奥美"公司）与的里雅斯特的科祖利奇（Kozulić）兄弟以及黑山政府之间达成协议。该协议被送往采蒂涅签署，根据协议，该协会将按照约定价格开设固定客运航线。价格包含乘客在的里雅斯特等待启程期间的食宿、登船、船上食宿、航行期间医药服务、在美国登陆等相关费用等。

协议非常详细地规定了签约方之间的其他问题。但协议最终没能签署。由于乘船前往北美或南美的黑山人经常由于自身原因无权登陆而被遣返，前往的人数自然就减少了。另一方面，黑山政府在签发护照时采取了限制措施，大大缓解了这个问题。

但即便采取上述措施，黑山滞留的里雅斯特及周边的难民问题，还是无法完全解决。不过可以推测这些问题得到了一定缓解，因为1906年3月1日斯拉沃·拉马达诺维奇被撤回了。由于需要进行一些回国前的准备，他在的里雅斯特停留到了4月1日，工作才算结束。不过这完全是计划外的，因为他在被撤回前不久，才刚刚支付了领事馆办公楼6个月的租金，而这可能还经过了黑山政府的批准。②

黑山驻的里雅斯特公使馆的重开，说明越来越有必要缓解在当地务工或前往美国的黑山移民数量的问题。但拉马达诺维奇任期的长度，客观上让他无法更多地满足黑山政府的意图，总体而言，他所取得的成效还是非常有限的。

---

① 黑山国家档案馆,公使馆-领事馆之的里雅斯特领事馆分册,2(9)号文件。
② 拉马达诺维奇后来请求报销一些用以救助难民们的费用。他在这个问题上还与外交部发生了一些小小的争执。

五、驻斯库台领事馆

驻科托尔的领事代理处和驻斯库台的领事馆是黑山唯独两个虽然没有得到正式许可，但在黑山获得国际承认前就在运行的领事机构。由于它们位于两个不同的国家——奥匈帝国和奥斯曼帝国，它们在柏林会议之后分别拥有不同的地位。驻科托尔领事代理处的工作在黑山获得独立地位的半个世纪里从未中断，而驻斯库台领事馆就不一样了。后者第一阶段的工作在1876年至1878年黑山-土耳其战争期间中断。虽然随着1879年东方危机结束，黑山获得独立地位，两国建立起外交关系，但黑山驻斯库台领事馆的工作并没有恢复。直到1893年领事馆才重新开放。从黑山驻外使领馆的整体情况看，可能是黑山羸弱的财政导致其即便与土耳其已经建立起对等外交关系，领事馆重开还是晚了一些时日。实际上，早在黑山独立地位获得承认、两国建立对等外交关系之前，驻斯库台领事馆除了具有经济意义，还具有政治意义，因为它成为了与土耳其政府进行沟通的最便捷和最直接的渠道。两国互设使团可以很轻易地替代领事馆临时履行的职责，但不能替代其从获得国际承认之前就在进行的领事工作。19世纪最后10年，黑山的经济贸易有了较大发展，同时为了向斯库台地区的塞尔维亚人产生的影响，黑山公国开设驻斯库台领事馆的问题再次被提了出来。

与土耳其建立领事关系的过程面临重重困难。在黑山政府的指示下，米塔尔·巴基奇于1893年4月开始在波尔特推动此事，他表示，希望两国签署对等任命领事的协议。[①] 按照他的想法，这份协议本应在1887年或者1888年由杰瓦德帕夏（Dževad-paša）签署，但没有成功[②]，当时的疑问在于黑山提出在斯库台开设领事馆的法理依据。米塔尔·巴基奇从伊斯坦布尔报告称，可以以土耳其人已经在黑山开设有领事

---

① 黑山国家档案馆,1893年外交部分册,34分册,468号文件。

② 巴基奇当时确定,该协议肯定能达成,但不确定会以口头还是书面的形式。根据巴基奇的确认,尼科拉大公同意土耳其在波德戈里察、巴尔和乌尔齐尼开设领事馆,并保留自己对等任命驻斯库台、普里兹伦(Prizren)、比耶洛波列和贝拉内领事的权利。黑山档案馆,1893年外交部分册,34分册,621号文件。

馆为由，要求土方向拉扎尔·米尤什科维奇颁发领事证书。这是他要求波尔特向米尤什科维奇颁发领事证书的依据。

由于巴基奇的举措未见成效，黑山与奥斯曼帝国之间又没有达成《领事公约》、没有签署任何公文，也无人知晓土耳其在黑山两个领事馆的设立依据，黑山外交部于是决定采取更强硬的措施。巴基奇接到命令，作为最后的办法，如果土方不允许在斯库台开设黑山领事馆，那么在两国签订《领事公约》之前，就废止土耳其驻黑山的领事馆。[1] 巴基奇是在 1893 年 7 月 29 日收到这一指示的。黑方的举措起到了积极作用，8 月初，黑山外交部收到波尔特的通知称将向拉扎尔·米尤什科维奇签发领事证书。于是，拉扎尔·米尤什科维奇于 8 月 29 日抵达斯库台。在米尤什科维奇受到斯库台帕夏的正式接见时，对方称并没有接到伊斯坦布尔的任何指令，显示他被任命为领事。除了不能被接纳为领事外，巴基奇在伊斯坦布尔的协议中写明的，将米尤什科维奇纳入博亚纳河问题委员会的请求，也没有被接受。[2]

在黑山政府和黑山驻伊斯坦布尔使节的多次干预下，直到 1893 年 9 月中旬，苏丹才批准了大臣理事会关于黑山在斯库台开设领事馆的决议。[3] 领事馆开设后，黑山可以在租用的办公楼上放置国旗、国徽等标志。[4] 拉扎尔·米尤什科维奇担任领事职务直到 1902 年 8 月，这之后斯拉沃·拉马达诺维奇接替了他的位置。《黑山年鉴（1907）》显示，拉马达诺维奇被任命为驻的里雅斯特领事后，1906 年至 1907 年，杜尚·格雷戈维奇接任驻斯库台领事。[5] 其后担任领事的是佩塔尔·普拉

---

① 黑山国家档案馆，1893 年驻伊斯坦布尔公使馆分册，3 分册，106 号文件。
② 黑山国家档案馆，1893 年外交部分册，41 分册，1174 号文件。
③ 黑山国家档案馆，1893 年外交部分册，41 分册，1219 号文件。
④ 1893 年 2 月，时任黑山驻的里雅斯特领事杜尚·里斯蒂收到指示，除了购买印章，还需制作"一枚国徽，在涂成红色的铁皮上绘制白色的黑山国徽。环绕国徽的文字应为以下内容：Consulat, di Montènègro Scutari（拉丁语，"黑山驻斯库台领事馆"——译者注），字母也用白色书写"。黑山档案馆，1893 年外交部分册，40 分册，1564 号文件。
⑤ 根据尼科拉国王 1910 年 2 月 1 日的命令，杜尚·格雷戈维奇再次被任命为驻斯库台及周边地区的领事。黑山国家档案馆，驻伊斯坦布尔公使馆分册，17 分册，77 号文件。

梅纳茨，1910年初，普拉梅纳茨前往伊斯坦布尔担任代办后，杜尚·格雷戈维奇再次担任驻斯库台领事。在格雷戈维奇担任外交大臣期间（可能是1912年3月至10月之间），伊沃·约维切维奇（Ivo Jovićević）博士接过了驻斯库台领事的职责。①

黑山驻斯库台领事的工作内容较为繁杂。除了促进贸易便利化、保护土耳其当局治下黑山国民的利益、解决边界争议和保持博亚纳河航行和渔业活动顺畅，米尤什科维奇的另一项重要任务是，在斯库台及周边的东正教徒中扩大黑山的影响。

狭窄的居住空间，让扩大疆域成了黑山独立时期外交政策的主要目标。奥匈帝国占领波斯尼亚和黑塞哥维那后，让这项政策实现无望，于是黑山调转了方向，除老塞尔维亚外，还将关注点投向了黑山东南部阿尔巴尼亚族的聚居区。斯库台及周边、梅托希亚（Metohija）以及佩奇（Peć）与贾科维察（Đakovica）两市都成为黑山重要的利益范围。因此黑山政府从驻斯库台领事馆开设之时，就努力与阿尔巴尼亚北部部族保持良好关系，竭力将这一地区的东正教人口与黑山联系在一起。与黑山同时在这一地区下功夫扩大影响的还有塞尔维亚王国，于是黑山驻斯库领事的另一项任务就是让塞方的企图无法实现。②

除了送斯库台地区的孩子们到采蒂涅中学读书，黑山还通过斯库台的边境学校、塞尔维亚学校和教会学校扩大自己的影响。③ 类似的做法还包括任命弗拉卡（Vraka）东正教会的神职人员。当时那里的神父米乔（Mićo）前往了塞尔维亚，米尤什科维奇写信建议任命一名黑山人为"我们的神父"，同时该人选还可以担任弗拉卡塞尔维亚学校的教师。④

---

① 伊沃·约维切维奇博士：《关于那些人和事：一个联邦运动者的回忆》，采蒂涅，1995，第77页。
② 约万·M.约瓦诺维奇，焦尔吉耶·N.洛皮契奇（编）：《对努希奇担任领事期间领事关系的研究与观察》，贝尔格莱德，2006，第627—634页。
③ 拉扎尔·米尤什科维奇在1894年8月26日的信中请求"我们的政府应该派一位教师过来"。他认为，这"是现在最需要的，因为他们的一位教师前往了塞尔维亚，只有一位老师留下教孩子们，这一位也想要调走，这样整个学校都可以是我们这位教师的了"。黑山国家档案馆，1894年外交部分册，43分册，1001号文件。
④ 同上。

后来塞尔维亚驻普里什蒂纳（Priština）领事布拉尼斯拉夫·努希奇（Branislav Nušić）抵达当地，"这位诗人对当地塞尔维亚人说，塞尔维亚要在这里设立自己的领事馆，并为贝罗维奇（Berović）家族负责建造的斯库台学校奠基"，对此，黑山领事给出了负面的评价。[①]

除了对东正教信众，黑山驻斯库台领事还努力影响阿尔巴尼亚边境部族的天主教人群。特别是在 1908 年青年土耳其党人革命之后的马利索雷斯起义中，双方建立起了紧密合作，这其中黑山的参与显而易见。当时阿尔巴尼亚几个部族的首领索科尔·巴措（Sokol Baco）、普伦克·比布-多达（Prenk Bib-Doda）等经常在采蒂涅逗留。这当中，黑山驻斯库台领事发挥了重要作用。

黑山试图利用阿尔巴尼亚北部的事件来发动对土耳其的战争。因此，从 1910 年宣布为王国之后，黑山就开始在巴尔干国家——塞尔维亚和保加利亚中寻找盟友。虽然起初遭到俄国反对，但最终还是结成了反奥斯曼帝国的战争联盟，于是黑土外交关系中断。1912 年 10 月初，黑山驻斯库台领事馆停止了工作。

六、阿尔巴尼亚建国之后黑山驻斯库台领事馆的工作

第一次巴尔干战争除了让黑山和塞尔维亚的领土显著扩大外，在解决土耳其欧洲部分领土的问题上，还成立了独立的阿尔巴尼亚国家。因此黑山的主要战争目标之一就是——夺取斯库台，在围攻 5 个月后，黑山于 1913 年 4 月 22 日实现了这一目标，不过最终还是放弃。大国的大使们开会决定，将斯库台划归阿尔巴尼亚。黑山军队于 1913 年 5 月 9 日将斯库台交给了国际部队，于是黑山在这座城市的领事馆开启了新的第三阶段的工作。它现在已经不是与土耳其，而是与阿尔巴尼亚保持

---

① 他说："这位领事在斯库台的所做所为，可能会引起当地塞尔维亚人的好奇，这些人在精神上和祖辈上都是黑山人，我不知道他们中有任何一个人是从塞尔维亚搬来的。因此我想在涉及你们的时候和有可能的时候清除掉这个问题比较好。"黑山国家档案馆，1894 年外交部分册，43 分册，939 号文件。

领事关系的机构了。

1914 年 1 月初被任命为驻斯库台领事的阿莱克萨·马塔诺维奇（Aleksa Matanović）[1] 证实，黑山将城市交给国际部队并撤军后，"在斯库台只留下三名军官和一些士兵整理战利品。他们中的一个人非正式地、但非常乐意地执行领事的职责。后来，黑方又根据情况向当地派出了一名职业外交官"[2]。按照尼科拉国王 1914 年 1 月 22 日的指令，黑山任命了一名驻阿尔巴尼亚斯库台的领事。

领事馆收到的指令，主要来自国王，很多都与之前驻该市黑山领事的工作相似，我们之前已经有过概述。同时也涉及黑山未来对阿尔巴尼亚的政策。这些内容马塔诺维奇是这样转述的："黑山是迫于压力将斯库台交给列强，但阿尔巴尼亚政府不被承认。"除了与国际部队搞好关系，黑山领事的任务还包括维护边境安宁和黑山利益，"保护黑山人，特别是弗拉卡的雄鹰们"。应当"悄然行事，深思熟虑，如果我们有一天能让列强对斯库台不再感兴趣，就能再次实现我们几个世纪的梦想"[3]。

不过，1941 年晚些时候，马塔诺维奇在《泽塔报》撰文称，黑山领事在工作中面临着各种困难，"阿尔巴尼亚政府经常有意抵制，他们有沙文主义倾向，盲目听从奥匈帝国的雇佣军"[4]。但这一阶段的工作，与一战爆发之初国际部队从斯库台撤出时的情况相比，还是相当"顺畅"的。国际部队的撤出让斯库台没有了政府，让城市里的生活和包括黑山领事在内的各国领事们的工作变得艰难。

由于阿尔巴尼亚中央政府没有按照应有的水平运行，我们试问：驻斯库台的领事官员们，实际上向谁递交委任证书？毕竟我们关注的是黑山领事的身份，因此可以做一些假设。

符合逻辑的做法是：黑山领事的证书由阿尔巴尼亚政府颁发，但更

---

① 《泽塔报》(第 4 版)，1914 年 1 月 26 日。
② 黑山历史研究所档案，档案集，364 分册，95 号文件。
③ 同上。
④ 《泽塔报》(第 3 版)，1941 年 1 月 19 日。

有可能的是，证书是从斯库台总督、英国海军上将菲利普斯（Filips）那里得到的，他以各大国的名义管理这座城市。支持这种结论的还有1914年6月初，黑山领事馆侍卫被捕一事最终的解决方式。让马塔诺维奇感到满意的是，当时，他在《1914年捍卫黑山领事馆的声望》一文中向占领军代表菲利普斯上将陈词，据说他得到了后者的道歉。鉴于黑山领事的抗议并不是对阿尔巴尼亚政府提出的，不禁让人认为也许那时候阿尔巴尼亚政府还没有成立，或者马塔诺维奇认为阿尔巴尼亚政府并不负责解决这个问题，这意味着当时阿尔巴尼亚政府的地位还很弱。

随着国际部队的离开，斯库台成了无政府城市，"来了一些强盗土匪，随之而来的是混乱状态"[①]。这不光发生在斯库台，还包括整个与黑山相连的更广阔的边界地区；连博亚纳河的航行也受到了影响，局势混乱，粮食被抢，贸易受到干扰，犯罪团伙横行。

虽然实际程度并没有那么糟，但黑方将上述原因夸大，以此为1915年7月27日黑山军队占领斯库台找理由。虽然盟友国家特别是塞尔维亚提前知晓并同意，但众所周知这只是一次独立行动，导致扬科维奇将军从最高司令部参谋长的位置上离职。这次行动引起了其他盟友国家对尼科拉国王政策的不满。

这次行动后，斯库台实际上与黑山国土相连了，在这里设置领事馆已经没有意义。除奥匈帝国外，其他国家的领事官员们在原岗位上继续履职，直到本国政府做出决定。俄国公使奥布诺尔斯基在给本国政府的电报中说，由于"担心奥匈帝国领事对斯库台部分地区及周边居民的巨大影响力"，黑山在占领城市后立即向奥匈帝国领事卡尔·哈勒（Karl Hale）发出驱逐令，要求其离开。[②] 他最初被安置到了里耶卡（黑山），后来又被安置到科托尔。

随后博若·佩特罗维奇公爵被任命为斯库台总督。一般认为，至此

---

① 黑山历史研究所档案，档案集，364分册，95号文件。
② 俄罗斯帝国外交政策档案，1915年内阁分册，72-31号文件。

黑山在这座城市建立起了政权。黑山驻斯库台公使馆的第三阶段工作也就结束了。该公使馆存续到阿尔巴尼亚建国之后，见证了黑山一直以来对这个地区的兴趣，但黑山与斯库台经济和商业联系交织的事实，不论这座城市归谁所有，都应该受到重视。

七、驻罗马领事馆

黑山第四个职业的而非名誉的领事机构是驻罗马总领馆。来自罗马的律师埃夫盖尼耶·波波维奇，作为尼科拉大公的私交好友，于1896年被任命为黑山名誉总领事。[①] 第二年，也就是从1897年5月15日开始，他的年薪被确定为2 000福林（fiorin）。[②] 埃夫盖尼耶·波波维奇出生于科托尔湾，在的里雅斯特长大。作为意大利国民，他曾在加里波第（Garibaldi）的部队中为意大利统一而战斗。就此应该可以断定他无法担任公务员，因为他不是黑山国民。但外交部的工资数据否认了这一点，事实上，在《黑山年鉴》中，罗马领事馆和其他领事馆会被区分为是大公时期的还是国王时期的领事馆，因此大公时期和国王时期的名誉领事馆也有所区别。鉴于这样的区别，波波维奇的身份应当不是名誉领事。此外，埃夫盖尼耶·波波维奇后来在一战期间，还曾担任过流亡政府的一任总理（1917—1919），很明显，他并没有受到意大利国民身份的影响。

对这座领事馆的工作，我们知之甚少。但据黑山与意大利、特别是与罗马之间贫乏的商业联系，可以推测，他的职责与沿海地区等与黑山商业关系特别密切的地方的领事相比，其职责不会更加重要。

在向黑山国民提供领事保护方面，他的作用比驻的里雅斯特的黑山领事要弱。显而易见的是，意大利首都的黑山人相对少一些。该领事馆的作用主要在于拉拢投资，因为罗马的意大利公司相对集中，它们有意愿为黑山的经济发展投资，并与黑山政府建立联系。

---

① 塞尔维亚档案馆，黑山分册，4分册，Ⅷ- 1918-804号文件。
② 黑山国家档案馆，外交部分册，1897年会计文件分册，3分册，443号文件。

其中一些公司获得了黑山某些领域的特许经营权，包括烟草种植和加工、邮政-电报业的运行维护、修建巴尔自由港、修筑从巴尔到维尔帕扎尔的铁路等等。在驻罗马领事的努力下，20 世纪初，意大利资本一度占据黑山经济领域的主导地位。我们注意到，除总领馆外，1907 年黑山在意大利已经有了 9 位名誉领事和两位副领事[1]，毫无疑问，总领事在意大利一些城市的领事工作中有很强的重要性。不过，在评价黑山驻意大利领事机构的发展情况时，除了经济和政治因素外，还必须考虑到两国王室间的关系，毕竟意大利王后是黑山的公主，意大利国内对黑山是很看重的。

除了典型的领事工作，即根据黑山政府的批准签发和认证护照、在当地政府事务中代表黑山国民以外，总领事还履行情报职责。在 1911 年意大利-土耳其战争中，这部分工作需求尤为明显，当时黑山外交大臣要求埃夫盖尼耶·波波维奇向他报告与战争有关的所有事情，"不光是意大利内部的立场，还有外国的立场"[2]。埃夫盖尼耶·波波维奇担任总领事直到被任命为流亡政府总理。接替他的是韦利科·拉马达诺维奇（Veljko Ramadanović）。1918 年，菲利普·多布雷契奇又担任了该职务一段时间。[3]

八、王国驻其他国家领事馆的命运

上述四个领事馆就是黑山在一战爆发前的全部职业领事代表机构了，它们本身也说明了黑山与世界保持领事关系的能力。不过黑山的雄心要更大一些。黑山对于在相邻的奥斯曼地区开设领事馆都表现出特别的兴趣。在 1899 年大公访问伊斯坦布尔期间，曾有传闻称黑山将在普里兹伦、普里什蒂纳和米特罗维察（Mitrovica）开设领事馆。在后来的谈判中，波尔特表示愿意批准黑山在斯科普里（Skoplje）开设领

---

[1] 《黑山年鉴》，采蒂涅，1907，第 37 页。
[2] 黑山国家档案馆，1912 年外交部分册，156 分册，3366 号文件。
[3] 《黑山之声报》（第 60 版），巴黎讷伊，1918 年 12 月 5 日。

事馆，不过黑山方面对此没有特别的兴趣。① 随后黑山官方提出想在佩奇和普里兹伦开设领事代表机构。② 1899 年 12 月，加夫罗·武科维奇称，大维齐尔同意"普里兹伦成为我们领事馆的所在地"③。但所有尝试还是无功而返，这样一来，黑山在奥斯曼帝国境内就只有斯库台这一个领事馆。

我们看到，一战期间由于欧洲盟国对黑山的态度，黑山军队投降后，王国政府努力拉拢美国政府，以期在美国开设领事和外交代表机构。我们已经介绍了黑山在美国派遣常设外交使团的过程。而开设领事机构的过程也很相似，但困难要少一些。最终黑山在美国开设了总领馆，由弗雷德里克·迪克斯（Frederik Diks）任总领事。④ 早些时候的1916 年春，黑山驻加拿大领事塞费罗维奇上校被任命为驻纽约领事。他的身份接近于职业领事官员。除了志愿军问题上的工作外，他和后来格沃兹代诺维奇的主要活动，都是通过主管部门为黑山争取资金帮助，但都没有达到预期的结果。

1915 年，N. 波塔波夫在日记中曾提到一个名叫米哈伊洛·普平的黑山驻美国领事。他的活动主要是在一战期间组织黑山志愿军回国。⑤

九、名誉领事机构

黑山的职业领事数量很少，但名誉领事的数量并非如此。同时，由于名誉领事机构的数量和本书的性质，我们无法给予它们每个以足够的关注，不过从他们对黑山与世界整体关系的意义来说，不作细述也是

---

① 黑山国家档案馆，1889 年外交部分册，39 分册，654 号文件；见焦科·D. 佩约维奇（Đoko D. Pejović）：《1878—1912 年黑山在扎塔尔耶、上波利穆列……的政策》，铁托格勒，1973。

② 黑山国家档案馆，1889 年外交部分册，39 分册，654 号文件。

③ 黑山国家档案馆，1889 年外交部分册，52 分册，1907 号文件。

④ 德拉甘·日沃伊诺维奇博士：《1917—1922 年黑山讷伊政府经济复苏计划》。采蒂涅博物馆档案处，附加手稿分册，《N. 波塔波夫日记》，第 31 页。

⑤ 采蒂涅博物馆档案处，附加手稿分册，《N. 波塔波夫日记》。

合理的。在此根据特定时期它们在各国的分布情况对其进行回顾。

根据《奥尔利奇年鉴（1885）》，黑山在这一年除了驻伊斯坦布尔的使节和驻科托尔的代理人，再没有其他的驻外外交和领事代表。[①] 我们已经说过在独立最初 10 年形成这种情况的原因。不过，这种情况并没有持续很久，19 世纪 90 年代初，黑山就任命了多位领事。1891 年，黑山设立了驻马赛和巴黎的名誉领事。[②] 同年，驻的里雅斯特领事馆开馆。1893 年，又有了驻意大利巴里、纳波利和卡塔尼亚的领事。[③] 随后，领事的数量继续增加，1907 年，黑山在比利时拥有两名领事（驻布鲁塞尔和安特卫普），在意大利有 10 名（除了驻罗马的总领事外，还有驻卡塔尼亚、热那亚、威尼斯、布林迪西、都灵、米兰、纳波利、巴里、罗马、博尔迪盖拉的领事，以及驻罗马和巴里的名誉副领事）；驻法国的名誉领事包括驻巴黎总领事，驻哈夫尔（Havr）、马赛、巴黎和尼斯的领事以及驻马赛的副领事；还有驻英国和马耳他的名誉领事。[④]

1911 年，除上述国家外，黑山还与希腊和罗马尼亚建立了领事关系，在科孚岛和布拉伊拉任命了名誉领事。除了之前在马耳他，这一年又在伦敦和布鲁塞尔开设了两个领事馆。[⑤] 随着新任命驻帕勒莫（Palermo）和博洛尼亚（Bolonja）的名誉领事，驻意大利的领事馆数量也有所增加。根据在法国出版的《黑山王国政府工作人员和外交及领事人员名册》，截至 1917 年 10 月，黑山设有名誉领事的领事馆分布于：巴西（里约热内卢），西班牙（马德里），美国（纽约），法国（波尔多、哈夫尔、马赛、尼斯和巴黎），英国（布里斯托、伦敦、马耳他），希腊（索伦），荷兰（阿姆斯特丹），意大利（罗马、巴里、博洛尼亚、布林迪西、热那亚、米兰、纳波利、都灵和威尼斯），挪威（克里斯蒂亚尼

---

① 《1885 年奥尔利奇年鉴》(再版)，采蒂涅，1979，第 26 页。
② 黑山国家档案馆，1891 年外交部分册，29 分册，330 号文件。
③ 《黑山年鉴》，格尔利察，1892。
④ 《黑山年鉴》，采蒂涅，1907，第 37 页。
⑤ 《黑山年鉴》，采蒂涅，1911，第 35 页。

亚），瑞典（斯德哥尔摩），瑞士（日内瓦）。① 此外，我们还找到了在上述国家其他城市开设领事馆的法令。特别是在 1918 年年中，黑山在国际主体地位受到威胁时，还是想给世人以王国流亡政府成功执政、国际活动按部就班的印象。除了对一些城市的名誉领事进行了轮换（伦敦、马赛和尼斯）②，还在格拉斯哥③、布宜诺斯艾利斯④、利物浦、爱丁堡和朗斯新开设了名誉领事馆。⑤

到一战爆发前，黑山的领事机构，特别是名誉领事设立工作，推动得卓有成效，遍布范围颇广。更进一步说，它们促进了黑山的经济发展，更加彰显了通过这种身份的代表们加强黑山与世界经济联系的需要。由于黑山对融入国际经济和商业大潮的需求要强于世界对黑山所表现出的兴趣，因此不论是在经贸领域，还是在外交领域，都没有实现代表权的对等。在这种背景下，黑山在国外设置领事代表机构的数量——即便是名誉代表机构的数量——都远多于其他国家设在黑山的领事馆数量。截至 1893 年，只有奥斯曼帝国（在波德戈里察和巴尔）和奥匈帝国（在巴尔设有副领事）在黑山设有领事代表机构。⑥ 到 1901 年，这个数字略有提升，除奥匈帝国（驻巴尔的副领事）和土耳其（驻波德戈里察、巴尔和乌尔齐尼的副领事）外，意大利也在巴尔设置了副领事。⑦

外国派驻黑山的都是职业领事。如果不算比利时代表的话——有文献说他是外交官身份，这里面就没有名誉领事。黑山与世界各国的领事关系，多数是通过名誉领事们来维系的。他们在商业和经济问题中代表黑山利益，但很少涉及政治问题。对他们的任命主要是出于经济往来和与外国非政治合作的考虑。但是，由于这种关系的临时性，没有必要

---

① 《黑山王国政府工作人员和外交及领事人员名单》，塞纳河畔讷伊，1917 年 10 月。

② 《黑山之声报》（第 38 版），1918 年 1 月 22 日。

③ 《黑山之声报》（第 52 版），1918 年 8 月 12 日。

④ 同上。

⑤ 《黑山之声报》（第 59 版），1918 年 11 月 2 日。

⑥ 《黑山年鉴》，采蒂涅，1912，第 26 页。

⑦ 《黑山之声报》（第 59 版），1918 年 11 月 2 日。

任命公务员来担任领事。此外，经济条件也不允许。

　　名誉领事都是从有声望的外国国民中选择，经常是由法学人士来担任，他们被选中担任名誉领事时，能够获得在办公室突出位置摆放黑山国徽和国旗的权利。他们的工作是协调并有时达成建立商业和经济关系的合同，还有保护黑山海外国民。从工作方式上来说，更多是被动的，这在 1905 年 3 月 16 日颁布的《护照签发法》中也有所体现。该法律第 24 条对身处海外的黑山国民换发护照做了规定。旧护照应"与申请人详细地址和规定的费用一起被送至最近的领事馆，或直接送交外交部"[①]。护照被送到领事馆后，领事的任务只是进行一些协调工作，即把护照递送给外交部。这就是换发护照时领事的全部工作了，因为只有驻伊斯坦布尔公使馆有权签发外交部寄送来的新护照。[②]

　　需要补充说明的是，总的来说，一些名誉领事虽然不是职业领事，但还是可以从财政部获得一定的财物。这不是工资，而是对他们为黑山公国服务时所产生费用的补偿。由于名誉领事的工作多种多样，他们获得的财物也不都一样，因事而异。关于这部分内容，我们找到了黑山驻巴黎总领事保罗·梅隆（Polo Melon）的材料。[③]

　　通常所说的领事工作的非政治性也有例外。比如黑山驻巴黎领事路易·布里内，在安德里亚·拉多维奇政府成立前，他实际上做的是拉扎尔·米尤什科维奇政府中财政大臣的工作，还与法国外交部保持有沟通。虽然是外国国民，但他后来还成为了黑山外交部的秘书长，随后又担任了黑山驻法国的代办。[④]

　　驻纽约名誉总领事弗雷德里克·迪克斯的工作职责中，也有一些我们无法称之为典型领事职责的内容，我们可以看到，1918 年，迪克斯与亚历山大·代温向美国政府提交了黑山经济复苏计划。不过这都

①　《护照签发法》，采蒂涅，1905，第 11 页。
②　同上。
③　黑山国家档案馆，外交部，会计文件，1897 年，3 分册，960 号文件。
④　迪米特里耶·迪莫·武约维奇博士：《1914—1921 年盟友们与黑山的财政》，第 62 页。

属于个案，属于领事职责范畴之外的活动。这些情况都是源于黑山流亡政府在军队投降后所处的艰难政治环境。[1]

十、《领事公约》订立和领事任命的惯例

在本书所涉及的时代，通常两国间领事关系、互派领事等问题都是通过签订协议，即《领事公约》来确立的，或者通过贸易协议的专门内容确立。在已知的黑山签署的协议中，没有在对等基础上规范外国人在对方领土上权利的《领事公约》或国际协议。从黑山获得独立地位直到一战爆发，黑山共缔结了20份涉及贸易和航行的协议，其中有两份包含涉及相互间领事关系的条款。它们是1882年1月21日缔结的《大不列颠及爱尔兰联合王国女王陛下、黑山大公殿下关于友好、贸易和航行的协议》，和1883年3月28日缔结的《意大利与黑山贸易、友好和航行协议》。[2]

这些协议的条款规定，黑山在意大利、英国及其殖民地（加拿大、纽芬兰、开普敦、纳塔尔、新南威尔士、维多利亚、昆士兰、塔斯马尼亚、南澳大利亚、西澳大利亚和新西兰），以及上述地区在黑山，可以任命最高至最低等级的领事官员，但仅限于享有最高特权的地方。虽然这些涉及开设领事馆的协议并不需要特别批准，但领事代理人必须拿到领事证书才能获得任命，因为领事证书意味着驻在国政府对其的接纳。协议中有专门条款规定当地政府须为领事工作提供帮助。

这是黑山所签贸易协议中唯一规定了领事关系的条款。鉴于此类协议数量有限，我们可以说这是领事实践中少数的例外了。即使在上述协议到期后，与相关国家新签署的协议中，即1903年《意大利与黑山

---

① D. 日沃伊诺维奇：《1917—1922年黑山讷伊政府经济复苏计划》。

② 第一份协议的第10条和第二协议的第14条的内容完全相同："协议各方有权任命总领事、领事、副领事、领事代理和代理领事，派驻在协议另一签署方的城镇和码头，符合条件的领事代表获得与常驻地民众相应的特权。领事代表在获得驻在国通常形式的承认前不可履新。他们有权在当地履职，并享受在未来被允许与领区最高特权民众一样的特权、特例和便利。"《黑山之声报》（第19版），1882年5月19日；《和平组织条约和公约——外交公文》，罗马，1880年，Ⅺ，201；G. 佩拉济奇、R. 拉斯波波维奇：《1878—1918年黑山的国际协议》，第180—186，188—201页。

临时贸易协议》和 1909 年的《黑山公国与大英帝国贸易和航行协议》中，这些条款都被剔除了。

由于并未订立《领事公约》，而绝大多数商业协议中也不包含相关条款，有可能是黑山与其他国家建立外交关系时，已经一并就建立领事关系达成了一致。在尼科拉大公任命名誉领事的命令中，并没有提到驻在国是否赞同，可能给人的印象是在确定人选时并不需要征求领事证书。但由于领事证书是授予领事们的，以表示准许其从事领事工作，我们认为，应该不存在未获得领事证书的情况。惯常的做法是除了委任证书外，还需要获得驻在国对领事人选的同意，使其能够正式在该国境内从事领事工作。否则，就不能说被任命者具有合乎国际法的身份。

除了领事代表权没有以双边协议的形式得以规范，黑山国内也缺乏关于领事身份和职责的规定。在有限的法律条款中，1914 年 5 月颁布的《王国政府和国家权力组织法》，规定了领事官员的地位。在第 44 条中，将领事和副领事也归类为外交代表。

虽然众所周知，在没有派驻外交使节的国家中，总领事可以被委任一定的外交职责，但我们不能说这是一贯的代表原则。从中我们可以得出结论，在这个问题上，上述法律规定是一种不切实际的做法，其在本国的实践中没有达成什么成果，更不用说在驻在国的待遇了。实际上，现有材料表明，职业领事和名誉领事们还是在领事职责范围内活动，没有跨界到外交使节的职责范畴内。同样的，在少数情况下由领事官员来履行外交职责，并不代表可将其确定为特殊类别的外交官员。虽然黑山的外交机构处于低级水平，但也不能用这种方式填补外交官的空编。这也不符合国际法中的一般规定和原则。上述法律的最后条款提到，关于外交和领事机构更详细的规定将在"专门法律"中另行写明。制定这样的法律肯定已经在计划当中，但现存的法律公文中没有相关内容。如果这些法律获得通过，我们就可以从关于外交使节的法律决策中，判断出立法者的意图。

第六章

1878年至1914年黑山的特别外交

第一节　独立时期的特派使团

一、特派使团数量未被削减的原因

在黑山，特派使团的外交工作形式早于传统的外交使团形式出现，在第一批常驻外交使团设立后，特派使团不再占据主导地位。但同时，由于常驻外交代表机构的减少，即便是在黑山获得独立地位后，临时的外交接触都是在特派使团的层面上进行的，它们在国家外交中发挥了很大作用。其中典型的例子就是尼科拉大公出访其他国家时带队的高级别或最高级别的特别使团。要注意到，直到巴尔干战争爆发前，黑山都只有驻奥斯曼帝国这一个常驻外交代表机构；在其关闭后，从1913年底到1916年一战爆发，黑山只在贝尔格莱德、随后在巴黎有唯一的外交代表机构；到1918年年中，只在纽约有外交代表机构。很明显，黑山无法填补与外国常驻采蒂涅外交使节相对应的驻外人员空缺。外交中的很多重要问题，都只能通过派遣特别代表的方式来解决。

其他国家在这段时间的对黑关系中，比之前较少地通过本国特别代表来进行交往。因为所有重要问题都通过常驻采蒂涅的外交使节来解决了，外国元首或政府派出"全权代表"或亲自到访，在黑山是很罕见的。除了保加利亚巴腾堡的亚历山大大公的访问（1883）——这是首次有外国统治者访问黑山——①和1897年亚历山大·奥布雷诺维奇大公对黑山进行回访，其他所有外国政要的访问主要都是礼仪性的，都是在一些典礼性质的场合：比如1890年耶莱娜公主出嫁，1899年王储达尼洛娶亲，1910年黑山被宣布为王国，等等。而当大公和政府想与比驻采蒂涅使节更高级别的人士沟通时，只能派特使前往外国王室寻求问题的解决。

黑山获得独立地位后，特使们的性质发生了变化，到访国家对黑山特使接待待遇的合法性不再有疑问。

我们将在一定程度上回顾这类问题，以便对黑山的整体外交有一个清晰的了解。通过对特派使团的了解，可以确定黑山面向世界时对外政策的特点。它反映出，黑山的最高"外交官"是尼科拉大公，也就是后来的国王。从历史上看，这也是其他专制君主国家的特点。就黑山而言，由于国家机构发展不完善和社会贫穷等原因，这种特点在内政外交中表现得更明显。虽然外交部是个重要的国家机关，但不论外交大臣还是其所领导的外交部，都无法独立就任何重要的对外政策做出决定。在这种情况下，当黑山作为一个积极的外交参与者向他国派出特别使团，即便为首的不是大公，也是以他的名义并受他批准的。

二、黑山独立最初 20 年间的最高级别外交

黑山在1878年之后的特别外交，从尼科拉大公访问维也纳开始。访问于1879年底成行。虽然此访并没有太大的政治意义，但也是一次

---

① 在报道保加利亚大公访问时，《黑山之声报》写道："保加利亚亚历山大一世大公陛下下周将拜会我们的大公。无论从哪一方面来看，此访都必将让每个黑山人由衷喜悦。自从这个国家以黑山的名义成为独立国家，还没有哪个外国统治者踏上它的土地。现在，一个兄弟国家的统治者要第一次踏上我们的土地，作为我们统治者亲爱的兄弟，也作为我们国家的朋友。"《黑山之声报》，1883年4月23日。

重要的访问，因为这是黑山统治者首次作为主权国家的元首对他国进行正式访问。

由于柏林会议上的决定，黑山和奥匈帝国之间的关系在会后一直充满不确定性。虽然主要问题出在与奥斯曼帝国的关系上，但黑山必须解决与奥匈帝国的边界问题，也就是要向奥方让出黑山军队占领的黑塞哥维那和普里莫尔耶（Primorje）的领土。根据《边界线确定协议》，划界工作较快地得到了解决。与奥匈帝国关系中较难解决的，是黑山的出海权问题，维也纳政府正努力对此加强限制。黑山与土耳其的关系也引起了奥匈帝国政府的注意，因为根据柏林会议的决定，奥匈帝国准备占领波斯尼亚和黑塞哥维那。

奥匈帝国政府坚持黑山应当与土耳其建立外交关系，避免由俄国来代表黑山，以减少俄国代表对黑山的影响。同时，奥匈帝国政府还怕两国越走越近，这可能会给其对波斯尼亚和黑塞哥维那的政策以及计划中对新帕扎尔桑扎克的占领带来困难，因为柏林会议关于黑山和奥斯曼帝国在这一地区的决议被认为是不公正的。

为了让黑山的处境变得更加艰难并迫使其同意合作，维也纳政府首先决定拒绝黑山的请求，不为滞留在黑山境内的黑塞哥维那难民支付费用。① 随后又要求就奥匈帝国在巴尔港的管理权订立专门的公约。奥匈帝国此举的目的在于，要获得比《柏林条约》第 29 条赋予它的更大的特权，以控制黑山的海路交通。泰梅尔男爵的公约草案，让奥匈帝国有了任命船长和港口其他官员的权利，以确保其对海岸和船只的完全监控。《柏林条约》规定，巴尔地方政府在行使黑山的出海权时，完全从属于奥匈帝国。尼科拉大公出于某种原因，不能同意维也纳的计划。但维也纳政府无视大公的反对，坚持通过这项决议，并且又提出三份协议，不过立场较之前略有缓和。② 在坚持限制黑山出海权的同时，1879 年 8 月，奥皇弗朗茨·约瑟夫（Franc Josif）邀请尼科拉大公访问

---

① 俄罗斯帝国外交政策档案，137-475 号文件，外交部亚洲司报告，黑山。
② 同上。

维也纳。大公相信，与奥地利皇室高层接触有助于问题的积极解决，并能为新获承认的国家带来一些好处，于是接受了邀请。

维也纳为尼科拉大公安排的欢迎仪式和随后的接待非常隆重友好。尽管这为访问带来了成功的希望，但黑山与奥匈帝国和与土耳其关系问题的处理并没有取得令人称心的成果。实际上也无法指望有好的结果。相反，在 1876 年至 1878 年的战争中，奥匈帝国就阻止了黑山向黑塞哥维那扩张。因此，要将黑山大公的维也纳之行解读成维也纳欲向黑山表达特别感激，那就错了。恰恰相反。奥匈帝国政府希望通过对尼科拉大公表现出的尊重，给新帕扎尔桑扎克的人们留下积极印象①，因为那里的人们非常信任这位黑山统治者。奥匈帝国这样做，是希望通过与尼科拉大公的友谊，更容易地在这一地区和塞尔维亚推行其政治和经济计划。

大公此访的背景，还涉及巴尔地方管理权中的奥匈帝国利益。访问期间，大公表示希望"在巴尔设立一个大公办公室"，其职责是"港口海事和卫生监察"。② 同时，他愿保证为奥匈帝国政府"在巴尔和公国其他地方对商业、海洋和卫生利益进行特别保护"③。这实际上意味着同意奥匈帝国政府控制"黑山办公室"的工作。很明显，该办公室的开设，将奥匈帝国的海事立法和管辖权延伸到了"黑山海事组织机构"。《柏林条约》第 29 条奠定了适用于达尔马提亚④、黑山沿海和巴尔港海事领域法规的法律基础。

在巴尔开设"黑山办公室"的建议被接受了，从而将其完全置于奥匈帝国海事管理局的控制之下。这已经是所达成协议中最重要的问题了，很明显大公的访问成果非常有限。

尼科拉大公的维也纳之行并没有妨碍黑山与俄罗斯帝国的外交关

---

① 《新时代报》(1257 期)，圣彼得堡，1879 年 8 月 29 日/9 月 10 日。
② 同上。
③ 黑山国家档案馆，1879 年外交部分册，3 分册，440 号文件。
④ 同上。

系。相反，当时俄国与黑山的政策目标非常接近。他们对维也纳宫廷扩张政策的态度和对贝尔格莱德反奥匈帝国立场的态度，都相吻合。柏林会议后的最初几年，塞尔维亚与黑山的关系遇冷，主要原因是充满了"王室之间的纷争"。

三、1882年尼科拉大公对圣彼得堡的访问

这次访问不仅对黑山与俄国的关系具有重要意义，黑山还因此被俄国称为巴尔干政策的主要"盟友"。

这一年2月发生在贝尔格莱德的事件，对尼科拉大公访问圣彼得堡有着特殊的重要意义。米兰·奥布雷诺维奇的亲奥政策以其最终称王而收场。[①] 这是维也纳对塞尔维亚统治者亲奥政策的奖励。在黑山，这件事非常令人不快，因为它至少象征性地强调了，塞尔维亚的重要性超过了黑山。这是对佩特罗维奇王朝和公国威望的打击。从"国家使命"的角度来看，奥布雷诺维奇头衔的提升，伤害了黑山王室的雄心。因此，采蒂涅试图弱化米兰·奥布雷诺维奇称王带来的政治影响，声称这是巧妙操纵奥匈帝国角色的结果，遭受了各方间接的指责，尼科拉大公暗示"'这个国王头衔是从奥匈帝国手中接过来的'，代价是米兰国王仁慈地对奥匈帝国占领波黑予以谅解"[②]。

塞尔维亚宣布为王国一事不光在采蒂涅引发了糟糕的反响。圣彼得堡也意识到其在塞尔维亚影响力的丧失，再加上柏林会议上重新划定《圣斯泰凡和约》相关边界、与保加利亚关系遇冷，俄国的巴尔干政策遭遇重重困难。尼科拉大公拜访新任沙皇亚历山大三世，欲借机厘清

---

① 在米兰此次称王之前，1876年9月，他曾被俄国驻塞尔维亚军团司令切尔尼亚耶夫（Černjajev）宣布为国王。想以此迫使塞尔维亚继续参战，因为俄方预计波尔特不会承认塞尔维亚为王国，也不会同意其以王国身份进行和谈。斯洛博丹·约瓦诺维奇：《米兰·奥布雷诺维奇一世政府》，第340—342页。迪米特里耶·迪莫·武约维奇博士：《黑山与塞尔维亚的合并》，第37页。

② 诺瓦克·拉日纳托维奇：《尼科拉大公与1882年米兰·奥布雷诺维奇宣布为塞尔维亚国王》，载《历史札记(1966)》(第12卷)，第3—519页。

俄国的政策方向，强调自己是俄国在巴尔干的朋友。①

对黑山大公的欢迎仪式组织得非常隆重。《黑山之声报》写道："一路上所有的火车站在大公经过时，都装饰上了黑山和俄罗斯国旗，晚上到处灯火通明，人群热情地问候大公——乌拉——并送给他面包、盐和鲜花。"②

大公在圣彼得堡期间借机向亚历山大二世的亡灵致敬，更重要的是在与新沙皇的谈话中多次进一步确认双方的传统友好关系。圣彼得堡的民众不断强调着俄国与黑山的友谊，而塞尔维亚则被明确地与奥匈帝国联系起来。黑山大公的访问被外界用来对一些巴尔干国家的政策进行评估。这在 1882 年 9 月 7 日《新时代报》的社论中尤为明显。一方面，尼科拉大公的政策被看作是俄国与黑山不变的友谊和密切关系的明证，"让所有斯拉夫朋友们感到遗憾的是"，塞尔维亚和保加利亚王室受到敌对势力的影响，忘记了自己的自由和独立应当感谢"俄国的鲜血和庇护"。社论从而得出结论，塞尔维亚政府不为民族利益服务而为敌人服务，并认为米兰·奥布雷诺维奇宣布为国王的仪式，实际上也代表着塞尔维亚脱离其他同族国家，妨碍了斯拉夫民族的团结。③

---

① 大公于 1882 年 8 月 22 日从黑山启程。陪同出访的还有副官萨沃·佩特罗维奇（Savo Petrović）、外交大臣斯坦科·拉多尼奇和西莫·波波维奇。马绍·弗尔比察陪同大公至维也纳，随后返回黑山。陪同大公前往俄国的还有俄国驻采蒂涅使节 N. A. 什佩耶尔。《新时代报》的记者是这样描述大公从采蒂涅启程的："由于 5 点就要启程前往科托尔，采蒂涅凌晨 4 点就有民众开始聚集。天刚破晓，大公就走出来站在榆树下与聚集的人群交谈。这样过了半小时，他又返回了宫殿。随后在 5 点钟马车抵达时，他走出门并停下来与聚集的黑山人道别。人们分别走近他，亲吻他的手，祝他旅途愉快。"《新时代报》（第 233 期），1882 年 9 月 8 日。

② 根据《新时代报》1882 年 9 月 6 日的报道，圣彼得堡的欢迎仪式是这样的："华沙火车站的站台和帝国火车站的入口处都装饰着旗帜。到处都装点着大号的黑山国旗。叶戈罗夫斯基（Jegorovski）近卫军团仪仗队、交响乐团和合唱团列队向大公致敬。谢尔盖·亚历克桑德罗维奇（Sergej Aleksandrovič）大公、迪米特里（Dimitri）和康斯坦丁·康斯坦丁诺维奇（Konstantin Konstantinovič）以及米哈伊尔·米哈伊洛维奇（Mihail Mihajlovič）、彼得堡区副司令科斯塔纳达（Kostanada）少将、省长、副省长、外交部工作人员都在车站迎接贵客们的到访。当火车进入站台时，军乐队首先演奏了进行曲，然后是黑山国歌。随着国歌响起，大公率团从仪仗队前经过，然后又经过了其他的欢迎人群。当大公乘马车离开车站时，聚集在入口处的人群向这位斯拉夫民族的统治者发出由衷的欢呼声。"

③ 《新时代报》（第 33 期），1882 年 8 月 27 日/9 月 8 日。

俄罗斯帝国官方认为，只有黑山仍然忠于民族团结。因此，黑山的地位受到了特别重视。大公离开黑山5个星期，于1882年9月底返回采蒂涅，在涅古希（Njeguši）为他举行的隆重欢迎仪式上，大公指出，俄国对黑山有着很大兴趣，对黑山提供的保护没有改变。

四、1883年尼科拉大公对俄国的访问

次年，尼科拉大公再次访问了俄国。访问的目的是出席在莫斯科举行的俄罗斯帝国新沙皇亚历山大三世的加冕典礼，时间是1883年年中。黑山代表团由尼科拉大公率领，成员包括外交大臣斯坦科·拉多尼奇公爵、马塔诺维奇副官和诗人兼大公的私人医生约万·约瓦诺维奇·兹马伊（Jovan Jovanović Zmaj）博士。巴尔干国家中只有塞尔维亚和罗马尼亚派"特使"出席了典礼。它们派出的代表团级别较低，也说明当时它们与俄国皇室之间的关系不算密切。

尼科拉大公于1883年5月10日抵达莫斯科。与上次访问一样，他受到了隆重的欢迎。迎接他的包括俄国的大公们和多位高官。尼科拉大公在俄国一直停留到1883年6月4日。[①]

由于这是大公在不到一年的时间里再次访问俄国皇室，这次访问对于俄黑之间的政治问题并没有给予很多关注。但此访证实了两国间牢固而真诚的友好关系。不过对俄国的访问，也是大公访问伊斯坦布尔的一次重要筹备。

实际上，在黑山获得独立地位和奥匈帝国占领波斯尼亚和黑塞哥维那时，奥斯曼帝国就希望与黑山密切联系，以便更成功地阻止奥匈帝国东扩。显然，奥匈帝国的强大力量，对奥斯曼在巴尔干的利益构成了很大威胁。为了巩固本国地位，苏丹试图与巴尔干国家建立紧密合作。

---

① 参加沙皇亚历山大三世加冕典礼的有奥匈帝国、德国、巴伐利亚、博登（Boden）、黑森（Hesen）、萨克森（Saksonija）、法国、意大利、英国、瑞典、挪威、丹麦（Danska）、比利时、荷兰、西班牙、葡萄牙、巴西、奥斯曼帝国、波斯（Persija）、美国、中国、日本（Japan）及巴尔干国家：黑山、塞尔维亚、希腊、罗马尼亚和保加利亚的代表。《黑山之声报》（第21版），1883年5月22日。

因此，尼科拉大公于 1881 年 10 月收到了访问伊斯坦布尔的邀请。奥斯曼政府向黑山建议，两国可缔结一项结盟协议，以确定与奥匈帝国发生武装冲突时的相互义务。苏丹通过奥斯曼帝国新任公使里扎贝格（Riza-beg）向大公建议，成立一个攻守同盟以对抗奥匈帝国。[①] 虽然黑山统治者没有马上接受苏丹的建议，但奥匈帝国的扩张政策迫使其向波尔特靠拢。因此他将访问推迟到了"合适的时机"，以便与苏丹讨论军事-政治联盟事宜。

对黑山来说，与土耳其建立良好关系能带来两方面的好处。首先是保障边境和平，为国家的稳定发展创造条件；其次是实现相应的战略效果，即，当与奥匈帝国发生冲突时保证自己拥有靠山。然而，鉴于此前黑山与土耳其漫长的关系史，要对苏丹采取新的政策路线并不容易。大公对接受合作建议犹豫不决，而土方又通过公使里扎贝格发起了新的"政治攻势"。不过尽管如此，大公对苏丹的访问还是没有那么快实现。接下来的 1882 年，又由于未解决的边界问题，访问无法成行。

当年年底，划界问题引起了两国的政治危机。因此，1883 年 1 月 10 日与贝德里贝格（Bedri-beg）率领的奥斯曼代表团签署的协议，即《第三号议定书》，并没有按商定的方式实施，该协议主要涉及从海上到斯库台湖、经泽塔平原到格拉迪什泰（Gradište）、再到波德戈里察北部沿线的界标设立。由于波尔特拒绝派代表参加，黑山的专员们自行完成了划界工作。由于划界问题仍面临困难，黑山政府请求《柏林条约》的缔约国重新考虑这个问题。为了避免争端国际化导致欧洲介入调解，苏丹派出元帅穆斯塔法·阿西姆帕夏（Mustafa Asim-paša）前往阿尔巴尼亚解决问题，并与尼科拉大公会谈。

为尽快与黑山建立友好同盟关系，土耳其政府指示划界委员会的新任特派专员在 1883 年 4 月里耶卡（黑山）会晤期间，争取得到大公关于访问土耳其的具体答复。因此，当奥斯曼专员在关于边界争议的谈

---

① N. 拉日纳托维奇：《1881—1883 年黑山与土耳其的边界划分》，载《历史札记》（3—4 卷），波德戈里察，1994，第 33 卷。

判中了解到大公将访问俄罗斯帝国，遂建议黑山统治者顺访伊斯坦布尔。这一次，大公还是没有接受对方的邀请，辩解称对苏丹的访问"不能是顺访，而应该是经过特别准备的访问"①。大公抵达莫斯科后，旨在拉近黑山与土耳其关系的外交努力仍在推进，尼科拉大公在出席亚历山大三世加冕典礼期间，与苏丹的代表、塞尔维尔帕夏（Server-paša）举行了会谈。

根据俄国外交部的报告，俄国政府也参与了这次活动。在巴尔干地区建立睦邻友好关系、确保巴尔干国家间的合作，符合俄国皇室的利益，塞尔维尔帕夏推动的谈判，在俄国看来是加强两国合作和友好关系的良好开端。会谈中，大公再次收到访问伊斯坦布尔的邀请。由于害怕国内的负面反应，大公只是原则性地接受了邀请，但一直推迟到返回黑山后才前往访问。他坚持要先解决悬而未决的边界问题，尤其是波德戈里察北部和南部的土黑边界问题。

五、尼科拉大公对奥斯曼帝国的访问

本次会谈后，加上土耳其一再邀请，对土耳其的访问已经无法再拖延。1883 年 6 月，大公从俄国返回黑山后，肯定地接受了苏丹的邀请。1883 年 8 月 15 日，他启程前往伊斯坦布尔。在启程前对民众发表的演说中，他解释了黑山-土耳其关系的变化和访问的原因。

由于尼科拉大公是第一位拜访苏丹的黑山统治者，他在行程笔记中非常生动地描述了此访的历史意义。

大公从科托尔启程前往伊斯坦布尔，送别仪式非常冷清。这也表现出奥匈帝国政府对土耳其-黑山关系的不满。但大公随行人员中的气氛真挚热情：一边是伊利亚·普拉梅纳茨神父、斯坦科·拉多尼奇、沙科·佩特罗维奇（Šako Petrović），另一边则是伊布拉西姆贝格（Ibrahim-beg）、马赫穆特帕夏、伊斯迈尔贝格（Ismail-beg）以及里扎贝格，这证明了两

---

① 俄罗斯帝国外交政策档案，1883 年外交部亚洲司报告，黑山。

国成功和解，也预示着访问将取得良好成果。

尼科拉大公于 1883 年 8 月 19 日抵达土耳其首都。大公一行抵达苏丹皇宫时受到了隆重欢迎。苏丹也表现出了对大公的尊重。这种"特别尊重"还体现在授予大公土耳其高级勋章奥斯曼帝国一等勋章上。大公到访伊斯坦布尔吸引了其他国家使节们的关注。访问首日，使团长意大利的科尔蒂代表各使团向其表示了热烈欢迎。俄国公使内利多夫为大公的到访组织了一场舞会。

抵达的第二天，大公接见了外交使节们，并进行了回访，对方包括意大利、法国、英国和俄国大使们（"德国大使当时不在家"）。[①]

正式会谈中，大公努力使苏丹相信，黑方有诚意与奥斯曼帝国加强联系。他强调了两国建立睦邻友好关系的益处。但与此同时，面对苏丹所坚持的建立军事联盟对抗奥匈帝国一事，他不愿做出更加敏感的回复。大公在土耳其首都的访问和土方的接待，体现出两位统治者之间热情和友善的关系，但真正进行了谈判的议题，只有相互间边界的问题。在奥斯曼多次拖延后，双方订立了关于划界的议定书，于 8 月 31 日由黑山外交大臣斯坦科·拉多尼奇和奥斯曼代表签署。除了确认从斯库台湖到格拉迪什泰的边界外，《第三号议定书》还确认了从格拉迪什泰穿过古西涅和普拉夫直抵舍库拉尔（Šekular）的边界。协议达成后，大公启程返回黑山。官方会谈中，大公还提出了排干斯库台湖的问题，也就是调整德里姆河和博亚纳河流向的问题。这对黑山来说具有异常重要的经济意义，因为排干湖水能获得大面积耕地。土方当时和后来都承诺，波尔特愿切实解决这一问题。然而，不论是当时还是接下来的几年里，奥斯曼政府主要是由于缺乏诚意，并没有采取任何行动。

尼科拉大公对伊斯坦布尔的访问让黑山-土耳其整体关系有所改善。黑山边境终于实现了和平。一些地区的边民之间开始进行贸易往来。奥斯曼的专员们与大公一起抵达黑山，他们获得了确定边界的全权授权。

[①] 德国使节避免与大公见面，应该与柏林会议之后，泰斯塔男爵向黑山送交柏林会议决议时遭遇了尴尬，德国与黑山因此断绝官方关系一事有关。

正因如此，到 1883 年底，从斯库台湖到普拉尼尼察（Planinica）的边界得以确定。[①] 1884 年 1 月 15 日签订的协议，确定了奥斯曼帝国与黑山之间另一端从斯库台湖到普拉尼尼察的边界。而土耳其所觊觎的古西涅高地和科拉欣地区的问题没有解决。

这次黑山统治者对伊斯坦布尔的首次访问，引起了维也纳和柏林的不满。它们将黑山大公视为"俄国的代理人"，这种与土耳其拉近关系的做法，不光被看作是黑山-土耳其之间的联系，更被看作是俄国影响下的三角关系。

与土耳其关系的正常化，也反映在黑山的对外政策中，表现为对解放和统一的需求，以及试图将临近地区的塞尔维亚人纳入进来。柏林会议之前，这种解放的理念主要针对波斯尼亚和黑塞哥维那。而奥匈帝国占领该地区后，黑山和塞尔维亚的"民族使命"再也无法朝那个方向推进，因为会刺激到强大的奥匈帝国的利益。对黑山来说，更适宜的变通之计，是让"我们的土地"继续留在奥斯曼的统治之下。不过，从前的民族解放扩大疆域理念，已经随着土黑关系正常化而终结，类似计划必须先搁置一段时间。19 世纪 80 年代中期，巴尔干国家间的这种现实状态，一定程度上导致黑山在普罗夫迪夫政变后，对塞尔维亚和保加利亚采取了颇为出人意料的外交政策。

六、普罗夫迪夫政变与黑山外交

柏林会议之后，决定巴尔干国家间关系的事件之一，是俄国试图在圣斯泰凡会议上建立一个大保加利亚，但没有成功。文献提到，"发现俄国要通过牺牲塞尔维亚的利益来建立一个大保加利亚后，米兰大公被迫向奥匈帝国靠拢"[②]。1881 年塞尔维亚与奥匈帝国签署秘密协议，

---

① 黑山国家档案馆，1884 年外交部分册，13 分册，876 号文件；G. 佩拉济奇，R. 拉斯波波维奇：《1878—1918 年黑山的国际协议》，第 206 页。

② 沃伊斯拉夫·武奇科维奇（Vojislav Vučković）：《1885—1886 年塞尔维亚-保加利亚战争的外交背景》，贝尔格莱德，1963，第 4 页。

塞尔维亚放弃对波斯尼亚的企图，作为回报，奥匈帝国支持塞尔维亚向南、向马其顿扩张。虽然塞尔维亚这项政策背后的推手是奥匈帝国，但政策本身也符合塞尔维亚王室的诉求，因为它不允许谁改变《柏林条约》的条款，要防止大保加利亚的建立。希腊在该问题上也有类似的想法，虽然塞希两国都对柏林会议的决议不满，但都反对更改决议内容。

保加利亚问题激起了塞尔维亚、保加利亚和希腊三国围绕马其顿归属的相互不信任。希腊对此非常关切，它不希望马其顿最终被保加利亚或塞尔维亚占领。塞尔维亚与黑山关系的进展也不顺利。除了两位统治者个人间互不相容外，塞尔维亚国内对黑山的"皮埃蒙特角色"强化十分不满，塞国内相信尼科拉大公有意担起"统一塞族的使命"。1878年之后，塞尔维亚与黑山的关系中缺乏诚意，充满政治阴谋。塞尔维亚宣布为王国、奥布雷诺维奇家族提升统治地位的做法，让采蒂涅十分不满。1883年，尼科拉大公将女儿嫁给了塞尔维亚王位的觊觎者佩塔尔·卡拉焦尔杰维奇（Petar Karađorđević），进一步确认了其与米兰·奥布雷诺维奇政策的决裂。

巴尔干国家利益冲突的背后，其实是列强们的身影。在最初的关系遇冷后，在背后支持保加利亚和黑山的是俄国，而塞尔维亚的身后是奥匈帝国，此外，奥匈帝国还控制着波斯尼亚和黑塞哥维那。随着黑山与土耳其以及俄国与土耳其的和解，巴尔干地区的局势与几年前柏林会议期间大不相同。因此，1885年9月6日，当东鲁梅利亚首府普罗夫迪夫发生政变，东鲁梅利亚宣布与保加利亚统一时，巴尔干国家间的关系发生了重大转折。塞尔维亚攻击了保加利亚，错判了东鲁梅利亚发生的事件对塞尔维亚在巴尔干利益的危险性。塞尔维亚-保加利亚战争还带来了其他后果。战争波及外交领域，除了大国外，巴尔干国家也纷纷加入进来。

塞-保战争中，尼科拉大公意欲利用两个巴尔干国家间的冲突来实现自己政治抱负，同时也满足女婿佩塔尔·卡拉焦尔杰维奇对塞尔维亚王位的野心。1885 年 11 月，塞尔维亚和保加利亚之间的武装斗争过渡到和谈阶段之后，据信，采蒂涅王室所支持的理念，令人意外地呈现在了国际政治舞台上。德国驻伊斯坦布尔大使冯·拉多维茨（Fon Radovic）报告本国政府，"尼科拉大公致信苏丹称，佩塔尔·卡拉焦尔杰维奇在采蒂涅准备率领一支武装部队进攻塞尔维亚"[①]。苏丹被要求开放奥斯曼领土让这支部队自由通过。土耳其统治者给出了部分肯定的答复，即"卡拉焦尔杰维奇本人"可以穿越奥斯曼领土，但不同意其部队通过。德国官方对苏丹的答复感到满意，因为这能够避免战事进一步蔓延。伴随这一消息，开始出现关于黑山加入塞-保战争的传闻，这引起了欧洲大国王室的不满，特别是维也纳王室。俄国外交大臣尼科拉伊·卡尔洛维奇·吉尔斯不得不否认这样的指控。1885 年 12 月 25 日，在与英国大使的谈话中，吉尔斯表示相信"黑山大公的智慧"，称黑方绝不会"阻碍俄国政府的政策"。[②] 尼科拉大公也受到了警告。根据俄国驻采蒂涅公使阿尔吉罗普洛的声明，他担心卡拉焦尔杰维奇亲王有意"利用米兰大公的困境"，"并希望尼科拉大公不要支持女婿的图谋"。[③] 事态的发展表明，传闻并不是虚构的，尼科拉大公确实有参与塞-保战争的政治野心，而他于 1886 年初前往圣彼得堡，就最能说明这一点。

大公于 1886 年 1 月 3 日启程前往意大利和法国。虽然据称只是私访巴黎，但事实证明大公实际上是要前往圣彼得堡。考虑到他的陪同人员中还有俄国驻采蒂涅使节，可以断定，大公前往俄国首都一事，俄政府是知晓的。显然，取道巴黎前往圣彼得堡，是为了避免大公被滞留在维也纳，或者大公被奥匈帝国首相（奥地利部长会议主席——译者注）留下进行会谈，那就必须解释黑山扶持佩塔尔·卡拉焦尔杰维奇坐上

---

① V.武奇科维奇：《1885—1886 年塞尔维亚-保加利亚战争的外交背景》，第 63 页。

② 同上。

③ N.拉日纳托维奇：《激进反对派的工作——1883—1889 年佩塔尔·卡拉焦尔杰维奇王子和尼科拉大公对抗塞尔维亚米兰国王政权》，载《历史札记》（23 卷—1），铁托格勒，1966，第 73 页。

塞尔维亚王位并卷入塞-保战争的意图。路线安排可能意味着黑方希望将自己的意图保密，也就再次说明了此举的高度政治意义。取道维也纳被认为不合时宜，因为两国此时的关系远远不是普通的正常状态。奥匈帝国取消了每年支付给黑山用于修路的援助，并指责大公关于奥皇的言论，这都证明两国关系正经历危机。

由于相关传闻，圣彼得堡外交圈将大公对俄国的访问与巴尔干危机联系了起来。众所周知，黑山大公是"俄国王室的宠儿"，俄国政府为了否认与黑山推动的塞尔维亚朝代更迭有干系，努力强调大公的访问是出于别的原因。对英国使节的解释是，大公经停巴黎是为了与一家私人企业就"波德戈里察周边土地开发"进行谈判，而他访问圣彼得堡则是为了"看望"在这里上学的女儿们。吉尔斯还力图使各方相信，大公访问俄国是一次让他这个"无知者"了解政治形势的良机，以便他返回黑山时，在维也纳得到"好的建议"。[1] 不过，虽然出面否认黑山参与塞尔维亚事务的人士足够权威，但尼科拉伊·卡尔洛维奇·吉尔斯的解释还是无法令人相信黑山秉持中立立场。尤其无法让塞尔维亚王室信服。米兰国王相信，俄国和激进主义者们，此前就在背后反对他、支持塞王朝更迭。而随着尼科拉大公与卡拉焦尔杰维奇家族建立姻亲关系，以及俄国王室对尼科拉的偏爱，米兰国王将黑山大公也算进了"阴谋者"的行列。随着普罗夫迪夫政变后塞-保开战，风传的关于黑山国内骑兵密谋推翻塞尔维亚王室的消息，让他更进一步确信之前的推测。随后，由于尼科拉大公可能将代替巴腾堡的亚历山大大公入主保加利亚首都的传闻，俄国的"反塞阴谋"进一步显现。[2] 有消息称，大公

---

① N.拉日纳托维奇：《激进反对派的工作——1883—1889年佩塔尔·卡拉焦尔杰维奇王子和尼科拉大公对抗塞尔维亚米兰国王政权》，第64页。

② 保加利亚亲俄军官的密谋和1886年9月初巴腾堡的亚历山大的垮台，让米兰国王担心，类似的事情也会发生在自己身上，因为他在"圣彼得堡受到同样的憎恨"。更令其不安的是，有消息称尼科拉大公有望成为保加利亚的统治者。大公当时对土耳其驻采蒂涅公使杰瓦德帕夏的表态证明了这种可能性，"要想同意保加利亚成为土耳其的附庸，就要消除由于其主权地位造成的所有障碍"。V.茨布里洛维奇博士（Dr V. Čubrilović）与V.乔罗维奇博士（Dr V. Ćorović）：《1858年至1903年的塞尔维亚》，第1403页。

访问圣彼得堡期间，佩塔尔·卡拉焦尔杰维奇与尼科拉·佩特罗维奇还要在俄国宫廷与沙皇举行会晤，这更加大了外界的担忧。

奥斯曼政府也是基于类似的评估形成自己的立场。其中一个证明黑山确实存在这种意图的令人信服的证据是，"尼科拉向苏丹建议让自己成为一个斯拉夫大国的元首，这个国家将成为俄国与土耳其联盟的纽带"[1]。虽然苏丹承诺提供帮助，但并没有采取进一步的具体步骤。这可以解读为，俄国政府显然并不喜欢大公的计划。

大公访俄期间，是否真的就这种问题与俄方进行过认真探讨——我们无法断言。事实上，访问期间尼科拉大公受到了非常热烈的欢迎，而且这次沙皇亚历山大三世亲自到火车站迎接。圣彼得堡的《新时代报》在1月23日那一期中写道："待时机成熟，尼科拉大公将团结所有南部斯拉夫人。"不过，就算黑山大公真的要担此角色，也要留待时日了。俄国当时奉行和平政策，也要求巴尔干盟友们效仿。俄方尤其不希望塞-保战争的形势进一步复杂化。因此，即便大公试图把女婿佩塔尔·卡拉焦尔杰维奇介绍为"安全人"，也无法获得俄国皇室的理解。

访俄期间，大公提出，希望俄方增加对黑的定期财政援助和用于购买武器装备的特别援助。俄国政府尊重黑山军队提升装备水平的需求，给予了积极解决，但过程中充满各种困难。一方面，遥远的距离阻碍了军备物资的运输。另一方面，批准军事贷款在政治上并不合时宜，因为当时俄国的官方立场是，鉴于塞-保战争和冲突继续蔓延的可能性，俄国反对巴尔干国家升级军备，首要针对的就是塞尔维亚、保加利亚和希腊，即便黑山处于"外交静默"状态，也没有例外。不过，俄方还是找到了办法。购买军备的资金获得了位于巴黎的法国银行的批准。[2]

结束对圣彼得堡的访问后，大公在返黑途中先后前往了柏林和维

---

① V.武奇科维奇：《1885—1886年塞尔维亚-保加利亚战争的外交背景》，第94页。

② 大公回国后，采蒂涅决定从德国克虏伯（Krupp）工厂购买武器。1886年4月，博若·佩特罗维奇公爵前往维也纳寻求奥匈帝国同意黑山穿越该国领土运输武器。按照行程计划，他随后还要前往巴黎领取批准的购买武器资金。

也纳。在这两地，大公都与奥匈帝国的官方代表举行了会谈，在柏林是与奥匈帝国的大使塞切尼（Sečenji）、在维也纳是与奥匈帝国首相古斯塔夫·卡尔诺基（Gustav Kalnoki）。[①] 会上探讨了维也纳可能继续暂停支付黑山补贴的问题，还谈到了塞尔维亚王室的问题。大公表示，佩塔尔·卡拉焦尔杰维奇在民众中更受欢迎，对奥匈帝国来说，如果他入主塞尔维亚王位，将带来更多益处，特别是因为"塞尔维亚革命已经不可避免"。他的建议没有达到预期效果。大公被告知，奥匈帝国将支持奥布雷诺维奇家族。

虽然他谨慎表述的观点没有得到维也纳的支持，但人们估计，大公的访问对与奥匈帝国的关系也是有益的。这种政治趋势一直延续到随后几年，尽管在大公离开维也纳后不久，佩塔尔·卡拉焦尔杰维奇从日内瓦向塞尔维亚人民发出了一篇日期为 1886 年 1 月 1 日的宣言，表示愿意为"拯救塞尔维亚"而奉献自己。宣言中，他猛烈抨击了奥匈帝国的受保护人米兰·奥布雷诺维奇，这实在无法让奥匈帝国政府感到满意。由于佩塔尔·卡拉焦尔杰维奇主要居住在采蒂涅，这样的政治宣传和他的理念都给黑山带来了负面影响。

1886 年 7 月，尼科拉大公访问了维也纳。在奥匈帝国首都，他与首相卡尔诺基举行了会谈。[②] 会谈中，卡尔诺基首先积极评价了黑山在塞尔维亚-保加利亚战争中的克制态度，并强调了其政治立场的重要性。随后，他对黑塞哥维那边界上集结的黑山正规军表示担忧，这些部队随时可以加入到黑塞哥维那的部队中反抗奥匈帝国对当地的占领，然后又谈到佩塔尔·卡拉焦尔杰维奇在黑山驻留的危害性。[③] 尼科拉大公请对方"'确信'，到'最后'一切都会和平收场，并保证不会在黑山做任

---

① 俄国媒体密切关注了大公对德国和奥匈帝国首都的访问。在他访问维也纳期间，《新时代报》1886 年 3 月 2 日通过《黑山与尼科拉大公》一文对此进行了详细报道。

② V.武奇科维奇：《1885—1886 年塞尔维亚-保加利亚战争的外交背景》，第 96 页。

③ 奥匈帝国媒体将佩塔尔·卡拉焦尔杰维奇的意图与黑山和尼科拉大公联系在了一起。这甚至引起了《黑山之声报》与奥匈帝国媒体之间的论战。《黑山之声报》，1886 年 6 月 10 日第 25 版；1886 年 7 月 8 日第 27 版。

何烦扰奥匈帝国和塞尔维亚的事情"①。

维也纳内阁决定批准黑山穿过奥地利领土运送武器。大公还被允许购买数百万发维尔德（Verder）系统的子弹，并可以从科托尔的港口将武器运往黑山内地。这些军用物资很快就抵达了黑山。②

七、19 世纪末之前大公的外交使团

19 世纪 80 年代末，尼科拉大公再次访问了圣彼得堡，首先是在 1889 年 5 月。热情而隆重的欢迎仪式再次印证了他与亚历山大三世的亲密关系。作为特殊友谊的标志，沙皇甚至任命尼科拉大公为第 15 步枪团指挥官，该步枪团在 1877—1878 俄土战争中驻守保加利亚。

1889 年 5 月 18 日，亚历山大三世在夏宫午宴的祝酒词，让尼科拉大公此访吸引了欧洲媒体的特别关注。沙皇在祝酒词中说，"我为俄国唯一真诚而忠实的朋友尼科拉大公喝一杯"，这些言辞很快传了出去，引起了欧洲舆论的注意。任何情况下，黑山与俄国之间的亲密友谊都不容忽视。奥匈帝国很不喜欢沙皇的祝酒词。其他欧洲国家则态度不一。这件事也给法国政界留下了深刻印象。

法国报纸将"祝酒词事件"与大公将女儿米莉察（Milica）嫁给沙皇近亲彼得·尼科拉耶维奇（Petar Nikolajević）王子一事联系起来。③一些西方报纸将这两件事解读为俄国正在为战争做准备，而实际上，俄国只是为了确保黑山成为其盟友。1891 年 5 月，尼科拉大公再次来到圣彼得堡，给了人们更多理由揣测俄-黑密切关系的目的。④ 1891 年初，大公还访问了巴黎。访问期间，大公从法国政府那里收到两艘旧船作为

① N.拉日纳托维奇：《激进反对派的工作——1883—1889 年佩塔尔·卡拉焦尔杰维奇王子和尼科拉大公对抗塞尔维亚米兰国王政权》，第 78 页。
② 从克虏伯购买军火的合同是 1886 年 6 月由 B.佩特罗维奇和 M.马尔蒂诺维奇在埃森（Esen）签署。黑山国家档案馆，1887 年外交部法律法规分册，47 分册，1886 年 7 月 28 日文件。
③ 迪米特里耶·迪莫·武约维奇博士：《黑山与法国关系》，第 281 页。
④ G.斯塔诺耶维奇：《柏林会议至 19 世纪末黑山外交史评介》，第 170 页。

礼物，并与对方就修建尼克希奇到波德戈里察的铁路进行了谈判。

虽然俄罗斯帝国没有战争计划，但可以说，它对黑山的态度是与巴尔干国家密切联系的一种暗示。除了黑山，俄国还努力通过修复与索菲亚和贝尔格莱德的关系，来支撑其巴尔干政策，除操纵巴腾堡的亚历山大垮台外，俄还迫使米兰·奥布雷诺维奇国王退位（1889）。这是建立巴尔干国家联盟理念的体现，就像我们此前说过的，该理念实现了两位统治者之间的唯一一次互访，即尼科拉大公 1896 年访问贝尔格莱德和 1897 年亚历山大国王访问采蒂涅。这实际上是二人 1894 年在圣彼得堡关于相互关系对话的延续。那一年，尼科拉大公和亚历山大国王都前往俄国首都出席"和平缔造者亚历山大三世皇帝"的葬礼。尼科拉大公于 1894 年 10 月底从黑山启程，去向他伟大的朋友、俄黑关系史上最重要的沙皇之一告别。[①] 在他统治期间，黑山是俄国在巴尔干最重要的外交伙伴。接下来几年发生的事情，不仅证明俄黑关系的这一页已经过去，而且由于圣彼得堡皇室改变政策，将塞尔维亚视为主要外交伙伴，俄国与黑山关系面临危机。失去了俄国的支持，佩特罗维奇王室 /黑山与塞尔维亚相比，地位有所下降，同时，其在塞尔维亚民族和其他南部斯拉夫民族面前的声望也被削弱了。先前对于黑山在"整个塞尔维亚民族"统一过程中发挥主要作用的期望随之消失，这不光体现在黑山王室的内外政策上，也让其在面对他国王室时的态度发生了转变。这很大程度上是由于巴尔干环境的改变，以及俄国国际立场和政策的变化。

八、1898 年尼科拉大公对英国维多利亚女王和 1899 年对苏丹阿卜杜勒·哈米德二世及希腊王后奥尔加的访问

截至 19 世纪末，黑山大公的高端会见中，值得一提的还有与两位女王/王后的会见，以及与苏丹阿卜杜勒·哈米德二世（Abdul Hamid II）

---

① 黑山国家档案馆,1896 年外交部分册,1779—1901 分册,12 号文件。

的会见。这些会见与大公其间访问伊斯坦布尔一样，没有太大的政治意义。

尼科拉大公对伦敦的访问中，具有特殊重要性的是，他通过联姻与欧洲宫廷建立起的姻亲关系。访问尼斯期间，在阿娜（Ana）公主与巴腾堡王子的订婚仪式上，由于巴腾堡王子与英国王室是亲戚关系①，大公有机会见到了英国女王维多利亚。② 谈话中，尼科拉大公给对方留下了良好印象。为了表达对黑山统治者的同情和好感，女王邀请其访问英国。虽然很荣幸收到了邀请，不过大公婉言谢绝了，理由是"海上旅途过于艰辛"③。

1897 年，在巴腾堡王妃阿娜访问英国并在温莎城堡逗留期间，女王再次发出了邀请，而且大公很快就收到了一枚高级勋章——维多利亚女王勋章，再次证明了女王对尼科拉大公表现出的特别关注。④

为了表明对"女王陛下及其王室"关系的珍视，尼科拉大公准备出访英国。不过，在做出最终决定前，他还是通过俄国驻采蒂涅使节征求了俄国皇室的意见。

大公承诺就访问英国征求俄方的"批准"，并非只是形式上的，它具有更深层次的意义，也说明了大公在欧洲事务上对俄国皇室政策的谨慎态度。俾斯麦不再担任德国首相后（1890），欧洲政治关系发生了

---

① "巴腾堡王子的大哥娶了英国女王的孙女黑森公主。他另一个已故的兄弟迎娶的是英女王最小的女儿比阿特丽斯（Beatris）公主。"见《黑山之声报》1897 年 3 月 22 日第 12 版。

② 阿娜公主与巴腾堡王子的东正教婚礼于 1897 年 5 月在采蒂涅举行。见《黑山之声报》1897 年 5 月 9 日第 19 版。

③ 俄罗斯帝国外交政策档案，政治档案，3322—2。

④ 研究黑山-英国关系的萨沙·克内热维奇博士（Dr Saša Knežević）在《1898 年尼科拉大公访问伦敦》一书中引用了塞尔维亚驻英国公使的报告，由此可以推断塞尔维亚和奥匈帝国对黑山大公受勋的反应。报告称："奥地利大使代利（Deli）伯爵告诉我，不久前，索尔兹伯里勋爵注意到尼科拉大公获得了英国高级勋章，这可以被看作是对塞尔维亚王国和奥匈帝国的伤害。索尔兹伯里勋爵对他说：这些恭维之举与英国政府和其国家政策无关，女王有权赠送胸针、手镯、别针等饰品，无需寻求政府意见，尼科拉大公此前曾两次面见女王，两次都以黑山传统服饰和举止迷住了女王，以至于女王在大公女儿与巴腾堡王子订婚时，就曾邀请其前往温莎，并向其授予钻石勋章——他说已经无法克服内心的期待，必须马上来亲吻女王的手。"1878 年之后，两国关系密切，但很显然各自的政策都与"加强黑山王室与英国的联系"并不相符。见萨沙·克内热维奇：《黑山与英国》，波德戈里察，2001，第 121—122 页。

变化，各国进行了关系重组，建立了新的"欧洲秩序"。1873年，俄德和奥俄协议构成的三皇同盟随着俾斯麦的离开而解体，1894年俄法签订军事协定，成为新一轮国家结盟的标志。就这样，欧洲分裂为德奥意联盟（由德国和奥匈帝国于1879年达成协议，意大利于1882年加入）[1] 和法俄同盟。当时英国仍奉行孤立主义政策，并有意随后加入法俄同盟。但在1898年初，英国与这两国的关系还没有那么紧密。[2] 在这种全球力量分配的背景下，大公行前向俄国确认立场，可能是因为不希望自己有超越俄国对欧政策的举动。

大公解释此次伦敦之行的目的是为了感谢英女王授予勋章。在转达这样的解释时，俄国驻采蒂涅使节古巴斯托夫借机向新任外交大臣 M. N. 穆拉夫约夫（M. N. Muravjov）伯爵谈了自己对于大公访问伦敦的看法。他认为，大公此访还隐藏有别的原因和目的。

据王室亲信透露，大公还想利用拜会英女王的机会，谈谈让达尼洛王子迎娶维多利亚女王孙女的事情。这一意图对公众是隐瞒的，大公曾对俄国使节说，希望他的长子能迎娶一位俄国公主。然而，尽管黑方否认"寻找新娘"的企图，古斯塔夫仍相信联姻计划与大公此访是有关系的。俄国使节注意到了这一重要情况。

在前往伦敦之前的一次谈话中，大公曾提到他和王室成员们头衔的问题。他暗示，从伦敦回来后会有一些变化。也就是说，他打算将大公的头衔提升为国王，并将其传给长子、王储达尼洛。根据已经通过的计划，外交大臣应于当年6月初简短照会外国使节，通告各国：1898年6月28日（维多夫节），尼科拉和他的儿子将加冕。他并不认为自己的想法会遭到欧洲各国统治者的反对。他还将这一消息告诉了古巴斯托夫，并希望其告知俄国宫廷。他希望沙皇尼古拉二世"效仿他的祖先"，承认他和他的继承人为"国王陛下"，因为"当下"这不仅符合他

---

[1] 亨利·基辛格：《外交》，贝尔格莱德，1999，第130—131页。

[2] 早些时候，英国与德国签署了殖民地划分协议。1890年德皇罢免俾斯麦并拒绝延长与俄国的共同安全协议后，还讨论了缔结英德同盟协议的问题。同上，第148页。

的儿子即继承人的利益，也符合黑山的利益。

古巴斯托夫虽然没有直接提及，但断定两件事之间一定有着密切联系。他认为肯定存在联姻的计划，即由达尼洛王子迎娶维多利亚女王的一位孙女，而她不想在加入黑山王室后放弃拥有的王室头衔。

1898 年 5 月初，尼科拉大公启程前往英国。[①] 5 月 14 日，大公抵达伦敦。抵达后的第二天，维多利亚女王在温莎城堡接见了他。大公在英国王宫停留了几天，受到了非常热情的接待，他对此访非常满意。由于这主要是一次私人访问，因此并没有与英国外交部的代表们举行正式会谈。根据俄国驻英国使节 T. S. 斯塔洛（T. S. Stalo）的报告，大公原定返回伦敦的日期在女王的同意下被推迟了两天，以便于 5 月 19 日参加俄国公使馆在俄国教堂为沙皇尼古拉二世诞辰日举办的祈祷仪式。他还想借此在英女王面前展示自己对俄国皇室的忠诚。

大公试图利用对伦敦的访问为黑山赢得一些好处。回国后，大公在与陪同自己访问的英国驻采蒂涅常驻公使罗伯特·肯尼迪（Robert Kenedi）[②] 的谈话中，特别就访问中关于家庭和国家的问题向他进行了咨询。在伦敦受到的热情接待，让大公认为在肯尼迪的帮助下，能够从英国获得贷款以改善公国的财政和经济状况，并确保由一家公司在瓦尔达诺斯（Valdanos）湾修建港口。[③] 他们还探讨了达尼洛王储的婚姻问题。

古巴斯托夫报告称，大公的请求没有得到英国公使的回应。俄国官方层面尴尬地发现，大公并没有将在伦敦的会谈内容告知俄驻采蒂涅的使节。后者通过与"大公亲信大臣"的私人关系才了解到这些内容。大公在伦敦尝试为黑山寻求财政援助已经不是什么秘密。根据古巴斯

---

① 见《从采蒂涅到温莎城堡——尼科拉大公 1898 年对英国维多利亚女王陛下的访问》，拉多斯拉夫·拉斯波波维奇博士（编纂），波德戈里察，2008，第 9 页。

② 罗伯特·J.肯尼迪爵士从 1893 年担任英国驻黑山使节直到 1905 年 12 月，在阿娜 1898 年订婚和结婚时被任命为特命全权公使。

③ 见《从采蒂涅到温莎城堡——尼科拉大公 1898 年对英国维多利亚女王陛下的访问》。

托夫的说法，伦敦的银行家们回答说："他们甚至对 400 万至 500 万法郎这种微不足道的数额不予考虑。"①

俄国使节认为，大公的伦敦之行并没有取得任何成果。评估显示，他所说的和所做的自相矛盾。在向古巴斯托夫保证在得到俄国政府批准前不会采取任何步骤的同时，大公整整一个月在俄国使节的眼皮底下，秘密地与英国常驻公使就黑山关切的问题进行了谈判。

大公回到黑山后，黑山王室并没能获得国王的头衔。直到 1900 年大公即位纪念日之际，他的头衔才发生了变化。达尼洛迎娶了尤塔公主——梅克伦堡-施特雷利茨的继承人阿道夫（Adolf）大公的女儿。"令黑山王储倾心"的"施特雷利茨的公主"，实际上与俄国王室的关系比与英国王室更近。达尼洛是前往圣彼得堡探望姐妹们时认识尤塔的。达尼洛王储与尤塔公主（皈依东正教后改名为米莉察）的订婚仪式是在圣彼得堡举行的。按照俄国宫廷的惯例，仪式由沙皇尼古拉二世亲自操办。各方在圣彼得堡商定了婚约，并于 1899 年 5 月 20 日在新斯特雷利茨（Nojstrelic）签订。②

婚礼于 1899 年 6 月 26 日在采蒂涅举行，欧洲国家宫廷派代表出席。与黑山建立常规外交关系的国家中，只有塞尔维亚没有派代表出席。随着米兰·奥布雷诺维奇的回归，两国王室关系再次陷入了危机。

九、1899 年尼科拉大公访问伊斯坦布尔

1899 年达尼洛王储大婚期间，阿卜杜勒·哈米德二世的代表沙契尔帕夏（Šaćir-paša）向黑山大公及夫人发出了访问伊斯坦布尔的邀请。黑山统治者接受了邀请。随后在商定大公及夫人的访问行程时，米尔科

---

① 俄罗斯帝国外交政策档案,政治档案,3322—2。
② 黑山人民博物馆档案处,尼科拉一世,1899/33,1899 年 5 月 20 日文件。G. 佩拉济奇,R. 拉斯波波维奇:《1878—1918 年黑山的国际协议》,第 356—366 页。

王子也参与了进来。①

　　1899 年 8 月 27 日，黑山代表团从巴尔出发前往伊斯坦布尔。代表团一行乘坐的是苏丹专门派来的"士麦那"号轮船。8 月 31 日，他们抵达伊斯坦布尔。黑山代表团的人数和人员构成，让访问从一开始就显示出礼节性质，而非正式访问。当时正值苏丹阿卜杜勒·哈米德二世登基纪念日，更让访问平添了礼节色彩。不过也举行了政治会谈。

　　黑山国家元首应该是提出了一系列涉及两国关系的重大问题。与苏丹的会谈中，尼科拉大公也谈到了黑山的全球地缘政治地位。在此背景下，在奥匈帝国吞并波斯尼亚和黑塞哥维那的问题上，奥斯曼帝国的立场凸显出来。对黑山来说重要的是，奥斯曼帝国是否会站出来"用武器捍卫主权，如果会，是否愿意接受黑山为其盟友，以及有什么条件"②。对黑山的外交政策同样很重要的是，如果奥匈帝国和意大利在阿尔巴尼亚"支持革命运动……不论是干预还是临时或永久的占领"，那么土耳其的立场是什么？在与苏丹的会谈中，大公需要了解波尔特届时是否会向这些国家宣战，以及是否会"接纳黑山为盟友并帮助保卫阿尔巴尼亚"。

　　黑山对阿尔巴尼亚政治形势的关心，实际上是出于领土扩张的需要，因为朝这个方向扩张是最容易实现的。我们已经说过，奥匈帝国占领波斯尼亚和黑塞哥维那后，黑山朝黑塞哥维那方向扩张领土已经很难了。另一方面，19 世纪最后几十年与土耳其的良好关系，也让黑山无法在土耳其治下的地区采取任何具体行动，这样一来，黑山就无法实现领土扩张这一主要对外政策目标。大公应该是向苏丹提出了建议，如果阿尔巴尼亚发生战争，黑山愿站在奥斯曼军队一边参战，而一旦取得

① 除了尼科拉大公、米莱娜夫人和米尔科王子，陪同出访的还有"加夫罗·武科维奇及夫人，米莱娜多年的侍女、瑞士人内孔(Neikon)小姐，大公夫人的兄弟米卢汀·武科蒂奇(Milutin Vukotić)，指挥官米塔尔·马尔蒂诺维奇，佩拉济奇博士，帕什特罗维奇(Paštrović)博士，大公私人秘书、瑞士人皮盖特(Piget)，宫廷副官哈姆扎贝格·穆绍维奇(Hamzabeg Mušović)和土耳其驻黑山公使费弗兹帕夏(Fevzi-paša)"。G. 武科维奇：《回忆录》(第 3 卷)，第 156 页。

② G. 武科维奇：《回忆录》(第 3 卷)，第 160 页。

积极战果，黑山希望得到领土作为奖励。

大公的任务是为黑山寻求军事装备上的援助，包括武器弹药，以及探讨将奥斯曼军队置于自己麾下共同抵御进攻者的可能性。而如果保加利亚袭击塞尔维亚，黑山还需要寻求土耳其的同意，让黑山军队穿过奥斯曼领土。

根据已经确定的计划，外交大臣应与大维齐尔和土耳其外交大臣讨论边界冲突、"贸易协议、领事公约、引渡条约、邮政-电报协议、调整河道、排干斯库台湖……"[1] 等议题，以及修建直通巴尔的亚德里亚铁路。

米尔科王子的随访带有隐藏的政治含义。大公的私心是要将小儿子介绍给苏丹，为可能的马其顿改革做准备，马其顿有望通过自治决议，设立一位"基督教国家的王子作为总督"。大公认为，米尔科王子与希腊或保加利亚王室的人选相比更有优势。除了他与苏丹的私交外，据信黑山的优势在于它"不是大国"，不足以吞并马其顿，而它的国界也远离马其顿。[2]

在土耳其首都，大公一行受到了隆重欢迎。[3] 不光在抵达时，在之后的行程中大公都被给予了特别关照。大公与随行人员住在埃米尔甘宫，那是1883年从苏丹那里得到的礼物。为了回应奥斯曼皇室和外交团体的关注，大公在埃米尔甘宫举办了招待会，邀请了82人参加。

加夫罗·武科维奇先后与奥斯曼外交大臣泰菲克帕夏（Tefik-paša）以及大维齐尔就黑山关心的重要问题举行了会谈。而大公这一边的会谈，遭遇就有些不同了。在苏丹的关注下，大公几乎没有机会举行正式的政治会谈。因此不确定他在多大程度上成功讨论了两国关系的问题，

---

① G.武科维奇：《回忆录》（第3卷），第160页。

② 同上，第162页。

③ G.武科维奇在描述欢迎仪式时写道："伊尔迪兹(Ildiz)宫前是一队皇家卫队阿尔诺特(Arnaut)，现场演奏着黑山国歌。平台下，白色的大理石台阶上，铺着柔软的地毯……哈米德苏丹独自站立着，下方两侧是盛大的游行。当大公夫人下了车，苏丹走下几级台阶，向她和大公致意，并握着大公夫人的手，带领他们穿过坐满土耳其贵族的大厅……"同上，第169页。

毕竟根据黑山的访问计划，这在他的职责范围内。

整体而言，这次访问没有取得什么具体成果。这也是奥斯曼方面主要想达到的目标。除了公开展示与黑山的友好关系，奥斯曼帝国更希望利用这次访问，评估黑山王室的政治规划，特别是了解几年前尼科拉大公访问贝尔格莱德、黑山参与塞尔维亚与保加利亚和解以及亚历山大国王访问采蒂涅之后，巴尔干国家间关系的密切程度。

十、大公对希腊王后奥尔加的访问

1899 年 8 月底（27 日），黑山代表团结束了对土耳其的访问。回国途中他们在希腊比雷埃夫斯（Pirej）港停留了几日。1899 年 8 月 28 日清晨，黑山代表团乘坐的"马尔马拉"号轮船驶入比港。一艘停泊在港口的希腊船只鸣 21 响礼炮表示欢迎。按照"海事礼节"，所有船只都"挂上了满旗"。

大公对希腊的访问不具正式访问的性质。此访本不在大公行程的计划当中，而是在伊斯坦布尔期间补充商定的。希腊国王乔治（Đorđe）当时不在雅典。不过，在比港的欢迎仪式之后，尼科拉大公还是前往了塔托伊（Tatoj）宫，问候希腊王后奥尔加（Olga）。从比港陪同他前往皇宫的是希腊王储康斯坦丁（Konstantin）。抵达皇宫时，大公一行享用了早餐宴请。贵宾们、大公一行和奥斯曼的使者们都分别受到了王后的接待。

黑山外交大臣加夫罗·武科维奇将访问缘由解释为是出于大公与奥尔加王后的个人友谊。希腊王后有俄国血统，大公是在圣彼得堡访问时与她结识的。他们的书信往来说明了二人深厚的友谊，因此大公在路过希腊沿海时，必须来拜访。访问雅典期间，大公还走访了名胜古迹——雅典卫城、帕特农神庙及其他古希腊遗迹，同时也参观了"现代希腊"建筑。

大公对希腊王室的访问是其 19 世纪最后一次高级别访问。

十一、20 世纪初的"俄国-黑山"关系危机和尼科拉大公对西欧各国王室的访问

20 世纪初给巴尔干留下历史印记的众多因素中，大国关系，特别是俄罗斯帝国与奥匈帝国关系的重要性绝对是突出的。作为对"欧洲东部"事态最感兴趣的国家，俄奥试图在伊林登起义（Ilindenski ustanak）后，利用马其顿问题在米尔茨什泰格（Mircšteg）就未来对奥斯曼欧洲部分的政策达成一致。沙皇与奥皇的约定，除行政和法律改革外的要求，就是希望波尔特接受两国军队在马其顿代表欧洲国家，监督土耳其军队对当地民众的行为。尽管危机的根源并未消除，但这项协议基本上确保了奥俄两国在巴尔干的均势，虽然这种均势妨碍了巴尔普拉茨（Balplac）关于马其顿改革的解决方案，在米尔茨什泰格也表现出明显的疲软。

俄罗斯帝国忙于远东地区，迫使其官员们坚持政策现状，以遏制其他国家对巴尔干的扩张野心。尽管已经达成协议，但在米尔茨什泰格后不久，奥匈帝国就开启了扩张主义政策时期。它旨在用最短的途径，通过巴尔干向东方渗透、实现海上统治权，之后就轮到了英国在中东的殖民地。与奥匈帝国相似，德国借助修建巴格达铁路（bagdadska željeznica）"东进"，将巴尔干视为实现向地中海扩张的目标地区。中欧诸国的规划，让上述均势体系在巴尔干遇到了严重的麻烦。

在日俄战争中的失利，以及 1905 年的革命和在经济及政治上对抗奥匈帝国、德国的努力，让俄国落入了不利境地，也促成了政治联盟的形成。面对来自德国、法国和英国的强大压力，俄国加入了对抗，随着 1904 年及 1907 年英法协议和英俄协议分别签署，世界政治的两大阵营形成了。站在俄国和协约国对立面的，是奥匈帝国阵营和意大利，而意大利不顾奥匈帝国的野心，开始在巴尔干地区进行经济渗透。

欧洲列强间的利益冲突和权力平衡的变化，也影响到了黑山。这些变化在黑山政治和经济领域产生的波动导致了国家对外政策的变化。

十二、黑山与意大利的经济联系

19世纪末20世纪初，外国资本开始通过投资和贷款渗透进黑山，它们投资了黑山的第一批工业设施，如铁路、海运、银行业等。20世纪头十年，奥地利和意大利资本开始更多地延伸至黑山经济的各个行业。意大利是奥匈帝国的主要竞争者，甚至威胁到其主导黑山经济发展的主要位置。俄罗斯帝国为了保持在黑山原有的影响力，试图以补贴的方式来逆转该国的经济从属地位，同时加强在这些国家（巴尔干国家）的政治影响力。

意大利资本的存在，起初是象征性的，后来参与了对黑山主要经济活动的投资，包括垄断烟草，获得建设巴尔港和巴尔至维尔帕扎尔铁路的特许经营权、斯库台湖航行特许经营权，以及从事邮政-电报领域的业务，等等。尽管如此，俄国还是通过军事补贴，保持了在黑的主要政治影响力。由于对巴尔干外交的任务仅限于维持和平现状和维护势力范围，并为远东政策目标创造空间，因此尽管两国拥有传统友谊，但俄国在黑山的影响力正经受考验。

日俄战争一爆发，尼科拉大公就向俄国政府提供了帮助，响应俄方多次关于派遣黑山人参战的要求[1]，派遣了1 000名士兵参加满洲里的战争，但在俄军首次遭遇失利后，俄方开始抉择是否继续给黑山提供资助庇护。而黑方则开始采取措施寻求西方国家的帮助，首先的目标是奥匈帝国。[2]

1904年11月，尼科拉大公访问罗马，证实政治形势发生了变化。访问的成果之一是，黑山获赠52门大炮用于装备军队，这让俄国驻采蒂涅军事代理人波塔波夫中校心生怀疑，两国是否达成了秘密军事协定或某种政治协议，但实际上并没有。意大利的政策目标是形成对黑山

---

① 当时众多黑山人请求前往远东参战，俄方为响应他们的请求，特在《黑山之声报》上发表声明称无法满足他们的请求，但以政府的名义感谢他们。《黑山之声报》1904年3月6日第10版。
② 国家中央历史档案馆，2000分册，Ⅰ，836-12号文件。

的军事影响力，一旦意大利与奥匈帝国因阿尔巴尼亚问题发生冲突，这将非常重要。

黑山对意大利新的外交立场，意味着它偏离了与俄国的同盟关系，黑意关系在波德戈里察新建烟草加工厂的投产典礼上可见一斑，该工厂由意大利投资兴建。典礼于 1905 年 5 月 19 日举行，当时尼科拉大公正身处卡尔斯巴德（Karlsbad）。那一年，除奥匈帝国外，大公还访问了德国。他不在国内时，由王储达尼洛主政。由于当时俄军在日俄战争前线形势不利，又遭遇了 1905 年 5 月 28 日对马（Cušima）海战的惨败，因此这场有 100 名意大利代表参加的典礼被要求推迟。由于达尼洛王储不想推迟，而且禁止黑山大主教尼契福尔（Nićifor）为纪念死难者举行宗教游行，俄国驻采蒂涅使节索洛夫耶夫向外交大臣加夫罗·武科维奇表示，希望在俄国国难日期间，黑山兄弟军队不要参加与双方共同目标无关的典礼。[①] 尽管俄国驻采蒂涅代表的愿望得到了满足，但争端并未就此结束。达尼洛王储电报尼科拉大公，希望他能设法让索洛夫耶夫从黑山被召回。了解儿子的请求后，为了安抚他受伤的自尊心，大公向俄国外交部表达了意愿。抵达维也纳后，尼科拉以最后通牒的形式发出了不寻常的要求："要么索洛夫耶夫从采蒂涅被召回，要么他尼科拉就不会回到自己的国家。"[②] 接到大公的最后通牒，俄国政府首先举行了正式磋商，然后确定将索洛夫耶夫从特命全权公使的职位上召回。在新使节马克西莫夫（Maksimov）到任前，俄国驻采蒂涅公使馆的工作，由俄国驻斯库台副领事洛巴切夫（Lobačev）代理。俄国在远东的失败也反映在黑山的外交政策中，不光体现在王储的行为上，也体现在大公本人身上。对马战役爆发时，大公正在柏林访问，并与日本王子共同受到德皇威廉二世的接见。所有这些情况都说明，黑山在以俄国作为其庇护者的问题上，发生了动摇。

---

① 国家中央历史档案馆，2000 分册，Ⅰ，836-12 号文件；Ю. Я. 斯普洛夫耶夫：《一个外交官的回忆（1893—1922）》，莫斯科，1939，第 161 页。
② 同上，第 162 页。

索洛夫耶夫事件造成的关系恶化，也反映在俄国的政策上。俄国为应对新形势，重新考虑是否继续向黑山拨付军事补贴。初步考虑这个问题后（1905），俄方决定延长支付一年。1906 年底，同一问题再次被提上议程。虽然在俄国外交部的讨论中出现了消极意见，但多数看法还是认为，考虑到黑山的军事重要性和传统关系，应继续向其发放补贴，但要控制资金支出。[1]

但俄国在是否继续支持黑山的问题上犹豫不决，不只是由于采蒂涅与罗马的关系。黑山王室对维也纳的态度也同样让俄国政府担忧。《米尔茨什泰格协议》签署后，俄方感受到了奥匈帝国扩张政策带来的危险。事实上，虽然从《米尔茨什泰格协议》来看，奥匈帝国是俄国的伙伴，但它已经进行了战争准备，这也是加夫罗·武科维奇向塞尔维亚总理萨瓦·格鲁伊奇（Sava Grujić）寻求结盟谈判的原因。奥匈帝国的危险性，不仅体现在它在黑塞哥维那和科托尔湾修建军用工事，并将军事物资运往边境，还体现在它在阿尔巴尼亚民众中进行的政治活动上。从它的整体政策能看出，其有意利用俄国无暇在巴尔干进行军事行动的契机，除了吞并波斯尼亚和黑塞哥维那，还要占领桑扎克。

桑扎克在奥匈帝国的政策中占有非常重要的地位，因为它能将塞尔维亚和黑山分隔开来，阻止两国共同建立大塞尔维亚国家，进而防止其阻挡奥匈帝国通过索伦向东渗透的道路。此外，塞族统一国家或南部斯拉夫民族的统一国家，将刺激奥匈帝国境内南部斯拉夫民族解放运动的发展。[2] 由于军事上的危险性，以及可能对"国家利益"产生的不可预见后果，奥匈帝国使节在采蒂涅向塞尔维亚政府表示，维也纳除了希望与

---

[1] 1906 年 12 月召开的特别会议决定，根据实际（支出）需要继续支付军费补贴。资金预期用途应由俄国驻采蒂涅军事代理人 N. 波塔波夫进行掌控。N. I. 希特罗娃：《1878—1908 年的俄罗斯与黑山》，莫斯科，1993，第 297 页。

[2] 根据 N. 拉科切维奇的论述，奥匈帝国 20 世纪初最重要的任务包括："（1）不允许黑山与塞尔维亚的边界相连并最终合并，为此不惜发动战争。（2）让新帕尔桑扎克成为分割塞尔维亚和黑山的地峡。（3）尽可能在塞尔维亚和黑山两国的统治阶层和王室间制造强烈的不信任。（4）阻止巴尔干联盟的建立，以及（5）煽动阿尔巴尼亚人对抗塞尔维亚和黑山。"N. 拉科切维奇：《1903—1914 年的黑山与奥匈帝国》，第 21 页。

塞方就防务联盟进行谈判外，还希望土耳其参与到这个设想中来。①

《米尔茨什泰格协议》在桑扎克、科索沃、梅托希亚和阿尔巴尼亚北部遭遇了最大的阻力，这令黑山王室担心。奥匈帝国的代理人不光鼓动塞族人不要支付奥斯曼帝国于 1903 年 8 月开始征收的税负，还试图组织暴动，并承诺奥匈帝国政府会帮助和保护他们。

黑山边境上奥匈帝国的军事存在带来的危险，特别是对科索沃省即将被占领的恐惧，促使尼科拉大公寻求俄国王室的帮助。尽管俄方保证黑山完全可以依靠俄国，并且俄国"知道如何拯救斯拉夫民族的利益"，但这样的消息与"奥匈帝国仍在进行军事准备"的消息相比，只能算是微弱的安慰。1904 年早春，有消息称，12 000 名奥匈帝国士兵在通往塞尔维亚的边境集结。这些情况，以及俄国在对日战争中遭遇的新的失利，让黑山王室感到不安。尽管俄国外交领域密切关注巴尔干形势，并努力通过外交途径让奥匈帝国注意到，一旦新帕扎尔桑扎克的形势遭到破坏，将产生不良后果，但黑山官方还是越来越感觉有必要向维也纳靠拢，以防它的对黑政策造成什么后果。"试图获得奥匈帝国的青睐"成为黑山王室对外政策的新诉求，这引起了俄国使节的注意，之前他在对奥匈帝国高级官员的观察中，就已经有所察觉。1904 年 5 月，奥匈帝国总参谋长贝克（Bek）男爵受邀在考察科托尔湾期间访问采蒂涅，就是此类迹象之一。奥匈帝国驻采蒂涅外交使团成员所受到的热情款待也证明了这一点。1904 年 8 月 3 日，巴尔与巴里之间开设"马尔科尼"（Markoni）无线电报站，被用来向俄罗斯帝国沙皇、意大利国王和塞尔维亚国王以及"最尊敬的统治者和我的友好邻居"弗朗茨·约瑟夫传递电报问候。

1904 年年中，外交界越来越多地谈论黑山正向奥匈帝国靠拢，证据之一就是黑山王储达尼洛在出席塞尔维亚国王佩塔尔·卡拉焦尔杰

---

① N. 拉科切维奇:《1903—1914 年的黑山与奥匈帝国》，第 21 页;莉莉亚娜·阿莱克西:《1904—1905 塞尔维亚和黑山的结盟谈判》，载《20 世纪历史论文集》(卷 I)，贝尔格莱德，1959，第 325—330 页;N. 拉科切维奇:《1903—1918 年黑山与塞尔维亚的政治关系》，第 18—21 页。

维奇加冕仪式后访问了维也纳，并且在塞尔维亚宫廷里与奥匈帝国公使举行过会谈。导致黑山这一新政策的因素，还包括与塞尔维亚结盟谈判的失败，塞尔维亚政府拒绝签署黑山提出的结盟协议，因为协议规定要将协议内容告知俄国沙皇。

本着新政策路线的精神，1904年秋，采蒂涅开始为尼科拉大公对维也纳的访问积极进行政治准备。在与库恩（Kun）男爵的谈话中，大公表达了他对两国关系的看法。他认为，虽然维也纳"在达尔马提亚"对他产生了不信任，但两国保持着高水平的关系。在大公看来，"黑山与俄国道义上的联盟"，并不会妨碍黑山"真诚地依靠奥匈帝国"。大公还对马其顿的改革进程和《米尔茨什泰格协议》的命运感兴趣。

尼科拉大公并没有对俄国驻采蒂涅使节隐瞒其希望与维也纳建立更紧密关系的意图。俄国军队在对日战争中的失败及其远东政策危机，在黑山可能被夸大，并被解读为"黑山有必要向奥匈帝国释放友好信号，特别是要对奥皇表现出关注，因为'他是数百万斯拉夫人的统治者'"。黑方向俄国公使解释称，黑山与奥匈帝国政治经济关系的调整，是为了保证黑山的经济独立，对冲来自意大利的影响。

大公自己认为，他应该效仿保加利亚大公，将访问维也纳"作为送给弗朗茨·约瑟夫皇帝的礼物"。

与本国政府沟通前，俄国公使什切格洛夫在1904年底与大公的谈话中指出，他怀疑黑山与奥匈帝国拉近关系能否给黑山带来经济利益。这位俄国外交官还认为，寻求与维也纳的友谊以及签署"政治协议"，对黑山来说都没有必要，而且会给黑山的独立带来危险。不过，当时黑山大公在执行外交政策时，已经不会像以前一样寻求俄国皇室的意见了。

十三、尼科拉大公访问柏林

在意大利国王维克托·埃曼努埃尔国王的协调下，尼科拉大公收到了德皇威廉二世的访问邀请，并于1905年5月7日启程前往柏林。

大公的随行人员包括扬科·武科蒂奇团长、米莱·采罗维奇（Mile Cerović）和米卢廷·托马诺维奇（Milutin Tomanović）副官以及邮政局长约沃·波波维奇。加夫罗·武科维奇在《回忆录》中指出，这是一支"更加年轻的"队伍，对于尼科拉大公外交政策的新路线而言，这肯定是非常需要的。[①] 这次访问无疑平息了俾斯麦特使即泰斯塔男爵在递交柏林会议决议时遭遇的不快，为两国建交消除了障碍。尽管1905年5月29日大公抵达柏林时，德皇本人并没有到车站迎接，但大公在德国首都受到了热情接待。他被安置在德国皇宫里，并受到了"检阅德国军队"的礼遇。大公还被授予德国高级勋章黑鹰勋章，而大公也向德皇威廉授予了黑山最高勋章。

大公在柏林期间，在奥匈帝国使节的协调下，确定了访问维也纳的细节。人们对大公在奥匈帝国会谈的内容知之甚少。即使是研究两国20世纪关系最专业的专家们，也无法获悉两位统治者谈话的更多内容。文献中只是指出，大公回到黑山后对奥匈帝国公使说他们"谈到了在黑山修建道路的问题，并且是由他提出来的"[②]。

大公于次年即1906年访问了奥匈帝国首都。访问是大公在卡尔斯巴德治病期间进行的。在奥匈帝国长达两个月的时间里，大公经常与奥匈帝国宫廷的高层政治人物接触。弗朗茨·约瑟夫皇帝也接见了他。关于此次和上次的访问成果，文献中至今都少有记载。双方举行的会谈被认为是公开确认了两国关系将进一步密切发展。奥匈帝国海军1906年9月在杜布罗夫尼克举行演习，充分说明两国王室开始建立密切联系。[③] 虽然尼科拉大公没有出席演习，但达尼洛王储亲临了现场，并与奥匈帝国王储弗朗茨·费迪南德（Franc Ferdinand）一同出现，这在南部斯拉夫民族舆论中引起了不好的反响。

黑山的亲奥政策不光引起了俄国官方的不满，在黑山国内，这种外

---

① G.武科维奇：《回忆录》（第3卷），第150页。
② V.拉科切维奇：《1903—1918年黑山与塞尔维亚的政治关系》，第28页。
③ 《1906年黑山国民议会工作纪要》，第36页。

交政策也遭到了反对。尼科拉大公在黑山国民议会第一次发表施政演说时，试图保护王室和国家免遭责难。为化解对大公新政策走向的不满，在对其谈话做出回应时，约万·普拉梅纳茨（Jovan Plamenac）对黑山第一届立宪政府进行了猛烈抨击。政府被指控对奥匈帝国"献媚"，虽然这种政策是由大公主导的。其间，还提到了奥匈帝国在杜布罗夫尼克的演习，以及奥皇对特雷比涅（Trebinje）和黑塞哥维那的访问。[1]

对政府的批评免除了大公的所有责任。议会还被要求通过对拉扎尔·米尤什科维奇内阁的不信任案，这意味着将其认定为推动亲奥匈帝国外交政策的罪魁祸首。1907 年 5 月底，尼科拉大公再次启程前往维也纳，这说明议会上的讨论并没有太大意义。

这次访问以大公前往奥地利温泉治病和休疗为名义，其间包含了政治会谈的行程。《黑山之声报》称，尼科拉大公拜会了奥皇弗朗茨·约瑟夫，后者又到大公下榻的"布里斯托"酒店进行了回访。[2] 大公还与奥外交大臣埃伦塔尔伯爵举行了会谈。

20 世纪初，奥匈帝国和黑山的最高政治人物频繁会面，说明黑山与俄国关系发生了明显变化。俄国在黑山对外政策中的重要性已不如从前，原因不光在于圣彼得堡与采蒂涅关系的性质，以及奥匈帝国的声望与日俱增，还因为塞尔维亚王位于 1903 年发生了更迭，其激进亲俄政府的上台，改变了俄国巴尔干政策的支点。随着贝尔格莱德发生的变化，黑山在俄国巴尔干政策中也不再具有重要意义。由于塞尔维亚在军事政治和经济领域要更加重要，其开始在俄官方活动中获得相应的地位。

俄国在巴尔干地位的变化、黑山在俄外交政策规划中角色的变化，以及黑山王室外交政策走向的变化，共同导致俄国重新定义对黑政策目标。新政策方针的第一点新变化，体现在重新审视支付给黑山的军队补贴问题上。这种取舍态度在 1905 年就表现出来了，当时，俄黑间除

---

① 《1906 年黑山国民议会工作纪要》，第 100 页。

② 《黑山之声报》1905 年 5 月 26 日/6 月 8 日第 24 版。

了索洛夫耶夫事件和对西方国家经济联系的态度变化，并没有太多具体的分歧。不过，当同一问题在 1906 年底再次被提出时，俄国驻采蒂涅的军事代理人尼科拉伊·波塔波夫向国内报告称，继续向黑山支付军队补贴已经没有意义，甚至是多余的。他解释说，这些钱不是用于人民，而是用于国家官僚机构。他还转达了罗文斯基（Rovinski）的看法，即"大公政府的冗员几乎花光了整个国家的预算"[①]。此外，尽管有定期的军事援助，黑山军队的情况完全不符合现代需要。[②] 俄外交部对此问题进行了讨论，普遍的观点是，由于黑山的军事重要性和传统关系，还应继续延长支付补贴，同时对资金的用途加大监管。

尽管黑山在圣彼得堡和维也纳之间摇摆，但它并不想完全疏远俄国，也不想在经济上从属于奥匈帝国。另一方面，俄国政府虽然对尼科拉大公的外交活动不再有控制，但也不想将西方完全拉入一场危机。因此不论哪一方，不论从内部还是从外部而言，都不想放弃这悠久的政治传统，也不想关闭通向未来更好关系的大门。

正因如此，随着铁路问题提上议程，黑山与俄国的关系再次变得密切，因为铁路问题的背后，实际上是奥匈帝国意欲让黑山经济和政治完全依附于自己。1908 年大公对圣彼得堡的访问，就体现了两国关系的这种新状态，值得特别关注。

十四、1908 年大公对圣彼得堡的访问

1905 年年中尼科拉大公访问维也纳期间，在与奥匈帝国政治人物的会谈中提到的问题之一，就是铁路的建设。这条具有特殊重要性的铁路，在奥斯曼帝国境内从乌瓦茨（Uvac）到科索沃米特罗维察（Kosovska Mitrovica），沿海地区从达尔马提亚穿过黑山境内，直抵阿尔巴尼亚。在解释其在黑山境内修建铁路的权利时，奥匈帝国搬出了

---

① 俄罗斯帝国外交政策档案，政治档案，3334-272-275 号文件。
② 同上。

《柏林条约》第 29 条。① 1908 年 1 月，奥方新任外交大臣埃伦塔尔在报告中公开了与大公秘密谈话的内容。这是一个奥匈帝国在波斯尼亚和黑塞哥维那、黑山以及科索沃建设铁路网的计划，除经济利益外，还具有重要的外交意义。

奥匈帝国真正的政治意图随后才显现出来。1908 年初已经显而易见的是，奥匈帝国坚持在沿海地区修建铁路支线，并不是出于经济考虑，而是出于政治需要。修建穿越黑山领土的铁路并不只涉及这两个国家。奥匈帝国的计划也影响到了其他国家，俄国和意大利也对巴尔干的一些地区感兴趣，不希望奥匈帝国在这里的政治影响力突然加大。因此俄国国内在铁路问题上密切关注着黑山大公的动作。

关于奥匈帝国提出修建的斯皮奇-巴尔-斯库台铁路或科托尔-巴尔铁路的候选方案，大公在向俄国使节马克西莫夫（Maksimov）介绍时说，"在战略和政治层面上"，这对黑山都是"致命的"。② 他坚定保证会全力反对。他只同意由奥地利提供贷款而黑山独立建设铁路的方案。不过，即便有了这些声明，有消息称，大公在 1907 年访问维也纳期间，基本同意了铁路建设项目，作为回报，黑山获得了大额经济利益的承诺。俄国使节获悉，奥方拟向黑山提供 6 万克朗的补贴用于道路维护、发展公路交通、斯库台湖排水和调整博亚纳河的河道。1907 年大公与埃伦塔尔的会谈，被认为是两国就上述问题达成的协议。大公被迫否认这种传言。为了打消疑虑，也由于国内的政治危机，1908 年 2 月下旬，大公提出访问俄国。③ 在俄国

① 根据第 29 条，黑山必须同意奥匈帝国"有权穿过黑山新的国土范围建设并维护一条铁路"。
② 1908 年 1 月 25 日，马克西莫夫发给本国政府的一封电报称，1907 年夏，埃伦塔尔告知大公，奥匈帝国计划修建一条从泽莱尼卡（Zelenika）穿越斯皮奇到巴尔的铁路。大公当时对该建议表示满意。然而在埃伦塔尔发布施政报告后，以及奥匈帝国代表坚持根据《柏林条约》第 29 条、独立建造穿过巴尔到斯库台的铁路后，大公对这样的要求表示出乎意料，很难满足。但是，虽然预估到穿越黑山的达尔马提亚-斯库台铁路段将给黑山的国家利益带来不好的后果，大公也只能同意使用奥地利的资金，由黑山自己建造这段铁路。鉴于事实上大公在超过一年半之前就知道了奥匈帝国的意图，马克西莫夫断定大公表现得并不诚实，且没有为俄国的利益考虑。B. 帕维切维奇：《俄国与吞并危机（1908—1919）》，第 95—97 页。
③ B. 帕维切维奇：《俄国与吞并危机（1908—1919）》，第 127 页。

政府的大力干预下，尼科拉大公及大臣们改变了对奥匈帝国铁路项目的立场，黑山"最终拒绝了"奥匈帝国关于修建铁路的建议，再次公开站在了俄国一边。虽然铁路建设并没有被完全从议程上剔除，但可以说，由于其他欧洲国家（英国和意大利）对埃伦塔尔施政演说的消极态度，此事引起的政治担忧越来越弱了。

1908 年 2 月中旬，达尼洛王储应约访问了维也纳。新形势下，他此行还需解释不接受修建铁路建议的理由。在奥匈帝国首都，奥皇和外交大臣埃伦塔尔都接见了他。达尼洛访问维也纳的时间比事先约定的要短。此前商定的是两周，但他在维也纳只停留了 3 天。马克西莫夫在致本国政府的电报中解释说，由于奥匈帝国在巴尔干的计划，黑山对其政策产生了不信任，这是导致访问时间缩短的原因。完全可以肯定的是，维也纳也无法对约定好却没有成行的铁路问题感到满意，这肯定会影响到其与黑山的关系。

据塞尔维亚王国公使馆的报告，尼科拉大公于 1908 年 3 月 25 日抵达圣彼得堡。大公在俄国首都度过了 9 天（从 1908 年 3 月 25 日至 4 月 3 日）。其间沙皇尼古拉二世共接见了他三次。[1] 尼科拉·尼科拉耶维奇（Nikolaj Nikolajevič）大公为黑山大公举办了宴会，举行了祝酒仪式。大公还出席了俄外交部组织的宴会，俄方的接待热情可见一斑。参加沙皇和大公会见的还有俄国的高级别政治人物：总理斯托利平（Stolipin）、内政大臣伊兹沃利斯基（Izvoljski）、财政大臣科科夫乔夫（Kokovcov）、杜马（Duma）主席哈姆亚科维奇（Hamjakovič）、总参谋长帕利钦（Palicin）、亲王副将多尔戈鲁基（Dolgoruki）以及土耳其大使胡斯尼帕夏（Husni-paša）等等。

由于过去数年间的俄黑关系状况，尼科拉大公对圣彼得堡的访问，让俄国有理由采取步骤确认对黑山的政策。为了审视截至当时两国的

---

① 尼科拉大公首次拜会沙皇时，对他的接待在他"抵达第一天"就开始了。第二次拜会，俄方专门准备了隆重的午宴，第三次俄方则在其辞行前安排了"沙皇村的早餐"。塞尔维亚档案馆，政治分部，采蒂涅公使馆分册，B721。

关系，进一步确定双方未来的合作，在大公访问之前和期间，俄方举行了一系列重要政治活动。1908 年 3 月 31 日，总理斯托雷平主持召开会议，会议内容形成了《黑山事务纪要》。由于预料到大公会提出黑山政府（及军队）补贴的问题和铁路问题，俄国政府预先就围绕相关问题形成了立场。俄方在初步想法的基础上又进行了扩充，因此这份政策文件从开头就不光对黑山还对巴尔干做出了评估。①

《黑山事务纪要》认为，虽然黑山是巴尔干面积最小、人口最少的国家，但俄国对黑山的态度与对其他巴尔干国家是一样的。对俄国来说，重要的是所有国家都尽可能实现富裕、强大和独立，和平相处、建立全面而有益的贸易关系，共同保护民族特性和文化免受"异教徒"的侵害。根据这份文件，和平时期俄国对巴尔干国家没有任何诉求，俄国参与当地社会生活越多，人们就越相信俄国确实没有征服、占领和统治的计划，从而得以建立更坚固的友谊，这些国家也会自愿听取俄国的建议。而战争期间，即俄国与奥斯曼帝国或奥匈帝国之间发生武装冲突时，巴尔干国家被认为是可资利用的，尽管程度非常有限，但可以束缚住某些敌军。基于上述因素和俄国对巴尔干政策，俄国形成了对黑山的政策。② 在符合俄国政策和助力军事组织实现总体目标的前提下，维护巴尔干地区的和平发展和繁荣，被认为是俄国的主要任务。根据俄国防

① 1908 年初，俄国在多个场合都讨论过对巴尔干的政策目标。2 月中旬关于土耳其小亚细亚和巴尔干形势的会议上，尽管伊兹沃利斯基坚持在巴尔干采取更积极的外交政策，但根据总理斯托利平的看法，鉴于俄国内部局势，"必须只实施防御性的"政策，俄国只能在几年之后、待国内局势稳定后，才能"讲从前的语言"。
伊兹沃利斯基 1908 年 4 月 4 日在杜马会议上发表了报告，在谈到俄国在巴尔干的政策任务时，他说俄国在这里没有领土或其他诉求，它的政策应该致力于马其顿的和平，并支持巴尔干半岛的力量均衡现状。既然俄国不寻求领土变更，只希望改善土耳其治下的基督教民众命运和巴尔干国家的和平发展，因此俄赞成政治上的可行性改革。伊兹沃利斯基解释说，实际上，俄国的国内局势不会导致其与谁发生武装冲突，因为俄必须在几年的国际和国内动荡之后，重塑自身力量。B. 帕维切维奇：《俄国与吞并危机（1908—1919）》，第 126、222 页。
② 俄国外交部门对黑山的具体态度，要比文件中的结论尖锐得多。据其评估，"黑山作为一个国家，没能将自身的水平提升到足以成功抵抗两个危险邻国"。尼科拉大公的一些政策理念被认为是"幼稚的、过时的和从历史中幸存下来的"，而他本人也被认为"不足以在 20 世纪的复杂条件下领导现代政治"。但是，"出于军事战略和政治策略"，俄方认为应该不惜代价保持在黑山的影响力，阻止奥匈帝国的企图。见 B. 帕维切维奇：《俄国与吞并危机（1908—1919）》，第 17 页。

部、外交部、教育部和圣公会的预算，每年要在黑山花费 50 万卢布。

1908 年 3 月 31 日的会议上，各方认为，有必要考虑俄国国家政策的需求是否与支付给黑山政府补贴的额度相契合。鉴于从外交部账户支付的这笔补贴不足，于是根据 1908 年 1 月 29 日伊兹沃利斯基主持的会议，补贴被增加到 128 062 卢布。[①] 会议认为，过去几年俄国与尼科拉大公之间关系不令人满意的原因之一，在于这笔补贴的支付方式。在大公看来，这是对他个人的补贴，他可以不受任何人控制地使用这笔补贴，他的看法并非没有根据。1906 年初，俄方曾要求由俄国驻采蒂涅使团来监管这笔资金的花销。监管不仅针对大公个人的花销需求，还针对民众以文化为目的的支出。由于金额太少，无法同时满足两方面的需求，因此黑山的文化需求则由其他来源的资金来满足，即由教育部和圣公会来支付，而外交部的补贴主要用于政治用途。补贴被用来满足大公保持政治自主的需要，使其在执行符合俄国利益的外交政策时，免受外部压力。

黑山外交政策出人意料的转变，与埃伦塔尔男爵的讲话有关。大公明确反对奥匈帝国建设铁路的诉求，被认为是黑山外交政策走向转变非常重要的体现。各方认为，应该利用大公的布局来与黑山建立牢固的关系。为了把握新形势，俄方提出以下措施：

（1）不再坚持由俄国驻采蒂涅使团来监管和批准黑山政府如何使用俄外交部的补贴；

（2）保留以前的做法，根据每年支付补贴的特别报告，由沙皇政府向黑山大公支付补贴；

（3）按现有计划，黑山政府应以每年 8 万卢布的速度，清偿对俄国国库 100 万卢布的债务，应于 1910 年 1 月 1 日付清。之后，用于偿还债务的 8 万卢布全部归黑山大公所有。鉴于会议上提出的政治原因，人们认为不应等到上述清偿的最后期限，而应该从 1908 年 1 月 1 日就开

---

① 俄罗斯帝国外交政策档案，政治档案，第 3324—220 页。

始向大公支付约定的 8 万卢布。这一措施与大公的访问相契合，而且对黑山的外交政策尤为重要，特别是在俄国对巴尔干政策的重要"变革"时期。

最终采取的立场是，俄国向黑山提供军队补贴的额度和支出方式不变，因为 1906 年设立的支出监管和控制方式没有引起特别的反应，维持军队的支出也不需要增加。

关于"铁路问题"，俄方从两个角度来考虑：一方面它是奥匈帝国铁路网沿黑山沿海地区与奥斯曼帝国的连接，另一方面它是多瑙河-亚德里亚海铁路最理想的方案。评估认为，《柏林条约》不能被奥匈帝国用来作为修建该铁路的依据，不论是埃伦塔尔男爵提出的在黑山沿海修建铁路，还是奥匈帝国的开发利用。[1]

尼科拉大公也不同意奥匈帝国的要求，俄国政府完全支持黑山的立场。俄方承诺给予黑山外交支持，为的是让奥匈帝国政府同意由黑山独立修建铁路。俄国政府愿意支持建设多瑙河-亚德里亚海铁路，因为该铁路将穿过黑山的贝拉内和波德戈里察，为修建连接巴尔干各国的铁路提供支撑，从而让它们拥有通向海边的线路。

1908 年 3 月 31 日黑山问题会议的最后还形成了俄国政府关于黑山与意大利密切联系的立场。从历史经验看，意大利不具备同化斯拉夫人的能力，俄估计意黑关系密切不会对黑山的独立产生威胁。而双方已经开启的工业、商业和经济方面的合作被认为对黑山有益。

这次会议确定的要点，构成了与黑山大公会谈的基础，也是俄国对黑政策的基本要素，根据《黑山事务纪要》，这些内容被提交给了沙皇尼古拉二世。他在文件上批示"批准"，这意味着这份文件成为了俄国对黑政策的正式依据。

俄国政府眼中对黑关系的严肃性，不光体现在上述文件中。后来，在尼科拉大公访问圣彼得堡期间，这一点体现得更为明显。为了解决尼

---

① N.拉科切维奇:《1903—1914 年的黑山与奥匈帝国》,第 21 页。

科拉大公向俄国皇室、俄国政府提出的请求，俄又召开了一次关于黑山问题的非常重要的会议。1908 年 4 月 15 日，"黑山事务特别会议"举行。会议由总理斯托利平主持，出席的俄国政要包括财政大臣科科夫乔夫、国防大臣雷迪盖尔（Rediger）、总参谋长帕利钦、外交大臣伊兹沃利斯基、审计长哈里托诺夫（Haritonov）、外交大臣助理查里科夫（Čarikov）、俄国驻采蒂涅公使马克西莫夫和驻黑山军事代理人波塔波夫。

根据会议纪要，外交大臣对当时俄黑关系做出了评估。注意到双边关系中不令人满意之处的同时，他列出了导致这种情况的一些原因。他分析，一部分是源于黑山在政治、经济和心态上对奥匈帝国和意大利的依赖；另一部分则是一些暂时性的原因。黑山外交政策经历的这场危机，实际是巴尔干半岛整体局势变化的结果。奥匈帝国外交大臣带着铁路项目出现在巴尔干，对黑山产生了负面影响。大公的圣彼得堡之行，与国内的政治危机有着直接的关系。

伊兹沃利斯基将大公在会谈中提出的请求分成了几类。第一类涉及铁路问题，第二类涉及军费，而第三类则属于黑山大公的个人问题。至于第三类请求的细节，大公提出的问题包括财务状况、债务，以及缺乏资金维护自己和为其提供帮助的俄国的声望。虽然没有表述得十分明确，但俄外交大臣的意见是，应该利用俄国驻采蒂涅代表在场的机会，在会议上首先研究这个问题。伊兹沃利斯基认为，鉴于铁路问题的复杂性和技术特点，很难对这个问题予以考虑。至于军事方面的请求，他警告称：截至当时，俄国的对黑政策主要受感情因素主导，而且说不清黑山究竟能给俄国的政治和战略带来什么好处。[①] 俄罗斯外交大臣在提出上述问题时，并没有否认俄黑关系的悠久历史传统，而且他承认，按照俾斯麦的说法，传统因素有着"不可估量的"重要性，他认为，黑山这个拥有众多可能性的"微型国家"，囿于柏林会议的后果，长期受

---

① 俄罗斯帝国外交政策档案,政治档案,3356-8-15。

到奥匈帝国的影响。如果相邻的奥匈帝国挥师南下，黑山就有被吞并的危险。不过他提醒，鉴于当地人民的天性，如果再加上适当的政治条件，就可以阻碍这个进程。黑山国民与相邻的波斯尼亚和黑塞哥维那人有着密切的亲缘关系。此外，虽然当时塞尔维亚与黑山的关系远非友好，但也不排除两国结盟的可能性。从战略上看，黑山具有特别的重要性，因为黑山军队总能"牵制一定数量的奥匈帝国军队"。综合所有原因，俄罗斯外交大臣得出结论，黑山公国具有显而易见的政治重要性。伊兹沃利斯基建议，在决定做出有利于黑山的"牺牲"之前，要考虑到该国的重要性，并提供与之相称的援助。

会上，斯托利平总理介绍了他与尼科拉大公会谈的一些细节。他强调，大公曾说过，俄国国内对黑山存在误解，"公国实际上对俄国非常忠诚，而大公是俄国在巴尔干的士兵"。黑山统治者特别努力地向斯托利平解释军事补贴的重要性。如果黑山每年从俄国得到一个步兵团所需的资金，就可以组建一支能随时按照"帝国主人"所要求的方向进发的军队。

对大公个人的补贴被认为是有必要的，因为根据他的解释，他把继承的所有遗产都花在了"他的人民"身上，而余下很小一部分的房产，只能带来不多的收益，他已经举债75万克朗，自己过的生活与"帝国盟友统治者"的尊严并不相符。大公向斯托利平提出，自己和后代子孙应当"以书面协议的形式与俄国联系在一起"。实际上，他提议两国签署军事协定。

总参谋长帕利钦将军认为，从战略角度武装黑山军队对俄国非常有益。黑山军队应当成为俄国军事力量的补充。尽管补充量级不会太大，但他认为，无论如何，黑山军队都可以将奥匈帝国的第 15 军牵制在自己的领土范围内。此外，黑山还可以成为近亲邻国波斯尼亚和黑塞哥维那起义的策源地。至于补贴金额，帕利钦认为，即便未来几年黑山实施军事改革，也不需要对其增加补贴额度。他认为批准的 33.1 万卢布已经足够满足黑山军队所需。只有当改革成果表明补贴额度不够，才需要考虑是否追加。

俄国驻采蒂涅军事代理人尼科拉伊·米哈伊洛维奇·波塔波夫在会议立场的形成过程中，特别是对黑军事援助问题上，发挥了重大作用。他自1903年起一直呆在黑山，对黑山的军队状况和军事改革非常熟悉，实际上，他直接领导了改革进程。[①]

根据会议纪要，波塔波夫认为，黑山议会愿意接受已经提交的《军队组织与兵役法草案》中关于兵役的内容。不过他估计，法律草案中关于行政、薪金和军官生活费等内容的实施条件还不成熟，因为所有支出还有赖于俄国的补贴。大公在访问期间提出的增加补贴的请求，被暂时搁置。

波塔波夫认为，法律中与兵役相关的内容非常重要，因为根据当时的情形，兵役分配非常不均。富人和有影响力的黑山人可以逃避兵役，于是兵役负担就落到了农民身上，而他起草的新法律设置了很多规范兵役制度的规定。根据新方案，未来黑山军队的义务兵人数估计有5万人。

波塔波夫没有坚持要求增加对黑资金援助，并强调了这样做的理由。军官的低薪和简陋的生活条件无法保证相应的军备水平。微薄的薪水证明当时的补贴只够维持现状，而不足以进行重大改革。增加援助的总额对黑山人来说具有精神鼓励意义，特别是当大公即将抵达俄国之时。在黑山，人们对他的出访寄予厚望，过去几年人们没有感受到来自俄国的精神支持，因此人们不愿放弃这次机会，希望看到俄国表示出的好感。尽管如此，波塔波夫并没有按照黑山人的要求提议将现有的33.1万卢布补贴增加到100万卢布。对他来说更好的解决方案是，将接下来几年的物质援助增加到500万至800万卢布。这样，黑山军队现有的武器装备和物质基础将得到改善。多数情况下，黑山军队只配备7.6毫米步枪，卫生条件也很糟糕。整个黑山只有一家医院、8名医生

---

① N.I.希特罗娃:《黑山的俄国军事代表们——十月革命的参与者们》,载《历史札记》(ⅩⅫⅤ-4),1967,第733—744页。

和 36 张床位。至于火炮，该国只有从意大利政府获得的 52 门大炮，其中 4 门是 28 厘米口径的。火炮分布在三个地点：较大的在科托尔的洛夫琴山上，其他轻型的在尼克希奇周边、黑塞哥维那和斯普日。

会议其他与会者包括国防大臣、财政大臣普遍认为，尽管存在一定困难，但应该延长向黑山提供军事帮助的期限。外交大臣原则性地表态认为，向公国提供帮助不是干涉黑山内政。会议决定，从 1908 年 1 月 1 日开始，批准每年支付给大公个人 8 万卢布补贴。至于军事援助，决定保持现有额度不变，但在未来几年内，要根据军队改革的情况提供必要的武器装备，并可能增加年金。

1908 年 4 月 15 日，黑山事务特别会议的立场得以确定。随后于 1908 年 5 月 8 日获得沙皇批准，就此具备了政治和法律意义。尼科拉大公已经于 4 月 3 日离开了俄国首都。由于大公访问期间俄国政府并没有对他的请求做出回应，国务委员会主席拉扎尔·米尤什科维奇被留在俄国等待最终决定，会后他得到了俄方的通知。

在关于决议的解释中，俄政府称，批准对大公及其继任者和对军队发展的帮助，是保证黑山经济发展、保持黑山独立性的先决条件。[1] 俄国并没有其他企图。因此，米尤什科维奇被告知，大公关于缔结军事协定的建议是多余的。俄国不想干涉黑山内政，也不想对其独立性产生影响，甚至欢迎公国努力吸引外国投资，当然，要在不威胁俄国经济主导地位的前提下。虽然清楚自己在黑山的地位非常稳固，但在圣彼得堡看来，意大利的投资是属于奥匈帝国的。至于亚德里亚铁路项目，俄方表示愿意支持尼科拉大公的积极努力，并愿帮助其从波尔特获得批准，由黑山自己在领土内按照塞尔维亚和黑山政府协议确定的方向，独立修建铁路。

会议指出，要注意到黑山和塞尔维亚之间保持良好关系的重要性。同时强调，针对尼科拉大公的阴谋和塞尔维亚使节离开采蒂涅时的相

---

[1]　俄罗斯帝国外交政策档案，政治档案：3324—3324。

关法律程序，引发了不良后果。黑山被要求采取一切措施与塞尔维亚政府实现关系正常化。会议认为，相关的澄清加强了俄国政府对黑山的信任。尼科拉大公这次格外重要的俄国之行，所取得的成果被落实到了纸面上。次年 7 月，俄国轮船"彼得堡"号抵达巴尔，为黑山军队带来了武器装备。随着对大公支付资金援助和军事补贴的延长，俄国在黑山的影响力看起来得以恢复。

十五、尼科拉大公在黑山被宣布为王国后的外交活动

尼科拉大公登基 50 周年之际，黑山被宣布为王国，这被认为是提升王朝声誉的措施之一。不过，统治者头衔的提升并没有显著提升王室的声誉，王室的最高代表除了用政治手段应对异见人士外，还通过其他方式镇压异己以避免国内民主运动的蔓延。塞尔维亚人和南部斯拉夫人出于"民族"利益，都没有接受黑山宣布为王国这一举动。这些周边国家舆论将此看作是"黑山统治者虚荣心作祟，对于解决塞尔维亚和南部斯拉夫民族问题无益甚至有害"[1]。不过，从本质上讲，黑山宣布为王国并没有改变什么，它发生在黑山内部危机激化时期，与巴尔干历史上的重要阶段相契合，当时东方危机的解决进入了最后阶段。[2]

列强的改革尝试失败后，巴尔干国家越来越希望通过反抗土耳其的解放战争，来解决常年累积的矛盾，阻止国家声誉下跌，而且这种理念正愈加成熟。这种倾向在黑山的高层政治规划中得到了特别体现，规划将反抗土耳其的斗争看作是解决巴尔干危机的办法，更是解决累积的内部问题的途径。解放和吞并周边国家的领土，是为了消化民众对政治的不满情绪、巩固王朝地位、确保国家的经济繁荣和更有利的外交地位。

---

[1] 尼科拉·什凯罗维奇：《黑山与俄罗斯关系》，载《历史札记》（第 16 卷第 3—4 册），铁托格勒，1959，第 114 页。

[2] R.拉斯波波维奇：《黑山被宣布为王国后尼科拉·佩特罗维奇国王的外交——黑山与俄罗斯帝国》，载《短评与杂文》，第 357—377 页。

通过解放战争扩大领土被认为是克服经济社会矛盾的好办法，并且可以缓解社会紧张情绪、稳固政权地位。由于奥斯曼帝国国内爆发了青年土耳其党人革命（1908）和黑山边境上的马利索雷斯起义（1908—1911），加上奥斯曼帝国军队正忙于与意大利的战争，此时正是黑山采取相应外交活动的合适时机。黑山在即将被宣布为王国时，迈出了实现该想法的第一步，试图寻找战争盟友。外国媒体当时报道了黑山与保加利亚拉近关系的情况，以及在俄国的庇护下成立斯拉夫三国联盟的情况，在这个联盟中，尼科拉国王拥有领导角色，他在加冕时，获得了俄罗斯帝国陆军元帅的头衔。

邻国奥匈帝国对巴尔干地区的企图与之不同，它没有鼓动解放运动，而是想找机会独占土耳其曾经的领土。对波斯尼亚和黑塞哥维那的吞并巩固了奥匈帝国的军事地位，也确认了其对巴尔干邻国们的基本政策。奥匈帝国随后外交活动的目标都不是巴尔干地区的民族解放，而是将经济征服作为彻底剥夺其政治独立的途径。因此，即便"马利索雷斯起义中黑山的幕后主使是奥匈帝国"这一传闻属实，奥匈帝国的目的也不是要帮助巴尔干的解放运动，而是通过破坏土耳其统治的稳定，强化和巩固自己的地位。

俄国并不支持黑山的战争企图。由于在1905年日俄战争中的失败，以及由之引起的国内革命危机，加上奥匈帝国吞并波黑后获得了政治声望，俄国不打算支持尼科拉大公的任何战争策略。俄国主要致力于维持现状，奉行巴尔干国家间的和平政策。1910年11月缔结的军事协定也体现了这样的意图。尽管大大增加了对黑山的军事补贴（从33.1万卢布增加到60万卢布）和军用物资援助，但对俄国来说，异常重要的还是通过对黑山军队的控制，确保实施其反战政策。根据《协定》第7条，黑山未经俄国最高司令部同意，不得采取任何军事行动，同时未经"俄罗斯帝国陛下"的批准，不得缔结军事协议。尽管《协定》内容扰乱了黑山王室的政治设想，黑方还是接受了，并指望其产生积极影响。黑山被宣布为王国后，与俄国加强联系——尽管是秘密的——也是将国家声望提升至塞尔维亚之上的方式。

两个大国——奥匈帝国和俄罗斯帝国，究竟选谁作为主要外交伙伴，黑山也曾犹豫不决。二者都已成为影响黑山政治命运的重要外部因素。黑山与俄国的关系起源更早，更具传统意义，是民族意识和文化的一部分。而另一边，新的强邻要求小国黑山站在它一边，试图扩大对黑山的政治影响。此外，虽然奥匈帝国在影响黑山时更具地缘优势，而且似乎更愿意满足黑山的要求，但还无法让黑山公开接受它的示好。因为如果黑山这样做，就不可能不在国内引发动荡，人们会强烈地感觉到国家开始失去政治独立性，这导致尼科拉在称王后拖延和犹豫了很长时间，都没能按惯例出访外国王室。

早在1910年底就有传闻称，尼科拉将访问圣彼得堡、维也纳、贝尔格莱德和伊斯坦布尔，并已就此进行了会谈。新任奥匈帝国驻采蒂涅特命公使吉兹尔（Gizl）男爵努力推动尼科拉国王首先访问维也纳。虽然尼科拉国王在会谈中确认愿与奥匈帝国保持良好关系，但黑山这位统治者也知道，"作为国王"，他的首次出访对象不能是奥匈帝国皇帝。因此，虽然已经宣布将前往巴登（Baden）疗养并访问奥匈帝国，尼科拉还是数次推迟了行程。不过，由于奥匈帝国使节的坚持，双方原则商定尼科拉国王于1911年初访问维也纳。起初访问日期定在1月20日，后来又调整为1911年3月20日。[1] 虽然已经承诺往访，不过国王要做出最终决定还是不太容易，因为俄国驻采蒂涅公使和军事代理人也在施压，希望国王首先访问圣彼得堡。黑山王国元首首访的消息一经宣布就不断发酵，甚至引发了国内政治分裂。[2] 国王一再承诺会先访问维也纳，接着访问圣彼得堡，似乎巧妙地克服了奥匈帝国的外交压力。但因此，俄国对黑山的政策产生了不信任。据奥匈帝国人士称，俄国驻伦敦

---

[1] N.拉科切维奇：《1903—1914年的黑山与奥匈帝国》，第79页。
[2] 除了驻采蒂涅的外交使节和军事代表外，米尔科亲王和其他亲近人士也反对国王以维也纳为首访目的地。同样反对的还有总理拉扎尔·托马诺维奇。另一边，吉兹尔男爵将达尼洛王储及其亲近的亲奥人士作为工作立足点。

大使在新任英王加冕仪式上与达尼洛王储会谈时，指责尼科拉国王"在吉兹尔男爵第一次出现在采蒂涅时，就已经被奥匈帝国收买了"。当时还谈到了俄国的军事补贴，据说，达尼洛声称，俄国"维持黑山军队运转"是出于自身利益的考虑。

双方关系遇冷期间，军事补贴成为俄国政府向黑山施压的有力手段。1911 年初俄国就暗示可能会停发补贴，而同年 8 月初这个消息又更加确定了。[①] 许多国内问题让黑山本已困难的财政雪上加霜，加上当年欠收、平息马利索雷斯起义所需的巨大花销和阿尔巴尼亚难民问题，都让形势更加尖严峻。利用这种形势，吉兹尔启动了关于给黑山提供 200 万克朗借贷的谈判。吉兹尔认为这些财政困难是让黑山摆脱俄国、巩固与奥匈帝国关系的好机会。[②]

随着黑山与俄国关系日趋复杂，鉴于黑山对俄国补贴的高度依赖，同时奥匈帝国在桑扎克和索伦采取进攻性政策，导致俄-塞对巴尔干政策不甚明朗，因此尼科拉国王于 1911 年秋试图修复与维也纳的关系。1911 年 10 月 31 日，他要求吉兹尔"立即前往维也纳，把与黑山签署'秘密协议'——协定或者是什么——的计划告知埃伦塔尔，'以确保王国的政治前景'"[③]。国王认为，国家利益要求他这么做，他表示愿以书面形式承诺"无论何时何地"，自己的行为和决定都会"遵循奥匈帝国的建议"，"不论是和平时期还是有行动时"。他将军队置于奥匈帝国的战争部署之下，用以"抵抗除塞尔维亚和俄国以外任何奥匈帝国的敌人"。他同意"在奥匈帝国的保护下"与阿尔巴尼亚北部统一起来。[④]

黑山国王出人意料的提议，动机不甚明朗，让奥匈帝国使节感到惊讶。吉兹尔估计，尼科拉国王迈出这一步的原因，最重要的是黑山想要

① N.拉科切维奇：《1903—1914 年的黑山与奥匈帝国》，第 83 页。
② 米尤什科维奇访俄的糟糕结果帮了他的忙。米尤什科维奇于 1911 年夏访问了俄国首都。虽然向俄国政府告知了黑山的情况、特别是财政困难，8 月中旬他还是只能两手空空地回到采蒂涅，俄方没有承诺提供任何帮助。见《1878—1915 年财政部文件集》，斯拉夫科·布尔扎诺维奇（编纂），波德戈里察，2005，第 416—423 页。
③ N.拉科切维奇：《1903—1914 年的黑山与奥匈帝国》，第 86 页。
④ 同上。

向阿尔巴尼亚方向拓展领土，或者次年在保加利亚的帮助下发动某些军事行动。

国王的提议虽然值得玩味，但没有引起维也纳签署任何协议以调整关系的意愿。奥匈帝国国内的情况并不允许其——它也不想——接受这样的建议，"原因之一是它只针对土耳其，却排除了塞尔维亚和俄国"①。国王出人意料的政治手段，并没有影响两国友好关系的延续，双方仍愿进一步密切王室间的政治关系，这使得俄国加大对黑山施压，同时宣布了对塞尔维亚的保护。

然而，后续事态的发展，特别是1911年11月奥匈帝国加强在波斯尼亚和黑塞哥维那的军事行动，让黑山重新拉近与俄国的距离。奥匈帝国在波黑的军事部署和准备对桑扎克进行干预一事，虽然并未破坏黑山与奥匈帝国的关系，却让尼科拉国王与俄国驻采蒂涅外交代表们的联系愈加频繁。② 对黑山来说，在奥匈帝国吞并桑扎克一事上，俄国皇室的立场非常重要。这种潜在的危险威胁到了俄黑两国的利益，这才是两国进行政治合作的直接原因。俄国与黑山就奥匈帝国继续向南扩张的局势达成了一致，这让尼科拉·佩特罗维奇具备了解决称王后首访目的地困境的政治基础。

奥匈帝国在波斯尼亚军事备战的局势，让国王加速做出了1912年1月或2月初访问俄国的决定。尽管1911年12月20日已经与俄国公使商定了访问，但启程的日期还悬而未决，主要是由于对往访途经哪些国家没有统一意见。与俄国建议的途经里耶卡（黑山）、布达佩斯和华沙不同，国王想在维也纳短暂停留休整，他解释这并非是为了正式拜会弗朗茨·约瑟夫。这说明国王心中还有犹豫，且害怕对圣彼得堡的访问会让自己在维也纳面前犯错。

国王的行程直到出发前一直保密。根据塞尔维亚驻采蒂涅使节的

---

① N.拉科切维奇：《1903—1914年的黑山与奥匈帝国》，第89页。
② 奥匈帝国军队在桑扎克边境集结的消息，证明其正在为吞并桑扎克做准备。一天之内奥军有8 000人抵达波斯尼亚，三天后又投放了22个车厢的士兵。

报告，国王于 1912 年 1 月 29 日启程前往俄国。陪同他的有佩塔尔亲王、马塔诺维奇副官、外交大臣杜尚·格雷戈维奇和斯拉沃·拉马达诺维奇（Slavo Ramadanović）元帅。他乘坐自己的游艇从杜布罗夫尼克前往的里雅斯特，并从这里途经慕尼黑和法兰克福，在柏林稍作停留。① 临行前，他向人民发表讲话，说明了访问俄国的原因。除了希望再次见到俄国沙皇并接受他关于"巴尔干即将发生的复杂形势"的指示，国王还有意推动一些对黑山来说重要的议题。其中，领土扩张问题尤为重要。②

前往圣彼得堡途中，国王在柏林以"最严格的保密级别"停留了两天。在德国首都政界，人们从不同角度猜测着国王此行的目的。人们不太相信国王对德国驻采蒂涅公使说的，访问俄国没有政治目的、只是"一次普通的礼节性活动，纯粹出于家庭原因"③。据估计，俄国将利用国王的访问，积极施加影响，让黑山"在任何情况下都不会再次提出阿尔诺特人的问题，以便不扰乱巴尔干的和平"④。维也纳的主流观点认为，由于俄国忙于亚洲（波斯和中国）事务，因此需要巴尔干保持和平。

尼科拉国王于 1912 年 2 月 10 日抵达了圣彼得堡的沙皇村。御殿内，沙皇尼古拉二世身着制服、佩黑色绶带迎候了他。随后，沙皇和国

---

① 塞尔维亚档案馆，外交部—公使馆分部，Ⅰ/8-Ⅷ-Ⅹ，Ⅳ分册，6 号文件。
② 启程前，他与神父伊利亚·普拉梅纳茨的谈话，证明了这样的政治意图。根据塞尔维亚使节加夫里洛维奇 1912 年 1 月 17 日发自采蒂涅的报告，当时的谈话是这样的："当国王在外交官和身边要人的陪同下走入聚集在宫殿前的官员和民众中时，伊利亚·普拉梅纳茨向他走来——我相信伊利亚神父与国王是有约定的，即使是一种默契——对他说：'主人，在前往俄国前，我应该向你说些什么呢？你自己就知道需要做什么！这让人再次想起王后父亲佩塔尔·武科蒂奇的父亲斯泰沃·佩尔科夫（Stevo Perkov）在代替主教前往俄国时说的话'。国王于是转向人群，大声说：'当拉代主教启程前往俄国时，他这样问聚集的人群：'黑山人啊，我在圣彼得堡应跟沙皇说些什么呢？'当时斯泰沃·佩尔科夫走到他面前对他说："当你见到沙皇，告诉他我们的苦难和困境，以及黑山虽小，却对他多么忠诚，然后牵起他的手带他去教堂，让他在圣桌前发誓，黑山不能扩张领土，他将死不瞑目！"——'我也这样做吗？'国王说完就笑了。'是的，主人！'所有人回答道，当然伴随着支持国王的笑声。"塞尔维亚档案馆，外交部，公使馆分部，Ⅰ/8-Ⅷ-Ⅹ，Ⅳ分册，6 号文件。
③ 同上，579 号文件。
④ 同上。

王乘坐皇家马车在皇家卫队的护卫下抵达亚历山大堡，哥萨克骑兵夹道欢迎。沙皇村的隆重招待会后，国王被送到了圣彼得堡的冬宫，正式下榻。

次日，冬宫举行了宴会，沙皇与国王相互祝酒。沙皇在祝酒词中祝愿在英明的尼科拉国王的领导下，"年轻的王国继续取得和平发展与进步"。政治观察家们注意到，俄方过分地强调了黑山的"和平发展"，其实是在用这种方式表明态度：尼科拉国王不要指望俄方支持其领土扩张。回敬祝酒词时，尼科拉国王提到了"过去的传统""无限的忠诚"和所有黑山人"无条件的"忠心，他们"热爱沙皇和俄罗斯帝国"。他要求俄国给予黑山更强有力的支持，不仅因为过去的传统，更因为没有俄国的支持，黑山就无法继续成功发展。

尼科拉国王和外交大臣杜尚·格雷戈维奇接受采访时，向媒体们透露了访问期间会谈的内容。这些采访与外交界通常的风格不同，对黑山与奥斯曼帝国和塞尔维亚的关系做出了非常尖锐的评价。

在接受俄国当地媒体《市场报》采访时，国王首先回顾了巴尔干、特别是阿尔巴尼亚的局势。他强调，马利索雷斯的局势是平静的。在评估阿尔巴尼亚和老塞尔维亚的良好局面时，他不否认参与了当地活动，并表示担心那里会发生新的起义。他认为，如果土耳其坚持在当地实施"招募法"，就有可能发生新的起义。他说，没人有理由怀疑他对和平的热爱和黑山的和平立场，但他警告称，如果阿尔巴尼亚发生动乱，可能会对他的国家造成不可预测的后果，特别是过去几年间有 15 000 名阿尔巴尼亚人迁居至黑山，这对当下的黑山财政来说是很大的数字。他认为解决巴尔干问题的关键在于土耳其的国家改革，伊斯坦布尔应组建一个能够反映和代表大多数人想法和利益的政府。

国王高度评价了与俄国的关系，强调了俄国的帮助在过去和现在的重要性，他确认，俄国始终可以信赖他的国家。

采访中，国王借 1903 年发生的塞尔维亚五月政变和促使塞尔维亚王位更迭的"黑手会（Crna ruka）"组织，谈及了塞尔维亚和黑山关系。当记者问到该组织是否已将活动转移至黑山时，他回答说他"不知道也无从知晓"，但他补充说，当有人从塞尔维亚给他寄来两枚炸弹时，"上帝救了他"。在他看来，塞尔维亚的不幸在于，党派林立阻碍了国家发展，也阻碍了人们对塞尔维亚真正政治目标的理解，国王认为，塞的政治目标非常清晰，就是要与它的兄弟——"我们黑山人"——达成更紧密的精神团结。为了让塞尔维亚了解"这种认知"，国王非常重视俄国媒体。①

外交大臣格雷戈维奇在接受《新时代报》采访时，也谈到了与塞尔维亚不稳定的关系。他特别提到任命普里兹伦大主教的争议，是任命"黑山的"还是"塞尔维亚的"候选人，即，是任命加夫里洛·多日奇（Gavrilo Dožić）还是博格丹·拉多伊科维奇（Bogdan Radojković）来填补职位空缺。虽然已经达成约定，但塞尔维亚仍坚持不接受多日奇，就因为他是黑山人。

格雷戈维奇在采访中还回顾了阿尔巴尼亚局势。他强调那里的局势尚未平息，并指出了科索沃和斯库台省的困难局面。阿尔巴尼亚的起义也影响到黑山的经济生活，因为黑山有众多阿尔巴尼亚难民，他们缺乏实质援助。

黑山外交大臣还解释说，黑山正推动扩大边界，但这取决于奥斯曼帝国。他希望最终能以和平方式达成对黑山有利的解决方案。实际上，他预计土耳其人能在最后时刻做出选择，以非暴力的方式解决问题。②

在与《言论报》（Riječi）记者的谈话中，格雷戈维奇尖锐地评价了巴尔干局势，对形势的进一步发展表现出悲观，并预测巴尔干在不久的将来将经历一场"风暴"。他说，阿尔巴尼亚问题尚未解决，土耳其政府没有采取任何行动改变阿尔巴尼亚人的地位。奥斯曼帝国的存在与欧洲的保护联系在一起，虽然并不排除奥斯曼帝国发展至军事独裁的可能性。

---

① 塞尔维亚档案馆，外交部，公使馆分部，Ⅰ/8-Ⅷ-Ⅹ，Ⅳ分册，606 号文件。
② 塞尔维亚档案馆，外交部，公使馆分部，Ⅰ/8-Ⅷ-Ⅹ，Ⅳ分册，605 号文件。

采访中，格雷戈维奇重申了黑山疆域扩大问题，强调这在黑山目前的发展进程中是不可避免的。他怀疑土耳其是否会允许黑山扩大边界，因为此前青年土耳其党人曾声明，不会在非战争的情况下出让"国家一根手指头"。他认为边界问题是当时亟待解决的最重要问题。

尼科拉国王和外交大臣格雷戈维奇不讲策略地公开谈论对塞尔维亚、特别是对土耳其的政治立场，显然是在表达对俄国皇室关于巴尔干局势所持政策的不满。可以肯定的是，俄国对此极其平和的反应，目的在于平息黑山国王因阿尔巴尼亚问题和奥斯曼国内问题起的战争野心，同时又指责了塞尔维亚——这反映出两国在俄国政策中的不同地位。[①]他们关于塞尔维亚与黑山关系中个别问题的公开评论，让形势更加复杂化，还迫使塞尔维亚驻圣彼得堡使节 T. 波波维奇做出了正式回应。[②]

鉴于两国外交政策立场的差距，国王对圣彼得堡的访问自然不会取得什么对黑山来说重要的成果。根据 M. 加夫里洛维奇提交给塞尔维亚政府的报告，国王回到采蒂涅后，向外国使节们介绍访问成果时提到，俄国将修建从采蒂涅到巴尔的铁路，还将在"政府大楼前的市场上"建造一座教堂，教堂的"地基很早之前就已打好"。他还提到，俄国给黑山军队和他个人的补贴将会增加，不过要从次年开始。[③] 黑山外交大臣在与外国使节们的会谈中说："俄国要通过各种方式实现巴尔干的和平；我们巴尔干斯拉夫人至少不会发动（战争）；如果有别人发动（战争），那么我们要看看该做些什么。"他说，俄国愿为黑山的经济发展提供帮助。这就需要与圣彼得堡研究制定一个计划，就必要的援助做

---

① 纳斯蒂奇(Nastić)的虚假证词妨碍了"塞尔维亚与黑山达成兄弟般关系的真诚愿望"。焦尔吉耶·纳斯蒂奇是一名奥地利特工，他在法庭审理炸弹案时作为证人出庭。声明中他指控佩塔尔·卡拉焦尔杰维奇国王、焦尔杰王储和"斯拉夫人的南方"组织是针对尼科拉国王阴谋的最大主谋。详见 N. 拉科切维奇：《1903—1918 年黑山与塞尔维亚的政治关系》，第 71 页；R. 拉斯波波维奇：《黑山被宣布为王国后尼科拉·佩特罗维奇国王的外交——黑山与俄罗斯帝国》，载《短评与杂文》，第 357—377 页。

② 塞尔维亚档案馆，外交部，公使馆分部，1912 年，1/8-Ⅷ-Ⅹ，Ⅳ分册，626 号文件。

③ 同上，630 号文件。

出决定。

国王在圣彼得堡得到了关于外交政策方向的重要指示。波塔波夫告诉加夫里洛维奇,沙皇建议尼科拉国王"立即"与塞尔维亚国王建立良好关系。他还被建议"要先拜访佩塔尔国王",然后经贝尔格莱德前往索菲亚。尼科拉国王对这样的建议不满,甚至失望。他表示了反对,并很奇怪对方"如此要求他"。"当获悉有人从贝尔格莱德给他(尼科拉)寄来了炸弹"后,沙皇对国王确定是塞尔维亚欲对其行刺的说法感到很惊讶。后来当波塔波夫被问及此事,这位俄国军事代理人回答说,实际上是奥匈帝国筹划了此事,为的是离间黑山和塞尔维亚。

国王最后一次访问俄国,恰逢黑山-俄国建交 200 周年、暨俄黑军队在科托尔湾和杜布罗夫尼克共同抵御拿破仑 100 周年之际。[①] 不过,尽管适逢俄黑关系史上重要的日子,他的访问并不具备什么重要的意义。虽然欢迎仪式依旧热烈并给予其很高荣誉,给人两国外交仍延续此前关系框架的印象,但之后事态的发展表明,由于国内艰难的政治形势和王朝的利益,黑山国王已经无法再像以前那样,充当俄国对黑外交政策目标持续的执行者。此访的结果证明,两国外交政策目标和利益越来越难以调和,暗示着双方之间更大的裂痕,就连数个世纪的传统友谊都无法避免这样的局面。如果尼科拉国王的"狭隘黑山"外交政策与俄国的巴尔干政策发生冲突,这种裂痕会变得更深,而塞尔维亚在塞和南部斯拉夫问题中拥有主要发言权。

国王于 1912 年 2 月 17 日从圣彼得堡启程返黑。回国途中经过柏林,但没有像传闻中承诺的那样,中途访问维也纳。抵达采蒂涅后,格雷戈维奇向吉兹尔解释说,没有访问维也纳是由于国王在柏林获悉了奥匈帝国外交大臣埃伦塔尔的死讯。格雷戈维奇向吉兹尔"开诚布公地表示",国王没有到访的真实原因是,如果"尼科拉国王途经维也纳,就必须因埃伦塔尔男爵的去世在那里多停留一段时日以示尊重",但这

---

① 《黑山之声报》1912 年 5 月 28 日/6 月 10 日第 22 版。

样会受到"斯拉夫世界的强烈指责,因为埃伦塔尔担任外交大臣时实施了对波斯尼亚和黑塞哥维那的吞并计划"。[1]

不过尼科拉国王还是很快前往了维也纳。由于担心尼科拉国王访问圣彼得堡后,黑山和塞尔维亚会拉近关系甚至建立同盟,奥匈帝国政府希望尼科拉尽快前往维也纳。此外,由于黑塞哥维那的动荡局势,黑山的位置对奥匈帝国来说很重要。由于黑山可能与奥斯曼帝国爆发冲突,该国国内也对国王的奥匈帝国之行非常关注。

国王于1912年6月6日启程前往维也纳。陪同他出访的还有外交大臣杜尚·格雷戈维奇、宫廷军事办公室负责人米塔尔·马尔蒂诺维奇将军、宫廷元帅斯拉夫科·拉马达诺维奇、御医博日达尔·佩拉济奇(Božidar Perazić)博士和布拉若·弗尔比察(Blažo Vrbica)船长。国王受到了最高政治和军事礼遇。奥皇弗朗茨·约瑟夫亲自到维也纳火车站迎接,陪同他的还有该国的最高政治人物们。黑山与奥匈帝国的友好关系和黑山元首所受的礼遇,通过奥匈帝国最高统治者的祝酒词就可见一斑,在该国媒体上也显而易见。午宴上,弗朗茨·约瑟夫表示,希望国王对维也纳的访问将"有助于进一步改善两国业已存在的睦邻关系和友谊"[2]。

回敬祝酒词时,尼科拉国王对奥方在其执政50年间给予的"宝贵的友情"、特别是在他称王时表现出的友好表示感谢。他强调,黑山"完全得益于"邻近的奥匈帝国,"因为这让自己的文化和文明取得了进步"。[3] 他还保证,将"尽可能强化睦邻关系和友谊"。

维也纳任命尼科拉国王为奥匈帝国驻扎在加利西亚(Galicija)东部第55军团的名誉指挥官,奥方对他的青睐由此可见。虽然这是一种高度认可,但这次任命也带来了负面影响。一方面,这被解读为奥方对冲尼科拉在俄国被任命为元帅的做法;另一方面,这也让波斯尼亚和黑

---

① N.拉科切维奇:《1903—1914年的黑山与奥匈帝国》,第94页。
② 《黑山之声报》1912年5月28日/6月10日第22版。
③ 同上。

塞哥维那的塞族民众感到失望，他们对尼科拉国王担任该部队的名誉指挥官不满，因为那是奥军的一部分，而奥军先是侵略了这里，随后又将其并入自己的领土。奥匈帝国媒体的报道也引起了该国境内斯拉夫民族的不满。毕竟尼科拉国王地位显赫，以至于媒体的报道超出了历史现实的界限。媒体们甚至使用了一些手段，虚构对黑山高级别政要的采访。报道错误描述了黑山在吞并危机中的立场，致使《黑山之声报》不得不专门反驳奥匈帝国媒体的不实信息。[1]

正式访问中，国王与奥匈帝国政界高层举行了会谈。他还会见了奥匈帝国新任外交大臣伯托德（Berthold）男爵。奥皇在美泉宫接见了黑山国王。人们对会谈结果知之甚少。不过据估计，黑山的一些对外政策得到了奥方一定的支持，由米塔尔·马尔蒂诺维奇内阁取代拉扎尔·托马诺维奇内阁就是奥方鼓励的结果。这表明黑山接受了战争方案。不过，黑山国王在访问维也纳后更坚定要对土耳其开战一事，不能只归咎于与奥匈帝国官员们的会谈。国王返程前拜会弗朗茨·约瑟夫皇帝时，在场的还有保加利亚国王费迪南德和多位保加利亚政要，因此不排除是他们对黑山的战争策略产生了影响。更重要的是，尼科拉国王在黑山宣布为王国时，也与费迪南德国王就结盟反抗奥斯曼帝国的战争举行了会谈。

无论如何，从黑山的外交立场来看，国王此访无疑结束了一个特殊的、相对较长的时期，直到 20 世纪第一个十年的末尾，奥匈帝国的扩张才如此明显。另一方面，东方问题的出现被推迟了。因此黑山与塞尔维亚不同，它一方面依靠圣彼得堡，另一方面同时保持着与维也纳的友好关系，确保维持相对稳定的外交政策。

从巴尔干战争爆发到一战期间，直到合并，这方面的情况发生了显著变化。由于害怕一旦与塞尔维亚合并就将使国家失去独立地位，特别是在获得黑塞共同边界后，黑山的外交政策并不稳定且缺乏持续性，充

---

[1] 《黑山之声报》1912 年 5 月 28 日第 22 版，1912 年 5 月 28 日／6 月 10 日第 23 版，1912 年 6 月 2 日／15 日第 23 版。

满错误，这些错误表现在：黑山开始不惜一切代价占领斯库台，随后又违背盟友利益采取独立军事行动和外交步骤。这些意图的背后，是实现大规模领土扩张、实现大黑山族国家、避免与塞尔维亚合并、保持政治独立性和维护统治王朝地位等一系列愿望。在新方针的指导下，从政治实用主义的角度来看，黑山与维也纳的关系更加重要，因为与圣彼得堡不同，维也纳对塞尔维亚与巴尔干其他斯拉夫民族的统一，特别是塞尔维亚与黑山的合并，持消极立场。在新的政治实践中，由于距离遥远，黑山王室的政策对圣彼得堡，特别是对贝尔格莱德，都持更多的保留态度。

所有上述外交政策的背后，和以前一样，操控者是尼科拉·佩特罗维奇国王。他是所有主要外交活动的决策者，而包括外交部在内的所有其他机构，都是他意愿的执行者。可以说，尼科拉·佩特罗维奇是黑山独立期间的"首席外交官"。鉴于他在国家外交中的重要性，我们可能需要在本章的最后，关注国王参与的几个具体外交案例，再谈一谈这个问题。

十六、外交官尼科拉·佩特罗维奇

黑山外交的地位和作用，以及尼科拉·佩特罗维奇大公/国王的地位和作用，取决于他所代表的国家规模和微弱的政治实力。领土狭小、经济羸弱，让黑山无法拥有更活跃的外交地位。与大多数小国一样，它的整体地位和国际影响力取决于大国力量的平衡和大国是否愿意为黑山的请求提供支持。但同时，黑山的国际地位又因其非凡的军事战略意义而变得重要。在由大国利益限定的区域里，要想独立行事又不受巴尔干地区形势的影响是不大可能的，不过尼科拉一世还是成功地展示出他有能力利用欧洲国家之间的利益矛盾，将黑山的利益置于国家日常事务之上，是一位娴熟的政治家和外交官。若不借助持续系统的对外政策，黑山很难实现国家的政治稳定，尤其是当时还不具备对外政策正式文件，只能通过巧妙地应对巴尔干的政治变化来实现目标。

黑山外交政策的基本目标和主要任务都显而易见、不言而喻。它是由国家的历史和地缘政治地位，以及国家存续和发展的需要来决定的。第一步是使国家获得独立，然后第二步是保护国家的独立性并为领土扩张而斗争。鉴于黑山人的历史遗产和传统精神，这些任务被看作"国家使命"即民族解放和塞尔维亚民族统一的一部分，有时又被置于更广泛的南部斯拉夫民族框架内。在"年轻时代"，作为"全体塞尔维亚族"统一理念的追随者，尼科拉·佩特罗维奇本有可能担任联合国家的统治者，他甚至准备好签署法案放弃王位，以便实现那个目标。19世纪80年代，在东方危机开始前，他的统一理念超越了狭隘的塞族框架，形成了关于巴尔干联盟的规划。①

但是，在黑山获得国际承认后，随着其国家和国际地位的巩固，虽然还是要保证独立和领土扩张，即民族的解放和与邻国的统一（纳入），首要的外交目标是塞尔维亚以及巴尔干其他国家，但国家的对外政策目标已经有了一个全新的面貌。它体现在要不懈坚持保卫黑山独特的政治和国家主体性上。19世纪末20世纪初，披着"塞尔维亚外衣"的黑山外交，在继续争取解放和统一塞尔维亚民族的同时，努力实现其中

① 关于巴尔干联盟的一些想法，是尼科拉国王在与罗马尼亚访黑特使西奥多·瓦卡雷斯库（Teodor Vakaresku）和亚历山大·斯特鲁兹（Aleksandar Struze）谈话时的内容。西奥多·瓦卡雷斯库于1872年6月访问采蒂涅。他带来了罗马尼亚统治者卡罗尔（Karol）大公写给尼科拉大公的信。在8天的会谈中，大公向罗马尼亚特使介绍了自己对"欧洲东部"局势的看法。考虑到"基督教公国"间的关系应该高于一般友谊，大公提出了"地区国家联盟"的想法。它应该包括罗马尼亚、希腊、塞尔维亚和黑山。联盟应建立在"共同计划和共同手段目标的基础上"。它应该"提供共同的保护，反抗来自所有外部"的图谋，以便解决要"牺牲四国利益"的东方危机。由于东方问题是包括土耳其在内的巴尔干国家问题，大公认为应当由这些国家和有关各方通过和平方式解决，而不应以暴力手段破坏东方现状。联盟的成立并不意味着"摧毁土耳其"，而是要建立一种与它以主权平等原则为基础的新型关系。在"巴尔干国家联盟中，罗马尼亚应发挥主要作用，因为它是巴尔干最富有的国家，有着显赫的王朝"。
巴尔干国家联盟的想法，虽值得玩味，却没有引起罗马尼亚统治者的特别关注。尼科拉大公也很快不再是这一理念的主要支持者。当罗马尼亚新特使亚历山大·斯特鲁兹抵达黑山时（1874），双方对此只是进行了泛泛的讨论。
上述信息我们援引自米奥德拉格·米林（Miodrag Milin）博士未发表的论文《西奥多·瓦卡雷斯库（1872）和亚历山大·斯特鲁兹（1874）特派团访问黑山》，该论文1993年在斯雷姆斯基卡尔洛夫齐（Sremski Karlovci）被提交给由塞尔维亚科学艺术院（SANU）和全世界塞尔维亚人组织"罗马尼亚的塞尔维亚人"举办的学术会议。

一种理想形式，即建立一个以尼科拉国王为首的伟大国家。统一计划整合了"塞尔维亚的形式"和黑山国家及王朝的关键角色，一时间不光吸引了黑山官员，还燃起了近邻、未被解放的波斯尼亚和黑塞哥维那的希望。米兰·奥布雷诺维奇的亲奥主义、柏林会议后黑山成为俄国巴尔干政策的支柱、尼科拉大公不时被强调为俄国唯一真正的朋友……这一系列事实都成为他"皮埃蒙特野心"壮大的基础。然而，当时的历史环境是，在实力更强、疆域更广的塞尔维亚的王位上，卡拉焦尔杰维奇家族异军突起，在卡拉焦尔杰维奇身上，俄国的巴尔干政策找到了坚固支撑，所谓的"浪漫计划"不得不被迫放弃了。除了20世纪初俄国在巴尔干影响式微，国际关系的其他变化也在奥匈帝国日益彰显的扩张政策和施压下显现出来，对当时已经启动的、不同的，或者说"爱国的"抑或狭隘的黑山对外政策产生了影响，这种政策仍旧以领土扩张和促进相邻地区的解放为目标，但不包括在卡拉焦尔杰维奇王朝的领导下实现塞尔维亚与黑山的合并。相反，黑山的领土扩张政策是为了拖延可能的被迫合并。黑山内部的动荡和国家威望的下降对合并问题产生的促进作用越显现，这种政策倾向就越明显。巴尔干战争后，特别是一战结束后，以合并为目标的力量成为包括黑山在内的南部斯拉夫地区社会的主流，在与这股力量的斗争中，尼科拉国王成了失败者。1918年底及之后，他作为"没有国家的统治者"，在政治活动中表现出难以置信的毅力，试图影响南部斯拉夫的合并并恢复自己国家的地位，但没能成功。凭着这样的政治努力和早前力争在南斯拉夫框架内保留黑山历史遗产的努力，他客观上成了南斯拉夫统一的反对者，而南斯拉夫的主要领导者们，即塞尔维亚政府和南斯拉夫委员会，却赢得了盟友们的好感。

虽然可能他在统治的最后几年中，没能"理解所处的时代"，但在他统治黑山超过50年的时间里、在这个以他名字命名的"时代"中，并不是这样。作为个人，他属于19世纪的欧洲文化。倚仗在国内和国外受到的教育，他了解自己国家存续的所有必要条件。他保持了本民族的特点，通晓民族的传统习俗。他实施的是专制统治，将所有权力掌握在自己手中。基于王朝的利益和威望所需，他只在最后急需的时刻才成为一名改革者。

在国内，他是一名专制君主、一名独裁者，对外他最忠实于俄罗斯帝国、斯拉夫民族和东正教，他知道，作为一名有天赋的外交官，要"冲破奥匈帝国的压制"——包括以"冷酷泰梅尔"为核心的其他奥匈帝国官员——为黑山谋求利益。正如外国媒体所描述的，"他是一位真正的政治家，乘着涅瓦河（Neva）的风航行"。

他的形象速写，还应包括其与欧洲各王室成功的姻亲关系，以及与塞尔维亚统治王朝间特殊的竞争关系。客观上，这种竞争与其说是源于个人间的误解，不如说是因为 1878 年柏林会议上创建了两个法律实体或两个政治中心，它们试图在同一地区针对同一民族实现自己的政治目标。因此，国家分离主义和王室间的排他情绪被激发出来，这在黑山更加明显，因为与塞尔维亚相比，它的政治地位要弱一些。在黑山统治集团的政策中，在涉及合并的具体问题时，上述两种情绪显得非常突出。由于黑山国王对此问题的态度，在第一个南斯拉夫国家成立之后，他的政策和外交个性常常更受关注，但其实他更应该被作为黑山长久的统治者，从国家和民族的角度来审视。因为，虽然对他最后几年统治的评价千差万别，说到他在黑山外交史上的地位，我们不能不想起一位莱比锡记者在 1896 年访问贝尔格莱德时的一句话，他预言性地写道："黑山的英雄时代终会结束。尼科拉一世将是她最光辉、但也是最后一位捍卫者。"

第七章

黑山外交在签署协议和结成军事–政治同盟方面的成就

第一节 以国际协议为量化标准的外交实践

一、谈判过程的量化价值

研究黑山外交时，需要从外交实践的结果入手。虽然价值各有不同，但通过外交途径签署的国际协议，以及黑山与其他国家签署的协议，肯定是一项重要指标。该范畴内的外交实践包括双边和多边类型。这里我们主要关注双边类型的协议。通过这一类型能更清晰地看出国家外交政策的走向和特点。而黑山参与签署的那些多边协议，由于黑山的外交实践现实，其外交影响力是非常小的。

国际协议是一种法律文件，它具有法律价值，是国家表达意愿建立"国际法律规范"的工具，而其他类型的外交活动通常不属于这种情况。因此，在对黑山的协议成果做出价值判断时，要意识到，这些协议是黑山在特定历史环境下的外交实践工具，历史环境和外交实践决定了协议的特性，是协议的创造者，并根据国家的能力设计目标和适用性。

在分析黑山所签署协议涉及的议题和外交成果时，不能只分析个别其国内和国际机构在维系国际关系时的效果，即狭义上的外交，还应该对其他国家机构进行分析。还有一些不属于外交部或使团的部门，也与外交活动有关系，比如财政部、邮政部门等等，它们同样有外交方面的作用。这些领域的工作人员，虽然不属于受权参与谈判、直接参与外交的群体，却是协议涉及内容的组成部分。因此，以这种形式建立的经济和财政关系，虽然形式上由于它们在国家运行中的地位，并不具备明显的外交特性，但不能就此将它们隔离于广义的外交范畴之外。

二、作为外交实践的协议及相关活动

订立国家协议的相关活动在形式上或实质上与外交实践是最为相关的，也与国家所处的环境紧密联系。本书开篇我们就说过，从最广泛的含义上说，外交是对外政策的手段，其实质是谈判。谈判也是协议达成过程中的特有部分，是国际协议商定过程中最重要的阶段。谈判是外交和协议实践的实质。因为谈判通常是在国家代表间达成具体约定，要评价"谈判者是否成功"及其外交成果，需要根据达成协议的数量、包括口头或落实到纸面上的协议数量，来进行评估。

就协议涉及的领域而言，外交涵盖的内容非常广泛。谈判作为两项工作的实质内容，并不总是以达成具体的国际协议为目标。作为协议活动的重要特定环节，谈判本身也并不是必须要让双方达成一致。只要谈判在进行，外交就随之存在。另一方面，国际协议只有在谈判主体间达成一致时才能签署。外交活动是国家间达成协议的前提条件，虽然这并不是外交的唯一目标。

一个国家的外交价值不能仅仅用缔结国际协议的数量和种类来衡量，但它们确实是重要的指标。对国际协议的整体回顾，能看出一个国家的外交活动以何种议题为导向和目标，并以何种方式来达成协议，也就是能看出一个国家的国际交往程度及其外交活动的主要方向。

一份国际协议要具有完全效力，至少需要两个国家就条款达成一致，且协议双方都要是国际法主体。如果协议双方不具有国际法主体地位，那么国际协议就无法成立。缔约权，作为国家主权之一，黑山拥有它的前提条件是要获得国际承认。届时，黑山就拥有了完全的协议主体地位。

黑山在获得国际承认之前就开启了不同种类的协议关系。从正式的法律意义来看，这些国际协议的性质是有争议的，因为它们并不是在国际法主体间签署的。除了因为黑山直到 1878 年才拥有签署正式协议的权力，还因为多数情况下，协议的另一签署方，即一些邻国（奥斯曼帝国或奥匈帝国）的地方政府，也不具备国际法主体地位。尤其是与奥斯曼帝国签署的协议，因为奥斯曼帝国将黑山视为本国领土的一部分；还有一些协议是与奥匈帝国紧邻黑山的省份签署的，而不是与奥匈帝国这个国家。鉴于此，我们可以说，黑山在获得正式国际承认后，才算开启了有权签订真正国际协议的时期。黑山成为一个新的国际法主体后，其协议关系才刚开始得以规范，而黑山在此之前签署的协议，大多无法获得国际法意义上的承认。

三、黑山在获得国际承认后的协议订立能力

获得国际承认前，黑山的国家属性中已经具备了国际主体应具备的要素，这些要素通过黑山订立的协议关系和签订后的协议实践体现出来。这在后柏林会议时期，具有双重意义。黑山脱离奥斯曼帝国成为真正的独立国家，让黑山和奥斯曼帝国完全自由地订立的协议拥有了实际地位。在从半独立国家转变为新的独立国家的过程中，黑山并没有按照一般规则那样，继承国家间的协议。土耳其作为黑山的前任宗主国，与其他国家签署的任何协议及其附带的权利和义务，即便仍在有效期，都不适用于黑山。如果将黑山与塞尔维亚的情形进行对比，就能看出其中的意义。根据《柏林条约》第 37 条，塞尔维亚必须暂时承担奥斯曼帝国签署的贸易协议涉及的权利和义务。作为继承国，塞尔维亚必

须遵守与其领土范围相关的协议，即便它并没有参与这类协议的订立。①

此外，随着国家获得独立，塞尔维亚并没有摆脱领事裁判制度，其他基督教国家和一些非基督教国家在奥斯曼帝国领土上派驻代表所享有的特权，并没有改变。塞尔维亚获得独立后，外国领事代表仍能在该国境内，在民事和部分刑事案件的审判中，为本国公民提供领事保护。② 塞尔维亚在获得独立后通过与某些"基督教国家"签署双边协议，摆脱了这种主权负担，这些国家包括奥匈帝国、美国、德国、法国等等。

柏林会议后，除塞尔维亚，还有与土耳其相邻的波斯尼亚、黑塞哥维那、马其顿、科索沃和梅托希亚以及桑扎克仍存在领事裁判制度。根据柏林会议的决定，波黑被托管给奥匈帝国，而后者在欧洲大国的同意下，将该地区从领事裁判制度中解放了出来。1880 年司法改革期间，法国、意大利、德国、俄国和英国同意废除波黑的领事裁判制度。巴尔干战争后，马其顿、科索沃和梅托希亚以及桑扎克被并入塞尔维亚和黑山的部分，才从领事裁判制度中摆脱出来。③

由于实现了国家独立，黑山境内并没有实施领事裁判制度。除了要承担奥斯曼帝国名下与黑山合并地区的公共债务，黑山并没有负担其他的"义务"。虽然很少见，但也有相反的例子，比如，黑山在 1878 年

---

① 亚历山大·焦尔杰维奇博士：《国家的继承与南斯拉夫的实践》，贝尔格莱德，1965，第 18 页。
② 关于这种对国家主权的限制，如果我们回顾一下塞尔维亚"在土耳其统治"时期领事裁判制度的特点，就会变得清晰起来。科斯塔·赫里斯蒂奇（Kosta Hristić）回忆道："另一方面，由于对外国的投降，处境变得异常艰难。居住在贝尔格莱德的外国国民并不把塞尔维亚政权放在眼里，也不听他们的命令或警告。他们我行我素，从不征得许可。他们不理会塞尔维亚政府的传唤，而是躲在领事馆的身后。没有领事官员在场的情况下，塞尔维亚政府代表无法检查和监控他们的商店和咖啡馆。未经领事馆同意，外国国民不得被追究刑事责任，也不能被监禁。如果塞尔维亚警察判处外国人有罪，判决书必须通过外交部呈送给领事馆执行。领事馆随心所欲地修改塞尔维亚的判决，甚至免除罪犯罪名。由于在贝尔格莱德最多的是奥匈帝国的臣民，因此当局与奥匈帝国领事馆之间的冲突是最常见的。"科斯塔·N.赫里斯蒂奇：《一个老贝尔格莱德人的笔记》，贝尔格莱德，1989，第 50—51 页。
③ A.焦尔杰维奇：《国家的继承与南斯拉夫的实践》，第 19 页。

之前作为不完全国际主体签署的一些协议，在柏林会议后仍然有效，最重要的例子是1872年签署的《黑山与奥匈帝国罪犯引渡条约》。同时也不能忽视一些早前协议的重要性——关于划界、邮政电报等问题的协议都是国家新的协议关系的基础。

上述柏林会议后黑山的协议实践（看似矛盾）说明，黑山获得独立前订立的相当数量的协议，在大会之后仍然有效。它们可以被看作是1878年之前，黑山正式法律意义上协议的例外情况。不过，此前签署的一些协议在大会后仍被执行的这种情况，除了能够说明黑山国家地位的延续性外，还可以说明在获得独立地位之前，黑山已经拥有订立国际协议的独立性。黑山的正式独立时期，恰是以部分构建本国协议秩序为开端的。

虽然黑山是带着国际协议层面上较为有利的地位进入后柏林会议时代的，但由于协议的匮乏，黑山需要缔结新的国际协议来补强。一方面，柏林会议的决议要求对国家的国际地位进行具体确认；另一方面，国际社会中的实践，需要国家成为一个真正的主权主体。因此，不光要在政治领域，还要在经济、财政、教育和文化领域缔结新的协议关系。

基于上述原因，黑山在获得独立后，开始了活跃的契约订立活动。黑山与20多个国家缔结了各领域协议，包括公法的、私法的、政治领域的、经济的、文化的。同时，黑山成为多个多边协定的缔约国，与黑山有协议关系的缔约方数量显著增加，黑山的整体协议能力得到加强。通过此类协议，黑山参与完善了国际法秩序，参与制定了国际法对包括黑山在内各国义务的规范，还参与创立了新的国际法规范。与之前的国际协议水平相比，这是黑山国际协议实践中重要的新现象。

黑山在后柏林会议时代的整体协议能力得到了提升。协议涉及的议题也有所变化。与最初主要涉及领土和划界的政治协议不同，后来的协议越来越多地与经济领域相关，包括财政、贸易、交通和其他领域。随着时间推移，协议领域还扩展到允许外国资本渗透等。外国投资通过国家级的、国际法性质的协议，或通过与私法组织和集团签署的合同来实现。

从 1878 年到 1918 年，黑山签署了 180 多个涉及政治、经济、教育、文化等不同领域的国际协议。① 大多数协议中，对方都是与黑山一样的国家主体。不过也有一些与外国民事或法人实体签署协议的例子。比如与外国私营公司（例如柏林的克虏伯军工厂）签订的货物、武器采购合同，货物运输、储存合同，以及与个别外国私营银行签署的贷款合同。这些协议不具备国际性质，而是私人合同性质。它们不属于公法，而是带有外国元素的私法合同。但是，鉴于协议的签署方之一是黑山这个国家，所以还是应当将其放到黑山的整体协议活动中考量。

至于国际协议的缔结，显而易见是采取经典而简单的缔约方式。它可以分为三到四个环节：谈判、签署协议和核准。核准通常附带交换核准文书的环节，随后协议生效。

缔结国际协议的谈判由黑山的代表来进行。代表们可以是主管大臣或其他人员，甚至是获得政府或大公授权的外国人。谈判有时要探讨提交的协议草案。谈判阶段以签署通过的文本而告终。根据协议各方约定，文本的签署可以意味着协议生效，也可以只是确定最终文本但不具备约束力。协议的签署在某些情况下还需要大公或政府的批准（尚待核准）。

通过协议的签订，文本商定阶段即文本制定就完成了。要最终生效并具有法律效力，协议还要经过核准。直到 1905 年《宪法》颁布和实行议会制之前，协议都是由大公进行核准的。由于他是整个国家的领导者，国家的所有权力归他所有，没有大公的确认，任何协议都不能生效。核准程序中，大臣理事会，即政府，有义务提供建议。大臣理事会或政府可以就个别协议的有效性及其是否符合黑山的需要提出想法，建议大公核准或驳回。

1905 年《宪法》颁布后，核准权分属大公和国民议会所有。根据《宪法》第 7 条，大公负责核准涉及和平和结盟的协议，而"如果协议

---

① G.佩拉济奇，R.拉斯波波维奇：《1878—1918 年黑山的国际协议》

涉及国家利益和安全"，则可以通知议会。[①] 其他类型的协议及"贸易协议和那些需要从国库支付一定款项、修改国家法律或限制黑山国家公共或私人权利的协议"，应由国民议会核准。协议的核准由议会以法律形式完成。不过，由于国家立法权分属大公和国民议会（《宪法》第3条和第71条），这方面的重要权限还是由大公掌握。由于大公被授权确认和颁布法律（第4条第1款），如果未经大公确认或宣布，议会的核准仍不具法律效力。国民议会的核准程序中，大臣理事会，以及后来的国务委员会，有权提供建议和咨询，同样具有该权力的还有议会的专门机构，如财政委员会、经济委员会等等。

订立简易合同时，只需在协议各方之间交换书面说明，就协议规定的合同标的达成一致。也有一些情况，协议并非通过书面形式而是通过口头形式达成的。[②]

以上述方式订立的协议，有的有确定期限，有的没有期限。某些情况下，规定了六个月到一年的协议终止通知期。有的协议还以标的实现、目标达成作为终止。此外，相同的签约方签订内容相似的新协议，也可以作为此前协议的终止。

协议的典型内容包括标题、序言、决议、执行条款以及协议各方签章。与罗马教廷的协议和一些婚约还包含了祈祷的内容。在我们已知的黑山所有可以作为外交成果的国际协议中，我们关注以下几类：关于缔结和平和确定国家边界的，关于贸易与航行的，关于邮政电报、国家海外借贷、著作权、罪犯引渡的，以及关于军事政治同盟的协议。

四、关于缔结和平与确定国家边界的协议

这类协议属于政治协议范畴，规定的内容包括缔结和平，即回到和

---

① G.佩拉济奇,R.拉斯波波维奇:《1878—1918年黑山的国际协议》

② 文献显示,以这种方式订立协议的其中一个例子是1912年黑山政府与保加利亚驻黑山王室全权代表之间的协议,该协议规定了双方的战时同盟和财政援助问题,"在战争和动员的整个过程中,保加利亚每季度向黑山提供援助"。见久罗·波波维奇(Đuro Popović)博士:《国际合同法》(第1卷),贝尔格莱德,1939,第15页。

平时期的状态，解决领土争议、边境冲突、国民地位和某些地区的军队问题，以及其他直接由战争引发、对未来睦邻关系产生影响的问题。战胜一方通过这些协议将自己的意愿强加于一个或多个战败方身上。虽然黑山是 1876 年至 1878 年与土耳其战争的胜利方之一，还实现了领土大幅扩张，但由于战争整体结果和大国间的关系，黑山没能作为战胜方施加意愿，而只能被列强——比如奥匈帝国——胁迫，虽然其根本没有参战。黑山国际地位的特性源于 1878 年列强从雷希施塔特到柏林签署的多个协议，这样的特性也决定了黑山之后几年签署协议的内容。当时的一些决议直到 1908 年的吞并危机，都限制着黑山的主权。

如前所述，柏林会议的一些决定，确认了圣斯泰凡会议上通过的某些决议。六个大国的代表确定给予黑山国际承认。会议决议还确定了黑山的国界线。苏托莫莱（Sutomore）（斯皮奇）属于奥匈帝国，而乌尔齐尼及其海岸直到博亚纳河的领土都被还给了土耳其。作为交换，黑山获得了土耳其领土内未解放飞地，包括波德戈里察、斯普日和扎布利亚克。黑山军队被迫放弃黑塞哥维那的部分已经解放的土地，而作为回报，得到了科拉欣、普拉夫和古西涅。柏林会议的最终法案（第 32 条）规定，自《柏林条约》核准后 20 天内，黑山必须离开曾"被公国占领的"土地。黑山获得了博亚纳河的自由航行权。河流沿岸不允许修建地方防御工事，除非是为满足斯库台当地所需而修建的防御工事。黑山不得拥有战舰和海军旗帜，巴尔港和黑山所有水域必须对各国的战船关闭。"斯库台湖与黑山领土腹地之间"已有的防御工事必须拆除，也不许修建新的。巴尔和黑山沿海的航行和卫生监督权归奥匈帝国所有。黑山必须通过在达尔马提亚实行的航海法律法规，其商船队被置于奥匈帝国的领事保护之下。

柏林会议最终决议中规定的边界必须在地面上标出。一个由俄国、英国、奥地利、法国、德国和意大利代表组成的国际委员会，负责执行柏林会议关于划界的决议。虽然决议背后的推手是各个大国，但在执行这些决议时，普拉夫和古西涅的移交出现了问题，在移交斯普日、波德戈里察和扎布利亚克时也出现了一些小问题。科拉欣的移交没有遇到什么困难，这除了得益于波尔特的政策，还因为大国们从共同利益出发处理了这个问题。[①]

波德戈里察周边领土的争议，在1879年1月31日维尔帕扎尔举行的一次会议上得到了解决。根据柏林会议的决议，1879年2月2日签署的《议定书》，规定了分属黑山和奥斯曼帝国和两国军队的土地。《议定书》还规定了军队从某些驻地（奥斯曼军队从扎布利亚克、斯普日和波德戈里察，黑山军队从乌尔齐尼）撤离的期限和仓库中武器、装备搬迁和居民遣返的程序步骤。根据维尔帕扎尔《议定书》的条款，黑山军队于2月7日进入扎布利亚克。斯普日和大布尔多的钟楼于2月8日上午被接管，小布尔多和波德戈里察同日下午被接管。同日，黑山军队交出了从乌尔齐尼到博亚纳的土地。

至此，《柏林条约》中涉及黑山边界的第28、29条得以部分实施。不过，普拉夫和古西涅的移交问题仍未解决。土耳其辩解称，在阿尔巴尼亚联盟的鼓动下，土耳其移交土地的工作遭到了阿尔巴尼亚族民众的反对，只能拖延执行。[②] 黑山和土耳其以及列强们都通过了一个看起来能让各方都接受的办法，即，修改格鲁达和霍塔部分的黑山-土耳其边界，将其划归黑山。也就是说，用普拉夫和古西涅交换那一部分奥斯曼领土。在上述方案的基础上，双方形成了彼此都能接受的《备忘录》，准备提交给《柏林条约》的列强签署方们。根据1880年4月18日在伊斯坦布尔缔结的《奥斯曼帝国与黑山边界议定书》，各方接受4月12日的《备忘录》，同意将其写入《柏林条约》的边界修改意见。[③] 《议定书》按照黑山-土耳其备忘录，对新的边界线进行了描述，在结尾处写道，它与"公约具有同等效力"。

---

① G. 斯塔诺耶维奇:《柏林会议至19世纪末黑山外交史评介》,第151页。
② 诺瓦克·拉拉纳托维奇:《1880年用阿尔巴尼亚格鲁达和霍塔部落补偿普拉夫和古西涅以完成黑山-土耳其划界的尝试》,载《历史札记》(XXV),1973,第1—2,3—7页。
③ 纽曼·普拉松:《奥地利与外国缔结的条约和公约汇编》,(T-XI),维也纳,1884,第926页。

除 5 个大国的代表，奥斯曼帝国的代表也签署了该议定书。不过波尔特并没有遵照执行。新的解决方案的基础是，向黑山支付金钱补偿，以弥补其未获得普拉夫和古西涅的损失。随着其他列强的代表们发起后续的外交活动，英国建议用普拉夫和古西涅交换乌尔齐尼。[①] 直到列强下达最后通牒，威胁将向斯米尔纳和索伦方向发起行动，波尔特才同意将乌尔齐尼让给黑山以换取普拉夫和古西涅。《关于向黑山移交乌尔齐尼的协议》于 1880 年 11 月 25 日在库尼亚签署，双方代表分别是土耳其指挥官贝德里贝格和黑山军队指挥官尼科拉·马塔诺维奇（Nikola Matanović）。[②] 不过，库尼亚的这份协议中，没有任何一个条款提及了移交乌尔齐尼的真正原因。

乌尔齐尼移交完成（1880 年 11 月 26 日）后，列强的使节们开始要求伊斯坦布尔明确土黑边界线上亚德里亚海至斯库台湖的这一段。受托执行这项工作的国际委员会，从一开始就面临土耳其的各种图谋，土方试图背离 1880 年 6 月 26 日格兰维尔（Granvil）勋爵根据黑山与奥斯曼帝国领土交换协议规划的边界线。[③]

尽管黑山同意对沙斯科湖和斯库台湖之间的陆上领土界线进行一定修改，但它坚持认为，海洋和湖泊间的边界应该按照河道中线划分。在 1881 年 1 月 28 日举行的划界委员会会议上，各方就"沙斯科湖和戈里察托帕尔岛（ostrvo Gorica Topal）之间"的陆上边界线达成了妥协。这被包含在了划界委员会的《第 28 号议定书》当中。1881 年 2 月 4 日，委员会通过了《议定书》，确定由博亚纳河河道作为黑山与奥斯曼帝国之间海湖分界线。这解决了黑山与土耳其之间从海到湖边界的主要争议，而两国负责在地面标注边界。余下的还有在泽塔和利姆河谷中未明

---

① G. 斯塔诺耶维奇：《柏林会议至 19 世纪末黑山外交史评介》，第 152—159 页。

② 《国际法报告相关新条约和法案总集》（系列 2，卷Ⅵ），1881，第 511—512 页。

③ 根据奥斯曼的新要求，"沙斯科湖（Šasko jezero）和从此流出并流入博亚纳河的河流全域"，"直到入海口的博亚纳河全流域"都应属于奥斯曼帝国。从海到湖的边界，即沿博亚纳河及从斯库台湖流出并流入博亚纳的支流，不应根据河道分界线划界，而应按照河道右岸划界，这就意味着要将黑山与这些水域分离开。这样的提议不光与沿河道划分边界线的国际标准相悖，还违背了英国基于领土交换协议提出的建议。

确的边界线。此外，根据格兰维尔的划界方案，普拉夫和古西涅方向的大部分领土应属于黑山。在历经很多困难后，这些问题在随后几年得到了解决。

1882 年底，在与贝德里贝格率领的代表团谈判的基础上，各方就《混合委员会第 3 号议定书》达成一致，该议定书规定了从海到湖及从戈里察托帕尔到梅古雷德（Megured）河边界标志的设置。还描述了从斯库台湖到波德戈里察以北格拉迪什泰的边界。由于奥斯曼代表缺席，黑山的专员于 1883 年 1 月，根据这份议定书，独自在克拉伊纳放置了界碑。[①] 之后，就还剩下从格拉迪什泰到莫克拉（Mokra）山，再到普拉夫和古西涅的边界争议了。由于奥斯曼方面的拖延，黑山外交大臣斯坦科·拉多尼奇将此告知了签署《柏林条约》的欧洲列强。即便这样，也没能解决问题，这个问题一直留到了 1883 年大公访问俄国时。在他为伊斯坦布尔之行做准备的会谈中，各方坚持认为争议问题应通过双边方式解决。在克服多种困难后，双方就从斯库台湖到格拉迪什泰之间的边界问题达成了一致。同时商定的还有从格拉迪什泰穿过古西涅和普拉夫，到舍库拉尔的重要边界问题。根据《伊斯坦布尔备忘录》，两国边界继续向莫克拉山延伸，随后沿着《柏林条约》规定的边界到达莫伊科瓦茨（Mojkovac），再沿塔拉河（Tara）直抵与奥匈帝国的边界。沿着这条界线，斯库台湖和普拉尼尼察之间一段的界线在次年确定。1884 年 1 月 15 日签署的《安德里耶维察议定书》规定，通过放置边界锥形碑，即刻画着数字的岩石和石头，准确描述、绘制和标明边界线。[②] 至于边界的其余部分，其制定和标记的过程困难重重，最终于1887 年得以完成。[③] 后来部分边境线又进行了修正。1908 年 12 月 3 日，

---

① 黑山国家档案馆,1884 年外交部,13 分册,876 号文件。

② N. 拉日纳托维奇博士:《黑山与土耳其的边界划定(1883—1887)》,载《历史札记》(LXVIII),波德戈里察,1995,第 1—30 页。

③ 俄罗斯帝国外交政策档案,A. 吉尔斯个人档案,171 号文件。该协定由黑山国民议会核准。1909年 11 月 26 日的第四次常会审议了这项法律草案。1910 年 11 月 30 日,该法律获得通过。

黑山与奥斯曼帝国通过协定对瓦索耶维奇和古西涅之间的边界进行了修正。[1]

与之前划界协议的内容相比，1901 年 10 月 12 日由奥斯曼帝国和黑山混委会在佩皮奇（Pepić）签署的协议有些不同。委员会成员们努力解决了边境上的骚乱、流血、偷盗和其他问题，并缓和普拉夫-古西涅地区、波利穆列和韦利卡（Velika）边境上双方国民的冲突。得到解决的还有国境问题、边界地区偷盗、多重所有者财产的利用、罪犯引渡等问题。[2]

1906 年 6 月 15 日，混委会在波利亚（Polja）签署的协定规范了黑山和土耳其边境上的秩序和安全问题。[3] 协定任命了最高指挥官和边境问题专员，确定了他们的职责。边界被分为 10 个区域，拥有各自的帝国和公国中心。军队和边境警卫队的职责和行为方式得以规范，包括他们跨越边境的方式和边境地区人员的权责。协定确定了 8 个过境点，人们只能按照规定的条件穿越边境。

和与奥斯曼帝国相邻的边境相比，与奥匈帝国相邻的边境上需要解决的问题要少得多。柏林会议最终决议中确定边界的条款，实际上恢复了黑山与奥地利之间的旧有边界。原因是黑山的扩张占据了奥斯曼在黑塞哥维那（尼克希奇及周边）和沿海（巴尔及周边）的领土，因此在某种程度上改变了与奥匈帝国的边界。1879 年 11 月 17 日在祖普齐编制的黑山与奥匈帝国划界记录中，混委会确认了两国从弗尔苏塔（Vrsuta）到热列兹尼察河（rijeka Željeznica）并延伸到海边的边界。[4][5]

根据柏林会议决议，波斯尼亚和黑塞哥维那被托管给奥匈帝国。虽

---

① 俄罗斯帝国外交政策档案，A.吉尔斯个人档案，171 号文件。

② 同上。

③ 黑山国家档案馆，1906 年外交部，60 分册，1762 号文件。

④ 会议记录表明，"特殊所有权"保持不变，而此前已有的牧场、草场、伐木和水源的使用权仍得到保障。可能出现的争议问题由法庭来解决，如果问题仍无法解决，那么就由两国政府的特使来解决。

⑤ 诺瓦克·拉日纳托维奇：《〈柏林条约〉涉黑山决议的执行情况》，波斯尼亚和黑塞哥维那科学艺术院，特别版，第 30 卷，萨拉热窝，1977，第 296 页。

然奥匈帝国的占领并不意味着奥斯曼丧失对该地区的主权，但奥匈帝国从军队一进入，就以主权统治者的面目示人了。因此，奥匈帝国拥有了解决边界争议的权力，不光涉及黑山和奥匈帝国之间的边界争议，还包括其授权下黑山与奥斯曼帝国之间的领土问题。1880 年 5 月 29 日，奥匈帝国政府和黑山政府就黑山与黑塞哥维那的边界达成了《议定书》。这是在柏林会议决议的一般解决方案基础上确定的边界线。除了对新边界的描述外，《议定书》还包括双方尊重边境居民使用森林、牧场和水源的权利，并且无权阻止两国"在民众中执行"现行法规。

根据 1880 年 5 月 29 日的《议定书》，在威廉·绍尔瓦尔德（Vilhelm Sauervald）和斯泰万·济莫尼奇（Stevan Zimonjić）的领导下，双方于当年进行了边界勘定。1880 年 8 月 6 日，由斯坦科·拉多尼奇和泰梅尔签署的《议定书》约定，现行"行政状态"下的边界于 9 月 15 日失效，同日，新边界生效。

五、《柏林条约》及其第 29 条

与奥匈帝国关系中的一类特殊问题源于《柏林条约》第 29 条。根据该条款，奥匈帝国获得了控制黑山海岸航行和卫生的授权，并有权为黑山船只提供领事保护。但他们还想更进一步。包括建立奥匈帝国和黑山公国的港口混合船长办公处，办公处在行政上归属于的里雅斯特的海事治理机构。在俄国的帮助下，黑山成功避免对奥匈帝国做出比《柏林条约》所规定的更大的让步。1880 年 1 月 20 日，两国政府就执行《柏林条约》第 29 条的原则和模式达成协议，协议规定，巴尔及周边地区不得成为对奥匈帝国怀有恶意的民众的避难所，而黑山在巴尔的港口办公室可以执行海事卫生警察的工作。有需要时，奥匈帝国有权对巴尔港和黑山沿海进行海事卫生监督。《柏林条约》第 29 条的授权，准许奥匈帝国在乌尔齐尼划归黑山后，将监督权扩展到黑山的这部分沿岸地区。

这种对奥匈帝国有利的地役权，限制了黑山对自己沿海地区行使

主权，黑山直到 1908 年奥匈帝国吞并波斯尼亚和黑塞哥维那之后，才得以摆脱出来。《柏林条约》第 25 条最终被废止，该条款赋予了奥匈帝国占领这一地区的权利。[①] 塞尔维亚和黑山从吞并危机中获得的成果微乎其微，原本按计划，如果奥匈帝国吞并波黑获得认可，塞、黑应获得大额赔偿。黑山得到的略多一些，毕竟赋予奥匈帝国在黑山沿海特权的条款被废除了。限制黑山主权的第 29 条至此失效。第 5、7、8、9、10 和 11 条被废除，第 6 条被改写为："巴尔港必须保持贸易港口的特性，其范围内不得建造可改建为军港的建筑物。"[②] 关于该问题的协议是通过在黑山和意大利之间、以及黑山和奥匈帝国之间，也就是在托马诺维奇、斯克维蒂（Skviti）和库恩之间以交换照会的形式达成的。[③]

六、巴尔干同盟的建立和斯库台危机的结局

巴尔干战争爆发前，黑山采取了与寻求结盟有关的特殊外交行动。黑山的外交活动首先致力于寻找对抗土耳其的盟友。通过秘密谈判，1912 年 9 月，黑山与塞尔维亚签署了《政治与军事协定》[④]，与保加利亚签署了结盟协议。[⑤] 第一次巴尔干战争初期，在成功对桑扎克和梅托希亚进行了深入的军事行动后，黑山军队从 1912 年 10 月底开始了对斯库台长达数月的围攻。

出于历史原因，也是出于强化国家和王朝地位的需要，黑山要不惜一切代价改变斯库台的命运，使其归属于黑山。1912 年 12 月 17 日在伦敦召开的使节大会探讨了在苏丹或列强的继续监控下建立阿尔巴尼亚自治国家的问题，会后，黑山与列强间发生了冲突并造成大量伤亡，但一切都是徒劳的，斯库台问题的解决方式已经决定了。不过，黑山还

---

① 《黑山之声报》，1909 年 3 月 28 日第 14 版。

② 黑山国家档案馆，1880 年外交部，4 分册，681 号文件。

③ 诺瓦克·拉日纳托维奇：《〈柏林条约〉涉黑山决议的执行情况》，波斯尼亚和黑塞哥维那科学艺术院，特别版，XXX，萨拉热窝，1977，第 296 页。

④ 《黑山之声报》1909 年 3 月 28 日第 14 版。

⑤ 《1903—1914 年塞尔维亚王国对外政策文件》（第 5 卷），贝尔格莱德，1985，第 82 页。

是延续了自己的军事和外交行动，以期占领这座城市。在一段时间内，塞尔维亚向其提供了帮助，但是在列强的要求下，在失去战争成果的可能性面前，塞尔维亚放弃采取进一步军事行动。

斯库台危机最终解决的开端是，根据埃萨德帕夏（Esad-paša）和达尼洛王储1913年4月22日达成的协议，该城市向黑山人投降。协议规定了奥斯曼军队和愿意离开斯库台的居民们的撤退方式，并保证了留守人员的财产及人身权利和宗教自由权利。协议还规定了关于军事物资、土耳其军队的装备、战俘、食品等其他问题。撤离期限被定为1913年4月23日。协议还提到了塔拉博什（Taraboš）、巴尔达尼奥尔塔（Bardanjolta）和什托伊（Štoj）平原上的城市与堡垒。布尔迪察（Brdica）要塞奥军的撤离由另一份专门的协议来规定，该协议同日在埃萨德帕夏与达尼洛王储之间签署。[1] 不过，尽管已经占领了斯库台，根据伦敦使节会的决定，斯库台必须成为新成立的阿尔巴尼亚国家的一部分，在列强们的施压下，1912年5月9日，这座城市被移交给了列强。[2] 1913年5月5日签署的协议实际上是黑山在奥匈帝国压力下做出的让步，因为奥匈帝国准备通过军事干预将斯库台并入阿尔巴尼亚。将斯库台拱手让出，标志着黑山军事和外交政策的失败。

关于成立阿尔巴尼亚国家和相关边界问题，并未在有黑山代表出席的和平会议上形成决议。所有重要问题都由列强使节做出了决定，黑山的外交和制度使其无法对决议内容产生影响。根据《伦敦和平条约》第3条，巴尔干国家把确定阿尔巴尼亚的边界及边界具体化的权利，都留给了列强。[3]

黑山代表团出席了第二次巴尔干战争后的布加勒斯特和会。伦敦和布加勒斯特的和平条约对黑山有着不同的意义。虽然第二次和平会议与伦敦和会不同，谈判参与者的发言具有决定意义，但由于第二次巴

---

① 萨沃·斯科科（Savo Skoko）:《1913年第二次巴尔干战争》，贝尔格莱德，1968，第120页。

② 黑山国家档案馆，1913年外交部，165分册，495号文件。

③ 《1914年5月17/30日和平条约》，贝尔格莱德，外交部出版物，第49—50页。

尔干战争本身的性质，这对黑山来说并不重要。和平条约解决了主要的问题，即保加利亚与罗马尼亚之间、保加利亚与塞尔维亚之间，以及希腊与保加利亚之间的边界问题。虽然黑山在战争中参与了巴尔干同盟，与塞尔维亚站在一边反对保加利亚，并显著扩张了疆域，但条约中并没有提及黑山。不过，布加勒斯特条约中还包括了关于一般性问题的条款，如战争征用、军队运输和供给、伤病员待遇等。这部分对黑山很重要，因为涉及黑山军队。作为塞尔维亚的战争盟友，黑山军队派出了一个师的 13 000 名士兵参加第二次巴尔干战争。土耳其希望参战并利用这场巴尔干昔日盟友间的冲突，加入之后的和平进程。由于未能获准参加布加勒斯特和会，土耳其只能以双边协议的方式加入和平条约。

巴尔干战争结束后，以及桑扎克被塞尔维亚和黑山解放后，两国获得了共同边界，需要完成划界。为此于 1913 年 10 月 30 日签署了《塞尔维亚和黑山边界协议》，协议规定，两国边界从与波斯尼亚和黑塞哥维那的边界开始，延伸至塞尔维亚-黑山-阿尔巴尼亚三国交界处的白德里姆河（Bijeli Drim）河口。[①] 随后在地面施画边界的工作由两国共同的混合委员会完成。协议规定，争议问题应告知俄国沙皇政府并由其裁决，裁决结果对双方都有约束力。由于一战爆发，条约规定的地面勘界工作虽然已经开始，但没有完成。

七、关于贸易和航海的协议

黑山于 1882 年与英国缔结了第一份贸易和航海协议，后来又在 1883 年与意大利签署了一份。到 19 世纪末，黑山还与塞尔维亚订立了两份贸易协定（1891 和 1895），与法国达成了贸易和航海协议（1892）。[②]

[①] 《1913 年 7 月 28 日/8 月 10 日和平条约》，贝尔格莱德，外交部出版物，第 93 页。

[②] 除公法协议外，各国还可以通过私法商业协议与其他国家的法人和自然人缔结民法关系，从而构成私法义务。这样，国家就受到私法义务的约束，成为缔结私法业务权利和义务的承担者。所有上述协议刊载于《1878—1918 年黑山的国际协议》一书中。

从获得独立地位到 20 世纪初，黑山只缔结了少量此类协议，这证明黑山欠缺与外国的贸易往来。20 世纪最初 10 年和 20 年代初，此类协议的数量有了明显增加。这一时期，缔结最多的是贸易和航海领域的协议。1903 年，黑山与意大利达成了临时商业协议，1904 年与法国和比利时达成商业协议。次年，与塞尔维亚通过新的协议规范了贸易关系。1907 年与德国签署贸易和航海协议，1908 年与希腊和荷兰缔结贸易协议。1909 年与奥斯曼帝国、保加利亚和俄国建立了贸易协议关系，还签署了黑山公国与英国新的贸易协议。一战爆发前，黑山于 1910 年与瑞士联邦、1911 年与奥匈帝国签署了贸易协议。大部分协议的内容比较贫乏，决定性部分往往只是关于最惠国待遇的条款。[①]

贸易和航海协议属于国际协议范畴，它规定了政治实体国家间的关系。它们都包括国际公法规范，但内容也包括私法条款。

黑山与其他主权实体国家间缔结的国际协议，规定了缔约国法人和自然人之间货物交换的范围和类型。除关于进出口、运输的条款外，还包括支付方式、船只和外国人待遇、缔约国之间进出口货物征税和清关以及免税货物清单等内容。

此类详细规定仅包含在上述黑山缔结的某些贸易和航海协议中：两份最早的协议——与英国的（1882）和与意大利的（1883）。

贸易和航海协议制定了一个框架，在该框架内，缔约国的法人和自然人可以与国外进行交易，达成买卖合同、货物交换合同以及其他私法合同。贸易关系的缔结，必须在已经达成的、具有公法性质的世界贸易协议框架内进行，无论是在缔结程序（获得进出口及运输许可）方面，还是在获准进行直接贸易的货物种类方面。

黑山所缔结的贸易和航海协议作为国际私法即国家商法的直接来源也很重要。这种情况发生在协议适用于国内时，当国内基于这些协议

---

① 至于此类协议文本结构的区别：与英国的协议有 15 条，与意大利的有 17 条，还包括一份可以实行优惠待遇商品名单的附加议定书。与它们不同，20 世纪初与德国、希腊、比利时和土耳其签署的贸易和航海协议通常只有 3 条或 4 条内容。

调整主管部门时，或比如涉及外国人的法律地位、管辖权冲突或解决其他对等问题时。黑山国内的立法实践，在国家机构完善和引入议会体系后更加凸显。① 国际性质的条款被引入到国内秩序中，又作为国内法的来源具有了法律效力。②

八、关于邮政和电报通信的协议

邮政电报通信协议不属于代表性的外交活动。协议签署的主体通常是各国邮政和电报部门，而不是外交部或国家其他外交代表机构。此外，这类协议规范的是邮政电报领域的技术问题，而非政治关系。

19世纪末，邮政电报是最受规范监管的领域之一。除了通过《万国邮政公约》（1874年10月9日，应为《伯尔尼条约》，1878年经修改后更名为《万国邮政公约》——译者注）并成立万国邮联，随后的多次大会对相关法规又进行了多次增补。缔结协议时最经常出席的是专业机构，即国家邮政局的代表。协议在签署国政府接受后即生效。

黑山在作为独立国家存续期间，签署了邮政电报领域所有主要的多边协定。③ 此外，黑山还通过与多个国家，如与奥匈帝国、罗马尼亚、法国、奥斯曼帝国、塞尔维亚的多个双边协议，按照国际协定的标

---

① 根据1912年采蒂涅出版的《黑山与外国缔结的贸易和航行协议汇编》，国民议会从1906年10月14日首次常会开始，到1911年，总共将9部此前与外国签署的贸易和航行协议确认为法律。根据宪法程序，这些贸易合同法或贸易和航行法在议会通过后，由尼科拉大公、即后来的国王予以核准颁布。1905年1月1日黑山公国与塞尔维亚王国签署的贸易协议，于1907年1月1日被确立为法案；1908年3月14日黑山公国与希腊王国签署的贸易和航行协议于1909年5月12日被确立为法案；1909年3月4日黑山公国与奥斯曼帝国签署的贸易协议于1910年6月18日被确立为法案；1909年12月15日黑山公国与俄罗斯帝国签署的贸易和航行协议于1910年4月30日被确立为法案；1910年1月11日黑山公国与大英帝国签署的贸易和航行协议于1910年6月21日被确立为法案；1910年12月31日黑山王国与瑞士联邦签署的贸易协议于1911年2月4日被确立为法案；1911年9月11日黑山王国与罗马尼亚王国签署的贸易和航行协议于1912年2月18日被确立为法案。
② 大部分其他协议在内容方面都比较贫乏，往往在决定性部分只是简化为最惠国待遇。这样的解决方案使协议各方都拥有了最惠国地位上的平等待遇，避免了贸易歧视。
③ 该类别里还包括：《万国邮政联盟公约及缔结议定书和条例》，巴黎，1878年6月1日；《国际无标价邮政包裹互换公约及缔结议定书》，巴黎，1880年11月3日；《万国邮联公约协议和条例》，维也纳，1891年7月4日；《邮包互换公约及缔结议定书和条例》，维也纳，1891年7月4日；等等。

准内容，规范了相互间的邮政电报业务。[1]

该领域的一些协议与黑山国内的邮件转运有关。根据 1903 年 12 月 24 日黑山与意大利邮政协定的补充协议[2]，斯库台湖地区的邮政业务特许权被委托给了意大利邮政局。1904 年 5 月 5 日，黑山在伦敦与"马尔可尼"公司签署的协议以及其他类似协议，说明了意大利在黑山邮政电报领域的深度参与。

九、关于罪犯引渡的协议

引渡作为一种法律制度，就是一国将犯罪人员移交给另一国，防止其逃脱刑事诉讼和刑罚。引渡的法律基础，可以是协议性的，也可以是法律性的。第一种情况下，两国协议确定被引渡罪犯的犯罪行为（列举法），以及可以拒绝引渡的罪名（消除法）；而第二种情况下，引渡义务取决于威胁性罪名的严重性（一般条款法）。[3] 法律性引渡则是在双方没有引渡协议的情况下，在国内法规的基础上，根据对等原则进行的。

从 1878 年到 1918 年，黑山共缔结了两份此类协议：《黑山公国与意大利王国关于罪犯引渡的协议》（1892 年 8 月 22 日）和《黑山公国与比利时王国关于罪犯引渡的协议》（1905 年 12 月 3 日）。[4] 这里还要加上 1902 年与意大利签署的关于罪犯引渡协议的补充声明。[5] 除上述文件外，此类协议实践还包括《黑山与美国的引渡协议草案》[6]。虽然该协议的订立程序已经在 1911 年底完成，但仍停留在草案阶段。唯一欠缺的是国民议会的核准程序。由于黑山参加了第一次（1912 年 10 月

---

[1] 在与 30 多个国家缔结的协议中，规范了邮件的寄送和接收、邮寄及其细节，邮政业务订阅、寄送和接收邮政订单的方式以及禁止邮递寄送的物品（金器、贵重物品、银器等等）。同时还规定了在邮寄中邮件投递失败或延迟的责任。

[2] 黑山国家档案馆，1873—1908 年外交部，PTO，条例、协议、名单、邮政电报领域特别协议集，第 1—36 页。

[3] 《和平组织的条约和公约》，第 281 页。

[4] 《黑山公国法律、条例、国际协议专业汇编》（第 1 卷），采蒂涅，1903，第 153 页。

[5] 《条约和公约》（ⅩⅥ），第 344 页。

[6] 同上。

8 日）和第二次巴尔干战争，后续的阶段没能完成。

乍一看，奇怪的是，黑山为何坚持与遥远的美国缔结引渡协议，却没有与土耳其、塞尔维亚或其他欧洲国家达成这样的协议？这与20世纪初黑山人大规模移民美国有关。经济移民中可能混杂着罪犯，因此需要用引渡协议来解决这类问题。[①]

在与意大利和比利时的协议中，引渡对象是身处协议签署国一方、正在被另一方调查或被宣判的罪犯或从犯。[②] 双方政府都有权拒绝引渡本国国民。如果已经超过法律追责期限，或罪犯已因相同罪名接受在逃国家的判决，则不能要求引渡。对政治犯和军事犯不得引渡。

引渡请求应通过外交或领事代表机构提出。只有主管法院有权批准引渡。这些引渡协议还包含引渡程序中非常详细的其他方面的条款。

黑山获得国际承认前，曾于1872年9月23日与奥匈帝国签署了《罪犯引渡协议》[③]，规定了引渡条件、犯罪类型和可以引渡的情况。虽然从法律技术和规范上来说，这份协议的内容比与意大利和比利时签署的引渡协议内容要欠缺一些，但我们之前所提到协议的基本原则，在这份协议中也都被采纳。虽然该协议是在黑山获得独立地位之前缔结的，但之后也一直被应用于两国关系中。两国在20世纪时还提到过这份协议。不过，1904年两国就罪犯引渡问题又启动了缔结新协议的工作。不过谈判并没有取得成果，因为黑山政府不愿新的引渡协议也适用于波斯尼亚和黑塞哥维那的罪犯，黑方认为，波黑属于奥斯曼帝国，而非奥匈帝国。[④] 黑山的立场得到了俄国政府的支持，因此新的引渡协议没能最终达成。

[①] 可能是出于类似原因，1901年10月25日，塞尔维亚王国与美国之间也缔结了《罪犯引渡协定》。《塞尔维亚报》1902年第33版，贝尔格莱德。

[②] 引渡中可以适用列举法。可以是由于各种犯罪行为：从谋杀父母或孩子，到重婚、绑架、纵火、毁坏建筑物、侵犯人身自由和破坏家庭，以及制造假币、做伪证、虚假破产和诈骗等等。

[③] 《黑山公国法律、条例、国际协议专业汇编》（第1卷），第187页。

[④] N.拉科切维奇：《1903—1914年的黑山与奥匈帝国》，第24页。

十、关于版权的协议

版权协议旨在规范和保护与文学、科学和艺术作品，即智力创作相关的作者权益。版权机构随着15世纪第一家印刷厂的设立和第一本印刷书籍的问世出现。统治者们当时赋予了"出版商"印刷书籍的权利，为后来的规范性监管奠定了基础。

版权保护既有对内的也有对外的方面。对内而言，禁止未经授权而复制艺术和科学作品，不论是国内的机构还是个人。对外的含义则更加广泛，要防止作品未经授权在其他国家或地区被使用。首部版权法于1709年在英国颁布，而国际上，1886年的《保护文学和艺术作品伯尔尼公约》才首次规范了相关问题。

黑山在独立地位存续期间，没有颁布版权相关的法律。不过，1893年7月1日，黑山加入了《保护文学和艺术作品伯尔尼公约》及其联盟（1886年9月9日）。此外，黑山还与意大利和法国缔结了关于保护版权的双边协议。

与意大利的协议主要涉及作家（作者）对自己的文学和"艺术作品"的权利，旨在防止文学和艺术作品的非法复制。类似内容也包含在了与法国签署的《保护文学和艺术作品版权公约》当中。协议的核心部分都完全相同地规定了保护的内容和在其他国家非法复制文学和艺术出版物的相关规定。两项公约的有效期均为10年，缔约国中的一方可以在公约到期前的6个月内提出延长一年有效期。

鉴于其文化发展水平，黑山客观上很少有在国际场合保护本国作品版权的需求。黑山一直不为欧洲文化圈所知，因此其作品未经授权被复制、转载的可能性很小。其他国家则更有理由来缔结公约，因为他们的创作者的艺术创作价值更为欧洲所知。不过，也很难确定法国和意大利的政府是否因为本国作品在黑山被滥用而要求缔结协定保护本国创作者权益。[1] 可以说黑山是以这种方式迎合了现代欧洲的文化成果，实

---

[1]　G.佩拉济奇，R.拉斯波波维奇：《1878—1918年黑山的国际协议》，第98页。

际上这些协议超出了国家自身的需要。

十一、与教廷之间的协议

柏林会议决议中，给出了天主教会和黑山罗马天主教徒地位的某些一般性原则。《柏林条约》第 27 条确保黑山全体国民及在黑外国人可以举行所有宗教仪式。各等级教会组织及其与属灵长老的关系都不能受到干扰，不得以举行宗教仪式为由剥夺信徒公民的政治权利。

这些决议保证了宗教团体的运行自由，但与梵蒂冈天主教廷的某些关系需要更妥善地处理。这是国家法律框架变化的客观要求，1878 年后，天主教团体被纳入国家法律框架。领土扩张使黑山的天主教信徒数量有所增加（虽然仍未超过 4 000 人），大主教区的重要性也有所提升，11 世纪起，大主教区圣座位于巴尔。尼科拉大公希望以此得到国家新国民的青睐。

缔结协议的谈判由尤拉伊·什特罗斯马耶尔（Juraj Štrosmajer）从中协调。根据与教廷的公文往来和原则性约定，维萨里翁（Visarion）主教于 1882 年 6 月 28 日带着黑山版的条约出发前往罗马。黑山的方案总体上获得了好评，但仍不能作为最终协议的基础。教廷不愿接受黑山提案中"黑山政府形成任何立场前都不会考虑国家对教会的控制"的内容。[①] 因此围绕条约的谈判被中断了几年。在什特罗斯马耶尔的反复调解和约万·孙代契奇（Jovan Sundečić）的安排下，1886 年协议文本终于达成。协议保证了黑山天主教会独立和相对于国家的平等地位。[②]

教廷与黑山之间，即教皇与大公尼科拉一世之间的协议于 1886 年 8 月 18 日在罗马签署。签署双方为枢机主教卢多维科·亚科比尼（Ludoviko Jakobini）和约万·孙代契奇，根据协议序言，缔结协议的目的是为了保护天主教徒在公国的"宗教信仰利益"。

---

① G.斯塔诺耶维奇：《柏林会议至 19 世纪末黑山外交史评介》，第 169 页。
② 关于协议详见 R.德拉吉切维奇：《1886 年教廷与黑山公国协议》，载《回忆录》（第 24 卷），采蒂涅，1940，第 13—83 页。

该协议以黑山天主教徒自由履行宗教义务的原则立场为基础。在大主教任命的问题上,严格遵守教皇的等级权利,协议规定,最终任命前,黑山政府将有机会熟悉新任的天主教黑山领袖人选。大主教在教会事务中"直接且完全"依赖教廷,黑山的所有天主教徒都在他的精神管辖之下。协议规定,巴尔大主教[①]就职前要向大公宣誓。[②]

天主教会也参与教育领域的活动。巴尔大主教有权在公立学校任命神职人员或宗教教师。他还被授权在任期前 5 年每年派出 2 名、随后每年 1 名黑山年轻人前往罗马的圣杰罗姆学院(Zavod svetog Jeronima)求学。[③]

十二、金融性质的协议(关于国家借贷的协议)

黑山的经济生活需要外国的资金支持。普遍的经济落后和低水平的资本积累致使国家需要向国外借款。

在经济和经济-政治层面上,直到 1878 年之前,国家的生死存亡都有赖于 18 到 19 世纪从俄国获得的补贴。威尼斯和奥匈帝国也向黑山提供过资金援助。

1878 年之前,这种财政援助带有资金支持的性质,最经常的出资方是俄国,援助对象首先是采蒂涅大主教区,其次是公共机构和人民。援助主要用于购买食品、武器和满足民众基本生活及文化所需。所获得的这些资金是无偿的。黑山当时无法以金融交易的方式向他国借款,因为它不具有国际法人实体地位。向位于的里雅斯特和杜布罗夫尼克的

---

① 巴尔大主教首先可以任命教区牧师,这是与黑山政府间的协议赋予他的权利。只有当未来的牧师是黑山人时,才需征求黑山方面的同意。教区神职人员拥有组建家庭的权利,可以根据教会法律缔结有效婚姻及解决婚姻纠纷。《黑山之声报》1886 年 10 月 21 日第 42 版。

② 根据协议第 4 条,宣誓内容为:"我在上帝面前以神圣的《福音书》发誓,我愿听从并忠于黑山大公殿下;我承诺不会通过任何协议或任何组织,不会鼓励也不会允许我的地方神职人员参与任何扰乱国家公共和平的机构。"

③ 教宗利奥十三世(Lav XIII)通过谕令将该机构的名称更改为"Slavorum gentem",意在使其成为培训克罗地亚青年的机构,这引发了教廷与黑山政府间的争执。直到改回旧称"伊利里亚学院",争执才结束。《黑山之声报》1902 年 3 月 15 日第 11 版。

外国银行和商业机构进行的小额贷款，带有私法性质，贷款并非批准给黑山这个国家，而是应主教即大公个人的请求批准。

获得国际承认后，黑山的国家机构就可以与外国达成借款协议，并在合适国家的担保下，确保外资的流入。此类协议要求债务人在归还贷款时附加一定利息。国家在没有金融配置的情况下使用贷款，会导致国家负债的增加。

黑山独立时期，在经济和文化发展、修复战后废墟、投资交通、发展经济和文化基础设施等方面的资金需求更多。这些需求导致了国家在获得独立前的不当融资方式。[1] 由于国情的变化，国家需要找到新的融资渠道。获得独立后，只有俄罗斯帝国从 1872 年开始提供的补贴能保持持续、稳定的投入。

第一笔较大的贷款是 1879 年下半年（9 月 18 日）向一家俄国银行的借贷。这笔 90 万卢布（110 万福林）的资金被用于装备黑山军队。还贷期为 20 年，利率为 5%。紧随其后还有一笔向奥匈帝国的借贷。1881 年 6 月 11 日，黑山外交大臣斯坦科·拉多尼奇代表公国政府，与奥匈帝国皇家土地银行（借款行）签订了一笔价值 100 万福林的贷款合同。[2]

由于国库空虚，1885 年黑山又在的里雅斯特的曼德力签订了一份价值 8 000 福林、利率为 14% 的贷款合同。奥地利贷款到期迫使黑山在 1887 年再次向贷款银行借贷 25 万福林。还款期限为 13 年，利率为 6.5%。[3] 后来又向伊斯坦布尔银行借贷 60 万法郎（30 万福林），还款期限为 2 年，利率为 9%。

---

① 1872 年，沙皇决定维持提供给黑山的定期补贴，并延长期限，"46 000 卢布提供给黑山政府和尼科拉大公，8 000 卢布提供给宗教学校，5 500 卢布给女子学校，1 000 个金币——约 3 000 卢布给教会"，并继续提供战时紧急援助，用于购买武器和战争物资。

② 贷款偿付期为 5 年，利率 6.5%。政府以盐和烟草的收益为 20 万福林的贷款做担保，而余下的 80 万福林则以国有林地进行质押，包括林地的销售和开发权。未来的贷款中，未经奥地利银行的批准，黑山政府无权再以林地的相关收入、盐和烟草的收入进行担保。因此贷款条件对黑山非常不利。黑山国家档案馆，1881 年外交部，6 分册，126 号文件。

③ 黑山此时共有 3 笔海外借贷。从俄罗斯帝国银行贷款 60 万卢布本金，有 275 795 卢布利息，而从借贷银行借出的 100 万贷款一半还没有还完，另一笔从奥匈帝国的借贷被用来支付到期的年金。米尔切塔·久罗维奇（Mirčeta Đurović）：《1860—1915 年的黑山财政》，第 101 页。

19 世纪 80 年代末，国家的海外借贷据估计超过 200 万福林。克服财政困难的唯一办法是再进行新的大额贷款。1889 年 9 月 23 日，黑山向俄国进行了借贷。这笔贷款是用来偿还无力偿付的奥匈帝国的贷款和其他债务。黑山公国与俄罗斯帝国国家银行之间的贷款合同，核销了其从圣彼得堡银行借出的以 1879 年贷款为基础的钱款，并偿还了其他银行和外国债权人的债务。俄国向黑山批准了 100 万卢布用于债务偿还，条件与 1879 年贷款的条件相同。[①] 此项贷款的年金为 8 万卢布。由于这对黑山财政来说负担过重，因此俄国将每年的援助金额从 4.6 万卢布增加到了 10 万卢布。这笔款项被用于偿还贷款，而余下的 2 万卢布被用于满足国家其他需要。

随着维也纳的贷款得到清偿和向俄国借贷的调整，黑山的国家债务得到了整顿。黑山承诺未来不再向奥匈帝国贷款。不过，这项承诺在次年，即 1890 年 10 月 31 日就被打破，当日，黑山与维也纳贷款银行签订了价值 25 万福林的贷款合同。随后，黑山又于 1892 年在伊斯坦布尔签署了价值 20 万法郎的贷款合同，签署人是黑山驻土耳其使节米塔尔·巴基奇。

第二年，即 1893 年，黑山与奥匈帝国皇家国土银行签订合同（7 月 29 日），借贷 100 万福林，致使黑山的债务状况继续恶化。根据合同，贷款利率为 6%，必须以相同的半年利率分 25 次还清。与之前一样，国家的盐业收入、进口关税和林业权益被用作担保。

此项贷款让黑山陷入了困境。文献认为，"这项贷款让黑山陷入了……紧急的危局，危机局面逐渐显现出来，直到某个'更强大的国家'来暂时整顿局面，让黑山再次回到旧日的轨道，然后重新变得拮据。从 1893 年开始……黑山不得不再次一笔又一笔地贷款，只是为了以贷还贷，但也只能偿还部分债务"[②]。接下来的一个时期，黑山又进行了一些小额贷款以偿还年金。20 世纪初，俄国对尼科拉大公违背

---

① 偿还期限为 20 年, 利率为 5%。
② 米尔切塔·久罗维奇:《1860—1915 年的黑山财政》, 第 107 页。

向亚历山大三世许下的诺言感到失望，不愿再帮助黑山整顿财政状况。

同时，黑山的借贷仍在继续。仅 1895 年，就签订了两项新的贷款协议①。7 月 27 日，黑山与奥斯曼帝国银行达成协议，延长 10 万福林年金的还款期限，并且又签署协议进行了相同金额的贷款。1896 年，黑山与奥匈帝国皇家土地银行签署了两份贷款合同：第一份于 5 月 11 日签署，贷款 13 万福林；第二份于 9 月 1 日签署，贷款 6 万福林。1897 年，黑山在意大利进行了贷款。首先是与位于米兰的意大利银行达成协议。这笔贷款从 1900 年开始实施，标的为 50 万法郎。1897 年，黑山又在伊斯坦布尔达成两笔贷款协议。签约方是黑山政府和奥斯曼银行，奥斯曼政府担任担保人。其中第一笔贷款合同于 1 月 25 日签订，价值 25 万拿破仑金币，利率 6%；第二笔于 1898 年 8 月 20 日签订，利率与前一笔相同，标的为 15 万拿破仑金币。

除了贷款，1898 年，黑山还因为未经授权使用了奥匈帝国邮政局的款项引发了一场丑闻，对两国政治关系产生了影响，在俄国的帮助下才得以解决。但俄国此次的做法与之前不同。俄国并没有帮助黑山偿还债务，而是采取更具体的行动来整顿黑山财政。1900 年，俄国专门向黑山派出了本国金融专家米勒。

为解决黑山与奥匈帝国的债务，俄国向黑山提供了 200 万法郎的贷款。批准贷款的条件与黑山前两次向俄国借贷的条件相同。这笔贷款将从俄国提供的补贴中提取部分偿还。邮政债务则从提供给黑山政府的资金（1 848 963.38 克朗）中提取偿还，1901 年 1 月 5 日签署的议定书规定了贷款及还款条件。议定书由奥匈帝国和黑山两国的邮政局签署。

俄国的贷款缓和了黑山的财政困难。黑山的国家债务在 1900 年底1901 年初时达到 450 万福林。偿还维也纳的贷款，特别是那笔 100 万福林贷款的问题还没解决。为了缓解这种状况，这笔贷款经过了两次

① 一笔价值 6 万福林的额度略小的贷款，是与一名维也纳商人签订的；而另一笔大一些价值 7.5 万福林的贷款，则是与维也纳的奥地利信贷银行签订的。

"重新调整"（1895 和 1900），还款期限被延长到 1910 年年底。但这些措施并没有解决黑山继续向外国借贷的需要。

鉴于黑山的财政问题，俄国贷款的偿还由俄国国家银行接管。这样一来，俄国每年提供给黑山的补贴中，有 6 万卢布用来偿还贷款。米勒的重要任务是为黑山建立起现代化的预算体系，这为黑山开始用自有资金偿还其他贷款年金创造了条件。米勒用关税和其他税收来确保国家收入，提升了黑山的融资能力，减缓了国家对外借贷的需求。

十三、新的借贷形式

作为新的借贷形式，我们要提到几次债券发行：第一次和第二次是在伦敦，1909 年发行了利率 5% 的黑山债券，以及 1911 年和 1913 年两次在奥地利特许土地局发行的债券。

从法律和技术角度看，伦敦发行的债券由两部分组成：1909 年 7 月 29 日 5% 利率黑山债券的第一份合同和同年 12 月 14 日[1]关于 5% 利率黑山债券的第二份合同。财政大臣杜尚·武科蒂奇（Dušan Vukotić）与伦敦的布尔顿（Bulton）兄弟签署的第一份文件规定，黑方将发行面值 600 万克朗（25 万英镑）的债券，年利率 5%。这些债券以海关收入、税收和盐业收入为担保。由于布尔顿兄弟购买了黑山政府出售的债券，因此第二份合同规定的是债券发行、发行形式、偿付方式、出让和赎回等内容。合同是根据 1909 年 7 月黑山王国颁布的《公债法》签订的。[2]

另一份，即所谓的维也纳债券，于两年后达成协议。1911 年 12 月版的《公债法》序言部分，包含了在维也纳与土地信贷局签署的债券协

---

① 1902 年,黑山与奥斯曼银行签订了 3 万福林的贷款协议。对奥斯曼银行的债务也因此增加,债务总额超过 300 万克朗。《黑山之声报》1911 年 11 月 10 日第 54 版。

② 黑方希望通过缔结这份协议,为国家债务转换、成立信贷银行、开展投资项目和新的民用工程确保资金。一部分资金已经用于偿还黑山宣布为王国时举行典礼的借款。伦敦债券提供了 500 万佩佩的净收入。清偿期为 36 年,这意味着债务的偿还应在 20 世纪 40 年代中期完成。《黑山之声报》1909 年 7 月 4 日第 29 版。

议，阐述了发行这份债券的原因。[①] 维也纳债券的面值为 350 万佩佩（perper），即克朗，利率为 5%。偿还期限为 50 年，全部清偿的期限为 1961 年。债券的发行工作由维也纳的土地信贷局完成。这笔贷款仍旧以关税收入、附带海关税收和盐业及卷烟纸的垄断收入作为担保，直到伦敦贷款年金停止偿付为止。

1913 年 4 月确定发行第三批债券之前，黑山政府与塞尔维亚政府缔结了价值 100 万迪纳拉（dinar）黄金的贷款协议，利率为 6%。这项贷款起初是短期的，后来还款期限被延长为 20 年。

1913 年黑山发行债券的协议，一方是黑山王国政府，另一方是巴黎-荷兰银行、一家位于巴黎的资产达 1 亿法郎的未具名公司、东方贸易公司及一家总部位于米兰资产达 500 万意大利里拉（lira）的未具名公司。[②] 因此，这是一笔"预支贷款"，以授予黑山的国际性预支贷款的名义支付。根据 1914 年 5 月 28 日的特别补充协议，在 600 万法郎数额的基础上又增加了 300 万，因此国际债券贷款的总额增加到了 900 万法郎。但由于战争爆发，债券贷款并按计划执行，而只发行了 750 万法郎。[③]

由于这笔借贷，黑山的债务显著增加，到 1915 年秋天，债务总额达到 18 837 834 佩佩。[④] 由于一战期间奥匈帝国占领当局定期偿付了维也纳债券[⑤]，国家的总负债比此前略有减少。不过，黑山还是带着 1 700 万黄金迪纳拉的债务加入了新的南斯拉夫国家。[⑥]

---

① 部分原因是由于未完成的工作,其本应根据 1909 年关于利率 5%的伦敦债券的《公债法》完成(特别是成立信贷银行的工作)。

② 根据里斯托·波波维奇(Risto Popović)和拉扎尔·米尤什科维奇代表黑山签署的协议,黑山政府有义务发行 600 万法郎的债券,并将其中一半交给巴黎-荷兰银行和东方贸易公司。他们必须在 3 个月内完成债券的贴现。债券于 1913 年 10 月开始发行。这笔债券借贷通过"伦敦大使会议讨论的国际借贷"进行担保,"并获得了列强批准"。《塞尔维亚人-克罗地亚人-斯洛文尼亚人王国法律、协议及合并贷款合同汇编》,第 230 页。

③ 这笔贷款的收益主要用于"回收在巴尔干战争期间发行的国库券",价值 200 万佩佩,以支付战争物资。见 Š.拉斯托代尔(Š. Rastoder):《1918 年后的黑山战前债务问题》,第 110 页。

④ 米尔切塔·久罗维奇博士:《1860—1915 年黑山财政》,第 267 页。

⑤ M.久罗维奇:《黑山的货币机构》,采蒂涅,1959,第 59 页。

⑥ S.拉斯托代尔:《1918 年后的黑山战前债务问题》,第 116 页。

签订外国贷款合同的这些例子，生动地说明黑山在解决自身财政问题时，有多么依赖其他国家的资金援助。上述每一份贷款合同的缔结都是一次小型的外交事件。这类工作并不总是由传统意义上的外交官来完成，而是由特使——金融问题专家来代表政府完成。借贷问题上非常“好”的结果并不能说明黑山金融谈判特使的能力，而是表明，黑山之所以能相对容易地获得贷款，一方面是债权国预期利润的结果，另一方面也是列强努力实现和保持在黑政治影响力的结果。

十四、货币协定

黑山作为缔约方之一签署的一项重要双边金融协议，是 1911 年 9 月与奥匈帝国签署的《货币协定》。这份文件与之前的文件性质完全不同。它不是关于黑山的借款，而是关于建立一个货币联盟，使奥匈帝国和黑山的国家货币在两国的某些地区等值。《协定》于 1911 年 9 月 21 日生效，从而允许黑山的货币在奥匈帝国境内流通。即黑山的金币可以在维也纳、布拉格、的里雅斯特、布达佩斯、萨格勒布、里耶卡（黑山）和斯普利特（Split）的海关和邮政部门完成支付。《货币协定》规范了在奥匈帝国境内黑山银币、铜币和镍币的流通和使用有价证券完成支付的条件。

《公约》规定的货币等值化，意味着黑山的国家机构和柜台可以接收“奥匈帝国的铸币”。黑山王国政府就此发表了特别声明。《公约》还规定两国间定期赎购货币。黑山议会借助《货币公约》让黑山具备了与奥匈帝国缔结贸易协议的条件。只有在希望刺激贸易额增长时，一国才会允许别国的货币在本国自由流通。

第二节　1912 年之前的同盟协议订立活动

一、1912 年之前与塞尔维亚的协议关系

我们已经看到，黑山的主要外交目标——领土扩张——在 1878 之

后仍是国家政治利益的主导。经济不发达、生活空间贫瘠狭小强化了这种需要，也强化了其作为一个独立国家参与解放斗争、解放和统一周边未解放人民的愿望，特别是塞尔维亚族人民。到1878年，领土扩张的计划又涵盖了奥斯曼帝国在黑塞哥维那的部分，随后还涵盖了老塞尔维亚地区。在柏林会议和奥匈帝国占领波黑之后，黑山这方面的目标与周边列强的利益发生了冲突。1908年后，巴尔干的政治形势影响了黑山的领土扩张计划，使其调整为针对奥斯曼控制下的阿尔巴尼亚北部地区。因此，向黑塞哥维那和桑扎克方向的解放计划被推迟到更合适的时间。

塞尔维亚在获得独立之前和之后，也有着相同的对外政策目标。塞尔维亚也将塞族的解放和统一作为主要对外政策任务，但它实现意图的途径与黑山并不一样。由于塞尔维亚在柏林会议后对奥匈帝国投入了更多关注，因此被认为是背叛了民族利益。

柏林会议后，由于米兰·奥布雷诺维奇大公的亲奥立场，采蒂涅成为俄国巴尔干政策的主要支柱，尼科拉大公借助自己在塞尔维亚和南部斯拉夫民众中的威望，传播本国在统一过程中的理念和作用，甚至提出建立大黑山国家的理念，以团结其他的南部斯拉夫国家。1883年，他将女儿佐尔卡（Zorka）嫁给塞尔维亚王储佩塔尔·卡拉焦尔杰维奇，与卡拉焦尔杰维奇家族联姻后，尼科拉的这种大国追求更加强烈了。在帮助佩塔尔·卡拉焦尔杰维奇纠正米兰·奥布雷诺维奇领导塞尔维亚走的道路的同时，尼科拉大公还与塞尔维亚的激进主义者合作进行了反抗。

除了在追求相同的对外政策目标过程中相互对峙竞争外，两国的分歧处于较低水平。不过在某些情况下，塞尔维亚和黑山出于共同的需求，在与巴尔干其他国家的合作中相互排斥。这种关系在两国尚未获得国际承认时，就已存在于一些协议当中（1866年的《同盟条约》和1876年的《战时同盟协议》）。获得国际承认并没有让两国在类似方向上进行合作。直到1889年米兰国王逊位，国家机构被地方行政官约万·里斯蒂奇接管，塞尔维亚和黑山关系才有所改善。米兰国王被逐下王位一事，在采蒂涅被解读为是对奥匈帝国政策的打击。圣彼得堡也非常积极地看待在塞尔维亚发生的变化，甚至认为这是塞再一次获得了独立。[①] 不论如何，这一切为塞尔维亚和黑山关系在米兰国王逊位后实现更好发展创造了条件。以帕希奇为首的激进人士组成的塞尔维亚政府，向黑山提供了帮助，接纳了上千个黑山最贫困的家庭，他们因为黑山的贫瘠和干旱面临饥荒威胁。

1889 年，帕希奇政府地方长官与尼科拉大公特使加夫罗·武科维奇公爵签署了关于奥斯曼帝国治下欧洲地区塞尔维亚人共同行动的原则性协议。双方同意共同在伊斯坦布尔致力于用塞尔维亚人选替换掉普里兹伦和斯科普里的法纳尔主教。[②] 两国政府开始了一场政治斗争，以争取"在新帕扎尔桑扎克、科索沃和梅托希亚的影响力"。意图通过教会发挥塞尔维亚政府和黑山政府的影响力，激发这些地区的民族解放思想。[③] 除宗教途径外，这些目标还可以通过扩展边境地区的小学分布网来实现。俄国政府满意地关注着塞尔维亚和黑山关系的正常化。甚至两国于 1891 年 5 月 1 日签订的临时《贸易协议》[④]，也被俄国外交部解读为"同宗民族向和解迈出的步伐"[⑤]。

1893 年 4 月 1 日亚历山大·奥布雷诺维奇国王完全掌权后，向尼科拉大公发出了访问贝尔格莱德的邀请。尼科拉大公本不想前往塞尔维亚首都，但又不想拒绝这次可以让"所有塞尔维亚人受到鼓舞"的会面。考虑到自己的王朝历史更悠久、更具功绩，大公犹豫是否要回应对

---

① N.I.希特罗娃:《1878—1908 年的俄罗斯与黑山》，第 150 页。
② N.拉日纳托维奇:《1890—1902 年塞尔维亚政府和黑山政府在普里兹伦和斯科普里设立塞族大主教的工作》，载《历史札记》(第ⅩⅢ卷)，铁托格勒，1965，第 2,218—220 页。
③ N.拉日纳托维奇:《19 世纪黑山与塞尔维亚关系》，载《19 世纪国际关系中的黑山论文集》，第 85 页。
④ G.佩拉济奇，R.拉斯波波维奇:《1878—1918 年黑山的国际协议》，第 246 页。
⑤ 由于两国的贸易往来都是取道奥匈帝国间进行的，因此这份协议并不具太大的经济意义，它的政治意义也不像俄国一些人士想象的那样。G.佩拉济奇，R.拉斯波波维奇:《1878—1918 年黑山的国际协议》，第 246 页。

方年轻统治者的邀请。1894 年 1 月米兰国王返回贝尔格莱德后积极的政治活动和塞尔维亚其他反采蒂涅政治团体的存在，是大公不接受邀请的原因。当时"黑山最大的背叛者"萨沃·伊瓦诺维奇（Savo Ivanović）受到亚历山大国王接见一事，引起了黑山王室严重的不安。因此达尼洛王储和米尔科王子计划好的贝尔格莱德之行流产了，此访本应是发展"兄弟关系"意愿的标志。直到 1894 年秋天，黑山大公和塞尔维亚国王才在圣彼得堡的沙皇亚历山大三世葬礼上见面。当时的会谈中，双方都表现出清除友好道路障碍的意愿。1895 年，斯托扬·诺瓦科维奇（Stojan Novaković）组建新政府时，两国缔结商业协议的工作继续进行，没有遇到大的阻碍。随后双方合作推举塞族候选人担任普里兹伦大主教，进一步证明了两国的良好关系。在核准 1895 年底签署的《贸易协议》之际，亚历山大国王特使、塞尔维亚将军米兰·帕夫洛维奇（Milan Pavlović）于 1896 年初来到采蒂涅。大公被授予圣萨瓦勋章（Orden svetog Save），虽然此访更多的是象征意义，但派遣高级代表表明贝尔格莱德有意愿深化相互关系。

二、尼科拉大公访问贝尔格莱德以及与塞尔维亚同盟关系的意义

帕夫洛维奇访问采蒂涅期间，提出了请尼科拉大公和亚历山大国王实现互访的想法。虽然这一想法被欣然接受，但在实现过程中还伴随着诸多困难。鉴于尼科拉大公的头衔较低，所以应该由他首先访问贝尔格莱德。但这伤害了佩特罗维奇王朝的虚荣心和声望，因此需要寻求一种方式，显示出佩特罗维奇王室和奥布雷诺维奇王室同等重要。于是黑山建议亚历山大国王"首先承诺访问采蒂涅"，即首先宣布自己将于 1896 年底访黑。届时，黑山将举行佩特罗维奇王朝统治 200 周年的庆祝活动，那么年轻的塞尔维亚国王的到访可以被看作是对黑山王室威望的认可和证明。亚历山大国王遂致信声明将访问采蒂涅，时间"大概是 1896 年 9 月 8 日"，值"达尼洛主教创立王朝复兴黑山"纪念日之

际。随后，尼科拉大公就可以计划访问行程了。大公还在"直接访问还是顺访贝尔格莱德之间犹豫"[1]。根据计划，他会首先访问伊斯坦布尔和索菲亚，然后前往贝尔格莱德，所有安排都因为担心直接访问贝尔格莱德会助长奥布雷诺维奇家族的声望。他就访问安排致亚历山大国王的信，被解读出了同样的情绪。通过"维多夫节前后"对贝尔格莱德的访问，他实际上"先行对塞尔维亚国王宣布的 9 月访黑行程进行了回访"[2]。

尼科拉大公可能是在莫斯科参加沙皇尼古拉二世的加冕仪式时，表明了自己在访问贝尔格莱德问题上的犹豫不决。这也是为什么他在离开俄国首都后就前往了贝尔格莱德。黑山代表团在维也纳与其汇合，共同前往塞尔维亚首都。代表团人员包括外交大臣加夫罗·武科维奇、军事大臣伊利亚·普拉梅纳茨、教育大臣西莫·波波维奇和大公秘书卢约·沃伊诺维奇。[3] 他们于 1896 年 6 月 28 日抵达贝尔格莱德，受到了热烈欢迎。[4]

在外交大臣级别的政治会谈中，双方就一些问题达成了一致。双方商定，塞尔维亚和黑山应共同对抗任何侵犯塞尔维亚民族利益的人，不论对方是奥匈帝国、奥斯曼帝国还是保加利亚，还应提前商定采取的每一项步骤。[5] 塞尔维亚首先要在马其顿采取政治行动，而黑山则要在阿

---

[1] N. 拉日纳托维奇:《1896 年尼科拉大公对贝尔格莱德和 1897 年亚历山大对采蒂涅的访问》，第 111 页。

[2] 同上，第 212 页。

[3] 从维也纳启程、穿过奥匈帝国境内南部斯拉夫民族的地区时，大公受到了热烈欢迎。

[4] 大公在祝酒词中特别说道:"我今天前来与你并肩而立，亲爱的国王和兄弟！我来到了你的塞尔维亚，你的首都，你辉煌的宫殿，就像那句话说的：我来自我的家乡，带着南部来自黑山的塞尔维亚人的问候——来自泽塔、巴尔希奇(Balšić)、茨尔诺耶维奇，以及我的家，那里塞尔维亚人的独立没有中断，人们用大量的牺牲和勤奋，忠诚而幸福地守卫着独立。我在维多夫节这一天来到你这里！而我为什么恰恰选择了这一天——我们塞尔维亚部族不祥之日的前一天？我选择这一天是因为，我们亲爱的人们已经不记得它了，因为他们现在还很年轻。从拉扎尔到今天，他们应记得所有在这一天感受到的折磨、苦难和奴役，并为自己一连串使自己再次伟大却失败的尝试而叹息。无论是我们王国的毁灭者的数量，还是与生俱来的勇气，都不会像我们之间的分歧那样致命。"《黑山年鉴》，格尔利察，1897，第 44 页。

[5] N. 拉日纳托维奇:《19 世纪黑山与塞尔维亚关系》，第 86 页。

尔巴尼亚北部和梅托希亚行动。双方同意将在斯科普里大主教问题上共同做伊斯坦布尔的工作。双方还要关注波斯尼亚和黑塞哥维那的局势，以防发生出其不意的吞并。据说双方还商定将签署书面协议，但被推迟了。虽然大公对贝尔格莱德的访问非常引人注目，充满爱国主义情绪，但并没有取得什么政治层面的成果。

亚历山大国王的回访并未按原计划进行。1896 年 8 月，由于耶莱娜公主订婚，访问被首次推迟，后来又由于婚礼的筹备而再次推迟。9 月，在筹备王朝庆典时，达尼洛王储的女儿奥尔加去世了。直到 1897 年，亚历山大国王在久尔杰日这一天对尼科拉大公进行了回访。

三、1897 年巴尔干同盟的建立

1897 年初，塞尔维亚国王亚历山大访问了索菲亚。此访表明，在米兰·奥布雷诺维奇下台后，塞尔维亚与俄国关系发生了变化，亚历山大国王成功修复了双方关系。塞国王 1891 年和 1893 年对圣彼得堡的访问，和政府总理斯托扬·诺瓦科维奇 1894 年在《奥匈帝国-塞尔维亚协定》到期时的声明都说明了这一点，他说"塞尔维亚对强大的邻国没有任何义务"。此外，塞尔维亚正陷入经济危机，以及奥匈帝国强行推动关税战，都让塞尔维亚开始与俄国合作。俄国与保加利亚建立外交关系，体现了两国政府政治关系的变化，也促使塞尔维亚和保加利亚拉近关系。保加利亚费迪南德大公 1896 年 4 月访问贝尔格莱德，标志着巴尔干国家间关系进入新阶段，不光是塞尔维亚与保加利亚的关系，还包括二者与黑山的关系。这一切的背后是俄国。俄国关于强化三个斯拉夫国家地位的政策，并非因为要建立巴尔干国家的进攻性联盟。相反，俄国的巴尔干政策是为了维持现状，以防东方发生大的危机。因此俄国反对巴尔干国家划定分界线的计划，反对塞尔维亚和保加利亚在马其顿、黑山和塞尔维亚在老塞尔维亚划定分界线以确定利益范围。俄国只赞成巴尔干国家协议组建阵营。

亚历山大国王访问索菲亚期间，俄国的政策立场也得到了体现。访

问结果受到了 1897 年 1 月克里特起义的影响，起义旨在将该岛并入希腊。为了避免冲突扩大的危险，俄国希望巴尔干国家协调行动。俄国政府坚持谨慎的政策，目的是阻止黑山和塞尔维亚利用外部环境，发动反抗奥斯曼帝国的战争。这种"绥靖"政策的结果是，亚历山大·奥布雷诺维奇与亚历山大·巴滕堡大公于 1897 年 2 月 19 日签署了《塞尔维亚-保加利亚协议》。① 《协议》涉及奥斯曼帝国境内保加利亚人和塞尔维亚人的命运。《协议》第 1 条规定："所有涉及奥斯曼帝国境内塞尔维亚人和保加利亚人利益的问题，两国政府——塞尔维亚和保加利亚——要协商一致。"② 同一条款还规定，任何缔约国都不能采取任何破坏"目前东方形势"的单方面行动——不论是军事行动还是政治行动。相互协调的做法为塞尔维亚和保加利亚确定国家的利益范围创造了条件（第 3 条）。协议还规定要告知尼科拉大公并邀请黑山加入。③

1897 年 3 月，保加利亚大公的私人秘书来到采蒂涅，通报了保加利亚和塞尔维亚缔结协议的情况。塞尔维亚国王也派出了自己的特使。除协议文本外，塞尔维亚特使还带来了亚历山大国王致尼科拉大公的一封信。④ 尽管尼科拉大公认为协议并不完全符合主权国家的利益，但

---

① 克里特岛起义后，苏丹对当地的统治权实际被剥夺了。为阻止克里特岛正式从奥斯曼帝国分离出来从而引发东方问题，列强决定形式上保留苏丹的主权，但赋予克里特广泛的自治权，由列强驻伊斯坦布尔的大使们任命基督教总督。1897 年底，俄国提议博若·佩特罗维奇为总督候选人。尽管所有列强都同意了这个候选提名，但因尼科拉大公的反对最终没有实现。见布兰·巴比奇：《博若·佩特罗维奇公爵 1897 年竞选克里特总督》，载《历史札记》（第 XIII 卷），铁托格勒，1966，第 439—460 页；G.武科维奇：《黑山与俄罗斯帝国外交关系节选》，载《回忆录》（第 3 卷），第 83—133 页。
克里特危机期间，一支黑山宪兵队作为维和力量的一部分驻扎在克里特岛。这支队伍由 80 名士兵和 8 名军士组成。部队负责人是马尚·巴绍夫·博若维奇（Mašan Bašov Božović）舰长和约沃·贝契尔（Jovo Bećir）中尉。黑山军人们在克里特岛上从 1897 年 1 月驻扎到 1899 年 3 月。黑山历史研究所档案，档案集，米哈伊洛·斯特鲁加尔（Mihailo Strugar）文件，76 分册。
② 黑山人民博物馆档案处，1897 年，尼科拉国王，32 分册；《记录 (1936)》，第 XV 卷，第 16—164 页。
③ 在致保加利亚大公的信中，尼科拉大公评价这是一份"枯燥的文件，内容空洞单调，但签署这样一份协议总比没有好，以免在面对共同危险时兄弟阋墙"。N.拉日纳托维奇：《1896 年尼科拉大公对贝尔格莱德和 1897 年亚历山大对采蒂涅的访问》，第 218 页。
④ 正如信中所说，协议的目的是要"结束目前塞尔维亚和保加利亚的对抗状态，并在所有可能的情况下进行合作，不论是短期内还是未来"。尼科拉大公是巴尔干半岛第三位受到邀请的斯拉夫统治者，这样做是为了在斯拉夫统治者间建立"兄弟间的友爱与和谐"。

黑山还是加入了其中。三个巴尔干国家间的协议就这样达成了,不过协议并不具备结盟条约的性质,只代表三国在涉奥斯曼帝国的所有行动中达成了一致。它可以作为随后这些国家签署条约建立军事政治联盟的良好基础。不过,领土问题,即奥斯曼帝国欧洲部分领土如何瓜分,成为巴尔干国家在上述问题、特别是重要问题上达成协议的障碍。虽然亚历山大国王访问采蒂涅时,双方确认采取任何行动前要事先共同商定,但在奥斯曼帝国崩溃后,两国在相互边界划分问题上,还是产生了分歧。

四、亚历山大国王访问采蒂涅和关于势力范围的谈判

亚历山大国王在久尔杰日访问了采蒂涅。国王抵达前夕,塞尔维亚与黑山建立起了外交关系,新任命的使节耶夫雷姆·韦利米罗维奇(Jevrem Velimirović)抵达了采蒂涅。塞尔维亚国王在黑山首都受到了热烈欢迎,他4天的访问行程相对简单。[①]

国王访问采蒂涅期间的政治会谈,涉及了确认势力范围边界,即划分奥斯曼帝国在巴尔干的领土,特别是新帕扎尔桑扎克、科索沃、梅托希亚和马其顿的势力范围。阿尔巴尼亚也没有被遗忘,这是在贝尔格莱德相关议题的延续,当时的谈判确定,马其顿是塞尔维亚的势力范围,而梅托希亚和阿尔巴尼亚北部是黑山的势力范围。

虽然大公有意愿协调一致,但由于对塞尔维亚和保加利亚协议的内容不满,他建议签署"更私密的协议",更清晰地确定两个国家未来的任务,协议应当更具体地确定势力范围及其边界。亚历山大国王认为,塞尔维亚-保加利亚关系中的马其顿问题,和塞尔维亚-黑山关系中的波斯尼亚和黑塞哥维那问题,都需要这样的条款,因此他批准大臣们就结盟协议中的这些议题进行政治谈判。最终,塞尔维亚政府总理焦尔杰·西米奇(Đorđe Simić)与黑山外交大臣加夫罗·武科维奇签署了

[①] 他参观了女子学院,参加检阅了刚组建的黑山正规军,参观了泽塔之家和医院,伴随他的是人们极大的真诚和热情。

一份协议草案。①

在确定势力范围的过程中，由于各势力范围囊括相应领土，两国代表们都表现得很有野心，划分理念都不在历史现实的范围内。不过谈判并未因普里兹伦归属问题而破裂。根据草案中的解决方案，普里兹伦应归属黑山。塞尔维亚谈判代表焦尔杰·西米奇认为这样的解决方案是公平的，因为这样黑山将拥有亟需的梅托希亚的肥沃土地。如此一来，就形成了政治支持抵偿的局面，在塞尔维亚与保加利亚因马其顿问题发生冲突时，黑山就需要还塞方以支持。此外，由于划分给黑山的土地上大部分居住着阿尔巴尼亚人，西米奇认为对黑山来说普里兹伦这块"塞尔维亚绿洲"会受到欢迎。既然塞尔维亚得到了一个塞尔维亚古都——斯科普里，那么黑山理应得到另一个塞尔维亚古都——普里兹伦。不过，尽管有种种解释，亚历山大国王并不情愿普里兹伦归属黑山。由于除普里兹伦以外的梅托希亚归属黑山或对普里兹伦分而治之的决定未被接受，双方并未就共同行动和利益范围划分达成协议。

文献认为，黑山对普里兹伦、奥赫里德、德里姆盆地和阿尔巴尼亚北部的企图"比历史小说要糟糕得多"，即便得到了满足，也无法确保

---

① "塞尔维亚和黑山的统治者"在协议的第1条规定，双方应在本国以外所有涉及塞尔维亚民族利益的问题上协调一致，还计划在教会-教育领域共同行动，以便其民族身份在土耳其获得承认，"在民众要求的地方设立塞尔维亚主教和学校"（第2条）。确认双方有义务借助包括军事手段在内的所有手段，共同护卫"塞尔维亚王国和黑山公国境内或境外的塞族人"，如果他们的利益被"某些第三方"侵害（第3条）。第4条涉及最敏感的问题，即在奥斯曼帝国崩溃后，在两国都宣布拥有权利的领土上的边界问题。根据该条款，"两位统治者同意一旦土耳其帝国崩溃，塞尔维亚与黑山之间的界线应穿过新帕扎尔桑扎克中心，那么新瓦罗什（Nova Varoš）、谢尼察（Sjenica）和新帕扎尔属于塞尔维亚，而普列夫利亚和佩奇属于黑山。从新帕扎尔桑扎克的边界上应划一条笔直一些的线向南延伸，将斯科普里、泰托沃（Tetovo）和奥赫里德划归塞尔维亚，而贾科维察、普里兹伦和迪布拉（Dibra）属于黑山。在奥赫里德湖以南，塞尔维亚的边界向东延伸，将比托利（Bitolj）、沃代纳（Vodena）和耶尼哲瓦尔达尔（Jenidže Vardar）囊括其中，之后向南至索伦以南的爱琴海（Jegejsko more），索伦划归塞尔维亚；黑山的边界则向西朝瓦洛纳（Valona）方向延伸至亚得里亚海（加夫罗·武科维奇认为，奥赫里德包括斯库台和杜拉斯（Drač）在内直到什昆比尼（Škumba）河的阿尔巴尼亚应属于黑山）"。最后一条中，由于塞尔维亚和保加利亚在马其顿存在利益冲突，黑山应以政治和军事手段帮助塞尔维亚，以便使塞尔维亚与保加利亚的边界为"斯特鲁马（Struma）和瓦尔达尔的分水岭，让瓦尔达尔盆地属于塞尔维亚，而斯特鲁马归属保加利亚，随后界线向南朝伦丁湾（或奥尔凡湾）延伸"。

这些地区繁荣发展。这可以通过一个简单的事实来解释：在黑山人成功将自己的文化和价值观强加给阿尔巴尼亚人之前，阿尔巴尼亚人就已经可以以人口优势（4∶1）将黑山人同化了。黑山代表坚持这样的领土扩大方案，是因为当时黑山政界已经因为塞尔维亚的威望及其在合并问题上的决定性角色感到恐惧，所以黑山把创建一个大的国家看作是维护自身地位的方式，让自己仍旧能成为巴尔干政治的积极参与者。因此，奥斯曼帝国欧洲部分领土的命运在 1912 年底被提上日程之前，已经在巴尔干被讨论了超过 15 年。

巴尔干国家关于奥斯曼遗产的政治清算，并不合奥匈帝国的心意。塞尔维亚与俄国和黑山拉近关系，已经让维也纳有所警觉，因为这可能对波斯尼亚和黑塞哥维那产生影响。米兰国王曾是奥匈帝国政策在塞尔维亚的倡导者，因此，他重返贝尔格莱德，就意味着塞尔维亚重回奥匈帝国的影响之下。俄国忙于远东事务，给维也纳留下了发挥的空间，也让米兰国王走上了最高统治者的位置，弗拉丹·焦尔杰维奇组建了政府。就此开启了塞尔维亚和黑山关系的紧张时期，其中以塞媒体发表记述黑山大公和其家人丑闻的抨击性文章为代表。[1] 1889 年米兰·奥布雷诺维奇国王退位、弗拉丹·焦尔杰维奇政府倒台后，塞尔维亚和黑山关系再次正常化，但也并不顺利，尼科拉大公和新国王亚历山大·奥布雷诺维奇之间还是存在相互指责。

五、关于巴尔干国家联盟的新谈判

1904 年至 1905 年，各国又开始了关于建立巴尔干国家联盟的新尝试。多个领域的形势为这种尝试提供了条件。

奥匈帝国和德国资本对巴尔干国家和奥斯曼帝国经济领域的渗透，

---

[1] 采蒂涅和贝尔格莱德关系危机的顶点，发生在米兰·奥布雷诺维奇从巴黎回国时，而 1897 年他还接任了军队指挥官。1899 年伊万日日(Ivanjdan)暗杀米兰国王未遂后，贝尔格莱德的黑山学生被大规模驱逐。巴尔干国家间的协议已经名存实亡，虽然协议中"维持巴尔干地区现状"的主要目标被保留了下来。

威胁将巴尔干国家拖入依附地位，人们相信需要进行联合抵抗。对于奥匈帝国侵略企图的恐惧，让塞尔维亚与黑山之间、塞尔维亚与保加利亚之间的矛盾退居次席。

维也纳的巴尔干铁路项目时断时续，1900 年，奥匈帝国建设了其中的新帕扎尔桑扎克的部分。铁路网成为连接波罗的海和爱琴海更广阔交通网的一部分，将柏林与索伦连接了起来，也加强了日耳曼人在巴尔干的影响力，这对于解决东方危机有作用。

尽管铁路修建问题很快被抛到脑后，奥匈帝国的政策还是继续危及巴尔干国家的利益和俄国在巴尔干的政策目标。圣彼得堡内阁认为，有理由帮助巴尔干国家达成协议，将它们维持在自己的政治影响力范围内。

1903 年发生在巴尔干的事件增强了建立巴尔干国家联盟的必要性。那一年，奥斯曼当局镇压了马其顿的起义，残酷的镇压激发了人们对马其顿境内斯拉夫人的同情，并促成了马其顿国内以《米尔茨什泰格协议》为基础的改革，但通过的方案内容远远少于起义当局的要求。虽然《协议》是基于苏丹对马其顿的主权统治现状而制定的，但维也纳政府成功利用各方在米尔茨什泰格的商定，以监督改革进程的名义，巩固了自己在老塞尔维亚和瓦尔达尔河谷的影响力。为了抵抗奥匈帝国不断升级的压力并阻止其附庸国阿尔巴尼亚的建立，巴尔干国家间开始就成立对抗土耳其的战时同盟进行谈判。[1]

六、关于结成塞尔维亚和黑山同盟的谈判

塞尔维亚和黑山的结盟谈判于 1903 年 9 月启动，谈判在塞尔维亚驻伊斯坦布尔公使和正在奥斯曼帝国首都访问的黑山外交大臣加夫罗·武科维奇之间进行。当时的形势被认为不论对土耳其境内的塞尔

---

① 1904 年 3 月 30 日,塞尔维亚和保加利亚缔结了一份秘密协议,通过了"巴尔干-巴尔干民族"原则。N.I.希特罗娃:《1878—1908 年的俄国与黑山》,第 200 页。

维亚人还是对"两个塞族国家"① 来说都很"危险",在采蒂涅方面的一再提议下,谈判才继续下去。1904 年初,尼科拉大公由于害怕马其顿和科索沃省发生起义,致信佩塔尔国王要求就战时问题达成协议。

1904 年 2 月,黑山政府接受了塞尔维亚提出的关于相互关系的原则协议。协议中的原则是根据欧洲列强在马其顿和老塞尔维亚的现行改革提出的。协议的实质内容包括以下原则:(1)双方统治者应"共同捍卫和促进塞尔维亚族的利益";(2)大国的改革方案是行动的基础,应通过各种方式助其实现,"不做任何可能干扰其实施的事";(3)如果改革失败,无论出于何种原因,双方统治者仍可"根据危及塞族利益的形势危险程度调整立场,之后达成更密切的协议"。②

谈判进展缓慢。除因双方拖延外,还因为塞尔维亚在 1903 年 5 月政变后所处的局势及国际地位恶化的影响。不过,塞尔维亚政府还是于 1904 年 4 月发送给黑方一份条约草案,标题是"塞尔维亚王国与黑山公国结盟条约",《条约》草案共有 11 条。1904 年 3 月 30 日塞尔维亚和保加利亚缔结的秘密协议,对于实现该《条约》草案中的目标也具有重要意义。1904 年 4 月 29 日获得核准的《塞尔维亚-保加利亚条约》中的第 5 条涉及了黑山,具体规定了黑山的影响力范围。

尽管内容不尽相同,塞尔维亚与黑山的协议也将效力扩展到了缔约方以外的第三国,即保加利亚。草案第 8 条规定,如果事态朝着危及巴尔干斯拉夫国家独立和领土完整的方向发展,就应与保加利亚王国达成协议,团结起来共同遏制敌人。由于塞尔维亚和保加利亚的协议已经转达给了黑山大公,加之塞尔维亚与黑山的协议内容,很明显,这两份文件成为巴尔干三国联盟的基础。虽然谈判是以双边形式进行的,但协调了所有三国在联盟问题上的立场。

---

① 诺维察·拉科切维奇:《1903—1918 年黑山与塞尔维亚关系》,载《国际关系中的黑山汇编》,第 90 页。

② 被删除的条款包括"如果奥匈帝国占领老塞尔维亚"的内容,以及"虽然协议是秘密的,但应通报给俄国沙皇"的内容。N. 拉科切维奇:《1903—1918 年黑山与塞尔维亚的政治关系》,第 28 页。

协议规定，黑山和塞尔维亚两个缔约国相互保证对方的独立和领土完整，相互保护以抵御外部压力（第 2 条），承诺使用现有手段共同抵抗不论来自何方的敌对行动或孤立占领（第 3 条），所指的是老塞尔维亚境内塞族人的土地，这有可能与马其顿的改革行动相契合。塞尔维亚政府制定的协议草案规定，由塞尔维亚王国总参谋部制定一份"应对所有可能事态"的计划，由双方盟军共同参与，而塞尔维亚总参谋长负责监管同盟商定的军事行动执行情况（第 4 条）。

根据协议草案，两国应避免对阿尔巴尼亚问题的解决进行敌对干预，并确定这是黑山所期望的地区。不过，虽然触及了势力范围划分的问题，但塞尔维亚政府的草案没有像与保加利亚的协议那样确定边界线，而是将这部分问题留到了以后，"根据付出的牺牲"和取得的成果来解决。

对于无法达成一致的问题，缔约国双方委托俄国沙皇进行最终裁决。如果沙皇拒绝，两个盟国将协调寻找新的裁决者（第 9 条）。条约内容具有秘密协议的性质，但根据缔约国商定，可以传达给其他国家的统治者。根据草案，协议有效期为 5 年，解约通知期为 3 个月。

黑山政府即尼科拉大公同意了塞尔维亚政府于 1904 年 4 月 10 日提出的条约草案，也提出了一些修改意见。尼科拉大公特别想加强俄国的影响力，因此包括文件序言，黑方坚持在其中明确两国关系。黑山的第 10 条和第 11 条修改意见，坚持要求由俄国沙皇在解决相互冲突时扮演裁决的角色。根据同一条意见，缔约国双方应在各自核准协议后，向俄国沙皇呈递一份副本供其了解。①

上述修正完成后，尼科拉大公将结盟协议草案提交给了俄国使团，以征求沙皇政府的看法。在了解了增补和修改内容后，A. N. 舍加洛

---

① 黑山在草案中要求强调斯库台的塞族特质，以保护佩特罗维奇王朝的地位，特别是其在联合部队中的指挥地位。因此塞尔维亚和黑山的总参谋长需共同制定应对"可能事态"的作战方案。黑方不同意塞尔维亚草案第 6 条关于划界的内容，要求省略该条，因为会将黑山置于对塞关系中的不利地位。

夫（A. N. Šegalov）明白这些修订是有根据的，协议旨在让几个国家在巴尔干发生危机时协同行动。俄国外交部也审议了协议草案。协议很自然地得到了沙皇的批准，因为协议将创造一个俄国主持下的塞尔维亚-黑山联盟，这意味着俄国在巴尔干的存在将更加明显。

塞尔维亚政府于6月3日答复了黑山的修改意见，认为黑方提出的意见不会改变协议本质。有些修改意见被完整采纳，有些被或多或少地进行了更改。

双方最大的争议，也是条约最终没有签署的原因之一在于，黑山关于协议核准后提供副本给俄国沙皇供其了解的建议被拒绝了。黑方在这个问题上很坚定，因此它拒绝签署商定好的条约文本。此后结盟谈判停滞了。

1904年秋，黑山代表团访问贝尔格莱德、出席佩塔尔·卡拉焦尔杰维奇国王的加冕仪式时，双方再次举行了多场关于这一问题的会谈。当时的绊脚石仍是黑山坚持让俄国扮演仲裁者的角色。无论是在这些会谈中，还是之后在1905年初关于结盟的谈判再次重启时，都没有取得任何成果。这一时期，塞尔维亚特别重视与保加利亚的关系。塞尔维亚还关注着奥匈帝国的行动，它感觉到了奥匈帝国对马其顿改革的态度并不真诚，奥匈帝国是想"在合适的时机介入，通过瓦尔达尔山谷进入索伦"。

1905年4月，萨瓦·格鲁伊奇将军抵达采蒂涅，关于结盟条约的谈判继续进行。格鲁伊奇没有从贝尔格莱德带来任何关于条约的建议，双方在采蒂涅形成了新的协议文本，大部分内容与之前的版本相符，但也包含了一些改动和新的内容。新草案的序言部分提到要维持巴尔干的现状，这不光符合俄国的观点，也符合奥匈帝国的观点。① 新内容中最重要的是包含了划分势力范围的内容。第11条中说到"塞尔维亚的

---

① 除斯库台及其北部，老塞尔维亚的边界还包括杜拉斯及其周边地区（第1条）。至于联合部队未来行动的指挥权，两位统治者应就任命一位最高统帅达成一致。黑方还继续坚持俄国沙皇在解决相互争议时的权力，并坚持在条约核准后立即呈送副本给沙皇。

临时势力范围包括从谢尼察、新帕扎尔、米特罗维察、斯科普里，到瓦尔达尔、比托利和奥赫里德；而黑山的包括普列夫利亚、贝拉内、佩奇、普里兹伦、斯库台和杜拉斯，所有地方都包含周边地区"。将上述内容写入新的协议草案，可以看出，黑山试图在谈判中加入领土议题，不过并没有超出这个范围。随着这份条约草案的提出，谈判实际已经结束。没有信息显示塞方对此给予了任何答复，或者在这之后两国又进行过任何谈判。

谈判的失败[①]表明，指望塞尔维亚做出改变来修复两国关系是不现实的。相反，两国传统的相互不信任仍在继续，而随着 1903 年塞尔维亚政府召回驻采蒂涅外交使节，可以说两国关系水平比亚历山大·奥布雷诺维奇国王当政时期更低。1905 年，尼科拉大公在回答俄国使节关于与塞尔维亚关系的问题时，做出了生动的表述，他说，黑山与塞尔维亚的关系就像与墨西哥或西班牙的关系一样好！

两国政治高层和公共机构之间的较量，在普通民众中并不存在。两国人民关于同根同源、共同利益和"民族共同体"的集体认知和意识，让两国统治阶层，特别是在危机时期，不得不暂时忽视自己王室的利

---

① N.拉科切维奇认为，谈判可能是由于俄国的干预而中断。他也提到了加夫罗·武科维奇的看法，武在《回忆录》中提到过这样的看法。武科维奇认为，俄国坚持中断谈判的原因，是俄政府害怕谈判会有违奥匈帝国的意愿和《米尔茨什泰格条约》，而《条约》是俄国与奥匈帝国缔结的。有人指出，俄国反对塞尔维亚、黑山和保加利亚结盟，可能是因为尼科拉大公和塞尔维亚政府采取了独立于俄国的外交行动，或者，毕竟草案与 1905 年黑山提出的草案相比有较大变化。同一篇论文中，N.拉科切维奇还列出了几项假设："也许俄国害怕巴尔干国家的行动会挑动奥匈帝国对巴尔干采取一定的步骤，也许是害怕奥匈帝国与意大利会缔结关于巴尔干问题的协议。而俄国介入的原因之一，可能是它很清楚塞尔维亚和黑山无法达成协议，于是才介入以阻止两国因谈判失败而互相指责。可能对尼科拉大公或帕希奇的干预，或者同时对二人的干预，让俄国得以阻止接下来的结盟谈判，因为结盟无法成行，也没必要成立联盟，他们预见到在巴尔干地区不会发生重大事件。"《1903—1918 年黑山与塞尔维亚的政治关系》，第 37 页。
不过，虽然上述所有观点都将谈判终止与俄国的角色联系起来，俄罗斯历史学家 N.I.·希特罗娃称，俄罗斯帝国档案馆的文献并未证实这样的结论。俄外交部的报告称，双方并没有达成结盟协议，但缔结了关于贸易的协议，同时指出，塞尔维亚和黑山的关系和之前一样，并不真诚。希特罗娃指出，缔结条约的障碍在于，两国统治王室之间围绕领土问题的分歧，使其不可能就势力范围达成一致。尽管推测的原因多种多样，可以肯定的是，王室的利益分歧是谈判没能成功的主要原因之一。

益，转而向共同的目标而努力。在奥匈帝国吞并波斯尼亚和黑塞哥维那期间就是如此。由于两国和波黑塞族人感到利益遭受侵害，虽然炸弹丑闻（1907年）和采蒂涅的审判程序体现出两国关系十分糟糕，但两国官方暂时搁置冲突，再次朝着达成结盟协议的方向而努力。1908年10月7日，奥皇声称要将"自己的主权扩张到波黑"，这对黑塞两国王室关系产生了重要影响。

七、吞并危机期间塞尔维亚与黑山的同盟协议

1908年10月5日，黑山的官员们从俄国驻采蒂涅公使马克西莫夫那里了解到了奥匈帝国吞并波斯尼亚和黑塞哥维那的意图。[1] 他们对吞并的立场，是基于多个事件在政治舞台上集中爆发的形势而形成的。吞并行为在塞尔维亚和黑山引起了强烈不满。两国人民要求国家在危险面前超越分歧。还有人提议为了保护民族利益结成同盟。10月12日，国民议会在采蒂涅举行会议。次日通过的决议认为，奥匈帝国的吞并行为违反了《柏林条约》，政府应采取强有力的应对措施。

吞并危机拉近了两国的距离。议会之间相互致意，塞尔维亚使节又回到了久违的驻采蒂涅的职位上。10月9日，塞尔维亚政府向黑山政府递交了一份备忘录，提议超越分歧、共同御敌。如果吞并无法避免，塞尔维亚政府将就塞尔维亚和黑山共同要求的赔偿列出建议。[2] 除了要求确保波斯尼亚境内塞族人的权利外，还要求议会拥有政治自治权、教会和学校享有自治权，同时要求奥匈帝国驻军从新帕扎尔桑扎克撤出作为补偿。这意味着废除《柏林条约》第25条，保留塞尔维亚和黑山在桑扎克同等程度的影响力和监督权，不排除将其进行等分的可能性，同时主张对边界进行有利于塞尔维亚和黑山的调整，这样两国至少有一小部分领土在桑扎克相连。这意味着塞尔维亚和黑山的领土将桑扎

---

① 拉多曼·约瓦诺维奇：《黑山关于波斯尼亚和黑塞哥维那吞并问题的立场》，载《历史札记》（第XX卷-1），波德戈里察，1963，第91页。
② N.拉科切维奇：《1903—1918年黑山与塞尔维亚的政治关系》，第78页。

克与被吞并的波黑分离开来。奥匈帝国还被要求放弃《柏林条约》第29 条等等。① 黑山大体上接受了塞尔维亚的建议，同意了被认为过度的要求。它特别坚持塞尔维亚和黑山之间要有领土相连，作为让双方都满意的一项基本获利。

两国打算在欧洲列强研究吞并危机形势的大会上，共同提出赔偿要求，届时两国将要求出席会议。然而，危机后的事件朝着完全不同的方向发展了。奥匈帝国相对于其他列强、特别是相对于俄国的优势地位，越来越说明吞并已成为事实，任何国际会议都不会考虑其违反《柏林条约》的后果。此外，维也纳的侵略政策让其有可能扩张至桑扎克，那么塞尔维亚和黑山也将面临新的危险，它们的国家利益面临进一步的侵害。无论如何，这场危机的规模过大，后果过于严重，以致于可能引发战争的问题无法公开探讨。为了使塞尔维亚和黑山做好应对这种可能的准备，双方需要达成结盟协议。黑山官方通过派往贝尔格莱德的扬科·武科蒂奇准将，向塞尔维亚提出缔结军事协定的建议。协定应提前确定好两国在面对奥斯曼帝国时的关系，因为奥斯曼帝国也有可能被卷入危机。解决方案包括邀请土耳其加入对抗奥匈帝国的三方同盟（与塞尔维亚和黑山一起），或考虑利用桑扎克的奥斯曼领土中立地位保证两国通信，或维持保加利亚的中立地位。②

① N. 什凯罗维奇：《20 世纪初的黑山》，第 465 页。

② 土耳其、塞尔维亚和黑山的同盟协定沟通进行得非常认真，1908 年 10 月 18 日从贝尔格莱德发出的一份电报就可以说明，"诺瓦科维奇发送的一份《攻防协定》草案，黑山也递交给了土耳其。苏丹全部批准。要点是：每场战争中共同进行攻防；发生战争时，通过特别协定确认某些国家的军事实力，但目前就应确定有义务根据情况动用自己所有的陆上和海上力量；宣战前必须通知土耳其政府并得到其同意；缔结和平时应协商一致。协定是秘密的；有效期为 5 年。战利品均分。大维齐尔要求就修正案与黑山达成一致。我的想法是：在协定中加入'缔约国未达成一致时，不得参与波斯尼亚和黑塞哥维那问题，不直接与奥匈帝国接触也不参加任何会议；协定仅适用于欧洲领土；协定具有绝对的防御性质，而进攻需要所有缔约国政府同意；要求土耳其提供亚德里亚铁路和新帕尔桑扎克的交通便利，提供一定数量的军队以对主要战略地点进行持久防卫'的内容。请即告你们的想法。签字韦利米罗维奇"。塞尔维亚档案馆，赴巴黎和平代表团，64 分册，130 号文件。
与土耳其的协议草案，可能就是前面提到的那份，现存于采蒂涅博物馆档案处，尼科拉国王分册，1908 年的文件夹中。

不过，这样的军事同盟形式并不现实可行，这很快就被 1909 年初的奥匈帝国-土耳其同盟协议证实了。而塞尔维亚和黑山的军事协定，客观上就成了必要且唯一可行的办法了。在对欧洲国家王室采取外交行动、寻求和平途径解决吞并危机的同时，塞尔维亚外交部及其外交人员也朝着战时同盟协议的方向努力。根据 10 月 9 日至 10 月 16 日塞尔维亚政府和黑山政府之间的换文，1908 年 10 月 24 日，两国在贝尔格莱德缔结了《塞尔维亚和黑山同盟条约》。该《条约》是由扬科·武科蒂奇代表黑山政府、佩塔尔·韦利米罗维奇代表塞尔维亚政府签署的。[①]

《条约》文本相对较短。总共只有 4 条，因此无法说它详细规定了各方在对奥匈帝国战争中所有的相互关系。只能说它是后续某个同类协议的基础，第 3 条中提到了将要订立那份协议。

1908 年这份《条约》的前两条，对违反《柏林条约》所引起的"巴尔干最近一些事件"及其造成的严峻形势做出了评价。关于军事同盟的内容只存在于第 3 条中，该条款规定，两国要坚决一致地"在必要时共同用武器捍卫自己所有的权益"[②]。一旦出现这种情况，黑山和塞尔维亚当局应一致地对需要执行《条约》的形势做出评估。随后通过特别协议确定所有共同行动的细节。鉴于《条约》具有秘密和一般性的性质，因此在不进行修订或增补的情况下，有效期不应被改变（第 4 条）。很明显，《条约》中涉及两国友好和同盟关系的内容，不仅与吞并危机引发的事件有关，还规定了未来两国的同盟关系。至于有效期，《条约》实际规定了两国直到缔结新的总体性协议之前的义务。

正是《条约》中的这些内容，让一些文献作者、如加夫罗·佩拉济奇博士断定，其作为法律-政治意义上的一般性协议，与塞尔维亚和黑山 1912 年缔结的《军事协定》有一定联系，1912 年的《军事协定》是

---

① G.佩拉济奇，R.拉斯波波维奇：《1878—1918 年黑山的国际协议》，第 568 页。
② 同上。

1908 年这份《条约》第 3 条的具体化。①

我们感兴趣的是，1908 年的《条约》作为一份缘起于吞并危机的外交成果，除了将两国命运联系在一起，还确认两国要超越彼此关系中的误解。但遗憾的是，这可以说是塞尔维亚和黑山之间在波斯尼亚和黑塞哥维那吞并问题上形成的唯一积极成果。这项最初以两国名义启动、由塞尔维亚主导的外交行动，没有留下任何实质成果。

1909 年 1 月奥匈帝国与土耳其缔结的协议，暗示了危机将带来不利后果。它把危机从国际问题演变成了双边问题。塞尔维亚和黑山尝试与列强签署备忘录，来弱化奥匈帝国在波斯尼亚和黑塞哥维那相关政策导致的消极趋势和不良后果。但由于意识到这样的做法无法取得什么成果，两国很快就放弃了。奥匈帝国在危机中的胜利已经显而易见。剩下的就是俄国、塞尔维亚和黑山正式承认其对波黑的吞并了。奥方为此施加了压力，特别是针对塞尔维亚。除外交手段外，还动用了军队（奥匈帝国在与塞尔维亚的相邻边境上驻扎了部队）。塞尔维亚人被禁止在奥匈帝国领土上通行。奥匈帝国还在斯皮奇集结了军队，其舰队沿黑山海岸巡航并进入黑山水域。奥匈帝国的军队驻扎在了延伸至新帕扎尔桑扎克的边界线上。

1909 年 3 月 24 日，俄国政府决定承认吞并已成事实，这标志着危机开始平息。随着俄国的最终让步，塞尔维亚和黑山也就被迫同意满足列强的要求了。3 月 31 日，塞尔维亚政府不得不发表了一篇众所周知的声明，以完全满足列强的要求，声明称，塞尔维亚的权利没有因吞并事件而受到侵犯，塞将是奥匈帝国忠诚的邻居。②

---

① 虽然这一观点的逻辑基础不容否认，但如此设立的法律联系存在一定缺陷。首先应注意到，1912 年，除了《军事协定》，还缔结了《政治协定》，这份《政治协定》可以说是一份总体性的文件。它的通过是基于 1908 年《条约》第 4 条关于有效期的条款。此外，1908 年和 1912 年两份协议各自缔结时的历史条件完全不同，在《政治协定》和《军事协定》的序言中都没有提及 1908 年的协议，而是将它们之间的直接法律关系相对化了。见加夫罗·佩拉济奇博士：《第一次世界大战中黑山的消失》，贝尔格莱德，1988，第 99 页。

② N. 拉科切维奇：《1903—1918 年黑山与塞尔维亚关系》，第 89 页。

几天后的 1909 年 4 月 5 日，黑山也发表了类似声明。《柏林条约》第 29 条迫使黑山做出了这样的让步。吞并危机就此被从议事日程中拿掉，但其后果在巴尔干继续引发更大规模的冲突。

八、黑山与俄国的军事协定（1910）

前面我们还没有提到黑山与俄国的《军事协定》，这份文件由军事大臣伊沃·久罗维奇（Ivo Đurović）1910 年 11 月 17 日代表黑山、俄大臣 V. A. 苏霍米洛夫（V. A. Suhomilov）1910 年 12 月 2 日代表俄国签署。不论从缔约关系的主体，还是从规定的内容来看，这份文件与此前所有公文的性质都不同。该《协定》最重要的是确定了向黑山提供军事援助的条件，同时具有同盟协议的色彩，按照约定，当俄国沙皇召唤时，黑山王国政府要第一时间将王国所有武装力量投入响应。[1]《协定》是总体性的，并没有规定具体在何种条件下开始履行缔约义务。

历史学家们普遍认为，这份《协定》让黑山向俄国沙皇"让渡了指挥黑山军队的主权"[2]。《协定》条款显示，这是一份罕见的"毫不掩饰且言辞激烈地表明签约双方不平等的国家间协议"[3]，这是文件的第二个特点。不过，促成双方于 1910 年签署这样一份文件的，主要还是黑山国内的因素。

尼科拉·什凯罗维奇的论文认为，缔结《协定》的历史背景包括尼科拉国王希望"修复自己在外交政策中摇摇欲坠的地位、改善自己在国内的地位"[4]。迫使尼科拉国王在如此苛刻的条件下还签署该《协定》的原因是，他在塞族、南部斯拉夫民族和斯拉夫公众中的声望有所下

---

[1] 拉多斯拉夫·拉斯波波维奇博士：《1910 年黑山与俄罗斯帝国的军事协定》，《黑山科学艺术院社会科学学部学刊(15)》，波德戈里察，第 329—356 页。拉多曼·约瓦诺维奇：《俄罗斯帝国驻黑山军事特派团的设立》，《军事历史通讯(1)》，贝尔格莱德，1966，第 87 页。

[2] 尼科拉·什凯罗维奇：《黑山与俄罗斯帝国关系——1910 年〈军事协定〉》，第 114 页。

[3] 同上。

[4] 同上。

跌，特别是在国内发生政治地震之后。实际上，尼科拉国王被贬损为"不可靠的民族主义爱国者、有时甚至是塞尔维亚誓愿的背叛者"①，同时，什凯罗维奇认为，对卡拉焦尔杰维奇威望的惧怕，是尼科拉国王向俄国寻求"支持"以恢复声望、确保王朝存续的决定性因素。②

不过，上述理由并未体现缔结《协定》时的具体情况。我们可以说，缔结《协定》是为了稳定黑山内政外交，以便维护国家及王室利益，这从一方面可以看出黑山-俄国关系的复杂性，但这种看法忽略了俄国20世纪最初10年对巴尔干和黑山政策的重要性。该政策的本质是俄国的和平政策，以避免战争冲突为基本目标，即维持半岛现状，并保持俄国在黑山的影响力。在1908年初尼科拉大公访问俄国时的会议上，俄国这一政策路线的基本原则已经显现。虽然后来吞并危机引发的事件在很大程度上破坏了俄国-奥匈帝国在巴尔干的平衡，并导致欧洲新的军事集结，但这些原则没有改变，而且证实了俄国一直以来对黑山实施政策的基本原则及其必要性。会议决定，虽然相互关系出现危机，但由于黑山的军事重要性，俄国需要保持在黑影响力。实现这一目标的主要手段是向黑山提供军事补贴。延长补贴期限和提升年付额度是一项重要的政治问题。除了俄国重新审视对黑山的政策，尼科拉大公也直接提出了补贴的问题，要求将军事援助从33.1万卢布增加到100万卢布。③ 他提出这一要求是因为他把缔结《军事协定》看作是俄国支付此项资金的一种保证，尼科拉大公提出，要让"自己及后代以书面形式与俄国联系在一起"。

---

① 尼科拉·什凯罗维奇：《黑山与俄罗斯帝国关系——1910年〈军事协定〉》，第114页。

② 同上。

③ 俄罗斯帝国对黑山的军事援助在19世纪尤为明显，特别是在1876年至1878年的解放战争期间。从1895年开始，在沙皇尼古拉二世的批准下，俄罗斯帝国军事部把对黑山军队的援助作为一项常设支出确定下来，额度为82 000卢布。从1900年11月开始，其中的4万卢布用于偿还俄罗斯国家银行的到期贷款。1902年改革后，对黑山的总体援助增加到了50万卢布，其中24.9万用于资助其军队，加上之前82 000卢布的补贴，总共为33.1万卢布。R.约瓦诺维奇：《俄罗斯帝国驻黑山军事特派团的设立》，第81—83页。

尽管会议的多数与会者都强调了黑山的重要性，以及由俄国驻采蒂涅军事代理人波塔波夫领导完成黑山军事改革的必要性，但评估认为，对黑军事补贴不应增加，维持目前的 33.1 万卢布已经够了。做出这一决定的重要原因之一是，俄方担心追加的数额不会被用在正道上。此外，实施预期的军事改革还需要几年时间，需要更多的资金。在当时的阶段，支撑更多军事物资的资金已经够了，如果接下来在评估改革成果时认为资金不够，还可以提高额度。

　　由于批准的补贴数额没有变化，因此 1906 年确定的监督和控制支出方式也没有变化。此外，由于俄国的基本目标是确保黑山经济稳定发展，保障黑山独立和强化军事，因此缔结《军事协定》被认为是多余的。

　　由于 1908 年会议上确立的这些立场，形势在几年内发生了变化。N. 波塔波夫领导的军事改革于 1910 年完成。改革的成功体现在出台了一系列新的法律，其中具有特别重要性的有：《黑山公国军队组织法》（1910 年 4 月 29 日）[1]，《黑山公国军事刑法》（1910 年 7 月 20 日）[2]，《黑山王国军事法庭组织法》（1910 年 8 月 31 日）。[3]

　　执行这些法律当然能够帮助黑山军队用现代化的方式解决在组织和履行军事义务中出现的问题，但也需要大量新的资金。为了确保俄国在黑山的利益，同时鉴于巴尔干整体形势，需要保证俄国在黑山更显著的军事和政治存在，因此军事补贴需要增加。不过，由于俄国政府担心增加补贴会导致无谓的支出，最终决定通过《军事协定》来避免这样的情况。同时，黑山在宣布为王国后，明显有兴趣与其他巴尔干国家一起发动战争对抗土耳其、解决巴尔干危机和国内问题。俄国则一直不赞成将关系尖锐化，希望遏止其战争计划。N. M. 波塔波夫在自己的日记

---

① 《黑山公国军队组织法》，采蒂涅，1910。

② 《黑山公国军事刑法》，采蒂涅，1910。

③ 《黑山王国军事法庭组织法》，采蒂涅，1910。

中也解释了缔结《军事协定》的动机。[1]

对黑山的军事援助，除资金外，还包括物质援助。军用物资供应的种类、性质和方式，由《协定》附加的一项特别法案确定。由于整个军事补贴是秘密的，因此补贴额度无法被算在王国的日常预算中，而被算作与俄国军事代理人共同制定的特别预算。预算在提交给尼科拉王国批准前，要先经过俄国总参谋部的评估。此外，《协定》规定，为了确保《黑山王国军队和军事培训组织法》中规定的援助和实施原则落到实处，俄国应派军官前往黑山。军官的数量和类别应在后续补充确定。黑山除了接受俄国军官对军队和军事机构进行检察外，还必须在战时接纳一名由俄国沙皇任命的俄军官担任黑山军队的参谋长。

黑山的其他义务中，除了不邀请其他国家军队的指导，尤其重要的一点是，要第一时间响应俄国沙皇的号召，提供王国全部军事力量为沙皇所用。由于《协定》的缔结不是为了某些联合军事行动，而是相反，是为了防止黑山可能进行的武装行动，根据《协定》，王国政府必须同意"在未与俄罗斯帝国政府提前商定前，不得进行任何进攻性军事行动，也不得在没有沙皇陛下批准的情况下缔结军事协议"[2]（第7条）。黑山军队因此被置于外国主权的最高指挥之下，这在主权国家的军事指挥实践中是不常见的。

俄国在《协定》中加入第7条内容的目的，是要避免军事实力得到增强的黑山单独采取任何军事行动，迫使俄国提前卷入巴尔干事务。第7条与第10条（规定如违反《协定》，将终止军事援助），成为黑山在施行对外政策时的限制因素。黑山当时的目标，是想利用马利索雷斯起义，推动反抗土耳其的解放斗争，但要遵守《军事协定》的义务，这些目标就无法实现。为了摆脱《军事协定》中的限制性条款，1911年秋

---

① N.M.波塔波夫，A.N.萨哈罗夫，R.拉斯波波维奇编：《俄罗斯驻黑山军事代理人1906—1907年、1912年、1914—1915年日记》（第Ⅱ卷），波德戈里察-莫斯科，2003，第728页。

② 黑山人民博物馆档案处，尼科拉一世分册，1910/136；G.佩拉济奇，R.拉斯波波维奇：《1878—1918年黑山的国际协议》，第624页。

天，尼科拉国王在与俄国驻采蒂涅公使的会谈中，建议重新考虑两国的军事协议，并略去第 7 条。[①]

这个问题是由国王正式提出的。鉴于问题的严肃性，1911 年 10 月 2 日，V. A. 苏霍米洛夫和 J. G. 日林斯基（J. G. Žilinski）拟定了一份答复，呈送给了俄军最高参谋部。这份题为"对俄罗斯帝国和黑山军事协定第 7 条保留效力可行性的解读"的报告也被提交给了沙皇，并于 1911 年 10 月 7 日得到沙皇批准。俄国的态度是不接受《军事协定》的变化，希望为了俄国的利益继续保持第 7 条的效力。不然的话，黑山将有可能对政治对手采取军事行动，这会让俄国教官在黑山的工作变得困难，以至于战时无法对黑山军队进行重组。

1912 年初，尼科拉国王准备访问圣彼得堡，考虑到黑方可能向沙皇再次提出相同的问题，苏霍米洛夫将军在 1912 年 2 月 3 日的报告中提醒尼古拉二世，他曾于 1911 年 10 月 7 日批准过那份报告。[②] 这意味着俄国官方仍坚决反对《协定》发生任何变化，这一点在国王访问圣彼得堡期间也得到了证实。

不过，黑山并没有贯彻执行《军事协定》中的义务。根据波塔波夫的日记，《协定》签署一个月后，国王就开始将俄国提供的设备分发出去，用以支持马利索雷斯的起义。因为这个原因，还因为意大利-土耳其战争的影响，1911 年，用于战时储备的军事器材没有从敖德萨运抵黑山。[③] 而 1912 年的军事装备被扣留，则是因为黑山违反协议干涉马利索雷斯起义，并且与塞尔维亚和保加利亚秘密缔结军事协定。后来，黑山还在未告知俄国的情况下向土耳其宣战。此外还有其他未履行义务的情况。

---

① 根据波塔波夫 1911 年 8 月 22 日的报告，国王在谈到第 7 条时说："协定里那令人作呕的第 7 条束缚住了我的手脚。"《帝国时期的国际关系》，载《沙皇和临时政府 1878 年至 1918 年档案文件》（第 18 卷，第 2 部分），莫斯科，1939，第 518—567 页。

② 同上，第 520—619 页。

③ 由于意大利和奥斯曼帝国的战争而保留军事援助，可能是因为俄国反对尼科拉国王为拉拢意大利政府而在巴尔干发动反抗奥斯曼帝国的军事行动。N. 什凯罗维奇：《黑山与俄罗斯关系》，第 120 页。

在 1913 年 6 月 24 日发自采蒂涅的报告中，波塔波夫系统梳理了黑山违反《军事协定》的几种情况。① 简言之，波塔波夫认为，在黑山政府和王室与俄国军事教官当前的总体关系下，即便军事改革已经于1910 年启动，军事补贴也得到大幅提升，但由于黑山政府没有合作意愿，改革无法实现，对黑山的军事补贴也失去了意义。②

由于黑山不遵守约定义务，并与塞尔维亚和保加利亚签订了军事协定，俄国随后不再向黑山提供《协定》规定的军事援助。根据俄国公使奥布诺尔斯基 1914 年 5 月 22 日致俄国政府的秘密电报，两次巴尔干战争期间，黑山使用了奥匈帝国 350 万克朗的贷款，随后又利用巴尔干战争后从盟国获得的援助来维持军队。虽然俄国为巴尔干国家的军事行动提供了帮助，但还是继续截留支付给黑山的军事补贴。因此到1914 年 5 月，黑山军事部的财政状况不光是严峻，甚至是几近绝望。当时，政府拖欠军官们大约 50 万克朗薪水。军官们完全没有领到薪水，因此存在着发生叛乱的危险。③

这些情况说明了黑山对外政策中的一个新特点：人们开始时常提起黑山不遵守与俄国的《军事协定》等类似案例。这些案例表明黑山破坏和扰乱了巴尔干国家间的关系，而巴尔干国家间关系都是以列强意愿为主导、根据欧洲国家的力量划分等级，在这个等级体系中，黑山是最小的，也是排名最末的。在国家存续的最后几十年中，黑山曾数次采取了一定程度上与"大国"政策相抵触的外交等其他领域行动，因此给自

---

① 这些内容包括："(1)1911 年春参与筹备和组织了阿尔巴尼亚人起义,数千名黑山士兵根据国王的命令加入其中,而阿尔巴尼亚的所有供给(食物、资金、武器、弹药、卫生用品及其他)是从黑山运送去的。(2)计划系统性回避与俄国军事代理人共同起草俄国战时黑山军队的总体行动。(3)把从俄国获得的资金和军事物资用在与协议约定相反的需求上。(4)有系统地干扰俄国驻黑山军事教官的活动,表现在:a. 王室和政府与他们的关系很差,削弱了他们在黑山军官中的威望;b. 在任命、部署和正式日程安排等方面干扰配合教官们工作的黑山军官,让军事训练变得困难;c. 对从事训练的部队进行完全不必要的部署,并且在训练时间迁移教官使用的军事器材;d. 故意制造困难——目的是干扰军事学校和其他地点的开放。"俄罗斯帝国外交政策档案,帝国时期文件出版委员会:320—15。
② 同上。
③ 俄罗斯帝国外交政策档案,政治档案:932—138。

已的基本生存画上了大大的问号，至少是来自列强的资金援助和支持有了疑问，而是否会爆发更大规模的武装冲突也不得而知。这种我行我素的特点，不光体现在它违背了《军事协定》的条款，还体现在煽动1910年至1912年的马利索雷斯起义、参与1912年至1913年的斯库台危机，在第一次世界大战中也有体现。这些事件中，黑山的外交行动与其在国际关系中的弱小角色和实力不相符，因此也无法达到期望的结果。

这样的外交行动是国内危机的结果，在炸弹丑闻和科拉欣进程（kolašinski proces）之后，可以有条件地说，"国民战争的火光在隐隐燃烧"，黑山作为一个独立国家继续存在的合理性越来越公开地遭到质疑。王室有意将上述引发不满的外交行动，归咎于国内局势。出于自身利益，王室意欲与盟国政策背道而驰，从而将国家拖入更大的不确定性当中。

虽然黑山破坏了《军事协定》中规定的义务，自己也承担了后果，但有研究者认为，《协定》的法律效力并未终止。他们认为，两个缔约国都没有按照最后一条规定的那样明确解除这份协议，而后来两国从属于同一战争阵营，就证明了这一点。

不过，我们并不倾向于认为俄国和黑山在一战中站在同一边是这份协议实施的结果。首先还是要说，这是因为传统的战争同盟关系在不同历史环境下发挥了重要作用。因此，在黑山违反了《协定》义务、俄国停止了《协定》中对黑的军事援助之后，上述关于俄黑《军事协定》法律效力的断言，还需要其他论据来支撑。

---- 第八章 ----

巴尔干战争期间的黑山外交

第一节 外交活动特点的变化

一、内部环境成为黑山外交政策的影响因素

20 世纪 20 年代初，黑山的领土扩张问题一直存在，这是内外因素共同作用的结果。就内部而言，除了出于经济发展的需要，很大程度上是由于黑山王室"声誉被消耗"和国内对专制政体的不满，以及王室对不同政见者的镇压。这在炸弹丑闻和科拉欣进程中显而易见，而议会工作中频频发生的政治危机，体现了党派利益引发的高度政治分裂。贫穷也加剧了民众的不满，社会贫困笼罩了大部分农村人口。20 世纪第一个 10 年的末尾，国内经济和社会政治形势已经显示出内部矛盾的程度之高，可以说，黑山国内严重的政治冲突正在酝酿之中。

就国际地位而言，佩特罗维奇王朝的统治也没有好多少。塞尔维亚外交声誉和影响力的提升，不光确保了其王朝的威望，还让塞的联合主义运动蔓延到了黑山，让卡拉焦尔杰王朝在合并问题上占据了优势。同时，黑山此前在与俄国的关系中缺乏真诚，而其与奥匈帝国的亲密关系让黑山付出了更大代价，由于上述因素，对相邻的奥斯曼帝国发动战

争，成为摆脱东方问题尖锐化所引发危机的办法。黑山的军事部署可以产生多种不同效果。首先，参与战争，能够把国内政治矛盾挤压至次席。而领土扩张能让黑山实现主要的外交目标之一，还能为解决大量经济和社会问题创造更好的条件，拓展经济发展前景。战争功绩可以恢复王朝声誉，并通过创造一个"大黑山"来避免与塞尔维亚合并带来的问题。战争也能让俄国更积极地参与解决东方问题，站在巴尔干民族一边。简言之，既然没有其他办法能确保政治精英地位不变、在避免国内形势民主化的同时保卫国家的独立外交地位，战争只能是唯一的、似乎也是最好的解决办法。

二、黑山、俄罗斯帝国以及东方问题的出现

据黑山方面的评估，由于发生在奥斯曼帝国的危机（1908年青年土耳其党人革命、1911年与意大利的战争和阿尔巴尼亚北部的马利索雷斯起义），特别是巴尔干地区民族解放运动正在加强，挑起东方问题在政治上来说是现实的。因此从国家被宣布为王国之后，黑山就开始通过外交活动为实现这一设想创造条件。政治行动首先在巴尔干邻国间展开，为的是寻找挑起东方问题的盟友，即共同发动对抗土耳其战争的盟友。这些活动中，俄国的对外政策立场具有重要意义。但是，由于众所周知的内部原因和巴尔干的整体形势，俄国政府坚持要维持巴尔干现状。俄国主要通过安抚黑山的政治激情来应对其战争野心。直到巴尔干战争开始前，各方才表现出反对黑山的外交政策。此外，即便是在创立巴尔干国家阵营之时，黑山也没有意识到已经取得的成果，巴尔干新的军事政治联盟的出现，表明俄国对备战的态度有所转变。

虽然黑山通过与塞尔维亚缔结政治军事协定、与保加利亚达成口头协议，最后一个加入了巴尔干国家联盟，却是第一个开始对奥斯曼帝国发起战争行动的。笼罩在采蒂涅上空的迫切的战争愿望，强化了提前发动军事行动的风险，这也是俄国特别指出的，而在黑山加入联盟之前，塞尔维亚、保加利亚和希腊之间都已经通过协议解决好了未来巴尔

干盟友之间的所有重要问题。

依靠武力，黑山只实现了其野心勃勃的战争目标的一部分。由于实在无法实现整体军事目标，不论是在战争持续期间，还是后来在伦敦和布加勒斯特的和平会议上，黑山不得不尝试通过外交途径实现剩余的目标。

关于第一次巴尔干战争期间黑山军队主要军事行动方向和作战计划的历史价值，盟友们的评价不尽相同。

第二节　黑山 20 世纪前 10 年的末尾和 20 年代初针对阿尔巴尼亚的外交政策

一、影响军事行动主要方向的因素

20 世纪 20 年代初的全球形势，对于黑山的战争方针和主要战争方向具有决定性作用。在反抗奥斯曼帝国的解放战争中，黑山军队主要针对的是邻国未被解放的领土，因此优先在阿尔巴尼亚北部而非桑扎克开展行动。部署士兵的数量和前线指挥人员的政治地位就证实了这一点：黑山军队总共部署了 35 000 名士兵，在这一地区安排了约 23 000 人的主力部队，集中于两支队伍：泽塔地区由达尼洛王储指挥，沿海地区由政府总理兼军事大臣米塔尔·马尔蒂诺维奇指挥。桑扎克和梅托希亚方向的行动由东线部队展开，为首的是塞尔达尔扬科·武科蒂奇。这样的军事力量布署符合战争委员会在 1912 年 10 月 3 日会议上做出的决定。① 国王当时问道："我们的军队是前往斯库台还是老塞尔维亚？"扬科·武科蒂奇回答说，斯库台关乎"黑山

---

① 除了尼科拉国王，出席战争委员会会议的还有达尼洛王储、米尔科王子和佩塔尔亲王以及米塔尔·马尔蒂诺维奇政府成员：塞尔达尔扬科·武科蒂奇、伊利亚·普拉梅纳茨公爵、塞尔达尔拉代·普拉梅纳茨、布拉若·博什科维奇和伊沃·久罗维奇旅长。

的切身需要"。委员会其他成员也赞成这一想法，会议因此决定，黑山军队的 11 个旅中，8 个前往斯库台，剩余的 3 个在桑扎克和梅托希亚"防御后方"。根据国王的指示，东线部队的指挥官可以让部队"在贝拉内、普拉夫和古西涅做任何尝试——但只有在良机出现之时"。

战争委员会的决定与巴尔干的军事政治形势有关。虽然波斯尼亚和黑塞哥维那于 1878 年被占领，但直到吞并危机前，"民族解放计划"还有一线希望，可以向黑塞哥维那的加塔奇科（Gatačko）、比莱恰和内韦西涅方向推动。然而，波黑被吞并后，即奥匈帝国的领土向上述地区扩张后，这样的对外政策设想也必须放弃了。不仅要把黑塞哥维那从领土扩张的备选目标中删去，新帕扎尔桑扎克也处于更加不利的境地。虽然奥匈帝国囿于吞并危机被迫从这一地区撤出，但仍把桑扎克看成自己的政治影响力范围。俄国驻采蒂涅公使贾琴科（Djačenko）的报告称，奥匈帝国一些官员们的声明印证了这一点，比如奥匈帝国新任使节吉兹尔·冯·吉斯林根（Gizl fon Gislingen）男爵说过，他的政府在任何情况下都不会允许塞尔维亚和黑山瓜分桑扎克[①]。

比桑扎克方向的行动更重要的，是吞并桑扎克、中世纪泽塔国都城，向阿尔巴尼亚内地更深入地推进行动和继续向佩奇特别是普里兹伦方向进发。解放这些地区并使其加入黑山，将恢复王朝的政治声誉，并让黑山实现大规模领土扩张，这是黑山独立性的唯一保障，也就能拖延与塞尔维亚的合并。桑扎克作为一块把塞尔维亚和黑山分离开来的奥斯曼飞地，对它的瓜分，可能会激起奥匈帝国的反应，让双方关系复杂化，因此在政治上需要更加谨慎，因为瓜分桑扎克后，黑山将与塞尔

[①] 吉兹尔称，维也纳真诚希望维持巴尔干现状，并充满同情地看待那里斯拉夫国家的发展。他警告说，塞尔维亚和黑山不得瓜分桑扎克，并转达本国政府立场称，不允许意大利统治阿尔巴尼亚。俄罗斯帝国外交政策档案，政治档案：2701—11。

维亚共享边界，从而让合并变为可能。[1] 因此，黑方希望把合并问题拖延到对佩特罗维奇王朝合适的时候再考虑。这样一来，主战场还是包括斯库台在内的阿尔巴尼亚北部，以及梅托希亚、佩奇和普里兹伦方向。黑山军队这样的行动计划在与塞尔维亚的军事协定中得到了证实[2]，这也体现了黑山早前的愿望。[3]

二、黑山外交政策"阿尔巴尼亚方向"的基础

对外政策中出现优先选项可能出于历史原因，也可能是基于日常政策，对这些优先选项的现实依据存在着不同看法。外国观察家的分析并没有对决策者的各种考量予以同样的重视。他们基本保留的看法是，黑山可以就此吸纳更多不同信仰、血统和语言的阿尔巴尼亚人口，但同

---

① 俄国外交官在巴尔干战争前和战争期间的报告证实，在确定黑山对桑扎克的政治立场时，确实存在着与塞尔维亚合并的可能性。比如，斯瓦特科夫斯基（Svatkovski）在题为"奥匈帝国与黑山-阿尔巴尼亚问题"的报告中，提到了他与塞尔维亚外交大臣米洛瓦诺维奇（Milovanović）1912 年 7 月 4 日的谈话内容。根据塞方大臣的估计，征服桑扎克将完成大塞尔维亚的目标。他认为，黑山统治者只是因为想要当主角，所以才意难平。现在尼科拉国王应该会对奥匈帝国永久占领桑扎克感到高兴，因为这把黑山与来自塞尔维亚的威胁分隔开来，特别是也许黑山能在奥匈帝国的帮助下，从土耳其手中获取阿尔巴尼亚北部作为补偿。
随后战争期间的 1912 年 12 月 29 日，吉尔斯在一封密电中称，尼科拉国王非常担忧自己的王国与邻居塞尔维亚的地位对比。因此，尼科拉国王认为有必要正式与奥匈帝国就黑山未来边境举行会谈，这段边界将把黑山与可能的吞并危险隔离开来，这位近邻正意欲将他的国家吸纳进自己的单一部族。尼科拉国王认为，走出困境的唯一希望，是在与塞尔维亚划界后，将属于黑山的这一部分桑扎克，在一定时间内割让给奥匈帝国，就像将一个起始于波斯尼亚的楔子向西南方向延伸，把塞尔维亚和黑山分隔开来。

② 亚历山大国王访问采蒂涅期间（1897），黑山与塞尔维亚进行结盟谈判，阿尔巴尼亚被确定为黑山的势力范围。1904 年黑山、塞尔维亚、保加利亚联盟的创立过程中，阿尔巴尼亚也被作为黑山的利益范围。根据 1912 年《军事协定》第 3 条，当与土耳其发生战争时，"黑山军队将主要朝斯库台-阿尔巴尼亚北部-德巴尔（Debar）-基切沃（Kičevo）-比托利方向发动军事行动。黑山二线部队则朝新帕扎尔桑扎克方向行动"。《1903—1914 年塞尔维亚王国对外政策文件》（第 5 卷），贝尔格莱德，1985，第 821 页。

③ 1896 年 12 月初，尼科拉大公向意大利驻采蒂涅公使布扬基（Bjanki）提起了相似的计划，说明黑山此前就有了类似的领土扩张的想法。如果没有被奥匈帝国遏止，大公当时的提议是黑山占领"整个阿尔巴尼亚北部和科索沃省的一部分，从什昆比河口到奥赫里德湖之间的区域。边境线穿过斯科普里和普里兹伦向卡查尼克（Kačanik）延伸，沿科索沃铁路直抵米特罗维察，并从伊巴尔（Ibar）延伸至新帕扎尔桑扎克的奥匈帝国边界。而意大利获得阿尔巴尼亚南部，除了爱奥尼亚省的一部分归希腊所有。黑山会同意奥匈帝国对波斯尼亚和黑塞哥维那的吞并"。G. 斯塔诺耶维奇：《柏林会议至 19 世纪末黑山外交史评介》，第 171—172 页。

时也把大量具有牢固保守宗法部族结构的阿尔巴尼亚人，引入了薄弱的经济、文化和社会中。尽管这一现实被有意忽视，但黑山政治人物确实面临着这种困境。

在与阿尔巴尼亚北部的融合过程中，黑山官方寄希望于阿尔巴尼亚的天主教人口，以及在马利索雷斯起义中与黑山建立起合作关系的某些阿尔巴尼亚部族。至于对外政策中的"阿尔巴尼亚方向"，其实就是黑山想通过征服斯库台而得到肥沃土地，以及对这座塞族中世纪泽塔国都城的历史权力。不过，人们对这些解决方案的合理性心存疑虑。尼科拉国王自己也担心，黑山可能被"阿尔巴尼亚化"。不过，这样的解决方案能为国家的外交开拓更广阔的前景，这一想法消解了他的犹豫和担心，不过外国外交官们并不这样看。意大利和俄国的官方代表们就公开表示，不相信黑山这些外交目标的合理性。

意大利部长圣朱利亚诺（San Đulijano）认为，斯库台"居住着对黑山怀有敌意的阿尔巴尼亚人，他们的数量太多了，以至于黑山人口对其的统一作用实在无足轻重"，而尼科拉国王"只能任由这个领土收复主义的核心区域削弱自己的国家"[1]。1896年尼科拉大公向圣朱利亚诺的前任维斯康蒂·文索塔（Viskonti Vensota）提出黑山的领土扩张计划时，后者也持相似的看法。

1912年12月5日，俄国驻采蒂涅使团秘书米勒在报告中陈述了几乎相同的观点，但分析性更强。[2] 米勒说，虽然黑山人口数量非常少，但它以这样的规模，扮演着无可比拟的重要角色，在巴尔干国家中占据着重要地位。它的这种地位取决于其军事实力、民族统一性及其高尚的道德品质。米勒认为，鉴于其军队素质，如果俄国和奥匈帝国发生战争，黑山能够在己方边境上牵制住不少于3个奥匈帝国兵团的兵力，这个小国对俄国的政策具有相当高的价值，更不用说把两个同种同宗国家连结在一起的历史渊源了。政治上同化不同种族不同信仰的部族，对小小的黑

---

① 俄罗斯帝国外交政策档案,帝国时代出版委员会：196—162。

② 俄罗斯帝国外交政策档案,政治档案：1599—8b。

山来说超出了它的能力。黑山甚至没能在 35 年间成功同化 1876 年至 1878 年战争后并入其领土的几千名天主教和穆斯林阿尔巴尼亚人。① 在工商业领域,黑山人还不如自己的新同胞们,比如波德戈里察的阿尔巴尼亚人。米勒认为,即便黑山成功吞并斯库台、桑扎克,也不会给它带来任何益处,而只会削弱黑山,他补充说,对于数量不多的黑山人来说,成百上千名不同信仰、血统和语言的异族人,永远不会接受黑山的传统和理念,也不会接纳黑山的精神。不仅如此,他还认为,这些新国民中相当多的一部分人,完全有可能很快对黑山人怀有敌意。黑山将不再是之前的那个国家,而会变成黑山-阿尔巴尼亚——"这对我们来说可不那么理想"。

此外,阿尔巴尼亚天主教徒并入黑山,会让黑山更加依赖维也纳这个天主教人口的保护者,但奥匈帝国"想把他们当作与意大利争夺亚德里亚沿海势力范围的武器"②。米勒因此认为,奥匈帝国也不会同意这块土地与天主教人口一起并入黑山。

俄国消息人士认为,占领斯库台、桑扎克,可以被看作是黑山"令人陶醉的幻想"。而将边境地区的马莱西亚(Malesija)并进来,也不会给黑山带来什么特别的益处,虽然那里的人对黑山抱有好感,但那里土地贫瘠人民贫困。米勒在报告中总结道:"边境上的天主教部族曾被认为是黑山原始的敌人,但从现在开始,黑山又公开地向他们表达好感了。"③

随着事态发展,米勒的分析基本得到了证实。长期以来,俄国一直努力通过维持政治现状来推迟战争的爆发。当战争终究还是爆发时,俄国认为,战争最重要的结果之一,是在塞尔维亚和黑山之间设立共同边界。俄外交大臣萨佐诺夫在 1912 年 12 月 19 日致驻巴黎和伦敦外交使节的密信中,也做出了这样的评价。④ 萨佐诺夫说,这将修正《柏林条

① 根据柏林会议的决定,黑山获得了普拉夫和古西涅。不过,由于这两个地方在 1880 年被用来和土耳其交换乌尔齐尼,于是就只有聚居着阿尔巴尼亚人的扎特里耶帕奇(Zatrijepač)并入了黑山。
② 俄罗斯帝国外交政策档案,政治档案:1599—8b。
③ 同上。
④ 俄罗斯帝国外交政策档案,政治档案:132—66。

约》造成的不公正。

然而，塞尔维亚和黑山都不认为获得共同边界是战争的主要目标，也不是这场对土耳其战争令人满意的战果。他们高度期待的是，对阿尔巴尼亚北部军事行动的成功。两国都因此挑起了与列强的利益冲突，而且最终被迫放弃了在这一地区征服的土地。事实证明，以阿尔巴尼亚为方向的对外政策，对两国而言都是错误的选择。

第三节　为订立政治军事协定而与塞尔维亚进行的结盟谈判及其意义

一、谈判的初始

黑山被宣布为王国后，第一份关于黑山王国和塞尔维亚王国就缔结军事协议举行谈判的报告，所署日期是 1911 年 1 月。俄国驻采蒂涅使节奥布诺尔斯基在 1911 年 1 月 27 日发给俄国外交大臣的电报中称，在尼科拉国王的建议下，黑山与塞尔维亚政府正在为应对巴尔干半岛政治形势复杂化，进行关于协同行动的谈判。在 1911 年 2 月 13 日的报告中，这名外交官称，根据从贝尔格莱德得到的答复，尼科拉国王关于塞方派遣军事代表赴黑山、与黑方共同制定协议基础文本的建议，没有被接受。① 取而代之的是，塞方建议黑山政府派代表前往威尼斯，因为 2 月初佩塔尔·卡拉焦尔杰维奇国王将在外交大臣 M. 米洛瓦诺维奇的陪同下途经那里前往罗马。② 考虑到佩塔尔国王在威尼斯停留的时间应该非常短，而且客观上在两段旅程之间不可能进行认真的谈判，黑方因此认为，塞方的态度是要借此回避关于结盟问题的谈判。

奥布诺尔斯基 1911 年 3 月 27 日的报告也证实，此番关于举行谈判

---

① 俄罗斯帝国外交政策档案，政治档案：2701—7。

② 同上。

的建议并未实现。① 他认为，除了两国王室间的利益难以达成一致，原因还在于贝尔格莱德内阁在过境奥匈帝国受到限制的情况下，不愿破坏与土耳其之间益处良多的睦邻关系，而与黑山的协议中势必会涉及这样的内容。两国在老塞尔维亚势力范围的划分也是个问题，因为两国都对普里兹伦周边以及代查尼有所企图。②

就这样，协议未能成功缔结，而黑山政府中、特别是总理拉扎尔·托马诺维奇③对达成协议的可能性持保留态度，但这并没有影响到黑山延续对外政策方针、试图实现尼科拉国王的政治理念。在他的提议下，塞尔维亚驻采蒂涅使节佩特科维奇（Petković）于 1911 年 3 月中旬返回贝尔格莱德，再次转达黑方举行谈判的愿望。不过，这次尝试也没有取得成果，这证明双方在协议问题上存在明显分歧。黑山政府希望把与塞尔维亚的军事同盟协议用于马利索雷斯起义，并借助与奥斯曼帝国的战争实现领土扩张。而塞尔维亚则认为，鉴于奥匈帝国对新帕扎尔桑扎克的威胁性企图，两国联盟应尽快转而针对奥匈帝国。④ 因此塞尔维亚表示愿意考虑未来与黑山在巴尔干采取共同行动，但断然拒绝积极参与马利索雷斯起义。⑤

俄国的立场也是导致谈判产生消极结果的一个因素。对日本的战争失利后，俄国在军事上没有准备好发动新的、决定土耳其在欧洲命运的大规模战争，"维持现状"是俄国对巴尔干国家政策的支柱。这种立场在俄与采蒂涅王室的正式沟通中得到了特别体现。俄国的政策理念在 1910 年与黑山缔结的《军事协定》中也可见一斑。1911 年 5 月 13

---

① 俄罗斯帝国外交政策档案，政治档案：2701—7，第 17 页。

② 同上。

③ 根据奥布诺尔斯基 4 月 7 日的报告，黑山总理托马诺维奇对达成协议的可能性持怀疑态度，他曾公开表明，一点儿都不相信能与塞尔维亚达成特别协议，也完全不想与帕希奇及其同事推进这项工作。俄罗斯帝国外交政策档案，政治档案：2701—20b。

④ 俄罗斯驻采蒂涅公使奥布诺尔斯基认为，塞尔维亚的观点是，协议应当尽早对奥匈帝国在新帕扎尔桑扎克的侵略进行反抗，而黑山当时与奥匈帝国正保持着最友好的关系。俄罗斯帝国外交政策档案，政治档案：2701—23。

⑤ 同上，第 20 页。

日，俄国外交大臣伊兹沃利斯基在电报中明确警告黑山，列强们不会放弃维持现状的政策，也不会允许黑山介入阿尔巴尼亚问题从而引发巴尔干战争。尼科拉国王被要求放弃对阿尔巴尼亚的企图，停止所有朝这个方向采取的行动。[①]

同样严肃的警告也包含在俄国驻采蒂涅公使奥布诺尔斯基的抗议中，他曾以圣彼得堡政府的名义，反对黑山采取任何与三国协约相冲突的冒失行为（1911 年 10 月 4 日）。[②] 随后，俄国临时外交大臣内拉托夫（Neratov）在 1911 年 10 月 20 日给驻采蒂涅公使的指示中，强调了黑山在当前危机中保持和平中立立场的必要性。[③] 不论是俄国的立场，还是塞尔维亚对黑山的态度，以及塞方对塞尔维亚-黑山军事同盟协议的建议里，都表达了对与奥匈帝国拉近关系的不满，综合分析，这项政策是黑山主导的。该政策的基础还体现在 1911 年与奥匈帝国签署的《货币协定》和《贸易条约》当中。

上述情况和 1911 年底普里兹伦大主教地位问题导致的两国关系恶化，让塞尔维亚和黑山的谈判直到 1912 年下半年才得以继续。[④]

二、塞尔维亚和黑山结盟谈判的新阶段

塞尔维亚利益的转变和俄国转而支持巴尔干国家成立阵营的立场，体现在了塞尔维亚与保加利亚、保加利亚与希腊缔结结盟条约的问题上[⑤]，从而也为重启与黑山的结盟谈判创造了条件。在启动与塞尔维亚的谈判时，黑山与保加利亚关于对抗奥斯曼帝国的结盟谈判，已经到了

---

① 俄罗斯帝国外交政策档案馆,政治档案: 2701—23,3356—1—124。
② 《帝国时期的国际关系》(第 2 系列,1900—1913),莫斯科,1939,第 528—572 页。
③ 黑山驻伊斯坦布尔的代办很明显误解了契拉科夫(Ćirakov),"他完全代表他的派出部委,我们的公使只可以谈论斯拉夫国家的共同利益,愿意明确达成一致,但不能谈论共同的积极行动,特别是目前这个时刻。我完全赞成您对格雷戈维奇的答复。请向政府转达我们在当前危机中保持和平中立的一贯建议"。同上,221—1—709。
④ 南斯拉夫人民军历史研究所:《1912—1913 年第一次巴尔干战争》,贝尔格莱德,1959,第 123 页及后续。
⑤ 《塞尔维亚王国与保加利亚王国友好联盟条约及秘密附件》于 1912 年 2 月 29 日/3 月 13 日在索菲亚签署,《塞尔维亚与保加利亚军事协定》于 1912 年 4 月 29 日/5 月 12 日签署。

交换协议草案和确定战争行动日期的阶段。因此黑山与塞尔维亚缔结军事同盟协议的问题不能再拖延了。

根据塞尔维亚驻采蒂涅使节加夫里洛维奇 1912 年 9 月 15 日的报告，黑山政府宣布，尼科拉国王承诺将"就共同行动的必要性向我们的国王致亲笔信"①。达尼洛王储本已任命佩塔尔亲王为与塞尔维亚谈判的使团成员；杜尚·格雷戈维奇原本提议让尼科拉国王率团前往，但政府出于保密考虑，任命了低级别的官员。报告结尾称"三天前事情戛然而止了"。根据各方判断，原因在于塞尔维亚成立了由尼科拉·帕希奇领导的新政府，而尼科拉国王对其并不信任。然而第二天，即 9 月 16 日，加夫里洛维奇称尼科拉国王将"派一名官员带着他给我们国王的亲笔信，前往塞尔维亚"。信中说，"当前解决土耳其国内塞尔维亚人的问题不能再拖延，需要立即用手中的武器而不是借由欧洲调停的谈判来解决"。② 这加快了事情的进展，根据 1912 年 9 月 18 日的报告，塞尔维亚使节和黑山总理当时已经开始探讨谈判地点和协议的基本内容。米塔尔·马尔蒂诺维奇建议塞尔维亚派一名代表，带着共同行动计划前来采蒂涅。帕希奇也认为应该尽快启动谈判，于是 9 月 19 日电报采蒂涅，要求"黑山尽早派代表前来"③。

关于谈判地点，虽然黑方坚持在威尼斯举行，但最终双方商定在卢塞恩（Lucern）举行。④

黑山方面，内政大臣兼教育和教会事务部代表约万·普拉梅纳茨和总参谋部指挥官约沃·贝契尔被任命为谈判代表。塞尔维亚则任命

---

① 《1903—1914 年塞尔维亚王国对外政策文件》（第 5 卷—2），塞尔维亚科学艺术院，贝尔格莱德，1985，第 585 页，第 352 号文件。
② 同上，第 600 页，第 364 号文件。
③ 同上，第 632 页，第 391 号文件。
④ 在众多被提议作为谈判地的城市中，人们对贝尔格莱德情有独钟。除塞尔维亚官员外，一些有影响力的黑山政界人士也表示，贝尔格莱德是合适的谈判地点。不过，尼科拉国王的反对意见起了决定作用，理由是谈判需要保密。国王持这个态度的原因可能是，他怀疑如果谈判在塞尔维亚首都举行，塞尔维亚官方的态度将可能占据优势。《1903—1914 年塞尔维亚王国对外政策文件》（第 5 卷—2），第 657、723 页，第 418 号和第 472 号文件。

总参谋部中校佩塔尔·佩希奇（Petar Pešić）为谈判代表。

三、卢塞恩谈判的开始

长期以来，都没有关于此次谈判开始和结束日期的记载，谈判的持续时间不得而知。在卢塞恩所取得的谈判成果被认为是有争议的。

卢塞恩谈判开始的日期，从几个重要节点能推测出来。首先是一份塞尔维亚驻采蒂涅使节 1912 年 9 月 25 日（下午）发出的报告，其中包含黑山代表团出发前往谈判地的日期。报告中写到："代表们今晚从巴尔出发，途经意大利前往卢塞恩，入住辉煌酒店（Hotel Splendid）。普拉梅纳茨旅途中使用的名字是约万·贝凯尔（Jovan Beker）。普拉梅纳茨让我秘电贝尔格莱德，说他是个可靠的人，会尽一切努力使协议达成。"[①] 黑山代表团的授权书也显示了谈判可能开始的时间。授权书由大臣理事会于 1912 年 9 月 25 日在采蒂涅签发，签字的是大臣理事会主席、军事大臣和外交大臣代表米塔尔·马尔蒂诺维奇准将。因此可以得出结论，授权书是在代表团行将启程时签发的。

另一个对判断谈判起始时间具有重要意义的节点，是塞尔维亚代表从贝尔格莱德启程前往卢塞恩的日期。资料显示，他们出发的时间比黑山代表团晚。[②] 原因是塞尔维亚政府改变了计划，1912 年 9 月 24 日，帕希奇告诉塞尔维亚驻采蒂涅公使，应该是由帕夫洛维奇中校代表塞尔维亚。[③] 但由于"帕夫洛维奇被事情绊住了"，代表团行将启程之时，谈判代表被更换。佩塔尔·佩希奇被任命为新的代表。很显然，在获得了适当指导和进行了必要准备之后，佩希奇得以于 1912 年 9 月 28 日启程前往卢塞恩。塞尔维亚王国驻日内瓦领事佩特罗维奇 9 月 30 日 12 点

---

① 加夫里洛维奇 9 月 22 日的报告称，"内政大臣（约万·普拉梅纳茨——作者注）秘密告诉我，他和马尔蒂诺维奇很懊悔没能坚持要求代表们前往塞尔维亚"。9 月 28 日的电报也证实了这一点："马尔蒂诺维奇和普拉梅纳茨支持在贝尔格莱德举行，但国王不愿意。而马尔蒂诺维奇还是坚持想法。"《1903—1914 年塞尔维亚王国对外政策文件》（第 5 卷—2），第 657, 723 页，第 418 号和第 472 号文件。
② 同上。
③ 同上。

10 分发出的报告显示，谈判已经在进行。① 因此我们认为，1912 年 9 月 29 日或 30 日可能是谈判开始的日期。此前一些文件的日期也表明了这一点。

授权书规定了两国谈判代表可以涉及的框架内容。对授权内容的分析可以看出谈判的大致情况。

根据黑山代表约万·普拉梅纳茨和约沃·贝契尔的授权书文本，他们受"黑山国王陛下和黑山王国政府"授权，"可以就军事协定进行谈判并与塞尔维亚王国政府的代表缔结该协定"。② 协定草案已经在采蒂涅完成，代表们将它带到了卢塞恩。上述内容表明，黑山代表们不具备与塞尔维亚就政治协定进行谈判和签字的权力。如果谈判期间他们没有被授予这样的权力——至少史料没有记载，那么就说明他们只被授权就军事协定进行谈判。根据塞尔维亚驻采蒂涅使节尼科拉·帕希奇 1912 年 9 月 27 日的电报③，塞尔维亚代表佩希奇"带去（了）我们关于结盟条约和军事协定的草案。他被授权进行谈判，但签字权有所保留，需要获得政府的补充授权"④。

比较两国代表被授予的权力，我们可以得出结论，塞尔维亚代表获得的授权比黑山代表获得的授权更宽泛，因为塞方代表可以就缔结两份协议与黑山进行谈判。但从授权的实质看，塞方代表获得授权的等级要低于黑山代表，因为他们无权签署规定两国权责的协议。也就是说，塞尔维亚代表的签字具有草签性质，也就是确认之前已经确定过的协议文本内容。因此，在两国政府签署前，卢塞恩的协议不会达成任何法律成果。根据《军事协定》文本第 10 条，协议被签署、获得两国政府的补充批准之时，被确定为协议生效的时刻。两国政府签署后，《协定》即生效，有效期 3 年。⑤ 类似的内容没有被写入《政治协定》文本中，

---

① 《1903—1914 年塞尔维亚王国对外政策文件》(第 5 卷—2)，第 751 页，第 497 号文件。
② 黑山历史研究所档案，档案集，176 分册，8 号文件。
③ 诺维察·拉科切维奇博士：《1903—1918 年黑山与塞尔维亚的政治关系》，第 163 页。
④ 《1903—1914 年塞尔维亚王国对外政策文件》(第 5 卷—2)，第 703 页，第 458 号文件。
⑤ 《1903—1914 年塞尔维亚王国对外政策文件》(第 5 卷—2)，第 821—824 页，第 573 号文件。

但在缔约各方交换核准文件时进行了补充商定。

因此，卢塞恩谈判的性质，是对此前已经商定文件草案的确定。上述协定的缔结和生效，与在卢塞恩的签署日期有关。文件规定的法律义务生效从两国政府签订之日算起，我们看到，贝尔格莱德和采蒂涅都是在1912年10月6日这一天签署的。

谈判中审议的重点是，在成功实施军事行动后相互划界的问题。根据加夫里洛维奇的报告，黑山代表带来的协定草案，除了具体化的军事联盟义务和确定部队行动的方向外，还包括确定划分占领地区的界线。草案要求黑山向桑扎克和斯库台方向开展军事行动。桑扎克应该被按照"错综复杂的中线"进行分配。塞尔维亚获得从马塔到什昆比尼的区域。如果奥匈帝国攻击塞尔维亚、桑扎克或黑山，缔约双方应反抗奥匈帝国。开战的期限是在协议签署后的几天确定的。

塞尔维亚代表带到卢塞恩的"结盟条约和军事协定草案"包含哪些内容，我们不得而知。但事实是，塞尔维亚对于在军事行动开始前确定相互分界线的建议，持消极态度。因此他们的草案中可能并不包含这些内容。塞尔维亚驻日内瓦领事佩特罗维奇的电报（1912年9月30日发自卢塞恩），也支撑了这样的结论，他写道，黑山代表们基本同意"我们的建议"，但要求确认边界线。[1] 帕希奇在同一份文件的背面写道："来电收悉。使团的主要目标是，就塞尔维亚-黑山军事行动中的共同行动进行谈判。黑山代表提出的问题应留待日后，待进行军事行动并取得成功时讨论。"[2]

因此，相互划界是唯一有争议的问题。这个问题让谈判陷入危机，最终甚至危及谈判的整体结果。

---

① 建议中，塞尔维亚和黑山的边界是："格拉迪纳纳山（Gradina planina），奥匈帝国在吉列沃（Giljevo）的边界，苏沃多（Suvodo），切切沃（Čečevo），代维奇山（Dević planina），茨尔诺列瓦（Crnoljeva），耶泽尔斯卡山（Jezerska planina），沙尔山（Šar-planina），马蒂河（reka Mati）——亚德里亚海"。《1903—1914年塞尔维亚王国对外政策文件》（第5卷—2），第751—752页，第497号文件。

② 同上。

尼科拉国王一方面要求就此达成一致，另一方面要求通过外交途径告知贝尔格莱德"上述区域并不代表塞尔维亚和黑山之间的边界，应补充确定，这个区域只是为了避免行动中的摩擦"，他要求向塞尔维亚代表做出明确解释。同日，佩特罗维奇领事向外交部转达了佩希奇的信息："黑山代表们坚持自己的提议。尼科拉国王将此作为缔结条约的条件。我不同意，我将于明天结束谈判。我会直接启程前往贝尔格莱德。"① 黑山代表团希望就划界达成一致，以便继续谈判，但并没有在贝尔格莱德引起必要的反应。根据塞尔维亚总理尼科拉·帕希奇的指示，两国就即将进行的军事行动达成的书面协议的重要性被弱化，同时，佩希奇的立场也得到了支持，塞方决定一旦黑方代表坚持确认未来边界，就终止谈判。

虽然谈判陷入危机，但还是在继续，双方在卢塞恩就协议整体文本达成了一致。至于上述区域的划分，解决方案（《政治协定》第 6 条）是："两个塞族王国间的边界通过一个共同委员会来确定"②，如果出现分歧则由保加利亚王国和希腊王国来解决争议。这显然说明，黑山代表们还是放弃了自己的诉求，同意了塞尔维亚代表的提议。

卢塞恩谈判的时机具有多重意义。但关于谈判结束的日期并没有可靠信息。谈判参与者后来介绍时，谈及的日期各种各样。比如，佩希奇曾写到，亨里赫·巴托夫斯基（Henrih Batovski）称是在 1912 年 9 月 29 日或 30 日。③ 约万·普拉梅纳茨在 1927 年 7 月 6 日《时代报》的文章中④，以及在未发表的 1925 年从巴黎写给亚历山大国王的信中⑤，说是 9 月 27 日，这一观点被弗拉迪米尔·乔罗维奇（Vladimir Ćorović）在《为巴尔干独立而战》一书中，⑥ 以及尼科拉·什凯罗维奇在《20 世纪初的黑山》

---

① 《1903—1914 年塞尔维亚王国对外政策文件》（第 5 卷—2），第 783—784 页，第 533 号文件。
② 同上，第 821—4 页，第 573 号文件。
③ 亨里赫·巴托夫斯基：《1912 年黑山与巴尔干同盟》，第 58—59 页。
④ 同上。
⑤ 黑山历史研究所档案，档案集，176 分册，约万·普拉梅纳茨手稿。
⑥ 弗拉迪米尔·乔罗维奇：《为巴尔干独立而战》，贝尔格莱德，1937，第 156 页。

一书中采纳。[1] 但上述说法，以及南斯拉夫人民军历史研究所出版的
《第一次巴尔干战争》一书中提到的 10 月 1 日的说法[2]，与我们此前所
引用的文献都无法互相印证。

卢塞恩谈判可能是 1912 年 10 月 3 日结束的。比这个更晚的日期就
不太可信了，因为 10 月 6 日贝尔格莱德和采蒂涅就签署了两份协定的
相同文本，该文本只能是在卢塞恩谈判的代表们在结束谈判后带回
国的。

四、《政治协定》和《军事协定》的法律义务

塞尔维亚和黑山的《政治协定》和《军事协定》中包含的同盟
义务条款，自生效之日起对两国具有法律约束力。《军事协定》第
10 条规定的法律义务从双方王国政府签署之日起生效。有效期为
3 年，且可以按照协议规定延长，或者提前半年终止。《政治协定》
中没有关于有效期的条款，因此可以推断其没有对有效期的限制，
而生效日期可以被认为与《军事协定》相同。不过，为了充分解释
其获得通过的全过程，我们还要援引一个信源，就是此前援引过的
《塞尔维亚王国和黑山王国条约互换核准纪要》[3]，其在 1912 年
11 月 4 日由采蒂涅的黑山外交部批准发布。塞尔维亚王国派出的是
塞政府成员约万·阿塔纳茨科维奇（Jovan Atanacković）将军，黑山
王国的代表是财政和建设大臣兼外交大臣代表塞库拉·德尔列维
奇。《纪要》写道："这次会议上，阿塔纳茨科维奇先生向德尔列维
奇先生递交了政治和军事协定的特别副本，两份文件都有塞尔维亚
国王佩塔尔一世陛下和塞尔维亚王国大臣理事会主席兼外交大臣同
年 9 月 23 日在贝尔格莱德的亲笔签名；德尔列维奇先生向阿塔纳茨
科维奇先生递交了同样的协议特别副本，由黑山国王尼科拉一世陛

---

[1] 尼科拉·什凯罗维奇：《20 世纪初的黑山》，第 578 页。
[2] 《1912—1913 年第一次巴尔干战争》，贝尔格莱德，1949，第 128 页。
[3] 黑山历史研究所档案，档案集，176 分册，34 号文件。

下和大臣理事会主席、军事大臣米塔尔·马尔蒂诺维奇于同年9月23日亲笔签名。"[1]

两国国王和政府代表在协定上的签字,除了从协议颁布即生效日期的角度来说非常重要外,同时作为单方面的法律文件也很重要,因为签字完成了协议的核准程序。

我们已经说过,根据黑山1905年的《宪法》第7条,议会有权核准的协议类别中,不包括大公/国王仍拥有管辖权的类别。[2] 在他签署时,这个类别的协议即时生效,协议中规定的内容也被确立为法律制度。按照《宪法》规定,这可以算作"和平与结盟协议"那一类。《政治协定》和《军事协定》属于"结盟条约"的范畴,只有尼科拉国王有权缔结。此外,上述协议的保密性,排除了内容在之后被通报给国民议会的可能性。根据《互换核准纪要》,相同的协定也在塞尔维亚颁布、核准并生效了。佩塔尔国王和尼科拉国王完成《政治协定》和《军事协定》签署的同一天,这些文件的核准也完成了。作为内部法律文件,交换核准书的程序让核准具有了国际意义,根据《纪要》,核准书包括缔约双方代表专门签字的特殊副本。这样一来,协议订立所有传统意义上的程序就都完成了:谈判、签字和核准,最后两个程序实际上是同时完成的。

五、《政治协定》和《军事协定》之间的法律联系

从形式和法律角度来看,《政治协定》和《军事协定》是两份完全相互独立的法律文件。它们以专门书面协议的形式订立。两份协定的条款不存在直接的法律关系,也不存在义务的叠加。二者都是由两国代表

---

① 黑山历史研究所档案,档案集,176分册,34号文件。"核准程序将法律条款确认为了法律制度。除非协议本身另有规定,协议在核准后获得完全的法律效力。"斯米利亚·阿夫拉莫夫(Smilja Avramov)博士:《国际公法》,贝尔格莱德,1980,第312页。
② 《黑山王国宪法》,采蒂涅,1911,第4页。

签署的特别国际协议。

　　不过，看一下两份文件规定的事项，就会发现，两份文件实则殊途同归，这体现出文件在法律上的统一性。同时，两份文件订立的程序是一样的，都是在卢塞恩同时确认了文件草案，随后又于同日分别在贝尔格莱德和采蒂涅完成了签署，这就进一步表明可以对两份文件进行共同解读。只有这样才能确定两国承担义务的水平。

　　两国缔结军事同盟的原因在《政治协定》的序言中做了说明。[①] 文件通过6个特别条款，具体解释了双方为实现这一目标的义务。第1条是最为概括和最全面的。[②] 它规定，缔约双方应"在另一方遭到一国或多国攻击时全力提供帮助"[③]。与《协定》的其他条款不同——其他条款都是规定了双方在面对土耳其时相互义务的底线，第1条的内容并没有"将矛头指向某个国家，而是指向所有意欲攻击缔约方的国家"。而第2条就让人得出明显结论，内容中包含的义务只是针对与奥匈帝国战争的。通过明确两国有义务将"一方受到奥匈帝国吞并、侵略或哪怕其只是临时占领土耳其欧洲领土的一部分的情况，看作是缔约国一方的生命利益受到了侵犯"[④]，协议的第一部分表明这种情况下的"契约是对第三方（土耳其）有利的"，也就是说，通过这份协议，塞尔维亚和黑山保护了这个国家的国家地位和领土完整。

　　上述条款实际上表明，两国绝不允许塞尔维亚人居住的土地再次被占领，而这次针对的是奥匈帝国，因为根据《协定》的序言，奥匈帝国的侵占将与两国和塞尔维亚人的整体利益相悖。协议其他条款规定的是，在实现从奥斯曼政权下解放塞族人这一目标的过程中，两国相互

---

① 即，塞尔维亚人对统一利益、国家命运的信念，和最坚决地保卫自身利益的特性，让这份协议得以达成。《1903—1914年塞尔维亚王国对外政策文件》（第5卷—2），第821—824页，第573号文件。

② 同上。

③ 同上。

④ 同上，第821—824页，第573号文件。

间的义务。① 第 4 条对整体形势进行了评估，两国政府认为"目前土耳其的形式和欧洲整体形势，非常有利于开展行动，目标是解放在土耳其奴役下的塞尔维亚人"，最晚应该于 11 月 1 日向土耳其宣战，唯一的延期理由只能是缔约国一方没有做好准备，且只能延期一次。倒数第 2 条即第 5 条，排除了缔约国一方未经另一方允许，与敌对方进行谈判或订立和平协议的可能性，而第 6 条确认了未来相互边界的划分方式，这在前面已经提到过了。

《政治协定》涉及了相当广泛的问题。除了共同抵御任何一国（第 1 条）或奥匈帝国（第 2 条），《协定》还规定两国准备向土耳其发动攻击，并确定了开战日期（第 3、4 条），禁止单独与敌对方进行谈判（第 5 条）并原则上规定了两国边界的确定方式。

《政治协定》让缔约方得以在《军事协定》中，从必要的军事行动的角度，对责任义务做了具体规定。从这个意义上说，《军事协定》是对《政治协定》的补充。其中确定了对奥匈帝国（第 1 条）和土耳其（第 2 条）发生战争时的行动方式，以及黑山和塞尔维亚军队在即将发生的对土耳其战争中的具体行动方向（第 3、4 条）。双方用专门条款规定了黑山军队的战略任务是形成塞尔维亚军队的右翼（第 5 条），即黑山军队在战争第一阶段指挥部的位置，以及随后在共同行动中的位置（第 6 条）。规定了两国在和平条件下的义务，以便能在有需要时尽快部署和集结军队（第 7 条），并提升军队在国外行动的能力。缔约国应保有调动主力部队和二线部队的能力，保证在需要时能向战场投放不少于整体军力 3/4 的力量。倒数第 2 条即第 10 条规定了《协定》的有效期，而最后的第 11 条明确了保密性及个别可以与盟友沟通的情况。

考虑到这两份文件的内容和缔结条件，显然两份协定的理念和目

---

① 第 3 条明确的义务是,如果缔约一方认为土耳其的形势与"欧洲整体形势适宜,希望启动解放土耳其奴役下塞尔维亚人的行动",并通报另一方,"收到通报的另一方必须立即参与该议题的谈判"。这一条款持续有效,因为这是要将塞尔维亚人从奥斯曼政权下最终解放出来,而这个日期无法预先设定。《1903—1914 年塞尔维亚王国对外政策文件》(第 5 卷—2),第 821—824 页,第 573 号文件。

标具有相同基础。缔结两份协定的直接原因，在于各巴尔干国家在约定之下，能够为即将打响的对抗奥斯曼帝国战争做准备。它们明确规范了塞尔维亚和黑山两国在这场战争中的义务，以及在塞尔维亚与保加利亚、保加利亚与希腊以及黑山与保加利亚之间书面协议所规定的相互义务。塞尔维亚和黑山之间的协议，实际上是巴尔干国家成立巴尔干同盟的一系列协议的组成部分。虽然《军事协定》第一部分原则规定了协议的保密性，但根据第 11 条，个别情况下可以向盟友进行通报，而同盟订立的条件和成员们的归属性也在这里得到了体现。

不过，反之亦然。虽然《政治协定》和《军事协定》原则上具体规定了塞尔维亚和黑山有义务在对奥斯曼帝国的战争中，在具体事件中要体现同盟关系，但这一规定不光体现在针对奥斯曼帝国时，还体现在针对奥匈帝国和所有其他国家包括巴尔干国家时，如果缔约国中的一方遭到了它们的攻击，另一方应遵守同盟义务。[1] 这首先体现在《政治协定》和《军事协定》的序言和第 1 条当中。由于历史、种族和其他原因，同盟协议订立的具体理由中，体现了内容更丰富的相互关系，尤其是在缔约国任意一方的生存利益受到侵害时。

正是由于同盟条款中这些含义广泛的准则存在，文献中提出了这样的疑问：上述协定在第一次世界大战爆发、奥匈帝国袭击塞尔维亚时，对黑山是否有法律约束作用，以及后来就《关于黑山军队解除武装的条约》[2] 进行的和平谈判，是否违反了上述文件规定的同盟义务？

我们暂且将这些问题放到一边，先来看一个让事情陷入困境的事实。那就是，《政治协定》的有效期，没有在文本中具体提及。它与《军事协定》一样，没有特别条款来规定有效期，这让人们关于有效期的解读都是基于一定的假设。因此，最有说服力的结论是，《政治协定》

---

① 比如，黑山参加了对抗保加利亚的第二次巴尔干战争，但此前黑山还就对抗奥斯曼帝国的第一次巴尔干战争口头通知过盟友保加利亚，这表明黑山履行了《政治协定》中的义务。
② 《关于黑山军队解除武装的条约》，黑山历史研究所档案，档案集，1911 年 12 月 28 日—1916 年 12 月 19 日王国政府工作议定书，第 13 页。

是无限期的，那么相应地，它适用于针对所有未设定有效期的国际协议的国际法规则。

我们还能找到其他一些文件，其中有的事实可以为我们关于《政治协定》有效期的问题提供新的思路，说明当时有效期还是存在的。它没有被包含在文本当中，但存在于两国签署的另一份正式文件中。这份文件就是我们已经部分引用过的 1912 年 11 月 4 日的《塞尔维亚王国和黑山王国条约互换核准纪要》。文件由黑山财政和建设大臣兼外交大臣代表塞库拉·德尔列维奇博士及塞尔维亚王国政府代表约万·阿塔纳茨科维奇签署。文件称："《军事协定》第 10 款（条）规定的有效期，也适用于《政治协定》的所有条款。"① 正如我们看到的，通过补充商定，双方同意《政治协定》也遵循《军事协定》的第 10 条，有效期为 3 年，从两国政府签署之日起生效，并可以再协议延长，或提前半年废止。由于没有关于废止的信息，因此根据《军事协定》第 10 条，两份文件的有效期都是到 1915 年 10 月 6 日。

虽然《政治协定》的一些条款有一定的独特性，但在法律上，两个协定是相关的。缔约各方达成一致，是缔结任何协议关系、被赋予权利和承担责任的基础，这非常清晰地有所体现，不论过程中具体发生了什么。协定条款具有权利和义务的两面性——就两面性达成一致就毫无疑问地具体说明了缔约双方的意愿，双方同意让《军事协定》的第 10 条也适用于《政治协定》，据此可以断定，《纪要》中明确的有效期，也是两国所达成一致的一部分。

从而进一步表明，这两份协定，特别是《政治协定》，并没有因为环境的变化，或因为巴尔干战争的后果，而失去权责规定的意义，还继续对两国都有法律约束力。尽管其中所规范内容较少，但包括了缔约国如不履行义务、不全力参战帮助另一缔约国时的国际法责任基础，这就已经足够了。

---

① 黑山历史研究所档案,档案集,176 分册,54 号文件。

关于在某些战争冲突中军事行动的具体形式，如对土耳其的战争中，除《政治协定》外，还非常具体地在《军事协定》中做了规定，而第一次世界大战中的行动，则在1914年8月7日由塞尔维亚总参谋长拉多米尔·普特尼克（Radomir Putnik）制定的《塞尔维亚和黑山军队在对奥匈帝国战争中的共同行动计划》中做了规定。[①] 这份文件具有战争计划的性质，就像《军事协定》中包括了对奥斯曼帝国的战争那样。基于《政治协定》其他条款详细规定的盟国义务，可以解读为塞尔维亚与黑山商定结盟的附件，被包含在了1912年的《政治协定》当中。

对两份协定内容的分析毫无疑问显示出，这是把对抗土耳其的战争进行了合法化，而两份协定，特别是《政治协定》，也包含了一般性准则，对第一次巴尔干战争期间军事同盟及其法律义务进行了具体约定。因此，两份协定构成了更广泛的义务，可以被认为是黑山参加第一次世界大战的法律依据。

第四节　巴尔干战争期间的其他外交活动

一、与保加利亚的结盟谈判

跟与塞尔维亚的结盟谈判不同，黑山与保加利亚谈判并达成协议的细节，外界知之甚少。文献通常指出，1912年黑山政府与保加利亚全权公使在采蒂涅尼科拉国王的宫殿里达成了口头协议，该协议是巴尔干国家结成反土耳其联盟的组成部分。

如同与塞尔维亚的结盟，黑山在远未经过深思熟虑之前，就向保加利亚提出了结盟的建议。黑山在宣布为王国时就迈出了第一步。根据外

---

① 《塞尔维亚为解放和统一塞尔维亚人、克罗地亚人和斯洛文尼亚人的伟大战争》（第1卷—1914年），贝尔格莱德，1924，第31—33页。

国媒体关于国王在采蒂涅加冕仪式的报道，保加利亚沙皇斐迪南也出席了仪式，这说明了黑山与保加利亚的密切关系，以及三个斯拉夫国家在俄国的庇护下和尼科拉国王的主导下结盟的情况。拥有俄国陆军元帅头衔的黑山国王，被错误地当成了未来巴尔干国家联盟的头号人物。关于俄国是结盟计划幕后推手、意图挑起东方问题的说法并不准确。当然，不可否认是，黑山的内忧外患和奥斯曼帝国的内部危机导致黑山参战，但从某些方面来说，黑山和保加利亚的亲密关系，是黑山在1910年尼科拉日庆祝活动上提出结盟的推动因素。不过，虽然当时就启动了该问题，直到1912年下半年都没有体现出迫切性，这首先是由于俄国的反战态度，它对黑山表现出的反战立场，要比对其他巴尔干国家更尖锐。

俄国驻采蒂涅军事代理人 N. 波塔波夫记录了时任黑山总理米塔尔·马尔蒂诺维奇的话，他说，1912 年 7 月 24 日，扬科·武科蒂奇和米塔尔·马尔蒂诺维奇向保加利亚驻采蒂涅代表科卢舍夫（Kolušev）正式建议，希望利用土耳其当时的困境，完成"自己国家的政治和民族任务"。我们猜测，波塔波夫所说的"正式建议"可能与《致保加利亚王国关于对土耳其作战的建议》"有关[①]，这在文献中是已知的，虽然

---

① 《致保加利亚王国关于对土耳其作战的建议》包括 5 个专门的部分。这可能只是一个草案，还需要后续形成正式版本。《序言》部分，解释"开战的原因和理由"是出于维护黑山和保加利亚生存利益的需要，以及"让两国得以向土耳其在老塞尔维亚、阿尔巴尼亚北部和马其顿的领土扩张边界，那里有着对两个王国的历史、民族、政治和经济都很重要的利益"。土耳其危机被认为是"实现目标"的唯一机会。随后则列举了历史上"旧土耳其政权"和青年土耳其党人为了消灭巴尔干的斯拉夫民族所采取的措施。建议认为，巴尔干斯拉夫人未来的命运取决于自己。无需对土耳其的解体或欧洲列强的帮助抱有幻想，因为它们会"通过强化巴尔干斯拉夫国家和斯拉夫化来遏止'东方问题的蔓延'"。因为让土耳其"安静地呆在一边"会"唤醒其内部的希望"，那么它唯一的天然敌人——巴尔干人可以"利用土耳其内部的窘迫局面"给予其沉重的打击。

开战的理由被解释为基督徒所处的境遇，"特别是土耳其欧洲领土上的东正教斯拉夫人"，他们"每天都……越来越忧伤且难以忍受……身处不断恶化的冲突之中……迷失在对土耳其恢复秩序、公正、自由、平等的最后一点希望之中"。

在决定以军事同盟为基础的开战策略时，根据《总体计划》（文件的第 2 部分），由黑山首先参战，占领"相邻一定范围的土耳其帝国领土，目的是尽可能多地牵制土耳其兵力"，这一步实现后，保加利亚应"全力投入行动并跨越土耳其边境"。保加利亚参战不得晚于"黑山参战"后的 30 天。战争应该是"进攻性"的，最高指挥层之间应互换军官以确保协调行动。

（转下页）

他并不知道决定的日期（与 1912 年 8 月有关）。目前可见的版本并没有他作为提交者的签名。

波塔波夫说，米塔尔·马尔蒂诺维奇在与科卢舍夫的谈话中强调（那份建议中也有所提及），虽然谈判涉及与保加利亚的联盟，"但这样的建议还应该向希腊王国和塞尔维亚王国提出"。这说明 1912 年 8 月初，他们身在采蒂涅还不知道某些巴尔干国家间已经就此问题取得了成果。1912 年 3 月 13 日，塞尔维亚与保加利亚缔结了联盟协议，划分了在马其顿的实力范围；而两国在 1912 年 5 月 12 日订立了关于作战行动的军事协定。在采蒂涅的谈判还在进行期间，保加利亚已经与希腊订立了结盟条约（1912 年 5 月 29 日），与希腊的军事协定也已于 1912 年 10 月 5 日缔结。

鉴于当时黑山和保加利亚所处的谈判阶段，协议细节尚未达成一致。为此，米塔尔·马尔蒂诺维奇准备派遣亲信前往索菲亚，介绍黑山政府的态度和条件。科卢舍夫发电报向本国政府报告了黑山的提议，保加利亚政府回复称原则接受黑方的提议。可能是出于谈判保密性的考虑，保加利亚政府建议黑方不要派人前往保加利亚，而是由黑山政府通过科卢舍夫提出建议。

波塔波夫根据米塔尔·马尔蒂诺维奇的陈述，对谈判进行了如下描述：1912 年 8 月 18 日，科卢舍夫从采蒂涅前往索菲亚。由于斐迪南沙皇自 8 月初就一直在索菲亚，因此他也参与了对黑山提议的审议。与他的政府一样，沙皇接受了黑山政府关于订立结盟条约的提议。他同意

（接上页）文件的第 3 部分是《战争目标与期望》。解放奥斯曼土耳其帝国在欧洲的全部领土，被列为作战的最终目标。实现这一目标将为"两个联盟王国"扩张边界创造条件。但并没有确定两国分别可以对哪部分区域提出诉求（像塞尔维亚-保加利亚和希腊-保加利亚的结盟条约中那样），但据说两国的领土扩张将考虑"满足塞尔维亚王国和希腊王国理由正当且公正的诉求"。有意思的是，由于各方考虑到黑山众所周知的对于阿尔巴尼亚北部的领土企图，两国作战的目标包括在结盟条款范围内成立一个自治的阿尔巴尼亚。

《开战时间》（《建议》第 4 部分）被定为尽早，不晚于 9 月 14 日。作为建议的提出者，黑山又向希腊和塞尔维亚提出了与保加利亚相似的结盟条件。文件的最后一部分《关于缔结和平协议》排除了单独谈判的可能性，如果两国发生争议，须将问题提交给俄国沙皇解决，而"如果他不愿意"，那么就交给美国总统解决。

协议中的要点，特别是没有另一缔约国的同意，任何一国不得对外缔结和平协议。他还承诺"将与塞尔维亚和希腊达成协议"。不过，波塔波夫在日记中提到了一个新的细节，这在之前的文件中没有出现过。那是关于斐迪南沙皇对黑山的口头承诺，即可以向其批准200万到300万法郎的贷款。波塔波夫估计，协议中物质方面的内容，除了向黑山提供贷款，还包括每年向黑山提供70万列弗（lev）的援助。保加利亚方面唯一强调的重要条件与军事行动的起始日期有关。保加利亚认为，两国应共同宣布黑山军队启动战争行动的日期。

科卢舍夫几天后回到了采蒂涅。① 除开战问题外，协议的所有方面（可能包括物质方面）都已经为黑山所接受。总理米塔尔·马尔蒂诺维奇的观点是要尽快开战，建议的开战日期为9月27日。面对将很快打响的战争，国王和王储的态度有所保留。在确定开战日期的问题上，王室个别成员与政府之间存在明显分歧。包括国王本人在内的王室成员都认为，若要9月27日开战，备战的时间太短。此外，正如波塔波夫所说，王室里还存在反战潮流。为首的就是王储达尼洛。在奥匈帝国公使吉兹尔和德国使节埃卡尔特（Ekart）的影响下，他试图左右国王对战争的决定。② 为了这个目的，在科卢舍夫返回后，王储带王室成员前往托波利察（Topolica），意图劝阻国王参战。③ 王储的反战努力让米塔尔·马尔蒂诺维奇感到不安，据称他曾问王储："究竟什么魔鬼让主人你放弃战争？一会儿要打一会儿又不打！"

① 8月31日加夫里洛维奇根据与约万·普拉梅纳茨的密谈，报告本国政府称，"科卢舍夫从索菲亚带回的建议是：通过对注释或其他内容进行修改，达成反抗土耳其的军事协定。协定的条款：（1）黑山根据《协定》规定的时间开战；（2）保加利亚不得晚于黑山一个月参战；（3）保加利亚为黑山提供战争所需的补贴；（4）一方不得在另一方不赞成的情况下缔结和平协议。普拉梅纳茨表示双方并没有划定势力范围，也没有明确军事行动目标，只确定了：战争是针对土耳其的；各方都可以向自己希望的方向进攻"。塞尔维亚档案馆，1912年外交部-公使馆，Ⅳ，Ⅰ/1-ⅩⅥ，Ⅹ，Ⅳ/193。

② 波塔波夫估计，王储这样的做法，应该是奥匈帝国与黑山进行了秘密谈判、做出领土让步的结果。

③ 关于王室成员前往巴尔的消息，加夫里洛维奇也在前面提到的报告中，通报给了本国政府。他还谈到，国王由于不信任斐迪南沙皇，对开战犹豫不决，尤其对与保加利亚结盟犹豫不决。塞尔维亚档案馆，1912年外交部-公使馆，Ⅳ分册，Ⅰ/1-ⅩⅥ，Ⅹ，Ⅳ/193。

保加利亚很快就 9 月 27 日为开战日期一事做出了答复。对保加利亚政府来说这个日期为时过早，于是保方要求推迟到"与塞尔维亚和希腊达成最终协议之时"。黑山政府在与保加利亚谈判期间，利用战争推迟的时间，启动了与塞尔维亚关于军事联盟的谈判。至于希腊与黑山的协议，波塔波夫表示，黑山政府早前已接受韦尼泽洛斯（Venizelos）（希腊总理——译者注）的建议，要共同向波尔特提出要求，在奥斯曼进行有利于基督教民众的改革。

从最开始的 9 月 14 日开战的建议，到后来的 9 月 27 日，足见黑山希望尽早开战。这意味着至少与保加利亚的结盟协议要在此之前达成。然而，尽管在黑山与保加利亚谈判期间，双方就已经就黑山率先开战达成了一致，但由于黑山此前与俄国的《军事协定》，这部分商定的内容，黑方无法轻易实现。为了避免违反协议，它努力在国际舆论面前制造一种印象，即黑山的战争行为不是出于随性的意愿，而是因与其他巴尔干国家的结盟而迫不得已，黑山只是遵从了它们的战争路线。要想确保这种"不在场证明"，那么"黑山不率先调动部队"就显得尤为重要了。通过避免成为首先动员部队参战的国家，黑山国王和政府希望俄国外交部相信，其遵守了与俄国的同盟义务，在这件事上是克制的，而尼科拉国王是所有巴尔干统治者中最后一个调动兵力的。独立决策面临阻碍，同时又期待其他巴尔干国家率先调动兵力，黑山政治高层为此紧张不安。9月末，当与保加利亚和塞尔维亚的谈判仍在继续，这些国家驻采蒂涅的公使就收到本国政府的通知称，将在"未来几天"做出兵力调动的决定。黑山总理对此消息颇为不满，坚持要求他们尽早调动兵力。

当保加利亚 1912 年 9 月 27 日宣布动员兵力时，情况发生了重大变化。消息很快得到了科卢舍夫的证实，他要求黑山国王下令调动黑山军队时通知他。当晚，科卢舍夫和国王进行了一个小时的谈话，被告知可向本国政府转达，黑山将在几天后调动军队。可能国王这样决定是希望在俄国面前尽可能长时间地维持一种假象，"虽然巴尔干形势愈发复杂，但黑山保持了军事克制"。但这并不符合与保加利亚协议中的战争义务，在米塔尔·马尔蒂诺维奇、扬科·武科蒂奇和约万·普拉梅纳茨的坚持下，国王当夜还是改变了决定。科卢舍夫再次被叫到王宫，并被告知，黑山军队动员令将于第二天即 1912 年 10 月 1 日下达。[1] 根据新的决定，接下来的会谈商定黑山军队的开战日期为 1912 年 10 月 9 日。关于此事的加密电报被立即发给了身在伊斯坦布尔的普拉梅纳茨。塞尔维亚和希腊政府也通过他们的公使加夫里洛维奇和埃夫盖尼亚代斯（Evgenijades）获悉了这一决定。随后，贝尔格莱德和雅典警告称开战时间太早，要求黑山再保持一段时间的克制。鉴于塞尔维亚和希腊的反应，可以断定，黑山军队的开战日期只是基于黑山与保加利亚的结盟协议商定的。

在没有任何书面协议的情况下，黑山与保加利亚就接下来巴尔干战争中的相互军事义务等重要问题进行了商定。这可以归结为保加利亚口头同意了黑山提出的建议。在布加勒斯特和平会议上，黑山代表约万·马塔诺维奇曾宣读一份声明，声明的部分内容确认了黑山和保加利亚协议的达成方式。声明中提到，1912 年 8 月，黑山王国政府"向保加利亚王国政府提出结盟建议，如果波尔特因自身行为挑起战争，两个盟友应互相帮助"，而"保加利亚王国政府通过驻采蒂涅的代表接受了这一提议"。[2] 可能是谈判时间短导致没有缔结书面协议。在卢塞恩与塞尔维亚进行结盟谈判的代表之一约万·普拉梅纳茨的正式记录文件中，一份题为"黑山与保加利亚结盟条约"草案的文件也体现了这样的内容。这份草案相对较短，总共只有 4 条，但内容与《致保加利亚王国关于对土耳其作战的建议》的内容基本一致。[3]

---

[1] 黑山的军队总动员令确实是在 1912 年 10 月 1 日发布的。详见米塔尔·久里希奇（Mitar Đurišić）：《1912—1913 年第一次巴尔干战争》，贝尔格莱德，1960，第 59 页。

[2] 《1913 年 8 月 10 日的和平条约》，贝尔格莱德，外交部出版物，1914，第 74 页。

[3] 草案第 1 条规定"黑山在本条约签署 10 日后对土耳其宣战"，并立即越过土耳其边境，"目的是牵制尽可能多的土耳其兵力"。随后保加利亚需"用全部兵力攻击土耳其"。保加利亚参战的时间无论如何不能晚于黑山对土宣战 30 天后。宣战起，两国必须投入"自己全部可用兵力"（第 2 条）。草案中还包含了禁止单独媾和的规定（第 3 条）。与《建议》中一样，对领土扩大问题只予以原则考虑，但没有具体细化哪些地区是两国可以纳入本国领土的（第 4 条）。第 4 条写道："如果盟国获得胜利，则需缔结和平协议，保加利亚和黑山应获得尽可能多的领土。"若出现争议，则交由俄国沙皇或美国总统进行仲裁。黑山历史研究所，档案集，176 分册，约万·普拉梅纳茨手稿。

从前述内容可以看出与保加利亚协议的基本军事要素。尽管并没有形成书面版本，但它实际的重要性在于，除了形成与其他巴尔干国家相互的结盟条约，还确定了黑山军队参战的时间，及第一次巴尔干战争爆发的时间。在与科卢舍夫在采蒂涅谈判期间，黑山决定了兵力动员的时间（10月1日），还商定了军事行动开始的时间，即1912年10月9日。与塞尔维亚签订的结盟协议，即1912年10月6日缔结的《政治协定》和《军事协定》都没有这样的条款。黑山于10月8日开始向斯库台进军。尼科拉国王于10月9日发表开战宣言，并呼吁阿尔巴尼亚北部的部族起兵抵抗土耳其人。[①] 决定奥斯曼帝国在欧洲领土命运的军事行动就这样开始了。

二、塞尔维亚和黑山在创立米尔迪塔和杜卡吉纳独立国家过程中的外交活动

战争盟友找到了，战争也打响了，人们才发现，要实现在阿尔巴尼亚北部的战争目标，比预想的要难。除了低估了敌人的实力，对黑山军队的军事战术素养缺乏客观评估，也是失败的原因。此外，政治上也没有对阿尔巴尼亚北部的环境进行现实的评估，毕竟这里是黑山军队主要的军事和战略行动方向。还有其他与军事指挥有关的原因，比如军队的现代炮兵装备薄弱，缺乏对要塞堡垒作战所需的武器。尽管黑山在最开始就尽力利用阿尔巴尼亚北部的起义，但在战争初始阶段黑山就已经在经历失败了。夺取斯库台的糟糕战果，也影响了黑山为实现其他目标的努力。

在塞尔维亚和黑山军队在老塞尔维亚取得意想不到的成功、塞尔维亚获得出海口并占领了阿尔巴尼亚大部分领土后，很显然列强们特别是奥匈帝国，不会允许成立一个"大塞尔维亚"海洋国家来解决东方问题，而是要通过成立阿尔巴尼亚国家来防止这种趋势，并确保奥匈帝国在巴尔干的新据点。这样一个成立新国家的计划，抵消了塞尔维亚在

---

① 米哈伊洛·沃伊沃迪奇博士：《1913年斯库台危机》，贝尔格莱德，1970，第23页。

阿尔巴尼亚战事中取得的成功，而黑山在斯库台方向进行的军事行动也走向了彻底失败。为了避免这种情况，黑山和塞尔维亚通过本国在伦敦和平会议上的代表，并在俄国外交界的帮助下，同时在大使会议上试图推动会议做出政治上对其有利的决定。

除了这些办法，两国还试图利用阿尔巴尼亚国内的局势和阿尔巴尼亚北部一些天主教部族中兴起的政治自治运动。它们的目标是在自己的庇护下成立一个天主教国家，以实现一些在这个地区的既定战争任务，这与列强们的决定背道而驰。就这样，1912年底，米尔迪塔（Mirdita）自治问题走向现实，受塞尔维亚和黑山保护的米尔迪塔国成立了。

自1876年米尔迪塔起义发生以来，米尔迪塔问题对黑山就很有吸引力。对阿尔巴尼亚天主教徒自治问题最新的兴趣，源于马利索雷斯起义期间的合作，当时黑山就向阿尔巴尼亚北部民众和起义者提供了帮助。这种兴趣受到了阿尔巴尼亚自治运动的鼓舞，自治运动由一些部族的首领领导，为的是满足他们的统治野心，确保阿尔巴尼亚境内的一些地方获得自治地位。因此，第一次巴尔干战争中，黑山和塞尔维亚的官方代表与阿尔巴尼亚的部族首领们有了接触，他们是索科尔·巴措、伊萨·博列蒂纳茨（Isa Boljetinac）、哈桑·普里什蒂纳（Hasan Priština）、巴伊拉姆·楚里（Bajram Curi）、普伦克·比布-多达（Prenk Bib-Doda）、马尔克·琼（Mark Đon）、伊斯玛伊尔·凯末尔（Ismail Kemal），甚至还有斯库台的土耳其指挥官埃萨德帕夏。与他们保持联系的同时，塞尔维亚和黑山努力确保自己在阿尔巴尼亚政治生活中的存在，并对阿尔巴尼亚问题的解决产生影响。

建立阿尔巴尼亚天主教徒自治区的行动，也是源于这种政治合作。关于该问题的谈判于1912年末到1913年初举行。除了米尔迪塔的首领普伦克·比布-多达[①]，黑山和塞尔维亚的官方代表也参与了谈判。凯

---

① 根据1973年莫斯科出版的尤·V.伊万诺娃（Yu. V. Ivanova）《19世纪至20世纪初的阿尔巴尼亚北部》第220页，米尔迪塔的首领比布-多达去世后（1868），奥斯曼政权强行将他未成年的儿子扣留在了斯塔姆博尔（Stambol），并有意让他成为米尔迪塔部族的首领，也就是担任　　　（转下页）

末尔的阿尔巴尼亚宣布成立后，米尔迪塔天主教阿尔巴尼亚人的自治运动愈演愈烈。新的政治目标是在邻国的保护下建立一个天主教公国。该理念的代表人物是米尔迪塔的世袭大公普伦克·比布-多达。在保护国的选择上，其最初选择的是黑山，这是由于黑山的体量、不发达程度和"组织架构的简单化"，不会危害到天主教阿尔巴尼亚人的自治地位。虽然这对军事行动取得成功是有利的，但尼科拉国王最初在接受米尔迪塔代表们的提议时，表现得非常克制。包括之后 11 月 21 日比布-多达访问采蒂涅、请求得到"一些军队和资金以宣布东正教和天主教的阿尔巴尼亚自治"时，以及之后（11 月 29 日）要宣布"米尔迪塔的大公依附于黑山"时，都没有取得更大的进展。鉴于"德里姆河的另一边"由塞尔维亚统治，国王要求比布-多达向塞方提出请求。[①]

让塞尔维亚参与建立基督教自治国家的建议，是通过向塞驻黑山使节米哈伊洛·加夫里洛维奇博士间接提出的。谈判的主体部分是与他来进行的。因此采蒂涅仍旧是谈判地点。尼科拉·帕希奇立即接受了这个提议，并建议将比布-多达宣布为塞尔维亚国王权力庇护下的米尔迪塔大公。米尔迪塔人在教会事务和学校教育方面享有完全自主权。比布-多达很快获得了 3 000 至 4 000 迪纳拉，但没有获得武器。1912 年 12 月 19 日，帕希奇的建议被告知给了比布-多达，他原则上接受了。为此，加夫里洛维奇受权向比布-多达支付 1 万克朗，用于支付之前的费用，同时告知对方，塞尔维亚希望就关乎共同利益的问题与对方保持联系，让他可以在后续的宣传中放开手脚。

此后，塞尔维亚政府与黑山进行了初步接触，后续关于天主教地区

（接上页）奥斯曼的官员。不过，奥斯曼当局还是被迫将其交还，并给予他帕夏的头衔及领地米尔迪塔县，但任所在斯库台。年轻的普伦克逃回了米尔迪塔，并在那里领导了反土耳其起义，但很快就收受了英国和奥匈帝国领事的贿赂而背叛了起义。1881 年，普伦克·比布-多达由于参加了阿尔巴尼亚联盟，被送到了阿纳多利亚（Anadolija），又于 20 世纪初返回。1877 年，米尔迪塔的县长职位上是他的亲戚琼·马尔科·琼（Don Mark Đon）。

① 塞尔维亚档案馆，1912 年外交部-公使馆，IV，I/1-XVI，D2，IV/253。博古米尔·赫拉巴克（Bogumil Hrabak）：《1912—1914 年阿尔巴尼亚带有宗教色彩的内部政治冲突》，《弗拉尼亚信使杂志》（XXII），弗拉尼亚，1989，第 7—82 页。

自治的谈判，都是在比布-多达和贝尔格莱德之间进行的。米尔迪塔部族首领与加夫里洛维奇的谈话也证实了这一点。他向塞尔维亚代表解释说，"他们一开始本想以黑山为依靠，但被塞尔维亚在战争中展示出的军事实力所吸引，而且塞尔维亚无意占领已掌握的德里姆地区"①。不过他并没有将黑山完全排除在解决天主教阿尔巴尼亚人自治问题之外，他强调，"天主教徒希望获得任何形式的自治权，或者加入任何一个基督教国家，马利索雷斯愿意加入黑山，而米尔迪塔则愿意加入塞尔维亚"②。在这样一个"米尔迪塔自治国家"中，比布-多达应该成为大公。在与加夫里洛维奇的会谈中，比布-多达表达了访问贝尔格莱德的愿望，但帕希奇没有接受，他不想过早地与多达谈判，从而背负巨大的政治负担。作为替代选项，他建议多达前往伦敦，在和平会议上声明米尔迪塔不想成为穆斯林国家的一部分，而希望处于塞尔维亚的保护之下。

俄国驻黑山使节亚历山大·吉尔斯（Aleksandar Girs）向本国外交部报告了比布-多达在采蒂涅的访问。回顾 1912 年 12 月 1 日至 21 日的主要事件时，他说"普伦克·比布-多达帕夏"于 12 月初抵达采蒂涅，现在仍呆在那里。这段时间里，他经常受到尼科拉国王的接见，还拜访了法国和塞尔维亚公使。关于会谈的内容，吉尔斯称，比布-多达认为需要建立一个专门的政治制度，以便未来在实现自治的阿尔巴尼亚内部，确保天主教人口免受占多数的穆斯林人口的压迫。在引用的报告中，他还补充了比布-多达在天主教阿尔巴尼亚人自治谈判中提出的可能的解决方案。这些方案从推动宣布天主教阿尔巴尼亚独立，到由黑山或塞尔维亚担任保护国，再到所有问题在阿尔巴尼亚天主教的特殊政治地位框架内解决的可能性。其中第三个解决方案，即"阿尔巴尼亚天主教自治区的想法，与俄国外交大臣 S. D. 萨佐诺夫根据宗教信仰在

---

① 焦尔吉耶·米基奇（Đorđije Mikić）：《1912—1913 年巴尔干战争中的阿尔巴尼亚人和塞尔维亚》，《历史杂志》1985 年第 1—2 期，贝尔格莱德，第 58 页。

② 同上。

阿设立三个自治区的理念相符合"①。

通过在阿尔巴尼亚北部设立自己的民事当局，塞尔维亚表明，不论已经启动的谈判结果如何，都不允许阿尔巴尼亚天主教信徒获得更高水平的自治权。取而代之的是，"与塞尔维亚结成包括天主教阿尔巴尼亚州在内的政治共同体，确保比布-多达拥有当地政治上的优先地位。作为回报，借助通往亚德里亚海的铁路，米尔迪塔将更便捷地与塞尔维亚相连接"②。

对待阿尔巴尼亚天主教徒不同的态度——成立天主教徒自治区或整个阿尔巴尼亚北部的自治③——成为谈判陷入更大危机的诱因。就连普伦克·比布-多达的贝尔格莱德之行也没能起到弥合分歧的作用。帕希奇不想要一个"国中国，而是一个自治区"，但这与阿尔巴尼亚首领们的自治计划不相符。多达在访问贝尔格莱德之后，谈判中断。随后，双方都将重心放在了新的谈判伙伴身上。塞尔维亚转向了马尔克·琼，而多达则"据说身处米兰并将前往巴黎"。④

贝尔格莱德的会谈，并没有完全放弃在塞尔维亚和黑山的庇护下成立天主教国家的计划。塞尔维亚和黑山与独立的米尔迪塔、与独立的杜卡吉纳（Dukađina）分别推进《经济-贸易协定草案》，这表明各方仍在朝这个方向努力。这份文件于 1913 年 4 月 6 日在米尔迪塔起草完成。⑤

---

① 博古米尔·赫拉巴克：《1912—1914 年阿尔巴尼亚带有宗教色彩的内部政治冲突》，第 12 页。

② 塞尔维亚最高指挥层在自治运动如火如荼时，禁止多达在米尔迪塔进行鼓动宣传，这就说明二者相互对立。当时提出的诉求是成立一个以比布-多达为首的天主教阿尔巴尼亚，塞尔维亚军队应从阿尔巴尼亚撤出。同上，第 15 页。

③ Đ. 米基奇：《1912—1913 年巴尔干战争中的阿尔巴尼亚人和塞尔维亚》，第 69 页。他就此写道："军队司令部得知多达在米尔迪塔人间活动，要建立以多达本人为首的天主教阿尔巴尼亚，并要求与身在采蒂涅的加夫里洛维奇公使进行会谈后，做出激烈反应。比布-多达要求在列什（Lješ）出席会见，并享有礼炮欢迎，一旦他被宣布为统治者，塞尔维亚军队就应从阿尔巴尼亚撤出。因此，军队司令部要求立即阻止其任何鼓动宣传，任何人都不要参加与阿尔巴尼亚自治政治活动相关的谈判。"

④ B. 赫拉巴克：《1912—1914 年阿尔巴尼亚带有宗教色彩的内部政治冲突》，第 12 页。

⑤ 两份协定的草案，一份属于塞尔维亚和黑山，另一份属于独立的米尔迪塔杜卡吉纳。采蒂涅博物馆档案处，尼科拉一世分册。

这些协定并没有被签署，而且除了文本，我们并不掌握其他信息，比如协定如何产生，谁参与了内容制定，草案是三方代表前期谈判产生的还是其中某几方或某一方制定的，这削弱了它们真正的历史意义。不过，它们代表了 1912 年底到 1913 年初谈判理念的具体化，清楚地表明了谈判参与者们的动机，我们有必要了解其中的内容。要知道，塞尔维亚、黑山在占领斯库台的问题上处于弱势地位，而两国正努力保住在阿尔巴尼亚取得的外交成果。

众所周知，停火中断后，1913 年 1 月，塞尔维亚军队也开始征服斯库台。[①] 随着塞尔维亚和黑山加强兵力部署，列强也采取了决定性的步骤——让斯库台归属于阿尔巴尼亚。奥匈帝国尤为坚持这么做。3 月 22 日伦敦的大使会议上，在决定了阿尔巴尼亚的北部和东北部边界后，俄国政府正式同意将斯库台并入阿尔巴尼亚。列强的代表们决定建议各国政府，要求塞尔维亚和黑山从阿尔巴尼亚撤军。[②] 根据 1913 年 3 月 26 日的决定，列强政府决定通过外交渠道将此要求通报给采蒂涅和贝尔格莱德。

基于上述决定，斯库台的命运实际已经尘埃落定了。不过，无论是这些决定，还是奥匈帝国的最后通牒，亦或是列强宣布将进行海上示威，或者俄国沙皇的参与，都没能影响黑山的立场。黑山延长围城时间的决心，起初得到了塞尔维亚的支持。黑山期待斯库台的陷落能对列强的决定产生积极影响，让它最终归属黑山，因此对斯库台的征服努力一直持续到 4 月初。[③] 正在两国共同采取最后行动、对斯库台实施决定性

---

① 沿海军团成立(1913 年 2 月 21 日)后，斯库台城下指挥塞尔维亚和黑山军队的职责，由塞尔维亚最高司令部担任。与希腊政府的协议规定，塞尔维亚部队发动重大军事行动时，会有希腊军队通过索伦前往梅多瓦(Medova)作为新部队加入进来。1913 年 4 月，占领斯库台并辅以临时性攻击的具体策略筹备和备战工作完成。见博里斯拉夫·拉特科维奇博士（Dr Borislav Ratković）：《1912—1913 年第一次巴尔干战争》，贝尔格莱德，1975，第 262—263 页。

② 同上。

③ 4 月 9 日，当海岸被全面封锁时，帕希奇命令最高司令部，要求塞尔维亚军队放弃对斯库台的围困。由于列强的政策，塞尔维亚最高司令部此前还命令博约维奇(Bojović)将军，放弃已经下令的进攻行动。

的进攻时，刚才提到的政治和经济-贸易协定的草案形成了。协定一旦执行，除了能够实现塞尔维亚和黑山的政治计划，还能实现其共同军事目标，因为，根据《政治协定》草案第10条，一旦斯库台被两国军队掌控，米尔迪塔和杜卡吉纳就应该宣布在塞尔维亚和黑山的保护下独立，而宣布程序应该在斯库台进行。但事实上，塞尔维亚很快就在列强的施压下放弃了斯库台，也就是说，实现上述目标的现实条件不复存在了，这也就解释了为什么经贸协定只停留在了草案阶段。

以相同步骤通过的两份专门协定的草案，对米尔迪塔和杜卡吉纳独立的法律-政治构成方式提出了建议，并考虑了二者的经济地位问题。两份文件是相互联系的，第一份文件的切实履行，是实施第二份文件的先决条件。

关于组建新国家的问题在《政治协定》的第1条里做了规定。塞尔维亚和黑山保证，新国家将以以下名称被介绍给欧洲：米尔迪塔和杜卡吉纳/公国/省（第2条）。政体是世袭君主制，普伦克·比布-多达为世袭大公（第3条）。他是王朝创始人，下一任统治者应该是其长子。除大公外，拥有统治权的还有理事会（第4条）。草案规定理事会由各部族首领组成。只有大公有权召集理事会。理事会每年至少召开一次会议。理事会的立法工作应以"旧有习俗"为基础。理事会作为中央机关的职责是负责公共领域的工作，履行行政机关的职责及立法工作。法律草案需得到大公确认。《政治协定》草案中只字未提司法机关的组织架构，也没有规定宪法或其他关于国家组织和行政机构的法律法规如何订立。特别条款（第5条）分4点详细说明了纳入新国家的领土范围，并确定了其边界。①

---

① 边界确定的步骤并不是在所有情况下都相同。领土的东部和北部边界是描述性定义的。与此前不同，北部边界的描述要详细得多，专门列举了边界穿过的地名。《政治协定》第5条c款对西部边界按以下线路描述：万代尼斯（Vandenis）、契塔（Chita）、主教教廷所在地南查蒂（Nanchati）、菲奇塔（Fichta）、特罗钱尼（Trochani）、主教教廷所在地卡尔梅蒂（Kalmeti）、梅特契尼（Metchinie）、斯皮提阿尼（Spitiani）、佐伊梅尼（Zoimeni）、普拉纳（Plana）、米利奥蒂（Milioti）、大主教教廷所在地代尔比尼奇蒂·塞利塔-凯特切（Delbinichti Selita-Ketche）、切姆里（Chemri）、布雷蒂（Breti）、格柳雷（Gljure）、代尔韦尼（Derveni）、苏凯（Suke）、萨莱斯（Sales）、比扎（Biza）、小穆兹利特（Mali-Muzlit），直到罗多尼（Rodoni）。

《政治协定》草案接下来的条款规定了新国家的国际地位，以及与塞尔维亚和黑山的关系。新国家是独立公国，拥有专门的国际法主体地位。为了实现这个目标，塞尔维亚和黑山有义务利用所有可利用的外交手段，使其获得其他欧洲国家的承认（第 7 条）。黑山和塞尔维亚的义务还扩大到要为该国机构设置所需的公共部门提供帮助。新国家应与塞尔维亚和黑山结成军事联盟，时长 25 年（第 6 条）。

特别条款规定，《协定》有效期为 25 年。只要缔约方没有在有效期结束前 6 个月声明终止协定或放弃执行协定，有效期在截止前可以延长。

塞尔维亚和黑山为该国创立提供的帮助，还取决于两国的经济需求。事实上，该"国"的整体经济水平依赖于普里兹伦和杜拉斯之间一条窄轨铁路线的修建。这条铁路的建设，根据《经济-贸易协定》第 1 条，被认为是新国家经济稳定的最重要条件。① 铁路建设的特许经营权应由米尔迪塔和杜卡吉纳公国作为主权国家授予（第 3 条）。根据塞尔维亚王国的民法和商法，得到上述铁路授权的股份公司应命名为"普里兹伦至杜拉斯无名铁路公司"，经营权为期 75 年。所在地被确定为贝尔格莱德。该公司直接负责特许经营权的实现。公司的运营由塞尔维亚和黑山共同控制。

塞尔维亚王国租用杜拉斯市领土和港口 25 年（第 5 条）。如果没有缔约方在租约到期前 6 个月声明终止，即默认租约在相同条件下继续延长。这种情况下，塞尔维亚有权为港口建设获得相应补偿。

该公约进一步规定了特许权涵盖领土范围内民政管理的问题。铁路通过的地区被米尔迪塔和杜卡吉纳当局征用，并在铁路沿线设置地方民警，履行民政机构职能。该机构是基于塞尔维亚、黑山和米尔迪塔

---

① 修建铁路的资金由法国和意大利提供，而黑山和塞尔维亚共同申请借贷，利用铁路沿途地区、杜拉斯港和普里兹伦到杜拉斯沿线货物运输的收益来担保（第 2 条）。这笔资金的处置权将授予一个 12 人的委员会，由 5 名塞尔维亚人、5 名黑山人和 2 名米尔迪塔和杜卡吉纳公国的代表组成。委员会工作的法律基础由塞尔维亚和黑山制定。

和杜卡吉纳三国间的协议设立。被征用土地范围内（铁路两侧各 5 公里）个人（新成立公国人员除外）的行为、物品和财物涉及的刑事和民事责任，属杜拉斯司法机构的职责范围。[①]

杜拉斯港及领土被宣布为自由港，为期 10 年。这将由塞尔维亚政府自行宣布生效（第 10 条）。还有一项专门条款规定了协定的保密性，根据缔约国协商一致，协定整体和部分内容的保密期为 2 年（第 11 条）。

根据上述协定，独立的米尔迪塔和杜卡吉纳国家的创立形式，基本满足了塞尔维亚和黑山关于阿尔巴尼亚北部的主要政治主张。这样，一方面确保了塞尔维亚的出海口；另一方面，挽救了黑山在斯库台战役中军事上和政治上完败的声望。此外，协定不光为这座城市提供了一定的政治和军事保证，还让这个以斯库台为首都的新国家，囊括了更广泛的区域。

尽管方案实施的前景并不明朗，但它无疑是为阿尔巴尼亚北部在战事后寻求多元化政治解决方案的一个例子。这样的理念，在塞尔维亚和黑山这种政治小国的外交史上很不寻常，这些小国囿于自己的政治影响力，通常无法通过调整某一地区业已存在的地缘政治版图来实现自己的对外政策目标。这些目标的实现并不是自然而然的，由于塞尔维亚-黑山关系的复杂性，在它们的关系中，真诚的合作比通常的怀疑要少见得多。

三、黑山外交与斯库台危机

巴尔干战争开始时，黑山针对斯库台的筹划，最主要体现在军事方面。从黑山寻求各种思路更宽的政治解决方案，可以看出其将斯库台和阿尔巴尼亚北部并入黑山的决心。

亚历山大·吉尔斯在 1912 年 11 月 9 日的一封电报中告知本国政府[②]，在斯库台取得最初胜利、马利索雷斯公开接近黑山军队后，尼科拉国王在一次私人谈话中问道，有没有可能他作为黑山国王，同时被宣

---

① 如遇混合性争议，需在塞尔维亚和黑山为一方、米尔迪塔公国为另一方的协商下，出台一部规章条例，来决定争议解决的条件和方式（第 9 条）。

② 俄罗斯帝国外交政策档案，内阁：21—18。

布为马莱西亚的国王，如果有需要，甚至成为整个阿尔巴尼亚的国王，或者，在与奥匈帝国达成协议的情况下，黑山成为阿尔巴尼亚的保护国。下一封电报中（1912 年 11 月 26 日），吉尔斯称，国王对阿尔巴尼亚的主权很感兴趣，但也害怕如果一旦企图实现，会让黑山阿尔巴尼亚化。[①] 在一封严格保密的电报中，吉尔斯再次告知本国政府，尼科拉国王在与他的会谈中表示，相信目前阿尔巴尼亚地区所有与建立国家秩序有关的困难，都能通过承认它的地区自治主权而得到最简单易行的解决。国王还列举了他认为能让阿尔巴尼亚人很快承认他为国王的原因。[②] 吉尔斯还在 1912 年 12 月 10 日的电报中[③]说，"斯库台应当属于黑山"的信念在黑山根深蒂固，另一方面，人们认为王国政府错过了占领城市的最佳时机，因此产生强烈不满，而"国王陛下认为，不能因为王朝正陷入危机，就不诉诸一切可用的手段来实现目标"[④]。

黑山特使在伦敦和平会议上的活动，证明了俄国使节的分析。他们愿意在双边层面考虑各种政治安排以赢得斯库台，并不只是出于内部形势的原因。在确认未来对巴尔干政策和各国领土边界的同时，列强的大使们已经在 1912 年 12 月 18 日和 20 日举行的第一次会议上，商定将在苏丹"主权或宗主权"之下建立"自治的阿尔巴尼亚"，并由 6 个大国进行担保和控制。[⑤] 阿尔巴尼亚边界的确定权完全属于大使会议，这实际上是对奥斯曼欧洲领土的瓜分，也就是说，一些巴尔干国家的战争所得，必须因为新成立的国家而减少。这对那些用自己的力量和武器实现了领土大幅扩张的国家——比如塞尔维亚，以及对那些没有取得成

---

① 俄罗斯帝国外交政策档案,帝国时代出版委员会：195—1039。
② 同上,194—945。
③ 俄罗斯帝国外交政策档案.内阁：21—88。
④ 同上。
⑤ 1912 年 10 月巴尔干危机之际,在法国总统雷蒙·普恩加莱(Rejmon Poenkare)的倡议下,在伦敦首先举行了六国大使会议,这六个国家分别是奥匈帝国、德国、英国、法国、俄国和意大利。根据最初设想,会上应就奥斯曼帝国的改革达成一致,借改革避免巴尔干爆发战争。但由于 1912 年 12 月 17 日会议开幕时,巴尔干国家对土耳其的战争已经打响,这让会议的目的有所变化。会议目标变成在奥斯曼帝国的前欧洲领土上,设立一种全球关系理念。D. 武克桑:《巴尔干战争回忆录》(第 XIV 卷)(采蒂涅,1935,第 51—52 页。

功的国家——比如黑山——来说，都具有决定性的意义。因此对它们来说，参与边界讨论非常重要。但由于这项权利只属于列强，因此大使会议上的决定，比1912年12月16日交战国代表的和平谈判更具意义。

参与了战争及和平谈判的国家，却无法就战争引发的重大问题做出决定。正是巴尔干国家这样的现实刺激了黑山希望通过双边行动，在和平会议机制外，实现在阿尔巴尼亚北部的领土企图。

伦敦和平谈判中，黑山的代表是拉扎尔·米尤什科维奇、卢约·沃伊诺维奇和约沃·波波维奇。1912年11月6日部长级会议上的结论，决定了他们的外交任务。在伦敦，他们要努力促成对最重要问题的积极解决，让斯库台归属黑山。这是黑山代表们在签署任何和平条约时不可或缺的条件。尼科拉国王的特使们需要与塞尔维亚代表们合作，塞方代表由斯托扬·诺瓦科维奇率领，他们的任务与黑山代表团的任务相似，要努力在阿尔巴尼亚的领土上尽可能实现本国疆域的扩张。然而，伦敦的主要政治进程都集中在大使会议上，特别是奥匈帝国，不愿将奥斯曼帝国在欧洲的领土让给巴尔干联盟国家。鉴于这些原因，"除了与列强代表们单独接触表达愿望、期待列强的最终决定外"，黑山代表团和塞尔维亚代表团别无他法。[1] 和平会议具体讨论的问题是希腊-土耳其和保加利亚-土耳其的划界，这对黑山和塞尔维亚的代表们没有意义。

黑山代表们试图对奥匈帝国做外交工作，以取得斯库台问题上的进展。[2] 文献中提到的措施之一，就是所谓的"洛夫琴丑闻"。[3]

据说，奥匈帝国使节向黑方建议，该国政府支持黑山对梅多瓦和斯

---

[1] M.沃伊沃迪奇：《1913年斯库台危机》，第37页。

[2] 根据波塔波夫1912年12月14日的报告，国王指示身处伦敦的特使们，"建议并大力支持一位黑山王子竞争阿尔巴尼亚的王位，如果不成功，就支持俄国曾经的将军、波拿巴（Bonapart）王子"，而国王有意将女儿克塞尼娅（Ksenija）嫁给他。俄罗斯帝国外交政策档案，委员会：196—195。
米哈伊洛·加夫里洛维奇博士1912年12月15发给本国政府的电报中，也谈到了国王指示米尤什科维奇的相同内容。与波塔波夫报告中内容的不同之处只在于，希腊外交大臣也指出，"应当努力"让一位黑山王子竞选"阿尔巴尼亚的统治者"。塞尔维亚档案馆，1912年外交部-公使馆，Ⅳ分册，Ⅰ/1-ⅩⅥ，2，Ⅳ/255。

[3] 森卡·巴博维奇·拉斯波波维奇：《1914年5月至7月奥匈帝国外交官密信中的洛夫琴问题》，载《"一战中的黑山"圆桌会议论文集》，波德戈里察，第213—222页。

库台周边的领土诉求，作为回报，黑山要与奥匈帝国结成关税同盟，并将克尔斯塔茨（Krstac）（涅古希山下）割让给奥匈帝国。在尼科拉国王的授权下，米尤什科维奇参与了后续的谈判。据说，米尤什科维奇否决了奥匈帝国提出的建议，并解释说，国王无权同意关税同盟的条件，因为这样的联盟已经存在于巴尔干国家间，有效期是 25 年。他还解释称国王不可能将克尔斯塔茨拱手让给奥匈帝国，如果他这样做，就只能"收拾东西离开黑山"。至于梅多瓦和斯库台，米尤什科维奇回答说，黑山不需要奥匈帝国的支持，因为巴尔干联盟内的国家有义务尽力相互帮助，此外，"巴尔干联盟身后有协约国和西班牙的支持"[1]。

虽然吉尔斯在刚收到黑山与奥匈帝国谈判的消息时持保留态度，但还是在 1912 年 11 月 26 日通过电报报告了奥匈帝国公使与黑山国王会谈的内容。他报告了所了解到的秘密信息，"奥匈帝国公使主动向国王陛下确认，斯库台将归入阿尔巴尼亚"。不过，吉兹尔在后续谈话中表示，相信奥匈帝国在谈判的收尾阶段，会提供帮助让那座城市留在黑山手中，条件是关税同盟和割让克尔斯塔茨。国王向吉尔斯解释说，他拒绝了上述提议，因为割让领土在议会的职责范围。至于关税同盟，国王说他没有什么可说的，因为并不了解，他请奥匈帝国使节与米尤什科维奇探讨此事。

斯库台危机中，奥匈帝国对黑山及其部分领土表现出的兴趣，在其外交政策中并不鲜见。相反，它只是证实了维也纳政府在巴尔干地区扩张政策的连续性。从埃伦塔尔的铁路计划，特别是吞并波斯尼亚和黑塞哥维那之后的一系列动作可以看出，黑山直接处于奥匈帝国优先政策当中。奥匈帝国的方针逐渐显现：企图通过与黑山缔结强有力的协议，如 1911 年 2 月 6 日的《贸易和航行协定》、1911 年 9 月 26 日的《货币协定》、1911 年 12 月博登信贷银行贷款和格拉霍沃-尼克希奇公路的修建（根据奥匈帝国和黑山的秘密协议），让黑山在经济和政治上从属于

---

[1]　N. M. 波塔波夫，A. H. 萨哈罗夫，R. 拉斯波波维奇编：《俄罗斯帝国驻黑山军事代理人 1906—1907 年、1912 年、1914—1915 年日记》（第 II 卷），第 701 页。

奥匈帝国。①

1912 年 1 月 18 日，俄国使节阿尔塞涅夫（Arsenjev）发自维也纳的报告，也证实了奥匈帝国这一政策方向。他说，维也纳银行管理层对于是否批准黑山的贷款犹豫了很久。奥匈帝国政府在埃伦塔尔男爵的推动下，接管了定期支付年金的担保后，这笔贷款才获得批准。奥政府有义务在黑山还贷逾期时偿还到期的款项。奥匈帝国这样的殷勤，与黑山王室对外政策中的依赖性有关。②

原定于 1912 年秋季完工的格拉霍沃到尼克希奇的公路，被认为会让形势变得更加困难。公路是由奥匈帝国资助修建的，工程价值 45 万克朗。这一交通设施具有重要的战略意义，因为它不光把里桑的奥匈帝国港口与尼克希奇和波德戈里察连接起来，还让奥匈帝国驻扎在格拉霍沃附近高地德夫尔斯尼克（Dvrsnik）要塞中的师团，能够在两天内抵达尼克希奇。

关税同盟的提议与之前的措施一脉相承，旨在实现奥匈帝国资本对黑山经济的控制。至于洛夫琴边界的调整，即割让克尔斯塔茨交换斯库台的提议，则具有更广泛的意义，事关奥匈帝国在亚德里亚海的全球战略利益，因为科托尔湾具备建设军港的特殊自然条件。不过，该计划受到了现实环境的干扰：由于两国边界位于科托尔附近高处的洛夫琴山脉上，因此海湾的战略控制权属于黑山。洛夫琴山的地理位置让黑山军队在控制海湾和沿海城市入口时，具备天然优势，不论在科托尔周围和沿黑山边境修建多少系统化要塞，都无法削弱这种优势。用克尔斯塔茨来交换斯库台，不光能让奥匈帝国获得海湾腹地适宜的防御阵地，还能保持住奥匈帝国相对于黑山的战略优势。

鉴于洛夫琴在国家军事安全和黑山人传统意识中的重要性，任何用洛夫琴交换斯库台的政治谈判都不会成功。不过，黑山代表们还是在

① 《帝国时代的国际关系，1878—1917 年沙皇和临时政府档案文件》（第 19 卷，第 2 部分），莫斯科，1939，第 425—82 页。

② 同上，根据米勒的报告，第一期贷款于 2 月 16 日到达采蒂涅。

伦敦的会议上就此进行了会谈。谈判的消息在国内外公众中造成了糟糕的政治印象。由于谈判代表们没有得到政府批准，总理米塔尔·马尔蒂诺维奇从前方返回后，于1912年12月底召集了内阁会议。鉴于米尤什科维奇在伦敦行动时没有得到政府的指示，会议决定，内阁成员"要前往王宫向国王寻求解释"，为以防万一还要递交辞呈。①

宫廷内的会谈显示，米尤什科维奇"进行此类谈判时"也没有得到国王的指示。国王解释说，他只是在米尤什科维奇面前"顺便说到"，让他"看看提出洛夫琴问题会引起意大利和俄国怎样的嫉妒和恐惧"②，可能因此才"把洛夫琴问题提了出来"③。

除了政府危机，拉扎尔·米尤什科维奇与奥匈帝国大使门斯多夫关于将斯库台交给黑山的谈判，还引起了国际社会的反响。起初，意大利公开表示了反对。意大利大臣圣朱利亚诺警告称，这样的交换将引起巴尔干力量对比的重大变化，也将给维也纳与罗马关系造成不良后果。圣彼得堡也非常不看好围绕洛夫琴的政治谋划，并警告尼科拉国王，俄国不会允许他向奥匈帝国让步。关于谈判的新闻报道让奥匈帝国政府陷入尴尬。根据奥匈帝国与意大利1882年签署的《同盟条约》第7条，奥匈帝国做出任何赔偿时必须与意大利协商，因此奥匈帝国必须对盟友做出解释，表明其是否还继续遵守该条约。最终，贝希托尔德（Berhtold）男爵否认存在用斯库台换洛夫琴的计划。

与奥匈帝国王室的对话并没有结束斯库台危机。越来越清晰的迹象表明，斯库台无法在军事上归属于黑山，却激发出一种狂热思潮，认为斯库台必须成为"黑山的城市"，此事的成功与否被与黑山政府和王室的声望联系起来，因此黑山政府被迫"在这个问题上毫不动摇地坚持

---

① 塞尔维亚档案馆,1912年外交部-公使馆,Ⅳ,Ⅰ/1-ⅩⅥ,2-Ⅳ/281。
② 同上。
③ 同上。在与大臣们的谈话中,国王非常强烈地反对奥匈帝国,称"洛夫琴问题不只关乎黑山的生存和独立,还关乎他的荣誉和信仰";洛夫琴山上安葬着他的一位伟大先祖,他的尸骨届时就得被装进裹尸袋并被"带到山下的采蒂涅"。此外,根据加夫里洛维奇的报告,获得确认前,大臣们还在等待"国王向奥匈帝国代办表示,已经没有必要就上述问题与奥匈帝国进行讨论了"。

到最后"①。虽然黑山不可能接受交换建议，但"用斯库台换取黑山的其他让步"的努力并没有消失。

迫于国内日益增长的政治不满情绪，国王于 1912 年 11 月 29 日邀请奥匈帝国公使前往其在里耶卡（黑山）的宅邸。他从内部因素的角度阐述了斯库台问题的严重性，并表示，该问题一旦处理失误，他的王朝将受到威胁，而王朝"本来也已经陷入卡拉焦尔杰维奇家族带来的危险当中"。通过强调黑山可能要与塞尔维亚合并，他希望奥方注意到"奥匈帝国利益随形势发展受到的危胁"。把奥匈帝国对黑山领土扩张的支持，设定为黑山未来政策制定的先决条件，无疑比黑山与卡拉焦尔杰维奇的塞尔维亚合并，更能引起维也纳的兴趣。为了换取奥匈帝国在斯库台问题上的有利态度，尼科拉国王在与吉兹尔会谈时，提出了"黑山经济-政治特许权"的让步，这本应在缔结和平协议时进一步商定。

国王的提议并没有得到预期的回应。会谈失败的主要原因在于，关于割让洛夫琴的谈判进展不利。因此，即便国王警告称黑山面临与塞尔维亚合并的危险，也没能改变奥匈帝国政府在"黑山觊觎阿尔巴尼亚北部领土"这件事上的态度。维也纳除了确认两国将获得共同边界以外，并没有预见到黑山即将丧失国家主体地位，尽管已经存在这样的担忧。即便奥匈帝国收到了关于黑山形势发展不利的警告，知道斯库台危机引发的不满正威胁着佩特罗维奇王朝，维也纳仍旧认为不需要向黑山提供帮助。相反，维也纳认为由于黑山"受到塞尔维亚和新成立的阿尔巴尼亚的挤压"，除了依附奥匈帝国外别无选择，"即便奥匈帝国没有任何让步，黑山也并不缺少什么"。②

尽管在军事和外交上都失败了，但在和平会议和与奥匈帝国的谈判中，黑山国内仍相信，斯库台问题还是能获得积极解决。虽然不太现实，但大使会议上阿尔巴尼亚边界问题无果而终之前，这种希望一直存

---

① 安德里亚·拉伊诺维奇：《第一次巴尔干战争中的斯库台问题》，载《历史札记》（第 4 卷，第 1—3 册），采蒂涅，1949，第 68 页。

② M. 沃伊沃迪奇：《1913 年斯库台危机》，第 32 页。

在。因此，1913 年初，通过外交途径、特别是借助与塞尔维亚军队的合作夺取斯库台的努力，又再次加强了。

四、黑山与塞尔维亚共同夺取斯库台的尝试与列强政策

黑山与塞尔维亚的军事准备，特别体现在成立 3 万人沿海军团一事上（1913 年 2 月 21 日）。不过，两国缩小了开展政治行动的空间，因为这会让列强加速确定阿尔巴尼亚的北部边界。由于列强们意识到如果此时斯库台被征服，可能会让它融入阿尔巴尼亚的过程变得复杂，于是希望尽早解决这个问题。伦敦的大使会议上，列强代表们已经就斯库台的命运达成了原则一致，唯一还缺少的是需要俄国代表最终接受大多数代表的意见。1913 年 3 月 1 日，俄国政府代表在伦敦会议上同意让斯库台成为新国家的一部分，至此，通过外交途径让斯库台归属黑山的行动，已经没有任何现实前景，就只剩下再次通过军事行动来实现目标这一个选择。在长久的围困之下，斯库台可能很快就要被征服了，因此，尼科拉国王和黑山政府希望将战争继续下去，而不是缔结和平协议。但是，由于列强已经确定了这座城市的未来地位，黑山这样做，实际上就是拒绝接受"欧洲的意志"。即便俄国政府劝解称"继续战争只会在斯库台制造无谓的牺牲"，也无济于事。而塞尔维亚在国际压力之下，以及可能在其他方面遭受更多损失，暗示在列强就阿尔巴尼亚边界做出最终决定后，将停止提供军事援助。然而，尽管不再有俄国政府的支持，尽管 1912 年 3 月 22 日的大使会议也最终决定让斯库台并入新的阿尔巴尼亚国家，就连奥匈帝国也发出最后通牒，威胁如果再不结束轰炸并允许平民出城就将进行军事干预，黑山还是没有放弃征服斯库台的努力。

与此同时，佩塔尔·普拉梅纳茨和埃萨德帕夏开始就非战斗人员离开城市和停止轰炸进行谈判。如果没有伊斯坦布尔的批准，埃萨德帕夏不能决定任何事情，因此谈判没有取得成果，黑山的最终决定还是准备继续对城市进行最后的攻击。1912 年 3 月 25 日的战争委员会会议

上，列强在缔结和平协议前决定的阿尔巴尼亚边界被宣布无效。最终的结论是，即便在签署和平条约后，黑山也不接受放弃斯库台的义务。黑山军队进攻斯库台的日期被定在了3月30日。

在黑山军队紧张备战的同时，列强的代表们在伦敦决定向黑山政府递交关于黑山与阿尔巴尼亚划界的照会，除要求其停止敌对行动和包围外，还要求其从周边地区撤离。3月28日的一份照会还要求保护黑山境内的天主教信徒、伊斯兰教信徒和阿尔巴尼亚人的安全。一份内容相似的文件也被递交给了贝尔格莱德政府。但由于这样的外交施压也没有达到效果，维也纳越来越倾向于对黑山进行军事干预。干预计划包括海上封锁，并沿桑扎克关闭黑山的陆上边境。尽管尚未与其他大国达成协议，奥匈帝国已经独自开始为该行动进行军事准备。

为了不让上述被迫采取的行动走向孤立，俄国建议英国和法国也派军舰前往黑山水域。这两国的政府原则上同意参与针对黑山的集体抗议，但，尤其是法国外交大臣——基于与俄国的特殊关系，要求圣彼得堡也直接参与。然而，根据萨佐诺夫1913年3月31日的声明，俄国政府虽然支持针对黑山的抗议示威，但不愿直接参与。俄国的理由是舰队距离太远。1913年3月31日，黑山对斯库台的攻击打响，4月1日，黑山政府对列强们3月28日的外交交涉给予了否定的答复，但此时奥匈帝国还没有与列强就组成舰队进行海上示威达成一致，只得命令本国军舰驶入黑山水域。4月2日，奥匈帝国舰队抵达巴尔，第二天，意大利和德国的军舰也赶来了。为了不让针对黑山的海上抗议变成三国同盟的单边行动，俄国政府正式要求英国和法国的舰队也加入进来。

列强战舰的到来，并没有阻止黑山和塞尔维亚军队进攻斯库台。此外，随着塞尔维亚第三梯队的到来，塞尔维亚部署在斯库台周边的全部军队均由佩塔尔·博约维奇（Petar Bojović）将军指挥，计划中的全面进攻加速推进。形势发展迫使列强采取新的措施。他们兵分两路：一方面，向塞尔维亚和希腊施压，迫使其停止对黑山的援助；另一方面明确国际舰队的力量分工。虽然帕希奇政府同意不再部署新的部队，但列强对雅典和贝尔格莱德的施压并没有达到最主要的目标,未能阻止对斯库台的攻击,因为决定权在采蒂涅。至于国际部队的分工,列强们囿于军事和政治同盟的归属,态度不一。三国同盟的成员赞成使用军舰封锁海岸,而协约国,特别是法国,则坚持应实施强制措施,以体现"欧洲的庄严意志"。由于英国也对实施强制措施保持克制,舰队指挥官会议没能改变海上示威的性质。列强们在针对黑山的强制措施上犹豫不决,不光削弱了海上示威的政治效果,实际上也没有体现出更大的意义,甚至都没能阻止塞尔维亚部队抵达斯库台。基于所有上述原因,列强们的海上示威并没能迫使黑山遵守伦敦会议的决定。

由于封锁效果很弱,俄国也陷入了尴尬境地。俄国继续给希腊舰队提供军事物资,但不参与海上示威行动,这引起了同盟国特别是奥匈帝国的不满。另一方面,俄国对黑山的政策并没有得到国内的完全支持。同时,黑山王室固执地不接受任何建议,甚至包括俄国沙皇的建议,这让俄国政府无法在斯库台危机中扮演更积极的角色。这种情况下,圣彼得堡建议,向黑山提供资金补偿,以使其接受伦敦会议的决定。

起初,萨佐诺夫的提议没有得到维也纳的批准。然而,当意大利提出类似的资金和领土补偿方案时,却得到了同盟国的认真考虑。不过,在做出任何决定之前,奥匈帝国政府都要求落实伦敦会议的要求,那就只有坚持对黑山施压。这意味着起初的海上示威行动这一"不体面的喜剧",要被"强有力的军事封锁"取代,而奥匈帝国则愈加我行我素了。维也纳政府的政治立场也得到了德国的支持。三国同盟支持的严厉措施,与协约国的立场相比,更有合理性。在气氛悄然改变的同时,黑山仍拒绝按照1913年4月5日大维齐尔的提议允许平民离开斯库台,这让伦敦大使会议有理由在3天后决定对黑山沿岸实施封锁,以取代此前的和平示威。

增强对黑山军事施压的同时,俄国也针对塞尔维亚采取了政治行动,目的是促使塞尔维亚放弃与黑山的军事合作。由于军事封锁让塞方无法继续部署新的部队,塞尔维亚于1913年4月7日做出了一项特别决定。在俄国的坚持下，特别是沙皇向佩塔尔国王发表了专门讲话后，塞尔维亚政府决定停止军事部署。这样一来，黑山在斯库台脚下的军事实力被大大削弱。

不过，即使列强封锁、塞尔维亚撤军，黑山愈加深陷政治危机、占领斯库台的希望越来越渺茫，黑山的最高政治人物们仍不想放弃战斗，不愿屈从列强的决定。这也预示着严重的政治后果——如果斯库台一役完败，尼科拉国王的政权就再无退路。采蒂涅当时已经清楚，斯库台不会属于黑山，于是指示在伦敦的代表们，接受领土补偿提议，用斯库台换取沿博亚纳河确定的边界和博亚纳河道的自由航行权，以及塔拉博什的领土。资金补偿的问题也被提了出来。然而，由谈判相关消息引发的负面效应，以及一旦军事失败可能对王朝造成的巨大危险，迫使黑山还是决定中止谈判，延长夺取斯库台的军事行动。按照计划，进攻会持续，直到列强武装干预，至少这样可以达到黑山"光荣地撤军"的效果。[1] 虽然黑山出于国内原因中止了关于赔偿的政治谈判，但由于俄国和意大利更倾向于这样的解决方案，法国和意大利大使于 1913 年 4 月 11 日提议，向黑山提供 3 000 万法郎的援助，以改善其国内经济状况。大会于 4 月 17 日讨论了该问题，并决定批准给黑山这笔贷款。

在上述谈判进行的同时，奥匈帝国也采取了一系列政治行动，加强对黑山的军事压力，除了海上，还在与桑扎克相邻的边界地区进行陆上封锁。奥匈帝国政府迫不及待地希望黑山王室尽早接受大使会议的决定，于是使用持续轰炸的方式加大对黑山的军事干预。当时还有人提议奥匈帝国军队占领巴尔和乌尔齐尼，甚至重新占领桑扎克。此外，虽然已经将本方意图通报给各列强政府，奥匈帝国还是通过在国际舰队指挥官会议上的代表涅戈万（Njegovan）少将，于 4 月 20 日要求"国际

---

[1] 法国大臣皮松（Pišon）提出了"有尊严地走出危机"的办法，他建议，应当由土耳其将斯库台交到列强手中。这样尼科拉国王及其王朝就不必为没有征服这座城市而负责任。随后，列强再将这座城市交给阿尔巴尼亚。列强代表们和采蒂涅都对法方的提议表示欢迎。

部队登陆"，"占领黑山沿海地区的海岸阵地"。① 奥匈帝国的决定得到了德国和意大利政府的支持，两国命令本国指挥官参加奥匈帝国舰队的行动。法国、英国和俄国则站在了对立面，他们反对在穷尽所有和平手段前，就采取这样的行动。

来自列强的压力越来越大，尤其体现在三国同盟的行动中，他们不允许黑山夺取斯库台。据估计，一旦黑山军队占领斯库台，大会决定的落实将变得非常复杂，同时人们担心，这还将导致俄国政治立场的变化。尽管俄国政府保证，这次它将服从决定，让斯库台归属阿尔巴尼亚，但三国同盟，特别是奥匈帝国，坚持强迫黑山尽早遵从大会的决定。

尽管采蒂涅也清楚，即便攻下斯库台，它也不会留在黑山手中，但黑山仍旧不同意终止军事行动。如果黑山在占领后再将斯库台拱手交出，将被认为是以一种更光荣的方式，从长久而无谓的包围中抽身。这样可以保护王朝自身，减轻国王在失利中的责任。

就这样，从1913年4月中旬开始，黑山领导层夺取斯库台的努力，有了不同的动机。越来越明显的是，斯库台将很快投降，但同样显而易见的是，它的投降对于它的归属没有任何影响。塞尔维亚军队撤退后，黑山孤军包围着斯库台，重又开始了轰击。城内守军弹尽粮绝陷入困境，士气和纪律性已经耗尽，城内形势十分复杂。此外，列强决定成立把斯库台囊括在内的阿尔巴尼亚国家后，连伊斯坦布尔的青年土耳其党人都失去了守卫这座城市的兴趣。这进一步打击了守军的士气，加速了他们做出投降的决定。1913年4月19日，埃萨德帕夏与斯库台防务部门指挥官和参谋人员举行会议，最终做出决定，开始就城市的投降进行谈判。② 除了继续死守的前景黯淡外，影响守军做出这一决定的，据说是埃萨德帕夏希望加入到争夺阿尔巴尼亚新国家政权的斗争中。

---

① M.沃伊沃迪奇:《1913年斯库台危机》,第131页。

② 会议在"研究了土耳其所有关于防御被围困要塞的官方原则后,得出结论:保卫斯库台的所有手段已经用尽,于是决定告知土耳其军事部,并向黑山最高指挥官提议,就移交城市进行谈判"。米塔尔·久里希奇:《尼科拉国王在第一次巴尔干战争中的角色》,载《历史札记》(第18卷),第1—30页。

五、与埃萨德帕夏的谈判和斯库台投降

关于斯库台投降的谈判于几天后开始，这实际上是 1913 年 3 月初就相关问题对话的延续。当时（3 月 3 日），在埃萨德帕夏的建议下，佩塔尔·普拉梅纳茨被派往斯库台。在从 3 月 14 日起的多次会谈中，普拉梅纳茨转达了黑山最高指挥官的建议，要求从斯库台撤离外国领事人员，同时由于已经决定阿尔巴尼亚将实行自治，因此建议埃萨德帕夏前往地拉那（Tirana）"准备好场地以便被宣布为阿尔巴尼亚大公"[①]。但这一次，黑方的提议也没有被接受。即便 4 月 19 日守军已经决定要交出城市，谈判进行得也并不顺利。1913 年 4 月 21 日，在达尼洛王储的军营里，奥斯曼和黑山的谈判代表凯拉姆·埃丁贝格（Keram Edin-beg）、纳苏夫贝格（Nasuf-beg）和扬科·武科蒂奇、佩塔尔·普拉梅纳茨没能就斯库台火炮的归属达成一致。第二天，这个问题在后续谈判中得到了解决，因为对城市的炮轰夜间又开始了。黑方同意火炮归属于埃萨德帕夏的军队，因为黑山急于达成协议，以免列强有机会影响谈判结果。协议的其他内容相对容易协调，于是 1913 年 4 月 22 日至 23 日夜间，达尼洛王储和埃萨德帕夏达成了关于移交斯库台要塞的协议。[②]对城市的占领于 1913 年 4 月 24 日完成，这样一来就结束了黑山军队数月来的努力，并且，看起来是维护了自己的声誉。然而，对斯库台的占领并没有让列强的态度发生任何转变，列强们已经决定了这座城市的命运，在大使会议做出决定之后，无数黑山人的牺牲和努力实际上都是徒劳的。

列强对于黑山军队取得的成功持消极态度。不过，与三国同盟不

[①] 米塔尔·久里希奇：《尼科拉国王在第一次巴尔干战争中的角色》，载《历史札记》（第 18 卷），第 87 页。

[②] 除了书面部分，这份协议还包括口头的内容，其中，黑山人承诺将向埃萨德帕夏提供食物援助，"并于几天后在地拉那宣布其为阿尔巴尼亚的统治者"。作为宣布埃萨德帕夏为大公后的回报，黑山本应得到斯库台。安德里亚·拉伊诺维奇：《第一次巴尔干战争中的斯库台问题》，载《历史札记》（第 4 卷），采蒂涅，1949，第 77—78 页。

同，协约国只有官方持克制立场，反对派媒体却表示满意。奥匈帝国和德国官方媒体的态度完全不同，它们要求尽早对黑山进行惩罚，因为它的行为侮辱了欧洲。在南部斯拉夫国家和斯拉夫世界，斯库台的陷落引起了极大轰动。黑山军队进入了奥斯曼帝国在欧洲的最后一个防御据点，受到这些媒体的热烈关注。在塞尔维亚，人们满怀喜悦地庆祝了黑山军队的胜利。不过，这种欣喜并没有持续很久。

由于斯库台问题被认为已经有了定论，4月23日，维也纳认为应该就这座城市的陷落，建议其他大国对黑山进行紧急军事干预，除了国际部队要登陆黑山外，还要轰炸黑山沿海。如果其他国家不同意这一行动，奥匈帝国将独自进行干预。4月23日，奥匈帝国以警告的口吻告知俄国政府，自己将采取军事行动。在很大程度上由于奥匈帝国的这种态度，列强的大使会议在同一天确认，此前确定的阿尔巴尼亚东北部边界仍然有效，也就是说，需要对斯库台进行人员疏散并将其移交给国际部队。

德国政府和意大利政府对奥匈帝国针对黑山的军事行动诉求表示理解。另一方面，协约国，特别是俄国认为，黑山撤离并移交斯库台给国际部队，应当以和平方式进行，要给予黑山一定的让步。尽管协约国其他成员也倾向于这种解决方式，但同时，尤其是法国，还坚持认为，黑山的撤离应该与可能的资金和领土补偿分开进行，因为一旦决策出现延误，那么奥匈帝国的单边干预就将带来危险。俄国也很快同意了推迟补偿，并同意如果黑山不履行列强意志，就对其采取强制措施。虽然自己并不愿参与对黑山的强制措施，但俄国还是加入了4月26日会议决定的集体外交行动，在某种程度上参与了进来。决定出台的同时，对黑山沿海的封锁已经扩大到了阿尔巴尼亚的部分水域，并组成了1 000名士兵的国际部队（奥匈帝国300人，英国300人，意大利200人，德国100人，法国100人）。

然而，即便列强代表于1913年4月27日向黑山外交部转达了各自政府的意见，要求其在最短期限内撤军，并将城市移交给列强，黑山国王和政府还是没有改变决定。虽然面临强制措施的威胁，1913年4月30日，黑山仍以4月21日的声明回应称，在盟友和列强与奥斯曼帝国就阿尔巴尼亚边界进行和平谈判时，才会考虑斯库台问题。回应的内容证实了黑山政府此前的立场：不接受列强关于阿尔巴尼亚边界的决定。鉴于当时形势的迫切性，以及与大国关系中的外交礼仪习惯，回应的延迟发布很不合时宜（因为要等复活节假期结束，此间政府不发布也不接收非紧急公告）。

黑山拒绝离开斯库台，进一步加剧了国际危机。这给了奥匈帝国更多理由，在列强面前游说对黑山采取强制措施。随着奥匈帝国和意大利暗示将发动共同军事行动，一场新战争的爆发迫在眉睫。法国、俄国和英国各自进行政治努力，劝说奥匈帝国放弃单方措施，以便斯库台问题仍置于列强的集体管控之下。1913年5月1日的大使会议上，奥匈帝国坚持推动决议，要求黑山必须离开斯库台。黑山代表约沃·波波维奇在伦敦和平会议上提出，黑山可以在得到资金和领土补偿的前提下撤离，这预示着危机将得到积极结果。尽管看起来黑山同意交出斯库台，形势正朝着和平解决危机的方向发展，但还不足以改变奥匈帝国的态度，它仍坚持让黑山迅速交出斯库台，不然就采取强制措施。在罗马的支持下，奥匈帝国要求协约国做出决定，集体采取强制措施或者授权奥匈帝国以列强的名义单独行动。

由于法国特别是英国政府没有对黑山的不妥协立场表示理解，如果黑山仍拒不撤军，那么俄国也越来越难以通过协调各方政治立场来劝阻列强采取强制措施。除奥匈帝国外，意大利也在为从黑山手中夺取斯库台进行军事准备。阿尔巴尼亚沿海的特殊战略位置，使其能够扼守亚德里亚海，这也是两国都想进行"共同行动"的原因。与此同时，两国又都想阻止对方通过单方面行动获得战略优势。正是由于维也纳和罗马之间这种利害关系，1913年5月初，对斯库台危机的干预行将蔓延至阿尔巴尼亚，而阿尔巴尼亚面临着被奥匈帝国和意大利瓜分的危险。这种情况下，协约国的行动重心是要把斯库台问题完全掌握在自己手中，不允许危机升级，而城市的移交问题则只是同盟国实现完全不同想法的借口。这种新形势下，应当注意到，一旦阿尔巴尼亚被军事占领，参与占领的将不只是同盟国，还会有协约国成员，特别是法国军队。与此同时，土耳其也受到压力，它被要求不得从阿尔巴尼亚撤军，因为那样一来，阿尔巴尼亚领土会被列强中对这里最感兴趣的国家轻易占领。

俄国外交界在塞尔维亚、英国和法国的政治支持下，通过直接施压，力图让尼科拉国王相信，如果让危机继续加剧，将产生糟糕后果，而维也纳已经在考虑具体的战争计划了。除了军事干预的形式，维也纳或还单独与意大利合作，研究了战争的其他目标。制定目标时，它们忽略了武装部署的直接理由，因此军事行动的任务被扩大到了斯库台和针对黑山的强制措施之外。比如，波斯尼亚的监督员比林斯基（Bilinski）在政府会议上指出，战争"必扩展到塞尔维亚，让塞尔维亚不复存在"，"让塞族人加入奥匈帝国"。[①] 虽然奥匈帝国按照三国同盟原则提出的重新部署军队建议并没有得到批准，尤其是没有得到匈牙利政治代表的批准，但从召集预备役军队和批准用于军事目的的特别财政支出决议来看，实际上该国已经下令为针对黑山的战争做准备。在维也纳召开的大臣会议上，多数大臣都表态同意吉兹尔男爵的提议，认为应该向黑山发出最后通牒，要求其在 24 小时内按照列强要求行事。虽然奥外交大臣贝希托尔德发出的电报严格意义上并不能算是最后通牒，因为维也纳还没有决定战争开始的日期，但军事备战，尤其在波黑，已经在如火如荼地进行。

奥匈帝国希望战争尽早开始，这样黑山就没有时间准备，从而减少行动造成的伤亡。黑山对个别部队进行了重新部署，加强了对斯库台的防御，这说明，作为对奥匈帝国采取措施的回应，黑山人已经开始了防御准备。虽然王室理事会 5 月 1 日的会议决定，黑山将反抗"任何外国军

① M.沃伊沃迪奇：《1913 年斯库台危机》，第 170 页。

事行动，但这些行动并不能真正算是为军事对抗做准备"。事实上，这些都是黑山所做的政治努力，试图在交出斯库台之前，用拖延手段确保一定的资金和领土补偿。不过，奥匈帝国的战争威胁正在迫近，黑山的处境又如此艰难，移交斯库台已经无法再拖延。5月3日举行的大臣理事会会议上，多数与会者都持这一主张。不过达尼洛王储和一些大臣们认为，如果得到盟友们的帮助，黑山能够在战争中对奥匈帝国形成强有力的抵抗。然而，随后的会议中，国王还是决定交出斯库台。[①] 他将此决定告诉了爱德华·格雷（Edvard Grej）。虽然交出斯库台的决定会导致米塔尔·马尔蒂诺维奇政府辞职，但也标志着内政外交的紧张局势开始缓和。

斯库台城市移交的最终手续由新任命的文职总督佩塔尔·普拉梅纳茨、英国海军和国际部队指挥官涅戈万、洛里耶（Lorije）和冯·克林齐格（Fon Klincig）以书面协议的形式完成。[②] 黑山军队应于"5月1日（另一说法是14日）下午"前离开斯库台，同时国际部队开始接管。黑山宪兵队可以留在斯库台，直到国际部队进入。黑山军队有权带走所有占领这座城市后留下的军事物资。向国际部队移交斯库台的规定时间内无法带走的物资，可以由一支部署在博亚纳河右岸的黑山部队（1 000人以内）取走。

斯库台的移交按照协议条款进行。5月14日，约沃·贝契尔代表黑山移交了城市。[③] 随着国际部队的进入，黑山沿海从斯皮奇到德里姆的封锁被解除。斯库台危机就此结束。

不过，危机背后，几个更重要的问题业已形成，其中排在首位的

---

① 此前多次引用的 M.沃伊沃迪奇的论文提到，5月4日是决定移交斯库台的日子。但我们应注意到，5月9日由佩塔尔·普拉梅纳茨和国际部队指挥官签署的《关于将城市移交给国际部队的协定》中写道："黑山国王于1913年5月5日，出于更高的和平利益考虑，将自己的部队从斯库台撤出，并把城市的命运交给欧洲列强。"黑山国家档案馆，1913年外交部，165分册，495号文件。

② 同上。

③ 将城市移交给英国海军上将时，J.贝契尔说："我羡慕我前任的运气，作为斯库台英勇的守卫者，埃萨德帕夏拿着手中的武器保卫这座堡垒直到最后一小时，这个榜样令人赞叹。我也想效仿他，想违抗最高指挥官的意愿和希望，一些军队试图从我们手中夺取这个我们如此珍视的地方，与我们的历史过往和胜利紧密相连的地方。但我的命运与埃萨德帕夏完全不同，因为我不是手握武器放弃城市，而是在列强的联合压力之下屈服。"《黑山之声报》1913年5月17日第20版。

是，奥匈帝国意图在政治和领土问题上限制塞尔维亚的崛起，塞尔维亚的出海口在此间意义重大。黑山错过了借助军事行动早一点解决斯库台问题的机会，原本无需让塞尔维亚军队从阿尔巴尼亚沿海撤出，而阿尔巴尼亚国家也已成立，这一切让黑山不得不面对大量的人员和财产损失，最终还必须同时与同盟国和协约国进行政治对抗。黑山放弃斯库台后，列强并没有做出补偿的决定，这让黑山面临军事和政治的双重失败，实际上可以说是从危机中空手而归。关于斯库台的一系列事件证明了三国同盟特别是奥匈帝国的军事和政治实力。

六、第一次巴尔干战争的结束和巴尔干国家联盟的解体

斯库台危机进入最严峻阶段之前，土耳其无力多线对抗军事实力占优的巴尔干国家联盟，为了避免更大的失败，土耳其决定发起和平倡议。由于估计无法通过谈判与巴尔干参战国达成停战协议，波尔特希望列强从中斡旋。1913 年 2 月 10 日，这一请求被呈递给大使会议。虽然希望尽早缔结和平协议，奥斯曼政府在请求中还是提出了达成停战协议的条件供巴尔干盟国们考虑。波尔特对与保加利亚和希腊的边界线，以及埃迪尔内和爱琴海岛屿的地位尤为感兴趣。

鉴于军事优势，巴尔干国家无需像土耳其那样急于结束战斗。在接受和平斡旋的同时，军事优势赋予它们很大权力来提出接受和平协议的条件。它们就"未来土耳其与盟国边界"提出了自己的建议。[①] 土耳其还需要向它们支付战争赔偿。

列强们在斡旋过程中确定了巴尔干国家与土耳其缔结和平协议的基本原则。和平协议中，对交战双方来说最重要的问题是分界线的划定。3 月 19 日的大使会议决定，参战国政府提议的伊诺斯 - 米提线（linija Enos-Midija）为土耳其的西部边界，而阿尔巴尼亚边界和爱琴海岛屿则"属于列强专属权限范围"。巴尔干盟国获得战争赔偿的权力

---

① 米塔尔·久里希奇:《1912—1913 年第一次巴尔干战争》，第 394 页。

获得承认，同时有暗示称，它们将在巴黎举行的特别财政会议上赢得经济利益。[①]

由于战场形势变化，已经启动的和平进程开始向不同方向推进。保加利亚的战略地位在盟国军队进入埃迪尔内后得到大幅提升，这让列强调停下的和平解决方案在不同的环境中继续进行。保加利亚军队占领埃迪尔内后可能会进行单独行动，比如穿越博斯普鲁斯海峡并威胁伊斯坦布尔，从而进一步破坏有利于巴尔干国家的力量平衡，这迫使列强采取措施阻止保加利亚在军事上继续向前。已经开始的和平进程妨碍了这样的需求，同时，巴尔干联盟国家穿越博斯普鲁斯海峡的举动会得到俄国的支持，政治形势变得愈加复杂。这造成了战争继续甚至蔓延到更广阔范围的风险，特别是失去埃迪尔内后，土耳其的军事和政治地位变得非常艰难。

埃迪尔内堡垒失守让土耳其失去了重要的战略支点，其整体国际地位也随之恶化了。[②] 这些变化过于剧烈，埃迪尔内让土耳其外交在伦敦会议上丢失了缔结"有利和平"的"最后支柱"。土耳其的命运实际上被转移到了列强手中，而列强为了避免巴尔干危机导致相互关系进一步复杂化，把行动的重心放在了阻止保加利亚军队的军事行动上。俄国也参与了他们的政治努力。为了让保加利亚接受停战建议，俄国政府向索菲亚政府承诺，将在伦敦的大使会议上，在瓜分马其顿的议题上给予保加利亚政治支持。这也体现出三国同盟代表们的决心，绝不允许保加利亚军队进入博斯普鲁斯海峡、向伊斯坦布尔方向采取行动（也有人提议让国际部队在这一地区登陆），这也迫使索菲亚政府于 1913 年 4 月 13 日秘密地与土耳其缔结了停战协议。[③]

停战协议阻止了战火的蔓延。由于保加利亚是单独与土耳其进行

---

① 博里斯拉夫·拉特科维奇,米塔尔·久里希奇,萨沃·斯科科:《1912—1913 年巴尔干战争中的塞尔维亚与黑山》,第 224 页。

② 见博里斯拉夫·拉特科维奇博士:《1912—1913 年第一次巴尔干战争》,贝尔格莱德,1975,第 443 页。

③ "停战协议每 10 天秘密延长一次,直到和平条约签署"。M. 久里希奇:《1912—1913 年第一次巴尔干战争》,第 396 页。

谈判，盟国并不知晓，此举违反了巴尔干国家在战前订立的结盟条约。由于巴尔干联盟的命运还没有遭到质疑，列强们还在主要交战双方即土耳其和巴尔干盟国之间继续斡旋。与此同时，保加利亚与塞尔维亚和希腊之间的关系陷入越来越深的危机之中。

在列强重新启动的和平活动中，伊诺斯-米提线继续成为土耳其与巴尔干联盟进行划界谈判的基础。列强提议，仍旧将阿尔巴尼亚问题留在自己的职权范围内，与之不同的是，巴尔干国家联盟随后在制定和平条约最终文本时，坚持保留参与确定边界的权力。但列强们不会对这样的提议做出让步。因此，巴尔干国家不得不继续按照之前确定的条件进行谈判。盟国之间的不团结，特别是塞尔维亚和保加利亚之间的争端，让巴尔干国家虽然作为战争胜利者，却无法对与土耳其的停战和平条约草案文本产生任何影响。①

由于塞尔维亚和保加利亚围绕马其顿的争端无法通过政治途径解决，而这个问题也未被纳入列强支持下建立的全球和平草案框架，保加利亚政府于是决定独自通过军事途径保护自己的领土诉求。为了实现自己的目标，保加利亚需要腾出在土耳其边境上的兵力，并与土耳其缔结和平协议以便在马其顿采取行动。因此，保加利亚急于尽早缔结和平条约。保加利亚与其他巴尔干国家在缔结和平协议过程中的表现不同，包括1913年3月5日交战各方代表收到和平条约草案时的态度。早在第一次会议上，保加利亚代表代内夫（Denev）甫一收到条约草案，就毫无异议地接受了，而其他巴尔干国家——塞尔维亚、黑山和希腊的代表——对草案内容表示不满，试图对草案提出的解决方案进行修改。②

---

① 根据该提议，除阿尔巴尼亚（包括克里特岛）外，这条线以西的所有领土，土耳其都应移交给巴尔干盟国。关于阿尔巴尼亚国家和爱琴海岛屿的未来地位，只有列强有权决定，巴尔干国家和土耳其都不得参与。战争引发的财政问题被留到在巴黎举行的一次特别大会上，交战双方都将派代表出席。博里斯拉夫·拉特科维奇，米塔尔·久里希奇，萨沃·斯科科：《1912—1913年巴尔干战争中的塞尔维亚与黑山》，第226页。

② 同上，第228页。后来在和平会议上，保加利亚代表们还是试图对和平协议草案进行一些修改，即建议修改与伊斯坦布尔的边界线，并改变条约生效的方式——要在签字之日起生效，且无需核准。但由于大会行将通过整个条约文本，内容已经确定，无法再做任何修改。

上述三国的全权代表尤其想修改草案中的第3条和第5条。第3条规定由列强来确定阿尔巴尼亚的边界并解决其他所有相关问题。第5条则涉及交战双方"有着由列强确定'除克里特岛和阿陀斯（Atos）半岛，爱琴海上所有岛屿'地位的'相似意愿'"。巴尔干三国的代表们都建议，要从条约中删除列强拥有相关问题专属决定权的条款。此外，塞尔维亚的代表们要求，要在条约中写入新条款，确保塞尔维亚能够使用阿尔巴尼亚沿海港口中的一个，以满足商业通行需要。

巴尔干国家代表们的尝试没能取得什么成果。这几国与保加利亚的关系也是谈判失败的原因。保方急于尽早签署和平条约，但如果条件不允许，保加利亚将自行与土耳其缔结和平协议。这说明塞尔维亚和保加利亚之间的危机越来越严重，而保加利亚采取的步骤也给列强的整体和平计划画上了问号。

那样的话，巴尔干战争的结果将由参战国与奥斯曼帝国的单独协议来决定，为了避免这种情况，列强响应了保加利亚尽快缔结和平协议的要求。列强唯一不接受的是和平条约自签字之日起生效，它们要求经过常规的核准程序。这意味着提交审议的和平协议草案必须以其最初的形式被接受，不得进行任何改变。塞尔维亚、黑山和希腊的代表们承受了巨大的压力，"要么按原样签署和平条约，要么离开伦敦"。政治自由决策的空间已极度有限，别无选择之下，巴尔干三国的政府不得不统一接受和平条约草案的条件。1913年5月30日，他们的代表们在未作任何修改的情况下，在伦敦签署了条约文本。

在圣詹姆斯宫（palata Sent Džejms）通过的这份文件，正式结束了巴尔干四国"主权国家联盟"与"奥斯曼皇帝陛下"之间的战争。条约确定了相互边界，规定了交战双方其余争议问题的解决方式。虽然四个巴尔干国家在签署条约时采取了共同行动，但条约签署时的情形表明，它们之间再不复战争初期的协同一致。很明显，他们相互间的分歧，已经演变为严重威胁，恐将这些战争盟友变成战争对手。主要争议在于马其顿的划界问题。即使伦敦的和平条约签署之后，这一问题仍然悬而未决。塞尔维亚和保加利亚对马其顿有所企图，而希腊则希望得到马其顿的南部和东南部地区。

俄国在法国和英国政府的支持下，试图避免巴尔干地区爆发新的战争，保留住截至当时创造出"耀眼成果"的联盟，但没能成功。失败的原因很大程度上是由于三国同盟特别是奥匈帝国的政策，该国对巴尔干国家取得军事胜利后的巴尔干局势很不满意，希望对此进行改变。虽然奥匈帝国的政治和战略利益更为广泛，但奥匈帝国恢复在巴尔干半岛政治影响力的第一步，就是努力打破巴尔干同盟。奥匈帝国利用巴尔干国家间的不和，试图将保加利亚与其他盟友离间开来，并将其拉向土耳其和罗马尼亚一边。俄国政府试图让塞尔维亚、保加利亚和希腊的政府首脑齐聚圣彼得堡，以会谈的方式或通过俄国沙皇的仲裁来解决争端，但是失败了，不过圣彼得堡还是成功推迟了这些盟国间新战争的爆发。①

在同盟国和协约国进行外交行动的同时，巴尔干国家们也努力在相互间的政治接触中，弄清邻国在未来战争中的立场。尤其是罗马尼亚，以及不久前还是公敌的土耳其。保加利亚特别希望这两个国家保持中立，而塞尔维亚和希腊则希望拉拢罗马尼亚成为盟友，这样就能取得相对于保加利亚的巨大战略优势。罗马尼亚和土耳其则想利用巴尔干新的危机，来实现自己对保加利亚领土的野心。两大集团的列强都清醒地关注着事态发展，并试图对新的结盟分野产生影响。三国同盟，特别是奥匈帝国，都努力避免同盟国成员之一的罗马尼亚被塞尔维亚和希腊拉拢。与之相反，俄国和协约国则向罗马尼亚政府施压，要求其不论对三国同盟负有何种义务，都不能接受保加利亚的建议保持中立，而应

---

① 塞尔维亚起初拒绝了俄国沙皇的仲裁。不过在这个问题上，塞尔维亚政府内部出现了分歧，导致军事大臣、司法大臣和政府总理帕希奇提出辞职。国王拒绝了帕希奇的辞职后，1917 年 6 月 23 日，塞尔维亚通过决议，毫无保留地接受俄国的仲裁。希腊对仲裁的消极态度则一直没有改变。保加利亚也不接受俄国的仲裁，要求在条约的基础上，共同占领马其顿，至此，俄国外交界提出的由其元首进行仲裁的建议，遭遇了完全失败。博里斯拉夫·拉特科维奇，米塔尔·久里希奇，萨沃·斯科：《1912—1913 年巴尔干战争中的塞尔维亚与黑山》，第 245—246 页。

该与塞尔维亚和希腊站在一起。1913 年 6 月 30 日发生的事情，让局势的走向已经没有太多选择，那一天，保加利亚军队在没有正式宣战的情况下武装进攻了塞尔维亚和希腊，这表明，危机的和平解决已经无望。巴尔干联盟已经被摧毁，巴尔干国家间已经开战，它们的目的是，在共同对抗奥斯曼帝国后，通过武力解决遗留的领土争端。"奥匈帝国旧有的政策在欢庆。"①

塞尔维亚和希腊在新的战争冲突中，面对的是曾经战争中的盟友保加利亚。巴尔干联盟的第四名成员——黑山——已经在战争爆发前就表明"将与塞尔维亚采取相同立场"②。黑山的抉择很快就清楚了，但这并不意味着保加利亚不在乎黑山的态度。按照索菲亚政府的指示，保加利亚驻采蒂涅使节科卢舍夫试图让黑山官方接受保加利亚国王的意见："让黑山不要参战，因为这样黑山能得到更多。"③ 然而，采蒂涅并没有认真考虑保加利亚的建议，而是在扬科·武科蒂奇的指挥下成立了戴钱斯基（Dečanski）部队，并将其派遣到保加利亚战场，这表明黑山"毫无疑问地"决意跟随塞尔维亚。

随着对抗曾经盟友的战争打响，保加利亚希望尽快取得军事上的成功。采取战争行动的同时，保加利亚也推进了外交活动，希望将战争爆发的责任推卸给塞尔维亚和希腊。然而，无论哪一方面的活动，保加利亚都没能达到既定目标。1913 年 7 月 2 日，保加利亚在布雷加尔尼察（Bregalnica）遭遇军事失利，战争爆发的责任被转移到保加利亚身上。④ 军事和政治上的失败迫使保加利亚政府做出决定：立即停止敌对行动。塞尔维亚和希腊则在保加利亚军队无端发起攻击后，不同意停止军事行动。取而代之的是，两国决定用反攻来防止列强的干涉。

虽然两个列强阵营的立场有所不同，但在冲突爆发前基本都是保

---

① Ф.И.诺托维奇：《第一次世界大战期间的外交斗争》，莫斯科-列宁格勒，1947，第 8 页。
② 武卡欣·博若维奇：《1913 年与保加利亚第二次巴尔干战争中的黑山》，第 2 页。
③ 同上，第 21 页。
④ 俄国政府正式表示，"战争爆发的所有责任都在于保加利亚"。S.斯科科：《1913 年第二次巴尔干战争》（第 2 卷），贝尔格莱德，1957，第 296 页。

持中立，持不干涉交战双方的政策。① 战争开始向本土化发展。唯一不接受完全中立原则的是奥匈帝国，该国称，"如果保加利亚遭遇决定性失败，则不得不进行干涉"。即便在自己的阵营中，奥匈帝国的态度也是独一份的。德国不赞成同盟伙伴特别是奥匈帝国进行任何军事部署，因为德国认为巴尔干局势的发展"超乎预期地有利：巴尔干联盟被打破，俄国的影响力遭受了沉重打击，而巴尔干国家间关系已经分崩离析，这些国家还会因为战争而继续被削弱，需要很长时间才能恢复实力"。② 由于利比亚（Libija）的黎波里（Tripolis）的紧张局势，意大利也不赞成发动战争。

两个阵营的列强虽然政治目标不尽相同，但都希望阻止战火蔓延，不过它们没能成功。罗马尼亚和土耳其开始备战，这使得巴尔干危机的局势更加复杂，也将保加利亚置于非常艰难的境地。保加利亚政府未能在战争爆发前确保罗马尼亚的中立态度，这说明布加勒斯特政界毫不掩饰对保加利亚部分领土的野心。保加利亚军队在布雷加尔尼察的第一次失利和随后在其他战役中的败绩，在更大程度上刺激了罗马尼亚直接采取军事行动夺取保加利亚领土的决心。罗马尼亚军队 1913 年 7 月 3 日发布的动员令说明，该国已经决定参战。从三国同盟成员的相互关系来看，罗马尼亚的备战清楚显示出，由于大多数盟友的利益，奥匈帝国没能成功说服某个盟友同意参战。罗马尼亚即将加入塞尔维亚、希腊和黑山一方参战，这无法得到维也纳/布达佩斯、柏林和罗马的同情和好感。

除了列强对全球关系产生的深远政治影响，罗马尼亚的行为对保加利亚军队的军事地位也造成了非常消极的后果。保加利亚军队无力对抗塞尔维亚、希腊、黑山再加上罗马尼亚的军事力量，这预示着一场彻底的战争灾难。意识到严峻处境后，保加利亚政府开始向俄国求援。

---

① S. 斯科科：《1913 年第二次巴尔干战争》（第 2 卷），贝尔格莱德，1957，第 298 页。"德国外交大臣 7 月 2 日对英国公使戈申（Gošen）说，他'建议列强不要干涉'，这得到了英国和法国政府的批准。"
② 同上，第 299 页。

此前萨沃夫（Savov）将军被解职和亲俄的拉特科·迪米特里耶夫（Ratko Dimitrijev）被扶上最高指挥官国王斐迪南助手的位置，都说明了保加利亚最高决策层态度的变化，保加利亚从与同盟国合作，转向与协约国合作。[①] 然而，在圣彼得堡政府通过种种努力试图阻止巴尔干联盟解散、防止巴尔干国家爆发战争之后，保加利亚政府采取的步骤，已经无法让俄国统治阶层再做出果断反应。除了对保加利亚的做法不满，俄国政府也不愿满足索菲亚政府的诉求阻止罗马尼亚参战，因为罗马尼亚不参战的话，保加利亚的军事地位就会强于塞尔维亚和希腊。此外，圣彼得堡认为，三国同盟中的一个国家与协约国支持的参战方结成战时同盟，对两大阵营的整体关系具有重要意义。

　　由于无法指望借助大国帮助来改变罗马尼亚的政治立场，保加利亚只能自己尝试与布加勒斯特政府达成协议。为了不让罗马尼亚军队站在塞尔维亚和希腊一边参战，索菲亚政府向罗方提出了领土补偿。但罗马尼亚提出的领土要求更像是敲诈，而不是严肃的政治对话前提，保加利亚政府不得不予以拒绝。这样一来，实际上所有阻止罗马尼亚参战的方法都已用尽。1913 年 7 月 13 日，罗马尼亚军队毫不费力地攻入了多布罗杰亚（Dobrudža）。两天后，罗马尼亚军队跨过多瑙河，占领了保加利亚弗拉察（Vraca）地区的领土。[②]

　　随着土耳其参战，保加利亚整体不利的军事形势愈加恶化。由于土耳其要求保加利亚军队退到伊诺斯-米提线一侧，索菲亚政府没有接受，土耳其军队于 1913 年 7 月 13 日跨过了伦敦和平会议上规定的相互边界。数月前，埃迪尔内堡垒被盟军占领成为第一次巴尔干战争结束的重要转折点，而现在，它成了土耳其军队的行动目标。土耳其军队穿越保

---

① B.拉特科维奇，M.久里希奇，S.斯科科：《1912—1913 年巴尔干战争中的塞尔维亚与黑山》，第312 页。

② 罗马尼亚军队未经战斗就进入了保加利亚领土，因为保加利亚政府于 1913 年 7 月 10 日决定"在罗马尼亚军队攻入保加利亚时不做任何抵抗"。这是由于两点：罗马尼亚仅限于占领多布罗杰亚，并且要使列强相信"保加利亚与罗马尼亚没有任何争议问题，罗马尼亚在没有任何理由的情况下攻打了保加利亚"。S.斯科科：《1913 年第二次巴尔干战争》，第 304 页。

加利亚领土向前推进，同时对普通民众进行沉重打击。随着两个国家加入敌对一方，保加利亚陷入极度困难的境地，索菲亚政府不得不寻求列强的帮助。保加利亚要求由列强出面调停，以便让各方立即停止战争行动，并就争议领土达成总体协议。保加利亚向俄国政府建议全面停战，并在圣彼得堡举行和平会议。在进行和平努力的同时，保加利亚还继续建议"如果各方认为合适的话"，由圣彼得堡政府"仲裁解决所有问题，包括领土问题和政府认为合适的条件"。[①]

保加利亚关于紧急促成和平的提议，与列强希望尽快结束战争冲突的需求相契合。不过，保加利亚的和平诉求并没有得到国际社会什么实际反应，它的形势每况愈下，军队在战争中遭受重创。只有奥匈帝国认为战争形势的发展并没有如其所愿，因此奥匈帝国试图更具体地参与欧洲外交，停止这场保加利亚必输的战争，并启动和平谈判。奥匈帝国还要求警告土耳其，其军队需遵守伦敦和平会议上确定的伊诺斯-米提线。

由于列强的集体行动并非迫在眉睫，因此战争还在继续，保加利亚的结局愈加迷茫。塞尔维亚和希腊军队的进攻已经威胁到了保加利亚首都。失去了更广泛的国际支持，保加利亚必须寻找危机解决方式，该国政治领导层再次投奔奥匈帝国，希望其将保加利亚从灾难中完全解救出来。保加利亚成立了亲奥的新内阁，更体现出与维也纳坚定的政治联系，其目的是与罗马尼亚缔结和平协议，确保更多来自奥匈帝国的政治支持，甚至请奥军加入战争部署，帮助保加利亚军队进攻塞尔维亚。保加利亚在危机中陷入之深，已经不是哪个列强通过单独行动就能解决的了。实际上，直接参与冲突的国家和站在其身后某个阵营的国家，都要求进一步协调集体行动来终止战争。在土耳其军队进入埃迪尔内并对保加利亚平民犯下巨大罪行后，朝这个方向采取行动的政治部署开始变得愈加迫切。惊讶于土耳其人的暴行之余，欧洲国家特别是俄国

---

① B.拉特科维奇，M.久里希奇，S.斯科科：《1912—1913 年巴尔干战争中的塞尔维亚与黑山》，第 314 页。

舆论，都要求采取紧急措施，不排除举行针对土耳其的集体海上示威。尽管协约国无法就集体或单独行动达成一致（俄国的单独行动是不可能的，因为那会引起奥匈帝国参战对抗塞尔维亚），但各国普遍相信需要紧急启动和平谈判。

　　除了列强的态度，参战国重启外交对话也给和平进程的启动提供了重要动力。1913 年 7 月 16 日，保加利亚沙皇斐迪南请求罗马尼亚国王卡罗尔，让罗马尼亚军队停止前进并确认两国边界，N. 帕希奇与希腊总理韦尼泽洛斯 1913 年 7 月 18 日也举行了会议，这成为参战国寻求和平途径的重要尝试之一。塞尔维亚和希腊总理在会议上认为，"应与保加利亚进行直接谈判以尽早结束战争，而对于罗马尼亚修改多布罗杰亚边界的要求，应当邀请其进行初步的和平谈判，从而防止土耳其卷入盟国间的战争，这符合双方利益"①。双方一致同意，保加利亚必须支付战争赔偿，并以保证巴尔干持久和平的方式来划分领土。作为实现和平的具体步骤，会议决定在尼什举行谈判，一方是塞尔维亚、希腊、罗马尼亚和黑山，另一方是保加利亚。

　　帕希奇和韦尼泽洛斯在会议上确定了交战各方直接谈判的原则，尽管遭遇不少障碍，各方还是接受了走出危机的最终模式。

　　在接下来的和平进程中，双方框架性地商定了停战方案，并具体地加以补充和修改。与保加利亚代表的会谈中（1913 年 7 月 20 日在尼什），塞尔维亚和希腊政府代表明确反对进行停战谈判，主张达成具体的和平协议。这样做是为了避免在停战期间，保加利亚可能与罗马尼亚单独达成和平协议，待国内形势稳定后，再继续开战。之所以存在保加利亚与罗马尼亚缔结单独和平协议的可能性，是因为保加利亚沙皇一直在朝这个方向努力，而且奥匈帝国的外交界也一直坚持缔结此类协议。与此同时，布加勒斯特警告称，罗马尼亚政府"不允许塞尔维亚和希腊军队向索菲亚挺近，也不允许塞尔维亚向维丁（Vidin）和贝洛格

---

① B.拉特科维奇，M.久里希奇，S.斯科科：《1912—1913 年巴尔干战争中的塞尔维亚与黑山》，第 31 页。

拉奇克（Belogradčik）进攻，因为维丁不能落入塞尔维亚之手——'如果不能属于保加利亚，那就归属罗马尼亚'"①，在这种情况下，贝尔格莱德和雅典认为有充分理由接受罗马尼亚政府的建议，终止敌对状态，开启在罗马尼亚首都的和平谈判。根据该决定，7 月 25 日，盟国军队停止了对保加利亚军队的进攻。几天后（7 月 30 日），布加勒斯特和平会议开幕。由于未接受土耳其的参会请求，会议的任务是在两个主要参战方之间达成和平协议：一方是保加利亚，另一方是塞尔维亚、希腊、黑山和罗马尼亚。

布加勒斯特和平会议②由罗马尼亚首相马约雷斯库（Mojoresku）主持。塞尔维亚代表团由总理兼外交大臣尼科拉·帕希奇率领③，而黑山代表团成员包括政府总理兼军事大臣扬科·武科蒂奇和前驻伊斯坦布尔代办约万·马塔诺维奇。希腊和罗马尼亚代表团则由政府总理组成，保加利亚代表团为首的是财政大臣迪米特里耶·通切夫（Dimitrije Tončev）。

除上述国家的代表团外，和平会议上没有其他参会者。不过，大会仍是在列强的强烈政治影响下进行的。大会的外交行动方向和基本理念都带有两大列强阵营的属性。奥匈帝国在三国同盟其他成员特别是意大利的帮助下，仍坚持让罗马尼亚和保加利亚单独缔结和平协议，并希望借此举挑起同一阵营内国家的不团结，但这样的政策还需要确保罗马尼亚与同盟国的实际盟友关系，并将保加利亚拉向己方，最重要的是，要让两国都转而反对塞尔维亚。这条从维也纳发出的提议，其背后的策划者是贝希托尔德男爵，并得到了索菲亚政治高层的支持，保方还进一步向奥匈帝国外交大臣"提议"建立"奥地利、罗马尼亚和保加利亚同盟"。尽管它们试图单独解决罗马尼亚-保加利亚关系，但相关谈判并没有超出大会的框架。两国代表团在大会上解决了有争议的边界问

---

① 大会的第一次会议决定中止敌对状态并从 1913 年 7 月 31 日开始为期 5 天的休战。
② S.斯科科：《1913 年第二次巴尔干战争》，第 319 页。
③ 同上。

题。1913年8月签署的一份特别议定书，确定将满足罗马尼亚所有要求。[1]

作为一项工作原则，大会通过决议，保加利亚代表团应与所有其他国家的代表团进行单独谈判。达成的约定不被视为特别协议，而是作为整体和平草案的一部分，还需要专门核准。在与保加利亚代表的谈判中，塞尔维亚和希腊代表团的任务要比罗马尼亚代表团的任务难得多。他们的工作涉及马其顿领土内的边界问题，这也是战争爆发的原因。

确定塞尔维亚-保加利亚边界线的谈判中，两国代表团都强调了各自阵营的利益。谈判形成了边界线草案，大会的参会人员进行了审议，不同阵营关于未来的巴尔干关系都有不同的政治草案。俄国与其他协约国成员的目标是通过划界决议开辟空间以重新拉近巴尔干国家关系，重新建立巴尔干联盟。俄国政府因此力图让斯特鲁马和瓦尔达尔的分界线成为塞尔维亚与保加利亚的边界。与俄国相反，奥匈帝国的建议显示出，该国有意强化保加利亚，将其拉拢进三国同盟，于是通过本国驻布加勒斯特使节，建议两国的边界线沿瓦尔达尔河划分，右岸属于塞尔维亚，左岸的布雷加尔尼察河谷、什蒂普（Štip）和科查尼（Kočani）属于保加利亚。[2] 最终，在强烈的抵抗、威胁和压力之下，1913年8月5日，各方接受了权宜方案：边界按照"瓦尔达尔和斯特鲁马间的分界线"划分。新的塞尔维亚-保加利亚边界从帕塔里察（Patarica）山顶起始，沿老的土耳其-保加利亚边界直到迪兹代里察（Dizderica），随后沿瓦尔达尔和斯特鲁马之间的分界线，延伸至属于塞尔维亚的斯特鲁马河谷高处，一直到贝拉西察（Belasica）山，在那里与希腊-保加利亚边界相连。[3]

---

① S.斯科科：《1913年第二次巴尔干战争》，第319页。

② B.拉特科维奇，M.久里希奇，S.斯科科：《1912—1913年巴尔干战争中的塞尔维亚与黑山》，第321页。

③ 详见S.斯科科：《1913年第二次巴尔干战争·附录Ⅰ：保加利亚-塞尔维亚新边界单独描述》，第345页。

希腊和保加利亚之间的划界，最重要的是保加利亚希望获得爱琴海出海口的问题（并确定出海口宽度）和卡瓦拉（Kavala）港口地位问题。这座港口的命运，体现了两国代表团和两个军事政治联盟成员国立场的分歧。奥匈帝国和俄国支持将卡瓦拉划归保加利亚，而德国和法国则认为应该将其划归希腊。奥匈帝国希望卡瓦拉属于保加利亚，是因为奥匈帝国相信，这样就能把保加利亚更牢固地捆绑在三国同盟的阵营里。俄国支持同一方案，是希望减少损失，并更轻易地用协约国政策拉拢保加利亚。与此同时，圣彼得堡反对希腊向爱琴海扩张。考虑到在阿尔巴尼亚海上的利益，意大利也没有站在希腊一边。出于王朝利益的考虑和土耳其的原因，德国赞成将卡瓦拉划归希腊。法国则再次希望通过强化希腊的实力，限制意大利在地中海的影响力。英国也赞成卡瓦拉属于希腊。最终，这座港口还是被划分给了希腊，不过奥匈帝国和俄国政府保留了修订条约的权力。在这样的条件下，保加利亚接受了和平协议草案。

巴尔干交战各国间最重要的争议问题，通过协调边界立场得到了解决。虽然无法以普遍接受的简易方式解决战争赔款问题，但交战各方其他的争议问题都容易解决得多，随即形成了条约中的条款。鉴于黑山与保加利亚之间没有直接的领土问题，因此大会的一般原则，即保加利亚应单独与其他巴尔干国家代表团进行谈判的原则，并不适用于黑山。不过，全体会议上，约万·马塔诺维奇还是代表黑山宣读了一份声明，强调了该国在两次巴尔干战争中的贡献，要求将本应属于塞尔维亚的土地用来支持黑山疆域的扩大。[1] 但是这并没有影响到条约最终文本和附加文件的形成。大会最终版的协议中，除了"关于和平与友谊"的条款，最重要的还是关于保加利亚与罗马尼亚、保加利亚与塞尔维亚、保加利亚与希腊边界问题的条款。条约中还包括了从相关领土撤军以及交换战俘的条款等等。《布加勒斯特和平条约》于 1913 年 8 月 10 日正

---

① 《1913 年 8 月 10 日的和平条约》，外交部出版物，贝尔格莱德，1914，第 74 页。

式签署。条约的核准关系到交战各国及其国民何时可以回归和平宁静。"终于"，那些从土耳其手中解放出来的领土的地位，也得到了解决。唯一悬而未决的就是阿尔巴尼亚问题了，它的边界将由列强来确定。[1]

除保加利亚外，奥匈帝国对《布加勒斯特条约》的条款犹为不满。根据条约文本，条款的修改权为俄国、奥匈帝国所保留，由于对条约中关于塞尔维亚领土的内容不满，维也纳政治高层在大会结束后立即要求修改条约。但俄国放弃了就卡瓦拉相关条款进行修订的权力，认为缔结的条约就是最终版本，因此，奥匈帝国的倡议没有得到其他列强的支持，修改条约的尝试以失败告终。

布加勒斯特会议没能解决所有与第二次巴尔干战争相关的和平问题。除巴尔干国家外，参加战争的还有土耳其，但它未被允许参加和平会议。每一个巴尔干国家都需要单独与土耳其缔结专门的和平条约。

与土耳其缔结和平条约对保加利亚来说尤为重要。它解决了保的国家边界问题。土耳其军队曾占领伦敦会议上确定的伊诺斯-米提线以外的大块保加利亚领土。争议领土是按照伦敦会议上确定的保加利亚领土范围来解决的，奥斯曼帝国获得了"埃迪尔内的色雷斯（Jedrenska Trakija），但不包括斯维林格勒（Svilengrad）、皇家（现在的米丘林（Mičurin））和马洛特尔诺沃（Malotrnovo）地区"[2]。失去多布罗杰亚和在马其顿的糟糕战果，输给了土耳其部分领土，这些基本就是保加利亚的战果了。

塞尔维亚与奥斯曼帝国缔结了专门的和平条约，于1914年3月14日在伊斯坦布尔签署。希腊于1913年11月14日在雅典也签署了对奥条约。由于奥斯曼帝国与这两个国家不涉及领土争端，上述两份条约主要解决恢复外交关系、交换战俘、割让地区人员身份及遣返等问题。虽

① 米拉丁·米洛舍维奇(Miladin Milošević)：《一战后(1919—1926)塞尔维亚人-克罗地亚人-斯洛文尼亚人王国与阿尔巴尼亚边界的确定,阿尔巴尼亚的斯拉夫裔居民》,铁托格勒,1991,第817页。
② B.拉特科维奇,M.久里希奇,S.斯科科：《1912—1913年巴尔干战争中的塞尔维亚与黑山》,第323页。

然黑山也参加了第一次和第二次巴尔干战争，而且作为部分土耳其领土继承国需要就一些问题做出规定，但黑山没有与土耳其缔结这样的和平条约。

上述文件的签署无疑宣告了第二次巴尔干战争的结束。但困扰巴尔干国家关系的问题远未解决。在布加勒斯特达成的和平只是一场巨大危机前的喘息，这场危机不光将席卷巴尔干，还将引发一场世界级的战争冲突。

第九章

黑山在第一次世界大战期间的
外交活动（1914—1918）

第一节　黑山在两大对立阵营之间的地位

一、战争开始时的国内政治环境

第一次世界大战爆发之际的黑山，军事上精疲力竭，经济尚待恢复，国内政治、经济、社会多个问题亟待解决。第一次巴尔干战争导致的国际声誉下降，使得黑山国内的政治环境愈加不利，而战争的结局让黑山与塞尔维亚有了共同边界，从而引发了与塞尔维亚合并的问题。

1914 年初，内外因素交织导致的黑山政治动荡，在战争条件下愈演愈烈。在由战争引发的危机之初，黑山能否保持独立地位就被画上了问号。合并进程越来越意味着黑山的国家性质将被抹杀，官方政治层面、王室和王国政府保持国家独立的要求越来越坚决。虽然尼科拉国王和他忠诚的追随者顽强地投入努力，但第一次世界大战还是终结了黑山曾被国际承认的独立地位。这一进程赋予外交工作特别的内容，黑山要试图寻求最有利的解决方案，但那不符合盟国政策的要求，也不符合南部斯拉夫地区的主要历史潮流。

除了当时所处历史-政治环境的复杂性,这一时期,整体历史潮流对黑山外交活动提出的要求,迫使黑山必须改变外交沟通方式,这是由当时的战争条件决定的。这样的环境,加上活动空间的局限性,清晰地展现出第一次世界大战期间黑山外交面临的特殊形势。对形势的分析可以更全面地发现外交工作连贯性方面的问题,1878年至1918年作为独立国家存在期间,黑山通过政治和军事手段来实现外交目标的努力不具连贯性。

对第一次世界大战期间事件的分析,通常被限定在一个已知的时间框架内。不过,就黑山的外交实践而言,不论是时间上,还是主题上,都不是唯一的。国家的外交活动,在军队投降、国王和政府于1916年初开始流亡之前和流亡期间,在性质和意义上都有很大不同。不过同时,通过关注外交活动的主要方向,可以确定,这两个阶段黑山的外交目标大致相同,即便风云变幻也在努力实现。虽然这些目标没有写入专门的政治和战争规划,但黑山的主要外交任务,不论在与盟国关系中,还是在与敌对列强的外交接触中,都显而易见。

二、1914年初同盟国对巴尔干的军事政治规划

第一次世界大战初期,黑山的政治立场和外交活动方向都是针对敌对国家的。除了国内局势,还应该注意到布加勒斯特和平会议上衍生出的全球"国际环境"。两个维度的事态发展,都以相似的消极方式体现在黑山的发展前景上。与塞尔维亚的合并问题,不仅威胁到黑山的国家地位,还影响到同盟国的巴尔干重组计划。两次巴尔干战争给黑山造成了巨大的人员和财产损失,使其经济与社会危机频发,国际声誉下降。1914年,黑山陷入了政治上的特别是外交上的动荡,当时的黑山与巴尔干国家关系不和谐,与列强也产生利益冲突。造成这种局面的原因,正是布加勒斯特和平会议上的决议。除了"塞尔维亚、希腊和罗马尼亚,没有人感到满意"[1]。

---

[1] F.T.诺托维奇:《第一次世界大战期间的外交斗争》,莫斯科-列宁格勒,1947,第10页。

缔结和平协议后，巴尔干国家间仍存在矛盾，因此布加勒斯特和平会议被称为"武力和平"。会议达成了"临时停战"，但只是推迟了冲突，除了保加利亚，三国同盟的成员——特别是奥匈帝国和德国，仍想挑起争端。

第二次巴尔干战争期间，巴尔干同盟的解体是奥匈帝国的一次政治胜利，但与战后的巴尔干国家重组相比，前者只是一次小小的收获。奥匈帝国与罗马尼亚的关系危机，除了是因为"轻视"了罗政府的联盟义务，还因为其国内的民族解放运动，这场运动在夺取多布罗杰亚后，不出意料地在俄国的帮助下，向匈牙利的特兰西瓦尼亚（Transilvanija）蔓延而去。而希腊由于与塞尔维亚保持着稳定的同盟关系，无法成为奥匈帝国和同盟国政策的支柱。伦敦和布加勒斯特的和平会议后，奥匈帝国和意大利的关系明显趋于紧张，两国都毫不掩饰地对彼此在阿尔巴尼亚树立政治威望的计划表现出不信任。塞尔维亚在政治和领土问题上的崛起最令人担忧，其国家实力的提升严重阻碍了"通往东方之路"，也进一步引发了奥匈帝国境内南部斯拉夫民族解放运动带来的危险。此外，如果说两次巴尔干战争为黑山和塞尔维亚的合并以及塞尔维亚获得出海口"创造了条件"，那么塞尔维亚的立场与奥匈帝国的利益则陷入了更大冲突。维也纳/布达佩斯和柏林不愿放任事态如此发展下去。

上述原因迫使奥匈帝国开始制定政治计划，以在巴尔干设立新的力量均衡体系。在创立关系新模式的过程中，不论从哈布斯堡王朝的立场来看，还是从同盟国的政治威望来看，德国都被赋予了更积极的地位。

1914年3月，奥匈帝国首相蒂萨（Tisa）公布草案，东南欧地区关系调整的主要目标是，奥匈帝国必须首先与德国一起创立更为有利的巴尔干国家集团——将罗马尼亚和希腊两国与塞尔维亚分离开来，促成这两国与保加利亚的和解，增强保加利亚相对于塞尔维亚的实力。这必须与波尔特的政策完全一致，波尔特意欲避免在欧洲的冒险，确保在亚洲的占领。[1] 1914 年 3 月上旬，德皇威廉、奥皇弗朗茨·约瑟夫、奥匈帝国外交大臣贝希托尔德和蒂萨伯爵在一次会议上探讨了该计划的基本要点。借此机会，会议专门关注了"塞尔维亚和黑山准备合并"的问题。会议的共同结论是要通过外交手段，必要时借助武力，不惜一切代价避免两国合并。在维也纳美泉宫举行的一次会议上，蒂萨在解释弗朗茨·约瑟夫和贝希托尔德的拒绝态度时指出，奥匈帝国的最高利益"在于不能允许塞尔维亚这个俄罗斯帝国的前哨站，获得亚德里亚海的出海口"[2]。如果不能阻止合并，奥匈帝国将要求把黑山一分为二，将其沿海地区并入阿尔巴尼亚，让其余更大的部分归属塞尔维亚。随后，1914 年 3 月 27 日，德皇与奥匈帝国皇储弗朗茨·斐迪南举行会议，讨论了巴尔干的政治局势，此次会议体现出奥匈帝国按照自己的意愿解决黑山问题的决心。早前的 1914 年 3 月 25 日，在威尼斯一次关于巴尔干未来政治关系的会议上，奥皇也向意大利国王通报了这些基本原则。

除了改变现有的巴尔干力量平衡外，蒂萨的计划还预见到同盟国对协约国成员政治立场的改变。该计划是基于奥匈帝国巩固政治影响力、确保提升经济实力的理念制定的，这意味着奥匈帝国和德国资本在巴尔干各国财政、经济、交通等各个领域的渗透。这样一来，同盟国的经济地位将得到强化，而它们在欧洲的政治威望，在布加勒斯特和平会议上落入不利境地后，将有所回升。

蒂萨的计划及其包含的基本解决方案，得到了维也纳和柏林的批准。具体的实施步骤包括：①将罗马尼亚保持在三国同盟一边；②以塞尔维亚的马其顿领土作为奖励，与保加利亚建立密切友好关系，使其成为奥匈帝国和德国在巴尔干的前哨；③建立一个新的巴尔干同盟，包括罗马尼亚、保加利亚和希腊，并在奥匈帝国和德国的资助下对抗俄国和协约国；④对塞尔维亚和黑山的领土进行分割，使"独立塞尔维亚"的

---

① F.T.诺托维奇:《第一次世界大战期间的外交斗争》,莫斯科-列宁格勒,1947,第 15 页。
② 同上。

领土减少到微不足道，与奥匈帝国"恩准"的黑山割让土地连接在一起。①

上述任务应通过和平手段即外交途径来实现。它们最终实现后，将被转化为奥匈帝国和德国在巴尔干的政治威望，而俄国的影响力将被肃清。

"和平征服"巴尔干的计划，清楚说明了同盟国的主要目标。从政治实用主义的角度看，这终究是不现实的，因为该计划认为，可以通过非暴力手段实现巴尔干国家间的重大政治变革——提升保加利亚，削弱塞尔维亚，拉拢罗马尼亚，形成一个新的对抗俄国和协约国的巴尔干国家联盟。局势的后续发展证明，这种设想实际上并不能直接实施而转变为现实。但是，即便在显著改变了巴尔干政治生态的萨拉热窝刺杀事件之后，这种从根本上改变东南欧政治关系的理念仍未被抛弃。这种改变局面的决心，在德皇威廉二世 1914 年 7 月 4 日的一封信中显露无遗。在写信给弗朗茨·约瑟夫谈论萨拉热窝刺杀事件时，他指出，塞尔维亚政府的政策"就是要将所有南部斯拉夫民族团结在塞尔维亚的旗帜之下，这次的刺杀事件起到了推波助澜的作用"。他提请注意罗马尼亚政策的危险性和将其保持在三国同盟一边的重要性。要实现这一点，需要防止在俄国的庇护下形成巴尔干国家联盟，并确保保加利亚与三国同盟的盟友关系。此外，布加勒斯特应当明白，"想做塞尔维亚的朋友，就不能同时做奥匈帝国和德国的朋友"。

萨拉热窝事件后，奥皇关于重组东南欧的基本原则，一定程度上被简化为：①以削弱塞尔维亚为代价强化保加利亚的实力；②将保加利亚拉拢向同盟国政策的一方；③在保留《布加勒斯特条约》规定的罗马尼亚国家边界的条件下，成立保加利亚和罗马尼亚联盟。② 后续阶段，应该促成希腊与保加利亚和土耳其的和解，并在同盟国的主持下成立新

---

① F.T.诺托维奇：《第一次世界大战期间的外交斗争》，莫斯科-列宁格勒，1947，第 15 页。

② 同上，第 21 页。

的巴尔干联盟。该联盟应该成为应对滋长中的泛斯拉夫主义的屏障，并成为巴尔干的和平因素。这项计划意味着，由于塞尔维亚有可能成为巴尔干关系中的武力因素，需要将这个泛斯拉夫政策的中心清除掉。

奥地利宫廷重组东南欧关系和"削弱塞尔维亚"的理念，也被柏林政治高层所接受。这意味着德皇和德国政府要发动一场欧洲战争。不过，除了军事行动，这还意味着要进行各种外交活动。因此，通过对驻罗马尼亚和保加利亚使节做工作，同盟国开始拉近这些国家的距离，并将它们纳入三国同盟。尽管弗朗茨·约瑟夫的东南欧关系重组计划中并没有直接提到黑山，但类似在布加勒斯特和索菲亚进行的外交活动，也在黑山采蒂涅开展起来，目的是将黑山拉入自己的一方。它们希望以此离间黑山与塞尔维亚，让同盟国军队在对塞作战时轻松一些。

三、战争第一阶段与同盟国代表的外交接触

同盟国 1914 年的最初计划，对黑山来说看不出任何有利之处，萨拉热窝刺杀事件造成的危机给黑山的未来画上了问号，这一事件对后来的政治关系发展非常重要。黑山与塞尔维亚愈加牢固的政治和军事关系，长期以来与两大列强阵营的政治意愿都不相符，因此在战争开始前和战时，同盟国与黑山的政治接触，都是以重组塞尔维亚-黑山关系为目标的，这侵害了黑山的政治主体性，也强化了三国同盟敌对国家的阵营。

尼科拉国王雄心勃勃地要强化王朝地位，确保国家的主体性并实现领土扩张，从某种角度来说，这与同盟国将黑山拉拢至己方的意图相符。因此在战争爆发前，黑山政治高层在有关国家未来的政策和地位问题上，明显犹豫不决。之前的两次巴尔干战争已经让黑山精疲力竭，黑山不愿参与新的战争冲突，或"推迟些时候"再参与。对于黑山来说，如果会遭到同盟国的反击，考虑保持军事中立是可以接受的。确定黑山国家未来地位，除了对与主要交战国的关系很重要，还对塞尔维亚-黑山关系特别重要，因为不参战的话，能够稳住黑山摇摆的对外政策和动

荡的国内局势。因此，在萨拉热窝刺杀事件后，奥匈帝国与塞尔维亚关系危机期间，黑山当局关于黑山保持中立的想法存在了很久。俄国驻黑山的外交代表们认为，黑山国王实际上在静待"军事行动的发展"，以便根据战争形势做出决定。[①]

奥匈帝国驻采蒂涅公使奥托男爵与黑山外交大臣佩塔尔·普拉梅纳茨之间，就黑山在七月危机期间的中立性进行了谈判。虽然谈判的绝大部分内容处于保密状态，但根据现有信源，奥匈帝国向黑山提供了财政支持，并以牺牲塞尔维亚和阿尔巴尼亚为代价对黑山进行领土补偿，以换取黑山同意不站在塞尔维亚和俄国一边参战。[②] 某一次这样的谈话之后，奥托向维也纳报告称，如果能确保黑山获得博亚纳河甚至德里姆河作为边界，那么就可以实现两件事情："奥匈帝国无需担心黑山与塞尔维亚的合并；维也纳可以将黑山视为自己的伙伴。"[③]

离间黑山与塞尔维亚和俄国的政策，也得到了奥匈帝国军界的支持。奥匈帝国军队总参谋长康拉德·冯·赫岑多夫（Konrad fon Hencendorf）致力于在军事上摧毁塞尔维亚，但赞成把黑山作为一个独立国家保留下来。为了保护黑山的主权，他向外交大臣贝希托尔德建议，奥匈帝国应向黑山政府提供以下保障：①支持以尼科拉国王为首的涅戈什王朝；②财政支持；③经济发展援助；④在国际层面保护黑山。[④]

奥匈帝国政府发出最后通牒后，与该国使节就此议题的谈判仍在继续，但黑山一直在为向塞尔维亚提供军事支持做准备，到1914年8月5日奥托离开采蒂涅时，谈判没有取得任何具体成果。除了要参与传统保护国俄国的战争外，人民还要求向塞尔维亚提供兄弟般无私的帮助，这都迫使黑山留在这一作战方。这种情绪体现在了1914年8月

---

① F.I.诺托维奇：《第一次世界大战期间的外交斗争》，第131页。
② 同上，第135页。
③ 同上。
④ 同上，第136页。

1 日黑山国民议会的决定中，当日，黑山决定参战，向塞尔维亚和俄国提供支持。

四、战争初期黑山与塞尔维亚的关系

随着战争爆发，采蒂涅与贝尔格莱德之间业已存在的问题更加尖锐。塞尔维亚因其国家规模和军事实力，扮演着更重要的角色。这也体现在两国在战争条件下的相互关系中。首先，1914 年 8 月 6 日，塞尔维亚最高司令部总参谋长拉多米尔·普特尼克制定了塞尔维亚和黑山军队针对奥匈帝国的联合作战计划，三分之二的黑山军队都被置于塞尔维亚最高司令部的指挥下。此外，为了保持塞尔维亚和黑山最高统帅部之间联系的持续性，双方互派了代表。博日达尔·扬科维奇（Božidar Janković）将军被指定为塞尔维亚驻黑山司令部的军事代表，除他之外，在黑山最高统帅部之内的塞尔维亚人还有佩塔尔·佩希奇上校、工程上校博里沃耶·内希奇（Borivoje Nešić）、步兵中校德拉戈柳布·米哈伊洛维奇（Dragoljub Mihailović）和焦尔杰·帕利戈里奇（Đorđe Paligorić）。[1] 黑山最高司令部则任命旅长约沃·贝契尔为驻塞尔维亚司令部的代表。不过，他很快就放弃了这一职务，并对塞尔维亚军官中强烈的联合主义运动表示了愤慨，塞尔维亚军官坚持黑山应当无条件并入塞尔维亚。[2]

扬科维奇抵达黑山后被任命为黑山余下三分之一军队的参谋长，这部分军队的使命是保卫黑山领土，最高指挥权仍属于尼科拉国王。国家的武装力量实际上是在塞尔维亚军官的指挥下。塞尔维亚有权控制盟国对黑山援助的支出。塞尔维亚更加主动的外交地位，还体现在 1914 年 12 月 7 日单独在尼什确定战争目标的过程中，其间，塞尔维亚宣称应当把"我们所有还未被解放的塞尔维亚、克罗地亚和斯洛文尼亚

---

[1] 《塞尔维亚为解放和统一塞尔维亚人、克罗地亚人和斯洛文尼亚人的伟大战争》（第 I 卷—1914），贝尔格莱德，1924，第 31—33 页。

[2] 俄罗斯帝国外交政策档案，1915 年内阁：8—33。

兄弟"团结起来。从这一切可以看出，黑山相对于塞尔维亚的地位，以及黑山在南部斯拉夫地区未来关系形成的政策中，都非常被动。战争引发的事件与统治势力的利益背道而驰，将黑山推向了塞尔维亚和南部斯拉夫世界重要政治事件的外缘。这样的环境对黑山的行动方向也产生了特别的影响，通过与敌方国家的接触，黑山未来的命运愈加清晰了。黑山的行动方向愈加明显，既不像以往的合并理念那样倾向于并入塞尔维亚，也不倾向于组成南斯拉夫国家，而是最倾向于保留黑山的国家独立性，并确保佩特罗维奇王朝的利益。

第一次世界大战的爆发加速了已经开启的塞尔维亚-黑山关系进程。两国合并及整体解决南部斯拉夫问题的历史条件已日渐成熟，虽然这曾长期是黑山的主要外交目标（在佩特罗维奇王朝的主导下实现），但现在并不受黑山官员们欢迎。合并进程的任何层面，对国家属性和王朝未来命运来说都存在着危险。因此很明显，事态的这个发展方向没有赢得黑山当局支持，甚至引发了其反对共同战争目标的情绪。这在战争的头几年尼科拉国王的军事和政治行动中就已经有所显现。在筹备完善的、针对科托尔、杜布罗夫尼克和斯库台的独立行动中，以及王子们与奥匈帝国和德国代表们的外交接触中，都毫不掩饰地体现了出来。从这些独立行动中可以清晰看出，黑山把领土扩张作为阻止合并的政策手段。这一对外政策方针，在 20 世纪最初 10 年中显而易见，特别是在巴尔干战争和征服斯库台的行动中，而方针的目的是持久地巩固国家和王朝的地位，因为建立一个大的"黑山国"将完全断绝黑山与塞尔维亚合并的可能性，一旦合并，将出现一个从多瑙河延伸至亚德里亚海的强大国家。战争初期，协约国内，在法国和英国支持下，俄罗斯的立场是，黑山应无条件按照塞尔维亚总参谋部的要求协调本国军事行动，而所有其他问题一概推迟。[①] 因此，黑山所筹划的独立外交行动，不光与对塞尔维亚的同盟义务相悖，也与协约国列强在战争中的要求背道

---

① 诺维察·拉科切维奇：《1903—1918 年黑山与塞尔维亚的政治关系》，第 233 页。

而驰。

上述黑山及其盟友各不相同的政治利益，导致从战争爆发的最初阶段，部分黑山军队在实施共同作战计划时，就表现出与塞方行动不一致的情况，与已经接受的任务相左。黑山主力部队集中精力于黑塞哥维那的前线和洛夫琴地区，而只有五分之一的兵力在普列夫利亚与塞尔维亚军队共同行动。这表明了黑山王室对于独立行动的渴望。

第二节 黑山与联盟协议不相符的军事政治活动

一、夺取科托尔湾的计划

尼科拉国王的政策非常重视科托尔湾，因为征服科托尔湾意味着获得"相对于塞尔维亚更大的独立性，在黑塞哥维那民众中享有更高的声望"，并能为"确保黑山独立、强化王朝地位"提供更大保障。在这个问题上国王还努力争取其他国家的参与，首先是法国，其次是英国，因为这些国家在地中海拥有强大的海军。此外，还试图调遣斯库台国际部队中的法国分遣队（部署在洛夫琴的 200 名士兵和重型炮兵连）用于这次行动。为了征服科托尔湾，黑山还努力争取与意大利和俄国达成军事同盟。以萨佐诺夫为首的俄国外交部明确反对在科托尔湾进行军事干预，尤其反对黑山在没有塞尔维亚军队加入的情况下独立行动。

塞尔维亚也持相似看法，虽然在其政治规划中，已经将科托尔湾视为本国通向亚德里亚海的港口，不过，塞尔维亚不同意从联合部队中抽调出更多的黑山兵力，因为不论从军事角度还是从政治角度看，黑山单独征服科托尔湾的话，会给合并进程带来不确定因素。同时，对于黑山和意大利可能在政治上形成的密切关系，塞尔维亚政府的解读也不具善意。

二、夺取斯库台

虽然在科托尔湾的问题上，黑山与盟友们没能就计划的军事行动达成一致，但在征服斯库台的问题上却不是这样。多个原因驱使黑山官员们于 1915 年 6 月 27 日派出军队夺取斯库台。除了要纠正 1913 年列强决议导致"国家灾难"的不公和军事原因（包括防止入侵黑山领土的阿尔巴尼亚军队发动袭击），与塞尔维亚的关系也是黑山上述行动原因。黑山以此赢得的威望，也引起了人们对行动的恐惧，人们担心塞尔维亚军队在夺取地拉那和杜拉斯之后，会发动类似黑山夺取斯库台那样的行动。不管是什么原因让黑山不遵守联盟义务和盟友指示，黑山这样做的后果是严重的。最首要的就是它影响了与塞尔维亚的关系。塞尔维亚撤回了派驻到黑山军队的军事代表兼最高司令部参谋长博日达尔·扬科维奇，双方的危机到达了顶点。虽然两国的军事合作没有就此中断，因为塞尔维亚重又派出军官佩塔尔·佩希奇，但两国关系此后未得到明显改善。

黑山独自发起的行动倡议，引起了盟友特别是意大利和英国的不满。斯库台形势相对缓和后，盟友们不愿承认黑山对阿尔巴尼亚领土的占领，于是在 1915 年 7 月 30 日向黑山政府发出了照会。军事行动导致的形势被认为是暂时的，应该只会持续到战争结束。黑山在日后的军事行动被要求服从盟友们的共同目标。而且特别强调了与塞尔维亚的协同行动。

塞尔维亚官方则利用斯库台的占领形势来破坏黑山佩特罗维奇王朝和黑山政府的声誉——除了怀疑黑山在联盟中不够真诚，还公开指责黑山与奥匈帝国进行秘密谈判。这种指责也从其他来源纷至沓来。甚至在盟友国家外交官关于占领斯库台的报告中也提到了奥匈帝国与黑山的谈判，即 1915 年 6 月 11 日佩塔尔亲王与奥匈帝国前驻采蒂涅军事代理人胡布卡（Hubka）少校的谈判。比如，俄国公使什特兰德曼（Štrandman）从贝尔格莱德发给俄外交部的报告中转述塞尔维亚公使的话说，黑方与胡布卡的谈判主要就以下几个问题达成协议："奥匈帝国允许黑山人占领斯库台，承诺停止对黑山领土的轰炸，保证满足黑山自由运输物资的需求。作为交换，黑山人停止针对奥匈帝国的军事行动。"[①]

除了不执行列强严格坚持的联盟义务和塞尔维亚与黑山军队共同作战计划，黑山对独立占领斯库台相关军事行动的渴求，以及对联盟其他义务的违背，也体现在其独立的外交行动中，以及与敌对国的数次谈判中。佩塔尔亲王与胡布卡少校的会谈只是此类事件中的首例，随后又出现了其他类似情况。

三、佩塔尔亲王与胡布卡少校的会谈

虽然学术上并没有就佩塔尔亲王和胡布卡少校谈判的真实内容和重要性做出全面表述，但事实是，他们的谈判在很大程度上损害了黑山在第一次世界大战中的地位。加之黑山军队的投降，这些事件彻底将黑山推到了历史边缘。

与奥匈帝国前驻采蒂涅军事代理人胡布卡少校的会见是公开的。对他的邀请于1915年6月5日"应尼科拉国王的要求，通过军事谈判代表发出，目的是要求停止对手无寸铁的百姓的空袭，并以报复相威胁"[②]。虽然轰炸问题是谈判的官方动机，但史学界仍不清楚这是否是黑方的唯一诉求，也就是说，如果没有涉及其他问题，黑山是否放弃了一些意在与奥匈帝国拉近关系的具体建议。胡布卡在报告中写道，谈话中对方没有给他提出任何"积极的建议"，但"佩塔尔亲王清楚地向他传递出信号，希望黑山与奥匈帝国的关系在战后重归友好"[③]。此外，佩塔尔亲王还表现出王室对"佩特罗维奇王朝战后命运"的担忧，指出"尼科拉国王个人非常希望避免与奥匈帝国的战争，但必须对一些压力

---

① 诺维察·拉科切维奇：《1903—1918年黑山与塞尔维亚的政治关系》，第233页。
② 沃伊斯拉夫·武奇科维奇博士：《塞尔维亚与黑山合并的外交背景》，第241页。
③ 同上。

妥协"；他还表示，"如果在缔结和平时或之后，关于塞尔维亚-黑山合并的最终决定会侵害黑山王室利益的话"，尼科拉国王希望获得奥匈帝国的同情。胡布卡特别注意到佩塔尔亲王所说的话，根据文献，这位奥匈帝国代表是这样记述的："当北方战场上的战事平息，奥匈帝国——如果成功的话——不会愿意推迟缔结和平协议，第一件事就要和塞尔维亚算账。消灭塞尔维亚王室，无论如何都是萨拉热窝悲剧事件后，在道义上的一次满足。"①

与胡布卡的谈判没有达成任何具体成果。尽管谈判没有对两国关系产生实质影响，但谈判中黑山的立场清楚表明了发起谈判的动机和目标。很明显，战争增加了与塞尔维亚合并的危险，保护王朝地位的愿望迫使黑山王室与奥匈帝国进行接触，虽然对方是敌方国家，但客观上却是唯一有能力与黑山盟友们持相反立场来解决黑山问题的国家，这同时也符合奥匈帝国自己的利益。谈判的目的可能不光是要打探维也纳在新形势下对黑山的态度，还包括要了解如果奥匈帝国获胜的话，其战后对这一地区关系重组的计划。

黑山对于谈判目标的态度没有被详细说明，但它们被隐含在胡布卡发给上级的报告当中。尽管谈判没有商定任何具体的协议，但也不能说与胡布卡的会议没有带来任何后果。首先就表现在盟友们对黑山与敌人会面相关消息的消极反应上。由于谈判没有对外界保密，一些学者认为，尼科拉国王想以此向盟友们施压勒索。与敌人的公开谈判由于没有商定任何内容，因此被认为与随后黑山军队占领斯库台有关。鉴于黑山盟友们对这场谈判的看法，即便谈判中双方有意达成对黑山有利的政治影响，最终也没有实现。此外，盟友们还表现出对自身地位、盟友政策以及同盟国对黑山政策的错误评估。

四、达尼洛王储向维也纳皇室提出的和平建议

另一个黑山与敌对国家进行外交接触的例子，是王储达尼洛通过

---

① 沃伊斯拉夫·武奇科维奇博士：《塞尔维亚与黑山合并的外交背景》，第241页。

奥匈帝国驻保加利亚公使塔尔诺夫斯基（Tarnovski），向维也纳和柏林王室转达的和平建议。根据现有资料来源，该建议于 1915 年 11 月 10 日或 11 日由荷兰海军军官克鲁夫特（Kruft）男爵转交。最终结果是，在敌方的强烈攻势下，塞尔维亚军队准备撤离。根据达尼洛王储 1915 年 11 月 11 日发给克鲁夫特的密电，他"以凯撒之威"，警告维也纳当局称，"对黑山的吞并是无法忍受的行为，是持续动荡的源泉"。黑山王储的提议涉及两组问题：除了希望了解同盟国在塞尔维亚和黑山问题上的"真实意图"，他还提议，为了合乎同盟国的利益，最好"保留一个对他们心存感激、忠诚的塞族国家（指黑山——作者注），以制衡保加利亚的无尽企图，保方可能很快会提出很多过分的要求"①。这样一个国家，"一个塞族王国"，应该借以"塞尔维亚的部分领土、达尔马提亚的边缘地区以及阿尔巴尼亚北部"来扩大疆域。另一方面，作为回报，黑山王储提议："这种情况下，我们能够也愿意将塞尔维亚的撤军方向调转向阿尔巴尼亚，我们也不会接纳塞尔维亚及其盟国军队进入我国领土，在上述基础上我们接受与同盟国签订的条约。"②

奥匈帝国外交大臣布里安（Burian）男爵带着不满收到了黑山的建议，他认为，以黑山的军事-政治地位，不能扮演此种政治解决方案的倡议者，特别是不能成为未来巴尔干命运或某些巴尔干国家地位的缔造者。按照这种明确的立场，黑山只能"无条件地将命运托付给同盟国列强"，要继续谈判的话，克鲁夫特被要求得到相应授权。后续在索菲亚与塔尔诺夫斯基的谈判中，克鲁夫特试图更好地介绍黑山的请求——不再是谈判条件，而是实现和平的请求。因为没有授权书、没有代表黑山进行谈判的授权，王储提出的建议及相关活动以失败告终。后来克鲁夫特试图让维也纳的福尔加奇（Forgač）接受相同的条件，也没有成功。由于没有黑山国王或政府的授权，他的中间人角色在 1915 年底终止了。

---

① 沃伊斯拉夫·武奇科维奇博士：《塞尔维亚与黑山合并的外交背景》，第 242 页。
② 同上。

五、达尼洛王储向德国政府提出的和平建议

除奥匈帝国外，王储的提议也针对德国。在克鲁夫特的任务还在进行时，或更早一些，达尼洛王储的另一名特使卡拉曼蒂（Karamanti）与德国驻瑞士的官方代表伯恩斯多夫（Bernsdorf）进行了谈判。会议前，黑山已经通过德国驻索菲亚公使埃加尔（Egar）向德方提供了一份文件。德方收到王储的提议后提出对案，希望达尼洛王储的妻子米莉察王妃（德国的尤塔公主）前往瑞士与德国国务秘书伯恩斯多夫会面。达尼洛王储决定，派出黑山驻米兰名誉总领事卡拉曼蒂，代替自己的夫人前往瑞士。会谈中，德方建议卡拉曼蒂以德皇的名义通知尼科拉国王，如果能禁止塞尔维亚军队穿越黑山国境，就可以得到塞尔维亚在马其顿领土的一半，还能立即获得 500 万塔勒（talir）。卡拉曼蒂抵达罗马后向埃夫盖尼耶·波波维奇转达了这一提议，后者通过刚刚从俄国返回的米塔尔·马尔蒂诺维奇将军向国王转交了信件。虽然达尼洛王储（通过阿莱克萨·马尔蒂诺维奇）做出了努力，但国王并没有就这份提议做出答复，于是此次谈判流产了。[①]

塞尔维亚驻采蒂涅代办蒂霍米尔·波波维奇（Tihomir Popović）后来的一份报告，提供了黑山与德国谈判的有关信息。事实上，他在给本国政府的报告中，提到了时任黑山总理拉扎尔·米尤什科维奇随后发表的声明。声明内容证实，黑山通过达尼洛王储与德国的谈判确实发生在"灾难之前"，国王和政府是知晓的，政府甚至就此对国民议会做出了解释。政府在议会发言后，当时的联合主义运动领袖议员塞库洛·德尔列维奇博士发表了他的著名演讲，题为"谁将军队带上戈莱什山！"（影射武克·布兰科维奇，Vuk Branković）。[②]

---

① A.卢布里奇：《黑山的投降》（卷Ⅰ），第 103 页；АВОРИ，1917 年驻采蒂涅使团，20 号文件.
② 塞尔维亚档案馆，黑山分部，FI-DVI，1917 年，247 号文件。

六、与敌方国家代表谈判的政治意义

根据前面概述的黑山与敌方国家代表谈判的内容，很明显，黑山与反对巴尔干结盟的主要列强的外交接触，没有达成任何成果。会谈并没有就黑山退出战争、或单独媾和、或某种相互让步达成任何协议，因此与塞尔维亚或与协约国列强的结盟，也都没有进行。战争期间与敌方谈判这一行为本身并不意味着背叛联盟关系，我们之前提到的三个案例，也不能确定为背叛，这种关系在交战各方中早已为人所知。鉴于国际战争法的基本原则和谈判总体结果，黑山并不能因此被定义为背信弃义的盟友，因为这些谈判并没有对它的军事部署产生严重后果。

不过，从与塞尔维亚缔结的联盟义务来看，即根据一战初期黑山与塞尔维亚缔结的《政治协定》第 5 条，我们可以说，其中关于"不论为了任何利益"都禁止与敌方进行任何谈判的条款，被破坏了。上述协定中规定的结盟义务，超越了一般国际法准则，一般国际法准则中，此类结盟国家和交战方谈判并不会受到惩罚。但是，不论在严格意义上黑山是否因为与敌方谈判而破坏了与塞尔维亚结盟协议的条款，事实上黑山因为这样的行为将自己带入了非常糟糕的政治处境，在盟友们的眼中，黑山截至当时对战争的贡献被严重削减了。

虽然谈判中没有达成相互间的协议，但谈判本身对黑山与盟友的关系产生了重大政治影响。不论直接参与谈判的代表们政治级别如何，本方、对方和第三方都有国家高层人物参与，毫无疑问这是非常严肃的政治行为，与黑山对其盟友肩负的政治义务严重不符。这些都清楚表明，一旦协约国在战场上失败，黑山对其肩负的盟友义务和外交立场就将发生变化。国内民众已经精疲力竭，加之盟友援助不到位衍生的生活和军事物资匮乏，都可以作为黑山立场转圜的理由。如果战场形势继续朝不利于盟友的方向发展，那么与同盟国的和平谈判可以被解读为，是为了确保本国拥有有利地位。谈判被黑山盟国媒体放大宣传，同时在塞尔维亚政府宣传的推波助澜下，人们愈加相信尼科拉国王有意停止斗争，背叛联盟政策利益，这并非没有原因。1915 年末到 1916 年初，黑山的军事和政治立场对盟国公众产生了决定性影响，起初人们就无甚差别地坚定认为，黑山王室和政府通过政治算计，对黑山军队从联盟军队中撤出起到了决定性的作用。

第三节　战争第一阶段针对盟友国家的外交活动

一、米塔尔·马尔蒂诺维奇和安德里亚·拉多维奇的任务

到就单独媾和进行谈判之前，黑山从联盟义务中的脱离，最明显地体现在其外交活动中，目的是获得支持以确保黑山的独立国家地位。这些外交活动既面向同盟国，也面向联盟国家。联盟国家间的关系促使黑山与这些国家就战时合作确定一系列问题，从武器和饮食采购到确保其他的战争必须条件。总的来说，这些关系是多元和多样的。从这一方面的整体外交活动来看，应当谈谈米塔尔·马尔蒂诺维奇驻俄国使团、安德里亚·拉多维奇驻法国使团，以及黑山和塞尔维亚官方代表在采蒂涅进行的会谈，内容关于塞尔维亚军队的撤离、黑山后续的政治步骤以及黑山军队的命运。

关于米塔尔·马尔蒂诺维奇特派团（1915 年 4 月至 11 月），我们已经在黑山于战争期间任命常驻俄国使节时讲过了。这里我们简短回顾一下，借助亲缘关系，尼科拉国王通过自己的女婿、俄军最高指挥官尼科拉·尼科拉耶维奇大公，成功向俄国最高司令部派驻了一名黑山军事代表。根据官方版本，这名代表前往俄国的目的是保证黑山获得资金、食物和军事物资的支援。除了这一官方原因，派遣马尔蒂诺维奇前往的目的还在于试图与俄国建立对等外交关系，以便让"黑山从塞尔维亚获得更大程度的解放"。而为黑山驻俄国宫廷使节人选出具同意函，

对保障黑山未来的政治存续具有意义。①

其他细节则证明，马尔蒂诺维奇的出使并非只是技术性的。在黑山有意从巴黎获得贷款后，俄国已经将黑山军队武装问题剔除出了议事日程。而国王坚持要求马尔蒂诺维奇在俄国解决的政治问题，更能证实这一点。由于认为战争已经接近尾声，作为"从塞尔维亚获得解放"的方法，领土成为了最重要的问题。② 因此，俄国在黑山领土扩张问题及黑山未来国家边界问题上的态度，成了马尔蒂诺维奇出使时要了解并报告的一项非常重要的内容。马尔蒂诺维奇写道："1915 年 3 月底前，国王将我唤至皇宫并对我说：'米塔尔，我收到了尼科拉·尼科拉耶维奇大公的一封信，信中说，俄国取得了巨大的胜利，俄军攻入了匈牙利平原，奥匈帝国提出和解。大公愿尽可能地帮助黑山扩张，要我派一个完全信任的人，给他详细解释所有我希望的黑山未来边境。我派你去完成这个任务，去给大公提供关于黑山划界的必要信息。不过，我们能以这个名义提出什么要求呢？'他继续说：'我想说，我们要的是波斯尼亚萨拉热窝和整个周边地区，整个黑塞哥维那以及达尔马提亚的斯普利特和从斯普利特向南直到我们的沿海？'"③

关于边界的讨论可以推动黑山未来国家地位的积极解决，同时阻止合并运动的推进。获得俄国对黑山领土扩张的同意，就能确保黑山的国际法主体地位不变。鉴于这个问题对黑山王朝的政治意义，为了获得

---

① H. M. 波塔波夫，A. H. 萨哈罗夫，R. 拉斯波波维奇编：《俄罗斯帝国驻黑山军事代理人 1906—1907 年、1912 年、1914—1915 年日记》(第Ⅱ卷)，2003，第 728 页。

② 南斯拉夫档案馆，80-39-73。

③ 安德里亚·卢布里奇，文件Ⅱ，第 19—29 号。据说，马尔蒂诺维奇并不同意国王关于黑山领土边界的指示。在自己的政治回忆录中，他记下了对国王的回应："陛下，我觉得这有些夸张，因为如果萨拉热窝，这个南部不具备优良腹地的地方归属黑山，且与波斯尼亚的其他部分分割开来，那么将带来彻底的经济灾难，给黑山造成巨大的精神和物质损失，那将由我们承担，它将导致失败，一个最大的自由幸运之地将变成最大的不幸和失败。至于斯普利特，我方的这一要求有些过分，我们要将其从塞尔维亚手中夺过来，而塞尔维亚除了斯普利特外就没有别的出海口了……至于波斯尼亚，我除了罗玛尼亚(Romanija)和伊万普拉尼纳(Ivan Planina)以外，不会有任何要求，而是将其留给塞尔维亚。我认为我们不应索求马卡尔斯卡(Makarska)以外更远的区域，而是只要求内雷特瓦(Neretva)河谷以及梅特科维奇(Metković)。如果不能把波斯尼亚和达尔马提亚与塞尔维亚分割开，我们可以向塞尔维亚要求桑扎克和科索沃省作为补偿。"

俄国王室和政府的积极答复，国王的女儿们与马尔蒂诺维奇共同付出了努力。1915年4月18日，大公夫人米莉察·尼古拉耶夫娜（Milica Nikolajevna）向沙皇尼古拉二世提出了关于黑山边界的问题，但比国王指示马尔蒂诺维奇的要温和一些。根据这次的建议，黑山希望获得"黑塞哥维那及亚得里亚海部分属于黑塞哥维那的海岸；以及达尔马提亚南部直到安蒂瓦里（Antivari）群岛（包括杜布罗夫尼克和科托尔）。还有东北部波斯尼亚以南的小块领土，此前黑山人已经在没有塞尔维亚人的帮助下，独立夺取了该区域……德里纳河口以南，整个右岸直到黑山-塞尔维亚边界以南的贾科维察。（当然，还有德里纳河以北的所有地区、斯库台市、以及湖泊）"[1]。如果能将波黑、达尔马提亚和部分阿尔巴尼亚分离开来，那么那里就将是黑山与塞尔维亚的边界。如果克罗地亚（Hrvatska）、斯拉沃尼亚（Slavonija）和斯雷姆也被瓜分，那么黑山所占的部分将进一步扩大。大公夫人请求俄国来为塞尔维亚和黑山划分边界。

俄国官方层面认为，黑山的要求与俄国对黑政策和俄黑政治关系背道而驰。有人警告称，这会将黑山的利益与塞尔维亚的利益分开。因此这些请求没能得到俄国王室的批准。值得注意的是，这些行动的最终目标基本上跟此前黑山与奥匈帝国和德国的谈判目的完全一致。唯一不同的是，这次谈判是与盟友国家和传统保护国的代表进行的。相同的外交诉求本应在完全不同的政治条件和另一种动机下实现。两次行动的动机，都是试图在黑山问题真正成为问题之前，在关于合并的要求越来越强烈之前，确保黑山的独立地位。这个问题被早早提出，说明困扰黑山的问题，与盟国政坛议事日程上的问题，有所不同。因此，马尔蒂诺维奇无法指望自己的使命会成功。

自战争爆发，黑山政府就一直面临着确保军民食品和其他物资供应的难题，武器等军事装备问题也是如此。黑山没有战争物资，因此完

---

① 安德里亚·卢布里奇，文件Ⅱ，第53号，第184页。

全依靠外部援助。尽管黑山希望获得盟友们更大的支持，但只有塞尔维亚在战争初期提供过帮助。1914 年 9 月，带有 30 门火炮和相应数量弹药的 6 个炮兵连被送往黑山。与炮兵连一起到来的还有塞尔维亚军官和弹药手。塞尔维亚还为黑山军队提供了 1 700 万迪纳拉用于改善军队伙食，战争期间又陆续提供了其他物资和装备。[1] 其他盟友国家，除了俄国，都没有特别关注黑山。导致这样局面的原因，除了上述提到的与敌方的谈判，还有关于黑山军队糟糕状况的传言。食物援助虽然不足，但还是陆续到来[2]，而外国贷款的批准则要难得多[3]。俄国与法国、英国达成协议，由这两国向黑山贷款 1 000 万法郎用于支持黑山在两国购买武器和其他装备。这是战争爆发后黑山获得的第一笔较大的财政援助。1914 年 10 月，黑山又收到了 50 万法郎的国际贷款预付款，用于让黑山撤离斯库台。由于数额低于预期，1915 年 1 月，约沃·波波维奇启程前往法国，要求兑现 1913 年伦敦大会上列强承诺的额度。与此同时，为贷款提供担保的参会国们，意识到自己分属不同的战争阵营，按照最初的形式向黑山提供财政援助是不可能了。不过盟友国家们还是一致认为，从黑山"普遍意义"上的利益来看，这个国家还是能够发动战争打击共同的敌人。[4]

对黑山来说，财政援助不光具有军事和经济上的重要性，还具有政治意义。它可以让黑山实现财政独立，从而强化政治独立性，并得以从塞尔维亚的庇护下获得"解放"，塞尔维亚的庇护在资金援助中体现得尤为明显。战争爆发初期，塞尔维亚每 7 天定期向黑山支付 50 万迪纳拉，以维持黑山军队的运行。即便是批准了向黑山提供援助后，盟友国

---

① 诺维察·拉科切维奇博士：《1914—1918 年第一次世界大战中的黑山》，第 82 页。
② 1915 年 1 月 19 日，第一批较大数量的食物包括 500 吨小麦和一些焦炭被运抵巴尔。同年 2 月 10 日，780 吨小麦从亚历山大港运抵，2 月 25 日，两艘鱼雷艇又护送了一次物资运输，但其中一艘运送粮食的船在巴尔港遇上了水雷……"1915 年 5 月，俄国政府决定向黑山运送更多的军用物资。见：A.卢布里奇.文件Ⅱ：199。
③ N.拉科切维奇：《1914—1918 年第一次世界大战中的黑山》，第 88 页。
④ D.武约维奇：《1914—1921 年盟友们与黑山的财政》，载《历史札记》(59—3)，铁托格勒，1986，第 51 页。

家们仍不愿放任塞尔维亚对黑山政府如何支出这些资金施加影响。波波维奇出使期间，英国、法国和俄国政府商定，批准向黑山借贷1 000万法郎，由三个大国均等提供。贷款主要用于满足黑山军队所需，即供其在法国购买军事物资和设备。

　　1 000万法郎的贷款批准后，但尚未兑现前，黑山又向盟国请求批准一笔略高于2 600万法郎的贷款。除了军队开销、武器、弹药和卫生用品采购，这笔贷款的申请理由还包括支付一般开销以及此前借贷的按月分期付款。尽管三个大国驻采蒂涅的使节考虑到黑山军队的境况，倾向于支持黑山新的请求，约沃·波波维奇在巴黎也努力促成积极的解决方案，但最终三国政府认为，已经批准的1 000万贷款的资金援助足够了。此外，由于那笔贷款尚未兑现，各方尤其注意贷款的使用条件，以避免贷款被支出到与盟国政策相悖的用途上。为此，安德里亚·波波维奇前往了巴黎。贷款有效性的条件之一是，购买军用物资时必须遵照黑山最高司令部的指示，而最高司令部的首领是塞尔维亚军官。通过这种方式，他们试图阻止尼科拉国王进行任何独立的军事或政治行动。[①]

　　这种贷款条件对尼科拉国王来说，意味着盟国对塞尔维亚的偏袒，对黑山是一种不平等待遇。这进一步加强了黑山政府对塞尔维亚王室、盟国政策及其解决塞黑关系方案的不信任。

　　由于无法在自己王朝的主导下完成合并，尼科拉国王实际上是反对合并的，他要维护黑山国家的独立性。这是战争期间黑山政治规划的基础，只不过在战争头两年没有公开提出。虽然上述规划没有公开提出，但黑山官方对合并的消极态度并没有改变。

二、黑山王室和塞尔维亚王室政治立场中的合并问题

　　战争最初几年，对于合并的恐惧就已经在黑山存在了。而在塞尔维

---

① N.拉科切维奇：《1914—1918年第一次世界大战中的黑山》，第88页。这笔贷款被用于购买火炮、机枪、手枪和相应数量的弹药。根据拉多维奇的报告，获批的贷款共换得"500吨面粉、500吨焦炭和100吨大米"。但是，由于运输困难，这批采购物资中的相当一部分没能运抵黑山。

亚,塞政府还没有将此问题提上议事日程。塞尔维亚评估认为,如果此时在国内讨论此事,会削弱联合部队的战斗力。但在外交层面,塞尔维亚没有放过任何机会让盟友们确信,东南欧的和平需要一个强大的国家,并间接地就塞尔维亚和黑山关系提出了解决方案。

不论两国政府的政策中有多少"合并的意愿",这个由巴尔干战争引发问题,实际上完全没有选择的余地。黑山国内也很清楚这一点。更令人惊讶的是,尽管害怕可能会失去国家地位,战争爆发两年后,合并问题由黑方提了出来。1915 年 5 月中旬,可能是在尼科拉国王知情的情况下,达尼洛王储通过佩塔尔·佩希奇,提议与亚历山大王储举行会谈,因为"如果要解决塞尔维亚问题,我们必须按照德国的制度建立一个国家"。贝尔格莱德方面接受了黑山王储的建议,并邀请他继续进行谈判,但是事情后来就不了了之了。达尼洛表示"还不是会谈的时候,他需要先让尼科拉国王确信,黑山获得救赎的唯一办法是与塞尔维亚合并"。他说,他本人将"像凡尔赛宫里的巴伐利亚国王一样,做一个'我的桑达尔的大塞尔维亚内部的黑山国王'"。[①] 他做此提议的真正政治动机是什么,想就此得到些什么,都不得而知。这些做法除了与当时黑山官方关于合并问题的政策相悖,也与达尼洛王储的亲德主义不相符。

1915 年 10 月 6 日,奥匈帝国开始大举进攻塞尔维亚,巴尔干战场形势突变,改变了塞尔维亚和黑山两国代表接下来几次会谈的议题。在塞尔维亚军队穿过黑山和阿尔巴尼亚撤至阿尔巴尼亚沿海后,两国重启了相关会谈。塞尔维亚最高司令抵达斯库台后,以及帕希奇在采蒂涅停留期间,即 1915 年 12 月 22 日,两国代表实现了接触,议题涉及两国接下来的结盟之路。帕希奇(据文献记载)建议尼科拉国王"采取与塞尔维亚政府相同的立场,如果形势需要,黑山军队应与塞尔维亚军队共同撤退"[②]。

在黑山军队未来命运的问题上——是进行和平谈判还是与塞尔维

---

① 诺维察·拉科切维奇:《1903—1918 年黑山与塞尔维亚的政治关系》,第 248 页。

② 同上,第 253 页。

亚军队一起撤退，塞尔维亚的立场引起了争议，因为关于 1916 年 1 月
1 日塞尔维亚军事代理人和黑山最高司令部参谋长佩塔尔·佩希奇向尼
科拉国王提交的军事报告，存在不同解读。虽然塞尔维亚政府在抵达科
孚岛后称，黑山与奥匈帝国的和平谈判并不是按照塞方代理人的建议
进行的，但事实上，据佩希奇自己所说，他"在给尼科拉国王的报告
中，鉴于已经确认了军队的混乱程度，他确实建议要尽快启动和平谈
判，因为形势要求速战速决不能拖延"[①]。但是，不论塞尔维亚官方是
否建议了启动和平谈判——这在史学界尚有争议，问题是塞尔维亚的
态度在多大程度上能够影响黑山的决策，毕竟两国统治阶层之间在传
统上就互不信任。

　　如果再看看 1915 年下半年黑山与奥匈帝国的谈判，以及塞尔维亚
军队的溃败和尼科拉国王相信自己"总能与奥匈帝国达成想要的结果，
随时可以缔结和平协议"，就不排除黑山官员们在塞尔维亚落败后，并
未计划通过和平谈判和退出战争来实现建立大黑山的设想，实现"佩特
罗维奇王朝治下的大塞尔维亚王国"。黑山军队与塞尔维亚军队共同撤
退不能被看作是适宜的解决方案，因为还存在黑山军队被塞尔维亚军
队吞并、合并运动继续扩散的危险，那将意味着佩特罗维奇王朝的终
结。事态的发展压缩了通过政治途径实现预期目标的空间。奥匈帝国
1915 年 11 月的攻势改变了两国特别是黑山在军队投降之后进行政治和
军事行动的条件。

　　虽然我们不会对一战中黑山军队的行动进行分析[②]，但我们认为介
绍一些众所周知的观点是有益的。到 1916 年 1 月退出战争前，由于在
此前的战争中精疲力竭、武器装备水平落后和整体的物资技术配备有
限，黑山军队已经算是成功地完成了所有"超出其战术行动能力"的任
务。[③] 1915 年 10 月，德国统帅马肯森（Makenzen）率军进攻塞尔维亚

[①]　沃伊斯拉夫·武奇科维奇博士：《塞尔维亚与黑山合并的外交背景》，第 248 页。
[②]　米塔尔·久里希奇：《1915—1916 年黑山的军事行动》，《军事历史通讯》1995 年第 2—3 期。
[③]　军事历史研究所：《第一次世界大战中黑山的军事行动》，贝尔格莱德，1954，第 536 页。

时，黑山军队在抵抗中发挥了尤为重要的作用。除了保护塞尔维亚主力部队"顺利地在奥匈帝国的行动中，穿越桑扎克撤至科索沃和梅托希亚地区"，黑山军队还在保加利亚军队进攻前、塞军从科索沃撤退的行动中发挥了重要作用。塞尔维亚没有得到预期的保加利亚的援助，被迫让一部分军队穿过黑山境内撤至斯库台和阿尔巴尼亚沿海。扮演总体战略守护者角色的同时，黑山军队还帮助了塞尔维亚军队的撤退，并且，即便面临巨大损失，也让德国最高司令部"将塞尔维亚从地表抹去，让塞尔维亚军队不复存在"的口号没能成为现实。

塞尔维亚军队撤出后，在没有防御奥匈帝国军队总攻的能力、也没有盟军援助的情况下，对黑山来说唯一合适的选择就是像塞尔维亚那样撤出军队，但这并没有发生。原因是多重的，包括国家主要实体——主要是国王和政府——缺乏政治行动纲领。同时战争期间南部斯拉夫民族合并主义抬头，而统治阶层则抱着狭隘的王朝利益，这两者间存在矛盾。此外，黑山军队的组织和领导方式，以及贝尔格莱德和采蒂涅两个王朝保皇党之间的怀疑和算计，都是原因。盟国对黑山军队的陷落危机没有及时做出反应。除了塞尔维亚政府亲近人士向盟国公众传递了糟糕的"建议"，关于黑山与奥匈帝国单独媾和的消息，也在黑山军队进入斯库台后对盟国立场产生了非常消极的作用。在所有这些因素的相互作用下，黑山军队于1916年初退出了联军常设部队。这件事对黑山这个国家的最终命运非常重要。

第四节　关于和平问题的单独谈判

一、关于启动停战谈判的决定

黑山军队明显溃败了，特别是在1916年1月8日和9日洛夫琴、库卡（Kuka）和克尔斯察（Krsca）轻易失手、洛夫琴陷落后，军队士气更加低落，国内民心涣散。于是，1月11日的政府会议决定启动停战谈判。这是黑山为结束抵抗奥匈帝国的武装斗争正式迈出的第一步。尼科拉国王致奥皇的电报可以证实，即便在最后时刻，他还在试图保全国家的政治前景，他请求对方给予体面的和解条件。[①] 他在致俄皇尼古拉二世的信中，表明了黑山人在敌人的强攻下寻求和解的原因，请求俄国不要谴责这样的行为，也不要收回对黑山的庇护。[②] 随着停战谈判的开启，黑山政府背弃了国民议会 1914 年 8 月 1 日的决议和 1916 年 1 月 3 日政府代表在议会上的声明。[③]

1 月 11 日，奥匈帝国军事谈判代表们驳回了黑山关于与奥匈帝国部队在涅古希停战 6 天的请求，同日又答复称，作为停战条件，应当"在不进行任何谈判的情况下，黑山军队就完全交出武器，并要求在黑山领土上的塞尔维亚军队投降"。答复中同时提到："如果不满足这些条件，奥匈帝国军队就必须不间断地继续作战。"[④] 为开启和平谈判而寻求暂停战争行动的尝试，就这样被奥匈帝国要求为无条件投降。

面对来自奥匈帝国与日俱增的继续进攻威胁，黑山政府列出了一份建议，内容是黑山作为参战方可以接受的和平谈判条件。这些条件包括四点，由几种解决方案构成——从对黑山最为有利的第一种，即黑山在最严格的中立条件下保持独立国家地位，到第四种黑山被占领，但"人民和军队留在自己的祖国"。[⑤] 黑山同意军队解除武装，在奥匈帝国的控制下集结并向奥匈帝国军队交出武器。上述条件看起来更像是投降而非体面的和平。不过即便如此，奥匈帝国政府在两天后的 1916 年 1 月 15 日给出的答复还是："根据皇帝陛下的最高命令，最高司令部仍要求黑山全部武装力量放下武器，并要求所有仍位于黑山领土上的塞尔维亚军队投降。"[⑥] 接受这些要求是开启和谈的条件。别无他法，黑

---

① 军事历史研究所：《第一次世界大战中黑山的军事行动》，贝尔格莱德，1954，第 516 页。
② 黑山历史研究所档案，档案集，王国政府 1915 年 12 月 29 日至 1916 年 2 月 19 日工作日志。
③ 诺维察·拉科切维奇博士：《1914—1918 年第一次世界大战中的黑山》，第 162 页。
④ 同上，第 176 页。
⑤ 同上。
⑥ 同上，第 176 页。

山政府在后续谈判中（文献中已多有记述）同意无条件交出武器，但涉及塞尔维亚军队的问题，黑山表示无力满足要求。

投降方式仍需商定。1月18日，奥匈帝国最高司令部提出了"黑山王国军队完全交出武器"的要求，这是极其沉重和带有侮辱性的。除了不论类型和来源交出国内全部武器，黑山还需要向奥匈帝国军队移送军事人员和所有有能力使用武器的居民，虽然他们并不是武装人员。和谈进行期间，这些人要被拘禁起来。[1]

为了反抗苛刻的投降条件，1月18日，黑山军队最高司令部参谋长扬科·武科蒂奇命令称，"国王已经决定，并与司令部和政府达成一致，要依靠盟军的帮助，在斯库台进行防御。如果不成功，军队将向杜拉斯撤退，并根据事态发展与盟军沟通"[2]。命令的第二部分，最高司令部参谋长详细阐述了行动计划，确定了部队撤离的行动方针。

除了执行环节，命令中给每位士兵都留下了选择的自由——"用最机密的方式向每个人解释，如果有人不想保卫斯库台，在上述条件下，没有人会强迫他，他可以留在自己家里，但他的命运也已经很清楚了"[3]。这项行动与黑山政府要求和平的信息相悖，或者，还与将在察雷夫拉兹（Carev Laz）发起关键战役的信息相矛盾，因此行动的效果也被削弱了。所有这些都给黑山军队带来了混乱和破坏。采取措施撤军的同时，尼科拉国王于1月19日离开黑山前往斯库台，在那里逗留到1月20日，并于21日与随从一起抵达梅多瓦。

除了国王之子米尔科王子，还有三名大臣和最高司令部参谋长留在国内。由留守的大臣们组成的政府，待国王1月21日离开斯库台后决定，黑山军队停止撤离。事实上，政府"决定军队就地解散，因此没有军队，只有人民"[4]。为了执行政府的决定，黑山军队参谋长扬科·

---

[1] 黑山历史研究所档案，档案集，王国政府1915年12月29日至1916年2月19日工作日志。
[2] 同上。
[3] 同上。
[4] 《第一次世界大战中黑山的军事行动》，第533页。

武科蒂奇 1 月 21 日"向全体黑山军队发出第 128 号令",命令指战员们"将上述内容通知各地方部队并立即放他们回家"。① 根据同一法令,最高司令部参谋长自己也被解除职务。

随着该命令的执行,黑山军队不复存在。同样不复存在的还有最高司令部及其下属正规军。黑山士兵们已经精疲力尽,解散后的他们很快回到了家中。"不完整政府"意欲在《宪法》基础上继续行使国家权力,在尼科拉国王缺席的情况下,它的行为无疑遏止了有组织的武装抵抗。政府认为自己有权延续已经启动的和谈,于是在军队解散后,继续进行这项工作。

正如我们所见,奥匈帝国司令部把黑山军队放下武器,视为和平谈判的先决条件。黑山政府于 1 月 21 日收到的四份法案之一(其中两份是在黑山决定解散军队并颁布命令的前一天编写的),要求黑山政府尽快"派军事代表商定解除武装的方式"②。为此,军事行动开始的时间又被推迟了 24 小时,到 1 月 22 日 12 点。奥匈帝国司令部的要求,形成了更为正式的第 128 号命令,约沃·贝契尔团长和佩塔尔·洛姆帕尔(Petar Lompar)指挥官带着必要的授权往采蒂涅,准备签署解除武装的指令。由于 1 月 22 日阿尔巴尼亚社会名流伊萨·博列蒂纳茨在波德戈里察遇刺,奥匈帝国军队随即展开行动,黑山军队解除武装的条款直到 1 月 25 日才得以签字。代表黑山签字的是上述几位受权代表,代表奥匈帝国签字的是约万·希普契奇(Jovan Šipčić)和维克托·韦伯(Viktor Veber)。指令签署时,奥匈帝国军队已经占领了黑山的大部地区:1 月 22 日和 23 日占领波德戈里察;1 月 22 日占领巴尔和乌尔齐尼;23 日占领达尼洛夫格勒和尼克希奇;1 月 25 日占领科拉欣和安德里耶维察;占领采蒂涅的时间更早,是在 1916 年 1 月 11 日洛夫琴陷落之后。

尽管签署了关于解除武装的条款,但和平谈判并未进行。原因是奥

① 《第一次世界大战中黑山的军事行动》,第 533 页。
② 诺维察·拉科切维奇博士:《1914—1918 年第一次世界大战中的黑山》,第 203 页。

匈帝国政府不同意，因为"不完整政府"的成员们并没有获得谈判授权。中立国家出面调停希望尼科拉国王出具授权，或回国继续进行和谈，但这些请求都被拒绝了。基于这个原因，以及黑方没有满足解除武装的全部条件，与"不完整政府"的谈判被中止了，黑山国内引入了军管机构。

二、解除武装条款的法律和政治意义

1916 年 1 月 25 日的条款在文献中通常被解读为意味着黑山军队的投降，它完全终止了对奥匈帝国军队的抵抗。与此同时，一些反对意见也很突出。虽然条款包含了停止抵抗、交出武器和黑山军队从属于地方武装力量的内容，但问题在于军队的完全投降，投降是交战双方通过书面协议确定的，至于协议的法律效力则从签署者并不合格的身份可见一斑。从黑山宪法秩序的角度看，由于缺少国王出具的授权书，可以在一定程度上认为，黑山的两位代表并不具备签署此文件的合法身份。就此提出异议的理由在于，根据《宪法》，只有国王有权宣战和缔结和平协议。按照最初的商定，关于解除武装的条款是缔结和平协议的初级法案，也就是和平谈判的一部分，而这首先应是《宪法》赋予国王的权力。由于尼科拉国王并没有将这项权力授予其他人，因此可以得出结论，《关于解除武装的条款》并非由得到授权之人签署，这就意味着它对黑山不具法律约束力。

但从国际法的观点来看，这种反对意见并不能成立。从广义上和文件本身来说，它涉及的是和平谈判，是一份关于停止军事行动的文件，但不是和平协议。关于停止武装抵抗以及军队投降的法案，在国际法权限中的规定，"当形势已无出路时，可以由任何指挥官根据他自己的评估"来签署。[1] 投降是通过简化的程序达成的，并立即生效。即使该国

---

[1]　加夫罗·佩拉济奇博士：《1916 年黑山军队的投降》，载《历史札记》（第 3 卷），铁托格勒，1980，第 66—83 页。

政府最高机构随后予以拒绝，它也是具有法律效力的。①甚至该国《宪法》是否允许或禁止军队投降，都无关紧要。因此，从国际法角度来看，《关于解除武装的条款》是具有法律效力的法案，即便不是由尼科拉国王签署的，也不会因此丧失效力。"不完整政府"在国家元首缺席时作为最高机构，批准了投降。

不过，针对《关于解除武装的条款》，还是有理由提出几个疑问：作为投降法案，它在多大程度上真正促成了这样的行动？以及，在多大程度上对敌军投降，才算作是整体终止武装抵抗？如果没有我们提到的1月21日最高司令部参谋长关于解散黑山军队的第128号命令，可能就不会有这些问题。黑山最高司令部在同一份命令中决定，在塞尔维亚军队撤离后，参谋长、师团长扬科·武科蒂奇实际上也被解职了。随着黑山军队执行此项命令，黑山的武装力量就此不复存在了，从而也失去了向敌军进行有组织地抵抗的能力，留下的只有民众了。

该决定颁布并被立即执行后4天，《关于解除武装的条款》出台并规定了黑山军队向敌军力量投降的条件，然而实际上当时能适用该条款的黑山武装力量已经不复存在。对敌军的抵抗也在签署《关于解除武装的条款》之前就已经停止了。该条款只是正式确认了黑山军队的从属地位，以及奥匈帝国武装力量的优势地位。条款包含了必须遵守的详细条件，让已经完全停止的敌对局面保持终止状态。因此，战场上的力量对比并没有改变，条款只是确认了已经形成状态。

那么问题来了：军事力量的丧失和领土被占领，对黑山的存续意味着什么，这就涉及黑山国家地位的连续性。这些问题的答案可以从条款的国际法意义中寻找，看看投降和领土被占领会给黑山的国家主权地位带来什么影响。解除武装的条款和丧失军队并没有让黑山失去国际法主体地位。在奥匈帝国建立占领政权、设立军政权和总督后，黑山也没有失去国际法主体地位。虽然被占地区的主权被暂时中止，但这些条

---

① 斯米利亚·阿夫拉莫夫博士：《国际公法》，第 425 页。

款并没有废除黑山的主权。根据《海牙公约》，直到战争结束，被占领国才可以通过签署和平协议来改变被占领土的法理命运。在那之前，被占领国家的主权被认为是没有中断的，该国公民仍拥有国籍并对本国政府负有义务。占领者应尊重其宪法秩序和既有政权的组织架构和体系，无权对被占领土或领土地位进行任何改变。因此敌对国家的条款和所有占领措施，在黑山军队停止抵抗后，从国际法角度看，都是暂时性质的。作为事实上的战时临时状态，当还没有协议来解决被占领土地位问题时，占领行为并不能让黑山丧失国家地位。

因此，虽然在军队完全崩溃后，黑山领土被奥匈帝国武装占领，但黑山还是保留了自己的国际法主体地位。在国际关系中，黑山的国家主体地位体现在尼科拉国王本人和流亡政府身上。黑山作为一个暂时被占领的主权国家，它的合法国家地位并没有因军队的投降而受到质疑。从形式上讲，国家的整体国际身份没有改变。黑山之前是、现在也继续是国际关系中的国际法主体，并通过缔结的国际协议或其他方式，享有一定的权利、承担一定的义务。不过，大量战前签订的协议中所规定的权利和义务，在战时条件下受到了减损，在履行义务的方面已经失效。但黑山还依然是这些国际契约关系的缔约方，虽然履约义务被暂时中止。同样没有改变的还有黑山在与其他国家外交关系中的地位。

就规范因战争引起的国际活动种类而言，情况则完全不同。在与其他国家的交往活动中，黑山全权代表们首先要努力争取战争贷款及战争物资援助。这方面的总体成果很少，原因主要是盟国们对黑山的政治态度，以及黑山在盟国中摇摇欲坠的地位，与黑山代表们的合法性无关。因此，黑山投降及其领土被占领，并没有中止国家国际法地位的连续性。在这一系列事件之前和之后黑山拥有的法律关系和义务都证实了这一点。

不过实践证明，尽管黑山的完全国际法主体地位和国家地位在形式上没有改变，但军队的投降实际上让黑山无法将法律形式上的存在转变为国家权力的现实。军队的解散和国家退出战争，让黑山统治阶层无法在国际社会的真正支持下重建国家。随着南斯拉夫民族统一运动愈加高涨，黑山向盟国政府的诉求越来越不被理解。从后来国家存续的观点来看，黑山的命运在很大程度上，在当时就已经被决定了。

第五节　黑山在军队投降后的外交任务

一、尼科拉国王和拉扎尔·米尤什科维奇政府的外交活动

离开黑山后，尼科拉国王经意大利抵达了法国。起初与法国政府商定的是，他将居住在里昂，后来由于里昂靠近瑞士边境，他又被安置到了波尔多。1916年5月，他定居在了巴黎附近的讷伊。与他一起流亡在外的还有政府总理拉扎尔·米尤什科维奇和大臣安德里亚·拉多维奇，他们在军队投降前正式离开了黑山。各国在黑山流亡王室也派驻有外交使团，战争爆发后，这个外交圈的代表们分别来自俄国、塞尔维亚、法国、意大利和英国。

国王和政府总理在最初的流亡岁月里的主要任务，是尝试在盟友和国际社会面前，为与敌方进行的和平谈判辩护，并解释黑山军队投降的原因。要想获得支持重建黑山，上述两者都是对盟国政府采取任何政治行动的前提条件。这些任务能否成功，取决于流亡政府的地位，因此自然而然地，这些工作最多地由政府总理来完成。虽然拉扎尔·米尤什科维奇成功地与法国外交大臣布里扬（Brijan）和俄国驻巴黎大使伊兹沃利斯基建立了联系，但他无法反驳两国对他和尼科拉国王就1916年1月的事情提出的指责。其他盟友对黑山流亡政府和王室的态度都极为克制和冷漠。盟国媒体公开报道了米尤什科维奇政府1916年1月背信弃义的行为。因此，对于黑山及其流亡政府接下来的命运，无法过多地指望盟国的内阁。

远离黑山流亡在外的政客们，在这个问题上最相信的是俄国的支

持，由于传统关系，他们对俄国抱有最多期待。1916 年 3 月中旬，当尼科拉国王明确表示希望访问圣彼得堡并"作为俄国陆军元帅与沙皇相处一段时间"时，俄国明确表明了态度——从圣彼得堡传来的消息是，沙皇本人答复称："我完全反对尼科拉国王在战争期间来访。"① 明确的措辞清楚地显示出俄国政策对黑山事态的立场。

盟友们对黑山政要们的反感与日俱增，黑山逐渐丧失了在盟国欧洲政治版图中的地位，但尼科拉国王和他身边的大臣们却还没有意识到。相反地，仿佛他们并非流亡自一个军队投降、国土沦丧的国家。他们在国内外的地位都大幅下跌，却还在新的环境中延续着自己的"战争目标"，甚至更公开地提出来。目标的本质是要恢复并维持黑山国家的独立性，而这又与领土扩张的诉求相联系。

争取盟友们对于国家新边界的承认，实际上是黑山从"塞尔维亚的怀抱"中挣脱出来的途径，是维持住王朝地位、阻止合并的唯一方法，而合并是战争期间密切的政治军事合作所诱发的。因此，黑山在没有进行任何政治考量的情况下，向盟友们提出了新的请求，就好像它是赢得战争、而非输掉战争的一方。俄国驻黑山王室公使伊斯拉温 1916 年 3 月 19 日从波尔多致信萨佐诺夫称，尼科拉国王当日接见了他，并对黑山的命运表示了担忧。作为保证黑山这个国家存续的首要条件，尼科拉国王强调要保证国家的独立性，因此同意黑山在俄国的担保和庇护下，加入斯拉夫国家联盟。② 尼科拉国王提出的另一个条件与领土扩张有关，因为那是黑山独立发展的唯一途径。至于黑山对未来国家边境的具体诉求，将由米尤什科维奇告知伊斯拉温。

俄国驻黑山王室公使认为，黑山提出这些问题为时过早，可能会引起盟友们的负面反应。他答复称，俄国及其盟友目前考虑的只是如何战胜敌人，还没有考虑其他政治问题。因此，他建议黑山尽量密切与塞尔

① 安德里亚·卢布里奇：《黑山军队的投降》，载《历史札记》（第 I 卷），第 90、81 卷。
② 俄罗斯帝国外交政策档案：《1917 年驻采蒂涅使团》，第 17—13 页。

维亚的联系，并提醒其利用好帕希奇在巴黎停留的这段时间。[①] 接受伊斯拉温建议的同时，尼科拉国王还是坚持让米尤什科维奇向其递交了一份备忘录，详细说明黑山的领土诉求。黑山的最低要求是："边界从德里姆河流入亚德里亚海的河口以南 10 公里处，沿德里姆河左岸到黑德里姆河（Crni Drim）和白德里姆河（Beli Drim）的河口，从那里，塞尔维亚与黑山的边界线直接延伸到普里耶波列；自此再沿利姆河和德里纳河（Drina）向北到达罗加蒂察（Rogatica），然后调转方向向西，这样，罗加蒂察、萨拉热窝及其周边地区就属于黑山了；边界线从那里再延伸到利夫诺（Livno）以南，再向南延伸到大海，这样整个内雷特瓦河的入海口也都在黑山境内。从内雷特瓦河到梅多瓦湾都属于黑山。"[②] 盟国列强没有对黑山的这份备忘录做出任何答复。备忘录不符合任何一方的意愿，不论是俄国还是塞尔维亚，特别是意大利，意大利在亚德里亚海东岸有着自己的计划。

不过，尽管之前的尝试失败了，尼科拉国王还是延续着此前的政策方向，他下一步行动计划的方向是意大利。通过意大利驻巴黎公使托马斯·蒂托尼（Tomaz Titoni），黑山向意大利政府递交了和递交给伊斯拉温那份相似的请求——一份介绍黑山领土扩张诉求的备忘录。国王相信，重建黑山军队符合意大利在巴尔干的利益，于是请求在拉科尼吉（Rakoniđi）城堡获得意大利国王夫妇的接见。这次与此前的外交步骤相似，都是基于相信领土扩张能够确保黑山的政治未来，从而避免——如果不能避免也尽量推迟——与塞尔维亚的合并。

二、安德里亚·拉多维奇政府与关乎黑山未来的问题

拉扎尔·米尤什科维奇政府辞职后，为了维护黑山君主的尊严和声望，战争第一阶段黑山国内一系列事件的责任被归咎于政府，随后，

[①] 俄罗斯帝国外交政策档案：《1917 年驻采蒂涅使团》，第 17—13 页。
[②] 德拉戈柳布·日沃伊诺维奇博士：《尼科拉国王与黑山的领土扩张（1914—1920）》，载《历史札记》，铁托格勒，1988，第 168 页。

安德里亚·拉多维奇组成了黑山新的流亡政府。然而，相当出人意料的是，尼科拉国王与新政府总理很快就在关乎黑山未来的基本政策理念上出现了分歧。安德里亚·拉多维奇政府于1916年5月25日成立。新政府总理的规划中，作为突出任务之一的就是"以与塞尔维亚协议实现合并为精神的民族政策"①。不过，尽管有这样的政策目标，新政府成立后的一段时间内，拉多维奇还是致力于恢复尼科拉国王的权力，减轻他对黑山军队投降所负有的责任。这样的努力一直持续到1916年8月初，随后政府的政策出现了转折，这位总理一开始是口头上，后来在8月19日，以备忘录的形式，建议国王启动与塞尔维亚合并的工作。实现合并需要尼科拉国王逊位，并表示支持亚历山大摄政王。接下来卡拉焦尔杰维奇王朝和佩特罗维奇王朝的王位继承人将交替担任统治者。合并是为了建立一个统一的南斯拉夫国家，这个国家由塞尔维亚人、克罗地亚人和斯洛文尼亚人组成。虽然这不是备忘录的唯一条款，但它是黑山国际交往中最重要的部分。②

　　起初，国王看起来似乎是同意拉多维奇的建议的。俄国驻黑山王室的公使也于1916年8月13日向本国外交大臣报告称，拉多维奇告知其，"尼科拉国王在黑山内阁所有成员和佩塔尔亲王在场的情况下，原则上同意放弃王位并支持王位继承人亚历山大"③。当被问到俄国政府对此持何种态度时，伊斯拉温9月4日答复称："只能祝贺尼科拉国王的决定。"④ 法国和英国使节都转达了本国政府对国王接受合并建议的积极态度。只有意大利使节公开表示反对。罗马通过意大利驻黑山王室

① 安德里亚·拉多维奇:《欧洲战争中的黑山》,载《思想随笔》1936年1月5日,第1卷。
② V.武奇科维奇在论文《塞尔维亚与黑山合并的外交背景》第247—248页,提到这份文件的主要思想是:"(1)盟国胜利后,将建立一个大南斯拉夫国家;(2)加入该国符合黑山的利益,因为即便是把领土扩张到内雷特瓦、杜布罗夫尼克、科托尔湾和斯库台,黑山在经济上也无法生存;(3)欧洲将被民主原则所统治,国王的专制理念与之无法调和;(4)只有塞尔维亚和黑山的完全合并才能将人民从纠纷和他人的倾轧中解救出来;(5)很自然地,联合国家的王位应由塞尔维亚王储继承,因为他是战争中做出最大牺牲的民族的代表;(6)王位继承可以在两个王朝之间交替;(7)俄国沙皇将在实现合并过程中担任协调人。"
③ 俄罗斯帝国外交政策档案,内阁:64—42。
④ 同上,65号文件,143—44。

公使对国王施压，要求其不要接受这一建议。很快，国王收到了访问意大利的邀请。由于预感到在意大利政策立场的压力下，黑山统治者可能会改变立场，拉多维奇以政府的名义提交了新的关于合并的建议，试图在国王前往意大利之前予以确定。但国王巧妙地避免了给出明确答复，启程前往意大利。

对意大利王室的访问明显改变了尼科拉国王对与塞尔维亚合并的态度。在那里，不论是索尼诺（Sonino）还是意大利国王，都对黑山统治者施压，要求其不要接受合并的建议，并给予他各种承诺。根据伊斯拉温的报告，承诺的内容包括了黑山的重建和领土扩张。意大利驻黑山王室公使为了强化本国政府要求的说服力，还散布不实信息称英国也支持意大利的立场。外交界认为，意大利决策层阻止塞尔维亚和黑山合并的原因之一，是其不愿意科托尔湾就此落入塞尔维亚之手。如果科托尔湾只是属于重建后的黑山，那么它的海上作用还不那么重要，但如果它成为合并后的塞尔维亚和黑山的一部分，那么科托尔湾就会威胁到意大利在亚德里亚海的航海利益。①

在这些重要的却并不完全的原因背后，其实还暗含着罗马政策的主要目标：阻止在亚德里亚海东岸出现一个强大的斯拉夫国家。这不仅不符合意大利的航海利益，也与其长期的巴尔干地缘政治和历史利益不符。

为了防止黑山与塞尔维亚合并，一旦尼科拉国王放弃王位，意大利就准备支持达尼洛王储。意大利的这种态度完全符合奥匈帝国的立场。拉多维奇关于让尼科拉国王逊位、支持塞尔维亚王储的建议，在维也纳引起了很大轰动。他们更愿意看到达尼洛坐上黑山的王位，而不是阿莱克桑达尔·卡拉焦尔杰维奇，这一点黑山王室并非不知道。意大利和奥匈帝国政府的这种态度，让拉多维奇的建议遭遇了完败。达尼洛也不同意他的建议，于是国王让位于塞尔维亚统治者的可能性就被完全摒弃了。②

---

① 俄罗斯帝国外交政策档案，内阁：64—42。

② 同上。

尽管遭遇了失败，拉多维奇直到 1916 年底仍在继续尝试对国王施压，使其接受合并的建议，或就此问题与塞尔维亚政府和南斯拉夫委员会进行谈判。他努力的结果，就是在 1916 年 12 月再次向国王提交了一份新的关于合并建议的备忘录。鉴于重新提交的建议仍旧没有被接受，拉多维奇政府不得不辞职。此前，扬科·斯帕索耶维奇（Janko Spasojević）辞去大臣职务，就已经引起了政府危机，因此人们早已预料到安德里亚·拉多维奇政府的辞职。1917 年 1 月 17 日，拉多维奇解散了政府，理由是国王拒绝接受关于合并的最新建议。

三、马塔诺维奇政府关于黑山国家地位的立场

小部分黑山流亡政客中关于黑山国家地位问题的分歧，并没有随着安德里亚·拉多维奇政府的倒台而停止。由马塔诺维奇将军组成的新政府，虽然在就职时坚信盟友们会帮助黑山国家的重建，但很快就意识到，合并问题无法避免。因为"合并已经成为一种信仰，一种群众性宗教"，评估认为，"黑山不能当一个被动的观察者，也无法打击反民族的分裂主义"。[①] 于是马塔诺维奇政府也向国王提交了合并的建议。由于国王仍不接受这份建议，马塔诺维奇政府于 1917 年 6 月 11 日辞职。

四、埃夫盖尼·波波维奇政府的组建及其试图逆转合并形势的努力

为了摆脱政治危机，国王试图在埃夫盖尼·波波维奇的领导下组建新政府，并改变外交政策路线。尽管希望重建独立的黑山，但在大环境的压力下，尼科拉国王开始以南斯拉夫统一支持者的姿态示人，并展示黑山及其统治者在这件事上的功绩。他认为，在确保两个王朝并存的前提下实现南斯拉夫统一是可能的。相似的理念在 1917 年年中于法国出版的流亡刊物《黑山之声报》中也可以找到。他们的目标是证明国王

---

① N. 拉科切维奇：《1903—1918 年黑山与塞尔维亚的政治关系》，第 269 页。

及其政府愿意参与南部斯拉夫民族统一的谈判，前提是保证佩特罗维奇王朝的相应地位。

埃夫盖尼·波波维奇递交给塞尔维亚政府的照会也体现了这一外交政策立场，照会建议继续进行关于现实联盟的谈判，此前该谈判于1914年年中被中断。到1917年下半年，组建现实联盟的想法似乎与俄国的想法很接近。蒂霍米尔·波波维奇在1917年8月给塞尔维亚政府的一封信中提到，"几天前在一次有伊斯拉温出席的"谈话中，俄国公使"公开说他是塞尔维亚和黑山成立现实联盟的支持者"。[①]

当时，南斯拉夫统一的理念在盟国范围内赢得了越来越多的支持者，因此塞尔维亚和黑山的现实联盟计划算不上一种政治上的替代方案。此外，随着确立未来南斯拉夫国家这个一元化团体基本组织原则的《科孚宣言》通过，对塞尔维亚政府来说，再回到现实联盟计划和确保两个王朝并存的方案，在政治上并不合理。因此，波波维奇政府关于继续1914年谈判的提议，并没有得到塞尔维亚政府的答复。直到后来，两国也没有启动这项工作。取而代之，黑山流亡政府猛烈抨击了《科孚宣言》。[②] 在黑山重新提交的关于领土扩张的请求当中，也体现了放弃支持合并的态度。这说明黑山又回到了早前的基本外交路线上，其本质是要恢复独立的黑山。

《科孚宣言》通过后，1917年9月27日，黑山通过英国驻黑山王室代办乔治·格雷厄姆，将一份新的领土诉求备忘录递交给了英国政府，这份备忘录与此前递交给俄国和意大利的相似。这份文件由尼科拉国王亲自撰写，足见其对这项工作的认真程度和这件事的重要性。

这份内容非常宽泛的文件，包括了国家的历史、所参与的战争和文

[①] 塞尔维亚档案馆，Ⅱ分册，1917年Ⅳ号文件，661号文件。

[②] N.拉科切维奇（《1903—1918年黑山与塞尔维亚的政治关系》，第240页）称，黑山流亡政府的决议中陈述了不接受《科孚宣言》的原因："(1)黑山作为一个独立国家，不能像《科孚宣言》中所写的那样消失；(2)黑山在战争中尽管有种种不足，但还是履行了对塞尔维亚、斯拉夫民族和盟友们的义务；(3)黑山王朝对民族事务有着无可争议的功劳，以委员会所希望的和《科孚宣言》规定的方式消灭它，'是对黑山荣耀、尊严和主权的攻击'；(4)不论什么样的决定，没有黑山最重要的机构——国民议会的参与，都不具权威性。"

明成就（尼科拉国王还提到采蒂涅在罗马之前、伦敦之后拥有了印刷厂），以及过去数年为提振经济、确保国家发展前景所做的牺牲，国王认为，以下的领土诉求是公平的："在阿尔巴尼亚方向，他希望得到斯库台及其周边地区和梅多瓦，其贸易和供应很具价值。在北方，他希望得到波斯尼亚的部分地区直到罗马尼亚，那里浸透着这场战争中黑山人的鲜血；还有包括莫斯塔尔在内的黑塞哥维那，该地区因共同抵御土耳其的斗争早就与黑山联系在一起；内雷特瓦应该成为黑山的西北边界，其中还包括杜布罗夫尼克——伟大的文化中心；从内雷特瓦河入海口到德里姆河入海口之间的整个海岸都应属于黑山，包括科托尔湾在内。在东面，黑山对塞尔维亚没有任何领土企图，因为那里居住着'相同血脉和语言的人民，与我们有着兄弟情谊'……"①

历史学家们注意到，尼科拉国王的这份领土扩张计划，不论是广度上还是精度上都超过了之前的所有计划。领土企图至此已经完全成形了。除了没有要求修正与塞尔维亚的边界外，计划中没有表现出任何不友好的姿态，而这份计划的新颖之处还在于改变了所提诉求的基础。它没有像之前的计划那样强调"政治原因"，而是更多地强调了"人道和文明"的理由：为联盟义务做出的牺牲、经济重建、发展和更好的未来。② 虽然国王的要求极其不切实际，但英国政府在给国王的答复中，还是明显保持了外交礼节，委婉地表示，尽管"由于已承担的各种协议和义务"，英国很难接受"大部分内容"，但还是会考虑这些诉求。对方感谢了尼科拉国王的努力，除此之外别无其他。

由于错误地认为英方的答复带有善意，国王命令将这份《黑山领土和其他诉求备忘录》也递交给意大利驻巴黎大使萨尔瓦戈－罗吉（Salvago-Rođi）侯爵，并请他转交给意政府。不过，这并没有得到罗马的积极回应，由于"伦敦对备忘录谄媚的评价"，索尼诺命令意大利驻黑山王室公使罗曼·阿韦契尼（Roman Avecini）"对尼科拉国王递交的

---

① 德拉戈柳布·日沃伊诺维奇博士：《尼科拉国王与黑山的领土扩张(1914—1920)》，第170页。
② 同上。

备忘录表示感谢，称已经'饶有兴趣地'读过了"①。

伦敦和罗马的这些反应，将黑山流亡政府和国王的命运又向消极的结局推进了一步。此外，即便面临南斯拉夫合并的危险，意大利也并不支持黑山的诉求，也就是说，世界上已经没有谁会更有力地支持黑山的诉求了。

五、1918 年初宣布的英美政策原则和黑山国家地位恢复问题

颇为出人意料地，1918 年初，英美领导人在公开演讲中谈到了全球盟国政策的原则，并强调了它们与黑山的关系，这唤起了黑山高层的希望，认为黑山问题有望得到积极解决。

人们认为，英国和美国公开宣布的立场及其关于战争目标和调整欧洲关系的原则，并不包含黑山的领土扩张，但包含了允许恢复黑山国家地位的内容，这实际上也是流亡王室的政策本质。

首先，1918 年 1 月 5 日，劳合·乔治（Lojd Džordž）在国会对英国工会组织代表们表示，美国和英国一致认为，瓦解奥匈帝国并不是他们的战争目标，而且"在奥匈帝国人民获得渴望许久的、纯粹民主原则上真正的自治权之前，都无法指望除掉欧洲该地区的不安定因素，长期以来，它一直危害着欧洲和平"②。保持奥匈帝国的完整性就意味着黑山领土扩张的最大诉求无法被满足，因为其要求的领土大部分都得从这个国家获得。因此，盟友们宣称的立场击碎了黑山领土扩张的可能性。至于黑山和其他被占领国家的重建，从劳合·乔治的演讲中可以看出，毫无疑问这些盟国是持积极态度的。他提到，"英国政府和盟友们一直视为首要任务的，是比利时在领土、政治和经济方面完全独立的恢复……然后是塞尔维亚、黑山的重建，还有法国、意大利和罗

---

① 德拉戈柳布·日沃伊诺维奇博士：《尼科拉国王与黑山的领土扩张(1914—1920)》，第 170 页。

② 德拉戈斯拉夫·扬科维奇（Dragoslav Janković），博格丹·克里兹曼（Bogdan Krizman）：《1918 年 1 月 1 日—12 月 20 日南斯拉夫国家建国资料》(1.Ⅰ-20.Ⅻ-1918)，贝尔格莱德，1934，第 2 号文件。

马尼亚的被占领土恢复"，以及"外国军队的完全撤军和对遭受的不公正行为进行补偿"，英国大臣实际上阐明了如何重建战前欧洲的政治理念。

从 1918 年 1 月 8 日威尔逊在国会报告的《十四点和平方案》中也能得出类似结论。方案中首先提到的是在比利时必须实现"撤军和重建"，不得有任何限制其主权的企图（第 7 点），然后是"罗马尼亚、塞尔维亚和黑山领土上的撤军和被占领土重建"①（第 10 点）。塞尔维亚需要的是确保自由而安全的出海口，而与其他一些巴尔干国家的关系，则需借助"历史归属感和民族属性的友好协议"来解决。② 不过，这并不意味着承认巴尔干南斯拉夫民族的自决权，因为这份方案是以奥匈帝国的领土完整为基础做出的，也就是说，要通过自治方式来解决某些民族的权利问题。

虽然看起来他们似乎鼓励黑山官方继续重建国家的活动，但问题在于这份文件有多大的法律效力，在多大程度上设定了盟国政策的目标，以及对同盟国的分裂和日常决策产生了多大影响。史学界已经做出评估，上述立场中最重要的目标之一是使奥匈帝国新皇帝卡尔一世就此脱离与德国的联盟，并与协约国单独媾和。基于类似原则，俄国和德国之间进行了布列斯特-立托夫斯克（Brest-Litovsk）谈判，这也是基于此前的国家领土完整原则进行的。同时，文件的合法性原则也再次得到了确认，并且成为与奥匈帝国进行和平谈判的基础。而被占领土的重建也包含其中。

如果我们把盟国不断变化的世界秩序和全球政策原则立场暂时搁置，转而关注他们对黑山政策的基本准则，会看到不一致甚至自相矛盾的地方。因此更有理由提出问题：劳合·乔治和威尔逊的演讲在多大程

---

① 德拉戈斯拉夫·扬科维奇（Dragoslav Janković），博格丹·克里兹曼（Bogdan Krizman）：《1918 年 1 月 1 日—12 月 20 日南斯拉夫国家建国资料》(1.Ⅰ-20.Ⅻ-1918)，贝尔格莱德，1934，第 2 号文件。

② 同上，第 7 号文件。

度上真正代表了他们自己国家对待黑山未来的真实政策，这在多大程度上实际上是他们即兴提出的政策，或者，只是政策混乱和不连贯的后果？这些问题特别有赖于英国的政策，因为可以确定，美国囿于信息获取不足，在巴尔干新政策秩序的问题上，立场表述较为模糊。

英国在口头宣称的立场和实际政策估算之间摇摆不定，这在德拉戈柳布·R. 日沃伊诺维奇的论文《1914—1918 年英国与黑山问题》中可见一斑。作者在论文中说，1918 年 1 月 3 日，英国战时内阁会议决定，劳合·乔治的演讲不是提出黑山问题，而是接受建议，认为黑山与塞尔维亚合并是最好的解决方式。[①] 就这样，"战时内阁只确定了长期适用于该国的政策……以及英国政府随后的所有决定"[②]。劳合·乔治在演讲中表述的立场，还体现出与黑山外交关系和给流亡政府支付补贴过程中政策执行的矛盾和不一致，这可以解释为，决定黑山命运的英国的基本政策理念，直到战争结束都被当作秘密保守着。英国政府之后的所有政策步骤都说明，劳合·乔治对于黑山重建的态度，在 1916 年黑山军队投降之后、特别是 1918 年，与此前出现了不一致。从 1918 年年中，哈丁（Harding）勋爵对意大利驻英国大使所做的陈述中，也可以找到这样的结论。关于英国政府对黑山的克制态度，哈丁解释说，由于 1916 年尼科拉国王的背叛，英国不再对其抱有同情。他还提到他个人的看法，"从民族、地理和经济角度看，独立的黑山没有任何存在的理由"[③]。

他向意大利大使提交的评估，也反映出英国对黑山命运的原则立场。虽然实现合并的框架有了一些变化，但英国对于黑山未来的政策立场本质上没有变。与之前关于"成立一个包含黑山在内的大塞尔维亚国家"的态度不同，从 1918 年下半年开始，随着对奥匈帝国政策的变化，

---

① 德拉戈柳布·R.日沃伊诺维奇:《1914—1918 年英国与黑山问题》,《巴尔干》卷Ⅷ,贝尔格莱德,1977,第 514 页。
② 同上。
③ 同上。

英国对南斯拉夫问题的立场也有所改变。英国政策开始转而赞成南斯拉夫的统一，支持将黑山纳入南斯拉夫国家。英国战时内阁对黑山未来的政策立场，也体现在了 1918 年 7 月底签署的《贝尔福备忘录》中。[①]

尽管美国——特别是在微妙的欧洲事务上——努力追随英国的政策，但我们还是可以说，至少在 1918 年，美国在对黑山关系中还没有什么清晰的政策。除了威尔逊方案中关于黑山重建的内容，美国对黑山重建的支持态度，（正如我们所见）还体现在批准黑山开设驻华盛顿外交代表机构这件事上。美国就这样成了黑山流亡政府眼中唯一能拯救黑山的国家。借助美国的政策和财政支持，黑山政府努力摆脱在欧洲盟友中的孤立地位。不过，黑山使节内心刚刚被唤起的虚幻的希望，又很快被熄灭了。英国政府试图说服华盛顿政府，不必太多考虑黑山使节提出的诉求。

列强于 1918 年下半年提出南斯拉夫统一纲领，按照"一个民族三个名字"的民族原则创立一个南斯拉夫国家，这实际上否认了黑山是一个独立国家。由于无法心甘情愿地接受这样的解决方案，也不甘心丧失国家的独立地位，国王和流亡政府于 1918 年年中及之后，试图改变盟友们的安排。

六、流亡政府和国王为解决黑山问题的尝试因涉及南斯拉夫而引起列强的兴趣

除针对英国和美国外，黑山针对意大利和法国也采取了新的措施来维护独立。不过这些努力也无法确保成功，因为虽然是重新进行的尝试，却没有什么新的内容，仍旧是在重复之前没能成功的步骤。1918

---

① 《贝尔福备忘录》是对英国驻巴黎公使德比(Derbi)勋爵关于英国政府对黑山政策的指示。据称，黑山与塞尔维亚的合并符合民族原则。"备忘录同时指出，在黑山人民表达出自己的意愿之前，英国政府无意做出最终决定。"备忘录对尼科拉国王保持克制的态度，是因为相信他本人及其大臣们都无法代表人民的意愿、渴望和情绪，因此他们的作为不符合人民的利益。备忘录支持建立一个南斯拉夫国家，并相信黑山在这个国家中所代表的区域会比一个县大一点。德拉戈柳布·R.日沃伊诺维奇：《1914—1918 年英国与黑山问题》，第 515 页。

年5月8日，黑山又提交了一份关于领土诉求的备忘录。这一次，备忘录首先被递交给了威尔逊总统，随后又被递交给了法国、英国和意大利政府。这份文件的内容与此前的文件内容几乎相同，结果也与之前一样，没有让盟友们的态度发生任何变化。法国政府并没有表现出帮助黑山的意愿。美国政府和英国政府拒绝考虑黑山国家重建和恢复经济的需求。由于十月革命后俄国实际上已经无法对欧洲产生较大影响，黑山唯一能为国家存续和国王还乡寻求帮助的列强，就只剩下意大利了。两国王室的姻亲关系，以及意大利在巴尔干特别是在阿尔巴尼亚、达尔马提亚和黑山的野心，都被看作是意大利和尼科拉国王双方利益的保障。[①]

　　意大利对黑山也确实抱有兴趣。意大利政府和王室都十分希望黑山在战后能够继续作为一个独立的国家存在。这首先是出于经济原因，当然，这对意大利在巴尔干和亚德里亚海东岸的外交政策目标也同样重要。此外，意大利还确立了在南斯拉夫统一问题上的消极政策立场，这与其对黑山政策相辅相成。

　　然而，不论两国政府如何尽力为黑山重建提供强有力的保障，囿于盟国的坚决态度，都无法成行。"黑山问题必须在南斯拉夫统一的框架内解决"的理念，已经越来越占据优势。意识到盟国内阁据此解决问题的想法和决心后，尼科拉国王和流亡政府于1918年下半年开始尝试再次调整外交活动。黑山这次并没有提交关于领土诉求的备忘录，而是将注意力转移到了南斯拉夫问题上。当南斯拉夫国家成立的前景越来越清晰，尼科拉国王意欲在一定程度上接受松散的国家权力结构模式，以保持黑山的地位。这意味着对《科孚宣言》中确立的未来国家中央集权模式和原则提出指责。这种指责不光针对塞尔维亚政府，还针对南斯拉夫委员会主席安泰·特鲁姆比奇（Ante Trumbić）博士，"因为他与塞尔维亚政府合作"。南斯拉夫委员会在关于南斯拉夫国家谈判中的合法

---

① 德拉戈柳布·日沃伊诺维奇博士：《黑山问题与1919年和平会议》，载《20世纪历史论文集》（ⅩⅣ-ⅩⅤ），贝尔格莱德，1992，第7页。

性也受到质疑，黑方称，该委员会在黑山不受支持，也不能代表谁。国王并不同意《科孚宣言》中确立的统一模式，而是主张"成立一个保障所有加盟国自治权的联盟国家"[1]。

黑山国王在政治迷失中，仍"令人钦佩且惊讶"地试图为黑山在未来的南斯拉夫国家中，争取到特别的地位，这一点，在他 1918 年 10 月 7 日向南斯拉夫人发表的宣言中，得到了最好和最完整的体现。虽然宣言中某些地方提到他的"战争目标"听起来有些怪诞，但已经雄辩地说明了他所希望在新的政治环境下实现的目标。宣言说："当我 1914 年 7 月底向奥匈帝国宣战时，我曾说：'我正在寻找一把统一南斯拉夫的剑。'我会一直战斗至气尽剑折，这荣耀属于上帝，我会看到自己的想法成真，我会看到解放了的南斯拉夫。我想它已经是伟大的、先进的、文明的，秉承着民主精神发展着，令文明和自由的人们惊叹不已。今天我来了，兄弟们，一如既往地与你们在一起！兄弟们，带着最大的喜悦、欢乐和欣喜，今天我隆重地宣布，我愿意——相信我全部忠实的黑山人民也有相同的愿望——让我们亲爱的黑山也成为南斯拉夫的组成部分，荣耀地加入南斯拉夫共同体，直到最后光荣地为它而牺牲。"[2]

关于新南斯拉夫的国家制度，尼科拉国王在宣言中不赞成联邦制，而主张邦联原则："在南斯拉夫邦联中，每个加盟国都有自己的权利、自己的宗教、组织机构和习俗，任何人都不得强加于人，所有国家在南斯拉夫母亲温柔的胸怀里都是平等的，大家如兄弟一般齐心协力地努力让国家进步，在自由而文明的人民组成的社会中壮大。"[3] 宣言的最后，他向"亲爱的长期遭受苦难的，但今天却最幸福、最欢乐的南斯拉夫兄弟致以黑山国王的"问候。

这里传递出的政治信息，不论包含多少对当前政治理念妥协的意味，还是可以看出，他并没有理解南斯拉夫问题中与黑山地位相关的现

---

[1]　德拉戈柳布·日沃伊诺维奇博士：《尼科拉国王与黑山的领土扩张（1914—1920）》，第 173 页。

[2]　《尼科拉·佩特罗维奇·涅戈什一世全集》（第Ⅳ卷），采蒂涅，1969，第 202 页。

[3]　同上。

实政治形势。囿于自己在南斯拉夫框架内有限的体量和分量，黑山知道，自己在战争爆发前都无法成为南斯拉夫统一的活跃因素，而在国家军队崩溃之后就更不可能了，国家无法重整军队，无法消除军队投降在盟友中造成的消极印象。当塞尔维亚在南斯拉夫统一过程中取得了一系列成果并发表了《科孚宣言》后，黑山到 1918 年底，客观上已经无法凭某些替代方案（邦联制）表态了，而这些方案的政治分量与南斯拉夫统一的方案相近。这意味着，在"经历了对南斯拉夫统一问题从宽容到摇摆不定的各个立场变化阶段之后，盟国们在 1918 年秋天坚决地同意组建南斯拉夫，并以统一的南斯拉夫作为欧洲和平、秩序和安全的前提"[1]，而黑山对南斯拉夫的组建施加不了任何重大影响，流亡政府统治者所提出的原则也不能被采纳。

的确，南斯拉夫问题的完全解决方案，意味着新政权将凌驾于两个独立王国——塞尔维亚和黑山的国家法律主体地位之上。但是，尽管有着平等的幻象，南斯拉夫的统一对两个国家却意味着不同的发展前景。对于塞尔维亚来说，从 1918 年的形势来看，实施统一纲领，意味着在更高和更有质量的关系水平上，"让国家成长为一个新的国家"[2]，这种关系符合其真正的社会实力和在战争中做出的更大贡献，同时与其他主体相比，塞尔维亚在统一纲领的实施过程中能发挥更大的作用。这些相关因素，确保塞尔维亚统治阶层不论在新国家的性质和结构原则确立中，还是在国家统治机器和组织的组建过程中，都占据着关键地位。南斯拉夫的统一计划让黑山面临着"放弃国家地位、佩特罗维奇-涅戈什王朝失去统治地位"的局面。[3]

南斯拉夫国家规划没有给黑山留出任何宪法特殊地位，而在新的、被创造出的国家中，由于塞尔维亚整体的战争投入和政治努力，除卡拉

---

[1] 德拉戈斯拉夫·扬科维奇博士：《社会进步力量在南斯拉夫创立过程中的角色》，《南斯拉夫历史杂志(JIČ)》1963 年第 4 期，第 12 页。

[2] 安德雷伊·米特罗维奇（Andrej Mitrović）：《第一次世界大战中的塞尔维亚》，贝尔格莱德，1984，第 236 页。

[3] 同上，第 237 页。

焦尔杰维奇王朝外，没有任何其他王朝的空间。设计的中央集权政府，也排除了任何地区进行分离和自治的可能性。同时，黑山在继承国家法律遗产时，也不具备任何政治优势。

塞尔维亚代表与南斯拉夫委员会在谈判中达成的一致立场，其实质是，塞尔维亚人、克罗地亚人和斯洛文尼亚人是拥有三个不同名字的同一民族，对三方来说，统一国家适合的形式是塞尔维亚人、克罗地亚人、斯洛文尼亚人王国，并建立中央集权的政府结构体系。国家中首先尊重的是塞尔维亚统治集团的利益，并对南斯拉夫委员会做出一定让步，该委员会是奥匈帝国南斯拉夫民族的代表，这样的立场已经被写入此前的《科孚宣言》。除了整体解决了南斯拉夫问题，宣布塞尔维亚人、克罗地亚人和斯洛文尼亚人的平等地位外，《科孚宣言》确认将组建新的国家——一个宪法制、民主的议会君主制国家，国名为"塞尔维亚人-克罗地亚人-斯洛文尼亚人王国"。[1] 在塞尔维亚政府与南斯拉夫委员会的谈判中，联邦制的国家模式没有被接受，而卡拉焦尔杰维奇王朝获得了君主地位。

《科孚宣言》的基本原则，确定了战争结束前塞尔维亚政府的官方政策方向。尼科拉·帕希奇领导下的塞尔维亚政府，被迫在日内瓦会议上做出让步[2]，鉴于已经存在塞尔维亚人-克罗地亚人-斯洛文尼亚人王国国民委员会和政府，在盟友们的要求下，塞政府必须在政策方向不进行重大改变的前提下，尽快解决南斯拉夫问题。找到办法绕开日内瓦会议的决议后，在各种历史因素交织的环境下，塞尔维亚政府在保留本国政治纲领基本原则的同时，成功保住了在组建南斯拉夫国家过程中的

---

① 霍迪米尔·西罗特科维奇(Hodimir Sirotković)博士：《弗拉诺·苏皮洛关于南斯拉夫民族共同体国家联邦组织的草案》，载《萨格勒布法律学院选集》，1918，第 3—4 页；1968，第 439 页。

② 德拉戈斯拉夫·扬科维奇博士：《1918 年关于南斯拉夫共同体成立的日内瓦会议》，载《20 世纪历史，论文集》(V 卷)，第 225—260 页。通过塞尔维亚政府总理与 N. 帕希奇斯洛文尼亚人-克罗地亚人-塞尔维亚人国家国民委员会主席 A. 科罗舍茨(A. Korošec)间的协议(《日内瓦宣言》)，塞尔维亚政府承认斯洛文尼亚人-克罗地亚人-塞尔维亚人国家(1918 年 10 月 29 日—1918 年 12 月 1日，随后与塞尔维亚合并成立塞尔维亚人-克罗地亚人-斯洛文尼亚人王国——译者注)是南斯拉夫联合国家和民族的平等要素。协议确定两国以联邦形式合并，并在塞尔维亚政府和塞尔维亚人-克罗地亚人-斯洛文尼亚人国家政府的基础上，组建联合政府。

政治地位和发言主导权。这种情况下，为南斯拉夫人描绘的政治前景中，无法为尼科拉国王和流亡政府在南斯拉夫国家中开辟他们所期待的政治前景。相反地，由于尼科拉国王和黑山流亡政府在这一过程中的次要地位，一旦南斯拉夫国家组建程序切实启动，在塞尔维亚军队突破索伦前线和其他军事行动后，新国家边界就开始形成了，而尼科拉国王政策中的反南斯拉夫路线在已经取得成果的基础上，也开始推进起来。政治活动上，黑山再次转向旧有模式——致力于国家的复辟，并重新依靠这个问题上的主要盟友意大利。

第六节　塞尔维亚人-克罗地亚人-斯洛文尼亚人王国创立过程中黑山的外交活动

一、黑山流亡政府在南斯拉夫国家组建问题上的政策

这段日子里，各方决定直接以成立南斯拉夫国家的方式来解决南斯拉夫问题，这个新国家的边界，在很大程度上，取决于塞尔维亚军队和联合部队不可阻挡的解放运动，孤独的黑山政客们，聚集在流亡中的国王身边，为确保黑山的独立国家地位，做着最后的努力。由于原本就受到"黑山利益"的驱使，这些活动必定包含与南斯拉夫统一模式相左的政策特点。

由于惧怕塞尔维亚军队进入黑山——那无疑将决定黑山的政治命运，黑山的大臣们出于对巴尔干形势发展和塞尔维亚军队快速推进的担忧，通过意大利公使蒙塔利亚里（Montaljari），请求"命令意大利驻阿尔巴尼亚远征军团进入黑山，'以便由意大利军队把黑山解放出来'"①。同时，黑山还尝试在国内组织抵抗。比如努力组建一个由尼

---

① 　德拉戈柳布·日沃伊诺维奇博士：《黑山问题与1919年和平会议》，第7页。

科拉国王支持者组成的委员会，如果塞尔维亚军队进入黑山，委员会就组织人民起义。文献记载，一些黑山政客与奥匈帝国驻采蒂涅军事总督克拉姆·马丁纳茨（Klam Martinac）秘密联系，奥匈帝国最高司令部从位于卡尔施泰因（Karlštajn）、柏多加森（Boldogason）、奈德梅杰尔（Nedmeđer）和内日代伊（Nežidej）的集中营释放了约900名军官，大多数为尼科拉国王的支持者。①

由于认为自己一旦出现在黑山边境附近，就会对黑山国内的军事行动效果产生重要影响，1918年10月，尼科拉国王要求将自己送至阿尔巴尼亚。鉴于意大利政府也反对国王的这一举动，法国的态度就变得至关重要了。法国政府认为，这将损害南斯拉夫统一的利益，于是"拒绝了他加入东线部队或在联合部队把敌人从黑山赶走之前返回黑山的请求"②。取而代之的是，法国建议国王前往意大利，并强调"如果针对南斯拉夫统一或塞尔维亚与黑山合并的敌对政策仍在继续"，那么意大利负有重大责任。③

虽然法国政府称联合部队进入黑山并不意味着黑山丧失国家主权，法国军队会尊重黑山的主权，所有决定都会以尼科拉国王的名义做出——这也得到了英国和意大利政府的同意，但法方还是坚决反对意大利和尼科拉国王试图阻止塞尔维亚和黑山合并的各种尝试。接下来的几天，尼科拉国王也有所察觉，于是改变了计划，1918年10月16日，他要求转移到意大利境内。然而，法国政府此间也改变了立场，坚持让国王留在法国。国王一再坚持要求获准前往意大利，得到的却是警告性的答复："如果他前往亚德里亚海东岸，法国公使不会随行前往"——这将意味着中断与法国的外交关系。在黑山命运的决定性时刻，国王和政府都不能允许这样的事发生。为了支持黑山的请求，意大利驻法国公使试图争取法方同意，让国王得以前往意大利。然而，他的

---

① 德拉戈柳布·日沃伊诺维奇博士：《黑山问题与1919年和平会议》，第8页。
② 同上，第9页。
③ 同上。

请求也遭到了拒绝，对方解释称，国王最好留在法国首都，"如同黑山政府后来证实的那样，国王成了法国的囚徒"①。

不过，法国对黑山的政策在1918年最后几个月不止于此。法国驻黑山王室公使代拉罗什·韦尔内很快通知黑山代理外交大臣佩罗·绍奇（Pero Šoć）博士，法国政府决定，"如果尼科拉国王和黑山政府不能坚决保证不再试图离开法国的话"，就将取消给黑山的补贴，"并冻结他们在法兰西银行的存款"。② 法方将施压的原因解释为："法国不愿伤害黑山人民的感情，不愿'成为尼科拉国王政府试图进行镇压和政治施压的工具'。"③ 由于法国政府在南斯拉夫问题上拥有主要发言权，而英国也支持法国，很明显罗马无法在黑山问题上实现任何转圜。

在欧洲已找不到适宜的保护者，黑山政府再次试图通过美国来实现自己的目标。然而，黑山驻华盛顿使节安托·格沃兹代诺维奇博士采取的步骤，以及1918年10月23日尼科拉国王以个人名义致威尔逊总统的信，都只是带来了新的失望，这显示出黑山官方在当前形势下的无助和无望。此时，联合部队在巴尔干的行动已经接近尾声。

二、联合部队进入黑山

为推进解放黑山的行动，联合部队最高司令部决定组建"斯库台部队"，以满足塞尔维亚获得比在黑山更大行动自由的请求。该番号下的队伍主要由塞尔维亚军人组成，但"除了塞尔维亚官兵，还有一些法国部队加入了进来"④。除了军事上的，这支部队还有政治上的任务，即"借助黑山民众自己的意愿——而非我们的部队施加的任何压力——让黑山委员会和黑山人自己以友好方式推动塞尔维亚与黑山的合并"⑤。为此，根据塞尔维亚最高指挥部10月8日的指示，斯库台部队与黑山

---

① 德拉戈柳布·日沃伊诺维奇博士：《黑山问题与1919年和平会议》，第9页。
② 同上，第10页。
③ 同上。
④ 迪米特里耶·迪莫·武约维奇博士：《黑山与塞尔维亚的合并》，铁托格勒，1962，第304页。
⑤ 同上，第305页。

委员会成员被共同派往黑山，随行的还有塞尔维亚政府代表斯韦托扎尔·托米奇（Svetozar Tomić），他同时也是塞尔维亚外交部黑山司司长。[①]

解放黑山的过程中，黑山义勇军人发挥了重要作用，作为一支特殊的游击部队，他们在没有国际协同行动纲领的情况下，对奥匈帝国的占领持续进行着武装抵抗。联合部队抵达之前，黑山已经基本得到了解放，"这主要依靠黑山人自己的努力"[②]。侵略者被赶走后，这支在黑山解放斗争中以营为建制的部队，"由于粮食困难，更多地出于政治原因，被解散了"[③]。包括塞尔维亚政府代表在内的黑山委员会成员，与斯库台部队和南斯拉夫部队一同进入了黑山，成立了塞尔维亚与黑山合并中央执行委员会。委员会的政治工作在非常有利的条件下得以推进，人们期待着解放而让联合部队进入黑山。

三、波德戈里察议会及其决议的国际法意义

那些日子里，人们希望与塞尔维亚合并的意愿，通过某种形式的全民请愿表现出来，1918年10月底，在安德里耶维察、贝拉内、波德戈里察都爆发了多次集会，在采蒂涅也有类似集会，人们希望合并的愿望被公开表达出来。[④] 不过，虽然选择合并的群众数量遥遥领先，但尼科拉国王支持者的力量也不容忽视。因此相关方面急于召开一次具有权威性质的大会，以便成功利用民众情绪正式宣布合并。会址被定在波德戈里察，因为这里支持合并的人数比采蒂涅要多。

鉴于这项工作的严肃性，作为决定"黑山未来国家法律地位"的机构，塞尔维亚与黑山合并中央执行委员会通过了《议会议员选举规章》，其任务是"实施黑山与塞尔维亚合并的工作"，以便黑山随即与其他的

---

① 迪米特里耶·迪莫·武约维奇博士：《黑山与塞尔维亚的合并》，铁托格勒，1962，第310页。
② 同上。
③ 同上。
④ 同上，第314页。

塞尔维亚和南斯拉夫国家一起"成为塞尔维亚人、克罗地亚人和斯洛文尼亚人不可分割的国家的一部分"①。

议员选举没有按照黑山王国 1907 年颁布的法律进行,而是在公众集会上选举出代表,每个卡佩塔尼亚(kapetanija,奥斯曼土耳其统治时期设立的该地区专有行政区划,其行政级别介于桑扎克和县之间——译者注)选举出 10 名代表,每个县选举 15 名代表,每个镇则选举 5 至 10 名代表。会议定于 11 月 19 日举行,选举出国民议会议员,新一届议会于 11 月 24 日成立。由于代表选举方式改变,且预留的选举时间很短,这样选举出来的主要是无条件合并的支持者(白派),而那些认为即便合并也应保持黑山独特地位的支持者,以及尼科拉国王的支持者(绿派),由于只占少数,无法为自己的立场而战,从而没能推举出自己的代表。通过这种间接选举的方式,借由代表们,选举出了165 名议员。

议会从 11 月 24 日召开,持续到 1918 年 11 月 29 日。议会最重要的决定在 11 月 26 日做出。当时通过的决议中,重要的几项包括:

"1. 将尼科拉国王及佩特罗维奇-涅戈什王朝赶下黑山王位;

"2. 将黑山与兄弟般的塞尔维亚合并为一个卡拉焦尔杰维奇王朝治下的国家,并以联合国家的身份并入塞尔维亚人、克罗地亚人和斯洛文尼亚人这三个名字同一民族的共同国家;

"3. 选举一个由 5 人组成的民族执行委员会领导相关事务,直到塞尔维亚和黑山完成合并;

"4. 议会上的决定将被告知给黑山前国王尼科拉·佩特罗维奇、塞尔维亚王国政府、友好的盟友大国和所有中立国家。"②

根据决定,波德戈里察议会宣布黑山无条件与塞尔维亚合并。加上

---

① 迪米特里耶·迪莫·武约维奇博士:《黑山与塞尔维亚的合并》,第 305 页。见米亚特·舒科维奇:《1918 年的波德戈里察议会》,波德戈里察,1999,第 84 页;约万·R. 博约维奇:《文献资料中的1918 年的波德戈里察议会》,上米拉诺瓦茨(Gornji Milanovac),1989,第 72—119 页。

② 迪米特里耶·迪莫·武约维奇:《1918 年的波德戈里察议会》,萨格勒布,1989,第 228 页。

此前一天伏伊伏地纳（Vojvodina）民族议会在诺维萨德的决定，帕希奇的南斯拉夫统一理念获得了完胜，根据他的理念，"首先应解决塞尔维亚问题"，为的是在与其他南部斯拉夫民族合并时占据有利地位。波德戈里察议会于 11 月 28 日举行的会议上，选举出"民族执行委员会"成员，该委员会在合并完成前作为临时政府管理黑山。会议还选举出一个 18 人组成的代表团——将前往贝尔格莱德向塞尔维亚王储递交《波德戈里察议会决议》。

议会的决定很快就被告知了其他盟国。黑山流亡政府否认了波德戈里察议会决定的合法性，强调从黑山宪法秩序的角度看，黑山国民议会才是该国唯一具有法律效力的代表机构，才有权决定关乎国家和法律的重大问题。虽然在这一系列事件发生期间，以及俄国革命和威尔逊提出《十四点和平方案》之后，波德戈里察议会的民族性及其民族自决和创立国家的权力得到了确认，但盟友国家们对波德戈里察议会的决定和地位并不是这样解读的。这些国家并没有准备好立即确认波德戈里察议会进行自决的权力，就连塞尔维亚也是如此，在波德戈里察议会做出决定近一个月后，塞尔维亚还曾通过驻黑山王室的全权外交代表，延长了与黑山政府的外交关系。直到 1918 年 12 月 28 日，塞尔维亚驻尼科拉国王王室全权外交代表蒂霍米尔·波波维奇才以斯托扬·普罗蒂奇（Stojan Protić）政府的名义递交照会，称"由于黑山与塞尔维亚的合并已于 12 月 4 日成为现实，塞尔维亚使节的工作宣告结束"[①]。

盟国对波德戈里察议会决定的不利态度，虽然随后从最开始引发的强烈情绪中平息下来，但并没有发生明显改变。形势非常微妙。英国对合并的态度是要"完整保护黑山的利益"。结果是，英国和美国内阁共同采取步骤，英方于 1919 年 1 月 4 日向美国国务院提交备忘录，称

① 沃伊斯拉夫·武奇科维奇博士：《塞尔维亚与黑山合并的外交背景》，第 256 页。很明显，12 月 17 日，由加夫里洛·多日奇、扬科·斯帕索耶维奇和米利萨夫·拉伊切维奇（Milisav Raičević）等人组成的代表团从黑山前往贝尔格莱德，向摄政王亚历山大递交《波德戈里察议会决议》，要求黑山与塞尔维亚合并。

"由于盟友们的立场是'领土变更的决定应在和平会议上做出',因此'这样的先例是不可取的';英国政府意图命令驻贝尔格莱德的代表(1)提出正式抗议,反对针对黑山的所作所为和试图干涉和平会议决定的行为,(2)要让各方知晓,英国不会承认黑山新的头衔和地位"①。

1919年初,黑山发生圣诞节暴动②,合并形势变得愈加复杂,盟国们考虑让英法联军或英美联军占领黑山领土,以防止发生内战。特别是威尔逊总统倾向于进行有利于尼科拉国王的干涉行动。1919年1月7日收到国王的一封信后,威尔逊要求贝尔格莱德当局注意,"美国对黑山和对塞尔维亚都抱有同情,但他明显感觉到,诉诸武力会让南斯拉夫问题变得更复杂,问题应该协商解决"③。

自然,承认波德戈里察议会决议最大的阻力来自意大利。其他列强都希望把所有领土变化的决定权交给和平会议,但不否认南斯拉夫统一的需求,而塞尔维亚-黑山问题需要在此框架内解决,不同的是,意大利致力于保持黑山的独立地位。意大利要求将本国领土扩张到科托尔湾地区,这有悖于盟国解决塞尔维亚-黑山问题的立场和在南斯拉夫问题上的态度。

俄国囿于国内原因,实际上对欧洲局势袖手旁观,因此,在关于塞尔维亚、黑山的统一和南斯拉夫国家组建的最终决定上,所有列强盟国中,最重要的就是法国的态度了。然而与其他协约国成员不同,法国很

---

① 沃伊斯拉夫·武奇科维奇博士:《塞尔维亚与黑山合并的外交背景》,第255页。

② 波德戈里察议会会议之后,黑山的保皇圈子在意大利的政策和物资支持下,在巴尔达奇(Baldači)的协调下,发动了骚乱和暴动。暴乱的领袖是约万·S.普拉梅纳茨、里斯托和约沃·波波维奇以及佩塔尔·洛姆帕尔。他们的目标是逼迫亚德里亚部队离开黑山,罢免执行委员会并举行新的选举。暴动的中心是涅古希、波德戈里察和茨尔姆尼察。暴动没有取得成功,因为缺乏必要的群众规模。联合部队(由英国、法国、意大利、塞尔维亚和美国组成)指挥官维内尔(Venel)将军估计,采蒂涅周围的山丘是起义人群集中的地方,大约有1 000到1 500人。关于起义参与人数还有其他的估算:从几百人到几万人不等。见德拉戈柳布·R.日沃伊诺维奇:《黑山王国的终结》,贝尔格莱德,2002,第68—70页。德拉戈柳布·R.日沃伊诺维奇:《1914—1925年的意大利与黑山》,贝尔格莱德,1988,第291—297页。舍尔博·拉斯托代尔:《历史的隐藏面,1918—1919年黑山暴动与骚乱》,采蒂涅-波德戈里察,2005,第95—143页。

③ 同上。

快就改变了最初对波德戈里察议会决议的消极态度，这是基于对合法性原则的一贯尊重。1918 年 12 月 1 日，法国决定承认南斯拉夫统一，基于相同标准，法国也承认了在波德戈里察做出的塞尔维亚与黑山合并的决议。1919 年 1 月 9 日，法国向其他大国建议，接受该决议作为南斯拉夫人民意愿的体现[1]，这将让新组建的南斯拉夫国家获得国际集体承认。但是，由于其他盟国都不倾向于这样的解决方案，列强内阁代表们磋商后提出的主导思想是将此问题交由和平会议审议。

四、巴黎和会与黑山问题

列强把黑山问题交由和平会议解决的立场，激发了黑山流亡政府恢复黑山国家地位的希望。但会上的情形表明，这种政治期待并不现实。黑山问题在巴黎和会上"并不是真正的问题，而是对问题的威胁因素，并非一个具有重要意义的议题"[2]。

这个问题由索尼诺提出，他在会议之初要求黑山问题的解决应当有黑山参与，他主张，黑山与其他盟国一样，应该有代表出席。对该问题的讨论是在已经宣布合并的情况下进行的，因此法国外交大臣抓住此争议点，提出疑问——是否应该"专门将黑山视为一个国家，让其派出专门的代表，还是应该作为塞尔维亚人-克罗地亚人-斯洛文尼亚人王国代表团的一部分"[3]。而威尔逊总统特别坚持捍卫黑山派出独立代表团的权利。他认为，塞尔维亚出兵黑山是非法的，这样使用武力有悖民族自决原则。美国总统的观点也得到了劳合·乔治的支持。基于和平会议的基本运行原则，列强几乎一度要通过决议让黑山在会议上"派有代表"。但是，事情到这里也就结束了。虽然会议桌上黑山的名签与其他

---

① 关于波德戈里察议会的决议在多大程度上是合法的，文献中有广泛讨论，且观点各异。在这个问题上，D. 武约维奇在论文《1918 年的波德戈里察议会》中引用了一个有趣的观点，他说："但是，如果我们从人民的合法性基础这个事实出发，也就是说，要体现人民的意愿、人民有权对社会和国家组织体系进行更改，那么当时这就反映了多数黑山人民的意愿，那么决议就可以被认为是合法的，由此产生的统治当局也是合法的。"

② 安德雷伊·米特罗维奇：《1919—1920 年巴黎和会上的南斯拉夫》，贝尔格莱德，1969，第 8 页。

③ 德拉戈柳布·日沃伊诺维奇博士：《巴黎和会上的黑山问题》，第 31 页。

出席国一样被标记出来，但那个位置一直是空着的。

　　和平会议的整个过程中，各方都忙于讨论其他问题，黑山问题并没有引发特别关注。黑山流亡政府唯一设法成功推动的事是在会议期间，即1919年3月5日，会议最高委员会接待了由 J. 普拉梅纳茨、格沃兹代诺维奇博士和绍奇博士组成的代表团。黑山代表团成员们在声明中指出，他们代表的是一个国际主体地位毋庸置疑的国家，黑山是盟国主权国家之一，理应派代表参会。他们还列出了支持其主张的理由。

　　列强还继续在黑山政府派驻有外交使节，而黑山在美国还派驻有使节，这些事实都证明黑山仍拥有主权；同时塞尔维亚受到指责，对黑山军队的投降负有责任。黑山仍继续有向相邻地区、黑塞哥维那、科托尔湾和斯库台及周边地区扩张领土的诉求。盟友们因为想通过承认塞尔维亚人-克罗地亚人-斯洛文尼亚人王国来推翻"国王、王室和合法政府"而受到谴责。①

　　不过，黑山代表团所受到的待遇并没有对会议进程及其对黑山的态度产生大的影响。为了解决黑山问题最终决定难产的困境，列强代表们将其与英美使团（萨利斯-迈尔斯特派团）的最终决定捆绑在一起，后者需要在当时当地确定最终结果。② 随着1919年5月大会接受《迈尔斯报告》，这份报告成为唯一可能承认合并、并保证黑山一定自治权的建议，这实际上确定了大会参会方在黑山问题上的态度走向。

五、南斯拉夫获得国际承认让黑山复国问题失去了意义

　　盟国承认南斯拉夫国家的态度，影响了黑山问题的最终解决。只要

---

① 德拉戈柳布·日沃伊诺维奇博士：《巴黎和会上的黑山问题》，第42页。

② 同上，第51页。英国和美国驻黑山公使有着不同的任务。萨利斯需要弄清："(1)黑山是希望被并入南斯拉夫国家，(2)还是希望联邦原则上的统一，(3)抑或希望完全的独立，(4)或者尼科拉国王的回归。"此外，他还需要了解波德戈里察议会是在什么情况下组建而成的，"以及由此产生的后果"。迈尔斯的任务则是考察黑山民众与军队的关系，以及"黑山人民对联合部队撤出的态度"。

南斯拉夫代表团在大会上被视为塞尔维亚代表团，黑山流亡政府和国王就有机会以塞尔维亚及其军队侵略其领土为由[①]，要求恢复黑山的国家地位。而当大会的参会者认可南斯拉夫统一，认为南斯拉夫国家是三个名字同一民族自决的结果，尼科拉国王及其流亡政府的复国努力就彻底变成了公开的反南斯拉夫立场。

1919 年 6 月初，塞尔维亚人-克罗地亚人-斯洛文尼亚人王国获得国际承认一事得到了解决。这跟与德国签署和平协议国家的授权有关。列强只接受和平协议由新的南斯拉夫国家代表团签署，而非由塞尔维亚代表团签署。这样一来，1919 年 6 月 2 日和 6 日，英国和法国分别承认了塞尔维亚人-克罗地亚人-斯洛文尼亚人王国，美国则早在同年 2 月 5 日就承认了。虽然并没有明确说明，但对南斯拉夫国家的国际承认，也包含了认可黑山与塞尔维亚的合并。但反过来，列强们在承认南斯拉夫的同时，还与黑山国王和流亡政府保持着外交关系。

因此，尽管列强们在和平会议上还是像会前那样，不愿承认波德戈里察议会的决议是人民自决的真正意愿，也不愿承认它是既成政治事实，但并没有采取任何实质性步骤改变形势。他们的反对其实是宣示性的，实际后果极度混乱。一方面，不承认波德戈里察议会决议，表明否认该机构的合法性；而另一方面，又不接受黑山代表团及国王和流亡政府的代表出席和平会议，这又表明否认了他们的合法性。此外，列强们 1919 年中承认了塞尔维亚人-克罗地亚人-斯洛文尼亚人王国，但还继续承认黑山在法国讷伊的政府，继续保留在黑山王室的外交使节，也就是说，列强与新的南斯拉夫国家和黑山同时保持着官方外交关系。

列强政策中关于黑山问题的解决，特别是从 1919 年下半年开始，更多地考虑在南斯拉夫国家内部为其寻求自治地位。这表明统一问题已经被认为是既成事实了。但与此同时，各国官方声明中又强调黑山的命运

---

① 黑山不是被塞尔维亚军队所占领。1918 年 11 月 3 日与奥匈帝国签署和平协议后，联合部队（由法国、英国、意大利、美国和塞尔维亚组成）将黑山、科托尔湾和阿尔巴尼亚整个置于自己的统治之下。见德拉戈柳布·R.日沃伊诺维奇博士：《1914—1925 年的意大利与黑山》，第 268—269 页。

还没有完全确定。列强与新的南斯拉夫国家签署少数民族协议的例子就证明了这一点。当南斯拉夫代表韦斯尼奇试图更改协议文本序言为"黑山直接并入塞尔维亚人-克罗地亚人-斯洛文尼亚人王国"时,少数民族问题委员会拒绝了这项修改建议。委员会的理由是"黑山的命运尚未被决定"。这一意见在 1919 年 9 月 9 日举行的代表团团长会上也得到了确定。

1919 年 12 月 9 日,美国、英国和法国政府在关于承认阿尔巴尼亚独立的备忘录中,也确认了关于黑山问题的相似立场。文本中关于博亚纳河监督权的段落写道,在一定的限制下,相关授权被转移给意大利和塞尔维亚人-克罗地亚人-斯洛文尼亚人王国。而在后续的行文中又补充道,"假定黑山将成为塞尔维亚人-克罗地亚人-斯洛文尼亚人王国的一部分",这表明当时黑山的合并问题并没有被认为是已经解决了的。①

在尼科拉国王和流亡政府的坚持下,以及意大利的支持下,黑山问题的解决被拖延到了第二年,但成功的希望越来越渺茫。随着 1920 年 11 月塞尔维亚人-克罗地亚人-斯洛文尼亚人王国举行立宪会议选举,黑山也选举出了自己的宪法议会议员,黑山问题实际上就这样解决了。在列强代表多次声明不承认既成政治事实、否认波德戈里察议会决议的地位之后,讷伊政府参与和平会议的权利和黑山代表的合法地位还是被剥夺了,最终盟国们的态度是,认为"报告是可靠的",立宪会议是在合法和足够自由的基础上举行的,"承认黑山并入塞尔维亚人-克罗地亚人-斯洛文尼亚人王国"。② 这些国家的政府需要这样的确认,以便能在议会上"回答相关问题"。

综上所述,"和平会议并没有审议黑山问题。会议所做的仅限于接受了讷伊政府的照会,却没有答复"③。虽然与一些黑山代表团、部门和机构进行了会谈和信函往来,但并未就黑山问题做出任何具体决议。

---

① 南斯拉夫档案馆,沃伊斯拉夫·约瓦诺维奇-马拉姆博分册,335-24-1/2。
② 同上,334-25-15。
③ 德拉戈柳布·日沃伊诺维奇:《1919 年和平会议上的黑山问题》,第 77 页。

与此同时，南斯拉夫代表团的外交活动主要是为了争取到对新组建国家的承认，这就把黑山问题压缩至了次席，且随着时间推移，该问题被简化为对南斯拉夫统一的态度问题。黑山民众与尼科拉国王和流亡政府之间就此问题态度差异明显，无法给黑山和南斯拉夫问题的解决带来任何希望。南斯拉夫统一的政策已经成行，尼科拉国王在反对之路上走得太远，以至于他被认为是"在和平会议上以黑山国家的名义反对承认塞尔维亚人-克罗地亚人-斯洛文尼亚人王国"[①]。因此，非但让现时的黑山问题没有得到解决，甚至还起到了反作用。盟国在黑山问题上的态度因此越来越倾向于接受统一的事实，这意味着，随着承认黑山在行政、领土和政治上归属于塞尔维亚人-克罗地亚人-斯洛文尼亚人王国，对黑山国际法主体地位的承认也就此终止了。整个过程的最后篇章是立宪会议选举，虽然在更早的时候，当黑山失去了对先前领土的统治效力，选举的先决条件就已经满足了。这其中起到决定性作用的，是黑山武装力量的崩溃和国王及政府流亡后的领土沦丧。事实证明，这对黑山的命运至关重要，虽然最初看起来它们对国家的国际法地位并没有那么重要。

尽管战争期间黑山的基本国家秩序遭到了破坏，黑山领土上建立了占领行政管理体系，但由于这种情况只是暂时的，黑山的国家地位被认为并没有中断。流亡中的国王和政府又为这种地位提供了额外保证。从法律意义上看，当侵略政权被推翻、国家获得解放之时，情况即发生了重大变化，但国家机构和黑山的国家政权并没有恢复到此前的真正秩序。不论导致这种局面的原因是什么，事实是黑山人民决意通过波德戈里察议会及其他机构的成立、运行和决议，与塞尔维亚合并，加入其他南斯拉夫民族，在塞尔维亚人-克罗地亚人-斯洛文尼亚人王国这个新的国家中继续生活。就此，实际上黑山法律意义上的国家地位被中断了，新的政权开始建立了。波德戈里察议会的决议，实现了法律上的临时状态，宣布塞尔维亚和黑山合并，将为塞尔维亚人-克罗地亚人-斯洛

---

① A.米特罗维奇：《1919—1920年巴黎和会上的南斯拉夫》，第109页。

文尼亚人王国的成立创造条件。然而，1918年12月1日南斯拉夫国家成立时，塞尔维亚与黑山的合并进程并没有向前推进，也没有达成成果，波德戈里察议会上宣布的两国合并，看起来越来越像是这项决定的另一部分内容。加入"由塞尔维亚人-克罗地亚人-斯洛文尼亚人这个三个名字同一民族组成的共同国家"，不仅意味着黑山进一步加入构建新国家的进程，还意味着合并一事被决定了下来。因此，不论波德戈里察议会及其决议的意义如何界定，其相关成果只能作为南斯拉夫统一的一部分。塞尔维亚人-克罗地亚人-斯洛文尼亚人王国，而非塞尔维亚，成为黑山国际义务的继承者，这一事实说明了1918年统一的性质。

基于上述原因，很明显，黑山国家国际法连贯性的中止，本质上肯定是与塞尔维亚人、克罗地亚人和斯洛文尼亚人王国的组建进程相联系的，从黑山的角度来看，这里有几个决定性的时刻：从在波德戈里察宣布合并，塞尔维亚人-克罗地亚人-斯洛文尼亚人民族委员会代表团的驻址选定，到1918年12月1日摄政王亚历山大在贝尔格莱德的回复，以及立宪会议的选举，尽管整个过程中黑山作为一个国家已经不复存在，盟国们还是认为黑山问题尚未解决，仍假定它的国际地位仍在延续，并认可尼科拉国王和流亡政府是黑山国家性的体现。直到制宪议会选举前，盟国政策的自相矛盾还体现在派驻黑山王室的常驻外交使节身上。对于列强来说，只有选举结果才能成为与黑山国王和流亡政府中断联盟关系的充分理由，才可以消除对黑山国际主体地位延续的假定。这样一来，黑山在国际关系中存在的必要性被压缩了，与黑山王室和流亡政府保持外交关系的必要性也减弱了。

第七节　黑山与其他国家外交关系的中断

一、第一次世界大战前外国外交使团工作的中止

正如我们所见，黑山独立期间共与11个国家建立了外交关系。南

斯拉夫国家成立及之后相当长的时间内，数个国家仍向黑山王室派驻使节，从而构成了黑山国际地位没有改变的假象。巴尔干战争和第一次世界大战等相关事件，影响了常驻黑山王室使节的数量，到黑山军队投降和国王及政府流亡前，这个数量已经减少了一半以上。

最早中断的是与奥斯曼帝国的外交关系。[1] 那发生在 1912 年 10 月 7 日，黑山军队开始第一次巴尔干战争作战行动的前一天。黑山驻伊斯坦布尔代办佩塔尔·普拉梅纳茨向波尔特递交了一份照会，正式中止外交关系。随后他立即离开了伊斯坦布尔。与此同时，奥斯曼帝国驻黑山使节也被交还了护照，从采蒂涅启程离开了，同行的还有驻波德戈里察和巴尔的副领事们。[2] 黑山在奥斯曼帝国的外交代表权由俄国接管，土耳其在黑山的则由德国接管。[3]

第二次巴尔干战争爆发之际，黑山与保加利亚之间的外交关系被中断。第一次巴尔干战争中的盟友在第二次巴尔干战争中成了敌人，1913 年 6 月 24 日，保加利亚公使向俄罗斯帝国驻采蒂涅使团递交特别照会，请求由其来保护保加利亚在黑山的利益。鉴于黑山与保加利亚截至当时保持的友好关系，普拉梅纳茨认为有必要通过俄国外交使团，向保加利亚政府通报黑山政府提议中断外交关系的动机。不过，不论两国官方是出于什么理由让保加利亚使节从采蒂涅离开，都已经正式确定

---

[1] 黑山与奥斯曼帝国的外交关系，简言之，于 1912 年 7 月就陷入了近乎中断的危机。在科拉欣地区的边境冲突中，土耳其超过 50 人丧生，黑山 12 人丧生，土耳其公使最后通牒式地要求王国政府立即满足其要求，否则就将离开采蒂涅。由于认为错不在己方，黑山政府据此做出了相应答复。奥斯曼公使对这一答复并不满意，于是递交了断绝外交关系的照会。1912 年 7 月 12 日的《采蒂涅信使报》报道称，他随后离开黑山前往了科托尔。如果奥斯曼政府同意本国使节的做法的话，两国的外交关系将就此中断。然而，奥斯曼政府认为公使的做法超出了他所接受的指令，于是命令他从科托尔返回采蒂涅。不过，出于个人声望的考虑，他并没有返回，而是继续前往了伊斯坦布尔。在任命新的使节之前，由土耳其公使馆秘书代行公使职责。奥斯曼帝国新任使节的级别低于前任。双方的外交关系就这样得以延续，可以被认为实际上没有中断。最终只是使团的级别降低了。详见《采蒂涅博物馆公报》1912 年 8 月第 60、61、62、63 版。

[2] 《黑山之声报》1912 年 9 月 26 日第 42 版。

[3] 俄罗斯外交政策档案，政治档案，1604-94。俄罗斯帝国一直负责保护黑山在奥斯曼帝国的利益，直到第一次世界大战爆发，俄国自己也与奥斯曼发生了战争冲突。黑山的外交保护事务于是由美国接管，到 1917 年初，当美国也与奥斯曼帝国发生战争，黑山利益的外交保护由中立的西班牙接管。

保加利亚外交使团工作的中止。由于第一次世界大战很快爆发，两国分属两个阵营，随后黑山国家消失，这些都让两国的外交关系未能恢复。

与奥匈帝国和德国的外交关系，则是由于一些引发一战的事件而中断。黑山国民议会在1914年8月1日的特别会议上，"表达了对奥匈帝国统治者的正当愤慨，抗议其突然袭击我们兄弟般的塞尔维亚，以及对我们南斯拉夫兄弟闻所未闻的迫害"，要求政府"对暴力和强加给我们的战争，以战争的方式予以回应"。根据议会的决议和要求，"忠于国家传统的黑山，在此情形下要一如既往地履行职责"，几天后的8月6日，尼科拉国王发表战争宣言，称"奥地利向我们亲爱的塞尔维亚宣战，就是向我们宣战，就是向塞尔维亚族和整个斯拉夫民族宣战"[①]。黑山也就此开启了战争状态。此前一天，两国中断了外交关系。1914年8月5日，黑山外交大臣照会奥匈帝国驻采蒂涅公使奥托表示，"黑山，与塞尔维亚因相同的血脉联系、对俄罗斯帝国数个世纪的感激之情结成牢不可破的纽带，黑山受到了威胁，并出于自己的意愿……不得不宣布在此次斗争中无法保持中立，必须拿起武器，共同保卫塞尔维亚民族的自由"[②]。这样一来，正如佩塔尔·普拉梅纳茨所说，奥匈帝国驻采蒂涅使节的使命完结了。8月11日，黑山向德国宣战。前一日，与德国中断外交关系。[③]

二、其他国家派驻黑山王室使节工作的中止

第一次世界大战期间，又有两个国家驻黑山王室使节的位置出现了空缺。尽管与希腊和美国的关系并没有正式断绝，但他们的代表实际上从国王和政府离开黑山后就不再履行职责了。从那时起，就只有5个国家设有常驻黑山王室的外交使节了。根据1917年10月印制于讷伊的《外交部名册》，在黑山王室派驻特命全权使节的还有法国、意大利、俄国和

① 《黑山之声报》1914年7月25日第39版。
② 同上。
③ 军事历史研究所：《第一次世界大战中黑山的军事行动》，贝尔格莱德，1954，第77页；安德雷伊·米特罗维奇：《第一次世界大战中的塞尔维亚》，贝尔格莱德，1984，第86页。

塞尔维亚。英国派驻的代表是代办级别。这 5 个国家留在尼科拉国王王室的外交使节停留到了战争结束以及战后相当长的时间。①

上述国家中，首先与黑山断绝外交关系的是塞尔维亚。中断外交关系与两国合并有关，这在波德戈里察议会的决议中也直接体现出来（1918 年 11 月 26 日）。但是，合并的决定并没有影响两国继续通过外交途径维持关系。此外，或多或少地，不论在形式上还是在本质上，塞尔维亚和黑山的合并与继续保持外交关系是相互矛盾的，塞尔维亚召回外交使节的决定，并非与合并的决议同时做出。正如我们所说，波德戈里察议会决议之后，塞尔维亚代办在一定时间内还继续被派驻在黑山王室中。塞尔维亚继续保留官方代表的做法，说明了塞尔维亚政府"不干涉"黑山事务的谨慎态度，努力避免对其国际地位的偏见，因为这至少在正规法律意义上、在盟友列强的政策中仍是没有争议的。

不过，这样的矛盾状态并没有持续很久。虽然国际社会并不认为波德戈里察议会的决议让黑山问题得以解决，最初也没有给予特别关注，但塞尔维亚官方一直以南斯拉夫统一为方向推动自己的政策，那么就必须与黑山流亡政府和王室断绝外交关系。根据我们掌握的一组资料，这发生在 1918 年 12 月 17 日，而另一组资料则显示是在 28 日，这一天，蒂霍米尔·波波维奇从驻黑山王室特命全权公使的位置上被召回。②

然而有趣的是，据说 1919 年 2 月，亚历山大王储访问巴黎期间，曾

---

① 《黑山王国政府工作人员和外交及领事人员名册》，塞纳河畔讷伊，1917 年 10 月。黑山档案馆，外交部，V–156，3580 号文件。1918 年 9 月驻黑山王室的外交使节包括：法国特命全权公使代拉罗什·韦尔内、意大利特命全权公使马尔基兹·L.蒙塔利亚里、俄国特命全权公使 V.伊斯拉温、英国全权大臣和代办乔治·格雷厄姆和塞尔维亚特命全权公使蒂霍米尔·波波维奇。见《黑山之声报》1918 年 9 月 13 日第 54 版。

② 1918 年 12 月 17 日是断交日，据称，在尼科拉国王副官与摄政王亚历山大的往来信函中讨论了在巴黎会面的可能性（《黑山之声报》1919 年 2 月 6 日第 64 版）。在那篇报道中，还将 V.武奇科维奇与断交联系了起来。而根据意大利外交大臣索尼诺 1919 年 8 月 6 日致英国驻罗马大使的信件，博格丹·克里兹称 1918 年 12 月 28 日为两国的断交日。当天，塞尔维亚代办"告知讷伊政府他将终止作为塞尔维亚政府外交代表的工作，因为波德戈里察议会已就塞尔维亚和黑山两国的合并做出了结论。黑山政府对此表示强烈抗议"。博格丹·克里兹曼：《1919 年南斯拉夫获得国际承认的问题》，载《20 世纪历史论文集》（第Ⅲ卷），贝尔格莱德，1962，第 348 页。

希望私下与自己的外祖父尼科拉国王会面，而黑山方面则希望借此次机会恢复双方已经中断的外交关系。国王的当值副官伊沃·拉多尼奇（Ivo Radonjić）在与塞尔维亚驻法国政府全权公使米哈伊洛·加夫里洛维奇博士就此进行的书面沟通中告知塞方，"国王陛下本人非常高兴在王国政府参与的情况下接见摄政王亚历山大王储殿下"①。信函中称，"国王陛下认为此访关乎国家整体利益，因为可以就此恢复两个兄弟般国家间的外交关系，很遗憾，这一关系在去年 12 月 4 日被塞尔维亚王国政府中断了"②。由于摄政王亚历山大提议的并非两位国家领导人之间的正式会面，如果是那样，会面将有可能被利用来否认合并的决议，否认黑山国家已经不复存在、王朝已经被推翻的事实，因此，塞尔维亚方面答复称，"殿下因陛下把会面解读为政治行为大为不悦，他希望的是与对方进行祖孙间的会面"③。他还是不希望作为"王子和摄政王"去拜会国王，而是作为一个"孙辈来表示关爱"。塞尔维亚关于断交的坚决表态，对联盟国家和黑山流亡政府的官方代表来说，都表明塞方认为此事已经板上钉钉了。

　　黑山与世界外交关系的最终命运，从 1918 年底开始，直接掌握在剩余的 4 位列强代表手中，与新的南斯拉夫国家的组建及其获得的国际承认息息相关。其间，1920 年 11 月 28 日举行的立宪会议选举和《塞尔维亚人-克罗地亚人-斯洛文尼亚人王国与意大利王国拉帕洛条约》（1920 年 11 月 12 日）具有决定性意义，这两件事让新的南斯拉夫国家获得了国际承认。④

---

① 《黑山之声报》1919 年 2 月 6 日第 64 版。

② 同上。

③ 同上。

④ 塞尔维亚人-克罗地亚人-斯洛文尼亚人王国获得的第一批承认都是在双边框架内的。据 M. 巴尔托什中，1919 年 2 月 5 日威尔逊总统率先承认该国，其他列强是从 5 月 1 日起陆续承认，当天该国与德国代表团交换了授权书。英国于 6 月 2 日正式承认了塞尔维亚人-克罗地亚人-斯洛文尼亚人王国，法国于 6 月 6 日承认。见米兰·巴尔托什博士：《国际公法》，第 I 册，贝尔格莱德，1954 年，第 210 页。不过，德拉戈斯拉夫·扬科维奇则认为，塞尔维亚-克罗地亚-斯洛文尼亚王国最先获得了挪威的承认（1919 年 1 月 26 日），随后美国（2 月 7 日）、希腊（2 月 28 日）和瑞士（3 月 6 日）政府均通过声明宣布了承认。见德拉戈斯拉夫·扬科维奇：《南斯拉夫社会主义工人党（共产主义者）成立前的塞尔维亚人-克罗地亚人-斯洛文尼亚人王国内部社会和政治关系》，载《20 世纪历史论文集》（第 I 卷），贝尔格莱德，1959，第 10—11 页。

上述事件，特别是立宪会议选举对于黑山中断外交关系产生了决定性影响，这从法国驻流亡王室使节代拉罗什·韦尔内递交给黑山大臣理事会主席兼外交大臣约万·S. 普拉梅纳茨的政府声明内容中就能看出来。该声明的日期是 1920 年 12 月 20 日。但直到尼科拉国王去世后的 1921 年 4 月 18 日，这则消息才在《黑山之声报》中被公布于众。这表明了与法国中断外交关系对于流亡政府整体地位的重要性，很明显，至少起初流亡政府是打算隐瞒这一消息的。法国政府的这份声明确认，在立宪会议的选举中，黑山民众表达了自己的政治意愿，"毋庸置疑，人们希望与塞尔维亚人-克罗地亚人-斯洛文尼亚人王国的其他塞尔维亚族民众统一在一个国家里，我们已经正式承认了这个国家的存在"①。因此，法国政府的态度是"黑山被并入刚才提到的王国已成定局，这里我们看不出还有什么理由继续保持与尼科拉国王陛下的外交关系"②。与废除法国驻黑山王室全权代表机构的决定相应地，出于相同的原因，法国政府表示未来不会承认"黑山政府授权派驻法国政府的外交代理人，也不会承认黑山政府委托的驻法国的领事人员及其从事的工作"③。所有官方关系的中断，关乎整个黑山——这个政府处于流亡状态的国家。没有必要再强调这对于该国日后政治活动的能力意味着什么。

　　其他列强也开始效仿法国。据文献记载，美国外交使团于 1921 年 1 月 21 日停止了工作，而英国外交使团同年 3 月 17 日停止了工作。④ 我们没有关于俄国与黑山中断外交关系具体日期的信息。但可以确定的是，那应该是在同一时间段内发生的。不过，说到与圣彼得堡的关系，我们要记得，在 1917 年发生在俄国国内的事件之后，即俄国退出战争、与同盟国在布列斯特-立托夫斯克（Brest-Litovsk）达成和平协议

---

① 《黑山之声报》1919 年 2 月 6 日第 64 版。
② 同上。
③ 同上。
④ M.巴尔托什：《国际公法》，第 209 页。

之后，它的政治影响力被大大削弱了。这也体现在流亡政府的外交活动中。俄罗斯帝国，这个黑山历史上最忠实的盟友，在决定黑山王室命运的日子里，它的崩溃也体现在了黑山官方领导人们的外交活动中。在黑山问题的解决过程中，俄国的影响力在新的环境中已经被明显地边缘化，一些官方文件中都没有提到有俄国驻黑山王室外交代表出现，虽然俄国的外交代表是留下的列强代表之一。1918 年 12 月 23 日的政府声明称，黑山的盟友们——法国、英国和意大利，都还保留着本国政府派驻尼科拉国王王室的外交代表。[①] 虽然俄国使节 L. V. 伊斯拉温从 1917 年 6 月到 1919 年底及 1920 年初肯定是俄国政府的特命全权公使，但这里都没有提到他。

上述 5 个到 1918 年底在黑山王室派驻代表保持官方关系的国家中，到 1921 年年中，就只剩下意大利了。但这对黑山国家的命运并没有太大意义，也看不出意大利真正朝此方向做更多努力的意图。除两国王室的姻亲关系外，对意大利来说，搁置黑山问题的意义还在于，它与塞尔维亚人-克罗地亚人-斯洛文尼亚人王国之间存在边界争议。而当 1920 年 11 月 12 日《拉帕洛条约》签署后，这一问题得到解决，意大利只得怀着沉重的心情承认了南斯拉夫民族的统一，也就再没有理由与黑山流亡王室保持官方关系，或者继续虚构一个黑山的特殊国际人物了。《拉帕洛条约》确定了黑山在加埃塔（Gaeta）军队的命运，确定于 1921 年 5 月 27 日中断供给黑山维持军队的费用，就此解决了黑山军队的问题，这笔维持费用是意大利 1919 年 4 月 30 日通过与黑山的协议承诺的。军队一经解散，最后一个对黑山复国具有重要意义的因素也被消除了。黑山问题被从意大利与塞尔维亚人-克罗地亚人-斯洛文尼亚人王国关系的议事日程上拿下，也让黑山流亡政府无法继续利用意大利的外交政策来实现自己的目标。这样一来，意大利使节留守黑山王室并以此体现对黑山的承认已经没有意义了。

---

① 《黑山之声报》1918 年 12 月 26 日第 61 版。

就连那一层姻亲关系，在 1921 年 3 月 1 日尼科拉国王去世后，也不像从前那般重要了。不过，意大利王后是黑山统治者的女儿这一事实无可否认。这可能对一些事情产生了决定性影响，比如意大利与黑山流亡政府一定级别上的官方关系一直维持到了 1921 年甚至 1922 年初，只是形式略有变化。因此，仍有意大利"全权公使"派驻在黑山王室，而意大利政府也在国王去世后与黑山流亡政府进行过正式沟通，沟通的对象首先是达尼洛国王，在其退位后，米莱娜太后则代替尚未成年的继承者米哈伊洛一世（Mihailo Prvi）执政。[①] 意大利官方代表还继续参与黑山王室越来越少的招待会，这些招待会是为各种重要日期举办的。

关于国王逝世周年的报道显示，使领馆中出席活动的只有意大利的代表德·费拉里（De Ferari）侯爵，他还兼任意大利驻黑山名誉全权公使。头衔修改的方式，表明意大利虽然还继续与黑山保持着外交关系，但这种关系的实质已经发生了变化，这实际上意味着意大利正在悄然取消这最后一位外国驻黑山王室使节的职务。

黑山最后几年与世界保持的外交关系，是通过王室和流亡政府维持的，正因此才超越了国家存在的时间。不过，由于一些国家对南斯拉夫国家（黑山被视为这个国家的一部分）的承认和一些国家对黑山王国

[①] 1921 年 3 月 2 日，也就是国王去世之后一天，达尼洛二世作为"黑山的国王和统治者"任命了自己的首届政府。事实上，国王生前成立的以约万·S.普拉梅纳茨为首的前任政府，因程序原因，在国王去世时辞职。达尼洛退位后，太后米莱娜作为继承者，于 1921 年 3 月 7 日命令成立新的——也是旧的约万·S.普拉梅纳茨政府。1921 年 6 月 28 日政府改组，太后任命米卢汀·武契尼奇（Milutin Vučinić）为新的政府总理。

与前任的普拉梅纳茨政府一样，武契尼奇政府继续正式代表黑山，虽然其意义越来越小。其最得心应手的是处理与意大利之间的关系，但也没有被其他方向上的工作困住手脚。1921 年 9 月 10日，政府通过照会再次表达 1920 年 11 月 8 日提出过的诉求，希望黑山被接纳为国家联盟的成员。就罗马警方在黑山驻罗马总领馆和约万·S.普拉梅纳茨及弗拉迪米尔·波波维奇寓所进行搜查一事，政府外交大臣佩罗·绍奇"在意大利外交部表达了最强烈的抗议"。他受到了意大利外交大臣的接待，后者对他表示了遗憾。

尽管如此，黑山还是任命了弗朗切斯科·瓦特尔（Frančesko Vater）为王国驻卡塔尼亚的领事，显示出与意大利正式关系的延续性。1921 年 11 月 15 日，米莱娜太后作为"王国政权的继任者"对其进行了任命。见舍尔博·拉斯托代尔：《流亡中的黑山》（第一册），波德戈里察，2004。

的承认是并存的，而当时黑山领土上的国家治理机构实际上已经不存在了，所以这些国家与黑山流亡王室和政府中断正式关系的日期，不能被看作是黑山作为国家消失的日期。但除此之外，虽然形式上有所修改，它们还是意味着，黑山外交已经走到了最后。